# Die Sittlichkeitsverbrechen

## im Laufe der Jahrhunderte und ihre strafrechtliche Beurteilung

Von

Rudolf Quanter

Mit dreißig zeitgenössischen Illustrationen

fourierverlag

Nachdruck der Auflage OB Amsterdam
von 1925 ohne Kürzungen.



Genehmigte Lizenzausgabe für Fourier Verlag GmbH,
Wiesbaden 2003

Covergestaltung: Thomas Jarzina, Köln
Bildmotiv: AKG, Berlin
Gesamtherstellung: Pollard & Moss, Inc., Lillington, NC
Printed in USA

ISBN 3-932412-26-5

# Inhalts-Verzeichnis.

Seite

## Teil I.

### Einleitung.



## Teil II.

### Die Sittlichkeitsdelikte.



## Teil III.

**Schuldprobe einer Ehebrecherin.**
(Nach einem alten Holzschnitt aus dem 15. Jahrhundert.)

## Teil I.

# Einleitung.

## Die Sittlichkeitsdelikte und ihre strafrechtliche Beurteilung.

Ehe man den Begriff eines Sittlichkeitsdelikts definieren kann, muß man sich zunächst darüber klar werden, was denn eigentlich unter Sittlichkeit zu verstehen sei. Moralphilosophisch ist überhaupt keine strafbare Handlung denkbar, die nicht zugleich gegen die Gesetze der Sittlichkeit verstieße, denn es versteht sich ganz von selbst, daß nicht eine Tat verwerflich und zugleich sittlich sein kann, wenn man sich nicht zu dem Grundsatz bekennen will, daß der Zweck das Mittel heilige, daß also eine an sich unmoralische Handlung moralisch werde, sobald sie zu einem guten Zwecke geschehe, eine Auffassung, die vor der objektiven wissenschaftlichen Prüfung nur in seltenen Ausnahmefällen bestehen kann. Wenn Crispin heilig gesprochen wurde, weil er Leder gestohlen hatte, um den armen Leuten Schuhe daraus machen zu lassen, so ist dies ein Beispiel, das deutlich das Verkehrte jenes Grundsatzes erkennen läßt. Mag man auch durch eine besondere Interpretationskunst dahin gelangen können, daß Crispin keinen strafbaren Diebstahl begangen habe, weil er nicht eine fremde bewegliche Sache in der Absicht, dieselbe „sich“ rechtswidrig anzueignen, einem andern fortgenommen habe, so würde hier *summum jus* erst recht *summa injuria* sein, da selbstverständlich niemand über fremdes Eigentum verfügen kann, ohne es sich zuvor rechtswidrig zugeeignet zu haben; dies aber involviert die strafbare Handlung, nicht die Dauer des unbefugten Besitzes.

Crispin hat also einen Diebstahl, mithin etwas moralphilosophisch Unsittliches und rechtlich Strafbares getan. Ist es aber ein Sittlichkeitsdelikt? Gewiß nicht. Das Strafrecht versteht unter Sittlichkeit etwas anderes als die Moralphilosophie; deshalb kann auch eine Handlung moralphilosophisch im höchsten Grade unsittlich und doch strafrechtlich weder ein Sittlichkeitsdelikt, noch überhaupt Straftat sein. Auch Handlungen, die nach dem öffentlichen Rechte *„contra bonas mores"* verstoßen, sind in der Regel keine Sittlichkeitsdelikte oder überhaupt strafrechtlich zu ahndende Taten.

Unter Sittlichkeitsdelikten versteht das Strafrecht nur solche Taten, die auf sexueller Basis beruhen, es ist dabei keineswegs Voraussetzung, daß diese Handlungen im Verkehr der Geschlechter begangen sein müssen, sondern der Begriff umfaßt auch alle auf das Geschlechtsleben sich beziehende Handlungen, durch die das Schamgefühl verletzt werden kann, z. B. Verbreitung unzüchtiger Bilder und Schriften, ferner die sogenannten *contra naturam* laufenden Handlungen. Das Strafgesetz befindet sich aber auch hierbei keineswegs in voller Uebereinstimmung mit den Gesetzen der Moral, ja man kann nicht einmal behaupten, daß es ganz den Gesetzen der Logik folge. Das ist wohl neben dem den Menschen im allgemeinen innewohnenden Hange zu Taten, die nach geltendem Rechte als unsittlich betrachtet werden müssen, der Hauptgrund für die ungemein zahlreichen Sittlichkeitsdelikte. Nicht übersehen darf ferner der Umstand werden, daß unser modernes Leben mit seinen Anschauungen, denen wir überall begegnen, und mit seinen bösen Beispielen im höchsten Grade demoralisierend wirken muß.

*Errare humanum est.* Es irrt der Mensch, so lang' er strebt, und gerade bei dem Streben nach moralischer Vollkommenheit irrt er am meisten, besonders dann, wenn es sich darum handelt, nicht die eigene, sondern die Vollkommenheit anderer auf dem Wege der Gesetzgebung herbeizuführen. An und für sich entdecken zwar die meisten Menschen schon ein geringes sittliches Manko beim lieben Nächsten viel leichter, als ein ganz bedeutendes bei sich selbst, und es fehlt nicht an Leuten, die über jede unmoralische Handlung tief entrüstet sind, weil sie — andere begangen haben; aber man irrt dennoch gewaltig, wenn man glaubt, es könne gar nicht so schwer sein, gegen ein Uebel, das man so leicht zu erkennen vermag, wirksame Gesetze zu schaffen. Und wie wichtig sind solche Gesetze! Das Wohl und die Existenz des Staates hängt doch zum großen Teile davon ab, ob die Untertanen den Gesetzen der Sittlichkeit nachleben, oder ob allgemeine Unmoral herrscht. Die Weltgeschichte predigt dies als laute Warnung; stets ist dem sittlichen Verfall der Völker auch der politische Zusammenbruch der Staaten gefolgt.

Sind doch alle die Weltreiche, die für unüberwindlich galten, in ein Nichts zusammengebrochen, wenn sich die strengen Sitten mehr und mehr lockerten. Ist nicht das tausendjährige Römerreich hauptsächlich an der Ueppigkeit, Wollust und Unsittlichkeit des ganzen Volkes gescheitert? Wo ist die griechische, wo die babylonische Weltmacht geblieben? Stets zeigt uns die Weltgeschichte vor dem politischen Verfall den sittlichen. Das ist ja auch so natürlich, daß man an Wunder glauben müßte, wollte man annehmen, es könnte jemals die gleiche Ursache eine andere Wirkung hervorbringen. Und wie sieht es im neuen Deutschland aus?

Allerdings der Staat hat an und für sich kein Interesse daran, ob Hinz oder Kunz moralisch denken; es ist für ihn aber von enormer Bedeutung, ob seine Untertanen, zu denen auch Hinz und Kunz gehören, sittlich oder unsittlich leben, und deshalb hat er nicht allein das Recht, sondern auch die unabweisbare Pflicht, alles das, was einem unsittlichen Leben Vorschub leistet oder den sittlichen Verfall herbeiführen kann, tunlichst zu bekämpfen und zu beseitigen. Das kann der Staat aber nur dann, wenn er Gesetze hat, die einer wirklichen Sittlichkeit entsprechen, nicht aber die gefährlichsten Uebel zulassen, dagegen wegen anderer Dinge, die der öffentlichen Sittlichkeit in weit geringerem Grade oder gar nicht schädlich sind, die härtesten Strafen androhen. Man wird immer davon auszugehen haben, daß die persönliche Freiheit des einzelnen nicht mehr in Fesseln gelegt wird, als dies aus Gründen, die ich bei den einzelnen Delikten noch besonders hervorheben werde, unbedingt notwendig ist. Das Privatleben von — ich will hier an die oben genannten Namen anknüpfen — Hinz und Kunz geht nicht den Staat, nicht die Behörde und nicht die liebe Nachbarschaft etwas an. Wenn ich sage, der Staat habe ein Interesse daran, daß der einzelne Bürger sittlich lebe, so meine ich damit natürlich nicht, daß eine Behörde das Recht haben dürfe, das Maria Theresia der berüchtigten Keuschheitskommission einräumte, damit die Sittlichkeit, des Beamtenstandes besonders, gehoben und gerettet werden sollte. So weit es sich um das private Leben des einzelnen handelt, hat kein Gesetz, keine Behörde sich darum zu kümmern, ob dieser Lebenswandel etwa Moral sei oder nicht. Es kommt aber sehr darauf an, wie weit die Grenzen dessen, was als Privatleben bezeichnet werden soll, gezogen werden dürfen. Es ist ein Irrtum, alles das, was ein Mensch tut, als seine Privatangelegenheit anzusehen, denn fast stets wird durch eine Handlung die Rechtssphäre eines Mitmenschen oder gar der Allgemeinheit berührt, und diejenigen, die auf sittlichem Gebiete schrankenlose Freiheit verlangen, berücksichtigen nicht, daß in einem geordneten Staatsleben dem einzelnen unmöglich jeder beliebige Uebergriff in eine fremde Rechtssphäre gestattet werden darf, sonst hätte der Staat auch keine Befugnis, Mord, Diebstahl usw. zu verbieten. Der Schutz des Lebens und Eigentums ist nicht eine reine Privatangelegenheit des Lebenden oder Besitzenden, und ebenso hat auch jeder Staatsbürger das Recht, zu verlangen, daß seine idealen Güter, zu denen die Sittlichkeit gehört, gegen fremde Uebergriffe geschützt werden.

Wir müssen hier auf unsere erste Frage, was wirkliche Sittlichkeit sei, zurückkommen. Solange Menschen gemeinschaftlich leben, ist die Notwendigkeit anerkannt worden, bestimmte sittliche Normen zu schaffen. Daß diese nicht immer dieselben sein und bleiben können, ergibt sich aus der Materie und den zufälligen Verhältnissen des menschlichen Lebens, und doch „es erben sich Gesetz und Rechte wie eine ew'ge Krankheit fort". Auch die Gesetze der Moral. Wir finden schon im ersten Buche Mose Moralvorschriften; daß sie nicht mehr alle für unser heutiges Leben passen, können, liegt auf der Hand. Ein bestimmtes wissenschaftliches ethisches System hat zuerst Sokrates geschaffen. Das Verdienst, dieses System weiter geordnet und den kosmologischen und theologischen Prinzipien angepaßt zu haben, kommt in erster Linie dem weisen Plato zu, und noch heute wird unendlich viel — allerdings meist ohne hinreichende Kenntnis — von den platonischen Lehrsätzen und besonders von der platonischen Liebe gesprochen. Es gibt auch heute noch Leute, die von Epikur und Aristoteles verschiedene Lehrsätze kennen, den meisten sind aber selbst die urewigen Wahrheiten des Altertums ein überwundener Standpunkt, weil — ja weil wir das alles heute viel besser wissen müssen. Ist das aber wirklich der Fall? Ich möchte mir einige Zweifel gestatten, und werde im weiteren Verlaufe dieses Buches zeigen, wie wunderbar weit wir es gebracht haben — in der Kunst, moralische Grundwahrheiten auf den Kopf zu stellen. Von unseren deutschen Moralisten seien hier hervorgehoben: Spinoza, Schleiermacher, Schelling, Fichte und Hegel, von denen der letztere einmal gesagt hat, „Einer nur hat mich verstanden, und der hat mich mißverstanden". Für uns kann auch die Ethik, weil sie naturgemäß die Beziehung der Moralprinzipien auf die zufälligen Verhältnisse des Lebens der individuellen Beurteilung überlassen muß, nur als Leitfaden in Betracht kommen. Man hat oft gesagt: „Die Ehe ist die Basis aller Sittlichkeit!" Wenn das richtig ist, was nur bei einer idealen Ehe möglich wäre, dann könnte man sich versucht fühlen, hinzuzusetzen: „Ergo muß die Basis aller Unsittlichkeit die Ehelosigkeit sein". Und doch hat es Leute gegeben, die allen Ernstes die Ehe für unsittlich und die Ehelosigkeit für wirklich sittlich und christlich hielten. Mönche und Nonnen, die sich dem Klosterleben widmeten, haben denselben Standpunkt vertreten, es hat sich aber gezeigt, wie bitterböse es gerade moralisch um diese „höhere Sittlichkeit" der Ehelosigkeit aussah. Papst Gregor VII. hat aber gleichwohl 1074 ungeachtet des allgemeinen Entrüstungssturmes den Cölibat für die Geistlichen durchgesetzt und, obwohl die Ehe als Sakrament und als untrennbar galt, doch den Priestern, die sich weigerten, Weib und Kinder von sich zu stoßen, untersagt, die Kirche zu betreten oder gar die Messe zu lesen. Und als eine wie große Gefahr für die öffentliche Sittlichkeit hat sich gerade der Cölibat bis auf den heutigen Tag erwiesen! Auch bei den Ritterorden, den Maltesern, Johannitern, Templern und Deutschrittern war der Cölibat Vorschrift; der Erfolg war nicht viel besser. Der letztere Orden hat allerdings 1523 unter seinem Hochmeister

Markgraf Albrecht von Brandenburg den lutherischen Glauben angenommen und sich damit auch zu vernünftigeren Anschauungen bekehrt. Freilich hat es auch bei den reformierten Sekten mitunter Schwärmer gegeben, die eheliche Fesseln für unsittlich hielten; aber das sind nur verschwindende Ausnahmen.

Wieder andere Moralanschauungen erklärten die Polygamie nicht nur für zulässig, sondern für den Gipfelpunkt der Sittlichkeit; logisch wird man auch nicht behaupten dürfen, daß sie unsittlicher sei als die Einzelehe, in der ein Gatte sich nebenbei Maitressen hält. Daß eine Frau mehrere Männer heiraten darf, findet man nur sehr selten; fast überall ist bei der Polygamie nur die Vielweiberei zugelassen; das Weib als rechtlose Sklavin, wie unsere Feministen und Frauenrechtler sagen würden. Die Vielweiberei ist übrigens eine uralte Institution; sie galt bei den Juden und vielen orientalischen Völkern und wurde auch vom Mohammedismus beibehalten; sie ist selbst bei den keuschen Germanen nicht unbekannt gewesen, galt da allerdings für ausschließliches Vorrecht der Fürsten; ob diese dem Volke nur zeigen sollten, wie man nicht leben dürfe, oder ob man die Polygamie für eine höhere Sittlichkeit hielt, für welche die *misera plebs* nicht moralisch reif genug sei, ist mir freilich nicht bekannt. Häufig kam aber auch die Fürstenpolygamie nicht vor. Noch seltener hat sie Eingang in das Christentum gefunden, da sie der christlichen Moralanschauung direkt widerspricht; sie ist auch nur in das Afterchristentum eingedrungen. Johann Bockelson, der später als Wiedertäuferkönig sich in der Geschichte ein wenig ehrendes Denkmal gesetzt hat, führte sie 1534 ein, weil er ein ausschweifendes Leben liebte, dem er sich, ohne Aergernis zu erregen, nur hingeben durfte, wenn er seiner Liederlichkeit ein heiliges Mäntelchen umhängen konnte. Als er in Münster mit seiner getreuen Gemeinde belagert wurde, nahm er 16 Gattinnen, an denen er mit so treuer Liebe hing, daß er die eine, Elisabeth Wandscherer, höchst eigenhändig hinrichtete, weil sie den Wunsch ausgesprochen hatte, die dem Hungertode preisgegebene Stadt verlassen zu dürfen. Johann von Leyden konnte sich bei der Einführung der Polygamie auf biblische Vorbilder berufen, und deshalb fand sein Beispiel so lebhafte Nachahmung, daß die „Frauenfrage" glatt gelöst wurde, es gab in der Tat kein weibliches Wesen im heiratsfähigen Alter mehr, das seinen Beruf verfehlt hätte.

Es sind also schon über die Form der Ehe drei oder, wenn man die Polygamie in Polygynie und Polyandrie scheiden will, sogar vier Moralanschauungen vorhanden, und doch gilt die Ehe als Basis aller Sittlichkeit. Ja, welche Ehe? Für uns natürlich nur die Monogamie. Es lassen sich für diese auch in der Tat die meisten Gründe geltend machen; praktisch liegt die Sache allerdings wesentlich anders. Wir dürfen uns nicht der Erkenntnis verschließen, daß es immer weniger Ehen gibt, die wirklich so sind, wie sie sein sollten, und daß in der Tat auch immer weniger Ehen als Fundamente wahrer Sittlichkeit gelten dürfen. Woran das liegt, und wie diesem Uebel möglichst abzuhelfen ist, das werden wir in den einzelnen Kapiteln zu prüfen haben. Ist aber nicht einmal über die Ehe selbst überall die gleiche Ansicht herbeizuführen, so ist es erst recht klar, daß auch über das, was als wirklich sittlich oder unsittlich zu gelten hat, noch viel weniger überall die gleichen Meinungen herrschen können, und daß noch viel weniger darüber, was strafbar sein muß, und wieweit etwas strafbar sein darf, eine Uebereinstimmung besteht oder jemals bestanden hat. Wie leicht ist dagegen über die anderen Straftaten eine Einigung zu erzielen. Daß man nicht morden, rauben, stehlen, brandstiften, betrügen usw. darf, das sagt uns schon unser natürliches Rechtsgefühl, das den Menschen, gleichviel welchem Volke sie angehören, gleichsam mit in die Wiege gelegt wird; es ist ein instinktives Rechtsbewußtsein, und auch die Schreier, die den Unsinn, daß Eigentum Diebstahl sei, mit lautester Stimme verkünden, erinnern sich dieses schlummernden Rechtsbewußtseins sofort, wenn — sie selbst bestohlen worden sind. Auch das „Göttliche Recht", wie man die zehn Gebote oft nennt, sagt sehr präzise: „Du sollst nicht töten!", „Du sollst nicht stehlen!". Das versteht jeder noch leichter als unsere Reichsgerichts-Entscheidungen. Was aber sagt es uns über die Sittlichkeit? Da heißt es nur: „Du sollst nicht ehebrechen!" Das versteht schon nicht jeder, und auch die Rechte der verschiedenen Zeiten und Völker haben diesem Gebot eine recht verschiedene Auslegung gegeben. Und doch, sehr viel ist damit gesagt: „Du sollst nicht ehebrechen!" Dies Gebot sollte das höchste und heiligste auf dem Gebiete der Sittlichkeit sein, wie es das einzige des Göttlichen Rechtes ist. Im deutschen Strafrecht ist es aber anders; da ist der Ehebruch überhaupt kein Verbrechen, sondern nur sehr bedingungsweise ein geringes Vergehen, strafbar nämlich nur dann, wenn infolge des Ehebruchs die Ehe wirklich geschieden ist, und auch nur dann, wenn der betrogene Gatte den Strafantrag gestellt hat. Das heißt viel eher den Ehebruch begünstigen, als ihn verbieten. In früherer Zeit, Tausende von Jahren lang, war der Ehebrecher mit der Todesstrafe bedroht. Das mag uns freilich zu hart erscheinen, aber wenn man berücksichtigt, daß doch der Diebstahl, wenigstens wenn es sich um ein Objekt von einem bestimmten Werte handelte, ebenfalls mit dem Tode gesühnt wurde, dann erscheint die Todesstrafe schon eher als eine äquivalente Sühne. Am Ausgange des XVIII. Jahrhunderts hat man die Todesstrafe als eine für die meisten Straftaten zu grausame Sühne empfunden, so auch wegen des Ehebruchs. Besonders interessant ist wegen des letzteren Delikts eine Begründung der Aufhebung jener Strafe; sie lautet wörtlich: „Und wie lächerlich ist es, wenn ein Landesherr durch ein Gesetz eine Sache bei Todesstrafe verbietet, die er selbst mit einer deklarierten, und so viel heimlichen Maitressen öffentlich vor den Augen seines Volkes tut? Haben denn die Gesetzgeber Monopolia, die an sich unerlaubten Handlungen, welche sie anderen verbieten wollen, allein zu treiben?" Der alte Grundsatz: *„punitur, ne peccetur"*, sowohl als auch der: *„punitur, quia peccatum est"*, konnten die Beibehaltung der Todesstrafe für Ehebrecher sicherlich nicht rechtfertigen, denn einen Erfolg hatte man nach keiner Richtung hin erzielt; aber die oben zitierte Meinungsäußerung ist offenbar der plausibelste Grund zur Strafabänderung gewesen, denn es läßt sich nicht verkennen, daß in diesen Sätzen eine starke Dosis Wahrheit enthalten ist. In der Tat haben schon von den ältesten Zeiten an die weltlichen und geistlichen Fürsten dem Volke ein sehr böses Beispiel gegeben. Man braucht nicht auf die altjüdischen Könige, z. B. David, zurückzugreifen; auch in unserer Geschichte haben sich unerhörte Dinge an den Höfen abgespielt. Selbst Karl der Große, der doch sonst gewiß hoch über andere gekrönte Häupter hinausragte, ist sittlich ein sehr böses Beispiel gewesen. Und Heinrich IV.? Wie schlimm war's erst um die Geistlichkeit bestellt. Ullrich von Hutten gibt in seinem berühmten Buche „*Trias romana*“ ein anschauliches Bild der Sittenverderbnis, die von der Geistlichkeit nicht einmal mit dem Deckmantel scheinheiliger Frömmigkeit umhüllt wurde, und es ist auch wohl hinlänglich bekannt, welche Eindrücke Luther bei seiner Romfahrt 1510 am päpstlichen Hofe sammelte. Wer weiß, ob er mit gleicher Energie sein großes Reformationswerk in Angriff genommen hätte, wenn ihm nicht ständig das Bild jener wahrhaft grauenvollen Zustände die Seele bedrückt hätte. Hat doch selbst noch in unserer Zeit der Kardinal von Hohenlohe es für das größte aller Wunder erklärt, daß er sich lange am päpstlichen Hofe aufgehalten und doch seinen Glauben nicht verloren habe. Wie offen wurde nun aber erst in mittelalterlicher Zeit von den Großen dieser Welt die Unsittlichkeit betrieben. Als Kaiser Albrecht 1298 gen Straßburg zog, hatte er nicht weniger als 800 Dirnen in seinem Gefolge, und Etterlin berichtet in seiner alten Chronik, da Kayser Sigismund bei seinem Besuche in Bern besonders geehrt werden sollte, habe der wohlehrweise Rat dem hohen Gaste und seinen Begleitern den freien Besuch „by den schönen Frawen im Gäßlin“ bewirkt und dort dann aus städtischen Mitteln die recht hohe Rechnung beglichen. Es heißt darüber in der alten Chronika wörtlich: „Dieselben zwo Eren und Herrlichkeyten, mit dem Wyn und mit dem Frawenhauß, rumt der Künig darnach, wo er bey Fürsten und Herren saß, gar hoch, und hielt es gar für eine große Sach.“ Ebenso ungeniert hat derselbe Herrscher in Ulm die öffentlichen Häuser besucht. Man darf wohl sagen, die furchtbare Demoralisation, die in früheren Zeiten herrschte, ist von oben ins Volk getragen worden, denn böse Beispiele verderben gute Sitten. Wie hat es nun erst nach dem dreißigjährigen Kriege ausgesehen, und wie hat es auf die Sitten des Volkes eingewirkt, als es später die deutschen Höfe für ihre vornehmste Aufgabe hielten, das Treiben des französischen Hofes nachzuahmen! Aber als man bei uns die Fürsten entthront hatte, da stellte es sich bald heraus, daß ein großer Teil des Volkes unter der Volksbefreiung nichts sehen wollte, als die Freiheit, jede Unsittlichkeit und jedes Verbrechen zu begehen. Von einer Sittlichkeit will das sogenannte freie Volk überhaupt nichts wissen.

Man wird sich nun die Frage vorzulegen haben, wie ein Gesetz beschaffen sein muß, wenn es wirklich die Hoffnung rechtfertigen soll, daß es bessernd wirken kann. In erster Linie aber wird zu prüfen sein, wie weit ein Gesetz überhaupt gehen darf, und welche Taten als Delikte zu gelten haben. Ich lege großes Gewicht auf die Strafbestimmungen früherer Zeiten, mit denen das geltende und das zukünftige Recht verglichen werden muß, wenn ein richtiges Urteil über die ganze Materie ermöglicht werden soll. Wir werden für Dinge, die vernünftigerweise niemals Gegenstand einer Strafbestimmung werden durften, die furchtbarsten Strafen angedroht finden, deren Aufhebung ein enormer Fortschritt war. Wir finden dann in späteren Rechten langatmige Erörterungen und werden uns wohl sagen dürfen, daß das Allgemeine Preußische Landrecht trotz aller dagegen erhobenen Einwendungen, von denen der Vorwurf, daß es in der Detaillierung zu weit gehe und den Richter viel zu stark bevormunde, ihm fast das eigene Denken abnehme, praevaliert, doch die vorzüglichste Lösung des schwierigen Gesetzesproblems war. Selbstverständlich würde Vieles für unsere Zeit nicht mehr passen. Das gilt aber vom heutigen Rechte mindestens ebenso. Es erweckt oft den Anschein, als habe sich nicht jeder, der daran mitwirkte, völlig frei von der Schuld gefühlt, gegen die er helfen sollte, Gesetze zu machen. Das läßt zwar im allgemeinen auf ein sanftes und gerechtes Gemüt schließen, aber daß das Gesetz keineswegs gut ist, das hat man wohl schon längst gefühlt, wenn sich auch dieses Gefühl lange Zeit im stillen Busen verbergen mußte, bis mit viel Geschrei und wenig Wolle die famose *lex Heinze* aufgefahren wurde, die aber in allen ihren Bestimmungen genau so verfehlt war, wie in ihrem Titel. Der Artikel 340 des *„Code Napoléon“* lautet: *„La recherche de la paternité est interdite“;* haben die Väter jener Gesetzesvorlage in einem Anfall allzu großer Bescheidenheit diese Vorschrift beherzigt? Warum mußte dann aber gerade der unglückliche sogenannte Töpfer Heinze seinen wahrlich nicht mit Ruhm befleckten Namen für das totgeborene Kind hergeben? Oder hatte erst der Sensationsprozeß gegen das Ehepaar Heinze wegen Ermordung eines Nachtwächters der staunenden Welt verraten, daß es in Berlin Zuhälter gibt, und daß diese nicht gerade von sich behaupten dürfen, bessere Menschen zu sein? Wahrlich, das wäre ein schlimmes Zeichen für die Aufmerksamkeit, mit der die schweren Uebelstände unseres öffent-Lebens beobachtet werden. Jede Woche werden doch seit Jahrzehnten am Berliner Landgericht Prozesse gegen Zuhälter verhandelt, die mindestens ebenso grauenvolle Einblicke in die Sümpfe und Moraste des Zuhälter- und Dirnenwesens gestatten. Und da mußte gerade das verkommene Subjekt Heinze einem Gesetz seinen Namen leihen, das — Kunst und Literatur lahmlegen sollte? Wozu denn die widerliche Sensationsmache, die sich schon in dem Namen dieses Gesetzentwurfs zu erkennen gab? Will man Hilfe gegen die gar nicht zu leugnenden Uebelstände schaffen, — und es wird wahrlich dazu die höchste Zeit — dann ändere man unsere Strafgesetz-Paragraphen ab, soweit es not tut; das kann aber auch ohne den Namen eines berüchtigten Zuhälters geschehen. Man hätte ebensogut eine *lex Pallisaden-Carl* usw. schaffen können. Mit neuen Bestimmungen gegen Zuhälter und Dirnen wird ohnehin die Sittlichkeit nicht gehoben; da muß man, wenn man's wirklich ernst meint, den Hebel an einer ganz anderen Stelle ansetzen.

Vor Ausbruch des Weltkrieges sollten wir ein neues Strafrecht erhalten. Damit zugleich natürlich auch neue Bestimmungen über die Sittlichkeitsdelikte. Ich werde auch hierauf bei den einzelnen Abschnitten eingehen. Die Kritiken über die Sittlichkeitsdelikte, die uns hier fast allein interessieren, waren meist sehr formaler und einseitiger Natur. Man stritt mehr über den Namen „Sittlichkeits“-Delikte und über die Plazierung der einzelnen Bestimmungen als über ihren Inhalt. Ich lege auf die Bezeichnung und ähnliche rein äußerliche Dinge keinen Wert, rege mich nicht darüber auf, daß gelegentlich von „Frauenspersonen“ die Rede ist, und wenn ich auch nicht verkenne, daß es von Wichtigkeit ist, wo und in welchem Zusammenhang eine Strafbestimmung steht, so werde ich mich doch bei der Kritik der vergangenen, gegenwärtigen und zukünftigen Rechte, nur auf den Inhalt, seine Folgen und seinen Einfluß auf das, was man öffentliche Sittlichkeit nennt, beschränken. Das scheint mir ungleich wesentlicher.

Durch Festsetzung und Androhung einer Strafe allein ist nichts getan; denn wären wirklich drakonische Strafen das alleinseligmachende Mittel zur Verhütung von Verbrechen, dann hätte es zur Zeit des Peinlichen Rechtes nur engelsreine Menschen geben müssen. Und doch haben sich die Verbrechen so gehäuft, daß auch der blödeste Geist schließlich zu der Erkenntnis gelangen mußte, das Strafrechtssystem sei nicht nur unmenschlich, sondern auch völlig wirkungslos. Für die sogenannte Humanität ist dies ein Beweis dafür, daß überhaupt strenge Strafen zwecklos seien; aber der objektiv Prüfende wird doch nicht umhin können, zuzugeben, daß die wahre Humanität niemals in einem weichlichen Schutze der Herren Verbrecher bestehen kann, sondern im Gegenteil darin, daß man die Allgemeinheit energisch und streng vor Verbrechern schützt. Schon Luther hat dies erkannt; er schreibt in seiner Kirchen-Postille: „Meister Hans (das ist der Henker) ist ein sehr nützer und barmhertziger Mann, denn er steuret den Schalck, daß er es nicht mehr tue, und wehret den anderen, daß sie es nicht nachthun. Denn für ihm schlägt er einem den Kopff ab, denen andern hinter ihm drauet er, daß sie sich fürchten für dem Schwerd, und friede halten, das ist eine große Gnade und Barmhertzigkeit." Die Strafen sind früher deshalb unwirksam gewesen, weil sie nicht im richtigen Verhältnis zu den Straftaten standen, weil sie nicht logisch begründet waren, das Volk sich also nicht von ihrer Zweckmäßigkeit, Notwendigkeit oder auch nur Berechtigung überzeugen konnte, ferner auch deshalb, weil die Menschheit verwildert war und durch den ständigen Anblick der entsetzlichen Blutarbeit noch mehr verrohte, ferner auch deshalb, weil die Machthaber nicht mit gutem, sondern mit bösem Beispiel vorangingen, und schließlich, weil bei der mangelhaften Polizeiorganisation die Chancen, nicht erwischt zu werden, gerade für die schwersten Verbrecher ziemlich günstig lagen, während weniger Schuldige oder völlig Schuldlose einem blöden Wahne zum Opfer fielen. Ganz besonders trifft dies für die Geschichte der Sittlichkeitsverbrechen zu. Diese Geschichte lehrt uns, daß gerade die sittenlosesten und verweichlichtsten Despoten am grausamsten waren; psychologisch sind Wollust und blutgierige Grausamkeit nahe verwandt. Wie sollte aber das Volk sich von der Rechtmäßigkeit einer Justiz überzeugen können, wenn es stets und ständig vor Augen hatte, wie Herrscher und Geistlichkeit ungestraft den sittenlosesten Wandel führten, während die Untertanen wegen viel geringerer Sittendelikte dahingeschlachtet wurden? Wollust und Grausamkeit standen auch da in Wechselwirkung, denn je mehr der Anblick des blutigen Henkerwerks verrohend wirkte, desto intensiver wurde der rein tierische Geschlechtstrieb angeregt. Wer stiehlt, raubt oder mordet, der handelt in überlegter Absicht; er folgt dem Hange nach Bereicherung, oder er handelt, um Rache zu üben, vielleicht auch, um einen ihm gefährlichen oder unbequemen Menschen zu beseitigen. Der Sittlichkeitsverbrecher kennt keine derartigen Motive; er folgt fast stets seiner wilden Leidenschaft, einem instinktiven Triebe der Natur, der so stark in ihm ausgeprägt ist, daß er ihm nicht zu widerstehen vermag. Selbst sehr ernste und keineswegs „moderne" Philosophen haben dies betont; sagt doch sogar der Pessimist Schopenhauer, daß die geschlechtliche Liebe der stärkste Trieb nächst dem zur Erhaltung des eigenen Lebens sei. Das ist keineswegs übertrieben, sondern noch nicht einmal genug gesagt, weil nämlich sehr oft der Trieb zur Erhaltung der Art, der allen Lebewesen gegeben ist, noch wesentlich stärker hervortritt, als der Trieb zur Erhaltung des eigenen Lebens. Die Naturgeschichte zeigt dies oft genug selbst an den niedrigen Organismen.

Ein jeder Naturtrieb verlangt aber kategorisch aus sich selbst seine Befriedigung. Wer Hunger hat, muß essen; wer Durst hat, muß trinken; wer müde ist, muß schlafen; er will nicht bloß, er muß, sonst geht er zugrunde, und kein Moralgesetz der Welt, keine angedrohte Strafe wird hieran etwas ändern, weil sich die Natur von den Menschen keine Vorschriften machen läßt. Wenn wir nun wissen, daß der Geschlechtstrieb der stärkste Naturtrieb ist, muß uns dies nicht zu der Ueberzeugung führen, es sei widernatürlich und deshalb unzulässig, überhaupt von Sittlichkeitsverbrechen und Gesetzen gegen diese zu sprechen? Durchaus nicht. Kein Sittlichkeitsgesetz darf je darauf zielen, diesen mächtigsten aller Naturtriebe und seine notwendigste Befriedigung zu verbieten, denn dadurch müßten das Staatswohl und die wirkliche Sittlichkeit in gleichem Maße gefährdet werden; schon ein Gesetz, das eine zu große Beschränkung anstrebte, würde im höchsten Grade verfehlt sein; aber das Gesetz hat dem schrankenlosen Genusse, wie ihn die Apostel der freien Liebe predigen, einen Damm zu setzen, die Befriedigung in ihrer sittlichsten Form, also die Ehe, zu schützen und unberechtigte oder gar gewaltsame Uebergriffe in eine fremde Rechtssphäre zu verhüten. Das ist die ideale Aufgabe eines jeden Sittlichkeits-Gesetzes, und was darüber ist, das ist vom Uebel. Hunger, Durst und Schlafbedürfnis sind Naturtriebe, die sich wesentlich vom Geschlechtstrieb unterscheiden; sie dienen der Erhaltung des eigenen Lebens, letzterer der Erhaltung der Art; sie verlangen fortgesetzte, regelmäßige Befriedigung, während davon bei letzterem nicht die Rede sein kann, und doch darf auch zu ihrer Befriedigung nicht fremdes Recht tangiert werden. Auch der Hungernde und Dürstende darf nicht ungestraft fremdes Eigentum zur Erhaltung seines Lebens an sich reißen; auch hier ist jede Befriedigung, die wesentlich das natürliche Bedürfnis übersteigt, mindestens moralisch verwerflich und sogar, wenn auch nur bedingungsweise, strafbar. Gesetze gegen Völlerei und Trunksucht hat es genug gegeben; daß sie einen unbefugten Eingriff in die persönliche Freiheit dargestellt hätten, darf man nicht ohne weiteres behaupten, da sie sehr oft dringend notwendig und deshalb auch nützlich waren. Die Grenze einer normalen Befriedigung läßt sich natürlich nicht so bestimmt festsetzen; es hat sich also auch stets nur darum handeln können, das offenbare Uebermaß zu verbieten.

Was heißt auch normal? Im allgemeinen wird man einen Zustand, bei dem die einzelnen Naturtriebe sich „normal", das heißt regelmäßig im Bedürfnis und in der Befriedigung, einstellen, für normal und gesund halten müssen; während Störungen — mögen sie nun als anomale Steigerungen oder Verminderungen in die Erscheinung treten — als Symptome einer Erkrankung zu gelten haben. Völlige Appetitlosigkeit oder Schlaflosigkeit verraten bedeutende physische oder psychische Störungen; ebenso würden aber auch ein übertriebenes Schlafbedürfnis oder ein unstillbares Bedürfnis zur Nahrungsaufnahme, namentlich steter Durst, auf eine Erkrankung schließen lassen. Am wenigsten ist es möglich, von einem normalen Geschlechtstrieb zu sprechen, und doch wird — so paradox dies auch klingen mag — von einem anormalen

Geschlechtstrieb gesprochen werden dürfen, sowohl nach der positiven wie auch nach der negativen Seite hin. Wir kennen hierüber verschiedene Doktrinen.

Nach der einen Ansicht gilt die ungewöhnliche Steigerung des Triebes als ein Zeichen robuster Gesundheit, die Abnahme für krankhaft; nach der anderen Ansicht ist ein minimaler Trieb ein Gesundheitssymptom, die Steigerung ein Beweis krankhafter Störung. Wo es sich aber um gewisse Doktrinen handelt, da pflegt auch bei wissenschaftlichen Autoritäten die kühle Objektivität auszuscheiden; jeder beißt sich in sein System fest und gelangt, weil er meist von falschen Voraussetzungen ausgeht, zu falschen Schlüssen, und muß selbst bei durchaus logischem Denken zu solchen gelangen. Nach meiner Ansicht ist keiner der drei Doktrinen ohne weiteres beizupflichten; es wird nicht darauf ankommen, ob objektiv ein Individuum einen besonders starken oder einen minimalen Geschlechtstrieb besitzt, sondern lediglich darauf, ob der Trieb, soweit er psychisches Wollen ist, auch mit dem physischen Vermögen in Uebereinstimmung zu bringen ist; lediglich danach wird man ermessen können, ob und inwieweit eine krankhafte Störung vorhanden ist. Danach wird man auch erst von einem individuell normalen oder anormalen Triebe reden dürfen; ich will aber hier vorweg bemerken, daß ich zwischen dem physischen Vermögen und der faktischen Möglichkeit, den Trieb in natürlicher Weise zu befriedigen, einen Unterschied mache, denn von einem physischen Vermögen spreche ich nur insoweit, wie das *exercitium coitus* keine gesundheitlichen Störungen nach sich zieht, mag es auch — wenn man so sagen will — das natürliche Bedürfnis überschreiten. Die Individualität kann allein entscheiden. Machen wir uns das an anderen Naturtrieben klar.

Wenn zwei Menschen, wie das ja dummerweise noch oft genug vorkommt, sich darüber streiten, wer innerhalb einer bestimmten Frist das größte Quantum essen kann, kommt es vor, daß jemand sich zwingt, eine abnorme Portion hinunterzuwürgen. Er hat dann allerdings die faktische Möglichkeit, ein solches Quantum zu verschlingen, bewiesen, nicht aber, wenn er krank danach wird oder gar stirbt, das wirkliche physische Vermögen. Genau so liegt die Sache bei den sogenannten Trinkwetten. Gewiß, wer sich rühmt, eine bestimmte Menge trinken zu können, hat die absolute Möglichkeit, diese Menge alkoholischen Getränks durch dic Gurgel jagen zu können, bewiesen, nicht aber sein physisches Vermögen, wenn ihn gleich darauf der Schlag rührt, oder wenn er auch nur sinnlos betrunken wird. Gerade das Beispiel des Trinkens, das ja für uns Deutsche an und für sich verständlich und auch wohl sympathisch ist, hilft uns am leichtesten auf die Spur. Man sehe sich nur einmal einen alten Korpsstudenten und ein Schneiderlein nach dem sprichwörtlichen Berliner Muster an und prüfe beide auf ihre Trinkfähigkeit, dann wird man sofort verstehen, was ich meine. Ich selbst habe einen biederen Münchener gekannt, dessen normales tägliches Bedürfnis 25 Halbe waren. Hatte er dieses Quantum wesentlich überschritten, dann meinte er aus innerster Ueberzeugung, das viele G'saufe wäre nichts nütz; der Mensch müsse mäßig sein. So sind aber auch auf dem uns beschäftigenden Gebiete die Naturen grundverschieden.

Die von einander abweichenden Grundansichten über Impotenz, Präpotenz und Satyriasis, Nymphomanie usw. als Symptome krankhafter Störungen oder besonders robuster Gesundheit, müssen natürlich auch für die strafrechtliche Beurteilung der Sittlichkeitsdelikte sich diametral gegenüberstehende Doktrinen hervorbringen; denn wenigstens theoretisch muß doch eine Handlung, die nichts ist als die Folge einer krankhaften Störung, anders beurteilt werden, als die Tat eines völlig Gesunden. Für die Anhänger der Ansicht, daß jedes Sittlichkeitsverbrechen die Betätigung einer robusten, gesunden und überschäumenden Kraft sei, bleibt der Sittlichkeits-Verbrecher natürlich ein Subjekt, das unter allen Umständen eine möglichst scharfe Verurteilung verdient. Diese Auffassung zeigt am deutlichsten, wie grundfalsch es ist, nicht zunächst den psychischen Trieb mit dem physischen Vermögen zu vergleichen. Man sehe sich doch einmal die Strafpraxis genauer an. Gewiß, da findet man kräftige Burschen unter den Sittlichkeitsverbrechern, von denen man schon annehmen darf, daß sie die robuste, überschäumende Kraft zu dem Verbrechen getrieben hat; es handelt sich bei solchen Personen auch meist um Notzucht, also ein gewalttätiges Vorgehen, oder bei der Landbevölkerung um Sodomie. Beide Arten folgen einem unwiderstehlichen Triebe;

**Hinrichtung durch Ertränken.**
(15. Jahrhundert. Britisches Museum, London.)

**Darstellung der Strafen nach dem Laienspiegel.**

Von Trengler (Mainz 1508).

Verbrennen, Hängen, Ertränken, Blenden, Aufschlitzen, Rädern, Auspeitschen, Enthaupten, Handabhacken.

aber nach geltendem Recht muß man sie bestrafen, weil sie vollkommen zurechnungsfähig und verantwortlich sind, und auch der heftigste Affekt keineswegs ihre „freie Willensbestimmung" ausgeschlossen hat. Dagegen findet man aber unter den Angeklagten auch kraftlose und gebeugte Greise, die sich in der Regel an Kindern unter 14 Jahren vergangen haben. Hier würde man in den meisten Fällen eine protrahierte *impotentia virilis* feststellen können. In allen Fällen war aber der psychische Trieb so stark, daß er die Scheu vor dem Verbrechen und vor dem Zuchthause überwand. Beide Kategorien ohne weitere ernste Prüfung strafrechtlich völlig gleichzustellen, halte ich für einen bedenklichen Fehlgriff; der § 176 Str.-G.-B. stellt sie aber vollständig gleich und droht ihnen dieselben Strafen an; beide gelten für voll verantwortlich. Die Möglichkeit, daß in einem Falle nur auf Gefängnis nicht unter sechs Monaten erkannt werden „kann", ist ohne jede Bedeutung für mich, verschlimmert höchstens die Sache noch, da sie eben beiden zugute kommen kann und in der Praxis nicht selten dem wirklich Schuldigeren zugute kommt. Wie grundverschieden die einzelnen Gerichtshöfe gleiche Straftaten auffassen, ist hinlänglich bekannt, und die allgemein gehaltene Bestimmung: „Sind mildernde Umstände vorhanden usw." ruft erst recht die Gefahr hervor, daß unsere Gerichte eine Art Lotterien werden, bei der der blinde Zufall entscheidet, welches Los einen Angeklagten trifft, nämlich der Zufall, vor welchen Richter ein Angeklagter kommt. Das Gesetz sagt mit keiner Silbe, was mildernde Umstände sind. Manche Richter sind geneigt, sie dem robusten Burschen, der keine Gelegenheit fand, seine wilden Triebe in anderer Weise zu befriedigen, zuzubilligen; andere wieder kennen der brutalen Gewalt gegenüber keine Gnade; manche Richter fühlen sich geneigt, den krankhaften Greis milde zu behandeln; andere halten sittliche Verirrungen eines Greises für doppelt und dreifach verdammenswert. Wer hat recht? Die Auffassung des Richters aber entscheidet allein darüber, ob der Angeklagte ins Zuchthaus oder nur ins Gefängnis wandert. Unser Strafrecht kennt eine verminderte Zurechnungsfähigkeit infolge psychischer Störungen überhaupt nicht, denn der § 51 nimmt nur da Straflosigkeit an, wo erwiesen ist, daß der Täter sich zur Zeit der Begehung der Tat in einem Zustande von

Bewußtlosigkeit oder krankhafter Störung der Geistestätigkeit befunden hat, durch den seine freie Willensbestimmung ausgeschlossen war. Das berührt also Fälle, in denen die „freie Willensbestimmung nur beeinflußt war", wenn auch bis dicht an die Grenze der Ausschließung, überhaupt nicht.

Es hat sich aus diesem Grunde die durchaus falsche, aber keineswegs wunderbare Theorie herausgebildet, daß jeder Sittlichkeits-Verbrecher unzurechnungsfähig sei, weil eben die geschlechtliche Erregung, ohne die ja ein solches Verbrechen überhaupt unmöglich ist, ihn in einen Zustand von Bewußtlosigkeit versetzt habe, durch den seine freie Willensbestimmung ausgeschlossen gewesen sei. Man darf unter freier Willensbestimmung aber nicht nur das Wollen verstehen, das eine Folge klaren, von keiner Leidenschaft beeinflußten Nachdenkens ist, denn sonst würde nur in den allerseltensten Fällen ein Mensch über eine freie Willensbestimmung verfügen können; der Wille ist vielmehr die Fähigkeit, aus eigenem inneren Antriebe sich ein Ziel zu setzen, das man mit allen zu Gebote stehenden Mitteln zu erreichen strebt. Eine selbst gewaltige Erregung oder Begierde, die uns anspornt, mit aller Energie den beabsichtigten Zweck zu erreichen, schließt die Freiheit des Willens nicht aus; sie setzt höchstens unsere Widerstandsfähigkeit herab. Wollten wir sie schon für hinreichend halten, die freie Willensbestimmung auszuschließen und damit natürlich auch die strafrechtliche Verantwortlichkeit des Täters, dann würden wir überhaupt jede Strafvorschrift wegen eines Sittlichkeitsdelikts beseitigen müssen, weil, wie schon bemerkt, ein solches ohne hochgradige Erregung nicht gedacht werden kann, diese also präsumtiv jedem Täter innegewohnt haben muß. Ja, wir würden so ziemlich das ganze Strafgesetzbuch streichen und gerade die schwersten Verbrecher für straflos erklären müssen. Auch der Mörder schreitet wohl niemals ohne starke Erregung zur Tat. Will man deshalb von einem Zustand von Bewußtlosigkeit sprechen, durch den die freie Willensbestimmung ausgeschlossen ist? Wir würden damit noch die Lehre Lombrosos überbieten, durch die ja auch schon die Irrenhäuser stets überfüllt, die Strafanstalten aber leer gehalten werden würden.

Das „Zukunftsrecht" sollte dem von mir schon vor mehr als

20 Jahren als völlig unhaltbar bekämpften Zustand ein Ende machen; der Vorentwurf zu einem neuen Strafgesetzbuch hatte im § 63 endlich die verminderte Zurechnungsfähigkeit als Strafmilderungsgrund vorgesehen, und das ist ein Schritt vorwärts, da selbst dann die Strafreform zu einem segensreichen Werke werden würde, wenn alles übrige wertlose Arbeit wäre. Daß zunächst die Redaktion des § 63 völlig verfehlt war, weil nur die durch Geisteskrankheit, Blödsinn und Bewußtlosigkeit verursachte Verantwortlichkeitsverminderung gelten sollte, halte ich für nicht so bedenklich, da ja, gestützt auf die ungeheueren Erfahrungen der neueren Zeit, der Reichstag vermutlich eine etwas glücklichere Fassung schaffen konnte, zumal schon in den Motiven der Weg hierzu gewiesen war. Jedenfalls ist, wie ich es kurz nennen will, die verminderte Zurechnungsfähigkeit die Kardinalfrage für das ganze Strafrecht und insbesondere für den Abschnitt 13 unseres Strafgesetzbuches (Abschnitt 20 des Vorentwurfs). Daß man es gerade bei Sittlichkeitsdelikten sehr oft mit Handlungen zu tun hat, die in wesentlich beschränkter Zurechnungsfähigkeit begangen waren, kann keinem Zweifel unterliegen, und bei einem Teile davon liegt außerdem die hohe Wahrscheinlichkeit vor, daß sie sogar in einem Zustande krankhafter Störung der Geistestätigkeit, durch den die freie Willensbestimmung völlig ausgeschlossen war, begangen worden seien. Diese Vermutung ist nicht in Fällen naheliegend, in denen kerngesunde, robuste Täter mit roher Gewalt vorgegangen sind, sonst aber in durchaus natürlicher Weise ihre Leidenschaft befriedigt haben; sie ist aber stets da, wo bei physischem Unvermögen ein starker psychischer Trieb sich zeigte, als möglich, und wenn in solchen Fällen außerdem die Art der Befriedigung ungewöhnlich und unnatürlich war, als wahrscheinlich vorauszusetzen. In der gerichtlichen Praxis wird die Frage nach der geistigen Zurechnungsfähigkeit der Sittlichkeitsverbrecher überhaupt nur selten angeschnitten; man begnügt sich damit, daß der Angeklagte, der sich doch bei der gerichtlichen Vernehmung naturgemäß nicht in dem Zustande, in dem er die Tat begangen hat, befinden kann, ruhige und vernünftige Antworten gibt, sogar in Fällen, in denen die Art der Befriedigung selbst dem Laien den Verdacht aufnötigt, daß der Täter geistig gestört gewesen sein

müsse. Das ist grundfalsch. Ich lege auf derartige Laienansichten an und für sich sehr wenig Gewicht, ja ich vermag nicht einmal medizinischen Kapazitäten wie Krafft-Ebing und Dr. Moll beizustimmen, wenn sie die Streichung des § 175 St.-G.-B. beantragen, halte aber die erwähnte Gerichtspraxis für ganz verfehlt und nicht einmal mit der Judikatur des Reichsgerichts übereinstimmend. Dieser höchste Gerichtshof hat in seiner Entscheidung vom 16. Januar 1882 ausgeführt, daß die Bewußtlosigkeit oder krankhafte Störung der Geistestätigkeit keineswegs die freie Willensbestimmung überhaupt auszuschließen brauche, um die Straflosigkeit zu begründen, sondern es genüge, wenn die freie Willensbestimmung nur für die spezielle Tat ausgeschlossen gewesen sei. Das ergibt sich übrigens auch aus dem klaren Wortlaut des § 51. Unter dem 23. Oktober 1890 führte derselbe Gerichtshof aus, daß auch schon begründete Zweifel an der Willensfreiheit des Täters zur Freisprechung genügen. Das zeigt doch evident, daß auch der höchste deutsche Gerichtshof keineswegs die Notwendigkeit, die geistige Qualifikation des Täters ernsthaft zu prüfen, verkannt hat, und diese Notwendigkeit liegt doch ganz besonders da vor, wo es sich um Straftaten handelt, die naturgemäß in einem Zustande hochgradiger Erregung begangen sein müssen.

In der Praxis kommen nun aber viel häufiger, als der Uneingeweihte glaubt, Fälle der widernatürlichsten Befriedigung vor und sind zu allen Zeiten vorgekommen. Ich will aus der älteren Praxis nur das Beispiel des berüchtigten „Mädchen-Schneiders“ in Süddeutschland anführen, der in der ersten Hälfte des vorigen Jahrhunderts so großes Aufsehen hervorrief. Dieser Mensch drängte sich auf der Straße an Mädchen heran, brachte ihnen einen Schnitt oder Stich in den Arm bei, und in dem Augenblick, in dem er die Empfindung hatte, daß aus der Wunde Blut fließen müsse, erfolgte bei ihm die *ejaculatio seminis*. Neu ist das gerade nicht, denn schon im Altertum pflegten überreizte Wüstlinge in der Privatfolter ihre Sklaven blutig zu martern, weil bei ihnen der Anblick der blutigen, zuckenden Körper wollüstige Empfindungen ausschaltete. Ich habe dies in meinem Werke über die Folter ausführlicher behandelt. Auch in neuerer Zeit ist es in Amerika und überhaupt in Ländern, in denen es das Gesetz gestattet, oft genug vorgekommen, daß selbst vornehme Damen ihre Sklaven und Mägde blutig peitschen ließen, weil ihnen dies eine hohe sexuelle Befriedigung gewährte. Die schon oben erwähnte Wechselwirkung zwischen Wollust und Grausamkeit wird auch durch solche Beispiele illustriert; sie mag wie ein psychologisches Rätsel erscheinen, ist aber schon seit sehr langer Zeit kein Geheimnis mehr. Es seien auch aus unserer Berliner Praxis einige Fälle mitgeteilt. Ein Angeklagter hatte wiederholt jungen Damen die Taschentücher entwendet, da der Besitz eines solchen Taschentuches bei ihm dieselbe Wirkung hervorbrachte wie bei dem Mädchenschneider die Zufügung einer blutenden Wunde. Ein anderer hatte eine ganz seltsame Methode angewendet. Er hielt in den Straßen junge Mädchen an, stellte sich ihnen als Kriminalbeamter vor und erklärte ihnen, daß er sie schon lange observiert und dabei beobachtet habe, wie sie sich an Herren herangedrängt hätten; er müsse sie deshalb festnehmen und zur Polizeiwache bringen. War ein Mädchen — auch in Berlin haben sie ja nicht immer das reinste Gewissen — soweit eingeschüchtert, daß es nach einigem Widerstreben gutwillig folgte, dann erklärte unterwegs der Herr Kriminalbeamte, es tue ihm doch leid, die Festgenommene fürs ganze Leben unglücklich zu machen; aber andererseits verbiete es ihm sein Pflichtgefühl, ein so sittenloses Treiben ungestraft zu lassen; ein kräftiger Denkzettel sei zur Besserung unentbehrlich. Sie solle also von zwei Uebeln das kleinere wählen, mit in seine Wohnung gehen und sich eine körperliche Züchtigung angedeihen lassen. In der Regel gingen die Mädchen auf diesen Vorschlag ein, und in der Tat hat der Pseudokriminalist, der übrigens ein bekannter Hotelier war, nichts weiter mit seinen Opfern vorgenommen, als daß er ihnen auf den fast entblößten Körperteil, den uns eine weise Natur zum Sitzen gegeben hat, eine Anzahl Schläge versetzte. Das brachte bei ihm die erwünschte sexuelle Wirkung hervor. Ob's auch den Mädchen genützt hat, d. h. ob diese wirklich zu einem sittenreinen Lebenswandel bekehrt worden sind, das ist weniger bestimmt vom Gericht festgestellt worden. Behauptet haben sie allerdings, daß sie sowohl vor wie nach dem seltsamen Abenteuer tugendhaft gewesen und nur aus Furcht vor einer irrtümlichen Verurteilung mitgegangen wären. Es sind mir noch zahlreiche Beispiele aus der Praxis bekannt; sie sind aber zum Teile so haarsträubender Art, daß ich sie auch nicht andeutungsweise wiedergeben kann. Auch die Verbrechen, die von erwachsenen Personen an Kindern im zartesten Alter begangen werden, erscheinen sehr oft als eine unnatürliche Verirrung. Sie sind es jedoch keineswegs immer; mag man auch sagen, daß ein solches Kind unmöglich einen geistig gesunden, erwachsenen oder gar einen hochbetagten Mann geschlechtlich so weit erregen könne, daß er selbst vor einem Verbrechen nicht zurückscheut, so ist doch sehr zu berücksichtigen, daß von sittlich charakterschwachen Menschen solche Kinder häufig gerade deshalb zum Objekt des Verbrechens gemacht werden, weil sie in der Regel keinen nennenswerten Widerstand leisten, und weil die Täter schon deshalb und auch rücksichtlich der meist sehr unsicheren Zeugenschaft des Opfers hoffen, daß sie nicht so leicht erwischt werden. Jedenfalls würde aber bei jedem der gegen Kinder gerichteten Sittlichkeitsdelikte besonders die geistige Qualität des Täters zu prüfen sein. Bei keinem der oben angeführten Beispiele wird man behaupten dürfen, daß die Täter sich in einem Zustande von Bewußtlosigkeit oder krankhafter Störung der Geistestätigkeit befunden haben, durch den die freie Willensbestimmung ausgeschlossen gewesen wäre; aber sicherlich wird man erst recht nicht annehmen können, daß sie auch nur in einem einzigen Falle eine „überschäumende gesunde Kraft“ hätten erkennen lassen. Von einem moralischen Irresein, der sogenannten *moral insanity,* hat sich ja unsere Rechtsprechung längst emanzipiert, und man darf wohl behaupten, daß damit einem wahren Unfug ein Ende gemacht worden ist; aber bei Sittlichkeitsdelikten liegt die Sache doch etwas anders als bei der Kleptomanie, Pyromanie usw., bei denen man annahm, daß ein sonst in jeder Beziehung geistig gesunder Mensch lediglich den partiellen Wahnsinn habe, stehlen, brandstiften usw. zu müssen. Es ist eine alte psychiatrische Erfahrung, daß bei vielen ausbrechenden Geisteskrankheiten gerade ein moralischer Defekt zuerst wahrgenommen wird. Nach meiner Ansicht kann es keinem Zweifel unterliegen, daß ohne jede Ausnahme die Täter bei den obigen Beispielen mindestens in einer starken krankhaften Ueberreizung gehandelt haben und — mag immer wissenschaftlich eine Wechselwirkung zwischen Grausamkeit und Wollust erwiesen sein — in der geschilderten Weise nur ein erkranktes Nervensystem wirklich sexuelle Befriedigung erlangen kann. Von einer Unzurechnungsfähigkeit im Sinne unseres jetzigen § 51 kann dabei trotzdem nicht die Rede sein; aber es erscheint durchaus falsch, erwiesene Kranke in derartigen Fällen den vollkommen Gesunden ganz gleichzustellen; man wird vielmehr an einer verminderten Zurechnungsfähigkeit nicht zweifeln dürfen, und diese muß bei den Strafbestimmungen berücksichtigt werden, wenn man nicht ein Gesetz haben will, das alle Garantien für eine ungerechte Beurteilung schon in sich trägt. Ich wiederhole es, die Zulässigkeit von mildernden Umständen bietet keinen Ersatz und kann ihn nicht bieten; sie öffnet höchstens einer ganz unzulässigen Willkür Tür und Tor. Wir haben die verminderte Zurechnungsfähigkeit aus unserem Gesetz ausgemerzt; in das italienische Strafrecht dagegen ist sie am 22. November 1888 wieder eingeführt worden, nachdem man sich überzeugt hatte, daß sie in der Tat nicht unberücksichtigt bleiben kann. Auch in unserer deutschen Praxis sieht man das ein; es ist aber ein grober Fehler, wenn es ins Belieben der einzelnen, und gerade der einsichtigen Richter gestellt bleibt, das, was nach dem Wortlaut des Gesetzes nicht möglich ist, auf Umwegen zu erreichen. Daß dies aber tatsächlich geschieht, lehrt die Praxis an zahlreichen Beispielen, und selbst die oben zitierte Reichsgerichtsentscheidung vom 23. Oktober 1890, wonach begründete Zweifel an der Willensfreiheit des Täters zur Freisprechung genügen, zeigt klar und scharf, daß auch dadurch die Möglichkeit geboten ist, dem Mangel des Gesetzes abzuhelfen. In der Regel geschieht die Umgehung des Gesetzes, wo sie eben wegen des geistigen Mankos eines Angeklagten notwendig ist, um einen ungerechten Urteilsspruch zu vermeiden, dadurch, daß der medizinische Sachverständige, der, wenn er gewissenhaft urteilen soll, gewissenlos begutachten, d. h. die vorhandene geistige Störung übertreiben muß, den Angeklagten „herausreißt", indem er ihn in anderer Beziehung „hineinreitet", nämlich dadurch, daß er ihn durch Absprechen seiner Zurechnungsfähigkeit gesellschaftlich und oft auch wirtschaftlich unmöglich macht. Das Urteil des Gerichts muß natürlich auch dabei ein falsches werden, denn damit die ungerechtfertigte Härte vermieden werden kann, muß es eine ebenfalls ungerechtfertigte Milde enthalten; der Angeklagte, der eben nur in vermindertem Maße schuldig ist, wird dann völlig straflos bleiben. Zuweilen wird auch der andere Ausweg gewählt, daß zweifellose Sittlichkeitsdelikte von einem anderen strafrechtlichen Gesichtspunkte beurteilt werden, etwa Notzucht als Beleidigung usw.

Der erstere Ausweg kommt in der Praxis viel häufiger vor, als man glaubt, und bei dem heutigen Stande unseres Strafrechts kann man nicht einmal mit Sicherheit entscheiden, ob man dies loben oder bedauern soll, denn es mag gemacht werden, wie es will, ein Unrecht geschieht, wie wir gesehen haben, dem Angeklagten stets; wird er nur für beschränkt zurechnungsfähig erklärt, dann ist dies praktisch genau so, als wäre er für völlig gesund erklärt worden; er bleibt eben voll verantwortlich; das ist aber eine grobe Verletzung eines jeden gesunden Rechtsempfindens. Wird er aber für unzurechnungsfähig im Sinne des § 51 erklärt, während in Wirklichkeit seine Zurechnungsfähigkeit nur herabgemindert ist, dann stellt dies ebenfalls einen groben Fehler dar, und es kann sich nur fragen, welcher Fehler der größere und verhängnisvollere ist. Das wäre freilich eine Doktorfrage, ähnlich wie die, ob es besser sei, zehn Schuldige freizusprechen, als einen Unschuldigen zu verurteilen. Für ganz besonders verfehlt halte ich es, einen Ersatz für die fehlende Bestimmung wegen der verminderten Zurechnungsfähigkeit etwa darin finden zu wollen, daß das Gesetz fast überall die unglücklichen „mildernden Umstände" zuläßt und es so ermöglicht, auf eine Strafe zu erkennen, die der für einen Angeklagten mit geistigem Defekt angemessenen ungefähr gleichkommen würde; denn einmal würde ja noch zu prüfen sein, ob man einen solchen Menschen überhaupt in ein Gefängnis schicken darf, und ferner — das ist sogar das hauptsächlichste Bedenken — hat das Gericht, da unser Gesetz die verminderte Zurechnungsfähigkeit nicht erwähnt, auch überhaupt nicht nötig, sie zu berücksichtigen, und es berücksichtigt sie tatsächlich sehr oft nicht. Nun ist aber auch gar nicht gesagt, daß das Strafmaß bei Zubilligung mildernder Umstände dasselbe sein würde, welches man gegen einen geistig defekten Angeklagten anwenden müßte, wenn der § 51 die notwendige Erweiterung erhielte; selbst wenn es dasselbe sein „kann", ist noch nicht gesagt, daß es dasselbe sein „muß"; es ist vielmehr anzunehmen, daß es wohl in der Praxis niemals dasselbe sein würde. Es ist auch nach keiner Richtung hin gerechtfertigt, eine dringend notwendige Bestimmung deshalb aus dem Gesetz fortzulassen, weil vielleicht in besonderen Fällen einmal durch eine andere Bestimmung dasselbe Resultat erzielt werden könnte. Vor allen Dingen ist es auch für einen Angeklagten keineswegs dasselbe, ob er unter Zubilligung mildernder Umstände wegen eines Verbrechens bestraft worden ist, oder ob schon im Urteil steht, daß er hauptsächlich durch seine Krankheit zu der Tat bestimmt worden ist. Wenn es schon uralter Brauch ist, *in dubio* zugunsten des Angeklagten zu entscheiden, dann darf erst recht nicht ohne jeden Zweifel zuungunsten des Beschuldigten erkannt werden. Das Gesetz also, nicht etwa nur ein vielleicht gerade einmal hierzu besonders geneigter Gerichtshof, hat unter allen Umständen eine erwiesene Krankheit zu berücksichtigen. Im italienischen Gesetzbuch entspricht der Artikel 47 ungefähr unserem § 51; die Bestimmung ist aber weit glücklicher gefaßt, und der Artikel 48 bringt das zum Ausdruck, was in unser Gesetzbuch aufgenommen werden muß; er bestimmt nämlich, daß, falls ein Zustand von Schwäche oder krankhafter Störung der Geistestätigkeit vorhanden ist, der die Zurechnungsfähigkeit zwar nicht ausschließt, aber doch wesentlich beschränkt, die Strafe nach bestimmten Prinzipien gemäßigt werden soll.

Ich habe einmal von einem allerdings noch sehr jungen Arzte den Ausspruch vernommen, daß es ein großer Unsinn sei, bei Sittlichkeitsverbrechen an eine Störung der Geistestätigkeit zu denken, denn nach dem heutigen Stande der Wissenschaft stehe fest, daß das Geschlechtsleben mit Geist und Gehirn nicht das mindeste zu schaffen habe, daß jede sexuelle Erregung lediglich auf eine Reizung des Rückenmarks zurückzuführen sei. Nach dieser Ansicht müßte also die von mir für notwendig gehaltene Erweiterung des § 51 dahin lauten, daß nur Leute mit völlig „normalem" Rückenmarke wegen Sittlichkeitsverbrechens als voll verantwortlich zu betrachten seien, daß man also zunächst das

Rückenmark zu prüfen und, falls dieses nicht gesund sei, die Strafe zu mildern habe. Wie es nun aber kommt, daß sexuelle Exzesse zweifellos Geistesschwäche, ja völlige Geisteskrankheiten hervorrufen können, vor allen Dingen, wie es möglich ist, daß obscöne Gespräche, Literatur oder Anblicke sofort sexuell alterieren, das vermochte mir jener „aufgeklärte Mediziner" nicht zu verraten, und so lange er mir diese Antwort schuldig bleibt, erlaube ich mir, zunächst noch meine eigene Ansicht zu verfechten, bemerke aber, daß es praktisch nicht den geringsten Unterschied machen würde, ob durch eine geistige Erkrankung oder durch ein Rückenmarksleiden die Willensfreiheit beschränkt ist, denn nicht die Ursache, sondern die Wirkung kommt in Betracht, und diese allein kann für die forensische Medizin den Ausschlag geben. Es ist deshalb, auch wenn die „modernste" Ansicht die richtige wäre, dennoch unbedingt ein § 51 a, der dem Artikel 48 des italienischen Strafgesetzbuches zu entsprechen hätte, in unser Strafbuch aufzunehmen.

Schon in alten Rechtsbüchern, in denen man noch das lebendige Verbrennen, Vierteilen, Rädern usw. und als Beweismittel die Folter vorschrieb, finden wir sogar die Berücksichtigung der völligen und auch der nur beschränkten Zurechnungsfähigkeit vorgeschrieben, und ich habe diese Vorschriften gerade unter dem Wust mittelalterlichen Rüstzeugs stets für wahre Perlen legislativer Kunst gehalten. So bestimmt die Theresiana, die Halsgerichts-Ordnung für Oesterreich-Ungarn, Böhmen usw. vom 31. Dezember 1768 im Artikel 11, § 3: „Wo völlige Geistesverruckung vorhanden ist, als bey Toll- und Unsinnigen usw. kann der Thäter gar nicht gestraffet werden. Wenn jedoch derselbe gewisse Abwechselungen hätte, und der Richter anstünde, zu welcher Zeit die That geschehen, solle er den gelinderen Weg erwählen." Das ist ungefähr das, was unser § 51 vorschreibt; aber — mag auch die Ausdrucksweise uns jetzt etwas unbeholfen erscheinen — ich halte diese Bestimmung doch für viel präziser und klarer als die gewundene, geschraubte und leicht mißzuverstehende unseres Gesetzes. Nach der Theresiana hat selbst jeder Laie gewußt, was gemeint sei: nach unserem Gesetze weiß es nicht einmal jeder Arzt, und ich war wiederholt Zeuge, daß Aerzte, die als Sachverständige vor Gericht geladen waren, nicht klar darüber waren, was ein Zustand von Bewußtlosigkeit oder krankhafter Störung der Geistestätigkeit, durch den die freie Willensbestimmung ausgeschlossen war, eigentlich zu bedeuten habe; sie vertraten vielmehr die sicherlich nicht von der Hand zu weisende Ansicht, daß auch bei der sogenannten beschränkten Zurechnungsfähigkeit infolge eines geistigen Mankos die „freie“ Willensbestimmung schon ausgeschlossen sei, weil ein durch derartige Krankheit stark beeinflußter Wille niemals ein „freier Wille“ sein könne. Wer die umfangreiche Literatur über dieses Thema selbst nur oberflächlich kennt, wird nicht in Abrede stellen dürfen, daß sich diese Ansicht auch philosophisch begründen läßt.

Hätte nun die Theresiana nur die eine oben wiedergegebene Bestimmung enthalten, so würde sie hierin schon eine Kleinigkeit besser gewesen sein als unser § 51; die Hauptsache kommt aber erst im § 4 a. a. O.: „Bey einer vorfindt, gar großen Tummheit, Blödsinnigkeit und Einfalt, womit keine gäntzliche Vernunftlosigkeit verknüpfet ist, sonderlich bey Taub- und Stummen, ist die Straffe nach Beschaffenheit einer etwann gleichwohlen mit unterlauffenden Bosheit abzumessen. In allen solchen Fällen aber, wo ein Gebrechen an der Vernunft erscheinet, wenn solches nicht ehedem offenkündig wäre, solle die wahre der Sache Beschaffenheit: ob nämlich die Sinnlosigkeit, Tummheit oder Einfalt nicht etwann verstellet seye, oder in welchem Grade sich dieselbe befinde? Durch beeydigte, oder zu diesem Ende eigends zu beeydigende Aerzte mittels öfteren zu verschiedenen Zeiten vornehmenden Besuche und durch anderweite geschickte Prüfungsmittel auf das genaueste alles Fleißes erforschet werden.“ Soweit braucht man noch nicht einmal zu gehen; aber sicherlich wird niemand, der wirklich der Gerechtigkeit dienen will, gegen diese Bestimmung etwas einzuwenden haben, vorausgesetzt, daß sie in der Fassung dem heutigen Stande der Wissenschaft angepaßt würde. Für Humanitätsduselei und ganz falsch verstandene Humanität bin ich nicht zu haben, und betone deshalb immer wieder, daß nach meiner Ansicht mit energischer Schärfe eingegriffen werden muß, sonst soll man lieber gar nicht strafen. Aber Gerechtigkeit und Billigkeit erheischen, daß stets dem wirklichen Verschulden Rechnung getragen wird, und selbst eine recht bescheidene Dosis gesunden Menschenverstandes wird ausreichen, um erkennen zu lassen, daß das Verschulden eines hochintelligenten, aber besonders boshaften Menschen und das eines Idioten oder Halbidioten nicht gleich sein kann; dem letzteren kommt ja oft kaum zum Bewußtsein, daß er überhaupt etwas Strafbares tut, die Tragweite seines Handelns vermag er nur in den seltensten Fällen zu übersehen, und Christus sagt: „Vater, vergib ihnen, denn sie wissen nicht, was sie tun." (Lucä 23, 34.) Wie wenig dem freien Ermessen des Gerichts die Berücksichtigung der geistigen Fähigkeiten überlassen werden darf, zeigt schon ein oberflächlicher Blick auf die alltäglichsten gerichtlichen Urteile, denn auch ohne Rücksicht auf die Intelligenz der Angeklagten fallen die Strafen für gleiche Taten so grundverschieden aus, daß man kaum noch glauben kann, sie seien nach demselben Rechte zuerkannt worden. Ich habe bei der Praxis in Berlin in dieser Beziehung die wunderbarsten Erfahrungen gesammelt. Nur ein Beispiel sei angeführt. Zu gleicher Zeit standen zwei Messerstecher vor Gericht, der eine vor der Strafkammer, der andere vor dem Schöffengericht. Die Tat war in beiden Fällen gleich, die Verletzungen ebenfalls, und beide hatten zum Messer gegriffen, weil sie stark gereizt worden waren. Die Strafkammer aber erkannte auf zwei Jahre Gefängnis, das Schöffengericht dagegen nur auf — 20 Mark Geldstrafe. In beiden Fällen war die Strafe aus § 223a St.-G.-B. gefällt, und in keinem Falle verstieß die Strafe gegen das Gesetz; aber das Schöffengericht hatte die Reizung des Angeklagten als einen besonders mildernden Umstand angesehen, und die Strafkammer war der Ansicht gewesen, daß ein Mensch, der sofort zum Messer greife, wenn er gereizt werde, unbedingt doppelt streng bestraft werden müsse, damit ihm klar gemacht werde, daß man nicht blindlings auf Leben und Gesundheit seiner Mitmenschen losgehen dürfe. Diese Fälle zeigen, daß durch das freie richterliche Ermessen eine Rechtsgleichheit in keiner Weise garantiert ist. Unser Strafgesetzbuch steht aber mit sich selbst nicht im Einklange, denn teils gibt der vom Willen des Täters ganz unabhängige Erfolg, teils nur die gewollte Absicht den Ausschlag. Bei den Eigentumsvergehen ist stets der verbrecherische Wille, d. h. die

Absicht des Täters, bei Körperverletzungen vorzugsweise der eingetretene Erfolg betont. Ich erinnere mich eines recht interessanten Straffalls, der sich vor dem Berliner Landgericht II abspielte. Zwei Arbeiter, die bei einem Kanalbau beschäftigt waren, hatten sich gegenseitig gehänselt und sich im Scherz einige Stöße versetzt. Als der zuerst Gestoßene sich revanchierte, fiel sein Gegner in die ausgeschachtete Grube und brach den Arm so unglücklich, daß eine völlige Heilung unmöglich wurde. Der andere erhielt deshalb eine Anklage wegen schwerer vorsätzlicher Körperverletzung aus § 224, und das Gericht verurteilte ihn zu der gesetzlich niedrigsten Strafe von einem Jahre Gefängnis. Der Stoß sei zwar nicht, so hieß es in den Entscheidungsgründen, in böswilliger Absicht, aber doch vorsätzlich erfolgt; ergo müsse auch der Täter wegen vorsätzlicher Körperverletzung mit ihren Folgen verurteilt werden. Man kann nicht einmal behaupten, daß dies Urteil nach dem Wortlaut des Gesetzes falsch sei, so direkt es auch mit dem gesunden Rechtsempfinden in Widerspruch steht. Das ist aber gerade das Schlimmste an der Sache, denn es rechtfertigt die Vermutung, daß eine Rechtsprechung, die ein derartiges Urteil für richtig und normal halten muß, erst recht die erforderliche Rücksicht auf das intellektuelle Verschulden oder Nichtverschulden völlig aus den Augen verlieren wird.

Es gibt wohl kaum eine bessere Literatur über den Strafvollzug, dieses Schmerzenskind der Rechtspflege, als die französische, wenn auch infolge politischer Wirren gerade in Frankreich am wenigsten den schönen Worten die schönen Taten gefolgt sind. Sehen wir uns nun einmal eine Stelle an, die von dem Generalinspekteur des Irren- und Sanitätsdienstes der Staatsgefängnisse, Ferrus, herrührt, der vom Justizministerium fortgesetzt mit Ermittlungen betraut war und deshalb einen Einblick erlangt hat, wie er wohl sehr selten einem Menschen gestattet wird. Er sagt: „Man findet in den Gefängnissen wohl häufig Individuen mit stumpfem Auffassungsvermögen, welche, ohne gerade einen bestimmten Charakter von Geistesstörung darzubieten, nur unvollständige Grade dieser Affektion zeigen, und deren Zustand man am besten mit dem Namen eines Halb-Idiotismus bezeichnen könnte; Individuen, welche sehr häufig den begründetsten Anspruch an die Rechtswohltat der Unzurechnungsfähigkeit machen könnten und vom Standpunkte der Gerechtigkeit wie Humanität besser in einem Hospital als in einem Gefängnis an ihrem Platze sein würden." — „Ohne jene der Verschiedenheit der individuellen Beschaffenheit der Verurteilten anzupassende Strafform würde die Strafe selbst nichts als ein blindes Werkzeug sein, welches für ein und dasselbe Verbrechen den einen Schuldigen seines Lebens oder seiner Vernunft, den anderen nur seiner Freiheit beraubt." Lannuvien, Arzt im Irrenhause Morlaix, schreibt: „Ich glaube im Gegenteil, daß die große Anzahl Geisteskranker, die wir in den Gefängnissen aller Systeme finden, davon abhängt, daß man noch heutzutage Idioten, Geistesschwache, Melancholische und andere Unglückliche, die an intermittierendem Wahnsinn leiden, als Diebe, Vagabunden und Bettler verurteilt."

Diese Ansichten sehr eingeweihter und wissenschaftlich zu einem richtigen Urteil besonders befähigter Männer, sprechen wohl klar und deutlich genug. Wir wollen aber den französischen Gutachten nicht bis ins Unendliche folgen, denn sie geben schließlich auch nur das wieder, was bedeutende Kapazitäten anderer Länder ebenfalls betonen, und was selbst dem Laien schon seine gesunde Menschenvernunft sagen sollte. Daß, entgegen solchen Wahrheiten, auch bei uns die Redaktion des § 51 bedeutende Schwierigkeiten gemacht hat, ist bekannt; daß die so hochwichtige Frage nicht besser und glücklicher gelöst worden ist, muß man bedauern. Aber es bietet sich ja immer noch die Möglichkeit, den Fehler wieder gut zu machen, und dadurch wenigstens für die Zukunft das Unrecht und die Härte zu vermeiden, die nach der jetzigen Fassung so viele treffen muß. Gerade das zuletzt angeführte Gutachten Lannuviens interessiert für unser Thema, denn alle die Personen, die er Unglückliche nennt, bilden einen großen Prozentsatz der wegen ungewöhnlicher oder widernatürlicher Sittlichkeitsdelikte Angeklagten. Hervorheben will ich aber noch, daß gerade Ferrus sowohl als auch Lannuvien eindringlich davor warnen, in jedem Verbrecher einen Geisteskranken sehen zu wollen. Schreibt doch Ferrus ausdrücklich: „Die vorstehenden Betrachtungen könnten zu dem Glauben verleiten, daß wir die Verurteilten im allgemeinen als unzurechnungsfähig zu den von ihnen verübten Handlungen hinstellen und demnach eine Absicht hinstellen wollen, welche man der von Laien und selbst mehreren Medizinern mißverstandenen und entstellten und hierdurch in großen Mißkredit gebrachten Lehre Galls mit Unrecht untergelegt hat. Doch ist dem keineswegs so; die Verbrecher, in Masse betrachtet, sind nichts weniger als Wahnsinnige.“ Er verkennt auch nicht die Gefahren einer Simulation und sagt hierüber: „Wenn es zuweilen schwierig ist, den Wahnsinn da, wo er wirklich besteht, zu konstatieren, so ist es auch nicht immer ohne Schwierigkeit, und zwar vorzüglich bei Gefangenen, zu erkennen, daß er in den Fällen, in denen er simuliert wird, nicht existiert. — Ein Individuum scheint vernünftig, das geisteskrank ist, während das andere durch eine geschickte Simulation vollständig wahnsinnig scheint und doch im vollkommenen Besitz seiner Intelligenz und Vernunft ist.“ Die Richtigkeit dieser Ausführungen bestätigt die heutige Praxis noch oft genug; Fälle, in denen die Gerichtsärzte sich geirrt haben, sind ja überall bekannt. Im allgemeinen wird aber dieser Ausnahmefälle wegen die Gefahr doch übertrieben, und bei wirklich eingehender und sorgfältiger Beobachtung einer Person kommen sie auch nur selten vor. Ich verkenne nicht, daß es mindestens nicht leichter sein wird, die nur verminderte Zurechnungsfähigkeit festzustellen, denn auf keinen Fall darf schon jede Nervosität oder Reizbarkeit ausreichend sein, einen Zustand zu begründen, durch den die freie Willensbestimmung wesentlich beeinträchtigt wird. Man kann aber gerade deshalb doppelt die Einsicht anerkennen, durch die ein so altes Gesetz wie die Theresiana uns beschämt, indem sie schon für das endgültige Gutachten eine längere Zeit hindurch fortgesetzte ärztliche Beobachtung verlangt hat. Bei uns soll oft genug der medizinische Sachverständige sich sein Urteil während der Hauptverhandlung, in der er den Angeklagten zum ersten Male sieht, bilden. Ich werde aber auch bei den einzelnen Kapiteln dartun, daß selbst viel ältere Gesetze als die Theresiana die Notwendigkeit erkannt haben, gerade bei Sittlichkeitsdelikten auf den Geisteszustand des Täters zu achten. Ob dies immer gelungen ist und zu einem wirklich zutreffenden Urteil geführt hat, wird man freilich wohl nicht zu sagen vermögen, denn über den Wahnsinn hat man bekanntlich früher die seltsamsten Ansichten gehabt. Das tut aber auch nichts zur Sache, sondern läßt doppelt die Einsicht der alten Gesetzgeber erkennen: *„Et desint vires, tamen est laudanda voluntas.“*

So wenig man nun zu allen Zeiten bis auf unsere Tage über die Frage der beschränkten Zurechnungsfähigkeit einig gewesen ist, so wenig hat man sich auch jemals über andere Strafprinzipien zu einigen vermocht. Das muß natürlich bei den Sittlichkeitsdelikten doppelt ins Gewicht fallen, weil auch heute noch die Anschauungen darüber, was auf diesem Gebiet strafbar, was nur moralisch verwerflich und was überhaupt nicht zu beanstanden sei, recht weit voneinander abweichen. Ich habe oben schon ausgeführt, daß nicht einmal über die moralischste Form der Ehe gleiche Meinungen bestehen. Ist nun jeder außer der Ehe gepflogene coitale Verkehr der Geschlechter strafbar oder auch nur unmoralisch? Es ist bekannt, daß es genug Leute gibt, die auf diese Frage nur mit einem energischen „Ja“ antworten, damit allerdings den Beweis erbringen, daß sie so ähnlich, wie der alte Kaiser Barbarossa im Innern des Kyffhäusers weltfremd und weltvergessen schlummert, mitten im Leben stehen und doch dem Leben so fremd und so fern wie etwa die Marsbewohner unserem Erdenleben sind. Ich will gewiß nicht der freien Liebe oder gar der sogenannten freien Ehe das Wort reden, denn wer ein festes, dauerndes Band der Ehe anknüpfen will, das er von der Mitwelt respektiert sehen möchte, der mag die Formalitäten, die ihm den verlangten Respekt sichern, erfüllen, wie man auch bei jedem alltäglichen Rechtsgeschäft, Kauf, Miete usw. die vorgeschriebenen Formalitäten zu erfüllen gewohnt ist. Das ist aber stets eine Frage der Klugheit, niemals eine Materie, die den Strafrichter interessieren darf, denn das, was zwei Personen verschiedenen Geschlechts aus freiem Entschlusse miteinander vereinbaren, ist zunächst ihre private Angelegenheit, die zwar zu einer öffentlichen werden kann, dann aber aus einem wesentlich anderen Gesichtspunkt zu betrachten ist, der für verheiratete Personen derselbe sein muß wie für „freie“ Liebespaare; ich meine die Erregung eines öffentlichen Aergernisses. Delikt ist dann eben nicht das Sexuelle an sich, sondern nur die Irritation der Oeffentlichkeit, denn die

Vernunftgründe der griechischen Philosophen, die man Zyniker nannte, würden jetzt nicht mehr verfangen und auch Ehepaare, die auf offenem Markte sich ihren ehelichen Pflichten hingeben wollten, nicht mehr vor Strafe schützen. Frühere Gesetze teilten den außerehelichen Geschlechtsverkehr in zwei Hauptgruppen ein: das sogenannte *stuprum* und die *fornicatio*. Diese Einteilung darf man auch heute noch für die einzig richtige halten. Das *stuprum* war die Verführung eines unbescholtenen Mädchens, richtiger, einer anständigen Frauensperson, und die *fornicatio* jeder carnale Verkehr mit einer gewerbsmäßig die Unzucht betreibenden Dirne.

Es ist nun eigentlich für den normalen Menschenverstand ohne weiteres einleuchtend, daß das *stuprum* eine unsittlichere Handlung sein muß als die andere Art, wenigstens so weit die Beteiligung des Mannes, mit der wir uns zunächst allein befassen wollen, in Frage kommt, ja daß ein Mann nur wegen dieses Delikts strafrechtlich zur Verantwortung gezogen werden könne, und daß es daher auch für einen Gesetzgeber, der wirklich die Sittlichkeit heben, die Unsittlichkeit aber bekämpfen will, eine selbstverständliche Aufgabe sein müsse, gerade der Verführung anständiger Frauenspersonen einen energischen Damm entgegen zu setzen. Dies wird aber in der Praxis keineswegs getan. Schon die ältere Gesetzgebung läßt hierin eine auffallende Milde walten, auffallend deshalb, weil andere Delikte meist außerordentlich schwer und grausam geahndet wurden. Das hat aber seine guten und auch seine sehr vernünftigen Gründe gehabt. Mit der Verführung ist das so eine eigene Sache; es geht damit, wie es dem Goetheschen Fischer erging, „halb zog sie ihn, halb sank er hin“, — jedenfalls ist es in der Praxis sehr schwer zu sagen, wer der Verführer, wer der Verführte war. Es ist sehr albern, jedes weibliche Wesen, das einmal von den Vorschriften der rechten Tugend abgewichen ist, eine „Gefallene“ zu nennen; es ist aber ebenso unsinnig, jeden Mann, der außerehelich dem Drange seines Herzens folgte, einen Verführer zu nennen. Das Unsinnigste ist aber, wie dies meist dennoch geschieht, diese beiden Ansichten zu vereinigen, denn das Mädchen, das ein Opfer raffinierter Verführungskünste geworden ist, kann nicht mit dem Ausdruck der Verachtung eine Gefallene genannt werden, sondern würde doch höchstens Anspruch auf allgemeines Mitleid haben. Man pflegt ja auch meist nicht Leute, die beraubt worden sind, zu verachten, sondern doch höchstens den Räuber. Wenn man die Verführung als Strafdelikt behandeln will, dann darf nicht der Coitus an sich als die Strafhandlung angesehen werden, sondern nur immer die List, der „hinterlistige Kunstgriff" (wie es im § 181 heißt) oder die falsche Vorspiegelung, kurz: das verwerfliche Mittel, durch das der coitale Zweck erreicht wurde, genau wie beim Betrug nicht die Erzielung einer Geldeinnahme das Charakteristische ist, sondern die Täuschung, durch die der Geber zum Geben veranlaßt wurde. Deshalb ist in dieser Materie eine große Vorsicht unumgänglich; man soll junge Mädchen vor gewissenlosen Verführern schützen, aber dabei nicht übersehen, daß es einen alten bewährten Rechtssatz gibt, der lautet: *„volenti non fit injuria"*. Im Altertum traf sehr oft die Strafe nur das Weib, das sich hatte verführen lassen. Bei den Ditmarschern z. B. konnte eine Jungfrau, die ihre weibliche Ehre nicht gewahrt hatte, von ihren Angehörigen lebendig begraben oder unter das Eis des Flusses geschoben und so auf grausame Weise mit dem Tode bestraft werden. Das erscheint als eine allzu große Härte; aber wahrscheinlich hat es die Moral der Mädchen doch weit mehr gefördert als die in Aussicht gestellte Versorgung durch Heirat oder Dotierung, die Gesetze des 16.—18. Jahrhunderts zubilligten.

Unser Strafgesetzbuch kennt die Verführung anständiger Mädchen überhaupt nicht als solche; denn die Bestimmung des § 182, in dem allerdings von einer Verführung die Rede ist, unterscheidet sich wesentlich von den generellen Strafvorschriften anderer Gesetze wegen Verführung, denn sie bedroht nur den mit Strafe, der ein unbescholtenes Mädchen unter 16 Jahren verführt, versagt aber schon, wenn die Tat am 16. Geburtstage des Mädchens begangen wird; es ist also eine Schutzbestimmung, deren sich das weibliche Geschlecht volle — zwei Jahre erfreuen kann, denn bis zum 14. Jahre ist es schon durch den § 176 geschützt. Im übrigen ist das *stuprum* keine Straftat, und auch die Bestimmung älterer Gesetze, daß der Verführer die Stuprierte heiraten oder mit einem Teile seines Vermögens dotieren soll, ist aufgehoben. Noch im Preußischen Allgemeinen Landrecht Teil II, Titel 20, § 1029 ist der Verführer einer unbescholtenen Frauensperson mit 6 Monaten bis 1 Jahre Zuchthaus oder Gefängnis bedroht. Jetzt droht dem Verführer keine Strafe. Gerade bei Sittlichkeitsdelikten hört man so oft den Einwand, daß die Strafen die Menschen auch nicht moralischer machten, und daß es um die allgemeine Moral auch nicht besser bestellt sein würde, wenn man selbst die Verführer mit Strafen bedrohe. Das mag richtig klingen und ist doch grundfalsch. Gerade der uneingeschränkten Verführungsfreiheit muß ein Damm entgegengesetzt werden. Natürlich ist das nur unter der Einschränkung zu verstehen, die ich oben bereits gemacht habe; d. h. es wird immer der Nachweis erforderlich sein, daß wirklich durch einen hinterlistigen Kunstgriff oder ähnliches eine Täuschung vorgenommen wurde, daß also etwas Derartiges erfolgt ist, wie es der § 179 unseres heutigen Strafgesetzbuchs ins Auge faßt. Mag es noch so schwer scheinen, hier das Richtige zu treffen, mag man selbst die Ansicht vertreten, daß es kaum jemals gelingen werde, ein wirkliches Verschulden festzustellen oder eine genügende Aufklärung des Einzelfalles zu erreichen, so darf dies kein Grund sein, eine an sich notwendige Bestimmung zu vermeiden. Sonst könnte man überhaupt kein einziges Strafgesetz haben; denn gestohlen, betrogen, geraubt und selbst gemordet wird doch auch gerade genug. Die Strafandrohungen wegen derartiger und auch wegen aller Sittlichkeitsverbrechen werden niemals bewirken, daß alle Menschen brav und edel werden; aber wer wollte deshalb wohl auf den hirnverbrannten Einfall kommen, das Strafgesetzbuch in den Ofen zu werfen und Gerichte und Polizei abzuschaffen? Nicht weil die Menschen ohne Fehl sind, sondern gerade weil sie zu schlechten Handlungen neigen, brauchen wir das Strafgesetz.

Für die Gesetzgebung ist auch offenbar ein anderes Motiv ausschlaggebend gewesen; man hat die individuelle Freiheit nicht beschränken wollen. Dem Einwilligenden geschieht kein Unrecht; ein weibliches Wesen, das sich verführen läßt, bedarf des Schutzes nicht. Ist das richtig? Im allgemeinen ganz bestimmt. Durch nichts kann ein weibliches Wesen besser vor unbesonnenen Abenteuern geschützt werden als durch sich selbst, denn wer eine Gefahr aufsucht, der setzt sich selbst der Wahrscheinlichkeit aus, darin umzukommen, während man umgekehrt sich am besten schützt, wenn man der Gefahr fernbleibt. Im Liebesleben hilft aber das Theoretisieren und Schematisieren wenig, denn da wirken Momente mit, die in unserem Gefühlsleben wurzeln, und die nicht durch — ich darf kaum den Ausdruck wagen — äußerliche Maßregeln aufgehalten werden können. Wer das Leben kennt und weiß, in welcher aufdringlichen Form die Verführung gerade an die unerfahrensten Frauen herantritt, wer nicht ganz frei von Menschenkenntnis ist und deshalb weiß, wie leicht ein liebendes und vertrauendes Weib in einer besonders schwachen Stunde zu Falle kommen kann, der wird zugeben, daß hier das Gesetz weit notwendiger einzuschreiten hat als etwa gegen den Wucherer, der in der Regel nicht mit Lug und Trug seine Opfer zu umgarnen braucht, denn sie kommen ganz von selbst. Ist es nicht tausendmal wichtiger, Tausende und aber Tausende unschuldiger Mädchen zu schützen als einige verkommene Lebemänner, die oft in einer einzigen Nacht in Spiel und Liederlichkeit ein ganzes Vermögen verjubeln und dann beim Wucherer Hilfe suchen, der oft genug selbst der Betrogene ist? Ich habe schon betont, daß ich nicht jeden außerehelichen coitalen Verkehr unter Strafandrohung verboten wissen möchte, daß ich auch keineswegs jedes solches Vorkommnis als die Folge raffinierter Verführungskünste eines Mannes ansehe; aber es gibt doch so eklatante Fälle, daß es jeder nicht ganz verkommene Mensch tief bedauert, wenn der gewissenlose Verführer straflos bleibt. Ich werde hierauf noch in einem besonderen Kapitel zurückzukommen haben, bemerke aber schon hier, daß das Reichsgericht den Begriff der Verführung in einer ganzen Reihe von Urteilen so prägnant klargestellt hat, daß diese Materie der Gesetzgebung nicht die mindesten Schwierigkeiten bereiten kann.

Nun wird allerdings oft eingewendet, daß eine Strafandrohung gegen Verführer sehr leicht mißbraucht werden könne; das ist aber nach meiner Ansicht gerade der Einwand, der von allen am meisten der Begründung entbehrt. Es gibt keine einzige Bestimmung, die nicht ebenso leicht mißbraucht werden könnte; jeder, der unsere Strafpraxis selbst nur oberflächlich kennt, weiß dies, und das Strafgesetzbuch enthält einen besonderen Abschnitt — Nr. 10, §§ 164 und 165 — wegen wissentlich falscher Anschuldigung. Die Gefahr einer solchen liegt aber bei allen Sittlichkeitsverbrechen, die in der Regel ohne Zeugen sich abspielen, vor, besonders da, wo es sich um Beamte und festgenommene Dirnen usw. handelt, die erfahrungsmäßig aus Rache denunzieren. Will man deshalb den § 164 streichen? Man denke doch auch an die zahllosen Prozesse wegen Majestätsbeleidigung. Warum soll denn nun gerade ein Mädchen, das, ohne verführt worden zu sein — verführt im strafrechtlichen Sinne — den Coitus geduldet hat, aus Rache eine wissentlich falsche Anzeige erstatten? Wo aber ein wirklicher Grund zur Rache vorliegt, wo also vielleicht der Beschuldigte das Mädchen seinen Gelüsten dienstbar gemacht und dies durch betrügerische Vorspiegelung oder dadurch erreicht hat, daß er sonstige Kunstgriffe anwendete, da soll eingeschritten werden, denn gerade solche Fälle soll das Gesetz treffen. Auch den Arbeitgeber, der gewohnheitsmäßig seine weiblichen Angestellten mißbraucht, kann man nicht streng genug anfassen. Es kann gar nichts Widersinnigeres geben, als hier aus Furcht vor einer etwaigen falschen Anschuldigung eine notwendige Strafbestimmung unterdrücken zu wollen, während doch die rachsüchtige Angestellte genau so gut die falsche Anschuldigung wegen Notzucht usw. erheben kann. Warum hat man denn aus der gleichen Befürchtung nicht auch den VI. Titel aus dem Bürgerlichen Gesetzbuch fortgelassen? Daß mit nichts mehr Mißbrauch getrieben wird, als mit der Inanspruchnahme eines unehelichen Vaters, ist doch wahrlich bekannt und läßt sich an Beispielen auf Jahrtausende nachweisen. Der *Code Napoléon* verbietet gerade deshalb im Art. 390 die Nachforschung nach dem unehelichen Vater, und haben wir nicht diesen Standpunkt mit Recht als falsch verworfen?

Schon allein die mangelhaften Bestimmungen wegen des Ehebruchs und die überhaupt fehlenden Strafvorschriften wegen der — sagen wir gewohnheitsmäßigen — Verführung, zeigen, wie durchaus verfehlt der Abschnitt 13 des Strafgesetzbuches ist. Die Zahl 13 steht ja an und für sich bei abergläubischen Gemütern im schlechtesten Rufe; hier mit Recht. Verfehlungen, die man als die hauptsächlichsten Quellen aller Unsittlichkeit betrachten muß, nicht hemmen, heißt die Sittlichkeit geradezu untergraben. Daß es sehr schwer ist, in den Strafbestimmungen das rechte Maß zu halten, um das wirklich allgemein schädliche und verderbliche

Laster zu treffen, und nicht auch Dinge, die vielleicht moralisch anfechtbar sein mögen, aber ohne dolosen Willen geschehen, und deshalb billiger Weise nicht als Straftaten in Betracht kommen dürfen, in den Rahmen des Strafgesetzbuches hineinzuziehen, kann nicht bestritten werden. Das ist auch die Klippe, an der in der Regel alle Verbesserungsvorschläge scheitern. Daß es aber durchaus nicht unmöglich ist, das Richtige zu treffen, daß nur eine völlig objektive und leidenschaftslose langjährige Beobachtung der Vorgänge unseres öffentlichen Lebens und der gerichtlichen Praxis den richtigen Weg weisen kann, das darzutun, ist die Aufgabe dieses Buches, und deshalb lasse ich zunächst eine allgemeine geschichtliche Darstellung der moralischen und strafrechtlichen Anschauungen über Sittlichkeitsdelikte folgen, ehe ich zu den einzelnen Sittlichkeitsdelikten und strafrechtlichen Reformvorschlägen übergehe.

## Die Sittlichkeit im alten Deutschland.

Es ist oft behauptet worden, daß eine wirkliche Sittlichkeit erst durch die Einführung des Christentums geschaffen worden sei, und daß bis dahin die heidnische Bevölkerung in geradezu grauenerregender Sittenlosigkeit gelebt hätte. Man wird auch gewiß nicht verkennen dürfen, daß das Christentum in der Tat eine hohe kulturelle Aufgabe zu lösen hatte, und auch gelöst hat, daß besonders auch die strenge christliche Moralanschauung einen harten Kampf geführt hat gegen eine Sittenlossigkeit, von der wir uns heute kaum noch einen schwachen Begriff zu machen vermögen. Wie es schon zu Anfang unserer Zeitrechnung im alten Rom, in Griechenland und im Orient in dieser Beziehung aussah, läßt sich kaum andeuten. Die vornehmsten Damen, selbst die römischen Kaiserinnen, waren in ihrer sexuellen Lüsternheit so unersättlich, daß sie sich oft in den „öffentlichen Häusern" preisgaben. Wiederholt mußten besondere Strafgesetze gegen dieses Treiben erlassen werden. Bei den Männern herrschte das Laster in jeder Gestalt; auch die widernatürlichste Unzucht erschien natürlich, und es versteht sich von selbst, daß die christliche Moral hiergegen mit aller Schärfe ankämpfen mußte; ja daß gerade dieser Kampf der Ausbreitung des Christentums sehr hinderlich sein, daß er auch viel zur Verfolgung der Christen beitragen mußte. (Vergl. u. a. Epistel Pauli an die Römer Kap. I, V. 26, 27.) Aber wie bald ist auch das Christentum auf Abwege geraten. Die unmenschlichsten Verfolgungen haben ein strenges Festhalten am Glauben, an Zucht, Sitte und Ordnung bewirkt; als aber die schweren Verfolgungen aufhörten, als auf die Zeiten der Not und des Schreckens eine Zeit der Sicherheit, behaglicher Ruhe und Macht folgte, da entartete sittlich zuerst das Priestertum, und die Gemeinde folgte nur zu bereitwillig dem bösen Beispiel. Die Geschichte des Christentums ist auch eine Geschichte der Sittlichkeit. Besonders als der römische Bischof Oberhaupt der ganzen Christenheit geworden war, wucherten Unzucht und Unsittlichkeit in der schamlosesten und widerlichsten Form, und was die Kirche kulturell an Segen gebracht hat, das wird durch die schweren sittlichen Schäden mehr als aufgewogen. Das Klosterleben ist doch im Grunde genommen auch nur eingerichtet worden, weil wirklich religiöse Gemüter das Schandleben der Päpste und des Klerus für so verwerflich hielten, daß sie glaubten, nur in strengster Zurückgezogenheit und Trennung der Geschlechter das Heil der Seele finden zu können. Wie bald ist aber da das Fleisch schwächer geworden als der Geist, wie bald ist der Ekel von der Sinnenlust besiegt worden! Die Klöster wurden zum Teil wahre Brutstätten der Unzucht; die Mönche begingen ihre Laster innerhalb und außerhalb der Klostermauern, und in den Nonnenklöstern? In manchen herrschte ein Treiben, gegen welches das in einem Bordell noch harmlos genannt werden darf. Selbst die Frauenhäuser, die mit Abgaben belastet waren, und dafür ein Privileg besaßen, Dirnen zu halten und deren Verkehr mit Männern gegen Bezahlung zu dulden, richteten wiederholt Beschwerden an die Obrigkeit, weil sie sich durch das Treiben in den Nonnenklöstern geschäftlich so stark geschädigt fühlten, daß sie die drückenden Zahlungen für ihr Privileg nicht zu leisten vermochten.

Trifft es denn nun auch für unser Vaterland zu, daß wirkliche Sittlichkeit erst mit dem Christentum eingezogen sei? Ich möchte mir gestatten, das Gegenteil zu behaupten. In unserem Vaterlande herrschte gerade in vorchristlicher Zeit eine Keuschheit und Sittenreinheit, wie sie nachher niemals wieder erreicht worden sind. Man darf allerdings nicht mit dem Maßstab unserer heutigen Moralanschauungen messen wollen, denn danach würde uns vieles, was edel und sittlich rein war, roh und vielleicht sogar unmoralisch oder besser gesagt, unanständig erscheinen; die alten Deutschen gaben sich eben keine Mühe, innere Fäulnis durch äußerliche glatte Formen zu verdecken, wie wir es tun; sie stellten nicht den Schein über das Sein, und brauchten das auch nicht, weil ihre Moral zwar grob und robust, aber innerlich kerngesund war wie sie selbst. Auch ihre Ehe unterschied sich wesentlich von der römisch-christlichen; sie hieß nicht heilig, aber sie wurde streng gehalten; schon weil die Frau gekauftes Eigentum des Mannes, jedes Eigentum aber unantastbar war. In Rom ist die Ehe ein Sakrament; sie heißt so heilig, daß sie nicht getrennt werden kann; aber wenn sie gebrochen wird — nun, das nahm man nicht so genau. Die Geheimnisse des Beichtstuhls zeigen das noch heute, und Ehebruch, Blutschande und jede Art widerlicher Unzucht kamen selbst bei den Päpsten schon unendlich oft vor, lange ehe das römische Christentum überhaupt in die Lage kam, in deutschen Landen die „wirkliche Sittlichkeit" verbreiten zu können. Die Ehe war bei den alten Deutschen nichts als ein Vertrag. Schon der Name beweist dies; denn *„êwa* oder *„ea"*, woraus das Wort Ehe entstanden ist, bedeutet nichts als Vertrag oder rechtsverbindlichen Bund; daß der allgemeine Ausdruck nur noch für den besonderen „Vertrag" beibehalten worden ist, zeigt, daß man ihn für den wichtigsten und höchsten hielt. Ebenso verstehen wir unter Hochzeit nur noch das Fest der Eheschließung, während das Altertum unter *hochgetite* ganz allgemein jedes Freudenfest verstand. Wie unerbittlich wurde aber dieser Vertrag, den man *êwa* oder *ea* nannte, gehalten. Den Frauen wenigstens war die absoluteste Keuschheit einfach selbstverständlich. „Mißverstandene Frauen", denen in unserer modernen und übermodernen Literatur so gern auch der skandalöse Fehltritt als etwas Menschlich-natürliches entschuldigt wird, gab es noch nicht; die Frauen gingen vielmehr in der Keuschheit so weit, daß sie nicht dazu zu bewegen waren, den Becher, aus dem ein fremder Mann getrunken hatte, mit der Hand zu berühren; gerade solche Beispiele sind historisch. Und der Mann, der es wagte, die Hand oder gar den Arm einer fremden Frau zu streicheln, wurde wegen eines solchen „Sittlichkeitsverbrechens" schwer gestraft. Nach der *lex salica* zahlte jeder 15 Kühe als Sühne, *si manum strinxerit,* das Streicheln des Unterarms kostete 30, das des Oberarms 35, das Berühren der Brust gar 45 Kühe, also schon ein ganzes Vermögen. So dachten die alten Deutschen lange, ehe sie mit dem Christentum beglückt wurden, über die Unantastbarkeit der Ehe, und da konnte diese allerdings wohl als die Basis der Sittlichkeit gelten. Dennoch erscheinen uns viele Verlobungs-, Hochzeits- und Ehebräuche roh und ungesittet, ohne daß sie es in Wirklichkeit waren. Wir finden es ungesittet, daß bei unseren Vorfahren der Mann seine Frau kaufte und sie stets auch als sein gekauftes und veräußerliches Eigentum betrachtete. Er konnte sie wieder verkaufen, und beim schäumenden Becher im Spiele kam es vor, wenn auch nicht so oft, wie gewöhnlich angenommen wird, daß auch die Gattin, die tatsächlich „teure“, verspielt und Eigentum des glücklicher Würfelnden wurde. Daß besiegte Volksstämme, die zu arm waren, die ihnen auferlegten Kriegstribute zu zahlen, den Siegern Weiber und Kinder überließen als Zahlmittel, das lehrt die Geschichte; haben doch auch die besiegten Friesen auf diese Weise die siegreichen Römer bezahlt. Uebrigens hat in England auch noch Jahrhunderte nach Einführung des Christentums der Mann das Recht gehabt, seine „bessere Hälfte“ zu verkaufen. Wir finden den Frauenkauf unmoralisch, nehmen aber keinen Anstoß daran, wenn ein Mitgiftjäger sich von der Frau kaufen läßt und sich dann alle Mühe gibt, den Kaufpreis mit seinen Maitressen zu verjubeln. Moralanschauungen ändern sich eben zuweilen. Auch sonst gab es in der alten deutschen Ehe manches, was uns roh und abstoßend anmutet, so die Bestimmung alter Rechte, daß es kein Friedensbruch sein sollte, wenn ein Mann Frau und Kinder mit dem Stocke prügelte. Eine Grenze dieses Züchtigungsrechtes war nicht vorgeschrieben, und als häusliche Idylle hätte man solche Szenen nicht ansehen dürfen, denn von Europens übertünchter Höflichkeit waren unsere Vorfahren noch sehr wenig angekränkelt. Trotzdem gab es, wie gesagt, keine „mißverstandenen Frauen“, sondern die Weiber waren ihren Männern treu bis in den Tod, ja bis über den Tod hinaus, denn in alter Zeit ließen sie sich „freiwillig“ mit der Leiche des Mannes verbrennen, es galt als unsittlich, dies nicht zu tun. Nach anderer Ansicht handelte es sich hierbei allerdings weniger um ein Gebot der Sittlichkeit als um eine zarte Rücksicht auf das leibliche Wohl des — Verstorbenen; man nahm an, daß diesem, wenn er in die ewigen Gefilde eingetreten sei, die schwere Tür, die sich hinter dem Eintretenden schließe, auf die Fersen schlage, wenn ihm nicht jemand folge. Auf die weiblichen Fersen hat man also galanter Weise weniger Rücksicht genommen. Bei den Herulern hat es sich beim Verbrennen freiwillig aus dem Leben Scheidender gewiß nicht immer um Sittlichkeitsrücksichten gehandelt, denn bei ihnen wurden auch gebrechliche Greise und Sieche den Flammen übergeben; ob sie lebendig verbrannt oder vorher erstochen wurden, steht allerdings nicht fest. Procopius behauptet in seinem *Bell. goth.*, daß die Leichen niemals ganz verbrannt, sondern halb verkohlt begraben worden seien, mindestens habe man die Gebeine sehr sorgfältig gesammelt und zur Erde bestattet. Dies scheint durch spätere Funde bestätigt zu sein. Vielleicht hat man die weiblichen Fersen für das Tor des Jenseits retten wollen. Mit Bestimmtheit läßt sich nicht angeben, wann die barbarische Sitte des Feuertodes der Witwen, die sich in Indien bis auf unsere Zeit erhalten hat, in unserem Vaterlande abgeschafft worden ist; Tacitus erwähnt sie noch, also zu seiner Zeit hat sie mindestens noch stellenweise geherrscht. Auch später, als der Brauch längst nicht mehr bestand, hielt man die Wiederverheiratung einer Witwe für höchst unsittlich und auch für unerlaubt. Die Hinterlassene ging aus dem Mundium des Gatten in das seines Erben über, so daß die Mutter zuweilen, namentlich wenn sie keinen Vater mehr besaß, in die Gewalt des eigenen Sohnes kam. Aber schon in den alten Heldensagen findet sich von dieser Moralanschauung nicht mehr viel; Kriemhild heiratet nach Siegfrieds Tode den König Etzel, und sie ist nicht das einzige Beispiel. Auch hinsichtlich der Erbschaft wurde die Frau, die ursprünglich von jedem Erbe ausgeschlossen war, mit der Zeit besser gestellt; die Ehe begründete die Gütergemeinschaft; aber auch dann noch galt eine Wiederverheiratung der Witwe für so unsittlich, daß durch die neue Eheschließung jeder Anspruch auf das Erbe verloren ging. Es heißt in einer alten Bestimmung wörtlich: „Ob sich das Mensch verändert, so möchten die Kind im oder ir ein Stuhl für die thür setzen, alles vom alten Herkommen, und hätte dasselb Mensch kein Recht mehr in dem Hause.“ Derartige symbolische Formen kommen im alten Rechte sehr häufig vor, sie können deshalb nicht auffallen. Die Redensart, „jemand den Stuhl vor die Tür setzen“, ist aber zweifellos darauf zurückzuführen, denn buchstäblich in diesem Sinne setzt man wohl niemandem mehr einen Stuhl vor die Tür.

Eine Witwe konnte aber auch aus einem anderen Grunde in die Lage kommen, auf das Erbe verzichten zu müssen, nämlich wenn viele Schulden vorhanden waren, die sie nicht bezahlen konnte. Das alte Saarbrücker Landrecht von 1321 bestimmte darüber: „Item, stürbe einig man, und pliebe so viel schuldig, daß sein weib nach seinem tod sich der schuld annemen enwolte zu bezalen, noch enkonte, noch des macht enhette zu thun und wolte des ledig sein, die sol mit irem toden man zum grab gehen, mit ir nemen ir kleinod und kleider zu irem Leib gehörig und nit mer und sol ir hauß zuschließen und den Schlüssel auf das grab legen.“ In Flandern galt es als eine der schwersten Ehrenstrafen, wenn einem Schwindler oder Bankrotteur, der viele Menschen geschädigt hatte, nach seinem Tode die Schlüssel aufs Grab gelegt wurden; die obige Bestimmung des Saarbrücker Rechtes scheint diesen Zweck nicht verfolgt zu haben; sie war nur Symbol des Verzichts auf die Uebernahme der Erbschaft, *rite* der — Schulden.

Wie sich im allgemeinen die Sitten läuterten, nahm auch der Brauch des Frauenkaufes eine mildere, eigentlich nur noch symbolische Form an. Während ursprünglich wirklich ein vereinbarter Preis an den Tutor für Ueberlassung der Braut gezahlt worden war, erhielt dieser später nur noch einen symbolischen Preis, und das eigentliche *pretium* wurde der Braut als sogenannte *dos* gegeben. Der Brauch, eine Morgengabe den Neuvermählten zu geben — er ist aus der *dos* entstanden — hat sich sehr lange erhalten. Zahlung des symbolischen Preises und der *dos* bildeten aber nicht die Eheschließung, sondern hatten etwa die Bedeutung unserer heutigen Verlobung; die Eheschließung erfolgte nur durch das Beilager, denn erst hierdurch wurde die Frau wirklich Genossin des Mannes. Man muß dies stets im Auge behalten, wenn man viele ältere Strafbestimmungen, z. B. wegen Bigamie usw., richtig verstehen will. Selbst in christlicher Zeit wurde sehr lange an diesem Brauche nichts geändert; auch da erfolgte die Eheschließung nicht durch den Kirchgang, sondern durch das Beilager, das in der Regel dem Kirchgang vorausging, so daß, genau wie nach heutigem Rechte, die Ehe nicht durch die Kirche geschlossen, sondern nur eingesegnet wurde. Damals war man allerdings weniger prüde; sich durch eine Hochzeitsreise schamhaft den Blicken von Freunden und Bekannten entziehen zu wollen, das hätte man für höchst albern und unpassend gehalten, und in der Tat ist ja die Prüderie in der Regel auch das Gegenteil von wahrer Sittlichkeit; bei unseren Vorfahren fehlte sie allerdings beinahe etwas zu viel. Wenn das Beilager vollzogen war, dann blieb das junge Paar gemütlich auf dem Lager liegen und wartete, bis man stärkende Speisen und Getränke brachte, die im Bette vertilgt wurden. Ebenso war es Brauch, die Geschenke, die auch damals bei keiner Hochzeit fehlen durften, im Bette in Empfang zu nehmen. Dann erst rüstete man sich zum Kirchgang. Das waren derbe, wie mit der Holzaxt zugehauene Sitten und Bräuche; aber man darf wohl sagen, daß sie gerade ein Beweis für innere Harmlosigkeit und Sittlichkeit waren. Man würde aber trotzdem fehlgehen, wenn man annehmen wollte, daß deshalb nicht doch hin und wieder Sittlichkeitsdelikte vorgekommen wären. Urwüchsigkeit ist an sich noch kein strikter Beweis für die Sittenreinheit. Wenn der wenig kultivierte Naturmensch erst einmal seinen Trieben und Leidenschaften unterliegt, dann pflegt er weit schonungsloser und gefährlicher sein Ziel zu verfolgen, wie der Gebirgsbach, in der Schneeschmelze zum wilden Strom angeschwollen, alles niederreißt, was sich ihm in den Weg stellt. Es kamen Sittlichkeitsverbrechen aller Art vor, meist Gewalttaten; aber sie waren seltener und die Täter wurden sehr streng bestraft; jedenfalls hatte man auch weniger Anlaß, sich mit der Frage der völligen oder nur verminderten Zurechnungsfähigkeit zu beschäftigen.

Trotzdem darf man aber nicht annehmen, daß auch auf sexuellem Gebiet die Männer alle Helden gewesen wären. Besondere Leistungsfähigkeit hierin galt schon von alters her als eine Art von Rittertum. In alten Heldensagen war man auch darin nicht prüde und berichtete von wahren Wettkämpfen, bei denen der Sieger sogar die Herrscherwürde erlangen konnte. Auch der starke Siegfried hat als Stellvertreter nachts auf dem Lager die kühne Brunhilde bewältigt. Ich will hierauf nicht weiter eingehen; wen's interessiert, der studiere Ariosts Rasenden Roland u. a. m. Es läßt sich aber gerade aus solchen Heldensagen entnehmen, daß nicht jeder geeignet war, die Ritterprobe zu bestehen, und in der Tat ist im Altertum selbst bei den Völkern, denen körperliche Kraft über alles ging, die sogar schwächliche Kinder ohne weiteres dem Tode überlieferten, die *impotentia virilis* offenbar kein unbekanntes

Leiden gewesen, sondern so oft vorgekommen, daß die Gesetzgeber sich veranlaßt sahen, ausdrücklich Ehehelfer zu gestatten und — das ist das Sonderbarste und läßt gerade auf die Häufigkeit solcher Fälle schließen, — zu verfügen, daß es keinem der Beteiligten zur Schande oder Unehre gereichen sollte, wenn ein Mann wegen des erwähnten Fehlers seine Frau einem glücklicher Veranlagten überließ. Solche Gesetze gab es bei den heldenhaften und riesenstarken Spartanern; die Athener hatten ebenfalls diese Gesetze schon zu einer Zeit, in der sie noch nicht das verweichlichte und entnervte Geschlecht waren, das nach dem politischen Verfall das schöne Griechenland bevölkerte. Selbst bei unseren Vorfahren begegnen wir derselben Institution. Nach Münster war es den Litthauern, auch wenn sie nicht an der *Impotentia* litten, gestattet, sich zeitweilig von einem Ehehelfer „sublevieren“ zu lassen. Nach anderen Rechten durfte nur der unfähige Gatte einen Stellvertreter wählen. Den Männern war es aber untersagt, sich eine Konkubine zu halten, und gerade dies zeigt, daß man nicht die Heiligkeit der Ehe aus Frivolität antasten lassen, sondern nur die Erreichung ihres eigentlichen Zweckes herbeiführen wollte. Der Zweck der Ehe war aber der, den auch noch das Allgem. Preuß. Landrecht Teil II, Titel I, § 1 bezeichnet: „Der Hauptzweck der Ehe ist die Erzeugung und Erziehung der Kinder“. Konnte dieser Zweck nicht erreicht werden durch Verschulden der Frau, dann konnte sie der Mann „entlassen“ und eine andere heimführen. Lag das Verschulden aber auf Seiten des Mannes, dann mußte er eben dafür sorgen, daß ein Stellvertreter der Frau Genüge tat; das durfte die Frau verlangen, und erst viel später wurde ihr das Recht zugestanden, ebenfalls wegen Unvermögens des Mannes die Ehescheidung zu verlangen. Obwohl nun, wie wir gesehen haben, die Sitten so streng waren, daß niemand der Frau eines anderen auch nur die Hand streicheln durfte, daß sogar Frauen nicht den Pokal berühren mochten, den die Hand eines anderen gefaßt hatte, so hielt man doch die Stellvertretung weder für einen Ehebruch noch auch nur für moralisch bedenklich; sie war notwendig und deshalb auch gut. Die Frauen wurden übrigens nicht danach gefragt, ob sie mit der Wahl des Stellvertreters einverstanden waren, wenigstens schrieb kein Gesetz ihre Befragung vor, und ich werde auch aus eigenen höchst eigentümlichen Rechtsbestimmungen nachweisen, daß nicht die Neigung der Frau, sondern oft der blinde Zufall entschied, wem sie ihre Nachkommenschaft zu danken hatte.

In alten deutschen Bauernrechten, die bis über das Zeitalter der Reformation hinaus Geltung hatten, haben sich Bestimmungen ähnlicher Art erhalten, und es kennzeichnet sich darin zum Teile auch noch der alte urwüchsige Humor, den wir in deutschen alten Landrechten so oft finden; namentlich sind die alten Weistümer eine wahre Fundgrube für derartigen Volkshumor. So heißt es im Benker Haiderecht: „Item, so wise ik ok vor recht, so ein guet man siner frauen ir fraulik recht nit don konne, dat se darover klagede, so sol er sei upnehmen und dragen sei over seven erftuine und bitten dar sinen negsten nabern, dat er siner frauen helfe; wan er aver geholfen is, sall hei sei weder upnehmen und dragen sei weder to hus und setten sei sachte dal und setten er en gebraten hon vor und ene kanne wins.“ Daß damit an den Ehemann eine sehr starke Anforderung gestellt war, liegt auf der Hand. Schon durch das Tragen und Anbieten seiner Frau mußte er öffentlich seine Unfähigkeit zur Schau stellen, dann verlangte doch die ganze Angelegenheit an und für sich schon eine starke Selbstverleugnung, und die liebevolle Bewirtung nach dem Abenteuer setzte eigentlich allem die Krone auf. Daß der Gesetzgeber ein wenig Schalk spielen wollte, ist offenbar; aber die Rolle des Mannes war wenigstens zum Teile nicht entbehrlich, da sonst die ganze Sache wohl als ein Ehebruch erschienen wäre, zu dessen Verfolgung es weder einer vorausgegangenen Ehescheidung, noch eines Strafantrages bedurft hätte. Gerade durch die nachherige Bewirtung sollte aber zum Ausdruck gebracht werden, daß der Mann auf keinen Fall wegen der Sache mit der Frau hadern durfte, denn die Schuld lag nicht an ihr, sondern an ihm. Das Bockumer Landrecht geht übrigens noch bedeutend weiter als das Benker Haiderecht; es heißt da: „Item, ein man, der ein echtes weib hat und ir an iren fraulichen rechten nicht genug helfen kan, der sol sie seinem nachbar bringen, und könte derselbe ir dann nicht genug helfen, sol er sie sachte und sanft aufnehmen und thun ihr nit wehe und tragen sie über neun erbtüne und setzen sie sanft nieder und thun ir nit wehe und halten sie daselbst fünf uhren lang un rufen wapen! das ime die leute zu hülfe kommen: und kan man ir dennoch nichts helffen, so soll er sie sachte un sanft aufnemen un setzen sie sachte darnieder und thun ir nit wehe und geben ir ein neu kleid un einen beutel mit zehrgeld und senden sie auf einen jahrmarkt, un kan man ir alsdann noch nit genug helffen, so helffe ir tusend düfel." Diese Bestimmung fällt deshalb besonders auf, weil nicht von einer absoluten Impotenz des Ehemannes, sondern nur davon die Rede ist, daß er ihr „nicht genug" helfen kann; es handelte sich also um unersättliche Frauen, denen „ihr Recht" gewahrt werden sollte. Die Engelsgeduld, die dem Manne zugemutet wird, ist deshalb doppelt beachtenswert, denn auch die sexuell nimmersatte Frau sollte der Mann „sachte und sanft" aufnehmen, um sie anderen leihweise zu überlassen. Offenbar hat aber der Hilferuf und das Senden auf den Jahrmarkt bewirken sollen, daß Frauen, die noch nicht alles Schamgefühl verloren hatten, auf solche „Rechte" lieber verzichteten. Auch der Schlußsatz, daß ihr tausend Teufel helfen sollen, zeigt deutlich, wie der Gesetzgeber über die sexuelle Unersättlichkeit der Frauen dachte. Ist nun eine solche Vorschrift unsittlich? Wir können sie nach unseren heutigen Anschauungen kaum anders nennen. Der rohe Sinn der ganzen Bestimmung ist unverkennbar; er entsprach der Zeit, die ein Zweikindersystem nach französischem Muster für die Blüte der Unsittlichkeit gehalten haben würde; ebenso unverkennbar ist es aber, daß man sich der wirklichen Unmoral überhaupt nicht bewußt war, und schon deshalb kann man nicht ohne weiteres von einer Unsittlichkeit reden. Aehnlich dem Bockumer Rechte, aber ohne die klar erkennbare Absicht, die Frauen durch öffentliche Blosstellung von der Geltendmachung ihres „Rechts" abzuhalten, ist auch das Hattinger Landrecht. Die Abweichung erklärt sich daraus, daß hier wieder von der durch *impotentia virilis* bewirkten Unmöglichkeit der Erfüllung des Ehezweckes die Rede ist: „Item, daer ein man waere, der sinen echten wivi oer frowelik recht niet gedoin konde, der sol sie sachtelik op sinen ruggen setten und draegen sie over negen erdtuine und sette si sachtelik neder sonder stoeten, slaen und werpen und sonder enig quaed woerd of oevel sehen, und roipen daer sine naeber aen, dat si inne sines wives lives noet helpen weren, und of sine naebur dat niet doen wolden of kunden, so

**Die Hinrichtung vor Richter und Mönch.**

Aus der Bambergischen Halsgerichts-Ordnung 1508.

sall hie si senden up die neiste kermisse daerbi gelegen und dat si sik süverlik toe make und verzere und hangen oer einen buidel wail mit golde bestickt up die side, dat selft wat gewerven kunde; kumpt si dannoch ungeholpen, so help ör dor der duifel." Man kann darüber streiten, ob die Bockumer Bestimmung, die auch der unersättlichen Frau das Recht, volle Befriedigung zu verlangen, zuspricht, es sie aber ohne Blamage nicht erreichen läßt, etwa moralisch habe schädigend gewirkt; ich glaube es nicht. Das Hattinger Recht dagegen darf wirklich nur als ein Akt „ausgleichender Gerechtigkeit" betrachtet werden. Die *ratio legis* war eben die, die Gattin schadlos zu halten; Hohn und Spott waren nicht zugelassen, sondern der Mann, durch dessen Schuld der Zweck der Ehe nicht erreicht werden konnte, sollte den Fehler wieder gut machen. Deshalb war vorgeschrieben, daß er nicht stoßen, schlagen, werfen, schelten oder auch nur scheele Blicke anwenden durfte. Die Beihilfe des Mannes sollte diesen nicht schänden, sondern sie war notwendig, da sonst sowohl die Frau als der „hilfsbereite" Nachbar wegen Ehebruchs bestraft worden wären. Der „Wapenruf" unterblieb, weil er den Mann und auch die Frau dem Gespött preisgegeben hätte; statt dessen war das Versenden der Frau auf die Kirmis — wiederum mit den deutlich sichtbaren Zeichen des männlichen Konsenses — zugelassen, und der Schluß, daß ihr der Teufel helfen solle, wenn sie auch von dort „ungeholfen" zurückkomme, bedeutet weiter nichts, als daß der Mann, der alle die vorgeschriebenen Gebote erfüllt hatte, damit seine Schuldigkeit getan haben und zu nichts weiter verpflichtet sein sollte. Noch heute ist in plattdeutschen Gegenden die Redensart „Dat kan de Düwel", oder „Dor hölpt keen Düwel!" durchaus gebräuchlich; sie ist nichts als eine verstärkte Erklärung, daß etwas über menschliches Vermögen gehe; an eine wirkliche Tätigkeit Sr. höllischen Majestät denkt man dabei ebensowenig, wie das Hattinger Landrecht daran gedacht hat. Wenn auch das Hattinger Recht nicht verhütet hat, daß der impotente Ehemann ausgelacht werden konnte, ja wenn ihm sogar eine reichliche Dosis schadenfrohen Spottes gegönnt worden ist, so entsprach dies durchaus dem Geiste der Zeit. Uebrigens werden ja auch in jetziger Zeit kinderlose Ehepaare häufig genug gehänselt, ohne daß so drastisch festgestellt würde, auf welcher Seite die Schuld liegt, und „offiziell“ wird auch eine Frau bei Impotenz des Mannes nicht mehr schadlos gehalten. Wie weit privatim auch heute noch dem alten Rechte praktisch gehuldigt wird, entzieht sich beim Fehlen jedes zuverlässigen statistischen Materials unserer Beurteilung; aber es kommt noch vor, wenn auch in anderer Form. Der nachsichtige Gatte ladet die bessere Hälfte nicht mehr auf den Rücken, um sie dem Nachbar anzubieten, er sendet sie auch nicht mehr auf die Kirmes, sondern er duldet den Hausfreund oder schickt „sie“ zur Erholung ins Bad. Das ist beides „moralisch“, weil's doch eben nicht „jeder weiß“.

Für die Kenntnis früherer Moralanschauungen kann es kaum etwas Interessanteres und Belehrenderes geben als die alten Bauernrechte; sie ermöglichen erst unser Verständnis für andere Rechte, die uns sonst ganz unerklärlich sein würden. Ich will hier nur an das berüchtigte Unrecht — *jus primae noctis* nannte man es — grundherrlicher „Herrenmoral“ erinnern; in letzterem haben allerdings die Moralanschauungen der Herren mit denen der Bauern doch sehr wenig übereingestimmt, es hat sich vielmehr jedes Gemüt, das diesen Namen verdiente, dagegen empört, und auch im groben Bauernkittel schlägt und schlug zu jeder Zeit ein Herz, das *in puncto puncti* mindestens ebenso feinfühlig war wie das, das im prunkvollen junkerlichen Wams hämmerte. Auf die Ansichten der Bauern kam es aber nicht an, besonders zu Zeiten, als diese nur „gewissermaßen auch als Menschen, natürlich letzter Güte“ galten; die grauenvollen Sittenzustände unter der Junkermoral sind ja hinlänglich bekannt; in Mecklenburg, wo sich die Leibeigenschaft am längsten gehalten hat, bestanden sie noch lange nach deren Aufhebung „halboffiziell“. Reuter hat sie in „Kein Hüsing“ geschildert. Gehört aber nicht eine starke Dosis Heuchelei dazu, wenn man behaupten will, daß das *„jus“ primae noctis* heutigen Tages ebenso wie gesetzlich auch praktisch nicht mehr bestehe?

Mit der ehelichen Stellvertretung eines impotenten Gatten haben sich die Bauern eher abgefunden; das entsprach ihrem praktischen Sinne und ihrem Gerechtigkeitsgefühl, und — dieses Recht hat ja, wie oben schon angedeutet, im Altertum ganz allgemein und keineswegs nur für Bauern gegolten. Solche Gesetze waren zeitweilig, wenn Kriege und Epidemien ganze Länder entvölkert hatten, recht nützlich und notwendig, gestattete man doch nach entvölkernden Kriegen oder Epidemien auch die Doppelehe und Vielweiberei, die sonst kapital, also ein todeswürdiges Verbrechen war. Ja, es kam sogar vor, daß die Vielweiberei amtlich gewünscht wurde, da sie bei Männermangel das einzige Mittel war, schneller einen stärkeren Nachwuchs zu erzielen. Man war in früheren Zeiten sehr praktisch und verstand es, aus der Not eine Tugend zu machen. Derartige Vorschriften und Konsense waren deshalb ebensowenig unsittlich wie die Ehehelferrechte, deren Grundgedanke ihnen ebenfalls innewohnte. Den Hang zur Liederlichkeit und sexuelle Begehrlichkeit sollten die erlaubte Stellvertretung und die erlaubte Vielweiberei jedenfalls nicht erwecken oder befördern. Schon durch die ganze Bibel, nicht nur das alte Testament, zieht sich der Gedanke, daß es für eine Frau die größte Schande sei, keine Kinder zu bekommen. Ich will die geehrten Leser nicht durch eine Wiedergabe aller dies beweisenden Stellen ermüden, sondern mich auf wenige Beispiele beschränken, die ich so wähle, daß sie die alt- und neutestamentliche Zeit berühren. Im 1. Mose 30, 23 heißt es: „Da ward sie schwanger und gebar einen Sohn und sprach: Gott hat meine Schmach von mir genommen.“ Im Buche der Richter Kap. 11 wird erzählt, daß die Tochter Jephthas, die geopfert werden soll, nicht den Tod, sondern das größere Uebel, die Jungfrauenschaft, beklagt. Im Evangelium Lucä 1, 25 sagt Elisabeth, des Zacharias Weib, als ihr noch im hohen Alter die Freude wird: „Also hat mir der Herr getan in den Tagen, da er mich angesehen hat, daß er meine Schmach unter den Menschen von mir nähme.“ Ganz ähnliche Ansichten herrschten auch bei den meisten anderen Völkern des Altertums, und zum Teile herrschen sie noch heute. Von dieser Ansicht bis zur Vielweiberei war es aber, wenn wie jetzt bei uns, mehr Frauen als Männer existierten, nur ein Schritt, von dem sich nicht einmal behaupten läßt, daß er logisch anfechtbar sei. Auch bei unseren Vorfahren galt es für den Hauptberuf des Weibes, Kindern das Leben zu geben, und eine Frau, die diesen natürlichen Zweck nicht erfüllte, befand sich in einer ähnlichen Lage wie der Mann, der seinen wahren Beruf zu kämpfen und zu streiten, nicht erfüllen konnte; er zählte zu den *homines viles,* d. h. er war anrüchig, „wehrlos — ehrlos“. War er zu feige, um in den Kampf gehen zu können, so wurde er lebend in den Sumpf gestoßen oder im Unrat begraben; noch Luther sagt: „Wer vor Schrecken stirbt, dem soll man mit Fürzen zu Grabe läuten!“ Da konnte es natürlich gar nicht für unsittlich gelten, wenn man da, wo durch das Unvermögen des Mannes die Frau außerstande war, ihre Ehre zu wahren, auf dem natürlichsten Wege Abhilfe schaffte. Ob auch in den deutschen Landen im Altertum mehr Weiber als Männer vorhanden waren, läßt sich nicht feststellen; geklagt ist darüber nicht worden, und frauenrechtlerische Bestrebungen, durch die man gesucht hatte, das heiligste und natürlichste Recht der Frauen durch viel unnatürlichere und sozial gefährliche Rechte zu ersetzen, kannte man noch nicht. Vielweiberei gab es mit Ausnahme der eben erwähnten Notfälle offiziell nicht; sie war zwar im Altertum nicht direkt verboten, galt aber als unmoralisch oder war, wie oben bemerkt, höchstens den Königen als ein Zeichen *„nobilitatis“* vorbehalten. Das Christentum konnte natürlich auch den Königen und Großen dieser Erde nicht gestatten, was nach christlicher Moral absolut unzulässig war; deshalb wurde als Ersatz etwas gegeben, was — noch unmoralischer war, nämlich die Ehe zur linken Hand neben der rechtmäßigen Gattin. Wenn man es doch für selbstverständlich halten muß, daß gerade die Höchststehenden der *misera plebs* mit gutem Beispiel vorangehen sollen, ja daß sie dies eigentlich für ihre vornehmste und natürlichste Pflicht halten müssen, so kann man es kaum verstehen, daß diese einfache Wahrheit fast zu allen Zeiten verkannt und ins Gegenteil gewendet werden konnte; denn in Wirklichkeit haben die *principes* sich im Gegenteil oft souverän über die einfachsten Forderungen der Moral und, leider auch nicht selten, des Rechts hinweggesetzt und dadurch in erster Linie zu Unmoralität und Unsittlichkeit verleitet. Ein Wunder ist es wahrlich nicht, wenn die allgemeine Moralanschauung immer mehr verflachte, bis sich eine Sittenlosigkeit bemerkbar machte, die aufmerksame Beobachter erschrecken mußte.

Noch ein Umstand war es, der sehr schädlich wirken mußte, nämlich die sich immer schärfer ausprägenden Standesunterschiede. Ursprünglich heiratete der **Mann** das Mädchen, das ihm gefiel, und das er liebte. Das war ein natürlicher und vernünftiger Standpunkt; aber mit der Zeit mußten die der reinen Vernunft entsprossenen Moralanschauungen mehr und mehr geschraubten und gekünstelten Doktrinen weichen, die entscheidende Frage war nicht mehr die, ob das Mädchen dem Manne gefiel, sondern ob es auch standesgemäß sei. Daß es Standesunterschiede geben muß, daß nicht ein ungebildeter Mensch, der nichts leisten kann als eine mechanische untergeordnete Handarbeit, dem gleichgestellt werden darf, der in Kunst und Wissenschaft usw. das Höchste erreicht hat, erfordert schon die einfachste Gerechtigkeit. Es wird auch nichts dagegen einzuwenden sein, daß Art am besten zu Art paßt, und daß auch der Bildung nach eine gewisse Harmonie in der Ehe herrschen soll. Aber man hätte dann auch konsequent sein müssen. Es konnte logisch nur zwei Möglichkeiten geben: entweder die *copulatio carnalis* mit einem Mädchen von geringerem Stande tat dem Manne Abbruch, oder sie war ihm nicht nachteilig. Im ersteren Falle konnte er das Mädchen natürlich nicht heiraten; aber ebenso natürlich mußte er sich dann überhaupt fernhalten. War aber die *copulatio carnalis*, also die fleischliche Vermischung, für den Mann weder herabwürdigend noch auch nur unsittlich, nun, dann konnte ihn die Ehe, die doch das Fundament aller Sittlichkeit ist, erst recht nicht schänden, weil ein an sich unmoralisches Verhältnis unmöglich moralischer und erlaubter sein kann als die Basis der Sittlichkeit. Wer das nicht zugibt, der muß, wenn ihm die gütige Natur die freilich nicht allzu häufig verliehene Fähigkeit, logisch zu denken, mit in die Wiege gelegt hat, notgedrungen davon ausgehen, daß etwas Unmoralisches moralisch, etwas Sittliches aber unsittlich sei, wenn — ja wenn man es gerade so wünscht. Daß man — nennen wir es beim rechten Namen — aus purem Egoismus die klarsten Begriffe *à* la Bosco durcheinander gemischt und daraus künstlich eine dritte Moral geschaffen hat, ist ein böses Zeichen für frühere Moralanschauungen; daß man aber daran festhält, das ist geradezu niederschmetternd. Man hat sich dieser unumstößlichen Wahrheit früher weniger strikte zu entziehen vermocht als jetzt. Noch das Allgemeine Preußische Landrecht bewahrte einen Ausweg, der auch in der Revision von 1806 beibehalten wurde, nämlich die Ehe zur linken Hand, die im Teil II, Titel I, Abschnitt 9 §§ 835 bis 932 ausführlich behandelt ist. Zulässig war sie nur mit unmittelbarer landesherrlicher Erlaubnis, und diese Erlaubnis war nur von Mannspersonen höheren Standes nachzusuchen. Das ist auch bezeichnend.

Die Mißheirat ist übrigens in Wirklichkeit eins der schwierigsten Probleme. Man darf die Dinge des Sexuallebens nicht streng nach den Gesetzen der einfachsten Logik in der Weise beurteilen wollen, daß man lediglich die natürlichsten Verhältnisse dem Urteil zugrunde legt und aus ihnen die nötigen Schlüsse zieht. Tut man dies, so wird man zwar etwas rein theoretisch Richtiges behaupten, das verblüffend unwiderlegbar erscheint, aber gleichwohl ganz falsch ist, weil es auf unsere Kulturzustände, die doch nicht auf das rein Natürliche zugeschnitten sind, (denn sonst wären es keine Kulturzustände), absolut nicht paßt. Für Naturvölker kann es eine Mißheirat nicht geben, weil es keine Standesunterschiede gibt. Als unsere Vorfahren noch Naturmenschen waren, gab es nicht den Begriff der Mißheirat, und doch gelangte man schon sehr frühzeitig dahin, zu dekretieren, daß der Freie keine Hörige heiraten sollte. Konnte der König aber jede einfache Freie heiraten, so war dies wieder sehr natürlich, weil der Zweck der Ehe nur die Erzeugung der Kinder und die Bedienung des Mannes war. Je höher die Kultur eines Volkes sich entwickelt, desto geistiger und reifer wird das Band, das die Ehegatten aneinanderfesselt. In unserer Kulturperiode hat die Frau in der Ehe eine ganz andere Aufgabe zu erfüllen als lediglich die im Preußischen Landrecht angegebene. Sie muß die Genossin des Mannes sein, Genossin im allerbesten Sinne; sie nimmt vollen Anteil an seiner gesellschaftlichen Stellung, und deshalb muß an die Herkunft der Frau ein höherer Anspruch gestellt werden als an ein „Verhältnis“, das in der Regel von beiden Seiten bewußt und gewollt einen sexuellen Verkehr auf eine beschränkte Zeit bezweckt. Ich habe nichts dagegen, wenn man in der Konsequenz dieses herrschenden Prinzips einen brutalen Egoismus erblickt, und leugne nicht, daß in der Tat unendlich oft ein herzloser Egoismus zutage tritt; ein „Gehen über Leichen". Aber man darf doch auch nicht übersehen, daß die herrschenden Ansichten über Standesunterschiede jedem Mädchen bekannt sind, und daß diese Kenntnis eine Möglichkeit bietet, sich vor bitteren Enttäuschungen zu schützen. Das Gesetz kann hier helfend nur da eingreifen, wo Täuschungen die Möglichkeit des Selbstschutzes beseitigt oder doch wenigstens stark beeinträchtigt haben.

Noch im Mittelalter, als bereits die Standesunterschiede sich schärfer und schärfer abgegrenzt hatten, waren Heiraten unter dem Stande gar nichts ungewöhnliches, weil das gesunde Empfinden noch nicht so allgemein abgestorben war, und selbst Regenten haben sich bis in die neuere Zeit hinein über logisch nicht begründbare Vorurteile hinweggesetzt; es sei nur an den alten Derfflinger, an Leopold von Dessau, erinnert. Jedoch schon in sehr früher Jugend tauchten die Ideen auf, daß ein vornehmer Mann zwar nur standesgemäß heiraten, aber sehr, sehr tief unter seinem Stande „lieben" dürfe, ja als das moralische Band der Ehe nicht mehr angängig erschien, da galt die unmoralische Verbindung des Konkubinats für erlaubt und nicht einmal für anstößig; selbst neben der Ehe wurde sie zugelassen, allerdings, ebenso wie im Preußischen Landrecht die Ehe zur linken Hand, nur für Mannespersonen höheren Standes. Konnte es denn wirklich etwas Wahnsinnigeres und Ungerechteres geben, als die gewöhnlichen Sterblichen wegen gemeiner Unzucht, Ehebruchs oder wegen Bigamie mit der Todesstrafe zu belegen, und größeren Herren neben ihrer legitimen Ehe noch eine oder mehrere halblegitime zu gestatten? Konnte es denn wirklich jemals eine zweifache Sittlichkeit geben? Die mit dem Tode bedrohten Bigamisten lebten meist nur dem Namen nach in einer doppelten Ehe, in Wirklichkeit waren sie nur in einer einzigen, die sie geschlossen hatten, nachdem sie faktisch die erste Ehe gelöst hatten, die nur nicht getrennt werden konnte, weil die katholische Kirche nun einmal Ehen nicht trennt, außer da, wo es ihr paßt. Bekanntlich hat ja Papst Gregor VII., als er den Cölibat einführte, die Priester einfach von Weib und Kindern losgerissen. Die Doppelehe in der Tat aber war ein *signum nobilitatis.*

Es ist eine unauslöschbare Schmach, daß die Kirche, wenn sie nun einmal die Ehe für ein Sakrament hielt, nicht ihre Allmacht benutzte, um dem schändlichen, sittenlosen Treiben ein Ende zu machen. Aber die Kirche hat dies nicht nur nicht getan, sondern sie hat vielmehr ein noch schlechteres Beispiel gegeben. Nicht die Sittengeschichte des Papsttums will ich schreiben, aber eine kurze Meinungsäußerung aus Friedrich Oehningers „Geschichte des Christentums" glaube ich denn doch nicht unterdrücken zu dürfen; sie lautet: „Im zehnten Jahrhundert und in der ersten Hälfte des elften sehen wir den päpstlichen Hof in tiefster sittlicher Entartung und Schmach. Der römische Adel riß die Besetzung des päpstlichen Stuhles an sich, und vornehme Frauen begründeten das sogenannte Buhlregiment, durch welches ihre Günstlinge und Söhne mit der höchsten geistlichen Würde der Kirche bekleidet wurden. Wohl unterscheidet die katholische Lehre zwischen Person und Amt, und wir müssen in der Tat die Treue Gottes rühmen, welche bei allen Fehlern der Päpste, der Reformatoren usw. die zur Seligkeit notwendigen Wahrheiten und Gnadenmittel dem ungläubigen Volke erhalten hat. Aber die größte Verderbnis im Wandel und Untrüglichkeit im Lehren — das verträgt sich nicht! — In jener Zeit, von der wir reden, waren die Päpste die liederlichsten Menschen; sie verkauften das päpstliche Amt, wenn sich ein Käufer fand, sie verstrickten sich in Blutschande, Meineid, Gotteslästerung und Mord. Selbst der kräftige Kaiser Otto I., der einschreiten mußte, konnte das römische Unwesen nicht nachhaltig brechen, und zuletzt kam es so weit, daß drei Päpste einander feindeslig gegenüber standen (1046). Da berief der deutsche König Heinrich III. eine Synode nach Sutri, setzte alle drei Päpste ab und erhob viermal nacheinander würdige deutsche Bischöfe auf den römischen Stuhl — eine Uebermacht freilich des Staates, die ernsten Männern wieder bedenklich erscheinen mußte."

Das ist ein Bild des Schreckens, so wenig es auch auf Details eingeht; es ist aber auch ein Bild jener „wahren Sittlichkeit", mit der das römische Christentum „reinigend" auf die „moralische Verwahrlosung" unserer heidnischen Vorfahren einwirken konnte, denn die Sittenlosigkeit der Päpste und des römischen Klerus hat schon bestanden, ehe das Christentum wirklich über alle deutsche

Lande verbreitet worden ist; sie hat unsern Volksgeist weit mehr vergiftet, als das wüste Treiben, das an manchen weltlichen Höfen herrschte, denn das böse **Beispiel** Roms machte den Anfang; es hat auch das Hofleben infiziert. Auch die vielen Kriege haben dann im höchsten Grade demoralisierend gewirkt. Ich sage ausdrücklich „dann"; ehe das römische Beispiel wirkte, hat kein Krieg der urdeutschen Keuschheit Abbruch getan. Man denke doch nur an die Römerkriege, in denen die deutschen Völker blutig um ihre Freiheit mit der römischen Weltmacht rangen; da weiß die Geschichte uns nichts davon zu berichten, daß eine Sittenlosigkeit eingerissen sei, im Gegenteil. Auch die römischen Geschichtsschreiber, mögen sie sich noch so sehr gegen die „germanischen Barbaren" ausgesprochen haben, sind erfüllt von dem Lobe deutscher Sittenreinheit, die ihnen vielleicht im Vergleich mit der heimischen verfeinerten Sittenlosigkeit auch barbarisch vorkam, ihnen aber doch hohe Achtung abnötigte, gerade so wie die körperliche Kraft und Abhärtung der „deutschen Bären". Verfolgen wir weiter die Kämpfe deutscher Helden gegen ihre christlichen Bekehrer. Sind die so furchtbar bekämpften Sachsenstämme sittlich verwahrlost worden durch die Unterdrückungskämpfe? Witukind will mir wahrlich im Vergleich mit Karl dem Großen als der Größere erscheinen, sittlich stand er sicherlich höher. Nun sehe man sich aber die späteren Kriege an. Schon die Kreuzzüge unterscheiden sich wesentlich; sie haben entsittlichend gewirkt, ja man darf sagen, die raffinierte Unsittlichkeit ist eigentlich die einzige Beute, die unsere deutschen Kreuzfahrer heimgebracht haben. Und bei den späteren Kreuzzügen war schon die Beteiligung teilweise die Strafe für fleischliche Verirrungen; wir werden das hin und wieder bei der Besprechung der einzelnen Delikte näher erfahren; ich will aber auch hier schon den Hinweis nicht unterlassen, daß diese Bestimmungen weltlicher Gesetze die römische Vaterschaft klar genug erkennen lassen, die Aehnlichkeit mit Absolution und Ablaßhandel ist zu unverkennbar, und das Interesse am Zustandekommen der Kreuzzüge und einer möglichst reichen Beteiligung hatte doch lediglich Rom. Dasselbe Rom, das Sittenprediger, die sich in flammenden Worten gegen die klerikale Unsittlichkeit wendeten, einfach den flammenden Scheiterhauten überlieferte, wie, um nur ein Beispiel anzuführen, den unerschrockenen Savonarola. Auch die verschiedenen Abzweigungen von der römischen Kirche, die Katharer, Waldenser usw. haben in allererster Linie die Sittenlosigkeit der katholischen Geistlichkeit bekämpft, und das ist auch einer der wesentlichsten Beweggründe für die Reformatoren Huß, Luther, Zwingli, Calvin usw. gewesen; sie alle sind wohl ebenso der allgemeinen Entsittlichung wie den kirchlichen Mißständen entgegengetreten. Die Geschichte des Christentums ist, ich wiederhole es, auch eine Geschichte der Sittlichkeit.

Wenn nun alle die Kriege, in denen deutsches Blut, oft nicht im Interesse Deutschlands, sondern im Gegenteil zu dessen Schaden, vergossen wurde, demoralisierend wirkten, so hat der furchtbarste Krieg, in dem einige deutsche Völker gegen die kirchliche Macht Roms rangen, wie alle deutschen Stämme etwa ein halbes Jahrtausend vorher gegen das Weltreich Rom gestritten hatten, der dreißigjährige Krieg, erst recht Deutschland wirtschaftlich und noch viel mehr moralisch verwüstet.

Sehen wir uns neben diesen allgemein politisch-historischen Ereignissen die spezielle Geschichte der Sittlichkeitsverbrechen und ihrer strafrechtlichen Bekämpfung an, so finden wir den schon erwähnten Zusammenhang durch die Gesetzgebung im vollsten Umfange bestätigt. Die schwersten Strafen mußten immer und immer wieder, und zwar in stets gesteigerter Härte, angedroht werden, weil die Kriege usw. den Sittenzustand verschlimmerten, und in den alten Rechtskonstitutionen wird ja auch die wachsende Verwilderung gewöhnlich als Grund der Strafverschärfungen hervorgehoben. Ich gebe in der Folge die historische Entwicklung der einzelnen Bestimmungen bei den verschiedenen Delikten gesondert wieder, da dies die Uebersicht bedeutend erleichtert, und kann hier deshalb auf die allgemeine Entwicklungsgeschichte verzichten.

Schon lange vor dem dreißigjährigen Kriege haben die furchtbarsten Strafen gegen Sittlichkeitsverbrecher bestanden; daß sie während des Krieges nicht wirken konnten, ist schon deshalb klar, weil die Strafjustiz völlig machtlos und fast gänzlich eingeschlummert war, während die Demoralisation fortgesetzt neue Nahrung erhielt. Und welche Mühe hat es nachher gekostet, Zucht und

Ordnung wieder aufzurichten! Auch nach diesem Kriege finden wir fast überall eine Verschärfung der ohnehin schweren Strafen, und das Recht konnte wieder mit unerbittlicher Strenge gehandhabt werden; aber durch Strafen allein ist die Welt noch niemals moralisch gemacht worden, am wenigsten durch Strafen, die an und für sich schon eine Verrohung herbeiführen müssen. Strafen nützen nur dann, wenn sie nach allgemeiner Ansicht gerecht und der Tat äquivalent sind, und wenn durch gute Belehrung die Allgemeinheit die Verwerflichkeit und Gemeinschädlichkeit sittenloser Ausschweifung verstehen gelernt hat, besonders wenn ihr durch gutes Beispiel „von oben" der Segen eines reinen und ungetrübten Familienglückes, die Notwendigkeit einer Besserung und dadurch auch die Zweckmäßigkeit der Strafen klar geworden sind. Nur gibt es aber im Völkerleben — man darf wohl sagen glücklicherweise — immer Perioden, die den Blick nach innen richten und zur Einsicht zwingen. Mag man nun, wie es die Bibel tut, derartige zwingende Anlässe als Gottes Strafgerichte ansehen (die Sintflut, Sodom und Gomorrha, die ägyptische und babylonische Gefangenschaft, die Zerstörung Jerusalems usw. usw.), oder ma der weltliche Historiker von Völker-Schicksalsschlägen sprechen, immer bringen solche besondere Ursachen im Völkerleben Wirkungen hervor, die man im Leben des einzelnen nicht unrichtig als moralischen Katzenjammer bezeichnet. Daran hat's auch in Deutschland nicht gefehlt, und vergleicht man die politischen Ereignisse mit der jedesmaligen Literatur, dann muß man oft genug staunen, wie plötzlich sich die Erkenntnis für das Bessere Bahn gebrochen hat. Ich mute den geehrten Lesern nicht zu, eingehende vergleichende Studien zwischen Weltgeschichte im landläufigen Sinn und Literaturgeschichte anzustellen; aber ich weise auf die Freiheitskämpfe und die Geschichte der 48er Jahre hin. Noch eins lehrt aber ein solcher Vergleich, daß man nämlich nicht Ursache und Wirkung verwechseln darf. Die Literatur schafft nicht den Zeitgeist, sie spiegelt ihn nur wieder; sie ist nicht Ursache, sie ist Wirkung. Deshalb ist es ein Unsinn, nur durch Bekämpfung der Literatur oder der freien bildenden Kunst, die Unmoral aus der Welt schaffen zu wollen, sondern die Unmoral muß bekämpft werden mitten in ihrem Herde; wer's anders macht, der gleicht dem Arzte, der einem an Krebs Leidenden eine Dosis Chinin reicht, um das Fieber zu lindern, dem Krebsschaden aber kein Hindernis in den Weg legt. Nun, einen solchen Jünger Aeskulaps nennen wir einen Charlatan, aber die Sittlichkeitsdoktoren schaffen einen § 184b etc. Gleichen sie nicht dem Arzte, der das Symptom des Fiebers bekämpft, statt kühn und energisch das Messer an die jauchige Eiterbeule zu legen? Also frisch ans Werk, deutscher Michel, laß das Symptom, aber schneide die Eiterbeule heraus! Beschneide die Grundübel; schneide aber nicht zu tief, damit du nicht gesunde Provinzen zerstörst! Dann wird auch das Fieber schwinden; dann wird auch die deutsche Literatur nicht mehr ihre Aufgabe darin erblicken, den Ehebruch und die brutale Verführung in prickelnden Farben zu schildern und zu verherrlichen.

Man klagt so oft über den Mangel wirklich großer Geister und behauptet, es werde kein Genie mehr geboren. Das ist Unsinn. Keine Zeitperiode hat die großen Geister in Erbpacht genommen; es ist immer nur die Frage, ob die Zeit auch den fruchtbaren Boden schafft, auf dem ein großer Geist gedeihen kann, und auf dem er nicht durch das ekle Unkraut erstickt wird. Wir leben in der Aera der „mißverstandenen Frau“ und müssen es mit ansehen, daß jede Verfehlung einer Frau nur als ein Sieg über durchaus unbillige Vorurteile, als das Morgenrot der anbrechenden Freiheit gefeiert wird. Wo ist der Herkules, der den Augiasstall reinigt und uns von solcher „Freiheit“ — befreit? Wir könnten auch von einer Aera des „mißverstandenen Mannes“ sprechen, denn so lange die mystischen Symboliken unserer Unsittlichkeitsapostel bejubelt und in den Himmel gehoben werden, so lange wird der wahre Poet ein unverstandener Mann bleiben, so lange wird er sich nicht durchzuringen vermögen, und so lange wird es eben in unserer Literatur kein Genie geben. Es ist ein verhängnisvoller Irrtum, daß jedes Genie sich Bahn brechen müsse, denn noch immer hat die Welt die größten Geister gesteinigt, wenn sie zu himmelhoch über den Geist der Zeit hinausragten. Und trotzdem sind die Samenkörner aufgegangen und haben die herrlichsten Bäume hervorgebracht; aber erst zu einer Zeit, in der der fruchtbare Boden geschaffen war, und die sie selbst eben nicht mehr erleben konnten. Urewige Wahrheiten bleiben wahr, und das urewig Schöne bleibt schön, wenn's auch die Welt im wilden Taumel noch so sehr mit Kot bewirft, und auch das urewig Sittliche bleibt sittlich, und wenn's auch die, die jenseits von gut und böse stehen, noch so begeifern, noch so verhöhnen. Du lieber Gott, wir haben oft in der Literatur Perioden des wilden Taumels gehabt; aber die ganz kleinen Eintagsfliegen, die der blöde Zeitgeist für Riesen hielt — wo sind sie geblieben? Sie wollten zertrümmern, was als wahr, schön und sittlich gegolten hatte; aber wie bald waren sie selbst vergessen und zertrümmert, und das Gute war wieder gut. Warum soll's jetzt kein Genie geben? Der geniale Schriftsteller ist eben nur ein „unverstandener Mann". Es wird aber eine andere Zeit kommen, denn stürmt der Winter noch so sehr, es muß doch Frühling werden. Dann wird man wieder die nachgelassenen vergilbten Papiere irgend eines Verhungerten finden und sagen: „Es gab doch Genies!" Und man wird einer Ehrenpflicht genügen und dem Verhungerten ein — Denkmal setzen.

## Teil II.

# Die Sittlichkeitsdelikte.

## Der Ehebruch.

Wenn man das große Kapitel der Sittlichkeitsdelikte in unserem Strafgesetzbuch eingehend betrachtet, wird man auf den ersten Blick die Wahrnehmung machen können, daß es an einer logischen Gruppierung fehlt. Nach älteren Rechten teilte man diese Verbrechen in zwei große Gruppen, und zwar in solche, durch die die Ehe verletzt wurde, und in solche, die, ohne Verletzungen der Ehe zu sein, nur gegen die allgemeinen Verbote der Moral verstießen und mehr oder weniger Anstoß erregten und die öffentliche Sittlichkeit verletzten. Da die Ehe als ein Sakrament galt, ist eine derartige Einteilung auch einfach selbstverständlich, denn der Verletzer der Ehe verstieß nicht allein gegen die Sittlichkeit, sondern er übertrat zugleich ein Sakrament; die Einteilung würde also wohl auch gegen den Willen der weltlichen Machthaber dieselbe gewesen sein. Sie konnte aber auch nicht gegen die Anschauungen der weltlichen Macht verstoßen, weil sie einfach logisch ist, denn jedes Sittlichkeitsverbrechen, das von einer ledigen Person gegen eine ledige Person begangen wird, verletzt direkt nur diese; die Angehörigen der verletzten Person werden dabei allerdings in Mitleidenschaft gezogen, wie durch jedes Uebel, das eine uns nahestehende Person trifft. Anders liegt aber doch die Sache, wenn eine verheiratete Person das Opfer eines Sittlichkeitsverbrechers wird, denn in diesem Falle ist der Gatte stets direkt mitgetroffen. Deshalb hat das alte Recht — nicht das älteste —

auch Sittlichkeitsdelikte, die gegen eine verheiratete Person gerichtet waren, weit strenger beurteilt als die gegen ledige. Das geschah, weil zu den eigentlichen Sittlichkeitsverbrechen noch der Ehebruch trat, der in der Tat von selbst enthalten war. Je nach der Anschauung, die man von der Ehe hatte, mußte natürlich auch die Ansicht über den Ehebruch verschieden ausfallen. In alten Zeiten, als die Eheschließung ein bloßer Kaufvertrag war, durch den die Frau Eigentum des Mannes war, konnte selbstverständlich nur der Ehebruch der Frau eine Rechtsverletzung sein, nicht der des Mannes, der eben kein Eigentumsrecht verletzte, wenn er nicht einer fremden Ehefrau seine Neigung schenkte, wodurch er aber nicht seine, sondern ebenfalls nur die fremde Ehe brach. Als der Kirche der große Wurf gelungen war, die Ehe ins Bereich ihres Einflusses zu ziehen, als die Ehe ein Sakrament war, da mußte freilich diese ältere Ansicht korrigiert werden, denn der Ehebruch war nun nicht mehr eine bloße Eigentumsantastung, sondern eine Verletzung des Sakraments. Als solche hätte er überhaupt nicht mehr zu den eigentlichen Sittlichkeitsverbrechen, sondern zu den Religionsverbrechen gehören müssen; aber diese logische Folgerung wurde nicht gezogen, sondern der Ehebruch blieb Sittlichkeitsverbrechen, und zwar das schwerste, weil er als Bruch des Sakraments empfunden wurde. In dem geplanten Rechte war der Ehebruch ebenso wie die Doppelehe aus den Sittlichkeitsdelikten ausgeschaltet und zu den „Verbrechen und Vergehen gegen die Ordnung der Ehe und des Personenstandes“ plaziert worden.

Ehebrüche hat es gegeben, seitdem es Ehen gibt; ihre Beurteilung war aber in den einzelnen Zeiten und bei den einzelnen Völkern grundverschieden; sie muß auch selbst bei ganz konsequenter Logik eine verschiedene sein, solange die Ansichten über die Ehe selbst verschieden sind; denn naturgemäß kann der Polygamist über einen Ehebruch nicht die gleiche Ansicht haben wie der Monogamist, weil die Ehe jenes überhaupt nicht gebrochen wird, wenn der Mann außerehelich polygamen Trieben folgt. Ehebrüche hat es aber zu Zeiten, in denen die Täter mit schweren Todesstrafen bedroht waren, sehr häufig gegeben; das lehrt schon ein sehr schöner Reim, den der alte Rechtslehrer Abraham Sawr (1590) verbrochen hat:

Ort der Sitt,
rechern die Naß abschnitt:
Weib und Mann,
ohne Naß gahn.“

G… dann der Fall gewesen, wenn man wirk… ht hätte; doch das Gesetz damaliger Zeit … Weise dafür, daß die Ehebrecher nicht … brauchten; man schlug ihnen eben die … ebruch galt als das größte und absch… weil er schlimmer sei als Diebstahl, … Gut gestohlen würde, ferner weil er ge… (die Ehe galt als Sakrament), und schlie… der Ehebruch alle erdenklichen Laster … ziehe. Todschläge seien nicht selten, … Kenntnis von dem Verbrechen erhalte; … r auch vor, daß die Ehebrecher gemeins… …nen im Wege sei, ums Leben brächten, oder daß der Mann die Frau, die Frau den Mann vergifte oder auf sonst eine heimtückische Weise ermordete. Alle eheliche Lieb und Treue, aller Glaube würden vernichtet, Haß und Feindschaft erzeugt, unechte Kinder in die Familien, und die Beteiligten in Schmach und Schande gebracht. Die Erfahrung lehrt, daß auch jetzt noch Mord und Todschlag infolge eines Ehebruchs keineswegs so selten sind. Wenn ein Mann, der sich so bitter in seiner Liebe, in seinem Vertrauen, in seinem ganzen Lebensglück getäuscht sieht, sich in der gerechten Entrüstung hinreißen läßt, den Räuber seines Glückes und seiner Ehre niederzustoßen oder die ungetreue Gattin zu töten, so wird er zwar, wenn er mit Ueberlegung gehandelt hat, von Rechts wegen zum Tode zu verurteilen sein, weil unser Strafgesetz gerade da, wo es allein notwendig wäre, die leidigen „mildernden Umstände“ nicht kennt; aber rein menschlich beurteilt, erscheint seine Tat doch noch viel entschuldbarer als die Handlungsweise derer, die er getötet hat. Wir werden sehen, daß deshalb auch zeitweilig dem betrogenen Gatten die Tötung der Schuldigen ausdrücklich gestattet war. —

Wenn ich von „dem“ betrogenen Gatten spreche, so könnte dies die Vermutung erwecken, als ob bloß der Mann das Recht habe, empört zu sein, wenn er betrogen würde, nicht aber auch die Frau. Ich habe schon oben darauf hingewiesen, daß diese Ansicht für den Polygamisten und für den, der die Frau als Eigentum durch Kauf erwarb, naheliegend sei; und in der Tat finden wir sie nicht nur im mosaischen Rechte, sondern auch in den meisten Rechten alter Völker, bei denen die Polygamie eingeführt war, vertreten; sie ist da durchaus berechtigt und natürlich. Sonderbarerweise hat sie aber auch später, selbst da, wo die Monogamie Sakrament war, geherrscht, und noch Abraham Sawr schreibt: „Eigentlich zu reden, mag allein der als Ehebrecher bestrafft werden, der eines andern Ehelich Weib bult, vnd mit ihr die Ehe bricht, vnangesehen ob er selbst Eheliches oder ledigs stands gewest.“ Mit der christlichen Moralanschauung ist dies absolut nicht in Uebereinstimmung zu bringen; Sawr ist da offenbar dem Römischen Rechte gefolgt und hat völlig übersehen, daß christliches Dogma und heidnische Anschauung sehr verschiedene Dinge sind. *Ratio legis* war in Rom, daß die ehebrecherische Frau unechte Kinder ins Haus bringt, der ehebrecherische Mann aber nicht, ein Unterschied, den auch Meckbach in seinem Kommentar zur Carolina ausführlich bespricht, allerdings ohne ihn als Beweis für die Unrichtigkeit der entgegengesetzten Ansicht der Carolina zu verwerten. Da, wo aber nur der Ehebruch der Frau als Kapitalverbrechen galt, hat man ihren Mitschuldigen stets mit derselben Schärfe angesehen, wie dies auch Sawr in konsequenter Weise hervorhebt. Nach mosaischem Rechte wurden beide gesteinigt. (Vergl.: 2. Mose 20, 10.) Auch andere Völker: Perser, Lyder, Aegypter usw. bestraften beide Schuldige gleich mit schweren Todesstrafen, z. B. durch lebendig Verbrennen.

Im Römischen Reiche haben die Anschauungen vielfach gewechselt; die Ansicht, daß die verheiratete Frau allein, nicht aber auch der verheiratete Mann, die Ehe brechen könne, weil nur jene *pullos alienos* ins Haus bringe, hat jedoch stets vorgeherrscht. Es war dem betrogenen Ehemann das Amt der Rache selbst überlassen; er konnte aber auch der Frau verzeihen und nur den Mitschuldigen töten. (Vergl. die Unteilbarkeit des Strafantrags im heutigen Rechte.) Ebenso konnten aber auch die nächsten Verwandten die schuldige Frau töten, weil deren Schande auch über sie gekommen war. Daß der Mitschuldige ebenfalls nicht immer getötet, sondern oft nur furchtbar verstümmelt oder geprügelt wurde, steht fest, hat doch über solche Verstümmelungen sogar die Satire sich lustig gemacht, weil man durch sie dem Uebeltäter nicht das schuldige Glied raube, die späteren Ehebrüche also nicht verhindere. Die öffentliche Todesstrafe für Ehebrecher ist erst verhältnismäßig spät eingeführt worden. Das Julianische Recht bestimmt sie. Es ist nun aber keineswegs konsequent an dem Rechtsgedanken, wie ich ihn hier in aller Kürze geschildert habe, sondern je nach dem allgemeinen Stande der öffentlichen Moral oder Unmoral ist gemildert oder die Strafe gesteigert worden. Es haben aber noch manche andere Momente bei der Festsetzung der Strafen mitgewirkt; so soll der Kaiser Justinian stark unter der Zuchtrute seiner besseren Hälfte gestanden und hauptsächlich ihr zu Ehren die Todesstrafe für Ehebrecherinnen aufgehoben haben. Begründet wurde dies damit, daß allerdings die Frauen, weil sie unechte Kinder ins Haus brächten, eigentlich die strengste Strafe verdienten, daß man aber auch berücksichtigen müsse, sie seien schwache Geschöpfe, die leicht der Versuchung unterlägen, weil es ihnen an der nötigen Kraft zum Widerstand fehle. Wenn des Kaisers holdseliges Gemahl wirklich die geistige Mutter dieses Gedankens war, dann hat sie allerdings bewiesen, daß sie weniger schwach war als der starke Mann, und daß wirklich die Stärke des Weibes in seiner Schwäche liegt. Wenn man berücksichtigt, wie ungeheuerlich die römischen Frauen später sittlich entarteten, dann wird man die kaiserliche Milde nicht allzusehr billigen können, denn wir machen uns nur schwer einen Begriff von dem unsittlichen Treiben vornehmer römischer Damen, und die *misera plebs* folgte auch da dem leuchtenden Beispiel nur allzu willig. Kaiser Augustus mußte seine Tochter Julia verbannen, weil sie den Ehebruch als Sport betrieb und geradezu das Leben einer öffentlichen Dirne führte. Die gleichnamige Tochter dieser Buhldirne teilte das Schicksal der Mutter, weil sie deren Lebenswandel getreulich nachahmte. Der Kaiser Claudius war der unerschrockenste Heiratskandidat, der je gelebt hat, aber auch gleichzeitig der unglücklichste Gatte. Er hat, ungeachtet seiner übelsten Erfahrungen, den Mut gehabt, fünfmal zu heiraten; schon deshalb sollte ihn die Geschichte den Großen nennen; aber das unerbittliche Schicksal lohnte ihn schlecht und spielte ihm an Stelle der schlimmen Gattin immer eine noch schlechtere in die Hand. Die meisten mußte er davonjagen, ehe er sie eigentlich recht geheiratet hatte, denn er fand immer, daß sie ihm schon vorher ein stattliches Geweih aufgesetzt hatten. Nachdem er seine ersten, sittlich durchaus nicht einwandfreien Gattinen glücklich — oder wenn man will, auch unglücklich — losgeworden war, reichte er die Hand der schönen Valeria Messalina, die aber allein so viel Unsittlichkeit besaß, wie die vier anderen zusammen, und das will schon etwas sagen. Messalina hat sich durch ihre im wahrsten Sinne unersättliche Mannestollheit für alle Zeiten einen „weltberühmten" Namen gemacht. Messalina hat zweifellos alle als unsittlich in der Geschichte bekannte Frauen, und deren Zahl ist wahrlich nicht gering, an Unsittlichkeit übertroffen; man spricht daher noch jetzt von „Messalinen". Sie trieb es so toll, daß sie verkleidet und maskiert, unter dem Namen Lyissa in ein öffentliches Haus ging. Sich dort „rühmlichst" auszuzeichnen, war in damaliger Zeit nicht so leicht; Messalina schlug aber den Weltrekord, denn nachdem sie 25 Männer befriedigt hatte, meinte sie, daß sie zwar etwas ermüdet, nicht aber befriedigt sei. Daß sich die „vornehmen Damen" in die öffentlichen Häuser begaben, kam sehr häufig vor; dies geschah einmal wegen unersättlicher Begierde und ferner deshalb, weil die öffentlichen Dirnen nicht mit besonderen Strafen belegt wurden. Man hielt sie für ein notwendiges Uebel und glaubte auch, daß sie durch ihre Schande schon genug bestraft seien. Ehebrüche und Unzucht arteten schließlich derart aus, daß der Kaiser Tiberius es doch für notwendig hielt, ein strenges Gesetz zu erlassen; er verbot nicht nur den Ehebruch, sondern untersagte den vornehmen Damen, d. h. solchen, die aus edlem Geschlechte stammten, oder deren Gatten hohen Standes waren, das Gesetz zu umgehen und sich in ein öffentliches Haus zu begeben oder sonst das Leben einer öffentlichen Dirne zu führen. Zuwiderhandlungen sollten die Todesstrafe oder in leichteren Fällen die ewige Verbannung nach sich ziehen. Das hat ganz gut geholfen, und dieser Erfolg lehrt, daß harte Strafen doch ein Uebel erfolgreich bekämpfen können, sobald nämlich die Allgemeinheit von der Notwendigkeit und Nützlichkeit der Strafen überzeugt ist. Das war sie aber, denn mochte die Unzucht noch so leidenschaftlich betrieben werden, so waren doch selbst die vornehmen Damen innerlich von der Verwerflichkeit ihrer Laster überzeugt, und dieser Gedanke hat etwas Tröstliches. Es kann eine Tollheit nur bis zu einer gewissen Grenze getrieben werden; ist diese erreicht, dann erwacht das gesunde Empfinden, das nie erlischt, sondern nur zeitweise betäubt werden kann, ganz von selbst wieder. Gewechselt hat, weil gleiche Ursachen immer die gleichen Wirkungen erzeugen, die rechtliche Verurteilung des Ehebruchs im alten Rom noch oft, und namentlich soweit es sich um die Beteiligung des Mannes handelte; aber ein Kapital-, d. h. ein todeswürdiges Verbrechen ist der Ehebruch schließlich doch geblieben, und als solches haben ihn auch die meisten deutschen Rechte aus dem römischen übernommen.

Wenn wir nun ganz ehrlich sein wollen, dann müssen wir bekennen, daß wir über die Beurteilung des Ehebruchs in den ältesten Zeiten unserer Vorfahren herzlich wenig Geschichtsquellen angeben können. Das ist aber auch, um ein zutreffendes Urteil zu bilden, gar nicht notwendig. Wir wissen, daß Ehebrüche nur selten vorgekommen sein können, weil unsere alten Vorfahren die Keuschheit des Weibes unbedingt verlangten. Wenn uns berichtet wird, daß man später zuweilen die Sache in der Weise behandelt habe, daß der Ehebrecher dem betrogenen Ehemann einfach die *dos* und das *pretium* erstattet und dafür dann die ungetreue Gattin ganz für sich behalten habe, weil die Frau weniger gleichberechtigte Genossin als gekaufte Ware gewesen sei, so sind solche Mitteilungen von hohem Werte, weil sie das, was wir aus Rechtsquellen nachweisen können, ganz wesentlich unterstützen. Es ist allerdings richtig, daß man Berichte aus der Zeit der Römerkriege mit großer Vorsicht aufzunehmen hat. Es ist selten einem Menschen die Fähigkeit gegeben, Erscheinungen des Sexuallebens völlig objektiv zu beurteilen, weil auch der unparteiischste Mensch doch noch stark unter dem Einfluß der ihm anerzogenen und sozusagen eingeimpften Moralanschauungen steht. Auch Tacitus, dem wir so viele Nachrichten aus dem Leben unserer Vorfahren danken, hat sich nachweislich oft sehr geirrt; ihm war es darum zu tun, seinen schon bedenklich entsittlichten Landsleuten ein warnendes Spiegelbild vorzuhalten, in dem sie den Verfall durch die eigene Unsittlichkeit gegen die Kraft der deutschen Sittenreinheit vergleichen sollten. Sicherlich hat er aus bester Ueberzeugung geschrieben, ebenso sicher aber auch manchen deutschen Brauch völlig mißverstanden. So die Stellung der deutschen Frau, die Eigentum des Mannes und lediglich deshalb unantastbar war. Das erklärt aber auch schon die erwähnte Rechtssitte, daß der Ehebrecher dem betrogenen Gatten zuweilen einfach den Kaufpreis der Frau zu ersetzen brauchte und diese dann behalten konnte. Wir wissen, daß zuerst ein sehr primitives Recht herrschte, das sogenannte Fehderecht. Jeder, dem ein Unrecht zugefügt war, konnte den Friedbrecher züchtigen oder auch töten, ohne daß er erst notwendig hatte, ihn herauszufordern, denn der Friedbruch war schon Kriegszustand, die Rache nur Abwehr. Als später an Stelle dieses ältesten Fehderechts das neuere trat, als dem Verletzten ein Wahlrecht zwischen Fehde und Komposition gewährt wurde, d. h. als es ihm überlassen blieb, ob er die erlittene Unbill mit bewaffneter Hand selbst rächen oder durch Anrufen des Gerichts — wenn man's so nennen darf — den Verletzer zur Zahlung der Komposition, des sogenannten Wergelds, zwingen wollte, mußten sich die Verhältnisse natürlich ändern. Die Zurückerstattung von *dos* und *pretium* durch den Ehebrecher ist in Wirklichkeit nichts gewesen als die Zahlung des Wergelds, das jedenfalls nach *dos* und *pretium* bemessen wurde. Der verletzte Ehemann konnte demnach sich also auch durch die Fehde, die ursprünglich seine einzige Rechtshilfe gewesen war, Genugtuung verschaffen, wenn er nicht ganz zufrieden war, die Gattin los zu werden. Mit einer Ehescheidung in unserem Sinne hat das natürlich nichts zu schaffen.

Bei Berichten aus Zeiten, aus denen wir wirklich zuverlässige Nachrichten haben können, wird man immer bei Strafen, die uns zu geringfügig oder gar zu schwer erscheinen, sorgsam zu prüfen haben, ob es sich um Freie, Edle, gemeines Volk oder Knechte gehandelt hat, denn für diese verschiedenen Klassen gab es keineswegs gleiches Recht. Eine sehr alte Strafe für Ehebrecher war das auch von Abraham Sawr erwähnte Abschneiden der Nasen.

Hierbei hat es sich zweifellos um Strafen, die gegen Unfreie angewendet wurden, gehandelt; hatte sich der Unfreie aber gegen eine Frau höheren Standes vergangen und mit ihr gesündigt, dann ging es ihm ans Leben. Dieses Prinzip werden wir auch noch in späteren Gesetzen finden. Tacitus erwähnt eine andere Strafe für Ehebrecherinnen, die aber offenbar auch nur für Leute niederen Standes Geltung hatte; er erzählt, daß Ehebrecherinnen durch das ganze Dorf geprügelt worden seien, nachdem man ihnen zuvor die Haare und die Kleider abgeschnitten habe. Das ist altes Deutsches Recht, und wie wir auch bei vielen anderen Strafen späterer Zeiten feststellen können, daß sie aus uralten Bräuchen hervorgegangen oder wohl gar unverändert geblieben sind, so läßt sich umgekehrt auch dieser alte von Tacitus erwähnte Brauch leicht in weit späteren Rechtssatzungen noch nachweisen; wir finden ihn in mittelalterlichen Bauernrechten und können schon hieraus schließen, daß er wirklich nur für geringes Volk galt, was keineswegs dafür, daß immer die Ehebrüche nur mit Schand- und Leibesstrafen gesühnt worden seien, als Beweis herangezogen werden darf. So heißt es im Seligenstedter Landrecht von 1390 über eine Frau, die einen unehelichen Sohn geboren: „Und die frawe sal den sun umb die kirchen tragen, wollen unde barfuß und sal man ir har hinden an den haubet abesniden und ir rock hinden abesniden." Das war eine uralte Strafe, die keineswegs nur auf das Seligenstedter Gebiet beschränkt war; wir finden vielmehr eine auffallende Uebereinstimmung in den Strafen und Bräuchen alter Zeit bei allen nordischen und mitteleuropäischen Völkern und begegnen auch dieser Strafe in Frankreich, England ebenso wie in Skandinavien. Interessant ist, daß auch das Christentum an solchen Bräuchen nichts geändert hat, auch wohl nichts ändern konnte, weil es eine sehr mißliche Sache gewesen wäre, die alten Bräuche, die tief in der Volksseele wurzelten, abschaffen zu wollen. Es kann deshalb auch nicht auffallen, daß sich solche Bräuche gerade bei und in den Kirchen abspielten; es war im Gegenteil ein sehr diplomatischer Zug, die Kirchen so mitten hinein ins tiefste Volksleben zu versetzen. Ob nun jene Stelle immer nur auf Ehebrecherinnen Bezug gehabt hat, oder ob sie nicht schlechthin jede Liederlichkeit, die in der Geburt eines unehelichen Kindes zum Ausdruck kam, treffen sollte, mag dahingestellt bleiben; und das Wort „frawe“ widerlegt dies nicht, da es für jedes weibliche Wesen gebraucht wurde, wie dies aus der Bezeichnung „frawenhauß“, auch aus alten Klosternamen klar hervorgeht. Das Seligenstedter Landrecht enthält aber auch eine andere, noch interessantere Stelle, die sich ausdrücklich auf Ehebrecher, und zwar auf Männer bezieht: „Jtem wer funten wird für ein ehebrecher, der sal drie sontage vor deme ama mit wichwasser, wollen unde barfuß umb die kirchen geen, barhaupt und eine besemke in siner hant tragen, und wann he umb die kirchen kompt, so sal er drus vor der tur ligen und sal de lude ober sich lassen geen und slagen mit deme besemke, wer wil.“ Es handelte sich hierbei also zunächst nur um eine Schandstrafe, die erst zur Leibesstrafe wurde, wenn sie das Volk dazu machen wollte, denn mit dem Besen — es ist eine Reisigrute gemeint —, den der Uebeltäter selbst mitzubringen hatte, konnte ihn schlagen, wer wollte; befugt war jeder, verpflichtet niemand; es herrschte also eine starke Willkür, die aber doch, so weit dies möglich ist, eine präzisere Gerechtigkeit garantierte, denn der gesunde Volksgeist hat natürlich sein Verhalten nach der wirklichen Schuld eingerichtet, so daß der wenig Schuldige, der seine „polygamen Triebe“ nur an einer vagabundierenden Dirne befriedigt hatte, wohl in der Regel ohne Prügel davongekommen sein wird, während man den Mann, der vielleicht Weib und Kind verlassen hatte, um sich einem liederlichen Leben hinzugeben, jedenfalls mörderlich geprügelt hat. Daß diese Strafe gar nichts dafür beweist, wie gegen ehebrecherische Edle und Freie verfahren wurde, liegt auf der Hand, denn diese wurden natürlich nicht in so schändender Weise bloßgestellt, noch weniger hätte sie der gemeine Mann ungestraft prügeln dürfen. Sehr hart wird man sie zu der Zeit des Seligenstedter Landrechts wohl nicht angefaßt haben, denn damals wirkte schon die römische Demoralisation zersetzend auf unsere deutsche Moral, und der Einfluß der Kirche auf das Strafrecht ist da besonders kräftig gewesen. Das darf nicht übersehen werden, und wie die Päpste über den Ehebruch, den sie trotz Sakrament der Ehe selbst mit Vorliebe begingen, dachten, ist bekannt, sehr streng haben sie jedenfalls die Sache nicht beurteilt. Hat doch Papst Alexander III., wie Cujacius mitteilt, den Ehebruch unter die *Crimina levia* gerechnet, ihn also offiziell als ein geringfügiges Vergehen bezeichnet und deshalb auch das Recht des betrogenen Mannes, der seine Frau auf frischer Tat ertappte, wesentlich beschränkt, die Selbstrache aufgehoben — natürlich: *ecclesia non sitit sanguinem,* wo es ihr paßt — und angeordnet, daß der Mann auch in solchem Falle nur die Gerichte anrufen sollte. Viel Glück hat der Heilige Vater damit allerdings bei uns nicht gehabt. Doch sehen wir uns zunächst einmal das Recht der Selbstrache, das ich schon im Römischen Rechte erwähnt habe, genauer an.

Aehnlich wie bei den Griechen und Römern konnten auch bei unseren Vorfahren der Ehemann und die Blutsverwandten einer Ehebrecherin diese und ihren Mitschuldigen töten, wenn sie das Paar auf frischer Tat erwischten. Dieses Recht ist später wohl beschränkt worden; es hat aber gerade am meisten noch bestanden, als der Ehebruch längst durch öffentliche Strafen gesühnt wurde. Nach altem Kaiserrecht konnte der Vater „so seines eigen gewalts vnd Vätterliches bands ledig ist" — wenn sich also die Tochter im *mundium* ihres Gatten befand — die Tochter und den Ehebrecher umbringen, sobald er sie bei der Schandtat überraschte. Nach Gemeinem Rechte war diese Befugnis an die Bedingung geknüpft: „Doch gebürt ihm solche entleibung nicht, er habe denn die beyde Ehebrüchtige Personen in dem Hauß, darin er der Vater selbst wohnt, oder aber in seines Tochtermannes Behausung erwischet. Dann wo er sie an andern orten in der that ergriffen, hett er die angezeygte Macht nicht. Vnd wo er sie beyde einsmals nit erwörgen möchte, vnd ime die Tochter entwichen were, mag er derselben auff dem Fuß nachfolgen, vnd die desselben Tags, vnangesehen, ob gleich etliche stunde darzwischen verschienen weren, vmbbringen. Es ist auch an dem gar nicht gelegen, ob der Vatter die Tochter, oder dem, so die Ehe mit ihm gebrochen, zum ersten vmbbringet. Wo er auch eines auß denselben verwundt, vnd auff einmal nicht gar vmbgebracht hette, soll er ferner mit der That gegen den Verwundten nicht mehr handlen." Der Ehebruch galt als ein so abscheuliches Laster, daß dem Vater nicht zugemutet werden konnte, die

Tochter, die so schamlos gewesen war, das Haus des Vaters oder des Gatten zu beflecken, weiter leben zu lassen. Daß er auch den Mitschuldigen ums Leben bringen durfte, ist nur eine gesunde Konsequenz. Nun ist es aber eine merkwürdige Bestimmung, daß dem Ehemann, obwohl er viel intensiver verletzt war als der Vater, dennoch nicht die gleich weitgehende Befugnis zugebilligt wurde; es ist dies auf päpstlichen Einfluß und weltliche Rücksichten zurückzuführen. Er durfte die mitschuldigen Ehebrecher nur dann umbringen, wenn sie „gerings Standes vnd Leumut, als die Kuppler, die Schalcksnarren, Pfeiffer vnd Singer, item die deß Ehebruchs oder anderer Missethaten vorhin vberwunden, vnd derhalben mit Vrtheil condemmniret, oder die jme oder seinem Vatter oder Mutter, oder seinen Kindern mit pflicht oder trew verwandt weren". Die Söhne durften dem Vater bei der Ueberwindung eines besonders starken Ehebrechers behilflich sein; wegen solcher gemeinschaftlich begangener Tötung wurden weder die Söhne noch der Vater bestraft. Daß Mütter erwachsener Söhne noch das Laster des Ehebruchs begehen könnten, nahm man ohne weiteres an, und da auch an anderen Gesetzesstellen vielfach die Rede von Sittlichkeitsverbrechen gegen Matronen u. dgl. ist, wird man annehmen dürfen, daß zarte Jugend nicht den Hauptreiz auf die Männer ausgeübt hat, und daß man in alter Zeit jedenfalls der Deflorationsmanie sehr fern gestanden hat. Auch auf die damaligen Frauen galt der Spruch: „Alter schützt vor Torheit nicht!" Ohne Gegenwart und Geheiß ihres Vaters waren aber die Söhne nicht befugt, einen Ehebrecher, den sie bei ihrer Mutter fanden, anzugreifen oder zu töten. Wir haben gesehen, daß der betrogene Mann den Ehebrecher nur töten durfte, wenn er geringen Standes oder durch Vorstrafen geschändet war; eine Standesperson unterlag seiner Privatrache nicht. Was geschah aber, wenn der Mann sich doch hinreißen ließ, was sicher oft genug vorgekommen ist? Auch darüber enthält das Gemeine Recht Bestimmungen. „Wo aber der, den der Mann bey seinem Weib im Ehebruch ergriffen, nicht eine geringe, schlechte oder leichtfertige Person, sonder eines ansehnlichen Standes oder Ampts were, den die Recht dem Ehemann nicht zu erwürgen erlauben, vnd doch er der Ehemann auß bewegung deß zorns, denselben zu todt geschlagen hette, ist er gleichwohl vmb solche entleibung straffbar, doch kan oder sol jhm das Leben darumb nicht genommen, sonder er in ansehung seines billichen schmertzens, der Todtstraff erlassen, vnd ihme das Vatterlandt ein zeitlang verbotten werden.“ Die zarte Rücksicht auf Ehebrecher von ansehnlichem Stande entsprach durchaus dem Geiste der Zeit; aber trotzdem kamen doch Tötungen auch recht hochgestellter Personen vor, und sie erscheinen mir sogar ganz natürlich. Wer sieht denn in dem braven Schweizer (Schillers Tell), der dem vornehmen Verführer seiner Frau mit der Axt das Bad gesegnet, einen Mörder? Das gesunde Volksgefühl faßt, trotzdem unser Gesetz den Ehebruch nur bedingt als leichtes Vergehen betrachtet, doch diese Tat der Selbsthilfe ganz anders auf. Auch der Longobardenkönig Rodoaldus ist während des Ehebruchs erschlagen worden; aber darin hat niemand einen Königsmord erblickt. Und der Papst Johannes XII. ist ebenso wie der König Rodoaldus während des Ehebruchs getötet worden, das erzählt uns nicht nur sein Biograph Platina, sondern wir finden's auch bei alten Schriftstellern, so bei Menochius und Zeiler.

Was durfte denn nun aber der betrogene Ehemann gegen den erwischten Ehebrecher unternehmen? Sollte er ihn etwa auf Pistolen fordern? Bei allen Vorurteilen und schiefen Ideen, an denen ja die alte Zeit so reich ist, verfiel doch niemand auf einen derartigen wahnwitzigen Gedanken, sondern man sagte sich — dazu gehörte wahrlich auch nur ziemlich wenig gesunder Menschenverstand — so wenig wie der Dieb und Räuber, der heimtückisch oder gewaltsam eine ersetzbare Sache nimmt, Anspruch darauf hat, von dem Verletzten gefordert zu werden, damit der blinde Zufall darüber entscheiden kann, durch wessen Tod die erwiesene Schuld des einen gesühnt werde, ebensowenig oder noch viel weniger kann der, der noch viel schändlicher handelt als der Dieb oder der Räuber, irgend welchen anderen Anspruch als den, dem Richter zur Verhängung der Todesstrafe — die stand auf den Ehebruch — übergeben zu werden, erheben. Dem betrogenen Ehemann stand deshalb das Recht zu, den ergriffenen vornehmen Ehebrecher 20 Stunden lang bei sich zu verwahren und inzwischen genügende Zeugen zu rufen; denn wenn diese bekundeten, daß sie den sauberen Patron in der Behausung des Betrogenen verwahrt gesehen hätten, dann galt der Ehebruch als bewiesen, wenigstens soweit, daß man dem Beschuldigten durch die Folter zum Bekennen der Wahrheit „zureden" durfte.

Alle die Vorschriften über die erlaubte Tötung galten aber nur für die Ergreifung auf frischer Tat; eine spätere Tötung auch des erwiesenen Ehebrechers, war gemeiner Totschlag. Das hatte etwas für sich, denn der Entschuldigungsgrund, die jähe Hitze der ersten Entrüstung, war dann fortgefallen, und der Täter handelte nur noch aus Haß gegen den Schänder seiner Ehre und den Räuber seines ehelichen Glückes. Der Haß war berechtigt, die Tötung nicht; es war eine ähnliche Situation wie zwischen dem Bestohlenen und dem Diebe; letzterer konnte ebenfalls, wenn ihn der Bestohlene in seinem Hause auf frischer Tat betraf, niedergeschlagen werden; später aber durfte er nur, wie auch der Ehebrecher, der strafenden Justiz überliefert werden. Die Freybergische Halsgerichts-Ordnung regelt diesen Fall ganz präzise, indem sie vorschreibt: „Item wer es sach, daß einer einen argwöhnigen Mann bey seinem Ehelichen Gemahel nackend im Betthe, oder sonst an argwöhnigen heimlichen stellen an vnkeuscher That vorfände, vnd denselben gleich stracks auß zornigem Gemüt zu todt schlüge, zu dem ist nicht strenglich zu richten. Ob er aber etlich Stund vnd Tage verhielte, vnd darnach erst denselben zu todt schlüge, der soll nicht entschuldigt seyn, sonder zu jm gericht werden, wie zu eim Todtschläger."

Sehr übel lag die Sache für den eifersüchtigen Mann, der seine Frau wohl im begründeten Verdacht hatte, ohne diesen strikte als wahr beweisen zu können. Klagte er sie beim Richter an, ohne daß es ihm glückte, auch wirklich den vollen Schuldbeweis zu erbringen, so mußte er, falls die Frau, was sie bei mangelndem Beweise wohl stets getan haben wird, leugnete, nach Gemeinem Rechte dieselbe Strafe über sich ergehen lassen, die der Frau zuerkannt worden wäre, wenn er ihre Schuld bewiesen hätte. In älteren Zeiten war aber auch das für den Mann nicht so bedenklich wie für die Frau, denn diese mußte sich dem sogenannten Ordal unterwerfen, um ihre Unschuld zu beweisen; sie mußte das glühende Eisen tragen oder über glühendes Eisen gehen, und dies zu tun, ohne dabei verletzt zu werden, erscheint gewiß sehr schwierig. Die Frau hatte also alle Chancen gegen sich. Später, als man den Ordalien nicht mehr traute, als überhaupt der Beschuldigte nicht mehr seine Unschuld zu beweisen brauchte, sondern verlangen durfte, daß ihm die Schuld bewiesen werde, gab das Gesetz selbst an, was als „genugsame Anzeichnung" zu gelten hatte, auf welche Verdachtsmomente der Mann die Anklage erheben durfte. Daß er dies tat, verlangte man energisch; Abraham Sawr schreibt hierüber als Lehrer für Rechtsbeflissene: „Wann nun ein Ehemann auff solche starcke vermuthung die Unzucht seines Weibes verdulte, dissimulirte vnd heimlich nach ließe, vnd sie nicht mit ernstlichen eynsehen darvon abhielte, oder selbsten Gerichtlichen beklagte, als dann wer er Ehrloß, vnd möchte das Richterlich Ampt vor sich selbst solchen losen Mann, als einen muthwilligen Verhäler deß Ehebruchs seines Weibs, andern zum Abschew vnd Exempel wol straffen." Der Mann war also trotz der Gefahr der Bestrafung wegen unbegründeter Eifersuchtsklage doch gezwungen, die Klage zu erheben, wenn er genügende Verdachtsmomente geltend machen konnte. Er war aber auch dann noch jederzeit in der Lage, die Frau vor Strafe zu schützen; er brauchte nur zu erklären, daß ihn die Klage gereue, und daß er der Frau verzeihen wolle. Das galt nicht als ehrlos und auch nicht als unkorrekt, sondern das Verfahren wurde dann einfach eingestellt, der Mann konnte die teure Gattin am Arme nehmen und sie hoch beglückt in sein Heim zurückführen. Das ist scheinbar eine Inkonsequenz des Rechtes; aber genauer betrachtet, ist's nur der alte ellenlange Zopf des damaligen Verfahrens, denn der Mann konnte rechtswirksam der Frau auch noch nach der Urteilssprechung verzeihen und sie dadurch vor Strafe schützen.

Für eifersüchtige Ehemänner kannte das alte Recht auch noch ein ganz gutes Heilmittel. Der Mann konnte einem des Ehebruchs Verdächtigen jede, auch die harmloseste Zusammenkunft mit seiner Frau verbieten. Er schickte in Gegenwart von drei Zeugen dem Verdächtigen drei Warnungsbriefe, in denen er strengstens jede Zusammenkunft und im Falle einer unvermeidlichen Begegnung jede Unterredung untersagte. Der Gewarnte sowohl wie auch die Frau mußten dieses Verbot genau befolgen; selbst wenn sie sich in der Kirche trafen, wo doch wahrlich schwerlich eine Gelegenheit zum Ehebruche außerhalb des Beichtstuhls gegeben war, durften sie kein Wort wechseln. Taten sie es dennoch, dann galt dies als ein Verdachtsmoment des wirklich begangenen Ehebruchs, das genügte, mindestens die Tortur anzuwenden. Ich halte dies Warnungsrecht des Ehemanns für eine sehr zweckmäßige Bestimmung, denn in der Tat muß dem Manne das Recht zugestanden werden, seiner Frau jede, auch die unverdächtigste Zusammenkunft mit einem Manne, den er für einen Verführer oder Ehebrecher hält, ebenso zu verbieten wie diesem. Gesellschaftsrücksichten, die das unmöglich machen, begünstigen schon den Ehebruch.

Ich habe mich bisher ausschließlich mit den Rechten des betrogenen Mannes beschäftigt und will nunmehr, ehe ich zu den Ehebruchsstrafen übergehe, noch zunächst prüfen, ob und welche Rechte der Frau zustanden. Jesus Sirach sagt Kap. 23, V. 32—33: „Also wird's auch gehen dem Weibe, die ihren Mann verläßt, und einen Erben von einem anderen krieget. Erstlich ist sie den Geboten Gottes ungehorsam, zum andern sündiget sie wieder ihren Mann, zum dritten bringet sie durch ihren Ehebruch Kinder von einem anderen." Das ist mosaische Ansicht, wie denn auch im mosaischen Rechte (vgl. 3. Mose 20, 10 und 5. Mose 22, 22) immer nur die Rede davon ist, daß jemand mit eines anderen Weibe die Ehe bricht, nicht aber davon, daß eine Jungfrau mit dem verheirateten Manne dessen Ehe brechen könne. Es erklärt sich ohne weiteres aus dem Ehedogma der christlichen Kirche, daß diese Moral niemals auf die christliche Ehe passen konnte, die das auch den Juden gegebene Gebot (2. Mose 20, 14): „Du sollst nicht ehebrechen", ganz anders auslegen mußte. Trotzdem ist der zitierte Spruch Sirachs auch für uns nicht bedeutungslos; auch wir werden immer zwischen dem Ehebruche des Mannes und dem der Frau einen prinzipiellen Unterschied zu machen haben, und zwar gerade aus dem von Sirach schon hervorgehobenen Grunde, der auch, wie wir gesehen haben, für das Römische Recht den Ausschlag gab. Es ist schon durch die Natur begründet, daß die

Frau keuscher und reiner leben muß als der Mann; aber man darf doch nicht so weit gehen, dem Manne deshalb außer- und innerhalb der Ehe jede Extravaganz gestatten oder ihm auch nur den Freibrief auf ein lockeres Leben ausstellen zu wollen. Der Spruch Sirachs gilt wenigstens in der Theorie auch für den Mann; auch er ist, wenn er die Ehe bricht, dem sechsten Gebot ungehorsam, auch er sündigt wider die Frau, und daneben verstößt er gegen die allgemeine Moral. Es ist dabei auch, wie ich in einem späteren Kapitel dartun werde, zu bedenken, daß der Ehebruch des Mannes sehr oft eine Verführung anderer weiblicher Wesen in sich schließt. Dem mag nun sein, wie ihm wolle — auf jeden Fall hat die Frau an sich genau dasselbe Recht, von dem Manne eheliche Treue zu verlangen, wie er sie von ihr verlangen darf; die alleinige Rücksicht auf die Folgen kann nicht dieselbe Tat in einem Falle als erlaubt, im anderem Falle als Verbrechen erscheinen lassen, sonst müßte man folgerichtig auch der Frau den Ehebruch, der zufällig keine Folgen hat, als unbedenklich gestatten. Wenn jetzt von verschiedenen Seiten geltend gemacht wird, unsere heutigen Ansichten, die der Frau in der Ehe nicht dieselben Rechte — Unrechte müßte es natürlich heißen — wie dem Manne gestatten, seien rein manchesterliche und wir würden mit einem Schlage auch den Ehebruch des Mannes strengstens untersagen, sobald dessen uneheliche Kinder mit seinen ehelichen gleichberechtigt wären, so beweist dies, daß man fast mitten ins Zentrum getroffen und etwas Besseres gesagt hat, als man eigentlich wollte. Man kann nämlich denselben Gedanken, der dazu dienen sollte, die ohnehin schon recht fadenscheinige Moral ganz zu zerstören, ebenso gut verwenden, um die Moral zu befestigen, d. h. der sehr schädlichen Herrenmoral auch noch den Boden des letzten Inselchens, auf das sie sich geflüchtet hat, abzugraben. Die alten Gesetze waren doch konsequenter; sie billigten den Frauen eine viel begründetere Gleichberechtigung in der Ehe zu und gingen nicht allein dem Ehemann, der seine Ehe brach, energisch zu Leibe, sondern sie verpflichteten auch die Frau, sich den Ehebruch nicht gefallen zu lassen und schrieben vor: „So ein Weib den Ehebruch jres Mannes wissentlich geduldet, Gelt neme, mag sie auch, als ob sie jr

Ehe gebrochen hett, gestrafft werden." Das sagte das Gemeine Recht. Die Frau sollte also gezwungen werden, den ehebrecherischen Mann zu verklagen, gerade wie der Mann die ehebrecherische Frau anklagen sollte; die Frau konnte aber ebenfalls die Klage zurücknehmen und dem Manne verzeihen, und sie konnte auch nach dem bereits gesprochenen Urteil zugunsten des verurteilten Mannes interzedieren, ihm verzeihen und ihn so von der Vollstreckung befreien. In diesem Sinne gab es also wirklich eine volle Gleichberechtigung beider Gatten.

Die Strafen für Ehebrecher sind nun nach unseren älteren Rechten keineswegs immer dieselben geblieben; sie wurden vielmehr häufig abgeändert, und vor allen Dingen darf nicht übersehen werden, daß es niemals ein gleiches Recht für die deutschen Lande gegeben hat; selbst zur Zeit der Carolina kannte man in den Ländern, wo diese gemeinschaftlich galt, doch nur scheinbar gleiches Recht, denn die Carolina überläßt die Strafe für die einzelnen Verbrechen zum großen Teile dem Landes- oder auch dem Ortsgebrauch. So kommt es, daß auch zur Zeit der Carolina an manchen Orten die Ehebrecher — Mann wie Frau — nur mit Geldstrafen angesehen wurden, während sie an anderen Orten ihr Leben verloren. Vor dem Erscheinen der Carolina war die Willkür an und für sich, sodann aber auch die Verschiedenheit der einzelnen Rechte noch größer. In Süddeutschland herrschte bis etwa 1308 das Talions-System vor, d. h. man strafte das Glied, das gesündigt hatte. Die Männer sind dabei in der Regel schlimmer fortgekommen als die Weiber; denn diese ertränkte man einfach. Wenn das nun auch gewiß kein angenehmer Tod war, so erscheint er doch sehr milde im Verhältnis zu den Strafübeln, die man den Männern zufügte; man schnitt ihnen in der Regel das sündige Glied ab und marterte sie dann langsam mit allen denkbaren Grausamkeiten zu Tode, „auf daß sie es nicht wieder tun sollten." Nach späteren Kaiserrechten wurde der Mann mit dem Schwerte gerichtet, die Frau aber auf Lebenszeit ins Kloster verwiesen. In Ober- und Niedersachsen wollte man hiervon aber nichts wissen; dort ließ man die Klosterstrafe nur für Frauen der höheren und höchsten Stände zu und verurteilte Ehebrecherinnen der niederen Stände zu Staupenschlag und ewiger

**Das Rädern.**

Holzschnitt aus der Schweizerchronik von Stumpf.

Landesverweisung. Nur wenn der Ehemann interzedierte, der Frau verzeihen und mit ihr die Ehe fortsetzen wollte, wurde von dieser Strafe „zu Ehren des heiligen Ehestandes" abgesehen und auf eine willkürliche Strafe erkannt. Durch die überall herrschende Unmoral und besonders auch durch die größere Sittenstrenge der lutherischen Lehre erschien dies Sächsische Recht aber als völlig unzureichend, und so wurde 1572 die „Sächsische Ordnung" gründlich abgeändert; es ist da mit Rücksicht auf den Ehebruch gesagt, daß zwar das Kaiserrecht für Mann und Weib ungleiche Strafen vorschreibe, daß aber hierin Wandel geschaffen werden müsse, weil das gegen Gottes Gebot verstoßende Laster noch täglich wachse. In dem sehr interessanten Gesetze heißt es dann wörtlich: „Darüber auch ordnen, konstituieren und setzen wir auch, daß nicht allein die Ehefraw, so mit einem ehelichen Mann Ehebruch getrieben, sondern auch der Ehemann, so mit einer ledigen Dirne, oder vnverehelichten Wittibe seine Ehe brechen vnd Vnzucht treiben würde, mit dem Schwerdt vom Leben zum Todt soll gerichtet vnd gestraffet werden. Die ledige Dirn aber, oder die vnverehelichte Wittibe sol in solchem Fall, mit Stauppenschlägen vnsers Landts ewig verwiesen werden. Jedoch wöllen wir gnädigst erläutert vnd erklärt haben, wann von den Ehegatten einer, als der Mann für das Ehebrecherisch Weib, oder das Weib für den Ehebrecherischen Mann, selbst bitten vnd sich erbieten würden, demselbigen, vngeachtet gebrochener trew vnd glauben, lenger Ehelich bey zuwohnen. Daß als dann dem Ehestand zur ehren, die Straff etwas gemiltert werden, der schüldige theil deß Landts ewig verwiesen, vnd der vnschuldige theil auß unsern Landen seinem Ehegatten folgen, darinnen ferner nicht wohnen oder sich wesentlichen auffenthalten sollen. Es sol aber der ledige Mann, so wie obstehet, sich mit einer Ehefrawen vermischet, vngeachtet was die Ehepersonen einander remittiret vnd erlassen, nichts desto weniger vom Leben zum Todte, mit dem Schwerdt gestrafft, deßgleichen die ledige Weibsperson, so mit einem Ehemann Unzucht getrieben, in solchem fall auch deß Landts mit Stauppenschlägen ewig verwiesen werden. Wann aber ein Ehemann mit eines Andern Eheweib die Ehe gebrochen, So lassen wir es bey der straff, so biß anhero in vnsern Schöppenstülen gesprochen, Nehmlich, daß sie beyd mit dem Schwerdt gerichtet werden sollen, bleiben. Wöllen auch, daß in diesem fall gantz keine der Eheleute remission oder erlassung statt haben, noch dieselbige in etwas angesehen, viel weniger in vrtheilen durch die Schöppenstüle darauff erkennet, Sonder berürte Lebensstraff, on irgend einige gnad oder nachlassung vollnstrecket werden. Auch die Verjärung der 5 jar, darauff vnsere Schöppenstüle in dem Laster deß Ehebruchs gesprochen, forthin nicht statt haben sol." Das war eine vollständige Umwandlung, durch die das bis dahin ziemlich milde Sächsische Ehebruchsrecht zu dem strengsten von ganz Deutschland wurde. Es gibt aber wohl auch keine so voluminöse Literatur über die Ehebruchsklage wie gerade die sächsische. Das Gegenteil zum Sächsischen Rechte bildete das französische, das den Ehebruch eigentlich überhaupt nicht als eine Straftat, sondern als einen gelungenen Scherz betrachtete, auf den der Täter mit Stolz und Vergnügen blicken konnte. Schon Hersdörffer macht sich über die elende französische Moralanschauung und die verrotteten Zustände dort weidlich lustig und erzählt, daß König Heinrich IV. sich mit großem Vergnügen selbst einen König der „Hahnreyer" genannt und dazu auch das vollste Recht gehabt habe. Die größte Strenge des revidierten Sächsischen Rechts von 1572 bestand — ich will dies zum leichteren Vergleiche mit anderen Rechten hier besonders hervorheben — darin, daß die Ehebrecherin ebenso mit dem Schwerte gestraft wurde, wie der Ehebrecher, daß dem Ehemanne, auch wenn er mit einer ledigen Dirne gesündigt hatte, doch das Schwert „zwischen Kopf und Rumpf einen Unterschied" machte, daß die Interzession des betrogenen Gatten nur beim *adulterio simplici*, dagegen absolut nicht beim *adulterio duplicato* zugelassen war, und daß auch sonst die übliche Verjährungsfrist von 5 Jahren beseitigt war, so daß dadurch also das Verbrechen erst in 20 Jahren verjähren konnte; übrigens wurde diese Frist, gerade wie das auch bei uns heute der Fall ist, durch jede gegen die Person des Täters gerichtete richterliche Handlung unterbrochen.

Für den Täter mußte es natürlich stets die Hauptsache sein, die Interzession und Verzeihung des betrogenen Gatten zu erlangen, denn diese war die einzige Möglichkeit, die ihn vom Tode erretten konnte. Die Verzeihung konnte sowohl ausdrücklich erklärt als auch stillschweigend gewährt werden. Das letztere wurde in der Praxis dann angenommen, wenn auch nach dem erfolgten Ehebruche die eheliche Beiwohnung zwischen dem schuldigen und dem unschuldigen Gatten stattgefunden hatte; sie galt nur dann nicht als Verzeihung, wenn der unschuldige Gatte dartat, daß er während der *commixtio sanguinis* von dem Ehebruch noch keine Kenntnis gehabt habe. Die einmalige Interzession schloß aber keineswegs spätere aus, der verzeihende Gatte konnte also dem schuldigen auch bei späteren Ehebrüchen wieder das Leben retten.

Es versteht sich also wohl von selbst, daß die Ehebrecher stets alle Hebel in Bewegung setzten, die rettende Verzeihung zu erlangen oder darzutun, daß sie ihnen durch weitere eheliche Beiwohnung stillschweigend gewährt worden sei. Derartige Feststellungen machten dann den Gerichten manche Kopfschmerzen. Der volle Schuldbeweis war überhaupt nicht so leicht zu führen, wie man gewöhnlich bei einem Verfahren, dem die Folter zur Verfügung stand, anzunehmen geneigt ist. Zunächst mußte, ehe auf die Todesstrafe anerkannt werden durfte, festgestellt werden, daß die Tat wirklich perfekt geworden war, denn die bloße attentierte Tat reichte zur Verhängung der ordentlichen Strafe keineswegs aus. Zu diesem Beweise genügte aber keineswegs das gütliche oder durch die Folter erzwungene Geständnis des einen Uebeltäters, sondern es mußten beide gestehen, daß sie die Tat miteinander begangen hätten, und daß wirklich die *immissio seminis* stattgefunden habe. Starb der eine Schuldige, ehe er ein Geständnis abgelegt hatte, dann konnte der andere, wenn er auch geständig war, doch nicht zum Tode verurteilt werden; er galt dann nicht für genügend glaubwürdig; aber soweit schenkte man ihm trotzdem Glauben, daß man ihn nicht freisprach, sondern er wurde zum Staupenschlag mit ewiger Landesverweisung verurteilt. (Vgl. u. a. Carpzow, Pract. crim. und Meckbach, Comm. zur Carolina.) Die Zahl der begangenen Ehebrüche spielte keine Rolle, 100 zogen keine schwerere Strafe nach sich als ein einziger; das geschah nicht etwa, weil ohnehin die Todesstrafe ausgesprochen werden mußte und man niemanden toter als tot machen kann, sondern deshalb, weil man ganz logisch der Ansicht war, daß die Ehe nur durch die erste Tat gebrochen werden könne, daß also die weiteren Taten nicht mehr Ehebrüche seien. Auf einem ähnlichen Standpunkt steht auch heute unser Reichsgericht bei der Beurteilung der Verführung junger Mädchen unter 16 Jahren (§ 182 Str.-G.-B. Vgl. Urteil vom 14. Juni 1897). Die Todesstrafe an sich hätte sich sehr wohl steigern lassen können, einmal durch eine schwerere Todesart und ferner durch vorherige Strafverschärfungen, wie Reißen mit glühenden Zangen, Riemenschneiden, Schleifen zur Richtstätte, Abhauen der Hände usw.; wegen derartiger Dinge kam die damalige Justiz wirklich niemals in Verlegenheit. Die Leipziger Schöffen haben 1587 eine Witwe, die bei Lebzeiten ihres Mannes mit 107 Männern geschlechtlichen Verkehr unterhalten hatte, doch nur wegen eines Ehebruchs zum Tode verurteilt. Ebenso konnte von den 107 Männern nur der zum Tode verurteilt werden, mit dem sie zuerst die Ehe gebrochen hatte, vorausgesetzt natürlich, daß die übrigen nicht ebenfalls verheiratet waren und wegen Bruches ihrer eigenen Ehe den Kopf hergeben mußten. In außersächsischen Ländern wäre dies nicht statthaft gewesen, da der Verkehr eines verheirateten Mannes mit einer Hure nicht kapital war, und auch in Sachsen wäre der Ehebruch mit der Geliebten von 107 Männern bei 106 Männern kein doppelter, sondern nur ein einfacher Ehebruch gewesen, bei dem die Interzession der Gattin zulässig war. Hierin urteilte man äußerst konsequent, es heißt in jedem Falle ausdrücklich, daß der Ehebrecher zum Tode zu verurteilen sei: „*nisi uxor pro eo intercedat*".

Besonders interessant sind auch die „Ehebrüche vor der Ehe", bei denen also angenommen wurde, daß etwas noch gar nicht Vorhandenes gebrochen worden sei. Diese Anschauung deckt sich übrigens so ziemlich mit der *ratio* des Eheverbots zwischen einer gewesenen Braut und den Deszendenten und Aszendenten des früheren Bräutigams. Wurde die Braut selbst vor der Kopulation von ihrem Bräutigam böswillig verlassen, so daß also von einer Ehe niemals die Rede sein konnte, so faßte man, wenn sie sich darauf mit ledigen Mannespersonen geschlechtlich einließ, dies Verhalten doch strenger auf als sonst bei einer einfachen Unzucht; ans Leben ging es ihr zwar nicht, aber sie wurde einfach des Landes verwiesen. War die Braut aber nicht verlassen, so galt ihre Unzucht als Ehebruch, oder doch wenigstens als diesem fast gleichkommend; sie wurde dann mit Staupenschlägen des Landes ewig verwiesen. Der Bräutigam hatte aber auch dabei schon die Rechte des wirklichen Gatten; er konnte für sie interzedieren und erklären, daß er sie dennoch heiraten wolle. Dies bewirkte, daß ihr die Strafe erlassen wurde, oder daß man sie nur mit einer geringen Gefängnis- oder Geldstrafe ansah, mit der Landesverweisung nur dann, wenn der Fall besonderes Aergernis erregt hatte. Hatte der Bräutigam vor seiner Verheiratung mit einer Ehefrau Ehebruch getrieben, so daß er eigentlich rettungslos der Todesstrafe verfallen war, so konnte ihn dennoch die Braut durch ihre Interzession retten; er wurde aber stets des Landes verwiesen. Als Ehebruch galt es, wenn der Bräutigam während des Aufgebots, also zwischen Aufgebot und Hochzeit, mit ledigen Dirnen Unzucht getrieben hatte; er wurde deshalb aber nicht enthauptet, sondern mit Staupenschlägen des Landes verwiesen. Die Braut konnte ihn aber auch davon retten, denn auf ihre Fürbitte durfte das Gericht Milde walten lassen und nur auf eine geringe Gefängnis- oder Geldstrafe erkennen.

Die im Altertum trotz der gebotenen Keuschheit der Frau zugelassene Ehehilfe war in späterer Zeit, als das Volk im allgemeinen nichts weniger als keusch und züchtig war, nicht mehr gestattet; immerhin nahmen aber auch die strengsten Gesetze Rücksicht darauf, wenn ein Gatte wegen *impotentia* seinen ehelichen Pflichten nicht nachkommen konnte, oder wenn er es auch nur aus Abneigung nicht tat; denn wenn in einem solchen Falle die Gattin ihre Befriedigung außer dem Hause suchte und fand, so sah man dies nicht als ein schweres Verbrechen an, sondern erkannte nur auf Staupenschlag und Landesverweisung, falls der impotente oder involente Gatte, obwohl er doch die „Untreue" eigentlich selbst verschuldet hatte, nicht interzedieren wollte. Tat er dies aber, dann bestand die Strafe nur in einer nichtöffentlichen Rutenzüchtigung, so daß jede öffentliche Schändung und Bloßstellung vermieden wurde. Auch der Mitschuldige wurde nicht am Leben gestraft; er entging aber nicht dem Staupenschlag mit nachfolgender Landesverweisung. Es handelte sich also immerhin auch in solchen Fällen um einen sehr weitgehenden

Schutz der allgemeinen Sittlichkeit. Bestritt der impotente Gatte, was recht oft vorkam, sein Leiden, dann mußte das Gericht feststellen, wer von den beiden Gatten der Wahrheit die Ehre gab, und der forensischen Medizin war damit keine leichte Aufgabe gestellt. Man wußte sich aber zu helfen. Konnte ein körperlicher Defekt nicht festgestellt werden, dann mußte der angeblich impotente Gatte, wie dies noch bis in den Anfang des vorigen Jahrhunderts bei Ehescheidungsprozessen häufig geschah, in Gegenwart der Medizinalpersonen eine Probe seiner Fähigkeit ablegen, was natürlich sehr oft selbst dem präpotenten Gatten nicht recht glückte, da ein so delikater Akt auf Kommando und als Schaustellung einem Menschen, der einigermaßen mit natürlichem Schamgefühl ausgestattet ist, nicht gelingen wird. (Vgl. Caspar, forensische Medizin.) Wie man im alten Rechte die Untreue der Verlobten als eine Art Ehebruch vor der Ehe auffaßte, so gab es sogar rechtlich einen Ehebruch vor der Verlobung. Hatte sich nämlich ein Mädchen schon vor der Verlobung mit einem „ledigen Kerl“ abgegeben und wider besseres Wissen dem Bräutigam die Folgen dieses Verkehrs arglistig verschwiegen, so war dies eine Art Ehebruch vor der Verlobung, bei der aber das Gericht mit einer Schonung vorging, die im höchsten Grade beachtenswert ist. Sowohl die Jenenser (1590) als auch die Leipziger *Scabini* (1614) haben solche Fälle abgeurteilt und übereinstimmend dahin erkannt, daß „wenn der gute Kerl, dem die Kuh, so zu reden, mit dem Kalbe zugebracht“ war, sich nicht versöhnen und den Betrug verzeihen wollte, die Strafe nicht öffentlich, sondern im Gefängnis durch den Gerichtsdiener vollzogen werden sollte, und zwar eine nachdrückliche Züchtigung mit Ruten. Die Uebeltäterin sollte also auch nicht einmal dem Scharfrichter übergeben werden, denn es galt für stark ehrenrührig, jemals in dessen Händen gewesen zu sein, was bei einer Tracht Prügel durch den Gerichtsdiener oder den Stockknecht nicht der Fall war. Neben der Rutenstrafe wurde in der Regel auch auf zeitliche Landesverweisung erkannt, deren Dauer in das Ermessen des Gerichts gestellt war. Es sollte aber in solchen Fällen tunlichst jede Strafe vermieden und versucht werden, die Eheleute wieder zu versöhnen, da die schwerste Schuld nicht in einer Untreue bestand, sondern im Verschweigen des früheren Verkehrs. Um diese Versöhnung leichter bewirken zu können, sollte auch sehr eingehend nachgeforscht werden, ob der Bräutigam nicht doch schon vor dem stattgehabten Beilager von dem früheren Lebenswandel seiner „besseren Hälfte" Kenntnis gehabt habe, denn hatte er mit dieser Kenntnis dennoch die *copulatio carnalis* vorgenommen, dann galt gerade so wie beim wirklichen Ehebruch die Schuld trotz gegenteiliger Versicherung des Gatten doch als verziehen.

Ließ sich der getäuschte Gatte auf keine Weise versöhnen, sondern blieb er dabei, daß er von der Frau nichts mehr wissen wollte, so war die Folge hiervon natürlich verschieden, je nachdem sich das kleine Drama in einem katholischen oder lutherischen Lande abspielte. Das katholische, kanonische Recht kennt eine wirkliche Ehescheidung nicht, sondern nur die *separatio* quoad thorum et mensam, das ist zwar eine Aufhebung der ehelichen Gemeinschaft, bei der aber die Ehe an und für sich bestehen bleibt, so daß keiner der Gatten bei Lebzeiten des anderen sich wieder verheiraten darf. Das protestantische Kirchenrecht dagegen hält *divortia quoad vinculum,* also die vollständige Ehescheidung für zulässig und dient damit auch sicherlich der wirklichen Moral weit mehr. In dem protestantischen Sachsen wurden also solche Ehen durch das Konsistorium geschieden; mir liegt ein derartiges Scheidungsurteil vor; es lautet wörtlich: „Weil beklagte selber gestanden und bekannt, daß sie von einem andern geschwängert worden, ehe und zuvor sie Klägern die Ehe zugesagt, und gleichwohl das Eheliche Beylager, als wenn sie noch Jungfer wäre, mit ihm gehalten, und solche Schwängerung verschwiegen, Kläger auch vor dem Beylager davon gantz und gar nichts gewußt, sondern erst nach gehaltener Hochzeit solches erfahren, und mit der Tat inne worden, und darauf alsobald sich ihrer gäntzlich geäußert, und sie ferner nicht berühret. Und ob er sich nun mit ihr, über alles beschehen erinnern, nicht versöhnen lassen will, sie wiederum zu sich zu nehmen, so wird er auch wegen solches unchristlichen Betrugs und begangener großen Untreu, aus Nachlassung Göttlicher und dieser Lande üblichen Rechte, von ihr der Ehe halber billig geschieden und loßgezehlet. Immaßen wir ihn hiermit von ihr Scheiden und Loßzehlen, doch der Weltlichen Obrigkeit wider die Verbrecherin ihrer Straffe unbenommen. Und da sich Kläger ohne Gefahr seines Gewissens außer dem Ehestande nicht enthalten könte, darzu er doch fleißig zu ermahnen, ihme, als dem unschuldigen Theil, sich seiner Gelegenheit nach, mit einer anderen zu verehelichen und das Beylager mit gewöhnlichen Zermonien zu vollziehen, gestatten und nachlassen. V. R. W."

Auch beim wirklichen Ehebruch konnte sowohl peinlich wie bürgerlich geklagt werden. Nur der Mann, der selbst Ehebrecher war, sollte weder bürgerlich auf Scheidung, noch peinlich auf Strafe klagen, da das Kaiserrecht annahm, daß in einem solchen Falle das eine Unrecht durch das andere aufgehoben werde, so daß beide Taten kompensiert seien. Von der Frau wurde es lieber gesehen, wenn sie bloß bürgerlich klagte und dadurch lediglich ihr Recht verlangte, nicht aber auch durch eine peinliche Klage ihren Rachedurst befriedigte; auch damit bewahrte sie sich vor der Gefahr, wegen Duldung des Ehebruchs selbst bestraft zu werden. Uebrigens nahm die gestrenge Obrigkeit den Herrn Ehebrecher schon ohne Zutun der Frau am Kragen; diese schlug also doch zwei Fliegen auf einen Schlag. Eine der interessantesten alten Strafordnungen wegen des Ehebruchs ist die Bayerische. Sie zeigt, wie bei den verschiedenen Ständen das gleiche Laster doch ganz abweichend beurteilt wurde, und da diese alte Rechtsordnung uns geradezu ein Stück Kulturgeschichte liefert, bringe ich sie trotz ihrem Umfange doch wörtlich zum Abdruck, sie lautet: „Als sich diß abschewlich, vnd vor Gott, auch der Welt hochsträfliche Laster, in vnsern Fürstenthumb je lenger je mehr hauffen, auch vber alle vnsern bißhero außgangene vnd ernstlichere Mandat nicht abgestellt werden wil, So erfordert die hohe Nottorfft mehrers vnd ernstlichers eynsehen hierinn zu thun. Demnach wöllen wir den dreyen Ständen vnserer lieben vnd getrewen Landschafften, mit Rath vnser vnd derselben verordneten, ernstlich eyngebunden, auch allen vnsern nachgesetzten Oberkeiten, bey Entsetzung jrer Empter, vnd anderer Straff, die wir der schärpffe nach fürzunemmen, endlich entschlossen sind, aufferladen haben, Daß sie hinfüran jhr fleißig vnd embsig nachforsch, auff diese Verbrecher haben vnd bestellen.

Da sie dann einen in Erfahrung bringen, der in diesem Fall, es sey mit ledigen oder verheurathen Personen, Göttlicher Ordnung, seinem Gelübdt, Ehr vnd Trew zu wider, gehandelt hette, vnd derselb auff dem Land ein Bawr, Hüber, Söldner oder Tagwercker, oder auch in Stätten vnd Märckten, eine geringe Person were, daß derselb alsbaldt zu harter Gefängnuß gebracht, für das erste Mal ein Monat, ohn einige Geltstraff, mit Wasser vnd Brodt (doch bey gelegenheit deß verbrechens vnd der Person) gespeißt, als bey nechtgelegener Pfarrkirchen, drey Sonntage nacheynander mit brennender Kertzen, entblößten Armen vnd daran habenden Ruthen, in Eisen vor die Kirchthür gestellet werde, welcher offener Buß vnsern Pfleger vnd Land-Richter, auch den Hofmarcks vnd andern Oberkeiten, so nicht Pfarrkirchen haben, statt thun, vnd jhre Amptleut zu gebührlicher hülffreich ohne belohnung schaffen sollen. So aber solche Personen zum anderen Mal in diesem Laster deß Ehebruchs betretten würden, sol der Verbrecher durch die Stände, so das Malefiz nicht haben, alsbald in vnser Landgericht geantwort, vnd jme vnser Fürstentumb zu ewigen zeiten verwiesen werden. Jedoch, wo der Verbrecher in einer Hofmarck, oder auff denen Gütern, so den Prelaten, vom Adel, Stätt vnd Märckten gehörig, angesessen were, vnd daselbst verbrochen hette, aber nach beschehenem verwiß vnsers Firstenthums, vber kurtz oder lang, durch vns, vnsere Nachkommen, Regierende Fürsten in Bayern, wiederumb begnadet vnd belandhuldiget würde, sol er sich nicht allein mit vns, als Landsfürsten, der Landshuld halben, sonder auch mit seiner Herrschaft von der Straff wegen, soweit dieselb sich, der Landsfeyheit nach, erstrecken mag, zu vergleichen, vnd darumb abzukommen, schuldig seyn, darzu wir jnen, den Verbrechern, von Fürstlicher oberkeit wegen, auch wölln halten vnd handhaben lassen. Da dan jemandt zum drittenmal hierinn fallig erfunden würde, sol derselb für das Malefitz Recht gestellt, vnd was jm dasselb vrtheilt, stracks vollenzogen werden.

Würde aber die verbrechend Person in einem höhern Stand, vnd mehrer in Ansehen seyn, als etwa auß den Alten Geschlechtern, Rathsverwandten, vermöglichen Kauff vnd Handelsleut, Oder aber andere ansehnliche, auch ringere Bürger, Sollen dieselben das erstmal viertzehen Tage im Gefängknuß, mit geringer Atzung erhalten, als dann der vermöglich vmb anderthalb hundert Pfundt, der so ziemlichen vnd mittelmäßigen vermögens ist, umb hundert Pfundt, vnd der weniger vmb fünfftzig Pfundt Pfenning, durch jhr jedes ordentliche Oberkeit gestraffet werden. Jedoch solche Straffen in keinen andern Nutz, als zu den nottürftigen armen Gotteshäusern, vnd andern Gottseligen mildten Wercken vnd Außgaben (darob die Oberkeiten mit fleiß halten sollen) gewendet vnd angeleget, auch zu solchen Straffen vnderschiedliche sondere Rechnung gehalten werden.

Wo dann der Stand der Ritterschafft vnd Adels, sich diß Lasters theilhafftig machen würde, Sol dem Verbrecher, altem herkommen, auch seinem standt vnd vermögen gemeß, ein Ritterdienst, nach vnserer meßigung, als vngefährlich mit vier Pferden, fünff Monat wider den Erbfeind den Türken, oder im fall zutragender Landesnoth (die der Allmächtig mit gnaden zu fürkommen geruhe) auf sin vnkosten zu dienen für das erst verbrechen, aufferladen werden.

So aber die in obgesetzten zweyen Artikeln benennte Ständ zu dem andern mal in Ehebruch begriffen würden, sollen die von der Ritterschafft vnd Adel, auch die alten Geschlecht in Stätten, als bald jhrer Ehren entsetzt, zu keinen Aemptern mehr gebraucht, zu Ehrlichen Gesellschaften nit beruffen, auch aller Ehrkleyder vnd geschmuck, so sie hiefor antragen mögen, gäntzlich beraubt seyn. Die andern aber, als Rathsverwandte, vermögliche Kauff vnd Handtiersleut, ansehnliche, auch ringere Bürger, sollen des Lands verwiesen, vnd in ewige zeit nicht mehr darinn gelassen werden. Welche aber vnder diesen allen vber die empfangene zwo straffen durch vns oder nachkommende regierende Fürsten begnadet, widerumb eingelassen, vnd doch vnbedacht vnserer begnadung zum drittenmal in diesem Laster betretten würden, die sollen als dann für das strenge Malefitz Recht gestellet, vnd gegen jhnen nach erkanntnuß desselben gerichtet werden.

Vnd dieweil der Weiber Ehebruch hierunder nit weniger, ja noch viel höher zu bedencken. Demnach wöllen wir gegen die geringere in Stätten vnd Märckten, auch auff dem Landt gegen den Bawrsleut Weibern, für jhr erstes, anderes vnd drittes verbrechen, mit gleicher straff, wie die jhren Ehevoigten hieoben bestimpt worden ist, Jedoch in der ersten straff (außer entblößung deß Arms) verfahren lassen. So viel aber die, so höhern Standts vnd Ansehens dann auch niedern vnd geringern thuns, wie hieoben von den Mannspersonen erzehlt, seyen, anlangt, dieselben sollen vors erste verbrechen, mit gleichmeßiger Fengknuß der viertzehen Tag gestrafft, folgends zu keiner Hochzeit, oder anderen ehrlichen Zusammenkünfften, wie die angestellet werden möchten, berüfft, noch gelassen, gleichfalls aller jhrer Ehrkleyder vnd geschmuck, so sie zuvor antragen mögen, gäntzlich beraubt seyn. Vnd da sie zum andermal deß Ehebruchs mit der wahrheit straffbar erfunden würden, sollen sie abermals gefänglich angenommen vnd so wol als von den Mannspersonen hie obgemeldt ist, für das Malefitz Gericht gestellet werden.

Wo fern sich derer von der Ritterschaft vnd Adel Haußfrawen, dieses Lasters auch theilhaftig machen, vnd darin warhafftig erfunden würden, Sol jren Ehevoigten (doch mit vorwissen vnser, alß Landts Fürsten, oder vnserer Regiment) hiemit zugelassen seyn, nach gelegenheit eines jeden Vermögens vnd Standts in seinem selbs Hauß, Schloß, oder einem andern gebürlichen orth, die Verbrecherin gäntzlich zu vermauern, vnd in solcher Fangkunst biß in jhren Todt verwahret zuenthalten. Jedoch soll auff den Fall, da einer, weß Standts der were, sein Weib an offener wahrer That ergreifen würde, den geschriebenen Kayserlichen Rechten nichts benommen seyn."

Diese Bestimmungen sind offenbar zum größten Teil viel älteren Rechtsbräuchen nachgebildet. Die Strafe des gemeinen Volks erinnert lebhaft an das uralte Seligenstetter Landrecht; sie ist aber durch das Gefängnis verschärft und im übrigen stark modernisiert. Die Strafe der Ritter stammt zweifellos aus den ersten Kreuzzügen, denn auch da erhielt der Teilnehmer Absolution für begangene Verbrechen. Auch das Einmauern der Ritterfrauen ist eine altertümliche Strafe, die schon die Vestalischen Jungfrauen im alten Rom über sich ergehen lassen mußten, wenn sie das Gelübde der Keuschheit gebrochen hatten. Für unsere Schablonen-Straffanatiker, die der Ansicht sind, daß unbedingt jede kurze Freiheitsstrafe schädlich wirken müsse, während doch in Wirklichkeit lediglich individuell entschieden werden kann, wie eine solche Strafe wirkt, sei bemerkt, daß die kurzen Gefängnisstrafen der Bayerischen Ordnung sicherlich niemanden zum Verüben eines Ehebruchs verleitet haben, denn bei dem damaligen Zustande der Gefängnisse und der unzureichenden, außerdem in der Regel halb verdorbenen Kost, war solch eine Strafe schon eine schwere Leibesstrafe, unter Umständen sogar eine Lebensstrafe. Auch die verschiedene Behandlung der Stände ist den viel älteren Rechten nachgebildet. Die gradatim erschwerte Strafe bei Rückfallshandlungen ist eine Eigentümlichkeit, die das Bayern-Recht mit vielen anderen Ordnungen und Statuten gleicher Zeit (XVI. Jahrhundert) gemein hat. Im Sächsichen Rechte fehlt sie ebenso wie der Standesunterschied. Uebrigens steht dieses System keineswegs im Widerspruch mit der alten Anschauung, daß eine Ehe nur durch den ersten Ehebruch zerstört werden könne, denn die Ehe galt als durch die Bestrafung restituiert; das war in Sachsen auch so, denn sonst hätte nach der Verzeihung die Ehe nicht fortgesetzt werden können; sie wäre sonst nur noch Konkubinat gewesen. Wenn in Bayern im dritten Falle das Malefizgericht entscheiden sollte, so war die Folge davon, daß der Verbrecher sein Leben lassen mußte, denn das Malefizgericht erkannte natürlich nach Kaiserrecht auf die Todesstrafe. Uebrigens ließ auch das Bayerische Recht die Ehescheidung zu und zwar hisce verbis: „So fern auch die beleidigte Manns oder Weibsperson, an denen ihr Ehegebrücht also brüchtig erfunden, vnd die hie obgesetzter maßen in einem oder andern weg deßhalb gestrafft, vber hierob angelegte Weltliche Straff der Ehescheidung begeren würde, sol jhr dieselb am gebührenden ordentlichen orthen zu begeren gantz unbenommen syn." Das entspricht durchaus den Anforderungen wahrer Moral, denn nicht durch die Unmöglichkeit oder unverhältnismäßige Erschwerung einer Ehescheidung kann die Sittlichkeit gefördert werden, sondern nur dadurch, daß in Fällen, die dies gebieterisch verlangen, die Ehe geschieden wird; nicht die Scheidung einer Ehe ist Frivolität, sondern das Bestehenlassen der Ehe würde es häufig sein; frivolen Scheidungen muß natürlich vorgebeugt werden.

Die wenig ältere Straßburger Ordnung (1529) ist der Bayerischen sehr ähnlich. Der erste Ehebruch wurde mit Gefängnis gesühnt, der zweite ebenso, aber bei Wasser und Brot und außerdem mit 10 Pfund Geldstrafe. Beim dritten Falle wurde der Schuldige an den Pranger gestellt und des Burgbanns verwiesen. Wurde er begnadigt und beging nach der Rückkehr gleichwohl wieder einen Ehebruch, dann traf ihn ohne Gnade die Todesstrafe, und zwar den Mann die Strafe des Schwertes, die Frau die Strafe des Ertränkens, so daß die Strafe des Weibes die schwerere war. Die „Pfaltzgräffische" Ordnung von 1582 verschärfte die frühere Konstitution und ist namentlich gegen Männer, die mit einer Ehefrau gesündigt hatten, sehr streng; gleichviel ob der Mann selbst verheiratet oder ledig war, bezahlte er schon den ersten Ehebruch mit seinem Kopfe. Das Weib wurde aber „mit dem Wasser vom Leben zum Todt gerichtet". Die Hessische Ordnung von 1572 nimmt Veranlassung, dem sich stets mehrenden Laster zu steuern und verfügt: „Wie sehr auch das schändtliche Laster deß Ehebruchs je lenger, je mehr eynreißet vnd vberhand nimmet, solches ist zu viel am Tage, vnd weisens die Exempel genugsam auß: Wann dann gegen wachsenden vnd zunemmenden Lastern, auch die Straffen zu schärpffen, vnd ohne daß auff dieß Laster deß Ehebruchs, in Göttlichen vnd Keyserlichen Rechten die Leib vnd Lebens straff gesetzet ist: So setzen, ordnen vnd wöllen wir, daß hinfüro in vnsern Fürstenthumben, Obrigkeit vnd Gebiet, ein Mannsperson, die sey gleich Ehelich oder Ledig, vnd eins andern Manns Eheweib, ein Ehebruch mit einander willig vnd wissentlich begehen vnd vollbringen, daß als dann beyd, der Ehebrecher vnd die Ehebrecherin zu hafften bracht, vor Peinlich Recht gestellet, vnd auff vorgehende genugsame beweisungen zum Schwert verdampt, vnd hingerichtet werden sollen. Da aber ein Ehemann in währnder Ehe, vnd eine ledige Person sich mit einander Fleischlichen vermischen würden, so sollen sie beyde in Hafft gezogen, ein viertheil Jahres darinn enthalten, mit Wasser vnd Brot gespeißt, vnd als dann auf erledigung einer gebürlichen Geldstraff vor das erste mal, vnd so hoffnung der besserung bey jhnen ist, wiederumb erledigt vnd geduldet. Das andere mal doppel vnd noch eins so hart, auch darüber mit verweisung auff ein Jahr, vngefähr nach gelegenheit gestrafft. Aber das dritte mal mit Ruthen außgestrichen, vnd deß Lands ewig verwiesen werden."

Beim Lesen dieser Vorschrift werden sich unsere Hypermodernen gewiß eines starken Gruselns nicht erwehren können; lassen wir es also an diesen Beispielen des alten Rechtes genug sein und wenden wir uns dem neueren Rechte zu, und zwar demjenigen Gesetze, das zuerst die große Rechtsungleichheit für gewaltige Ländergebiete beseitigte und zugleich unsere Materie in mustergültiger Weise ordnete. Es ist dies die am 31. Dezember 1768 gegebene Halsgerichts-Ordnung für Oestereich-Ungarn, Böhmen usw., die sogenannte Theresiana. Der Artikel 77, § 1 definiert zunächst den Ehebruch: „Der Ehebruch ist eine boshafte Verletzung der ehelichen Treue durch fleischliche Vermischung mit einer anderen Person: es wird demnach derselbe entweder zwischen einem Ehemann und eines andern Eheweib, oder zwischen einer ledigen Mannsperson, und einem Eheweib, oder zwischen einem ledigen Weibsbild und einem Ehemann begangen. In dem ersteren Fall ist es doppelter, in beyden letzten hingegen ein einfacher Ehebruch; allemal aber ist der Ehebruch Landgerichtlich zu bestraffen." Diese genaue Definition war deshalb notwendig, weil das Gesetz für ganz verschiedenartig urteilende Länder eingeführt werden sollte, von denen noch einige der Ansicht huldigten, daß nur die Ehefrau, nicht aber auch der Ehemann einen Ehebruch begehen könne. Von großer Wichtigkeit war auch der Schlußsatz, daß stets das Landgericht über den Ehebruch entscheiden, mit anderen Worten, daß die Tat immer als eine halsgerichtliche zu gelten habe; er wurde dadurch ein für allemal den polizeilichen und niederen Gerichtsbarkeiten, die den Ehebruch oft nur als einen bloßen Schabernack ansahen und auf kindische Schandstrafen erkannten, entzogen.

Der § 6 schrieb die Strafen vor: „Die Straffe des Ehebruchs folgt sodann, wenn nämlich die erforschten Umstände in Erfahrung und beyde Thäter zur Bekenntniß gebracht, oder dessen sonst, wie Recht ist, überführt worden. Es sollen demnach diejenige, so in das Laster des Ehebruchs verfallen: Erstens: Wenn mildernde Umstände vorhanden, entweder mit einer Geldbuß nach des Verbrechers Vermögen, oder mit Gefängniß bey Wasser und Brot auf eine gewisse Zeit, oder nach Gestalt der Sachen mit einer anderen gemessenen Leibesstraffe: dahingegen Andertens: Bey unterwaltend-schwereren Umbständen schärffer am Leib, oder am Gut, oder nach vernünftigem Ermessen des Richters, besonders da mehrere Beschwerungsursachen zusammentreffen, wohl gar am Leben gestraffet werden. Wobey jedoch Drittens: In Acht zu nehmen, daß bei dem einfachen Ehebruch die ledige Person in der Bestraffung insgemein etwas leichter, als der mitschuldige Ehemann, oder Eheweib zu halten seye; und daß jenen Falls, wo ein Rückfall zu besorgen, oder große Aergernuß in der Gemeinde entstanden, zur Abhütung ferneren Uebels, und Aergerniß ein- oder die andere aus denen schuldigen Personen gestalten Dingen nach aus dem Gebiet abgeschaffet, oder des Landes, oder Landgerichts verwiesen werden solle. Uebrigens ist Viertens: Ueberhaupt zu merken, und wollen wir bey diesem Verbrechen den Richtern hiermit ernstgemessen eingebunden haben, daß in jenen Fällen, wo es auf keine öffentliche Leibes- oder Lebensstrafe ankommt, dieselbe besonders gegen ansehnliche, und sonst wohlverhaltene Leute in der Nachforschung aller Behutsamkeit und Bescheidenheit, auch, so viel es thunlich ist, in der ganzen Verfahrung der gebührlichen Verschwiegenheit befliessen seyn sollen; damit nicht etwann nebst der von Uns hieroben ausgemessenen Straffe, einer sonst wohlverhalten- und ansehnlichen Person, so einen solchen Fehltritt begangen, zugleich auch ihren Kindern Schimpf, Schand, und verkleinerlicher Vorwurf zugezogen, oder wohl gar durch solch unbescheidene Kundmachung schädliche Ehespaltungen angezettelt werden mögen."

Der Anfang dieser Bestimmung könnte den Anschein erwecken, als ob auch die Theresiana schon den Fehler enthalten hätte, den wir leider, wie so manches andere Uebel, auch aus Frankreich bezogen und in unser Strafrecht aufgenommen haben, nämlich die leidigen „mildernden Umstände"; dem ist jedoch nicht so, denn während in unserem Strafgesetzbuch immer nur schlechthin von mildernden Umständen die Rede ist, wodurch geradezu in der Rechtsprechung ein wahrer Unfug gestiftet werden kann, gibt die Theresiana ganz genau an, was als mildernd, und was als erschwerend zu gelten habe; dadurch aber wird das, was bei uns einer der schlimmsten Fehler ist, zu einem ganz besonderen Vorzug jenes Gesetzes, denn es kann keinem Zweifel unterliegen, daß ein Ehebruch oft als ein fast entschuldbares Verirren angesehen werden muß, während er in anderen Fällen die verwerflichste Handlung sein kann. Deshalb ist auch die weite Skala im Strafmaß gerechtfertigt, sobald nur ein strikter Anhalt dafür gegeben wird, wann die schwerste und wann die gelindeste Strafe Anwendung zu finden habe. Dies geschieht aber durch die §§ 7 und 8, die lauten: § 7. Beschwerende Umstände sind Erstlich: Wegen Ungewißheit der Empfängnis, wenn der Ehebruch von einem Eheweib mit einer ledigen Mannsperson; und um so mehr Andertens: Wenn derselbe in doppelter Ehe von 2 verheyratheten Personen beschiehet. Drittens: Wenn der Thäter über beschehenem Verbot, und Bestraffung zum zweyten mal, oder wohl gar über öftere fruchtlose Bestraffungen neuerdings hierinnen betretten; oder Viertens: Von einem fast alten Manne, oder einem, der den Leuten zur Obrigkeit, und guten Beyspiel fürgesetzet ist, begangen würde; oder Fünftens: Nebst dem Ehebruch noch ein anderes Laster, als bösliche Verlassung des Ehegattens usw. mit unterlieffe. § 8. Mildernde Umstände hingegen sind, und wird die ordentliche Straffe des Ehebruchs in etwas geringeret: Erstlich: Des beleidigten Theils Fürbitt und Verzeihung. Andertens: Die vorhandene eheliche Kinder, oder ansehnliche Anverwandtschafft, so durch die öffentliche Straffe ihres Vaters, oder Mutter, oder nahen Anverwandten verkleinert würden. Drittens: Die allzugroß gegebenen Ursachen gegen eine Person, so sonst ihre Lebenszeit züchtig gelebt. Viertens: Wenn der ledige Thäter nicht gewußt, daß die Person, mit welcher er gesündigt, verehelichet seye. Fünftens: Eines oder des anderen Theils der Ehegatten vieljährige Krankheit. Sechstens: Wenn der Ehebruch nicht gänzlich vollbracht wurde."

Die erschwerenden Umstände wird man im allgemeinen wohl gelten lassen dürfen, wenn sie auch keineswegs erschöpfend sind; dagegen erwecken die Milderungsgründe zum Teile doch ernste Bedenken. Die Rücksicht auf Kinder und Anverwandte ist an und für sich zu loben; aber hier ist sie nicht angebracht, da der Täter,

**Mittelalterliche Todes- und Leibesstrafen.**

Nach einem Holzschnitt im Germ. Museum.

wenn er selbst die schuldige Rücksicht außer acht ließ, eher strafwürdiger erscheint; die Bestimmung konnte auch deshalb sehr schädlich wirken, weil sie erst recht geeignet erscheint, zu einem liederlichen Leben zu ermutigen. Im Ermittelungsverfahren (§ 6 *art.* 4) ist sie eher zu loben, weil dabei noch gar nicht feststand, ob irgendwelches Verschulden vorläge. Punkt 4 ist deshalb zu beanstanden, weil es ganz unbillig ist, jemanden, der überhaupt nicht gewußt hat, daß er einen Ehebruch begehe, dennoch wegen Ehebruchs zu bestrafen. Wie viele Ehemänner halten noch heute, wenn sie sich einmal besonders gut „amüsieren wollen", die Westentasche für den geeignetsten Ort, den Trauring zu tragen. Wohin sollte man denn kommen, wenn man da alle Mädchen, die sich belügen und verführen lassen, wegen Ehebruchs bestrafen wollte? Dagegen ist der Punkt 3 im allerhöchsten Grade anzuerkennen, denn, wenn Leute, die ihr Leben lang züchtig gelebt haben, doch einmal der Versuchung, die gar zu mächtig an sie herantritt, unterliegen, dann wird man in der Tat wohl die denkbar größte Milde empfehlen dürfen, denn wir sind doch alle Menschen und deshalb menschlichen Verfehlungen ausgesetzt. Gerade das ist es, was uns den Ehebruch in manchen Fällen als nahezu entschuldbar erscheinen läßt, wenigstens auf Seiten der verführten Person, während der Verführer in demselben Falle die härteste Verurteilung verdient haben kann.

Die Theresiana kannte aber noch einen anderen Erschwerungsumstand, der eigentlich auch im Art. 77 hätte angeführt werden sollen, statt dessen aber ziemlich versteckt im Art. 82, §§ 2 und 3, steht; es ist dies der Ehebruch zwischen einer christlichen und einer jüdischen oder überhaupt andersgläubigen Person. Die Strafe war beim einfachen Ehebruch die Hinrichtung durch das Schwert, beim doppelten Ehebruch sollten nach der Hinrichtung die Körper der Schuldigen zu Asche verbrannt werden. Ich brauche hierauf nicht weiter einzugehen, werde aber bei anderen Sittlichkeitsverbrechen noch darauf zurückkommen.

Es bleibt nun noch die Frage zu erledigen, wann der Richter wegen eines Ehebruches einzuschreiten hatte, resp. wann er einschreiten durfte. Der § 2 gibt sieben Verdachtsgründe an, die ganz allgemein gehalten sind und auch keineswegs zur Festnahme der

Verdächtigen berechtigen, sondern nur die Befugnis geben sollten, weitere und zwar in der Regel „behutsame und bescheidene“ Ermittelungen anzustellen. Dann schreibt das Gesetz erst noch weitere fünf Momente vor, die zur Festnahme berechtigten, darunter war das Betreten auf frischer Tat und das Vorhandensein beweisender Briefschaften. Es ist das sicherlich eine sehr subtile Behandlung der Materie. Nun kommt aber noch ein weiterer Beweispunkt, der uns fast das ganze Gesetz und ebenso die übrigen alten Gesetze verleiden könnte, nämlich die Zulassung der Folter. Man setzte allerdings nicht wie bei uns den betrogenen Gatten Folterqualen aus, indem man ihn gegen die Niederträchtigkeit und Gemeinheit nahezu wehrlos machte, sondern nach der Theresiana sollten nur die Schuldigen, wenn sie trotz überwältigender Beweise noch leugneten, gefoltert werden. Davon, daß etwa die Folter gegen einen nur Verdächtigen hätte angewendet werden dürfen, um ihn zu einem, wenn auch falschen, Geständnis zu bewegen, konnte bei der Theresiana gar nicht die Rede sein. Das wäre nur bei einer pflichtwidrigen Anwendung des Gesetzes möglich gewesen. Gegen diese ist allerdings kein Kraut gewachsen; aber das ist kein Mangel des Gesetzes, denn auch heute noch kommen Gesetzesverletzungen vor. Schon ganz allgemein sagt der Art. 38 § 8, daß die Folter nur dann Anwendung finden durfte, wenn es sich um mit der Todesstrafe bedrohte Verbrechen handelte, und im Art. 77 ordnet der § 4 noch ausdrücklich für den Ehebruch dasselbe an. Wir haben aber gesehen, daß Todesstrafen wegen Ehebruchs nach der Theresiana nur in verschwindend seltenen Fällen zugelassen waren; das ergibt schon der Wortlaut „oder wohl gar am Leben gestraffet“. Ferner durfte die Folter nur angewendet werden, wenn der Beweis der Schuld schon ohnehin erbracht war; ein wirklich Unschuldiger durfte also wegen eines Ehebruchs überhaupt nicht gefoltert werden. Freilich spricht dies erst recht gegen die Folter, da sie ganz überflüssig war, und die Gesetzgeber hätten gewiß weit besser getan, dieses *remedium eruendae veritatis*, die ganze Folterkammer in die Rumpelkammer zu werfen; aber umsomehr muß es auffallen, daß Gesetzgeber, die ein solches Beweismittel noch für unentbehrlich hielten, trotz dieser verschrobenen Ansicht doch ein Gesetz geschaffen haben, das in den wesentlichsten Punkten unser heutiges Strafgesetzbuch überstrahlt wie das leuchtende Tagesgestirn die finstere Nacht. Lag ein starker Verdacht vor, dann brauchte der Richter nicht abzuwarten, bis der betrogene Gatte den Strafantrag stellte; das war schon ein großer Vorzug, denn es ist eine alte Erfahrung, daß sehr oft sich schon die Spatzen das Geheimnis eines Ehebruchs von den Dächern zuzwitschern, ehe der betrogene Gatte selbst eine Ahnung davon hat. Die Ehe ist ein viel heiligeres Recht, als das private Recht auf Eigentum, schützt man nun dieses *ex officio,* so wird man jenes erst recht schützen müssen, denn die Oeffentlichkeit hat ein weit größeres Interesse daran, daß die Unantastbarkeit der Ehe und dadurch die allgemeine Sittlichkeit aufrecht erhalten werden, daß jeder Mann ohne Gefahr sein Haus verlassen und seinem Beruf nachgehen kann, als daran, daß Hinz oder Kunz nicht ein Paar alte Stiefel entwendet werden. Das ist keine Uebertreibung; ist doch schon *ex officio* eingeschritten worden, weil in Berlin ein Hausbesitzer von den zum Kanalbau bestimmten Materialien eine Schaufel Sand „gestohlen“ hatte. Ja, es ist in Berlin sogar 1893 *ex officio* gegen Milchhändler eingeschritten worden, weil sie zu gute Magermilch verkauft und dadurch gegen das Nahrungsmittelgesetz verstoßen hatten. Das Lactometer sinkt nämlich in zu fette Milch ebenso „vorschriftswidrig“ ein wie in zu magere, so daß die revidierenden Polizeibeamten an der Skala nicht die richtige Zahl ablesen konnten. Wenn man nun gegen solche harmlose Milchhändler vorgehen kann, warum denn nicht auch gegen den wirklich gefährlichen Menschen, der durch einen Ehebruch die Milch der frommen Denkungsart in gärend Drachengift verwandelt? Diesen Zwiespalt der (strafrechtlichen) Natur wird wohl auch der berühmte Graf Oerindur nicht zu erklären vermögen. Praktisch liegt die Sache für Menschen, die unpraktisch denken, allerdings etwas anders; da glaubt man, den Strafantrag des geschädigten Gatten nicht entbehren zu dürfen, weil das schönste Recht der Gnade, das sonst nur dem König zusteht, in diesem Falle dem Gatten zukomme, dem man das Vergnügen, auch einmal königlich handeln zu können, nicht nehmen dürfe. Aber die Ehe ist kein privates Recht, und wenn sie der Staat nicht schützen kann, dann sollte man sie lieber ganz abschaffen. Bei uns ist aber der betrogene Gatte nicht einmal in der Lage, Gnade gegen den schuldigen Gatten walten zu lassen, sofern er den vielleicht fast allein schuldigen Mittäter zur Verantwortung ziehen will, denn der Strafantrag kann (§ 63 Str.-G.-B.) nicht geteilt werden. Wenn also der Gatte bereit ist, dem Gatten zu verzeihen, dann ist er gezwungen, auch dem Mitschuldigen zu verzeihen; das ist ein ungesunder Rechtsstandpunkt, gegen den man nicht heftig genug protestieren kann. Wir täten wirklich gut, bei aller unserer modernen Weisheit und Spitzfindigkeit, doch erst noch einmal bei der Theresiana das juristische *ABC* zu lernen. Die Theresiana brauchte sich nicht den Kopf darüber zu zerbrechen, ob der Antrag teilbar sei, oder nicht, weil sie den Antrag überhaupt nicht verlangte, und wenn es dabei dem betrogenen Gatten nicht gelang, dem schuldigen von jeder Strafe zu verhelfen, so ist dies viel eher ein Vorzug als ein Fehler jenes Gesetzes, denn Fürbitte und große Verführung mußten unter allen Umständen berücksichtigt werden, so daß der Richter in der Lage war, den gefährlichen Verführer, wie er es verdient hatte, exemplarisch, ja sogar zum Tode zu verurteilen, dem schuldigen Ehegenossen aber nur einen genügenden Denkzettel zu geben, und dieser war doch unter allen Umständen redlich verdient und auch sehr nützlich, weil der schuldige Ehegenosse dadurch belehrt wurde, daß er sich auch in Zukunft nicht auf die Güte oder Schwäche des Gatten verlassen dürfe. Hätte jemand den Gesetzgebern der Theresiana gesagt, daß die Strafbarkeit eines Ehebruchs nicht von der Tat selbst, sondern von dem Strafantrag des Betrogenen abhänge, daß dieser, ehe er überhaupt den Strafantrag stellen könne, erst die Scheidung durchfechten und sich dadurch vielleicht wirtschaftlich und gesellschaftlich ruinieren müsse, oder daß er, wenn er dies tue, den Verführer aber allein züchtigen wolle, diesen auf Pistolen fordern, sich also eventuell selbst niederknallen lassen oder doch mindestens das tun müsse, was das Gesetz verbietet, oder daß er, wenn er sich auch hierzu nicht entschließen könne, weil er's vielleicht für eine Tat des Wahnsinns hält, sich von dem ehebrecherischen Schurken verhöhnen und sich vor der ganzen Welt lächerlich machen lassen müsse, dann würden wohl die Herren ihre Puderperücken staunend geschütteln und den Jemand für unheilbar verrückt erklärt oder wohl gar wegen Gemeingefährlichkeit für alle Zeiten hinter Schloß und Riegel verwahrt haben, denn sie steckten noch in den „Vorurteilen des finsteren Mittelalters“ und waren daher für die Logik unserer modernen Rechtswissenschaft noch nicht geistig reif. Sie hätten vielleicht gesagt, daß ein Diebstahl nicht erst dadurch Straftat wird, daß der Bestohlene sich vor Jammer aufhängt, daß also auch der Ehebruch nicht erst durch die vom Willen der Täter ganz unabhängige Scheidung, sondern stets durch sich selbst schon Straftat werde. Sie hätten noch vieles sagen können, bloß daß unser heutiges Recht besser sei als das ihrige, oder daß es die Sittlichkeit hebe, statt sie zu untergraben, das hätten sie nicht sagen können; glauben wenigstens würde es ihnen niemand gekonnt haben.

Sehen wir uns nun einmal unseren Ehebruchsparagraphen etwas genauer an:

> „§ 172: Der Ehebruch wird, wenn wegen desselben die Ehe geschieden ist, an dem schuldigen Ehegatten, sowie dessen Mitschuldigen mit Gefängnis bis zu sechs Monaten bestraft.
>
> Die Verfolgung tritt nur auf Antrag ein.“

Das ist allerdings viel kürzer als der weitschweifige und paragraphenreiche Art. 77 der Theresiana. Unser modernes Geschlecht ist viel zu hastig und hat nicht mehr die Zeit, Paragraphen durchzulesen, die fast so lang sind wie ein Satz aus einer Reichsgerichtsentscheidung. „In der Kürze liegt die Würze.“ Auch recht; man kann sogar der modernen Richtung in diesem Falle noch weiter entgegenkommen. Ich möchte den § 172 noch mehr — würzen. In Berlin habe ich einmal einen Verbrecher einliefern sehen, der „zum Fürchten“ aussah; als man ihn aber gebadet, Haar und Bart säuberlich abgeschnitten hatte, kam der Mann mir ganz anständig vor. Versuchen wir es also einmal, ob sich nicht auch aus dem jetzigen § 172 ein ganz anständiger Bursche herausfrisieren läßt. Zunächst müssen die Worte „wenn wegen desselben die Ehe geschieden ist“ ohne Gnade der Schere zum Opfer fallen; das ist jedenfalls besser, als wenn wir dem jetzigen Paragraphen 172 so viele Ehen zum Opfer fallen lassen. Will man es als ein Gebot der Sittlichkeit betrachten, daß ein durch Ehebruch beleidigter Gatte auf Scheidung klagen und so jede Gemeinschaft mit dem ehebrecherischen Gatten aufheben müsse, so ist dies, gelinde gesagt, ein heilloser Unsinn, denn erstens ist eine solche Forderung keineswegs in den Fällen, in denen gerade die Bestrafung des Mitschuldigen allein geboten ist, begründet, zweitens ist der Ehebruch ohne Rücksicht auf seine Folgen und nicht erst durch diese Straftat, drittens kann niemand, der ein zweifelloses Recht geltend machen will, gezwungen werden, sich vorher durch einen Prozeß, den er sehr oft aus Rücksichten auf sich selbst, seine Kinder und Angehörigen, sowie auf wirtschaftliche Verhältnisse überhaupt nicht anstrengen darf, zu schädigen, viertens kann der § 172 wahrhaftig niemanden zur Erfüllung einer nur durch verdrehte und erkünstelte Moralanschauungen konstruierbaren Forderung der Sittlichkeit begeistern, und fünftens wird durch die jetzige Fassung der Zweck einer jeden Strafe total verkannt. Die Strafe hat nicht den Zweck, Rache für einen unwiederbringlichen Schaden zu schaffen, sondern sie soll erstens den Uebeltäter bessern, zweitens andere von gleichen Taten zurückschrecken und drittens der beleidigten Allgemeinheit Genugtuung geben. Dieser dreifache Strafzweck kann nach heutigem Rechte beim Ehebruch niemals erreicht werden. Die Strafe zu einem bloßen Akte der Privatrache zu machen, wird eher das Gegenteil hervorrufen. Das Verkehrte des jetzigen Systems zeigt sich noch schärfer beim *adulterium duplicatum,* wenn also beide Ehebrecher verheiratet waren, und nur der eine Gatte die Scheidung durchfechten will. Wie oft kommt es vor, daß eine intriguante Frauensperson mit den verwerflichsten Mitteln Jagd auf einen Ehemann oder dessen wohlgefülltes Portemonnaie macht und ihn schließlich zum Ehebruch verleitet. Soll da wirklich die Frau wehrlos zusehen? Oder soll sie gezwungen werden, die Scheidung durchzufechten und als *pars innocens* den größten Schaden zu erleiden, indem sie sich des Gatten, ihre Kinder des Vaters beraubt? Soll ihr, wenn sie dies nicht tut, jeder Schutz gegen die freche und verbrecherische Person verweigert werden? Wahrlich, solche Verhältnisse sind doch so alltäglich, daß sie jeder kennt. Gibt es doch Frauenzimmer genug, die prinzipiell nur mit Ehemännern

Verhältnisse anknüpfen, weil diese in der Regel geschlechtlich gesund, zahlungsfähiger und zuverlässiger sind, und weil auch die Ehemänner leichter zu einem dauernden Tribut zu bewegen sind, wenn ihnen ein Wink gegeben wird, daß andernfalls die Gattin „Alles erfahren werde". Da muß wirklich erst die Gattin ihre gesicherte Existenz opfern und mit dem *haut gout* einer geschiedenen Frau kümmerlich durchs Leben wandeln, ehe es gelingt, der frechen Nebenbuhlerin das Handwerk zu legen? Wer das richtig findet, der ist zu bedauern.

Ich habe noch weitere Streichungen vorzunehmen. Auch die Worte „bis zu sechs Monaten" hinter Gefängnis dürfen nicht stehen bleiben; sie sind geradezu ein Hohn für jedes Gerechtigkeitsgefühl. Man kann ohne weiteres zugeben, daß es Ehebrüche gibt, die mit einer Gefängnisstrafe von wenigen Tagen schon sehr hart gesühnt sind; aber kein vernünftiger Mensch wird doch bestreiten können, daß in anderen Fällen auch eine Strafe von fünf Jahren noch kaum ausreicht, daß selbst eine Zuchthausstrafe von gleicher Dauer noch als milde gelten würde. Schon das obige Beispiel des umgarnten Ehemanns deutet darauf hin, aber ich kann mit noch viel gröberem Geschütz auffahren. Wenn für den Ehebruch die höchste Strafe sechs Monate Gefängnis beträgt, wie will man es da rechtfertigen, daß das Amtsgericht Dresden einen Redakteur mit 1 Jahr 9 Monaten Gefängnis bestrafte, weil er sich erlaubt hatte, zu schreiben, ein Arzt, der seine Gattin wegen Ehebruchs durch einen großartigen Skandal bloßgestellt hatte, würde besser getan haben, dies zu unterlassen, da er selbst mit einer Patientin Ehebruch getrieben habe? Es war festgestellt, daß der Redakteur Monate lang sich gegen die Veröffentlichung gesträubt und sie erst vorgenommen hatte, nachdem ihm Bestechlichkeit vorgeworfen worden war; es ist ferner erwiesen worden, daß in der Tat die Haushälterin des Arztes jener Patientin weitere Besuche verboten hatte, und trotzdem das mehr als dreifache Strafmaß, das als Maximum bedingungsweise den Arzt und die Patientin hätte treffen können, wenn ihnen wirklich der Ehebruch nachgewiesen, wenn wegen desselben die Ehe geschieden worden wäre, und wenn die Ehefrau Strafantrag gestellt hätte! In zweiter Instanz baten die Beleidigten selbst um ein mildes Urteil; sie erklärten, daß ihnen durch jene Veröffentlichung absolut kein Schaden entstanden sei, und das Gericht setzte deshalb die Strafe auf — ein Jahr Gefängnis herab, das Doppelte des Strafmaximums wegen des wirklichen Ehebruchs. Reimt sich denn das wirklich mit dem gesunden Menschenverstand zusammen? Wir können uns nicht genug über die Härte des alten Rechtes entsetzen und möchten beinahe auf dem Kopfe stehen, daß früher jemand, der einen anderen einer strafbaren Handlung beschuldigt hatte, selbst die Strafe für diese strafbare Handlung erdulden mußte, wenn er seine Behauptungen nicht beweisen konnte, und heute? Da wird ein Redakteur, der den Nachweis führt, daß er im besten Glauben gehandelt hat, daß er überhaupt nur gezwungen gehandelt hat, zu der dreifachen resp. doppelten Strafe verurteilt. Ist denn nicht durch dieses Strafmaß schon zum Ausdruck gebracht, daß das Gericht den Ehebruch für ein todeswürdiges Verbrechen hält?

Doch sehen wir ganz von dieser gewiß unwiderlegbaren Erörterung ab, so kann auch nach der Natur der Sache sicher nicht bestritten werden, daß eine Maximalstrafe von 6 Monaten in sehr vielen Fällen keine ausreichende Sühne ist. Hier auf höchstens 6 Monate, bei einer Beleidigung aus § 186 aber schon bis zu zwei Jahren Gefängnis erkennen zu lassen, das ist eine Ungereimtheit, für die es überhaupt keine Entschuldigung gibt, besonders dann nicht, wenn man erwägt, daß bei der Beleidigung aus § 186 der Täter sich doch immer noch im guten Glauben befunden haben kann, während beim Ehebruch der Täter niemals ohne das Bewußtsein der verwerflichen Rechtswidrigkeit seines Handelns sündigt. Wird aber dem Beleidiger nachgewiesen, daß er wider besseres Wissen eine beleidigende Behauptung aufgestellt hat, dann ist er, wenn er öffentlich gehandelt hat, mit Gefängnisstrafe von 1 Monat bis zu 5 Jahren bedroht. Gewiß wird niemand bestreiten wollen, daß eine Verleumdung streng beurteilt werden muß; aber kann denn wirklich der Verleumder, der doch nicht den zehnten Teil so schädlich handelt wie der Ehebrecher, wirklich zehnmal so schwer bestraft werden, ohne daß auch der Unbefangenste hierin eine himmelschreiende Ungerechtigkeit erblicken muß? Ich will an der Verleumdungsstrafe nichts geändert wissen, aber ich verlange, daß der Ehebrecher ebenso streng bestraft werden kann, wie er's verdient hat. Deshalb fort mit der Maximalgrenze von 6 Monaten! Eine Minimalgrenze ist jedoch auch nicht vorzuschreiben; ich würde sogar für die leichtesten Fälle eine Geldstrafe vorschlagen, wie sie ja auch bei den Beleidigungen zulässig ist; aber einmal ist der Ehebruch niemals eine private Rechtsverletzung, wie es die Beleidigung ist, oder doch wenigstens sein kann, und zweitens befürchte ich, daß gerade damit einer sehr wenig erfreulichen Erscheinung in unserer Rechtspflege die Wege geebnet werden könnten; es wäre die Gefahr vorhanden, daß gerade die Schuldigsten mit einer für sie kaum fühlbaren Strafe davonkämen, während oft weniger Schuldige ins Gefängnis wandern müßten. Ich habe bereits gesagt, daß es Ehebrüche geben kann, die fast entschuldbar scheinen, und daß deshalb zuweilen auch ein Ehebrecher vor dem reinen Rechtsempfinden am liebsten völlig straffrei gesehen würde. Es ist dringend notwendig, solche Dinge vorurteilslos zu beurteilen und stets das subjektive Verschulden des Täters zu prüfen, statt als Fanatiker zu erscheinen, sobald das Wort Ehebruch oder Ehebrecher am Firmament auftaucht. Man kann unseren Gerichten im allgemeinen nicht den Vorwurf machen, daß sie gerade den Ehebrechern gegenüber sich in der Rolle von Fanatikern besondes wohl fühlten, denn die Strafen fallen in der Regel auch da, wo in empörender Weise ein Familienglück zerstört wurde, so außerordentlich milde aus, daß man es einfach nicht versteht, wie dieselben Gerichte oft wegen anderer Delikte, die der Durchschnittsmensch kaum als eine Straftat empfindet, doch wahrhaft drakonische Strafen verhängen können. Hier liegt die Gefahr, daß der wohlhabende Roué wohl in der Regel mit einer Geldstrafe davonkommen würde. Gibt es denn nicht Männer, die den Ehebruch förmlich als Sport betreiben, weil es ihnen Vergnügen macht, einen Ehemann zu überlisten, und weil sie außerdem den „ewigen Alimentationsprozessen" entgehen? Das ist auch so eine Manie, die sich eigentlich nur unter dem — Schutze unseres Ehebruchsparagraphen herausbilden konnte. Man denke nur daran, welche Niederträchtigkeiten und Heimtücken oft angewendet werden, um endlich das verbrecherische Ziel zu erreichen, und erwäge, mit welcher Energie solche Ehebruchsfexe sich immer und immer wieder ihrem Opfer nähern, wie sie immer wieder neue Schändlichkeiten ersinnen, bis sie endlich erreicht haben, was sie erreichen wollten. Gerade das Maß des verbrecherischen Willens ist es doch aber, das neben der Gemeingefährlichkeit den Wertmesser für die Höhe der Strafe bilden muß. Das trifft natürlich auch auf die Frauenzimmer zu, die mit besonderem Raffinement gerade auf Ehemänner Jagd machen. Auch diesen Sport begünstigt aber unser § 172.

Mir fällt hier eine seltsame Entscheidung vom 1. Juli 1801 ein. Nach einer durch das Landgericht Stettin ausgesprochenen Scheidung hatte nach Erhalt der Rechtskraft der betrogene Gatte die Bestrafung des Ehebrechers beantragt. Dagegen hatte das Gericht Bedenken gehabt. Die Mitglieder beriefen sich auf den § 1061 Tit. 20 Tl. II. des A. L.-R., wonach der Ehebruch auf Antrag des beleidigten Ehegatten geahndet wird. Demnach müsse der Antrag auf Bestrafung noch während des Scheidungsprozesses gestellt werden, denn nach rechtskräftig erfolgter Scheidung sei niemand mehr da, der den Antrag stellen könne, da der frühere Gatte nicht mehr Gatte sei, also auch nicht mehr das Recht ausüben könne, daß das Gesetz ausdrücklich nur dem wirklichen Gatten gewähre. Ein anderer Teil des Kollegiums hielt diese strenge Buchstaben-Interpretation für falsch. Der beleidigte Gatte erhalte das Fundament zu seinem Antrag auf Bestrafung des Ehebrechers erst durch das Ehescheidungs-Erkenntnis. Der Sinn des Gesetzes sei auf keinen Fall, daß das Antragsrecht nur während des Scheidungsprozesses bestehe und dann sofort verloren gehe. — So offenbar richtig diese Ansicht schon deshalb ist, weil die Straftat doch ebenfalls nicht durch die Rechtskraft des Scheidungsurteils automatisch erlischt und die Antragsfrist immer drei Monate betrug, gab das Justizministerium auf eine an den König gerichtete Anfrage, wie in diesem Falle zu entscheiden sei, durch Reskript vom 1. Juli 1801 den Bescheid, daß die Untersuchung und Bestrafung des Ehebrechers nicht stattfinden könne, wenn nicht von dem beleidigten Ehegatten vor rechtskräftig erfolgter Trennung der Ehe darauf angetragen worden sei. Das ist wohl eine der interessantesten Entscheidungen.

Noch etwas darf meiner Ansicht nach nicht unberücksichtigt bleiben. Ich habe schon betont, daß ein Ehebruch unter Umständen auch mit wenigen Tagen Gefängnis schon zu hart gesühnt erscheinen kann; ich möchte dies noch ergänzen und hinzusetzen, daß in besonderen Fällen der Ehebruch überhaupt als solcher gar nicht betrachtet werden darf. In leeren Formalismus soll sich unsere Rechtsprechung doch allermindestens dann nicht verlieren, wenn die Befolgung der leeren Form völlig dem vernunftgemäßen Sinn des Gesetzes widerspricht. Was kann denn aber vernunftgemäß der berechtigte Sinn des Ehebruchsparagraphen sein? Unsere Auffassung von der Ehe weicht erheblich von der des kanonischen und dogmatischen Rechtes ab; die Ehe ist rechtlich kein Sakrament, und deshalb kann auch nicht eine Verletzung des bloßen Begriffs, sondern doch nur des Faktums Ehe als eine Straftat angesehen werden. Da, wo die Ehe nur dem Namen nach, nicht aber ihrer wirklichen Natur nach besteht, kann sie durch den außerehelichen Geschlechtsverkehr eines Gatten überhaupt nicht gebrochen werden, ebenso wie man einen nicht mehr lebenden Menschen nicht mehr ermorden kann, mag man gegen dessen Körper auch meuchlings eine Gewalttat verüben, die den Tod eines Lebenden unter allen Umständen zur Folge haben müßte. Die Ehescheidung ist bekanntlich nach unserem heutigen Rechte erheblich erschwert; das liegt, so sehr man frivole Scheidungen verurteilen kann, doch ganz gewiß nicht im Interesse der Moral, denn sobald sich die Unhaltbarkeit einer Ehe herausgestellt hat, ist es mehr als bedenklich, sie dennoch mit Gewalt zusammenhalten oder die Gatten zwingen zu wollen, erst künstlich einen anderen Scheidungsgrund zu schaffen, der auch nach geltendem Rechte als solcher durchgreift, d. h. sobald einer der Gatten sich zur Scheidungsklage bereit findet. Das wird er aber zweifellos nicht immer tun, weil selbst Personen, die ganz gern aus den Ehefesseln befreit sein möchten, doch dem Gegenpart nicht den Gefallen erweisen wollen, seine Freiheit genießen und sich ein neues Glück schmieden zu dürfen. Oft genug sind es auch materielle Interessen, die einen Gatten bestimmen, das rein äußerliche Band der Ehe doch bestehen zu lassen. Ich erinnere ferner an das in katholischen Kreisen geltende Dogma, das eine Ehe für unlöslich hält und die Gatten nur von Tisch und Bett trennt. Zahllose Opfer hat diese Auffassung gefordert, und in Oesterreich ist mit vollstem Rechte gegen dieses Eherecht eine gewaltige Sturmbewegung, auch nach der Revolution, entfacht worden. Jedenfalls gibt es auch bei uns eine Ehescheidung aus unüberwindlicher Abneigung oder aus freier Uebereinkunft nicht mehr, und es sind solche Fälle, in denen eine innerlich völlig gelöste Ehe doch nicht geschieden werden kann, nicht nur vorstellbar, sondern auch tatsächlich vorhanden. Sie sind nicht einmal sehr selten. Für innerlich völlig gelöst halte ich alle die Ehen, in denen ein Gatte bereits die Ehescheidungsklage angestrengt hat, gleichviel ob diese Klage den gewünschten Erfolg hat oder nicht. Ist die Ehe aber innerlich gelöst, dann kann alle Sentimentalität nicht dahin führen, daß sie noch als ein so unverletzliches Band angesehen werden dürfte, daß man den Gatten, der mit einer dritten Person ein Verhältnis anknüpft, deshalb wegen Ehebruchs bestrafen müßte, denn — ich wiederhole es — von einem Bande bei einer schon vernichteten Ehe läßt sich vernünftigerweise nicht mehr sprechen.

Ein Einwand läßt sich hiergegen wohl erheben, nämlich der, daß man den Gesetzverletzungen Tür und Tor öffne, denn — so läßt sich wohl definieren — es brauche ein Ehegatte einfach die Ehescheidungsklage anzustrengen, um straflos die Ehe brechen zu dürfen, und es werde jeder diesen Ausweg wagen, der gegen eine andere Person bereits in Liebe entbrannt sei. Das klingt sogar durchaus richtig, und ist dennoch grundfalsch, denn wo dieses Raisonnement zutreffend wäre, da ist doch selbstverständlich das innere Band der Ehe schon gerissen, und es liegt das vor, was das preußische Recht unüberwindliche Abneigung nannte. Zugegeben, daß diese nur einseitig sei, so ist doch ein Gatte, der sich gleichwohl dem andern, der ihn haßt und von sich stoßen will, noch an den Hals werfen möchte, nicht allzu oft zu finden. Werden doch auch Verlobungen, die Jahrelang bestanden haben, zuweilen gelöst, sehr zum Schmerz des verschmähten Teils, aber im Grunde auch zu seinem Vorteil, da ihm eine Ehe erspart bleibt, die ihm zur Hölle geworden wäre. Das Gesetz läßt vernünftigerweise eine Klage auf Ehe, aus Verlobungsgrunde auch in solchen Fällen nicht zu, weiß aber doch einen event. Schadenersatz anzuerkennen, wo er gerechtfertigt erscheint. Ich meine, auch das läßt sich feststellen, ob im Einzelfalle die Ehescheidungsklage etwa nur deshalb angestrengt wurde, um eine Ehebruchsstrafe auszuschalten. Es würde dann ebenso wie bei den sogenannten Schiebungen eine Handlung vorliegen, die nicht strafausschließend wirken könnte. Jedenfalls erscheint es mir notwendig, schon durch den Wortlaut des § 172 eine Strafe da, wo sie sinngemäß nicht angebracht sein kann, auszuschließen.

Wir kommen nun zur letzten Zeile dieses Paragraphen: „Die Verfolgung tritt nur auf Antrag ein." Sie gefällt mir weder theoretisch noch praktisch; sie gibt auch durch ihre Form zu Bedenken Anlaß. Zunächst ist sie viel zu unbestimmt. Auf wessen Antrag tritt denn die Verfolgung ein? Etwa auf Antrag der Staatsanwaltschaft? Auf Antrag des Verletzten? Ja, wer ist denn durch den Ehebruch verletzt? Das sind sehr oft Dutzende von Personen; im Grunde genommen ist es jeder Staatsbürger, gerade so wie die ganze Gemeinde verletzt sein soll, wenn während des Gottesdienstes dem Prediger jemand aus der Gemeinde laut ein Schimpfwort zuruft. Man wende nicht ein, daß es ganz selbstverständlich sei, wer den Antrag zu stellen habe, denn selbstverständlich ist in der Praxis überhaupt nichts; ich möchte fast sagen, das Selbstverständliche ist es am wenigsten, denn wer wüßte nicht, daß auch aus den scheinbar selbstverständlichen Dingen die Kommentatoren und höheren und höchsten Instanzen gerade das Gegenteil herausgelesen haben. Wenn solche harmlosen Dinge erst in den Backofen der höchsten Instanzen geraten, dann werden sie so knusprich und hart, daß sich jeder die Zähne daran ausbeißen kann. Man denke nur, was aus unserem Preßgesetz gemacht worden ist, was das Reichsgericht aus dem gutgemeinten aber schlecht gelungenen Gesetze zur Bekämpfung des unlauteren Wettbewerbs heraus interpretiert hat; schon wenige Wochen nach der Rechtskraft mochte es fast niemand mehr benutzen. Man bedenke, daß die Oberlandsgerichte oft gerade das Gegenteil von dem, was das Reichsgericht herausliest, interpretieren. In Berlin konnte man namentlich beim Vereinsrecht die Entscheidungen des Oberverwaltungsgerichts vorher bestimmen, wenn man die des Kammergerichts kannte, denn sie bestimmten fast in der Regel das Gegenteil. Selbst das Reichsgericht hat schon wiederholt seine eigenen Entscheidungen wieder aufheben müssen. Da will man noch von etwas „Selbstverständlichem“ sprechen? Für mich gilt das Gesetz immer noch als das beste, das die wenigsten Auslegungen zuläßt, sondern so klar ist, daß es einfach nicht mißverstanden werden kann. Darum ist es nötig, manchmal einige Worte mehr oder auch einige weniger hinzuschreiben. Ich würde deshalb die ganze Zeile streichen, so daß die Strafverfolgung wegen Ehebruchs weder von der erfolgten Ehescheidung noch von einem Strafantrag abhängig wäre. Ich verkenne dabei keineswegs, daß dies eine wesentliche Verschärfung der ganzen Bestimmung darstellt; aber ich halte sie gerade für sehr wirkungsvoll; denn sie allein kann bewirken, daß gewissenlose und leichfertige Personen sich endlich daran gewöhnen, vor einer fremden Ehe dieselbe Achtung zu haben, die sie vor fremden Eigentum empfinden sollen. Der Ehebruch wird in der Regel mit der Gewißheit, nicht gefaßt und bestraft zu werden, begangen, und gerade diese Gewißheit wird sehr stark erschüttert, wenn die Verfolgung nicht mehr von dem Strafantrag des beleidigten Gatten abhängig ist, sondern auf jede beliebige Anzeige hin erfolgen kann. Gegen besonders gefährliche und namentlich schon vorbestrafte Ehebrecher würde es sich dringend empfehlen, auch Polizeiaufsicht und Ehrverlust zuzulassen. Daß der Ehebruch sehr wohl eine ehrlose Gesinnung beweisen kann, — kann auch hier als Gegensatz zu muß gedacht — liegt auf der Hand; deshalb wird man gegen den Ehrverlust in den schweren Fällen sicherlich nichts einwenden können. Für die Polizeiaufsicht kann ich mich im allgemeinen zwar nicht erwärmen; aber gerade bei einer Tat, die jemand begeht wie ein schleichender Dieb, halte ich sie für eins der besten Mittel, Wiederholungen vorzubeugen. Fraglich könnte es vielleicht erscheinen, ob es sich empfiehlt, dem beleidigten Gatten dadurch, daß man die Strafverfolgung nicht mehr in sein Belieben stellt, jeden Einfluß auf das Verfahren zu entziehen. Das ist aber ein Bedenken, das in der Praxis nicht wesentlich in Betracht kommen kann. Erstens ließe sich ein Ausweg finden, daß der beleidigte Ehegatte den Schuldigen durch seine Fürbitte von der Strafe befreien könnte, ebenso wie auch bei einem Verfahren wegen eines von mehreren Personen begangenen Diebstahls die Zurücknahme eines nach § 247 Str.-G.-B. gestellten Antrags nur die Straflosigkeit der hiervon berührten Person nicht aber auch die der übrigen zur Folge hat. (Vgl. Urteil des Reichsgerichts vom 19. Dezember 1881.) Man brauchte die Verfolgung des schuldigen Gatten, nicht aber auch die des Mitschuldigen, von dem Strafantrag abhängig zu machen. Ich bin aber auch hiergegen, erstens weil ich den Ehebruch für eine durchaus öffentliche Rechtsverletzung halte, und weil die Nachsicht des beleidigten Gatten erfahrungsmäßig nicht immer eine freiwillige ist. Ich glaube auch, daß der schuldige Ehegatte unter allen Umständen einen Denkzettel verdient, und daß notwendig gerichtlich festgestellt und durch das Strafmaß zum Ausdruck gebracht werden muß, auf wessen Seite das hauptsächliche Verschulden liegt. Würde man nun den Mitschuldigen *ex officio*, den ehebrecherischen Gatten aber nur auf Antrag und in Ermangelung eines solchen gar nicht verfolgen, so könnte sehr leicht der Fall eintreten, daß der wirklich Schuldigere gar nicht, der weniger Schuldige dagegen bestraft würde. Der Sittlichkeit kann zweifellos nur dann wirkungsvoll gedient werden, wenn beide Schuldigen ihre Strafe erhalten. Den Einwand, daß durch Strafen die Welt nicht gebessert werde, lasse ich hier nicht gelten, denn er würde die logische Konsequenz haben, daß man auch wegen anderer Straftaten nicht mehr einschreiten dürfte. Praktiker geben sich auch nicht optimistischen Träumereien hin, sondern wissen recht gut, daß man die Ehebrüche nicht aus der Welt schaffen kann; aber es wird sicherlich gelingen, sie wesentlich zu beschränken. Die Statistik würde freilich das Gegenteil zu beweisen scheinen, denn würde dieser Vorschlag Gesetz, dann würden die Bestrafungen wegen Ehebruchs sicherlich bedeutend zunehmen. Das bewiese aber nicht, daß auch die Ehebrüche zunehmen, denn jetzt werden von 100 Ehebrüchen im Durchschnitt 99 nicht gerichtlich gesühnt. Die Beseitigung des Strafantrags würde auch zur Folge haben, daß sich leichtfertige Personen nicht ihrer Heldentaten rühmten und dadurch zur Nacheiferung herausforderten; auch das dürfte man schon vom Gesichtspunkt der öffentlichen Moral für einen hohen Gewinn halten. Der bereits mehrfach erwähnte Vorentwurf zu einem neuen Strafgesetzbuch stand übrigens insoweit auf demselben Standpunkte wie ich, als er ebenfalls den Ehebruch nicht mehr als eine private Rechtsverletzung betrachtete, sondern ihn in dem II. Buch (Delikte gegen die Einrichtung des Staates), plaziert hatte. Der Ehebruch ist demnach allerdings überhaupt kein Sittlichkeitsdelikt mehr, eine Auffassung, über die sich sehr wohl reden läßt, über die ich aber an dieser Stelle mich nicht weiter auslassen will.

Bei der Abänderung des § 172 empfiehlt sich schließlich noch die Beseitigung des sprachlichen Schnitzers: „Der Ehebruch wird bestraft", da sonst ein findiger Richter auf den Gedanken kommen könnte, daß nicht den Täter die Strafe treffen solle. Ich schlage folgende Fassung vor, und überlasse es Leuten, die im Gesetzemachen bewanderter sind als ich, den Wortlaut noch zu verbessern:

> „§ 172. Wegen Ehebruchs werden der schuldige Ehegatte, sowie dessen Mitschuldiger mit Gefängnis bestraft. Neben der Gefängnisstrafe kann auf Verlust der bürgerlichen Ehrenrechte und auch auf Zulässigkeit von Polizeiaufsicht erkannt werden. Der Ehebrecher bleibt straflos, wenn er vor der Tat ernstlich, wenn auch erfolglos, auf Scheidung gedrungen hat."

**Die Kupplerin.**

Nach einem Holzschnitt von Hans Weiditz

## Die Doppelehe.

Schon im ersten Kapitel habe ich darauf hingewiesen, daß die Polygamie durchaus nicht ohne weiteres als ein gegen die Sittlichkeit verstoßendes Verhältnis angesehen werden könne, da sie bei vielen Völkern erlaubt ist und seit Urzeiten erlaubt war. Wir haben gesehen, daß das biblische Recht, die zehn Gebote, den Ehebruch ausdrücklich verbietet; ebenso ist aber die Doppelehe nach der Bibel ausdrücklich erlaubt; ja in der Bibel werden die Bestimmungen über die Doppelehe genau so wie die zehn Gebote als von Gott selbst gegeben bezeichnet; es ist sogar genau angegeben, daß ein Mann, der zwei Frauen hat, von denen er die eine haßt, die andere aber liebt, doch die Rechte des Erstgeborenen, wenn dieser von der gehaßten Frau stammt, nicht kürzen soll. (5. Mose 21, 15—17.) Daß gleichwohl der Staat durchaus berechtigt ist, bei uns die Doppelehe zu verbieten und den, der gegen dieses Gebot verstößt, zu bestrafen, mag er sich auch noch so sehr auf die Bücher Mosis berufen, liegt auf der Hand; aber daß die Doppelehe gerade ein mit Zuchthaus bedrohtes Verbrechen, der nach biblischem, weltlichem und einfach moralischem Rechte überall und unter allen Umständen verbotene und verwerfliche Ehebruch nur ganz bedingungsweise ein leichtes Vergehen sein müsse, dafür wird sich auch nicht ein einziger der klaren Vernunft genügender Grund anführen lassen.

Sehen wir absolut von jedem Rechte — biblisch oder weltlich — ab, und betrachten wir die Sache einfach vom Standpunkt der Sittlichkeit, so vermögen wir ebenfalls nach keiner Richtung hin, die Doppelehe für verwerflicher als den Ehebruch zu bezeichnen. Es kann auch dem beschränktesten Verstande nicht eine Sekunde lang zweifelhaft bleiben, daß die Ehe ein weit sittlicheres Verhältnis sein muß, als das bloße Konkubinat; warum soll denn dann aber das Konkubinat neben einer bestehenden Ehe in den meisten Fällen absolut straflos geduldet, die sittlichere Ehe neben einer nur noch dem Namen nach bestehenden Ehe aber ein schweres Verbrechen genannt werden? Da hört eben die Logik auf. Solange der Staat die Ehe für so unantastbar hält, daß er das Schließen einer zweiten Ehe, bevor die erste tatsächlich längst in die Brüche gegangene Ehe auch formell gelöst ist, für ein Verbrechen erklärt, so lange ist er auch verpflichtet, die noch nicht in die Brüche gegangene Ehe energisch zu schützen und frivolen Ehebrechern exemplarisch das Handwerk zu legen; einen Mittelweg kann es nicht geben, und jede andere Auffassung ist falsch und verstößt ebenso gegen die Gesetze der klaren Vernunft wie gegen die der einfachsten Moral. In Wirklichkeit liegt die Sache fast immer so, daß ein Ehemann, der sich eine oder mehrere Maitressen hält, oder eine Ehefrau, die einige sogenannte Hausfreunde hat, trotzdem die Ehe fortsetzt, daß aber der Bigamist faktisch nur in einer Ehe lebt, weil er sich schon vor Abschluß der zweiten Ehe von der ersten Frau losgesagt hat und nicht mehr mit ihr im Geschlechtsverkehr steht; die zweite Ehe schließt er aber, weil er ein bloßes Konkubinat für zu unsittlich hält, oder weil die zweite Frau es mit ihrer Moralanschauung nicht vereinbaren kann, daß sie sich zu einem bloßen Konkubinat hergeben würde. Trotzdem soll die erste Form der Eheverletzung überhaupt keine strafbare Handlung und wohl gar moralisch sein, weil sie so unmoralisch ist, daß sie neben der Ehe besteht, und die zweite Form soll ein Verbrechen sein, weil die Täter, wenigstens im Prinzip, aus einem moralischen Motiv handeln? Billigen wird die Doppelehe auch aus diesem Gesichtspunkte niemand dürfen, aber sittlich verwerflicher ist sie nicht als die ihr gegenüber gehaltene Befriedigung „polygamer Triebe". Nach § 21 St.-G.-B. sind acht Monate Zuchthaus einem Jahre Gefängnis äquivalent; selbst wenn also der Ehebruch gesühnt werden könnte, d. h. wenn nach bestehendem Rechte die Ehe wegen desselben geschieden wäre, könnte nur im höchsten Falle auf sechs Monate Gefängnis, wegen der Doppelehe aber auf fünf Jahre Zuchthaus, also im Werte = 6 Jahre 8 Monate Gefängnis, das ist das $13\frac{1}{3}$fache, erkannt werden. Das ist einfach ein Unding.

Sehen wir uns zunächst einmal das alte Recht an. Daß das alte Kaiserrecht die Ehebrecher mit dem Schwerte strafte, habe ich im vorigen Kapitel dargetan; dennoch strafte man nach diesem Rechte die Bigamisten nicht am Leben, weil sie sich auf das biblische Recht berufen konnten, und diese Verteidigung haben die Advokaten noch bis ins XVIII. Jahrhundert hinein, als die Gesetze längst einen andern Standpunkt vertraten, benutzt, freilich in der Regel, oder wohl immer, ohne Erfolg. Ein Gesetz, das für Ehebrecher die Todesstrafe vorschrieb, hätte aber nicht unlogisch gehandelt, wenn es auch für Bigamisten dieselbe Strafe diktierte, weil das Sakrament der Ehe geschützt werden sollte. Zu dieser Auffassung ist denn auch schon die Carolina gelangt; sie sagt im Atrikel 121: „Wann ein Ehemann ein ander Weib, oder ein Eheweib ein andern Mann, in gestalt der heiligen Ehe, bey Leben deß ersten Ehegesellen nimpt, welche Vbelthat dann auch ein Ehebruch vnd größer dann dasselbige Laster ist. Und wiewol die Keyserlichen Recht, auff solche vbelthat kein Straff am Leben setzen: So wöllen wir doch, welcher solches Laster betrieglicher weiß, mit willen vnd wissen, vrsach gibt, vnd vollnbringet, daß die nicht weniger, dann die Ehebrüchigen, Peinlich gestrafft werden sollen." Gerade der Wortlaut „in gestalt der heiligen Ehe" erklärt diesen Standpunkt ganz genau.

Noch weiter ausgeführt ist dieser Gedankengang in der Pfaltzgräfischen Ordnung, deren 31. Titel lautet: „Wiewohl die alten Keyserlichen Recht, denjenigen, so zwey Weiber nimpt, und zu einer zeit hat, nicht am Leben straffen, so achten wir doch diß Laster einem Ehebruch gleich, Setzen, ordnen vnd wöllen, hiermit ernstlich gebietend, Daß, wo ein Ehemann, in gestalt der Ehe, bey wärender erster Ehe, wissentlicher vnd betrieglicher weise nimpt, auch solche zweyfache Ehe mit dem Beyschlaf vollbringt, so sol diejenige verehelichte Person so zuvor einen Ehegesellen hat, vnd noch einen andern gesetzter massen nimpt, vom Leben zum Tode, so es ein Mann, mit dem Schwerdt, oder da es ein Weib, mit dem Wasser gericht werden. Were aber die zweyte vermeynte Ehe mit dem Beyschlaf nicht vollzogen, so soll der betriegende theil, mit verweisung des Landes, oder sonsten nach gelegenheit gezüchtigt werden. Were es auch, daß die ledige

Person, mit der die zweyte falsche Ehe vollnbracht, wissens gehabt, daß sein vermeynt Ehegesell zuvor mit dem Ehestandt gegen einer andern Person noch verhafft, vnd darüber Hochzeit gehalten vnd beygelegen, so sol es in gleicher lebens straff deß Schwerdts, oder Wassers, wie oben geordnet stehen. Woferne aber die ledige Person nichts davon gewußt, sondern gäntzlichen betrogen worden, so sol sie jrer Veschuld genießen, vnd aller straff ledig seyn.“ Dieses Gesetz hielt also die Doppelehe keineswegs für schwerwiegender als den Ehebruch, und auf diesem Standpunkt fußte auch die „Gülische Ordnung“, die im übrigen der Carolina fast wörtlich nachgebildet war und auch dieselben Strafen anordnete.

Die Sächsische revidierte Ordnung berief sich ebenfalls auf die Carolina, gab aber eine ganz genaue Instruktion, die sehr interessant ist. Es heißt da: „Nachdem in der Peinlichen Reichs Halsgerichts Ordnung (gemeint ist die Carolina) die Straff deß Schwerdts auff den oder die, so bey Leben deß Ehegattens, wissentlich daß derselbe noch am Leben ein andern zur Ehe nimpt, verodnet, vnd dann vnsere Schöppenstüle bißhero auff solche Constitution gesprochen, so lassen wir es auch bey solcher straff bleiben, Ordnen vnd setzen, daß dieselbige wider die Verbrecher, in dem Laster der zweyfachen Ehe vnnachläßlich in vnsern Landen exequiret vnd vollnstreckt werden sol. Wir wöllen auch obberürte Straffe deß Schwerdts dahin gemeynt vnd vollstreckt haben, daß sie wider die, welche bey Leben jres Ehegatten, mit andern öffentlich Ehegelübd gehalten, vnd sich daruff Fleischlich erkannt, fürgenommen werden sol, vngeachtet, obgleich kein Kirchgang gehalten, noch die Zusammengebunge durch den Prister geschehen were. Da aber das Beschlafen in diesem Fall nicht erfolget, sondern das theyl, welches an seinem lebendigen Ehegemahel vergeßlich gehandelt, vor Ehrlos gehalten, vnd darüber mit Gefängnuß oder zeitlicher verweisung, nach gelegenheit, gestrafft, vnd der vnschuldige theyl, so sich mit einen andern Ehegatten verlobet, vnder diese straff nicht gezogen, oder damit belegt werden. Wann aber dasselbige theyl wissenschafft gehabt, daß der Verbrechende in der Ehe, bey zeit deß verlobens gewesen, So sol es auch willkürlich mit Gefängnuß, vnd dergleichen gestraffet werden." Hier ist also nicht mehr Wert auf das Sakrament der Ehe gelegt worden, weil die Ehe in dem protestantischen Sachsen kein Sakrament mehr war; aber das Gesetz kommt doch vom Standpunkt der Sittlichkeit zu demselben Resultat, nämlich zur Todesstrafe und verfährt durchaus logisch, wenn es nicht die Vollziehung der Ehe, sondern die Vollziehung des Beischlafs für das ausschlaggebende Moment, also den wirklichen Bruch der ersten Ehe, ansieht. Es mußten sich hieraus in der Praxis seltsame Konsequenzen ergeben, die aber in Wirklichkeit durchaus logisch waren — Carpzow drückt es sehr treffend aus — *„quia in materia odiosa ante copulam carnalem matrimonium non dicitur perfectum"*. So hatte der wirklich zweimal getraute Bigamist, solange er die *copulatio carnalis* noch nicht vorgenommen hatte, strafrechtlich einen weit günstigeren Stand, als der voreiligere Bigamist — streng genommen war er dies noch gar nicht —, der das ehelich Glück schon vor der zweiten Trauung genossen hatte. Das erinnert noch lebhaft an die alten deutschen Ehebräuche, nach denen, wie wir gesehen haben, die Ehe nicht durch die kirchliche Trauung sondern durch das dieser meist vorausgehende Beilager als geschlossen galt. Der voreilige Verlobte mußte stets das Leben lassen, die Fürsprache der ersten Gattin konnte ihn nicht retten, während sie den Ehebrecher, der sich nicht verlobt hatte, immer vor der Todesstrafe bewahrte. Es ist tatsächlich vorgekommen, daß ein Ehebrecher, der Weib und Kinder verlassen, 14 Jahre mit einer ledigen Dirne im Konkubinat gelebt und mit ihr 6 Kinder erzeugt hatte, doch auf die Fürsprache der so schwer beleidigten Gattin mit der Lebensstrafe verschont blieb und mit, nicht einmal öffentlicher, Rutenausstreichung und Landesverweisung davon kam. Man kann sich da nur wundern, daß in solchem Falle die Gattin noch für den treulosen Mann bat; aber dies war gerade die Möglichkeit, ihn für sich zurückzugewinnen, denn sie mußte ihm von Rechts wegen in die Verbannung folgen und hatte ihn dadurch wieder für sich allein. (Vgl. Carpzow, Pract. crim.) Der wirklich zweimal Getraute, der sexuelle Enthaltsamkeit geübt hatte, kam also am besten fort. Nur in einem Falle ließ man dem Bigamisten Gnade widerfahren, nämlich wenn ein Gatte, gleichviel ob Mann oder Frau, böswillig verlassen worden war und sich dann wieder verheiratete, obwohl der erste Gatte noch am Leben, und die erste Ehe noch nicht geschieden war. Dann erkannte man nicht auf Todesstrafe, sondern nur willkürlich auf Gefängnis oder Landesverweisung. Unter Umständen konnte sogar von jeder Strafe abgesehen werden, wenn nämlich die Verhältnisse so lagen, daß der verlassene Gatte an den Tod des andern glauben durfte. Dies galt namentlich dann, wenn ein Mann in den Krieg gezogen war, und die Frau während unverhältnismäßig langer Zeit keine Nachricht mehr von ihm erhalten hatte; amtliche Verlustlisten kannte man damals noch nicht, und so mußte das Fernbleiben des Mannes, auch wenn niemand der zurückgebliebenen Frau die berühmte Botschaft: „Euer Mann ist tot und läßt Euch grüßen" brachte, als Beweis für den Tod gelten. Kam der Totgeglaubte aber dennoch wieder und fand sein Weib als liebende Gattin eines andern vor, dann galt nach Kaiserlichem und Päpstlichem Rechte die zweite Ehe für null und nichtig, und die Frau mußte wieder dem ersten Manne angehören; die Kinder aus dieser nichtigen Ehe galten aber gleichwohl als in rechter Ehe gezeugt. Es haben sich da in Wirklichkeit ganz seltsame Romane abgespielt, auf die ich hier aber nicht einzugehen brauche. So ohne weiteres konnte ein Bigamist allerdings auch nicht den Einwand erheben, daß er den ersten Gatten für gestorben gehalten habe, denn das Gericht war im allgemeinen nicht leichtgläubig, und bestand auch nur der leiseste Verdacht, daß der Bigamist doch Kenntnis von dem Leben des ersten Gatten gehabt habe, oder daß er diese Kenntnis auch nur hätte haben können, wenn er sich die Mühe der erforderlichen Nachforschungen gemacht hätte, dann wurden sorgfältige Ermittelungen angestellt, und ergaben diese die nötigen *indicia,* dann konnte zur Folter geschritten werden. Eine interessante alte Schriftstelle sagt unter Berufung auf den „Juristenkönig" Carpzow: „Das ledige Weibes Mensch, welche wissentlich einen solchen *Bigamum* zur Ehe nimmt, wird mit Stupenschlägen des Landes ewig verwiesen. Ein lediger Kerl aber, der wissentlich eins andern Weib heyrathet, und sich mit derselben fleischlich vermischet, wird als ein Ehebrecher mit dem Schwerd gerichtet. Allein wann die ledige Person nicht gewußt, daß der delinqvent verehelicht, wird dieselbe um des willen, daß sie nicht besser nach sein Thun und Wesen gefraget, ehe sie sich mit ihm eingelassen, mit Gefängnis oder andere willkürliche Strafe beleget." Die Fahrlässigkeitsstrafe erinnert lebhaft an unsern *dolus eventualis.*

Wie eine Art Verlegenheitsgesetz erscheint fast die Bestimmung des Artikels 146 der Bambergischen Ordnung. Die Gesetzgeber haben dabei offenbar nicht recht gewußt, wie sie sich aus dem Zwiespalt ihrer religiösen und moralischen Anschauungen und dem Kaiserrecht retten sollten, deshalb haben sie folgendes Zwitterding geschaffen: „So ein Ehemann ein ander Weib, oder eine Ehefraw ein andern Mann, in gestalt der Heyligen Ehe, bey Leben des ersten Ehegesellen nimpt, welches dann solcher Missethat mit wissen vnd willen, vrsach gibt vnd verbringt, dasselbig ist, nach sage der Recht, Ehrloß, verfellt den halben theil seines Guts, vnd mögen Vrtheiler vnd Richter durch jhr erkänntnuß, vmb mehrer forcht vnd vorkommung willen deß Vbels, dieselben betrieglichen Personen ein zeit in Kercker auch ferner an jhrem Leib straffen, Als nemlich, in Pranger stellen, mit Ruthen außhawen, vnd das Land verbieten, alles nach gelegenheit der Personen vnd Sachen. Vnd wiewohl an viel enden gewonheit, daß das gemeldt vbel, mit dem Wasser zum Todt gestrafft wird, Wir auch wol erkennen, daß solches eine schwere Missethat ist, vnd darumb wol geneigt, derhalbe gebürende Straff nicht zu ringern: Dieweil aber die Keyserliche Recht deß halben kein Todtstraff setzen, so wil vns nicht geziemen, darauff ein Todtstraff zu ordnen, doch wo eine ehrliche frawe oder Jungfraw, durch ein Mannsbildt mit mehrgemeldetem Vbel, durch vberkommung fleischlicher Werck, vnd deßhalben an jhrem Ehelichen Leumuth, oder entwendung anderer jhrer zeitlichen Haabe vnd Güter betrogen vnd verletzet, Auch ob durch einen Thäter bestimpte missethat mehr dann einest verbracht, vnd durch solche angezeigte oder andere boßhafftige vmbstände, das vbel dermaßen beschweret, vnd ermessen würde, daß darumb die Todtstraff der Keyserlichen Rechten nicht widerwertig were, So möchte dieselbig Todtstraff mit rath der Rechtverstendigen, auch gebraucht werden." Die Todesstrafe war hiernach zwar verboten, aber doch — erlaubt; und da es nach diesem Gesetze durchaus nicht schwer halten konnte, die erschwerenden Umstände für jeden Fall heraus zu konstruieren, wird sie wohl nur in Ausnahmefällen nicht zuerkannt worden sein. Das Hineinziehen der Vermögensfrage macht die Bestimmung eigentlich auch nicht gerade sympathischer; doppelt beachtenswert ist es in Rücksicht auf das vorher erwähnte Sakrament der Ehe „in gestalt der Heyligen Ehe". Das ist schon eine sonderbare Verquickung der religiösen, sittlichen und mammonistischen Motive. Später ist dies natürlich noch viel schlimmer geworden und mußte auch schlimmer werden in dem Maße, in dem man von der Heiligkeit der Ehe geringer dachte und nur noch den materialistischen Standpunkt des zivilrechtlichen Vertrags gelten ließ. Bis zu welcher Frivolität spätere juristische Sittlichkeitsschützer sich verstiegen, das mag eine Stelle aus einem Schriftsteller des XVIII. Jahrhunderts zeigen. Ich gebe sie wörtlich wieder: „Ist es aber nicht hart, einen Menschen vor ein Vergnügen, welches kaum von der Dauer eines Augenblicks gewesen, darzu ihn seine Natur so heftig reizte, daß er in dem Augenblick alles zur Stillung seiner Triebe hingegeben hätte, seines Lebens berauben zu wollen? — Ich lasse es gelten, daß man bey Römisch Catholischen, bey denen die Ehe ein Sacrament, und der Ehebruch eine frevelhafte Entheiligung des Sacraments ist, auf solchen eine Kirchenbuße setze. — Die Kirche aber ist eine gute Mutter, welche bloß durch Ermahnungen, nicht aber durch Ruthen und Schwerdt züchtigen darf. Bey denen Protestanten aber, bey welchen die Ehe ein bloßer Civilcontract und ein Ehebruch also nichts anderes, als eine Verletzung des Contracts ist, sehe ich nicht ab, wie man den Ehebruch als ein *Crimen publicum* betrachten, und den Ehebrecher criminaliter behandeln könne? Man gebe bey Anrufung des richterlichen Amts einen Ehepart gegen den andern, gegen die Galans oder Maitressen, *Mandata,* allenfalls *poenalia, de non violando thorum, de non turbando pacem matrionialem,* man gestatte dem beleidigten Theil *actionem aestimatoriam, condemnire* den schuldig befundenen Theil *in amistionem dotis,* oder nach vorhergegangener Scheidung, in eine Geldstrafe, den Galan oder die Maitresse strafe man gleichfalls um eine Summe Geldes, zum besten des beleydigten Theils usw." Diese Blumenlese mag genügen; sie zeigt deutlich, weß Geistes Kind der Verfasser, der sein Werk 1774 erscheinen ließ, allerdings mit der Vorsicht, seinen Namen nicht darauf zu nennen, gewesen ist. Die Stelle, daß man einen Ehepart gegen den andern geben, d. h. also dem andern erlauben solle, ebenfalls Ehebruch zu begehen, wenn's der eine getan habe, übertrifft fast noch die modernen Phantasten der geschlechtlichen Gleichberechtigung und zeigt, daß diese eigentlich nicht einmal etwas neues predigen. Wie sagt Ben Akiba? Man sieht aber auch, daß derartige Unsinnsideen immer schnell verschwinden, bis sie einmal, wenn die Fieberhitze sich in den Köpfen vermehrt hat, wieder als neue Freiheitsideen auftauchen. Trotz dieser Gesinnung schwingt sich aber derselbe Verfasser an einer anderen Stelle zu einer Aeußerung empor, die sich gegen unsern heutigen Ehebruchsparagraphen wie ein helles Licht sittlicher Reinheit abhebt. Ich will nicht schönfärben und aus jenem Burschen einen Tugendbold machen, sondern gebe auch hier seine ganze Frivolität ebenfalls mit an. Die Stelle lautet: „Ein ganz andres ist es mit denen, die eines anderen Ehefrau listiger Weise verführen, oder mit Gewalt zur Stillung ihrer geilen Absichten bringen. Die ersten sind den Dieben gleich, welche des Nächsten Gut mit Dietrichen und Brecheisen wegstehlen, und die andern sind denen Straßenräubern ähnlich. Beyde sollte man mit der Confiscation ihres Vermögens, zum Besten des beleidigten Theils, und so sie keines haben, mit dem Zuchthaus oder Vestungsbau auf einige Jahre, und nach Befinden der Umstände, Zeit Lebens bestrafen. Noch abscheulicher ist es, wenn ein geiler Bock des andern Ehefrau, und eine solche einen fremden Ehemann mit venerischen Krankheiten ansteckt. Alsdann wird der Ehebruch ein wahres Crimen. publicum, weil dadurch das größte Vergnügen, so Gott in die Natur gelegt hat, auf eine Art vergiftet wird, die der Generation und dem menschlichen Geschlecht erstlich in ganzen Familien, endlich in Städten und Dörfern, und zuletzt in ganzen Provinzen schädlich wird. Solche frevelhafte Vergifter der menschlichen Gesellschaft sollte man mit einem gewissen Schandzeichen öffentlich an den Pranger stellen, und demnächst auf fünf oder zehn Jahre, auch Zeit Lebens, in eine Charité oder Krankenhaus kondemnieren, damit sie andern infizierten Personen bei der Kur aufwarten müßten, und wenigstens durch Heilung anderer den Schaden wieder auf eine Art gut machen könnten, den sie vorher dem gemeinen Wesen zugefügt haben."

Es ist gewiß nicht ein Zeichen besonders hoher Moral, wenn da die Vergiftung des „größten Vergnügens" so stark betont wird; aber ist die Vernunft und Sittlichkeit, die uns in diesem Absatz entgegentritt, nicht zehntausendmal höher als die, der wir in unserem § 172 begegnen, der keine listige Verführung, überhaupt keine Gefahren berücksichtigt, sondern nur bedingungsweise eine ganz geringfügige Bestrafung zuläßt?

Gerade das, was der Verfasser als so ungeheuer erschwerend, und zwar mit vollstem Rechte, beim Ehebruch anführt, das fällt bei der Doppelehe fort, nämlich die listige Verführung, selbstverständlich wenn der Verkehr zur Ehe geführt hat, weil die Ehe überhaupt die Verführung ausschließt. Richtig ist, daß auch bei der Doppelehe der bereits „anderweitig" verheiratete Gatte den neuen Ehegenossen arglistig täuschen kann, indem er seine noch bestehende Ehe verschweigt. Dieser Betrug ist aber vom Standpunkt der Sittlichkeit etwas durchaus anderes als eine listige Verführung, die niemals die Ehe nach sich zieht; ich möchte sagen — so paradox das auch klingt —, der Betrüger steht in der Regel sittlich viel höher als der Nichtbetrüger, d. h. also derjenige, der seine bestehende Ehe nicht verschweigt. Man wird immer davon auszugehen haben, daß die Doppelehe in der Regel nur dem Namen nach wirklich eine doppelte Ehe ist, denn Fälle, in denen ein Gatte tatsächlich in zwei Ehen lebt, d. h. mit beiden Gattinnen die eheliche Gemeinschaft fortsetzt, kommen in der Praxis kaum vor; sie wären auch nur dann möglich, wenn ein Mann durch seinen Beruf in der Lage wäre, sich wechselweise an verschiedenen Orten aufzuhalten, wie beispielsweise Seeleute, die ständig zwischen zwei durch die See getrennten Hafenplätzen verkehren. Im anderen Falle könnte wohl niemand ohne Wissen der beiden Frauen ein derartiges Doppelverhältnis durchführen. Aber selbst Reisende, die zu einem solchen Wanderleben gezwungen sind, entschließen sich wohl kaum zur Bigamie, weil sie ihre sogenannten polygamen Triebe gefahrloser dadurch befriedigen können, daß sie sich neben der Gattin eine oder mehrere Konkubinen halten. Die Praxis lehrt zur Genüge, daß nur da, wo zwischen den Ehegatten längst jede Gemeinschaft aufgehört hat, die Ehe aber aus irgend einem Grunde nicht geschieden werden kann, der eine oder der andere Gatte sich zum Eingehen einer neuen Ehe entschließt. Ein Beispiel, das dieser Regel beinahe widerspricht, in Wirklichkeit aber nur zeigt, daß es im Punkte der Geschlechtsliebe keine Dummheit gibt, die so groß wäre, daß sie nicht doch einmal gemacht werden könnte, ist mir aus der Berliner Gerichtspraxis bekannt. Zwei Arbeiter, denen es in der Heimat nicht zum besten ging, waren dem Zuge nach der Reichshauptstadt gefolgt, um sich eine neue und bessere Existenz zu gründen. Es gelang ihnen, einen neuen Beruf, aber daneben auch neue Liebe zu finden. Die auf diesem Gebiete sehr wenig weltmännisch erfahrenen Leute ließen sich nun von ihren neuen Flammen gehörig unter den Pantoffel zwingen, so daß sie weder ein noch aus wußten. Sie wagten weder das Verhältnis zu lösen, noch zu gestehen, daß sie bereits glückliche Gatten seien, denn im ersteren Falle wußten sie, daß die „gerisseneren“ Großstadtfrauen sie doch nicht gutwillig laufen lassen würden, und im zweiten Falle fürchteten sie die Weitläufigkeiten wegen des Ehebruchs. Der einfache Mann folgt seinem natürlichen Rechtsgefühl und ahnt deshalb nicht, daß unser Gesetz den Ehebruch stillschweigend duldet. So ließen sie sich denn breitschlagen, eine neue Ehe zu schließen, die ihnen einstweilen Ruhe verschaffte, mochte dann später kommen, was wollte. Der eine von ihnen schickte nach wie vor den Seinen in der fernen Heimat die regelmäßigen Gelder, der andere war hierzu nicht in der Lage, weil ihm die Gattin zu scharf auf die Finger sah. Durch diesen Umstand wurde schließlich das Verhängnis heraufbeschworen, denn die darbende Frau borgte sich eines schönen Tages das Reisegeld und dampfte selbst nach Berlin, um zu sehen, ob der brave Gatte wirklich so große Not leide, daß er nichts mehr schicken könne. Sie war nicht wenig erstaunt, als ihr eine fremde Frau die Wohnung ihres Mannes öffnete, und ihr auf die bescheidene Frage, ob dieser zu Hause sei, in schroffer Weise eine verneinende Antwort erteilt wurde mit der Schlußnote: „Uebrigens dulde ich nicht, daß fremde Frauenzimmer meinen Mann besuchen.“ Natürlich kam nun der Doppelroman ans Tageslicht, und dem verbotenen Debut auf dem Standesamt folgte ein erlaubtes, aber weniger erwünschtes auf der Anklagebank. Daß für solche Käuze, die eigentlich Opfer der Großstadtluft und der eigenen Dummheit gewesen waren, eine mindestens einjährige Zuchthausstrafe nicht angebracht erschien, liegt auf der Hand, das Gericht billigte denn auch den Eherittern mildernde Umstände zu und schickte sie ins Gefängnis, allerdings auch auf so lange Zeit, daß sie in aller Ruhe über ihr Abenteuer nachdenken konnten, denn schon die niedrigste zulässige Strafe beträgt sechs Monate.

Solche Fälle sind aber, wie gesagt, äußerst selten, sie können eigentlich nur als Ausnahmen gelten, die bekanntlich die Regel bestätigen; und die Regel ist, daß ein Gatte sich nur dann zu einer Doppelehe entschließt, wenn die erste Ehe in die Brüche gegangen ist. Da nun aber ein Mensch, der heiratet, eigentlich immer „reelle Absichten“ hat, und da gewiß niemand das, was er auf legalem Wege erreichen kann, durch ein Verbrechen zu erreichen suchen wird, nach dessen Begehung er doch so ziemlich jede Minute befürchten muß, dem Zuchthaus überliefert zu werden, darf man sich wohl fragen, warum denn eigentlich ein Mensch sich zu einer Doppelehe entschließen kann. Die Antwort ist ziemlich leicht zu finden. Nicht etwa die bloße Lust, das Gesetz zu verletzen, nach dem schönen Sprichwort, daß die verbotenen Früchte am besten schmecken, ist das Motiv, sondern die Unmöglichkeit, die tatsächlich nicht mehr bestehende Ehe auch formell gerichtlich zur Scheidung zu bringen. Daß den frivolen Scheidungen gesetzlich ein Damm vorgeschoben wird, muß man absolut billigen, sie widersprechen durchaus unseren sittlichen Anschauungen über die Ehe; aber auch da die Scheidung zu verhindern, wo sie geradezu die Sittlichkeit fordert, das ist verfehlt und kann nur schädlich wirken. Gewiß das Gesetz genügt dem Wortlaut nach derartigen Anforderungen durchaus; aber Theorie und Praxis sind auch hier grundverschiedene Dinge. Wenn ein Mann merkt, daß er seiner Frau gleichgültig geworden ist, daß sie außer dem Hause das Glück der freien Liebe genießt, so muß er schon sehr wenig sittlichen Halt besitzen, wenn er sich in seiner Ehe noch wohl fühlen soll, denn gerade der sittliche Mann wird sich am schwersten in das moderne Auskunftsmittel des Geschehenlassens hineinfinden und etwa auch seinerseits seinen Vergnügungen außer dem Hause nachgehen. Das Gesetz gestattet allerdings wegen Ehebruchs die Scheidung (§ 1565 B. G.-B.), aber der Ehebruch darf nicht bloß vermutet, er muß bewiesen werden, und das ist oft recht schwer oder ganz unmöglich. Die Gattin wird sich wohl hüten, ihn zuzugeben, denn erstens gestattet ihr gerade die bequeme Stellung als Frau ihre Extravaganzen, und zweitens wird sie wenig Neigung verspüren, sich für den alleinschuldigen Teil erklären und dann noch eventuell wegen Ehebruchs bestrafen zu lassen. Der betrogene Gatte kann den Beweis sehr oft nicht führen, es zeigt sich auch hier, daß die Verfolgung eines Ehebruchs *ex officio* und nicht bloß auf Antrag nach erfolgter Scheidung oft sehr segensreich wirken würde. Das Weiterleben in einer solchen Ehe ist aber unmoralisch, und hebt der Gatte ohne Scheidung die eheliche Gemeinschaft auf, so ist er nicht bloß zum Cölibat verurteilt, sondern er kann auch noch zur Wiederherstellung der ehelichen Gemeinschaft gerichtlich aufgefordert und, falls er dieser Aufforderung nicht Folge leistet, wegen böswilligen Verlassens als allein schuldiger Teil geschieden werden. Das ist indes oft auch für den, der gern aus den Ehefesseln erlöst sein möchte, doch ein recht unerwünschter Ausgang der Differenz. Er ist aber gewiß nicht jedermanns Sache und entspricht auch am wenigsten dem Interesse der Allgemeinheit. Wer in der Berliner Gerichtspraxis erfahren ist, wird selbst derartige Fälle kennen gelernt haben und wissen, daß die Möglichkeit, welche das Allg. Preuß. Landrecht bis 1900 bot, nämlich die Trennung einer kinderlosen Ehe aus Uebereinkunft, sehr segensreich gewirkt hat. Ich kenne auch Beispiele, in denen sich beide, geschiedene Gatten, „anderweitig“ verheiratet haben und noch heute in glücklichen Ehen leben. Lag da nicht im Falle der Unmöglichkeit, die erste Ehe zu scheiden, die hohe Gefahr vor, daß einer oder der andere der auseinandergegangenen Ehegenossen, doch die „verbrecherische Doppelehe“ trotz ihrer Gefahr einem langen Leben ohne Glück und Sonnenschein vorziehen konnte? Und gehört der Gatte, der es täte, ins Zuchthaus? Kommt es nicht leider alltäglich vor, daß Eheleute erst nach der Trauung einsehen, wie wenig sie zueinander passen, wie wenig sie jemals harmonieren können? Das läßt sich auch in der Tat nicht vermeiden, weil sich vor der Ehe die Paare niemals so kennen lernen wie nachher; da aber eine Heirat auf Probe nicht mehr zulässig ist, muß da, wo die Probe die Unmöglichkeit einer wirklich sittlichen, auf Liebe und Treue beruhenden Ehe erwiesen hat, auch die Auflösung möglich sein. Das halte ich für ein Gebot wirklicher Sittlichkeit. Sogenannte Ehe-Irrungen würden wohl auch seltener werden, wenn man die Möglichkeit schaffte, Ehen, die selbst eine Irrung sind, zu lösen. Zehnmal besser ist es, eine unhaltbare Ehe zu trennen, als sie als Ursache aller denkbaren, nicht mehr zu lösenden Uebel und Schäden bestehen zu lassen; es ist eine Prophylaxe, die bessere Resultate bringen muß, als eine spätere Behandlung veralteter Leiden.

Der § 171 St.-G.-B. lautet: „Ein Ehegatte, welcher eine neue Ehe eingeht, bevor seine alte Ehe aufgelöst oder für nichtig erklärt worden ist, ingleichen eine unverheiratete Person, welche mit einem Ehegatten, wissend, daß er verheiratet ist, eine Ehe eingeht, wird mit Zuchthaus bis zu fünf Jahren bestraft.

Sind mildernde Umstände vorhanden, so tritt Gefängnisstrafe nicht unter sechs Monaten ein.

Die Verjährung der Strafverfolgung beginnt mit dem Tage, an welchem eine der beiden Ehen aufgelöst oder für nichtig erklärt worden ist.“

Ich habe schon oben gesagt, daß ich nicht einzusehen vermöge, aus welchem Grunde die Doppelehe, die in der Form, in der sie in der Regel auftritt, nicht so unsittlich ist wie der Ehebruch, dennoch mit dem 13fachen Strafmaximum geahndet werden kann. Wenn ich nun wegen des Ehebruchs eine Strafe bis zu fünf Jahren Gefängnis vorgeschlagen habe, so liegt keine Veranlassung für mich vor, wegen der Doppelehe ein anderes Strafmaß in Vorschlag zu bringen. Selbst da, wo wirklich zwei Ehen bestehen, der Täter also mit zwei Gatten in ehelicher Gemeinschaft lebt, sehe ich nicht ein, warum hier durchaus die Zuchthausstrafe platzgreifen müßte. Die Ehe ist für den Gesetzgeber kein Sakrament; sie ist eine staatliche Einrichtung, und die Doppelehe ist natürlich eine Verletzung dieser Einrichtung. Ich kann aber beim besten Willen nicht einsehen, warum deshalb gerade bei der Doppelehe das Zuchthaus das notwendige Strafübel sein müßte, durch das die Schuld gesühnt werden könnte. Daß der Ehebruch ein geringerer Verstoß gegen die staatliche Ordnung sein sollte, ist nicht zu verstehen, daß der Ehebruch nicht ebenso tief eingreifen kann in die Ordnung und in die Bande des Familienlebens, wird wohl niemand behaupten wollen. Ich kann die Sache betrachten, aus welchem Gesichtspunkt ich will, — nirgends entdecke ich einen Grund, der auch nur die geringste Begründung dafür böte, daß die Doppelehe ein Verbrechen, der Ehebruch aber nur ein Vergehen sein müsse. Wenn die Doppelehe etwa geschlossen würde, um eine reiche Mitgift zu erlangen, kollidiert Betrug resp. Urkundenfälschung, und das Ganze beruht dann auf einer strafrechtlich anderen Grundlage. Sobald wir uns von der mittelalterlichen Anschauung emanzipieren können, und wir glauben doch, auf diesen geistigen Kulturfortschritt stolz sein zu dürfen, werden wir immer die Doppelehe für ein weit moralischeres Vergehen halten müssen als den Ehebruch, weil, wie bereits gesagt, die Ehe an sich eine moralischere Form der sexuellen Gemeinschaft darstellt als das bloße Konkubinat. Der Vorentwurf zum Strafgesetzbuch hatte übrigens — man darf sagen in durchaus logischer Weise — die Doppelehe ebenso wie den Ehebruch gemeinsam behandelt und beide Delikte als Vergehen gegen die staatliche Ordnung angesehen, so daß sie nicht mehr als Sittlichkeitsdelikte galten. Ich habe es jedoch hier noch mit der Kritik des geltenden Rechts zu tun und dessen Aenderung vorzuschlagen.

Mildernde Umstände sind natürlich bei einer veränderten Fassung des Paragraphen entbehrlich; sie werden wohl hoffentlich mit der Zeit gänzlich aus unserem Strafgesetzbuch verschwinden. Nach dem geplanten Zukunftsrecht ist dies allerdings zunächst noch nicht zu erwarten; wenigstens werden die „mildernden Umstände“ im Vorentwurf etwas mehr präzisiert, nicht genug aber, um das Bedenken gegen sie zum Schweigen zu bringen.

Der letzte Absatz des § 171 ist ebenfalls durchaus unbrauchbar; ich halte ihn für im Widerspruch mit den Bestimmungen des § 67 stehend, denn dort heißt es ausdrücklich: „Die Verjährung beginnt mit dem Tage, an welchem die Handlung begangen ist, ohne Rücksicht auf den Zeitpunkt des eingetretenen Erfolges." Es ist mir wohl bekannt, daß das Reichsgericht angenommen hat, bei einer fortgesetzten, gewohnheitsmäßigen strafbaren Tätigkeit beginne die Verjährung erst mit dem gänzlichen Aufgeben dieser Tätigkeit. (Vergl.: Urt. v. 11. Febr. 80.) Das paßt aber ganz und gar nicht auf die Doppelehe, da nicht der eheliche Verkehr als solcher, sondern das Eingehen der Ehe überhaupt die Strafhandlung bildet; es ergibt sich dies daraus, daß, wenn der eheliche Verkehr in der Form des Konkubinats gepflogen wird, der § 171 überhaupt keine Anwendung finden kann. Will man aber durchaus auf der Judikatur des Reichsgerichts fußen, so kann hier weit eher eine Entscheidung herangezogen werden, die meine Annahme durchaus bestätigt; sie besagt, daß, falls das Strafbare wesentlich in der verbotswidrigen Herstellung eines gewissen Zustandes liegt, der Lauf der Verjährung bereits mit Beendigung der Herstellungshandlung beginnt, nicht erst mit Aufhebung dieses Zustandes. (Vergl.: Urt. vom 14. Febr. 1881 und 5. März 1881.)

Hiermit deckt sich auch eine weitere Reichsgerichtsentscheidung, in der gesagt ist, daß der strafbare Versuch erst mit dem Beginn der Vornahme des Eheschließungsaktes anzunehmen sei. (Vergl. Urt.: vom 15. Okt. 1883.) Sehen wir aber ganz von den Ansichten des Reichsgerichts ab, so ist auch an und für sich nicht einzusehen, warum nicht eine vom Tage der Eheschließung an laufende Verjährungsfrist ausreichen sollte. Diese würde, wenn Bigamie nicht mehr Verbrechen, sondern nur noch Vergehen wäre, nach § 67 St.-G.-B. fünf Jahre betragen. Wenn ein Gatte sich zehn oder, nach meiner Fassung, fünf volle Jahre nicht darum gekümmert hat, ob sein Ehegenosse sich etwa nochmals verheiratet habe, dann kann er auch kein Interesse mehr daran haben, dies später noch zu tun. Es würde aber doch noch nicht einmal das private Interesse eines Gatten in Frage kommen, sondern lediglich das Staatsinteresse oder das der Sittlichkeit.

**Frauenhaus im Mittelalter nach einem alten Meister.**

Warum beiden nicht mit einer volle fünf resp. zehn Jahre bestehenden Frist schon Genüge geschehen könne, ist nicht einzusehen. Nach meiner Ansicht liegt es im Gegenteil nur im Interesse beider Faktoren, nicht mehr strafend einzuschreiten, wenn jemand vielleicht ein Menschenleben als ordentlicher und anständiger Mensch in einer soliden Ehe gelebt hat. Nach jetzigem Rechte kann ein Ehepaar, das bereits die goldene Hochzeit gefeiert hat, wegen Bigamie bestraft werden, ja es ist sogar möglich, daß jemand noch fast zehn Jahre nach dem Tode des Gatten bestraft werden kann, wenn „ein guter Freund" zufällig zur Anzeige bringt, daß die vor fast zehn Jahren durch den Tod des einen Gatten aufgelöste Ehe eine Doppelehe gewesen sei. Das ist einfach eine ungerechtfertigte Härte, durch die im ganzen Leben nicht der Sittlichkeit gedient werden kann. Im Gegenteil. Fraglich könnte es sein, ob auch dann, wenn der Bigamist wirklich in zwei Ehen lebt, also mit beiden Gatten die eheliche Gemeinschaft unterhält, die Verjährung ebenfalls mit dem Tage der Eheschließung beginnen darf. Logisch muß man diese Fälle von den die Regel bildenden trennen, weil bei ihnen die Unsittlichkeit, die doch durch die Strafen verhütet oder wenigstens bekämpft werden soll, nicht mit der Schließung der zweiten Ehe aufhört, sondern für lange Zeit fortdauert. Es würde deshalb an und für sich auch die Verjährung erst mit dem Aufgeben einer ehelichen Gemeinschaft beginnen dürfen. Jedenfalls dürfte es sich aber empfehlen, die veränderte Rechtslage wegen der Verjährungsfrist, und zwar ohne Berücksichtigung des Verbrechens zu fixieren. Daß die „ledige Person" straflos bleibt, wenn sie nicht gewußt hat, ihr Gatte sei bereits verheiratet, ergibt sich nicht nur aus dem Wortlaut des § 171, sondern auch aus § 59; es bedarf also keiner besonderen Betonung, daß eine aus Fahrlässigkeit begangene Doppelehe, wie wir sie im alten Rechte kennen gelernt haben, nicht als Straftat angesehen werden darf. Uebrigens ist dies auch in der konstanten Judikatur des Reichsgerichts zum Ausdruck gebracht worden. Es ist da sogar gesagt, daß in solchem Falle nicht den Angeklagten die Beweislast trifft, d. h. daß er nicht seine Unkenntnis zu beweisen habe, sondern daß ihm im Gegenteil die Kenntnis besonders nachgewiesen werden müsse. (Vergl.: Urt. vom 20. Dezember 1883.) Das ist auch, da das Wissen hier Tatbestandsmerkmal ist, gar nicht anders aufzufassen. Auch der *dolus eventualis* kann nicht gut bei der ledigen Frau als vorliegend angenommen werden; seine Anwendung im Gesetz ausdrücklich zu verbieten, halte ich für nicht angängig, da er bei dem Ehegatten, der eine zweite Ehe eingeht, sehr wohl, und das mit vollem Rechte, angenommen werden kann. Der § 171 würde nach meiner Ansicht zu lauten haben:

> „Ein Ehegatte, der eine neue Ehe eingeht, bevor seine Ehe aufgelöst, für ungültig oder nichtig erklärt worden ist, ingleichen eine unverheiratete Person, die mit einem Ehegatten wissend, daß er verheiratet ist, eine Ehe eingeht, wird mit Gefängnis bestraft.
>
> Die Verjährung der Strafverfolgung beginnt mit dem Tage der Eheschließung."

---

## Die Scheinehe.

Was eine Scheinehe eigentlich sei, wird nicht jeder zu definieren vermögen, denn man darf nicht von einer Scheinehe reden, wenn zwei Leute, die nur im Konkubinat miteinander leben, sich für wirkliche Eheleute ausgeben, sondern es kann sich hierbei nur um Fälle handeln, in denen ein Beteiligter den andern in den Glauben versetzt, daß eine wirkliche Ehe bestehe, während nur ein Konkubinat vorliegt; es muß vielmehr durch irgend einen Betrug eine scheinbare Eheschließung vorangegangen sein. In früheren Zeiten war dies nicht so schwer, da wurde nur kirchlich getraut, und da die Trauung auch zu Hause in der Wohnung vollzogen werden durfte, war es nicht allzu schwer, einen guten Freund die Rolle eines Geistlichen spielen zu lassen, so ähnlich wie Shakespeare seinen Narren, den guten, braven Malvolio, täuschen läßt. Es sind auch derartige Fälle wirklich in der Praxis, nicht sehr häufig, aber doch hin und wieder vorgekommen. In heutiger Zeit dürfte so etwas wohl sehr schwer gelingen, und doch haben wir in unserem Strafgesetzbuch noch einen Paragraphen, der ausdrücklich die Scheinehe behandelt. Es ist dies der § 179, der lautet:

> „Wer eine Frauensperson zur Gestattung des Beischlafs dadurch verleitet, daß er eine Trauung vorspiegelt, oder einen anderen Irrtum in ihr erregt oder benutzt, in welchem sie den Beischlaf für einen ehelichen hielt, wird mit Zuchthaus bis zu fünf Jahren bestraft.
>
> Sind mildernde Umstände vorhanden, so tritt Gefängnisstrafe nicht unter sechs Monaten ein.
>
> Die Verfolgung tritt nur auf Antrag ein."

Soweit dieser Paragraph die Vorspiegelung einer Trauung behandelt, hat er immer alte Erinnerungen an meine Jugendzeit in mir wachgerufen. Nicht etwa, daß ich in der Jugend das Vorspiegeln von Trauungen als Spezialität betrieben hätte, nein, durchaus nicht; aber ich habe, als ich noch die Bänke der Quinta und Tertia drückte, eine wundervolle Geschichte mit so großem Interesse studiert, daß ich sie, gewöhnlich während der Religions- oder Geographiestunde, heimlich hinter dem Rücken eines „vorgesetzten" Kameraden genoß, vorausgesetzt, daß ich nicht die Zeit notwendiger benutzen mußte, um noch schnell ein Exerzitium anzufertigen oder von einer guten Seele Vokabeln abzuschreiben, zwei Verbrechen, die, wenn sie entdeckt wurden, ohne Gnade eine Stunde Arrest oder eine nicht zu karg bemessene Dosis ungebrannter Asche einbrachten. Ich habe damals meine ersten vergleichenden Betrachtungen über den Wert der Leibes- und Freiheitsstrafen angestellt und bin zu dem Schlusse gelangt, daß principaliter beide als rechtswidrige Eingriffe in die persönliche Freiheit zu verwerfen seien, daß aber *eventualiter* die Leibesstrafe immer noch vorzuziehen wäre, einmal weil durch sie die unschuldigen Angehörigen nicht durch das verspätete Mittagessen und das häusliche Ungewitter mitzuleiden hatten, und besonders weil ich, wenn die Freiheitsstrafe verbüßt war, gewöhnlich die Prügel zu Hause doch noch bekam, was eigentlich gegen den Rechtssatz: „*ne bis in idem*" verstößt. Kurz und gut, in der oben erwähnten äußerst interessanten Geschichte, in der schon im ersten Kapitel drei Personen „kalt gemacht" wurden, kam auch so eine vorgespiegelte Trauung vor, noch dazu von einem Scheusal, das bereits mit Weib und Kindern in, nach meiner damaligen Ansicht, durchaus hinreichender Weise versorgt war. An diese Historie muß ich immer denken, wenn ich den ersten Satz des § 179 zu Gesicht bekomme. In der Berliner Gerichtspraxis habe ich Dinge erlebt, die es eigentlich gar nicht gibt; es ist selbst vorgekommen, daß ein Angeklagter freigesprochen werden mußte, weil sich für seine Tat kein passender Paragraph finden ließ; hier aber läßt sich zu dem § 179 kaum eine passende Tat ermitteln. Ich habe Fälle erlebt, die mir Dichter von Sensationsromanen mit Gold aufwiegen würden; aber die Vorspiegelung einer Trauung, um den Beischlaf zu erreichen, das ist immer etwas gewesen, worauf ich mit Schmerzen gewartet habe. Vergeblich!

Und so zermartere ich mir heute noch das Hirn mit dem Gedanken, wie es eigentlich jemand anfangen sollte, eine Trauung vorzuspiegeln. Selbst die dümmste Gans ist immer noch nicht so dumm, daß sie nicht wüßte, zur Trauung gehört das Standesamt, und sie kennt auch dieses ganz genau; jedes Schulmädchen geht an diesem Gebäude mit dem stillen Wonnegefühl vorüber, dort vielleicht auch einmal in Zukunft eine — Zukunft zu finden. Soll nun jemand im Standesamt selbst durch einen guten Freund den Standesbeamten ersetzen und die Trauung vollziehen lassen? Ebenso leicht könnte man einen Menschen, der niemals angeklagt war, in den Irrtum versetzen, daß er zu 10 Jahren Zuchthaus verurteilt worden sei; in Wirklichkeit gelingt es aber noch nicht einmal immer, einen tatsächlich *rite* Verurteilten in den Irrtum zu versetzen, daß der gegen ihn ergangene Urteilsspruch auch gerecht gewesen sei. Mir erscheint der erste Satz des § 179 als die einzige Säule, die noch von verschwundener Pracht zeugt, nämlich von der Pracht der nur kirchlichen Trauung, denn als wir diese hatten, mag er noch seine Daseinsberechtigung besessen haben; jetzt aber kommt er mir so ähnlich vor wie eine Strafbestimmung gegen den Uebermütigen, der sich unterstünde, auf den Mond zu springen.

Der zweite Satz des § 179, oder wenigstens die zweite Hälfte des Satzes, droht dem eine Strafe an, der eine Frauensperson dadurch zum Beischlaf verleitet, daß er einen anderen Irrtum in ihr erregt oder benutzt, in welchem sie den Beischlaf für einen ehelichen hielt. Auch das ist mir noch recht dunkel; so etwas könnte eigentlich auch nur im — Dunkeln passieren. Es wird von Edison sowie von einigen deutschen Professoren erzählt, sie hätten, tief in Gedanken versunken, ganz vergessen, daß sie verheiratet seien. Ob das wahr ist, weiß ich nicht, ich halte es aber für möglich, denn im praktischen Leben kann man ziemlich oft den Eindruck gewinnen, daß selbst sehr wenig gelehrte Ehemänner zuweilen vergessen haben müssen, sie seien verheiratet. (Zur Auffrischung ihres Gedächtnisses habe ich deshalb die Verschärfung des § 172 empfohlen.) Ein weibliches Wesen weiß aber doch in der Regel recht genau, ob es verheiratet ist oder nicht; wie da solch eine Person in den Irrtum versetzt werden soll, der uneheliche Beischlaf sei ein ehelicher, das ist mir selbst bei meiner Erfahrung, auf die ich übrigens nicht wenig stolz bin, doch nicht recht klar, und ich bin überzeugt, besäße ich auch die Beredsamkeit eines Demosthenes oder Cicero, und machte ich es mir zur Lebensaufgabe, irgend ein fremdes weibliches Wesen in den Irrtum zu versetzen, es sei meine *rite* angetraute Gattin, ich würde niemals in die Gefahr geraten, aus § 179 bestraft zu werden. Ich muß allerdings bekennen, daß ich hier nur meiner poetischen Phantasie folge, denn zu praktischen Versuchen, eine angeschwindelte Gattin zu erlangen, habe ich mich noch nicht entschließen mögen, weil ich fürchte, meine rechtmäßige Gattin würde mir dann eine Gardinenpredigt halten, vor der selbst Demosthenes und Cicero hätten die Segel streichen müssen.

Ergo, wozu brauchen wir den § 179? Wenn wir ihn aber wirklich aus historischem Interesse gern der Nachwelt erhalten wollen, dann muß er sich auch eine Kritik gefallen lassen. Vor allen Dingen ist mir unerfindlich, worin bei einer so schwer verbrecherischen, raffinierten und gemeingefährlichen Handlungsweise, wie sie der § 179 voraussetzt, die mildernden Umstände gefunden werden sollen. Ich kann mir vorstellen, daß jemand einen Mord unter Umständen, die seine Tat menschlich, wenn auch nicht entschuldbar, so doch naheliegend erscheinen lassen, begehen kann; ja ich muß gestehen, daß ich es in der Praxis zuweilen tief bedauert habe, daß den Ehemann, der, weil ihm absolut keine weitere Hilfe zu Gebote stand, sich in berechtigter Eifersucht hinreißen ließ, den schurkischen Räuber seines ganzen Glückes über den Haufen zu schießen, genau dieselbe Strafe treffen sollte, die der vertierte Raubmörder oder ein Mensch, der aus politischer Verblendung hunderte von Menschenleben gefährdete, zu erwarten hat. Die so oft unerklärlichen Freisprechungen geständiger Gattenmörder durch die Geschworenen erklärten sich praktisch recht gut aus diesen Erwägungen. Beim § 179 aber mildernde Umstände zuzulassen, zugunsten eines vollendeten Verbrechers, der nur den niedrigsten sinnlichen Motiven folgt, das erscheint mir fast selbst schon wie ein Verbrechen gegen die Sittlichkeit. Ebenso ist es verfehlt, die Strafverfolgung eines mit Zuchthaus bis zu fünf Jahren bedrohten Verbrechens von der

Stellung eines Strafantrags abhängig zu machen. Bei den §§ 176 und 177 hat man das glücklicherweise eingesehen und die Antragspflicht durch Gesetz vom 26. Februar 1876 beseitigt. Formell möchte ich die letzte Zeile ebenso wie beim § 172 als zu unbestimmt rügen, weil nicht gesagt ist, wer den Antrag zu stellen hat. Die Berechtigung dieser Rüge bestätigt die Praxis, denn das Reichsgericht hat entschieden, daß nur die verletzte Ehefrau, nicht aber auch der doch sicherlich ebenso verletzte Ehemann den Strafantrag stellen könne. (Vergl. Urteil vom 16. April 1889.) Das halte ich für völlig verfehlt. Das Reichsgericht hat auch entschieden, daß der § 179 mit dem § 185 ideel konkurrieren könne; (vergl. Urteil vom 2. Juni 1893); da nun aber nach § 185 auch der Ehemann für die beleidigte Ehefrau den Strafantrag stellen kann, so ist die Beschränkung bei dem viel schwereren § 179 erst recht nicht verständlich, und es könnte der sonderbare Fall eintreten, daß das Verbrechen ungeahndet bliebe, weil der Strafantrag des Ehemanns nicht ausreicht, daß aber der Täter wegen einfacher Beleidigung bestraft würde, für die der Ehemann zum Stellen des Strafantrags befähigt sei.

Wir finden in älteren Rechten übrigens einen schwachen Anhalt dafür, wie allenfalls eine Verletzung des § 179 möglich wäre, wenigstens der zweiten Hälfte. Man ließ da nämlich verschiedene *exceptiones* bei der Regel zu, daß in jedem Ehebruch gegen die beteiligte Frau geklagt werden könne. Dazu gehörte der Fall, daß der verletzte Gatte selbst ebenfalls Ehebrecher war, es heißt da zur Begründung: „Dann in solchen Fällen wirdt ein Verbrechung gegen dem andern gleich compensieret vnd auffgehoben." Ferner wenn das Weib durch feindliche Gewalt „genotdrenget worden wer", denn das Gemeine Recht ging davon aus, daß jemand, der selbst Opfer eines Verbrechens war, nicht gleichzeitig Täter, also schuldig, sein könne. Das Päpstliche Recht kannte aber noch eine *Exceptio per errorem personae,* und das Weltliche Recht machte sich dieses auch zu eigen: „Ob ein Ehemann ein fremdes Weib beschlieff, im wahn als daß dasselbige sein Weib were, Der hat damit die Straff deß Ehebruchs nicht verwirkt. Also auch so ein Weib von einem frembden Mann also betrogen were." Das sind solche Fälle, von denen ich oben gesagt habe, daß sie nur im

Dunkeln passieren könnten. Sehr oft sind solche *exceptiones* aber auch früher nicht passiert, und ob man ihretwegen nötig hätte, einen Paragraphen zu schaffen, das möchte ich wohl bestreiten; sie sind nichts als eine etwas ungewöhnliche Form des Ehebruchs, natürlich nur auf Seiten der Person, die sich nicht im Irrtum befunden hat. Ich habe in meinem Buche über die Schand- und Ehrenstrafen ein Beispiel einer falschen Ehe aus älterer Zeit angeführt. Von zwei sich sehr ähnlich sehenden Kriegskameraden war der eine verheiratet, und da er sehr red- und vertrauensselig war, weihte er den andern in seine Familienverhältnisse ein und schilderte ihm namentlich das Glück und den Frieden seines kleinen Hausstandes in so lockenden Farben, daß der andere den kühnen Plan faßte, dieses Glück für sich selbst zu erobern. Er hatte ohnehin das wilde Kriegsgetümmel herzlich satt und so lief er eines Tages davon, um dem häuslichen Kriege statt der viel blutigeren männermordenden Feldschlacht zu leben. Er fand auch richtig das Heim seines Kameraden und bemerkte mit Freuden, daß dessen Gattin ihn wirklich wegen seiner großen Aehnlichkeit für den richtigen Ehemann hielt. So spielte er denn dessen Rolle weiter, und fast schien es, als sollte dies Glück nie ein Ende nehmen. Blühende Kinder waren die Zeugen der ehelichen Liebe, da — kam nach Jahren der wirkliche Mann zurück, und nun ereilte den verräterischen Kameraden sein böses Schicksal; er verlor nicht nur sein Familienglück, sondern unter Henkershänden auch das Leben. Wie gesagt, solche Romane kamen aber auch früher so selten vor wie das durch Goethe berühmt gewordene Mißgeschick des Pechvogels, der im Grase stolpert, auf den Rücken fällt und dabei die Nase bricht. In der Regel pflegen liebende Gattinnen den gestrengen Herrn Ehegemahl doch besser zu kennen, als daß sie, wie in der Komödie der Irrungen, einen ihm ähnlich Sehenden, und wenn's schon sein eigener Bruder wäre, für ihn halten könnten. Ich bin leichtgläubig und und gestatte mir nicht gern irgend welche Zweifel an dem, was im Gesetz steht, oder was aus Richtermund verkündet wird; aber von der dringenden Notwendigkeit des § 179 wird mich kein Gesetz und kein Richter überzeugen können. Wenn ich es aber doch erleben sollte, daß neben diesen überflüssigen Paragraphen auch die notwendigen gesetzt würden, sollte mich nicht einmal die Druckerschwärze gereuen, die zu seinem Abruck erforderlich wäre; im Gegenteil, ich würde mich immer freuen, wenn ich den alten, guten Burschen, der doch eigentlich niemandem etwas zuleide tut, in so guter Gesellschaft sehen könnte, weckt er doch immer wieder so schöne Jugenderinnerungen in mir, denn auch Prügel, die man ehrlich verdient und gesund überstanden hat, sind in der Erinnerung schön. Aber die entstellenden Anhängsel wegen des Strafantrags und der mildernden Umstände muß man doch entfernen. Dagegen könnte sogar die erst Satzhälfte stehen bleiben. Wäre sie die einzige Anordnung der Zuchthausstrafe, dann könnte man getrost alle unsere Zuchthäuser zu nützlicheren Zwecken verwenden; zur Verbüßung der Strafen würde man niemals wieder auch nur einen einzigen Quadrat-Zentimeter einer Zelle nötig haben.

## Die einfache Unzucht.

Wenn auch an und für sich jedes Sittlichkeitsdelikt im strengeren Sinne unter den großen Begriff der Unzucht fällt, so verstehe ich hier doch unter Unzucht etwas anderes, Spezielleres. Ich habe schon alle Delikte, die neben der Sittlichkeit zugleich die Ehe verletzen, ausgeschieden und besonders behandelt; man muß aber auch die übrigen *delicta carnis* in zwei große Gruppen einteilen und zwar in einfache und schwere Unzucht; es ist das eine ähnliche Sonderung, wie sie das Römische Recht zwischen dem *stuprum voluntarium* und dem *stuprum violentum* machte. Ich gehe nun aber bei der Gliederung noch einen kleinen Schritt weiter, der allerdings auch wieder den Anschauungen der *Lex Julia de adulteriis* ziemlich entspricht. Wie diese das Konkubinat und den Verkehr mit einer Sklavin ausschloß, so möchte auch ich die einfache Unzucht in eine gesetzwidrige und eine nur moralwidrige Befriedigung des Geschlechtstriebs einteilen. Ich halte es, wie man hieraus schon erkennen wird, für durchaus verfehlt, jede außereheliche Geschlechtsvereinigung auch als etwas Gesetzwidriges oder Strafbares ansehen zu wollen.

Auch Schopenhauer sagt, daß die Geschlechtsliebe neben dem Triebe zur Erhaltung des Lebens die mächtigste Triebfeder des Menschen sei. Eine Befriedigung dieses Triebes lediglich in der Ehe gestatten zu wollen, mag vom Standpunkt reinster Sittlichkeit in der Theorie ganz wünschenswert und gut erscheinen, in der Praxis ist es aber ein Unsinn, der niemals durchführbar sein wird. Es ist deshalb die Ansicht ausgesprochen worden, daß die Befriedigung der Geschlechtstriebes im weitesten Umfange jedem menschlichen Wesen gestattet sein müsse, ja daß es geradezu rechtswidrig sei, sie nach irgendwelcher Richtung — mit Ausnahme der Gewalttat — beschränken zu wollen. Eine Konsequenz hiervon ist auch die Forderung der Feministen nach sexueller Gleichberechtigung der Geschlechter. Es werden zur Begründung solcher Ansichten sogar medizinisch-physiologische Argumente ins Feld geführt, die hauptsächlich in dem Satze gipfeln, daß die Unterdrückung des vorhandenen Triebes für die Gesundheit im höchsten Grade schädlich sei, da sie Geist und Körper zugleich benachteilige.

Daß dies richtig erscheint, mag zugegeben werden; wir wollen nun prüfen, ob es auch wirklich richtig ist. Stets bei zwei sich widersprechenden Meinungen, von denen jede sich durch eine Reihe von Gründen als berechtigt dartun läßt, pflegt die Wahrheit in der Mitte zu liegen. So ist es auch hier. Man darf niemals den natürlichen und gesunden Geschlechtstrieb mit einer sich leicht erhitzenden Begierde verwechseln, und tut man dies nicht, dann wird es auch nicht allzuschwer halten, den richtigen Mittelweg zu finden. Es versteht sich ganz von selbst, daß in einem geordneten Staatswesen nicht jede Rücksicht auf die berechtigten Gebote der Moral unterdrückt und die wüsteste, schrankenlose Unzucht erlaubt werden kann. Das werden wohl auch die begeistertsten Anhänger der Sittenlosigkeit einsehen und ihren „Idealzustand“ nur soweit herbeiwünschen, wie er ihrem eigenen Hange zur Liederlichkeit dienlich ist; wenigstens würden sie, wenn weitergehende Wünsche in Erfüllung gegangen wären, wohl sehr bald eine lebhafte Sehnsucht nach dem früheren geordneten Zustande empfinden, denn wenn es jedem noch viel mehr, als jetzt leider schon, gestattet wäre, die heiligen Bande der Liebe, Freundschaft und der Familie rücksichtslos zu zerstören, dann wäre ein ruhiges Beieinanderwohnen der Menschen nicht mehr möglich. Es hieße denn doch die menschliche Natur vollständig verkennen, wollte man das Gegenteil auch nur für möglich halten. Wer einer schrankenlosen Unzucht das Wort redet, handelt gegen sich selbst, denn jeder Mensch trägt tief im Herzen das natürliche Empfinden, für sich selbst, wenn er einmal heiratet, ein reines, unberührtes Mädchen zu erlangen; ebenso hat jeder Mann, wir dürfen dies wahrlich nicht auf die sogenannten anständigen beschränken, den Wunsch, das Mädchen, das er liebt, für sich allein zu besitzen, nicht in seiner Liebe getäuscht zu werden, die Geliebte aber auch für sich gesichert und nicht den augenblicklichen Launen eines jeden nichtsnutzigen Tagediebes preisgegeben zu wissen. Welcher von unseren „Freiheits"-Aposteln würde denn kaltblütig zusehen, wenn seine Geliebte vorübergehend das Spielzeug anderer, das bloße *„instrumentum pollutionis"* jedes Beliebigen würde? Das, was wir Eifersucht nennen, ist nicht das Produkt unserer „verschrobenen Moralanschauungen", sondern ein natürlicher Instinkt. Man kann hiergegen einwenden, daß dieser Hinweis unberechtigt sei, da doch niemand verlange, daß ein Mädchen, wenn es liebe, sich auch anderen preisgeben solle; aber ist ein solcher Einwand nicht schon eine Vernichtung der ganzen „Freiheitsidee"? Was man dem Mädchen, das liebt, verbietet, das verbietet man demselben Mädchen auch schon, ehe es liebt, denn man will eben ein „reines" Mädchen lieben. Kann es nun wirklich selbst in der Fieberhitze ein moderner Heißsporn fertig bringen, zu sagen: „Für alle Mädchen in der ganzen Welt muß die freie Liebe gestattet werden; nur für die eine, die vielleicht später zu lieben und zu heiraten ich mich herbeilassen werde, ist es verboten." Wenn das aber nur einige oder auch nur einer sagt, dann bekämpft er schon das eigene System, und weiter wollen ja die übrigen auch nichts. Döpler schreibt unter Berufung auf Herodot: „Wann bey den Massageten (waren scytische Völker in Asien) einem Manne ein Weibs-Bild begegnete, die ihm gefiel, und ihm eine Lust ankahm, legte er sein Gewehr, oder was er um hatte, bey seit, und vermischte sich öffentlich ohne Scheu mit ihr, es mochte zu sehen, wer wollte. Wenn er das seine verrichtet, ging ein jedes seiner Wege." An einer anderen Stelle schrieb er unter Berufung auf Tiraquell: „Die Illyrici, Phoenices, Syracusani, Thebani und Hispani ließen vor Alters nicht allein ihren Töchtern, sondern auch Weibern zu, mit Manns-Bildern sich zu vermischen, nach ihrem eigenen Gefallen." Das wären also Idealzustände gewesen, an denen allerdings die mächtigsten Völker zugrunde gegangen sind, und von denen doch wahrlich noch nicht einmal feststeht, daß sie ganz wahr geschildert sind. Sie werden aber auch als besondere Kuriositäten in Reisebeschreibungen erzählt, und Jagdgeschichten und Reisebeschreibungen sind nicht immer ganz frei von — Irrtümern.

Oben habe ich gesagt, daß schon das instinktive Gefühl der Eifersucht eine schrankenlose Unzucht verhüten muß; aber es ist noch ein anderer Faktor, der sexueller Begehrlichkeit das Gegengewicht hält, nämlich das Gefühl der Scham, von dem nicht feststeht, ob es von der gütigen Natur den Menschen als Instinkt mit auf den Weg gegeben ist, das aber bei uns doch wenigstens, sei es als Produkt der Erziehung, schon in frühester Jugend sich außerordentlich wirksam zu zeigen pflegt. Als völlig verloren betrachten wir mit vollstem Recht ein Individuum, bei dem dieses Gefühl betäubt und erstickt ist. Nicht ein nebensächlicher und bedeutungsloser Zufall, sondern ein reiner und getreuer Spiegel der Menschenseele ist es, wenn schon den ersten Menschen dieses Gefühl beigemessen wird. Die Geschichte berichtet uns zahlreiche Beispiele, in denen nur die Scham, nicht bloß immer die geschlechtliche, die natürliche Schutzwehr gegen Schlechtigkeiten war. In der Tat ist es auch heute noch die Scham, die als bestes Schutzmittel gegen alle Versuchungen gelten darf. Nur wer jedes Schamgefühl verloren hat, der ist wirklich selbst verloren; und ganz so leicht verliert sich dieses Gefühl nicht, dazu wurzelt es zu tief in der Menschenseele. Wir wollen nun prüfen, wieweit diese beiden Dinge, die ich als Gegengewichte sexueller Versuchungen bezeichnet habe, wirklich ausreichend sind, dem Geschlechtsverkehr zu steuern, wie weit also vom Standpunkt der reinen Vernuft diese Leidenschaft bekämpft werden kann, und wie weit man sie zulassen muß.

Daß der Geschlechtstrieb wirklich so ziemlich der stärkste in uns ist, daß er zuweilen stärker in der Menschenseele ausgeprägt sein kann als selbst der Trieb zur Erhaltung des Lebens, kann auch von dem strengsten Moralphilosophen nicht übersehen werden. Die lüsterne Begierde aber, die der Anblick eines schönen Weibes in sensiblen Männernaturen erwecken kann, ist von dem natürlichen Triebe ebensoweit entfernt, wie es die Gaumengelüste eines verwöhnten Feinschmeckers von dem natürlichen Triebe des Hungers sind, und ebenso wenig, wie man behaupten darf, ein verwöhnter Feinschmecker werde geistig und körperlich zugrunde gehen, wenn er nicht sofort seinen Appetit auf ein Dutzend Austern befriedigen kann, ebenso wenig sind alle die gelehrten physiologischen Betrachtungen über die Folgen des nichtbefriedigten Geschlechtstriebes anwendbar auf die Begehrlichkeit eines lüsternen Wüstlings; im Gegenteil, es ist sehr oft der Gesundheit weit nachteiliger, wenn alle derartigen Triebe befriedigt werden. Wo nun die Grenze zwischen dem natürlichen Triebe und dem bloßen lüsternen Begehren liegt, ist gewiß nicht leicht zu sagen; aber auch nicht so schwer, wie man oft glaubt. Krankhafte Störungen, die etwa durch eine Nervenüberreizung — ob selbstverschuldet oder nicht, kommt hier nicht in Betracht — hervorgerufen sein können, dürfen wir hier außer acht lassen, da ich die Notwendigkeit, sie strafrechtlich zu berücksichtigen, schon mehr als eingehend dargetan habe.

Der Geschlechtstrieb wird nicht etwa durch eine sexuelle Reizung irgend welcher Art in den Menschen hineingetragen, sondern er ist ohnehin vorhanden und wird durch sinnliche Einwirkungen nur erweckt. Moralische Pflicht eines jeden ist es, diesen Trieb, da, wo seine Befriedigung nicht zulässig ist, nicht nur nicht zu erwecken, sondern ihn zu bekämpfen und niederzuhalten. Das ist jeder Mensch nicht nur etwa seinen Mitmenschen, sondern in letzter Linie sich selbst schuldig. Es kann gar nicht die Rede davon sein, daß eine derartige Selbstbeherrschung schädlich wäre. Im Gegenteil ist es ein medizinische Wahrheit, daß schon das Erwecken und schrankenlose Befriedigen dieses Triebes in frühester Jugend den denkbar schwersten Schaden auf das Nervensystem und die körperliche Entwicklung verursacht. Es ist kein Geheimnis, daß mehr als neun Zehntel unserer Jugend heutigen Tages geheimen Lastern huldigen; kein Uebel hat eine solche Verbreitung erfahren wie die Onanie. In den Schulen grassiert sie wie eine Seuche, ein Leidender steckt den Freund und dieser wieder seine Freunde an. In den Mädchenschulen ist es nicht viel besser. Man sehe sich nur einmal unsere nervösen, bleichwangigen und hohläugigen Kinder, man sehe nur einmal diese greisenhafte Jünglinge an, denen wir auf Schritt und Tritt begegnen. Wenn einmal in Berlin oder sonstwo eine „sensationelle“ Verhaftung irgend eines Wüstlings, der sein Opfer in den Kreisen sehr, sehr junger Mädchen gesucht und gefunden hat, die Menge aus dem Halbschlummer aufweckt, dann kann man darauf wetten, in den Zeitungen langatmigen und packend geschriebenen Schilderungen über das Proletarierelend, durch das die hungernden und nicht beaufsichtigten Kinder dem Laster in die Arme geführt werden, zu begegnen. Das ist Unsinn! Ich werde später auf den Schandfleck der Kinderprostitution näher eingehen; aber schon hier sei gesagt, daß diese mit dem Treiben vornehmer Wüstlinge in der Regel gar nichts zu schaffen hat. Die „Opfer" jener Wüstlinge stammen nur selten aus den Proletarierhäusern; sie sind meist Töchter gutsituierter, zuweilen sogar vornehmer Familien, und manche Zeitungen täten besser, sich einmal recht ernsthaft die Frage vorzulegen, welchen Anteil sie selbst an dem Uebelstand haben, ob sie nicht selbt durch ihre „pikanten" Feuilletons usw. ein vollgestrichenes Maß der Schuld trifft, ob nicht die in breitem Behagen geschilderten natürlichen Ansprüche des weiblichen Geschlechts auf sexuelle Gleichberechtigung vergiftend, namentlich auf das unerfahrene und urteilslose junge Volk, wirken müssen. Das alte Allgemeine Preußische Landrecht enthielt eine Präventivmaßregel, die mir immer recht empfehlenswert erschienen ist. Es heißt da im § 992, Teil II Tit. 20, wie ich schon einmal erwähnte, daß Eltern und Erzieher ihre Kinder über die unglücklichen Folgen des Lasters aufklären sollen. Es wird darauf ankommen, schon die Jugend so zu erziehen, daß in dem sexuell gefährlichen Alter nicht mehr die natürlichen Grenzen zwischen dem wirklichen Naturtrieb und der willkürlichen sexuellen Erregung verwischt werden. Man ist immer geneigt, die Schuld an der sittlichen Entartung lediglich der Lektüre, den Zeitungsnotizen und -Novellen usw. beizumessen, und es läßt sich gewiß nicht in Abrede stellen, daß auch diese geistige Nahrung — man könnte sie richtiger geistige Nahrungsmittelverfälschung nennen — wesentlich zur Vermehrung des Uebels beiträgt; aber in erster Linie kommt wohl das in Betracht, was die Kinder zu Hause und auf der Straße, nicht minder in der Schule hören und sehen. Die Zeitungen spiegeln meist nur den Zeitgeist wieder; sie tragen dem Geschmack Rechnung, ohne ihn erweckt zu haben. Wäre dies nicht der Fall, dann würden wirklich unschuldige Kinder über die meisten „pikanten" Stellen hinweglesen, ohne den versteckten Sinn zu erkennen. Man erwecke das Schamgefühl, aber vermeide die Prüderie, man kläre schon die Kinder, soweit es tunlich ist, über die Geheimnisse unseres Lebens auf, aber man hüte sich vor halben Andeutungen, die erst das Kind zum Grübeln veranlassen. Es ist schwer, bei solcher Erziehung das rechte Maß einzuhalten; aber welche Eltern, denen wirklich die Zukunft der Ihrigen am Herzen liegt, wenden nicht gern jede Mühe an? In den großen Städten ist die Gefahr an und für sich größer, die Kinder sind da zu oft Zeugen von Dingen, die das Schamgefühl lähmen, die Neugierde aber anregen. Das, was ich aber ganz im allgemeinen gesagt habe, gilt natürlich auch für die kleine Orte und sogar für das Land. Man wird sich nicht trügerischen Hoffnungen überlassen und glauben dürfen, daß im Handumdrehen ein so tief eingewurzeltes Uebel oder ein Mangel an Schamgefühl beseitigt werden kann, aber immerhin ist auch schon ein kleiner Schritt auf dem Wege der Besserung ein großer Erfolg. Sehr wesentlich ist es auch, der Jugend eine angemessene Beschäftigung zu geben und die so oft beliebte Verzärtelung zu vermeiden, denn diese schwächt zugleich den Charakter und damit die Widerstandskraft. Viel Bewegung in freier Luft, körperliche Arbeit, mag sie auch nur durch Turnen oder andere kräftigende Spiele geleistet werden, ist stets eine gute und wirksame Ablenkung. Nur muß es dabei vermieden werden, die Jugend diese nützliche Beschäftigung als Sport nach englischem Muster betreiben zu lassen, denn das verroht, erweckt die Eitelkeit und nimmt dem kindlichen Spiele den harmlos-kindlichen Charakter. Wer den Ruder- und Radlersport, wie er heute so vielfach auf höheren Schulen betrieben wird, genauer kennt, wird stets den Eindruck gewinnen, daß es keine Kinder mehr gibt. Früher gab es rudernde Kinder, die der Sache wegen zum Ruder griffen und ihre Kräfte stählten; heute gibt es Sportfexe, die ein angemessenes Sportkostüm für unentbehrlich halten und bewundert sein wollen. Hätte sich vor zirka 30 Jahren so ein Bürschchen in ein englisches Regattakostüm gestürzt, dann wäre wohl sogar die hochlöbliche Polizei eingeschritten, und das Gymnasium würde ihm das *consilium abeundi* und wohl auch eine Dosis ungebrannter Asche erteilt haben. Die Zeiten ändern sich und wir uns mit ihnen. Nach meiner Ansicht sollte man die kleinen Gernegroße nicht so in die große Oeffentlichkeit stellen,

**Der Ehebruch.**

Kupfr. von Holtzius (Kupferstichkabinett Berlin.)

in die sie nun einmal nicht hineinpassen. Nicht das Gewand als solches erregt bei mir Bedenken, sondern die Sportfexerei an sich, denn diese bringt auch die Schuljugend schon auf den Gedanken, daß sie alle jene Schranken, die Zucht und Ordnung vorschreiben, nicht mehr zu beachten habe. Daß durch die Extravaganzen, die der Radsport mit sich bringt, die Sittlichkeit gehoben werde, kann man wohl ebenfalls nicht behaupten. Wenn die meist noch recht jungen Burschen mit ebenso jungen Mädchen, oft bis tief in die Nacht, hinausradeln in die freie Natur und sich dort ganz ungestört allein überlassen bleiben, dann ist dies eine Freiheit, die man jungen Leuten ohne Rad nicht gestattet. Ich halte dies für einen Widersinn. Daß gerade durch das Radeln bei sinnlich veranlagten Individuen leicht eine starke sexuelle Erregung hervorgerufen wird, ist von medizinischen Autoritäten übereinstimmend betont worden; es liegt auch durchaus in der Natur der Sache. Ich führe dies nur ganz nebenbei an, weil ich der Ansicht bin, daß dieses Moment schwerlich geeignet ist, die den Radlern gewährte größere Freiheit zu rechtfertigen. Wir haben wahrlich keinen Grund, uns die englische Sportfexerei so sehr zum Vorbild zu nehmen, denn in England gibt es sicherlich keine „bessere Menschen" als bei uns; im Gegenteil, in keinem Lande — selbst in Frankreich nicht — herrscht eine solche raffinierte Unsittlichkeit wie gerade in England. Daß der Sport-Unfug mit allen seinen verrohenden Exzessen daran zum recht großen Teile die Schuld trägt, steht fest.

Wenn ich weiter die natürliche Empfindung der Eifersucht als einen Faktor erwähnt habe, der der Unsittlichkeit das Gegengewicht hält, so ist dies ebenfalls gerechtfertigt. Für Uebermenschen kann dieses Gegengewicht freilich nicht in Betracht kommen; aber das schadet nichts, denn für diese Kategorie habe ich einen besonderen Heiltrunk in Bereitschaft; hier können wir uns zunächst nur mit gewöhnlichen Sterblichen abgeben. „Was du nicht willst, daß man dir tu, das füg' auch keinem anderen zu", sagt das Sprichwort, und darin liegt eine urewige Wahrheit, die überall da befolgt werden muß, wo Menschen friedlich beieinander wohnen. Sie muß natürlich auch auf dem Gebiete des Geschlechtslebens gelten, und sie wird es gerade ermöglichen, bei der Schaffung wirklich nützlicher Strafvorschriften den richtigen Weg einzuschlagen. Im praktischen Leben wird nun jeder Mensch, der noch nicht alles Gefühl für Recht eingebüßt hat, sich sagen müssen, daß er da, wo er Treue für sich fordert, auch selbst Treue halten muß; er wird wissen, daß er selbst nicht die wüstesten Ausschreitungen begehen darf, wenn er absolute Keuschheit von seiner Geliebten verlangt; er wird sich weiter sagen müssen, daß er kein Recht hat, von anderen Respekt vor seinem idealen Besitz zu verlangen, wenn er selbst nicht ebenfalls fremde Ideale achtet. In Wirklichkeit sagt sich das auch jeder; aber zwischen dem Erkennen und dem Befolgen ist doch noch ein gewaltig weiter Schritt. Der rohe Egoismus vergißt so oft, daß man mit den Rechten auch Pflichten übernimmt; das schadet aber auch nichts, denn wenn nur ein Gebot der Moral überhaupt als berechtigt anerkannt ist, dann wird auch eine Strafandrohung wegen der Nichtbefolgung dieses Gebots als berechtigt anerkannt werden müssen, und — sie wird wirken, denn immer werden Gesetze gut und wirksam sein, die von der Allgemeinheit, mögen sie auch einmal unbequem erscheinen, für berechtigt und notwendig gehalten werden.

Wir wenden uns nunmehr dem zweiten Teile unserer Frage zu, wieweit das Uebel bekämpft werden kann, und wieweit es zugelassen werden muß. Daß man den Bogen nicht allzu straff spannen darf, sondern der menschlichen Natur Rechnung tragen muß, ist klar. Es würde vollständig verfehlt sein, wollte man jede Verfehlung als eine strafbare Handlung bezeichnen, denn auch ohne dolose Absicht, ohne jeden Vorsatz, kann jemand im Taumel der Leidenschaft sich zu einem übereilten Schritt hinreißen lassen, den er nach der Tat selbst tief bedauert. Das allein würde freilich nun und nimmer hinreichen, einer an sich verwerflichen Tat den Charakter einer Strafhandlung zu nehmen, denn das Gesagte würde so ziemlich für alle Delikte Anwendung finden können, da es wohl überhaupt keine Strafhandlung geben wird, die nicht auch einmal im Affekt begangen und dann bitterlich bereut werden könnte. Allein gerade bei der einfachen Geschlechtsvereinigung liegt doch die Sache wesentlich anders. Schon das alte Recht hat den Grundsatz aufgestellt: *Volenti non fit injuria,* dem Einwilligenden geschieht kein Unrecht, und der Gesetzgeber kann nicht das

Recht haben, von dem Einzelnen zu verlangen, daß er jeden seiner Naturtriebe unter allen Umständen auch dann unterdrücke, wenn eine zweite, von demselben Triebe beherrschte Person ausdrücklich in die gegenseitige Befriedigung willigt. Wenigstens dann nicht, wenn diese Befriedigung in einer natürlichen, die Allgemeinheit nicht schädigenden und deshalb nicht verbietbaren Weise erfolgt. Wollte man jedes Liebespaar, das sich einmal in einer schwachen Stunde zu einem — sagen wir — Exzeß hinreißen läßt, vor Gericht ziehen und bestrafen, dann würde man unendlich viel Unrecht tun. Es ist jedoch keineswegs leicht, gerade hierbei das richtige Maß einzuhalten, denn eine volle Straflosigkeit, wie wir sie jetzt haben, stellt gerade den gewissenlosesten Subjekten einen Freibrief zu einem liederlichen und gemeingefährlichen Leben aus. Hieraus ergeben sich weitere höchst bedenkliche Konsequenzen. Die jetzt herrschende Praxis läßt auch den strafwürdigsten Verführer unbehelligt und duldet es, daß seine Opfer mit Steinen beworfen werden. Das ist grundfalsch und zeitigt nur Kindesmorde und Abtreibungen. Kein ruhig urteilender Mensch wird dies billigen können. Warum soll denn nur die „Gefallene" ohne Gnade der allgemeinen Verachtung und Schande peisgegeben, der schuldigere Verführer aber unangefochten bleiben?

Es ist bekannt, daß es Moralisten genug gibt, die gerade aus diesem Zustande beweisen wollen, daß es ganz gerechtfertigt sei, ein gefallenes Mädchen ohne Gnade zu verurteilen, weil jedes weibliche Wesen schon vorher wissen müsse, was ihm bevorstehe, falls es sich zu einem Fehltritt verleiten lasse, und daß es schon deshalb sich vorsehen müsse, denn wie man sich bette, so liege man. Ja, das ist doch eine heuchlerische und engherzige Moral, die praktisch auch nur dann eine Berechtigung haben könnte, wenn wir in der angenehmen Lage wären, die Menschen innerlich und äußerlich ganz korrekt mit der großen Moralschere zu bearbeiten, wenn wir ihnen Bindfaden statt der sensiblen Nerven einsetzen könnten. Dann brauchten wir aber überhaupt keine Gesetze, und die gesamte Menschheit würde wie ein Regiment königlich preußischer Gardegrenadiere im gleichen Schritt und Tritt durch unsere schöne Welt marschieren, und ob all der Exaktheit und Korrektheit würde auch dem strengsten Moral-Unteroffizier das Herz im Leibe lachen. Aber auch der königliche preußische Gardegrenadier bewegte sich, als er noch leibhaftig unter uns weilte, nicht immer im Paradeschritt, und Sonntags auf dem Tanzboden, sowie am Feierabend — so um die Kaserne herum, da erfreute er gewiß das Herz seiner Köchin weit mehr als das seines Unteroffiziers. So geht es aber den anderen Menschen auch, und selbst das beste Mädchen hat einmal eine Feierabendstimmung, in der es den gewohnten Drill vergißt. Solche Momente auszunutzen, das ist die „Kunst" unserer Verführungsvirtuosen. Ich möchte wetten, daß jeder Leser sich auf alle Fälle besinnen kann, in denen nicht nur er, sondern auch „alle Leute" bei der Mitteilung einer unehelichen Geburt gesagt haben: „Herrgott, von „der" hätten wir das nicht gedacht; die tat immer so, als könne sie kein Wässerchen trüben". Und wie oft hat „die" nicht bloß so getan, sondern sie war wirklich unverdorben und unschuldig, bis die schwache Stunde kam. Und die tugendsatten Mädchen, die das Glück hatten, daß ihnen die Gefahr nicht nahen durfte, die können es gar nicht verstehen, daß die andere nicht auch standhaft geblieben ist. Wahrhaftig auch bei solchen könnte man sehr oft, wenn erwiesen ist, daß sie wirklich unberührt geblieben sind, sagen: „Herrgott, von der hätte ich das nicht gedacht!" Das Weib ist, wie schon Damhouder v. Carlstatt schrieb, ein „zerbröchlich, bögig vnd weych gefäß"; jede weiß, daß sie doch einmal eine Stunde hat, in der sie unterliegen kann. Gewiß, die klugen Jungfrauen sollten deshalb erst recht vorsichtig sein und auch der Versuchung aus dem Wege gehen. Wenn das nur immer so leicht wäre. Ja, wenn nur die Verführer immer gleich kämen und sagten: „Fräulein, bitte, sehen Sie sich nur ja recht vor; ich habe nämlich die Absicht, Sie zu Falle zu bringen!" Aber in der Regel spielt sich die Sache doch etwas anders ab, und das Mädchen, das man vorher nicht einmal genügend aufgeklärt hat, weil sich „das nicht schickt", wird erst klug, wenn das Unglück geschehen ist. Dann glaubt aber auch jeder und jede, das gefallene Mädchen als eine „Verworfene" verdammen zu dürfen; nur der Mann steht makellos da; was tut's, wenn er auch der fast allein Schuldige ist? Wie streng bestraft man den, der einem anständigen Mädchen nachsagt, es habe sich verführen lassen, wie furchtbar wird oft geahndet, wenn jemand durch Worte die weibliche Ehre angetastet hat. Straflos bleibt er nur, wenn er durch Taten die weibliche Ehre und das ganze Lebensglück eines Mädchens vernichtet hat. Ist das logisch? Ist denn der ein schlimmerer Verbrecher, der einem Menschen gesagt hat: „Ich schlage dich tot!“ oder der, der nichts gesagt, aber wirklich totgeschlagen hat? Ich bin überzeugt, daß man am gesunden Menschenverstand dessen, der diese Frage im Ernste aufwirft, zweifeln würde; aber bei der Verführung? — ja Bauer, das ist etwas ganz anderes!

Und dennoch, es ist nichts anderes; der Unterschied besteht lediglich darin, daß wir in dem einen Falle richtig urteilen, während wir uns in dem anderen durch ganz falsche Moralanschauungen leiten lassen. Nicht zu denen zähle ich, die jede Liederlichkeit entschuldigen wollen, im Gegenteil, ich will behaupten, daß man in 99 von 100 Fällen strenger urteilen könnte, als es jetzt geschieht; aber ich verlange, daß man gerecht urteilt, daß also, wenn die außereheliche Geschlechtsvereinigung, wie dies laut genug betont wird, der Ehre nachteilig ist, sie nicht nur das Weib, sondern auch den Mann schänden muß. Solange dies nicht der Fall ist, solange man dem Manne das unbeschränkte Recht einräumt, durch jedes Mittel, außer durch Anwendung von Gewalt, seine Verführungskünste zu üben, solange wird man ein himmelschreiendes Unrecht begehen, wenn man das verführte Weib als geschändet, verworfen, gefallen oder sonst etwas verachtet. Nicht nur die Menschlichkeit, sondern auch die allereinfachste Gerechtigkeit erfordert es, daß man bei der Beurteilung fremder Schuld Licht und Schatten gleich verteilt, daß man von Fall zu Fall entscheidet, auf wessen Seite wirklich das Uebermaß der Schuld liegt, und daß man nicht mehr blindlings auch da allein das Weib verdammt, wo die Schuld allein dem Manne beizumessen ist. Ich wiederhole, es gibt kein weibliches Wesen, das nicht doch in einer schwachen Stunde zu überrumpeln wäre, weil auch der festeste Charakter einmal wankend werden kann. Das liegt in der menschlichen Natur, das liegt auch daran, daß der Geschlechtstrieb die mächtigste Triebfeder in uns ist, und das darf niemals außer Acht gelassen werden. Wenn die Feministen unsere jetzigen Moralanschauungen bekämpfen, wenn sie eine gleiche Beurteilung auch des Weibes verlangen, so haben sie im Prinzip recht; unrecht haben sie nur in den Schlußfolgerungen, die sie an diese berechtigte Forderung knüpfen.

Mir fällt es gar nicht ein, zu behaupten, daß in jedem Falle das Verschulden nur auf Seiten des Mannes liegen, und daß das Weib immer das unschuldige Opfer sein müsse. Auch der Mann erliegt der Verführung, auch er kann seiner Leidenschaft unterliegen, ohne es gewollt zu haben; aber solange man das Weib für geschändet hält, solange wird allerdings der Mann bei dem objektiven Beurteiler die Präsumption gegen sich haben, daß er in der Gewißheit, an seiner Ehre keinen Schaden zu leiden, leichtfertiger handelt. Zu allen Fragen der Sittsamkeit hat die öffentliche Meinung ein gewaltiges Wort mitzureden, denn sie entscheidet eigentlich allein, was der Ehre eines Menschen Abbruch tut, und was weder schändet, noch den Ruf beeinträchtigt; ist doch der Ruf nichts weiter als die Meinung, die die Oeffentlichkeit über die Handlungsweise eines Menschen hegt. Dabei spielt es keine Rolle, ob jeder Einzelne diese öffentliche Meinung teilt, oder ob er den logischen Nachweis zu erbringen vermag, daß sie falsch ist. Diese Ansichten wechseln nun allerdings häufiger, und so kommt es, daß jede Zeit ihre besondere Moralanschauungen hat, die ein ähnliches Bild zeigen wie das sturmbewegte Meer, d. h. es folgt wie dem tiefen Wellental die gewaltig emporstrebende Woge der sittliche Tiefstand der moralischen Erhebung in ewigem Wechsel, oder, wenn ich es populär ausdrücken soll, es folgt auf die Zeit sittlichen Muckertums eine Zeit zügelloser Genußsucht und umgekehrt. Der Zeitgeist wechselt, und es ist nicht immer mit voller Sicherheit zu sagen, ob die Bewegung strikte aufwärts oder abwärts geht. Davon hängt es natürlich auch ab, wie man gerade über den außerehelichen Geschlechtsverkehr denkt. Wenn sich nun jetzt bei uns eine Bewegung für den Mutterschutz gebildet hat, die danach strebt, daß ein Mädchen, das außer der Ehe einem Kinde das Leben geschenkt hat, deshalb nicht verworfen und geächtet werden solle, so wird man gewiß sehr oft der Meinung begegnen, daß diese Bestrebungen die Sittlichkeit untergraben müßten, und daß sie geradezu darauf hinausliefen, den unehelichen Geschlechtsverkehr zu fördern und die Ehe als überflüssig in Mißkredit zu bringen. Ja, besonders ängstliche Gemüter prophezeien schon den Untergang aller Dinge und den völligen sittlichen und politischen Zusammenbruch. Das ist aber grundfalsch. In Wirklichkeit geht die Bewegung von den besten und edelsten Motiven aus, denn sie will ein erwiesenes Unrecht aus der Welt schaffen, sie will der Doppelmoral ein Ende bereiten, und mit dem Vorurteil, daß in jedem Falle nur das Mädchen geschändet sein soll, der Mann aber, mag er noch so erbärmlich und niederträchtig gehandelt haben, makellos bleibe, aufräumen. Das ist edel und gut, wenn auch aus diesem edlen Motiv von Fanatikern falsche Schlüsse gezogen werden können. Es ist wirklich Zeit, daß in der Frage des sexuellen Verhältnisses zwischen Mann und Weib eine gerechtere Beurteilung eintrete. Bei allen Wandlungen der Moralanschauungen im Laufe der Jahrhunderte hat sich doch das Vorurteil, daß dem Weibe stets ein Makel anhafte, wenn es auch als Opfer eines gewissenlosen Verführers eher Mitleid als Verachtung verdiente, erhalten. Ich meine, daß doch mindestens von Fall zu Fall gewissenhaft geprüft werden müßte, auf wessen Seite eine Schuld liegt, oder ob auf beiden Seiten von einer Schuld nicht die Rede sein dürfte.

Soll man nun generell jeden einzelnen Fall einer außerehelichen Schwängerung zum Gegenstand einer gerichtlichen Verhandlung machen? Das würde man ungeheuerlich finden; aber gleichwohl haben wir in unserem heutigen Rechte schon so etwas ähnliches, aber keineswegs das Richtige. Ich meine die zivilrechtliche Klage auf Alimentation. Unsere Gesetzgebung hat auf diesem Gebiete ständig Verbesserungen eingeführt, weil man sich immer wieder überzeugte, daß das Recht die unehelichen Mütter gar zu ungünstig stellte, und weil man einsah, daß diese geradezu zu Kindesmorden und Abtreibungen gezwungen wurden. Die bitterste Not hat man von ihnen fernhalten wollen; aber die Schande, die häufiger noch als die Geldsorge zu den Missetaten, auch zum Selbstmord führt, die hat man ihnen gelassen. Gerade nach dieser Richtung hin ist das größte Unrecht geblieben. Schon am 24. April 1854 wurde in Preußen ein besonderes Alimentationsrecht für uneheliche Kinder geschaffen, und das jetzige Bürgerliche Gesetzbuch stellt die unehelichen Mütter abermals besser.

Aber auch damit ist keine Gerechtigkeit geschaffen, die Sittlichkeit wird ganz und gar nicht gehoben, und das, was hauptsächlich durch das gerichtliche Verfahren festgestellt werden müßte, nämlich ob die Schuld des Mannes oder die des Weibes größer war, bleibt unberührt. Es wird immer nur darauf ankommen, ob der in Anspruch Genommene wirklich der Vater sein kann oder nicht; das entscheidet, und so macht es nicht den geringsten Unterschied, ob ein raffinierter Verführer der Vater ist, oder ein unerfahrener Mensch, den ein leichtfertiges Weib verleitet hat. Gewiß, der Zivilprozeß, der für das uneheliche Kind gegen dessen Vater geführt wird, kann seiner Natur nach kein Strafprozeß sein und entscheidet deshalb nicht über Schuld wie der Kriminalprozeß; aber die Begriffe der arglistigen Täuschung sind auch dem Zivilrecht nicht fremd, und ich sehe nicht ein, warum die Schuldfrage auf die Höhe der zu zahlenden Alimente keinen Einfluß haben könnte. Im Preußischen Landrecht ging's doch auch, und das war sicherlich sehr gut. Die Alimente werden jetzt einfach nach den Vermögensverhältnissen der unehelichen Mutter berechnet, nicht nach denen des Vaters. Für ein anständiges Mädchen bieten die Alimente gewiß keinen Ersatz für die verlorene Ehre, und ein Mädchen, dem die Ehre nur Chimäre ist, spornen sie eher zur Liederlichkeit an, als daß sie abschrecken, und so viel sich auch die Alimentation vom Standpunkte des Rechts rechtfertigen läßt, so verhütet sie Abtreibungen und Kindesmorde viel zu wenig, weil diese Handlungen sehr oft nur deshalb begangen werden, damit der Makel, Schmach und Schande, die in jedem Falle die uneheliche Geburt zur Folge hat, abgewendet werden sollen. Das alte Recht machte beim Kindesmorde nicht einmal einen Unterschied zwischen ehelichen und unehelichen Müttern; noch die Carolina stellte beide gleich, und erst durch Leysers eindringliche Belehrung erkannte man den Unterschied und stellte die unehelichen Mütter besser. Aber wir stecken doch immer noch sehr in den Vorurteilen des sogenannten finsteren Mittelalters, gerade auf dem hier in Rede stehenden Gebiete, und wir werden nicht eher von einem wirklichen Fortschritt reden dürfen, ehe wir gelernt haben, die Schande nach dem Verschulden zu bemessen. Warum soll denn da nicht der Unterschied gemacht werden, dessen Vorhandensein doch jeder fühlt?

Und unsere Zeit ist nicht einmal konsequent in ihrem Vorurteil. Jubeln wir denn nicht großen Künstlerinnen zu, trotzdem wir wissen, daß sie uneheliche Kinder besitzen? Sie sind nicht nur nicht geschändet, sondern in allen Gesellschaftskreisen wohl gelitten und hochgeachtet. Warum geht's denn da, obgleich es in anderen Verhältnissen unmöglich sein soll? Die Alimentation kann nur da als ein wenigstens annähernder Ausgleich gelten, wo die Schuld auf Seiten des Mannes und des Weibes ziemlich gleich ist; in allen anderen Fällen trifft sie den Verurteilten entweder zu hart oder zu milde. Ebenso wird dem Weibe durch die Alimente zu wenig oder zu viel zugebilligt. Man darf wohl so sagen, wenn auch in Wirklichkeit die Alimente nicht für die Mutter, sondern für das Kind gezahlt werden. Nutznießerin ist in der Regel die Mutter. Das hat man in älteren Rechten teilweise zu berücksichtigen gesucht, indem man für Kinder, die in Blutschande und Ehebruch erzeugt waren, keine Alimente gewährte. Natürlich war das auch nicht richtig; aber es läßt einen gesunden Grundgedanken erkennen; man nahm an, daß die *ex damnato coitu procreati* nicht dieselben Rechte genießen könnten, wie die nicht durch ein Kapitalverbrechen Erzeugten; das Gesunde der Idee lag darin, daß man der Mutter dafür, daß sie ein schweres Verbrechen begangen hatte, nicht auch noch die Vergütung gewähren wollte. Falsch war die Idee aber deshalb, weil sie die unschuldigen Kinder am schwersten traf, wie denn überhaupt in früherer Zeit die unehelichen Kinder für die Leichtfertigkeit ihrer Eltern am schwersten zu büßen hatten, weil man, wie dies auch heute noch der Fall ist, unbekümmert um Schuld oder Nichtschuld, lediglich die Tatsache der unehelichen Geburt berücksichtigte.

Wann liegt nun aber die Schuld des Mannes und des Weibes gleich? Das ist zunächst beim Konkubinat der Fall, denn bei diesem handelt es sich um eine beiderseits freiwillige Entschließung, gemeinschaftlich zu leben wie in der Ehe, aber ohne eine wirkliche eheliche Verbindung; der Hauptzweck einer solchen Verbindung bleibt die Geschlechtsvereinigung. Daß ein solches Verhältnis nicht als moralisch gelten kann, liegt auf der Hand, aber man ist doch zweifellos nicht berechtigt, es als eine Strafhandlung zu bezeichnen. Die sogenannte Gewissensehe, *matrimonium conscientiae,* in der bekanntlich Goethe mit der Vulpius lebte, ist streng genommen nur eine Abart des Konkubinats; da sie aber unter der Vereinbarung, daß sie auf Lebenszeit gelten solle wie jede wirkliche Ehe auch, eingegangen wird, kann man sie subjektiv nicht mehr für eine unmoralische Vereinigung halten, wenn man nicht die Form über das Faktum erheben will. Auch beim Konkubinat wird in der Regel gegenseitige Treue versprochen und gehalten, oft mehr als in der Ehe. Daß gleichwohl im Konkubinat eine Unmoral enthalten sein kann, darf nicht übersehen werden; es ließe sich also auch da nur von Fall zu Fall entscheiden, ob wirklich eine Schädigung der Sittlichkeit vorliegt oder nicht. Für uns kommt es aber nur darauf an, den Fall als einen solchen hier anzuführen, bei dem das sittliche Verschulden oder Nichtverschulden auf beiden Seiten gleich ist.

Weiter wird man die sittliche Aequivalenz annehmen müssen, wenn zwei Personen, die in einem aufrichtigen Liebesverhältnis zueinander stehen, sich im Taumel der Leidenschaft gegenseitig zu einem „Fehltritt" hinreißen lassen. Man mag dies vom Standpunkte der strengen Moral nicht billigen können, vom Standpunkte der Menschlichkeit wird man es aber entschuldigen müssen, weil man menschliche Fehler und Schwächen menschlich beurteilen soll. Derartige Verirrungen als Strafhandlungen ansehen zu wollen, halte ich für verfehlt, und auch Gesetze, die sehr streng gegen jede Unsittlichkeit vorgingen, haben derartige Fälle durchaus milde behandelt, und eine Einschreitung nur dann zugelassen, wenn einmalige oder mehrfache Vermahnung nichts fruchten wollte. Ich kann die Berechtigung eines behördlichen Einschreitens oder auch nur einer „Vermahnung" in solchen Fällen nicht anerkennen.

Prüft man, welche Stellung das alte Recht gegenüber der unehelichen Geschlechtsvereinigung einnahm, so findet man in den mittelalterlichen Gesetzen diesen Gegenstand gar nicht berührt, während viel ältere Gesetze teilweise sehr schwere Strafandrohungen enthalten. Schon die römische *Lex Julia* ordnete für Mann und Weib die Konfiskation der Hälfte des Vermögens an und verordnete gegen Personen niederen Standes, die kein Vermögen besaßen, Leibesstrafen und Relegation. Die alten deutschen Gesetze waren noch strenger; bei den Dithmarschern z. B. konnte eine Jungfrau, die sich hatte schwängern lassen, auf grausame Weise getötet werden; ich habe die Stellung der Frau als gekauftes Eigentum schon hinreichend gekennzeichnet, und auch dargetan, daß die Mädchen nicht aus Gründen heutiger Moralanschauung zur Keuschheit gezwungen waren. Wenn nun das Mittelalter keine Strafen in den Gesetzen vorschreibt, so darf daraus nicht etwa geschlossen werden, daß die Unzucht erlaubt gewesen sei, sondern das Fehlen bestimmter Strafvorschriften erklärt sich daraus, daß die Kirche das *stuprum* vor ihre Gerichtsbarkeit gezogen hatte und den „leichtfertigen" Personen Kirchenbußen auferlegte, wie auch jetzt noch in der katholischen Kirche für solche in der Beichte gestandenen Leichtfertigkeiten Bußen auferlegt werden. In Fällen, die besonders Aergernis erregt hatten, griff die Obrigkeit auch wohl auf eigenes Risiko scharf ein. So erzählt Olaus Magnus: „Anno 1530 ließ der Rath zu Danzig sieben verhurte Kaufleuthe, welche mit vielen geilen Huhren, nachdem sie vorher ihren unkeuschen Willen mit denselben vollbracht, einen nackenden Tantz, den sie Adams und Evas Tantz nenneten, beym Kopf nehmen, und mit den Huhren öffentlich an den Pranger stellen, auch mit Ruthen hart streichen, hernach sie aller ihres Glücks- und Ehren-Güther entsetzen, und der Danziger Gericht auf ewig verweisen. Ja, es ist das Hauß, drinn diese Böcke so geile Sprünge gethan, geschleift, und ein Verboth darbey angehanget worden, daß niemand mehr dasselbe zu einiger Zeit solle bewohnen." Erst später bemächtigte sich auch die weltliche Obrigkeit der Sache, und dazu hatte sie auch allen Grund, denn das Uebel bildete sich immer weiter aus; die Kirche hatte wenig Einfluß trotz Bußen, und es war deshalb notwendig, dem Uebel zu steuern. Die Carolina allerdings enthält keine Strafbestimmungen; sie konnte sie aber auch nicht enthalten, da das *stuprum* nicht Verbrechen war, mithin auch nicht in die Peinliche Halsgerichtsordnung gehörte. Dagegen enthält schon die Reichspolizei-Ordnung von 1530 bestimmte Strafvorschriften, und die niederen Gerichtsbarkeiten gingen dem Uebel auch da, wo es ihnen paßte, energisch zu Leibe. Es darf hierbei aber nicht übersehen werden, daß die Obrigkeiten der Sittlichkeit eigentlich mehr geschadet als genützt haben, weil sie in der Regel durch die an liederlichen Weibern — zuweilen auch Männern — vollzogenen Schandstrafen gerade den besten Schutz gegen die Unsittlichkeit, das Schamgefühl, vernichteten. Es wurden nämlich solche Personen zu ihrer Schande öffentlich in wahren Harlekinaden ausgestellt. Nach Gemeinem Rechte wurde übrigens schon zu allen Zeiten zwischen dem *stuprum* und der *fornicatio* ein wesentlicher Unterschied gemacht. Es hieß: „*Jure civili coitus cum meretrice impunibilis est.*" Dagegen war der *coitus* mit einer unbescholtenen Frauensperson, eben das *stuprum,* verboten.

Einen höheren sittlichen Wert hatten zuerst die Vorschriften der Chursächsischen und Hessischen Ordnung, von denen die erstere besagt: „Da ein ledige Mannsperson ein Jungfraw, oder vnberüchtige Wittwe beschläfft, vnd er (wie doch billich geschicht) dieselbig zur ehe nit nemmen wil, so sol er sie jres standes vnd herkommens nach dotiren, vnd da sie von jhme Leibesfrucht hat, dieselbige uff Gerichtliche ermessigung alimentiren, vnd darüber mit zeitlichen Gefängnuß gestrafft werden. Wie dann solches in vnsers Brudern Churfürst Moritzen usw. seliger Gedächtnus Lands Ordnung versehen vnd sonsten den Rechten gemeß ist. Da aber auch darüber die verbrechung dermaßen beschaffen, daß sie nach gelegenheit der Personen vnd andern vmbstände, größer vnd härtere straff erforderte, So sollen die Schöpenstüle vnd Gerichte in vnsern Landen, dieselbige auß krafft dieser vnserer Constitution zuerhöhen, vnd dießfalls auch auff Stuppenschlägen, zu sprechen, vnd zu erkennen haben."

Die Hessische Ordnung ist der Sächsischen sehr ähnlich; auch dort ist die erste Forderung, daß *stuprator stupratam* heiraten soll. Im Weigerungsfalle ist die Dotierung event. auch Alimentation und Turm- oder Geldstrafe vorgeschrieben. Ganz neu ist die Bestimmung allerdings auch damals nicht gewesen, denn wir finden im mosaischen Rechte fast dieselben Vorschriften. Sie sind dann auch in das Preußische Landrecht übergegangen, in der Praxis haben sie allerdings nicht sonderlich gewirkt, besonders deshalb, weil den vornehmen Wüstlingen in der Regel gar zu bedenkliche Konzessionen gemacht wurden, und weil die

Alimentationen zu niedrig ausfielen. 10—12 Tlr. pro Jahr war der Durchschnitt, der auch nur bis zum 12. Lebensjahre des Kindes gezahlt wurde. Das konnte zwar ein Mädchen nicht zur Unsittlichkeit verlocken, aber noch weniger konnte es einen wohlhabenden Mann davon abhalten, in der rücksichtslosesten Weise seinen Vergnügungen nachzugehen. Die Vorschrift, daß der Verführer die Verführte heiraten solle, war nur dann als vorhanden anzusehen, wenn die Verführte eine Standesperson war, denn für die Richter waren die Rücksichten auf Standesurteile meist weit wichtiger als die auf das Gesetz, und die preußischen Könige sind wahrlich nicht ohne Grund wiederholt mit dem Knüppel zwischen ihre Kollegia gefahren. Noch Friedrich der Große hat sein ganzes Leben hindurch der Unparteilichkeit seiner Richter nicht getraut und oft genug Veranlassung genommen, energisch einzuschreiten. Die Preußischen Richter waren aber keineswegs weniger zuverlässig und den Einwirkungen von oben mehr zugänglich, als die Richter anderer Länder.

Die Theresiana faßte das *stuprum* und die *fornicatio* in einem Artikel zusammen, trennte aber gleichwohl diese beiden Begriffe sehr streng. Es heißt in den §§ 1 und 2 Art. 81: „Die gemeyne Hurerey wird begangen, da entweder erstlich: zwey ledige Personen beyderley Geschlechts sich ein- oder andermal miteinander fleischlich vergehen; oder andertens, zwey ledige Personen in stäter unehelicher Beywohnung leben; oder drittens: da eine ledige Weibsperson dem unzüchtigen Leben nachhanget, und Jedermann zu Willen stehet. § 2. Belangend nun diese 2 erste Gattungen dieses Verbrechens, da wollen Wir, daß dergleichen Personen durch ihre sonst ordentliche Obrigkeit von ihrem sündlichen Leben alles Ernstes abgemahnet, anbey in vernünftiger Rucksicht, und Erwegung ihres Standes, Geschlechts, Bedienstung, guten Anverwandtschaft, und sonstigen Wohlverhaltens das erstemal bescheidentlich, und ohne öffentliche Beschimpfung, und zwar nach Beschaffenheit der Umständen entweder mit einem scharffen Verweis, oder mit einer leidentlichen, und ihrem Vermögen angemessenen Geldbuß, oder zeitlichen Arrest, oder sonst einer heimlichen Straffe; das andertemal aber mit Verschärffung einer sogestalten Abbüßung; und endlich, wenn solche zweymalige

Abwarn- und Züchtigung nichts fruchtete, und die Täter von ihrem bösen Lebenswandel nicht abstünden, auf ferneres Betretten durch das Landgericht mit einer gemessenen, und bewandten Umständen nach öffentlichen Leibesstraffe beleget, auch nach Gestalt der Sachen des Lands- oder *respective* Landgerichts auf ewig verwiesen werden sollen. Dahingegen wider die dritte Gattung der Huren, und gemeinen Schleppsäcken allemal Landgerichtlich mit empfindlicher Leibesstraffe, und jeweiliger Lands- oder Landgerichtsverweisung zu verfahren ist."

Es läßt sich gegen diese Vorschriften sicherlich noch manches einwenden; aber sie enthalten auch vieles Gute und Beachtenswerte. Daß die Obrigkeit das Recht habe, sich in private Liebeshändel einzumischen, wo sie dies nicht aus Rücksicht auf beteiligte Standespersonen unterließ, wurde zu jener Zeit nicht bezweifelt; ich sehe, da ich dem Zeitgeist Rechnung zu tragen habe, bei der Kritik der Theresiana von dieser Frage selbstverständlich gänzlich ab. Zunächst ist es eine sehr weise Bestimmung, daß die Sündigenden nur heimlich und bescheidentlich verwarnt werden sollten, und daß sie auch bei der zweiten Ueberführung noch nicht öffentlich bloßgestellt werden durften. Die öffentliche „Leibesstraffe" im dritten Falle war dagegen bedenklich. Mochte man auch davon ausgehen, daß zweimal vergeblich Gewarnte bewiesen hätten, daß sie nicht gebessert werden könnten, so hätte man doch bedenken müssen, daß man ihnen durch die öffentliche Bestrafung jeden sittlichen Halt, das Schamgefühl, nahm, und daß solche öffentliche Strafen gewiß die Allgemeinheit nicht bessern konnten. Einmal übte die Besprechung der diskreten Angelegenheit immer einen prickelnden Reiz aus, der bei Fleischesvergehen stets leicht zur Nachahmung reizt, und zweitens wurde auch das allgemeine Schamgefühl abgestumpft. Sobald jemand sieht, daß noch viele das zu dulden haben, was er selbst zu leiden hat, erscheint es ihm nicht allein weniger beschwerlich, sondern auch weniger ehrenrührig. Ebenso ist die schwere Strafandrohung gegen Prostituierte im höchsten Grade verfehlt. Der Idealismus konnte sich zwar gegen die Prostitution auflehnen; aber der praktische Verstand muß sie als ein notwendiges Uebel dulden und wird dies auch gerade im öffentlichen Sittlichkeitsinteresse müssen;

sie kann nur soweit beschränkt werden, wie dies erforderlich ist, um durch sie eine Verleitung zur Unzucht zu verhindern; ihre gänzliche Beseitigung würde die Sittlichkeitsverbrechen und die Verführung anständiger Mädchen wesentlich befördern. Noch einen sehr bedenklichen Fehler wird man darin erblicken müssen, daß hier stets beide, Mann und Weib, mit Strafen bedroht sind. Auf den ersten Blick mag es frappierend richtig aussehen, daß da, wo zwei sündigen, auch zwei bestraft werden sollen, und ich muß offen gestehen, daß diese Auffassung auch noch richtiger ist, als unsere heutige Anschauung, die immer nur das gefallene Weib verwirft; aber genauer betrachtet sieht jene Vorschrift doch so aus, als bestrafe man nicht nur den Dieb, sondern auch den Bestohlenen, statt ihn gegen den Dieb zu schützen. Man könnte auch da konstruieren, daß der Bestohlene Mitschuldiger sei, weil er durch seinen Besitz den Dieb erst zum Stehlen verleitet habe. Das klingt paradox, es ist aber ganz logisch, und noch mehr tritt dies zutage, wenn man berücksichtigt, was der Art. 81 als Milderungs- und Erschwerungsgründe anführt. Als besonders erschwerend galt es nämlich, wenn große Bosheit oder Ausgelassenheit zutage traten, oder wenn ein öffentliches Aergernis erregt worden war, ferner: „Da Jemand vorsetzlich, und gefährlicher Weise junge Leute zu solchem Lasterleben verführt hätte, und da hervorkäme, daß eine unzüchtig-unverschämte Vettel das Hurenleben schon geraume Zeit getrieben, und gleichsam ein Handwerk daraus gemacht habe.“ Als Milderungsgrund galt es, „wenn eine Weibsperson aus jugendlichem Unverstand, Einfalt, oder arglistiger Ueberredung zum Fall gebracht, oder ein junger Mensch durch eines anderen boshafte Verführung zu einem solchen Fehltritt wäre verleitet worden.“ Daß man diese letzteren Eventualitäten nur als Milderungsgründe, nicht als strafausschließend anführt, zeigt die Richtigkeit meiner obigen Behauptung, denn es liegt doch sonnenklar auf der Hand, daß eine aus „jugendlichem Unverstand, Einfalt oder arglistiger Ueberredung zu Falle gebrachte Weibsperson“ sich so ungefähr in derselben Lage wie der Bestohlene befindet.

Daß die schwerste Strafe den böswilligen Verführer treffen sollte, das kann man schon für die Basis des Gedankens, den ich für den allein rettenden für unser heutiges Strafrecht halte, bezeichnen. Es kam dabei garnicht darauf an, ob der Mann oder das Weib der verführende Teil war; da generell beide strafbar waren, würde eine solche Unterscheidung auch im höchsten Grade ungerecht gewesen sein. Mag auch die Verführung in der Regel vom Manne ausgehen, so ist doch auch das umgekehrte Verhältnis keineswegs so selten, daß das Beispiel von Potiphars Gattin und dem keuschen Joseph (1. Mose, Kap. 39) das einzige wäre, das uns die Jahrtausende überliefert haben. Uebrigens hat man zu allen Zeiten nicht daran gezweifelt, daß Weiber auch die Männer verführen, sondern nur daran, daß Männer solchen Verführungen widerstehen; das ist auch in der Tat bei der Geschichte Josephs das einzig Wunderbare. Schon im XVI. Jahrhundert erklärte Dr. Pfeiffer, dieses Wunder nicht — erklären zu können. Für die Verführerin gab er eine recht abenteuerliche Erklärung an: er meinte nämlich, daß Potiphar Eunuche bei Pharao gewesen sei, und daß sich deshalb seine Gattin habe vertrauensvoll an den besser ausgestatteten Joseph wenden müssen. Später suchte man das „Wunder" dadurch zu erklären, daß man behauptete, Joseph sei in noch höherem Grade dumm als keusch und nebenbei sehr schüchtern gewesen. Das trifft recht gut die Ansicht, die man heutigen Tages über einen Menschen haben würde, der in ähnlicher Lage wie Joseph handeln wollte.

Die Theresiana kannte noch ein sehr erschwerendes Moment und ordnete (Art. 82) die Strafe des öffentlichen Auspeitschens mit nachfolgender Landesverweisung an, wenn der Geschlechtsverkehr zwischen Christen und Juden oder überhaupt Andersgläubigen stattgefunden hatte; es erscheint dies weniger wunderbar, wenn man erwägt, daß noch ältere Gesetze jede Geschlechtsvereinigung zwischen jüdischen und christlichen Personen einfach für Sodomie erklärten und deshalb die Strafe des lebendig Verbrennens zuließen. Auch die Türken ließen einen Verkehr zwischen Türkinnen und „ungläubigen Hunden" nicht zu. Mich. Heberer und Stiefler führen dafür ein sehr interessantes Beispiel aus der zweiten Hälfte des XVI. Jahrhunderts an. Der Roman hat sich in Konstantinopel abgespielt. Die Tochter eines reichen

**Im Frauenhaus.**
Nach einem Kupferstich von de Bry.

und vornehmen Türken hatte sich in einen griechischen Jüngling sterblich verliebt und es trotz strengster Bewachung fertig bekommen, dem Auserkorenen ihr Herz offenbaren und ihn zu sich bestellen zu lassen. Der „ungläubige Hund“ war in diesem Falle keineswegs ungläubig; er hörte die Botschaft gern und befolgte den zarten Wink so oft und so nachdrücklich, daß die schöne Türkin eines halb „gläubigen“, halb „ungläubigen“ Knäbleins genas. Darob herrschte im Hause des Türken große Entrüstung, aber da der vornehme Mann gern jeden Skandal vermeiden wollte, erklärte er dem Griechen, daß dieser ihm als Schwiegersohn sehr willkommen sei, wenn er nur die Güte haben wolle, Mohammedaner zu werden. Dies lehnte der kühne Jüngling rundweg ab, und damit würde er wohl sein Todesurteil unterschrieben haben, wenn nicht der vornehme Türke dem Kadi begreiflich gemacht hätte, daß er nicht gern zum Gespött werden wolle. Das war allerdings eine sehr kostspielige Belehrung, aber Allah ist groß und das Gewissen eines Kadi eben so weit wie sein Geldbeutel. So wurde denn der Fall vertuscht, der Grieche kam mit einer Geldbuße davon, und dem Paare wurde eröffnet, daß beide sich aber für alle Zukunft strengstens voneinander fernzuhalten hätten. Dies versprachen sie zwar, aber sie hielten's nicht. So wurden denn die Liebenden eines schönen Tages wieder auf frischer Tat erwischt. Der reiche Türke sah ein, daß er ein armer Türke werden müsse, wenn er fortwährend das Recht korrigieren wollte, deshalb ließ er diesmal der Justiz freien Lauf. Die Liebenden wurden — sie vorwärts, er rückwärts — auf einen Esel gesetzt und zu Schmach und Hohn durch die Stadt geführt. An der Richtstätte am Meere entkleidete man den verliebten Jüngling, band ihm Arme und Beine zusammen, schlug ihm einen eisernen Haken durch die Rippen und hing ihn daran an einen Baum, so daß er die furchtbarsten Qualen zu erleiden hatte, ohne daß jedoch der Tod eintrat. Die Türkin wurde vor seinen Augen ins Meer gestürzt und ersäuft. Der Griche soll dann noch volle drei Tage unter strenger Bewachung seine Qualen ertragen haben, bis es seinen Freunden gelang, die Wächter zu bestechen, daß sie ihn schließlich vergifteten. Allah ist groß, das türkische Gewissen weit.

Auf weitere Vorschriften des älteren Rechtes brauchen wir hier nicht einzugehen, weil schon die mitgeteilten hinlänglich erkennen lassen, wie die Unzucht überhaupt aufgefaßt wurde. Das Prinzip, beide Beteiligte zu bestrafen, ist am prägnantesten in der Theresiana zum Ausdruck gebracht worden, dort ist auch die Möglichkeit gewahrt, den verführenden Teil schwer, den verführten aber sehr milde zu bestrafen. Nach jetzigen geklärten Anschauungen wird man derartige Maßnahmen überhaupt nicht mehr rechtfertigen können; wir dürfen eine Strafandrohung für den mit voller gegenseitiger Einwilligung geschehenen Geschlechtsverkehr nicht mehr befürworten, halten derartige Strafbestimmungen auch nicht für segensreich. Dagegen bin ich, wie gesagt, der Ansicht, daß es dringend geboten erscheint, auch in der Beurteilung seitens der öffentlichen Meinung etwas gerechter zu verfahren. Es ist einmal in Dresden bei einer Sitzung des Frauen-Rechtschutzvereins von einem Fräulein Pappritz das Wort der Charlotte von Schwerin zitiert worden: „Wir sind nicht besser, wir haben es nur besser.“ Da dies auf die Prostitution bezogen war, darf man es als eine grobe Beleidigung aller anständigen Mädchen und als eine starke Unwahrheit bezeichnen. Wenden wir das Zitat aber an in Rücksicht auf einen großen, ja auf den größten Teil der sogenannten Gefallenen, dann können wir den Ausspruch denn doch als höchst beachentswert auch für unser Thema betrachten; er hat da gewiß eine große Berechtigung.

## Die Verführung.

Wenn ich im vorigen Kapitel die Ansicht vertreten habe, daß der mit voller beiderseitiger Einwilligung vollzogene Geschlechtsverkehr nicht als eine Strafhandlung angesehen werden dürfe, so scheide ich natürlich alle Fälle aus, in denen eine wirkliche Verführung vorliegt, denn diese möchte ich unter allen Umständen als Vergehen, und zwar als ein recht verwerfliches, angesehen wissen. Ich kann hierbei allerdings nicht dem Prinzip der Theresiana folgen, weil ich nicht die außereheliche Geschlechtsvereinigung schlechthin treffen und beide Beteiligte bestraft wissen will, sondern nur den Verführer. Wir haben oben gesehen, daß nicht immer der Mann der verführende Teil zu sein braucht, und es könnte sich nun fragen, ob auch die verführende Frau dieselbe Strafe treffen müsse wie den verführenden Mann. Wenn ich es auch als ein Unrecht ansehe, daß die Schuld des Mannes und die des Weibes einseitig zum Nachteil des letzteren beurteilt wird, sobald es sich um den außerehelichen Geschlechtsverkehr handelt, und wenn man deshalb anscheinend auch bei der Verführung auf dem gleichen Standpunkt stehen müßte, um konsequent zu bleiben, so verneine ich doch ohne Bedenken diese Frage. Ich tue dies aus Gründen der alltäglichen Erfahrung, und trete nicht für die absolute Gleichberechtigung der Geschlechter, die der Natur nach nicht bestehen kann, ein, sondern nur für gleiches Recht auf eine vorurteilslose Bewertung ihrer Schuld. Fälle, in denen Knaben durch erwachsene weibliche Individuen in die Geheimnisse des sexuellen Verkehrs eingeweiht werden, trifft schon der § 176, den wir nachher zu betrachten haben werden. Derartige Affären kommen zwar viel häufiger vor, als man annimmt; sie gelangen aber nur sehr selten zur gerichtlichen Ahndung, da sie fast niemals zur Anzeige gebracht werden. Ich erinnere mich nur eines Falles, der vor etwa dreißig Jahren das Berliner Landgericht II beschäftigte. Es handelte sich um ein Dienstmädchen, das in der Umgegend der Reichsmetropole den sehr jugendlichen Sohn der Herrschaft verführt hatte und deswegen bestraft wurde. Ob es notwendig ist, die Altersgrenze bei den vor solchen Gelüsten zu schützenden Personen hinaufzusetzen, werden wir später zu prüfen haben. Erwachsene Männer gleichen sonst dem berühmten Joseph nur darin, daß sie zuweilen auch den Mantel opfern, wenn die Versucherin winkt, allerdings nicht, um sich selbst vor der Sünde zu retten, sondern höchstens um ihn zu versetzen und mit dem Erlös die Versucherin noch fester an sich zu ketten; bis es ihnen so ähnlich geht wie dem verlorenen Sohne, von dem es Lucas 15. 16 heißt: „Und er begehrte seinen Bauch zu füllen mit Trebern, die die Säue aßen; und niemand gab sie ihm." Treber hat er nun allerdings nicht verlangt, sondern die Frucht des Johannisbrotbaumes; Luther hat den griechischen Ausdruck nicht gekannt. Soll man aber wirklich die Tugend der Männer schützen? Das will ich ihnen nicht antun; sie kennen ja „ihr" Recht ohnehin. Das ist bei dem augenblicklichen Stande des Rechtes nicht schwer, da so ziemlich alles, was ihnen Vergnügen macht, ihr Recht ist; es würde aber auch nicht schwer sein, wenn an Stelle dieses Rechtes ein logischeres träte. Für den Mann hat ein Fall, in dem er wirklich der Verführte war, weiter keine üblen Folgen, als daß er ein Vergnügen, das er sonst stets selbst sucht, ohne weitere Bemühungen genossen hat. Ob es nicht billig wäre, ihn in solchen Fällen von der Alimentationspflicht zu befreien, wie dies wenigstens dann, wenn die Verführerin älter als der Mann, und dieser noch nicht volle 20 Jahre alt war, nach dem Preußischen Gesetz vom 24. April 1854 (§ 9a 2c) geschah, will ich hier unerörtert lassen, weil wir auf die zivilrechtliche Seite der Sache nicht näher einzugehen haben.

Anders liegt aber die Sache bei den verführten Mädchen, denn diese haben die schwersten Folgen zu tragen und müssen auch ihrer ganzen Geschlechtseigentümlichkeit nach als schwer geschädigt gelten. Es ergibt sich auch hieraus wieder, daß von einer absoluten sexuellen Gleichberechtigung gar nicht die Rede sein kann. Man wird nun den Einwand erheben können, daß ich hier etwas verfechte, was theoretisch gut, praktisch aber nicht durchführbar sei, weil sich gar nicht feststellen lasse, ob es sich nur um einen auch nach meiner Ansicht straflosen Fehltritt oder um eine Verführung handele, weil einfach der Verführer nur eine Liebschaft anzuknüpfen, seinen unsauberen Zweck zu verfolgen und dann zu sagen brauche, er habe sich ohne besonderen Vorsatz dem Mädchen genähert und dann mit dessen voller Einwilligung gesündigt, während ein wirklich harmloser Mann, der gegen seinen Willen von seinem Triebe hingerissen worden sei, sehr leicht in die Lage kommen könne, als arglistiger Verführer bestraft zu werden. Ich will zunächst gar nicht bestreiten, daß dieser Einwand eine gewisse Berechtigung hat; aber sehen wir einmal zu, ob er tatsächlich so unwiderleglich ist, daß man deshalb ein Gesetz, dessen Notwendigkeit sicherlich niemand bestreiten kann, nicht schaffen dürfte.

Zunächst weise ich darauf hin, daß auch unser heutiges Recht schon im § 182 die Verführer mit Strafe bedroht; es heißt da: „Wer ein unbescholtenes Mädchen, welches das sechzehnte Lebensjahr nicht vollendet hat, zum Beischlaf verführt, wird mit Gefängnis bis zu einem Jahre bestraft. Die Verfolgung tritt nur auf Antrag der Eltern oder des Vormundes der Verführten ein.“ Mädchen bis zum 14. Lebensjahr schützt viel nachdrücklicher der § 176; das weibliche Geschlecht ist also gegen Verführung nur zwei Jahre geschützt, und da muß man sich denn doch fragen: 1. Reicht das aus? und 2. Ist das, was zwei Jahre lang möglich ist, mit dem 16. Geburtstage plötzlich unmöglich geworden? Ich verneine beide Fragen. Wir haben jetzt im Leben des Weibes drei strafrechtliche Phasen. Die erste reicht bis zum 14. Jahre. Wer ein in dieser Phase stehendes Mädchen nur unzüchtig berührt, riskiert eine Zuchthausstrafe bis zu 10 Jahren. Wartet er einen Tag länger, bis das Mädchen den 14. Geburtstag feiert, dann kann er sogar den Beischlaf wirklich vollziehen, und die höchste zulässige Strafe ist 1 Jahr Gefängnis. Zwei volle Jahre genießt das Mädchen den letzteren Schutz; wartet der von der Deflorationsmanie beseelte, aber eine Kleinigkeit vorsichtigere Verführer bis zum 16. Geburtstage des Mädchens, dann ist die Beute vogelfrei, dann kann er machen, was er will, und kein Staatsanwalt regt sich mehr darüber auf; denn Notzucht usw. begeht ein raffinierter Verführer niemals. Mit dieser dreifachen Altersgrenze ist es aber noch nicht einmal abgetan, sondern es gibt noch eine vierte, die am allersichersten die Widersinnigkeit des heutigen § 182 beweist. Der § 57 läßt nämlich die volle Strafmündigkeit erst mit dem zurückgelegten 18. Lebensjahre eintreten, würde also ein Mädchen von $17^{364}/_{365}$ Jahren ein Sittlichkeitsdelikt begehen, dann gilt es noch nicht für voll verantwortlich, wird es aber selbst das Opfer einer unsittlichen Handlung, dann ist es schon zwei Jahre weniger einen Tag vorher vollständig mündig und so weit verantwortlich wie eine Matrone. Ich habe mir bisher vergeblich den Kopf zerbrochen, wie sich diese Doppelgrenze vereinigen läßt; vorläufig ist mir das aber auch nicht einmal durch Scheingründe gelungen. Hätte das Gesetz wenigstens im § 182 die Altersgrenze in Uebereinstimmung mit dem § 57 auf 18 Jahre normiert, dann könnte man vielleicht eher den Sinn verstehen.

An und für sich ist die rein kalendermäßige Bestimmung des Zeitpunktes, an dem von Rechts wegen die volle geistige Zurechnungsfähigkeit einzutreten hat, sehr bedenklich, weil sie nicht immer auf Kommando, sondern in der Regel auf die Individualität hört. Im § 57 ist die Schablone nicht so störend, da es in jedem einzelnen Falle noch der besonderen Feststellung bedarf, ob ein Angeklagter auch wirklich die zur Erkenntnis seiner Strafbarkeit erforderliche Einsicht besessen hat. Das spricht aber noch mehr gegen den § 182, denn sehr wohl ist der Fall möglich, daß ein Mädchen, das, als es im Alter von 16 Jahren verführt wurde, für geistig reif galt, noch kurz vor dem 18. Jahre als Angeklagte für nicht strafbar erklärt wird, weil es die erforderliche Einsicht noch nicht besaß. Soll denn aber der § 182 die Mädchen überhaupt nicht vor der Verführung, sondern nur vor einer gesundheitlichen Schädigung ihres noch nicht hinreichend entwickelten Körpers schützen? Dann wäre der § 182 einmal der Gipfelpunkt der Unsittlichkeit, ferner wäre er widersinnig, weil er dann nicht nur die Verführung, sondern überhaupt jede Beischlafsvollziehung verbieten müßte, drittens dürfte er dann gar nicht im Abschnitt 13 des Strafgesetzbuches stehen, und viertens wäre es verfehlt, weil auch die körperliche Entwickelung der Mädchen in ganz verschiedenen Altersstufen eintritt, genau so wie die volle geistige Reife.

Sehen wir uns zunächst einmal an, wie die älteren Gesetze die Altersgrenzen bestimmten. In der alten deutschen Rechspflege soll man eine sonderbare Prüfung angewendet haben. Hatte ein Kind unter sieben Jahren etwas verbrochen, dann hielt man ihm einen Apfel und ein Geldstück hin. Griff es nach der Münze, so nahm man an, daß es schon eine hinreichende geistige Reife erlangt habe, griff es nach dem Apfel, dann hielt man dies für den Beweis eines noch unverdorbenen Gemütes. Das war gewiß eine recht gefährliche Probe; ob solche salomonische Urteile aber wirklich ständige Praxis waren, das entzieht sich unserer Kenntnis. Die Carolina erwähnt natürlich nichts davon; sie ist aber an sich zweifellos von dem ganz richtigen Standpunkt ausgegangen, wenn sie im Art. 179 vorschrieb: „Wirdt von jemandt der jugendt oder ander gebrechlichkeyt halben, wissentlich seiner Sinn nicht hett, ein Vbelthat begangen, das soll mit allen Vmbständen, an den orthen vnd enden, wie zu ende dieser vnser Ordnung angezeigt, gelangen, vnd nach rath derselben, vnd ander verständigen, darinn gehandelt oder gestrafft werden.“ Es mußte also stets berücksichtigt werden, ob jemand, sei es wegen seiner Jugend, sei es eines „anderen (geistigen) Gebrechens“ wegen, seiner Sinne nicht voll mächtig war. Also das war etwas ähnliches, wie ich es verminderte Zurechnungsfähigkeit nenne. Es mußte dann stets der Rat der Obergerichte oder Rechtsverständigen eingeholt werden; später sendete man die Akten an die Juristenfakultäten oder Schöppenstühle. In Anlehnung an das römische Recht hielt man im allgemeinen Kinder bis zu 7 Jahren für straffrei, es ist aber niemandem — auch in Rom nicht — in den Sinn gekommen, eine solche Grenze als bindend zu betrachten, weil man sehr wohl wußte, daß man eine himmelschreiende Ungerechtigkeit begehen würde, wenn man idiotenhafte und hochentwickelte Kinder einfach auf gleiche Stufe stellen müßte, sofern man lediglich den Kalender fragte. Wie horrend verschieden aber die geistige Entwickelung ist, das weiß wohl jeder Mensch; man braucht dabei wirklich nicht an Wunderkinder wie Mozart, Mendelssohn,

Nietzsche u. a. m. zu erinnern. Die Schöppenstühle waren nun zwar nicht in der Lage, sich durch den Augenschein ein Urteil zu bilden, denn sie waren lediglich auf das angewiesen, was in den Akten stand, mußten also aus dem Falle selbst resp. durch die Brille des ratsuchenden Richters urteilen. Sie haben aber dennoch in der Regel das richtige gefunden, wenigstens kann man dies aus den Urteilen, die sie gefällt haben, schließen. Solche Urteile sind in ziemlicher Menge vorhanden, in der Regel ist dann die Klausel angehängt „darbey ihme mit Ernst untersaget wird, sich hinfüro vor dergleichen Händeln wohl vorzusehen, damit ihme nicht etwas ärgers wiederfahren möge", eine Warnung, die hoffentlich die bösen Buben nicht wörtlich so befolgt haben, wie sie ausgesprochen wurde, denn sonst würde es ihnen in der Tat wohl sehr schlimm ergangen sein. Die Strafe war, wenn bei einem Jugendlichen die Bosheit das Alter ersetzte, eine starke Tracht Prügel, die man im Gefängnis, also nicht öffentlich, durch den Stockmeister, selten oder nie durch den Scharfrichter, aufbrennen ließ. In einem Urteil vom Januar 1629, das als *Responsum* an das Bünau'sche Gericht zu Esterberg erging, wurde dahin erkannt, daß ein siebenjähriger Knabe, der einen anderen Knaben so heftig mit einem Steine an den Kopf geworfen hatte, daß der Getroffene in der Nacht darauf verstarb, „mit Ruthen ziemlicher massen gezüchtiget werden" sollte. Solche Ruthenstrafen wurden auch gegen Mädchen angewendet, und sie zeigen, wie sorgfältig gerade der Individualität Rechnung getragen wurde, denn wenn das Gericht sich überzeugte, daß die Bosheit vollkommen das Alter ersetzte, dann konnten auch schon gegen 14 jährige Kinder Todesstrafen ausgesprochen und an ihnen vollstreckt werden. Unter diesem Alter haben die Leipziger Schöffen wenigstens niemals Todesstrafen ausgesprochen; das besagt auch ein *Responsum* vom November 1625, das nach Sondersleben erteilt wurde, und dessen Sentenz lautete: „Uf'n Fall aber der Gefangene das 14 Jahr seines Alters vollständig nicht seyn würde, verbliebe er mit der Todes Straffe verschont und würde allein mit Staupen-Schlägen des Landes verwiesen." Diese Strafe wurde im September 1620 einem 11 jährigen Knaben zuerkannt, der gegen ein Mädchen Notzucht begangen hatte. Sittlichkeitsverbrechen von Kindern waren auch früher keine Seltenheit; jetzt bilden sie neben dem Diebstahl das hauptsächlichste Delikt der Jugendlichen. Das ist auch ein Moment, das nicht übersehen werden darf.

In der Theresiana sagte der Art. 11 § 6: „Unter die Milderungsursachen gehört auch das zu junge, oder gar zu hohe Alter, jedoch mit nachstehender Mäßigung, daß Erstlich: Bey erster Kindheit bis auf das siebente Jahr, und überhaupt bei unmündigen Knaben, und Mägdelein, welche näher bei dem siebenten als 14ten Jahr sind, insgemein, halsgerichtsmäßige Straffen nicht statt haben; gleichwohlen aber können böse Kinder, wenn Kennzeichen gefährlicher Bosheit, und ziemlicher Begriff der begangenen Uebelthat bey ihnen vorhanden, gar wohl auf Kinderart, als mit Ruthen gezüchtiget, und eine so beschaffene Abstraffung gestalten Sachen nach, entweder derenselben Eltern, oder Lehrmeistern anbefohlen, oder von Gerichtswegen vorgenommen werden. Dahingegen sind Andertens: Unmündige Kinder, so näher bei dem 14ten als dem 7ten Jahre sind, und umsomehr die mündige Personen beyderley Geschlechts, welche nämlich das 14te Jahr ihres Alters allererst erfüllt haben, der peinlichen Bestraffung zwar unterworffen; jedoch ist gemeiniglich mit einer Todes- oder sonst ordentlichen härteren Straffe wider solche nicht fürzugehen: außer in überschweren Missethaten, welcherwegen, wenn die Bosheit das Alter übertrifft, zum Schwertschlag, und bewandten Umständen nach auch zu einiger Verschärffung der Schwertstraffe gegen solche geschritten werden kann. Drittens: Das weitere jugendliche Alter entschuldiget nicht von ordentlichen Straffen; es wäre dann, daß der Thäter, oder Thäterin nicht über 2 Jahre nach der Mündigkeit, somit nicht über 16 Jahre zurückgelegt hätte, anbey auch keine vorzeitige Bosheit, sondern vielmehr gute Hoffnung auf künftige Besserung sich äußerte. In Anrechnung des Alters ist allemal die Zeit des begangenen Verbrechens zur Richtschnur zu nehmen. Endlich ist Viertens: Bey dem hohen Alter nicht soviel auf die Anzahl der Jahre, als die Beschaffenheit des Leibes, und des Verstandes zu sehen. Wegen der Leibesgebrechlichkeit kann die ordentliche Leibesstraffe, wenn bey deren Vornehmung das Leben Gefahr lauffete, in eine gelindere veränderet werden. Gebräche es aber an Gemütskräften, so ist die Straffe nach dem Verhalt der

Einfalt, Unverstandes, oder Blödsinnigkeit abzumessen, zu lindern, oder nachzusehen."

Auf den ersten Blick sieht diese Bestimmung so aus, als habe sie denselben Fehler wie unser Gesetz, nämlich die schablonenmäßige dreifache Altersgrenze — 7, 14 und 16 Jahre —, aber in Wirklichkeit war dies nicht der Fall. Irgend ein Anhalt muß natürlich gegeben werden; bindend war die Grenze jedoch nicht, sondern stets entschied die Individualität. Beim hohen Alter kommt dies am schärfsten zum Ausdruck, denn da gab die Anzahl der Jahre überhaupt niemals den Ausschlag. In der Tat sind viele Greise kindisch und keineswegs zurechnungsfähig. Für unsere Gefängnisse sind sie der wundeste Punkt, denn sie gehören in der Regel so wenig hinein wie die Jugendlichen.

Das alte Preußische Landrecht faßt diese Gedanken allgemeiner und bestimmt im Teil II Tit. 20 §§ 16—18: „Wer frey zu handeln unvermögend ist, bey dem findet kein Verbrechen, also auch keine Strafe statt. Unmündige und schwachsinnige Personen können zwar zur Verhütung fernerer Vergehungen gezüchtiget, niemals aber nach der Strenge der Gesetze bestraft werden. Alles, was das Vermögen eines Menschen, mit Freiheit und Ueberlegung zu handeln, mehrt oder mindert, das mehrt oder mindert auch den Grad der Strafbarkeit." Das Preußische Strafgesetzbuch von 1851 machte bei Frankreich eine geistige Anleihe, um diese zu allgemein gehaltenen und deshalb nicht ausreichenden Bestimmungen des Landrechtes zu ergänzen und schuf deshalb die untere Altersgrenze von 16 Jahren. Andere deutsche Staaten folgten diesem Beispiele, suchten aber die von Frankreich importierte Verbesserung weiter zu verbessern und schufen ein absolut straffreies Alter, das bis zum 10. oder 12. Jahre dauerte, und dann ein Alter der verminderten Strafbarkeit, dessen obere Grenze zwischen dem vollendeten 14. bis 21. Jahre schwankte. Die einzelnen Staaten waren nämlich keineswegs darüber einig, in welchem Jahre man v. R. W. verpflichtet sei, die volle strafrechtliche Einsicht zu besitzen. Da man nun aber unmöglich annehmen darf, daß diese volle geistige Reife in Preußen, Bayern, Sachsen, Württemberg etc. etc. in ganz verschiedenen Lebensaltern eintritt, beweist die Verschiedenheit weiter nichts, als daß eine derartige schablonische Altersgrenze ganz willkürlich und deshalb auch ohne jeden Wert ist. Das jetzige Reichsstrafgesetzbuch hat nun allerdings die Ungleichheit der Gesetze beseitigt, die Ungleichheit der Personen ist aber geblieben; sie läßt sich nicht durch Gesetze aus der Welt schaffen, und es ist deshalb kein Wunder, wenn von einigen Personen die Altersgrenzen als zu hoch, von anderen aber als zu niedrig bezeichnet werden. Beide Parteien haben zum Teile recht, zum Teile aber unrecht, denn das, was sie erstreben, paßt sicher auf viele Angeklagte, auf viele paßt es aber nicht, weil sich ganz verschieden begabte und verschieden entwickelte Personen nicht in eine Schablone einfügen lassen. Wir haben in Berlin mehrere Raubmorde Jugendlicher erlebt, und ich entsinne mich besonders auf einen Fall, in dem der fast achtzehnjährige Täter mit zynischer Roheit gesagt hatte: „Es wird Zeit, denn jetzt kostet es noch nicht den Kopf!" Berücksichtigt man das und so viele Taten Jugendlicher, dann wird man sehr geneigt sein, der Ansicht einer Autorität, wie es v. Liszt ist, daß die Altersgrenze herabgesetzt werden müsse, zuzustimmen, und man wird bei dem Gedanken, den Eintritt der vollen Strafmündigkeit bis zum 20. Lebensjahre hinaufzusetzen, geradezu erschrecken. Aber wie oft sieht man auch Burschen von über 20 Jahren vor Gericht, die den Eindruck wahrer Idioten machen, und das ist doch wohl ein klarer Beweis dafür, daß es eine bindende Altersgrenze überhaupt nur dann geben darf, wenn man die von mir befürwortete Bestimmung wegen der verminderten Zurechnungsfähigkeit ins Gesetz einfügt.

Ist es aber schon bedenklich, eine bestimmte bindende Altersgrenze für die volle Strafmündigkeit festzusetzen, so ist es noch viel gefährlicher und unrichtiger, für das Geschlechtsleben junger Mädchen feste Altersgrenzen einzuführen, von denen ab jeder Schutz aufhört. Ich billige es durchaus, daß zwischen den Jahren der Kindheit und der Reife unterschieden wird, weil ein gegen Kinder begangenes Verbrechen schon aus hygienischen, nicht bloß aus sittlichen Gründen beurteilt werden muß; ich habe auch gar nichts dagegen einzuwenden, wenn man für das Aufhöhren der Kindheit eine bestimmte Altersgrenze annimmt. Diese muß dann aber so hoch gesetzt werden, daß sie auch wirklich für alle Fälle ausreicht. Wenn also die Schutzgrenze des § 176 für Mädchen auf

16 Jahre festgesetz würde, dann ließe sich dagegen nichts einwenden, sobald nicht mit diesem Alter jeder Schutz aufhören soll, sondern im Gegenteil ein anderer Schutz seinen Anfang nähme. Ich brauche nicht erst besondere Beweise dafür zu erbringen, daß es in den großen Städten zahlreiche übersättigte Wüstlinge gibt, die geradezu die Defloration junger Mädchen als Sport betreiben, denn das ist durch viele Prozesse erwiesen worden. Da nun aber die Lebemänner oft so vorsichtig sind, wenn sie ein ganz junges Mädchen verführen wollen, immer erst hübsch zu fragen, ob das Opfer ihrer Lüste auch wirklich 14 Jahre alt ist, so ergibt sich, daß unser jetziges Recht geradezu ein Hohn auf die Moral ist, es zeigt sich aber auch ebenso aus dem Verhalten der vorsichtigeren „Lebemänner", daß die Androhung der Zuchthausstrafe keineswegs so wirkungslos ist, wie oft behauptet wird. Diesen wirksamsten Schutz den jungen Mädchen voll bis zum 16. Lebensjahr zu gegewähren, halte ich für notwendig, und ich meine, ernstlich kann sich hiergegen nur der auflehnen, der selbst der Defloration von Mädchen unter 16 Jahren huldigt; denn einen anderen Grund gegen eine solche Bestimmung kann es überhaupt nicht geben.

Von großem Interesse ist, daß die Defloration einer Jüdin durch einen Juden auch bei uns nach jüdischem Rechte behandelt wurde. Das machte den christlichen Behörden oft recht viel Kopfzerbrechen. Dafür liegt ein besonders wichtiges Aktenstück über einen solchen Fall vor. Der Magistrat von Freienwalde hatte am 18. Januar 1801 an den König eine Anfrage gerichtet, wie ein derartiger Fall zu entscheiden sei. Ein verheirateter Schutzjude — Schutzjuden waren solche, die durch einen besonderen Schutzbrief Untertanenrechte, oft nur auf begrenzte Zeit, nicht aber Ortsbürgerrechte, erhalten hatten — war mit seinem Dienstmädchen, das ebenfalls jüdischen Glaubens war, in eine Art Liebesverhältnis getreten, und diesem Verhältnis war ein Sohn entsprossen, der aber nach 2 Wochen verstarb. Da die Frau des unehelichen Vaters von diesem Verhältnis Kenntnis erhalten hatte, mußte das Dienstmädchen, wie der Freienwalder Magistrat es ausdrückt, wegen Unverträglichkeit der Frau den Dienst und die Wohnung verlassen. Der Jude wurde verurteilt, die Entbindungskosten usw. zu deponieren, tat dies auch und zahlte für das Mädchen, das bettelarm war, auf einige Wochen die Wohnungsmiete, die Kosten für die Hebamme usw., so daß, als das Kind starb, durch Zahlung der Alimente, der Begräbniskosten usw. die Parteien völlig auseinandergesetzt waren, soweit dies nach dem Preußischen Landrecht vorgeschrieben war. Für jeden preußischen Untertan wäre mithin die Sache erledigt gewesen, nicht so für den Schutzjuden, für den nun noch die jüdischen Gesetze in Frage kamen. Auf Grund dieser Gesetze verlangte die *„Deflorata“* noch 200 Taler von dem jüdischen Schwängerer, da ihr diese Abfindung nach jüdischem Rechte unbedingt zustehe, der Jude auch in so guten Vermögensverhältnissen lebe, daß er eine solche Summe wohl zahlen könne. Nach dem General-Judenprivileg sollte gegen diese in Ehe- und Schwängerungssachen nach jüdischen Ritualrecht entschieden werden; aber die Kommentare von Michaelis und von Moses Mendelsohn über jüdisches Ritualrecht ließen dem Magistrat Zweifel, und da die Stelle des Ober-Land-Rabbiners gerade unbesetzt war, wendete sich der Magistrat an den König. Der Schutzjude hatte nämlich gegen die Forderung des Dienstmädchens geltend gemacht, daß die „Deflorata“ in Wirklichkeit nicht mehr Jungfer gewesen sei, als sie sich mit ihm eingelassen habe; sie sei demnach also nicht defloriert worden, sondern bereits defloriert gewesen. Er hatte sich auf das Zeugnis eines Mannes berufen, mit dem das Mädchen bereits früher Geschlechtsverkehr unterhalten habe, resp. auf den Eid des Mädchens. Dieser Einwand würde zurückgewiesen worden sein, wenn nicht beim Magistrat die Meinung des Michaelis, daß es nur darauf ankomme, ob das Mädchen die Zeichen der Jungfernschaft noch besessen habe, Zweifel wachgerufen hätte. Nun lehre auch Michaelis nur rein mosaisches und nicht talmudisches und rabbinisches Recht, und aus dem Mendelsohnschen Ritualrecht scheine man wohl die gegenteilige Ansicht entnehmen zu können. Uebrigens führe Michaelis aus, daß der Geschwängerten die *„praesumtio integritatis“* zustehe, daß also der Schwängerer, der das Gegenteil behaupte, ohne es durch zwei Zeugen beweisen zu können, nicht glaubwürdig sei. Ferner mache der Schutzjude noch geltend, das Dienstmädchen habe, da es in seinem Haushalt angestellt gewesen, ganz genau gewußt, daß er sie nicht heiraten durfte, folglich könne sie auch keine Aussteuer verlangen, und endlich dürfte diese nach Ritualrecht nicht den Wert von 50 Seckel Silber übersteigen. Diese Anfrage wurde dem Kammergericht zur Erledigung überwiesen, und dieses wendete sich an das Berliner jüdische Gericht, dessen Assessoren am 2. März 1801 ein Gutachten erstatteten, das die Forderungen des Mädchens für unberechtigt erklärte. Die jüdischen Gesetze, auf die rein mosaischen Vorschriften, so wie auf die Meinungen des nach mündlichen Traditionen verfaßten Talmud und der späteren Kommentare gegründet, deren Reihe mit dem Maimonides und dem Schuchan-Aruch abschließt, berechtigen den Vater eines verführten Mädchens, wenn es gleich in die Tat gewilligt und selbst Mitschuldige war, eine Entschädigung für die Korruption eines ihm gänzlich angehörenden Objekts zu verlangen, die darin besteht, daß der Verführer entweder das Mädchen heiratet, oder ihm (dem Vater) eine Geldstrafe von 50 Seckeln entrichtet. Aus Talmud: Ketunbath und Jadhachasahn (des Maimonides) Hilchat Narok gehen folgende Einschränkungen hervor: 1. daß die Verführte wirklich einen Vater habe, der die Entschädigung fordert; 2. daß sie nie an einen Mann versprochen gewesen, und 3., daß sie das Alter der Erwachsenen noch nicht erreicht hat, d. h. 6 Monate, nachdem die Zeichen der Mannbarkeit bei ihr eingetroffen, welches gewöhnlich zwischen dem 12. und 15. Jahre ihres Alters geschieht und sie zu Erwachsenen macht. In Fällen aber, in denen diese Einschränkungen nicht alle zusammenkommen, ist sie über sich selbst Herr und muß die Schuld tragen, ohne von dem Verführer, wenn er ihr nicht erweislich eine Summe als Geschenk versprochen, und kein *stuprum violentum* erfolgt war, mehr fordern zu können als den Unterhalt des Kindes, das sein und nicht ihr Eigentum ist. Ferner betragen 50 Seckel, als die bestimmte Summe der Morgengabe, 53⅓ Lot feines Silber. (das wäre aber, da der Taler 16⅔ g Feinsilber galt, ca. 53 Taler, aber nicht, wie verlangt, 200 Taler gewesen.) Hier sei die Forderung deshalb abzulehnen, weil erstens nicht der Vater der Verführten die Forderung stellte und gar nicht aus den Akten hervorgehe, daß sie noch einen Vater habe, und zweitens beweise die Tatsache der Schwängerung, daß das Mädchen das Alter der Mannbarkeit längst zurückgelegt habe.

Es offenbart sich in diesem jüdischen Rechte eine ganz eigenartige Auffassung. Besonders die Abgrenzung der Altersreife ist beachtlich. Im Grunde genommen geht sie von physiologisch unanfechtbaren Ideen aus. Es ist wirklich das Stadium der Reife nicht besser zu ermitteln als durch die von der Natur selbst gewährten Symptome des Reifeeintritts. Daß es nach Eintritt der Reife dem Mädchen überlassen ist, selbst die Schuld zu tragen, wird man nicht billigen können. Viel beachtenswerter ist es zweifellos, daß nach rein mosaischem Rechte, wie es Michaelis lehrt, das Zeichen der Jungfrauenschaft von so ausschlaggebender Bedeutung ist, und daß trotzdem bei der Verführung die Verführte die Voraussetzung der Unversehrtheit für sich haben soll. Das erscheint durchaus nicht unbedenklich, hat aber andererseits auch etwas für sich, denn es soll dem Verführer damit ein Einwand abgeschnitten werden, dem man in so unendlich vielen unserer Alimentationsprozessen begegnet. Immerhin hat es sich bei allen den Fragen um zivilrechtliche Geldansprüche gehandelt; das mag jüdischem Geiste mehr entsprechen, trifft aber nicht den Kern unserer Betrachtungen. Trotzdem oder vielleicht auch gerade deshalb schien mir diese Auslegung des jüdischen Rechtes, zumal das Aktenstück wohl so gut wie völlig unbekannt sein dürfte, außerordentlich beachtenswert.

Ein weiteres schweres Bedenken gegen unseren jetzigen § 182 ist für mich die letzte Zeile, nämlich die Antragspflicht der Eltern und Vormünder. Die Erfahrung hat gelehrt, daß die sehr wohlhabenden Lebemänner, und gerade die wohlhabenden können sich nur der Beihilfe der gefährlichen Kupplerinnen bedienen, sehr oft durch ihre reicnen Geldmittel auf die Angehörigen junger Mädchen mit Erfolg einwirken und dadurch die Stellung eines Strafantrags verhüten. Es ist auch schon deshalb empfehlenswert, wenn der § 176 Mädchen bis zum 16. Lebensjahre voll schützt und einen Strafantrag überhaupt entbehrlich macht.

Meines Erachtens müßte also der § 182 seinen Schutz erst da beginnen, wo er jetzt aufhört, nämlich beim 16. Lebensjahre, und er müßte jedem unbescholtenen weiblichen Wesen dauernd zur Seite stehen. Ich habe im vorigen Kapitel dargetan, daß ich keineswegs ein rigoroses Verfahren gegen jede außereheliche Geschlechtsvereinigung befürworten wolle, und ich stelle mich auch nicht in Widerspruch gegen meine eigenen Ausführungen, wenn ich jetzt gleichwohl durch den § 182 dauernden Schutz verlange, denn — das sei besonders hervorgehoben — nicht den geschlechtlichen Verkehr schlechthin darf man verbieten, sondern lediglich die gewissenlose Verführung unbescholtener Frauenspersonen. Ich gehe damit zu der schwierigsten Seite der Sache über. So ungeheuerlich, wie dieser Vorschlag auf den ersten Blick erscheinen mag, ist er übrigens nicht; auch der jetzige § 182 folgt ähnlichen Prinzipien; auch er will nur die Verführung verhüten, und der Unterschied zwischen dem bestehenden Rechte und dem von mir befürworteten zukünftigen besteht eigentlich nur darin, daß jetzt der Schutz der Mädchen bis zu deren 16. Lebensjahr gilt, während ich davon ausgehe, daß es widersinnig sei, den Mädchen bis zum 16. Lebensjahre einen Schutz zu gewähren, sie dann aber schutzlos der wüstesten Verführung zu überlassen.

Was heißt nun unbescholten? Und was hat man strafrechtlich unter einer Verführung zu verstehen? Es gibt schon jetzt über diese beiden Begriffe eine so ausgiebige Iudikatur, daß es wirklich ganz unbedenklich erscheinen muß, dem § 182 die von mir gewünschte Ausdehnung zu geben. Schon am 26. März 1881 hat das Reichsgericht etwas dunkel gesagt, der Begriff der Unbescholtenheit erfordere Unversehrtheit der weiblichen Geschlechtsehre. Es kommt also gar nicht darauf an, ob etwa an sich eine Bescholtenheit vorliegt, etwa dadurch, daß ein Mädchen als Diebin usw. bestraft ist, denn auch eine so bescholtene Person hat im Sinne des § 182 als unbescholten zu gelten, sofern ihr nichts Nachteiliges in bezug auf die Geschlechtsehre nachzusagen ist. Dies kann allerdings mit in der Bestrafung wegen Diebstahls enthalten sein, wenn z. B. der Diebstahl, wie dies nicht selten geschieht, bei Gelegenheit der Beischlafsvollziehung begangen wäre, denn in diesem Falle wäre natürlich die Bescholtenheit auch im Sinne des § 182 in der Regel dargetan. Unbedingt würde man jedoch auch dies nicht behaupten dürfen, sofern nicht feststeht, daß die Beischlafsvollziehung freiwillig geduldet war. Es ist nämlich tatsächlich vorgekommen, daß Mädchen den Diebstahl begingen, weil ihnen gegen ihren Willen ihre Ehre genommen worden war. Nun hat aber das Reichsgericht am 10. Mai 1882 dahin entschieden, daß

**Ein Besuch im Frauenhaus.**
Nach einem Kupferstich von Mair von Landshut, aus dem 15. Jahrhundert.

unbescholten nicht schlechthin gleichbedeutend mit jungfräulich im physischen Sinne sein könne, daß vielmehr nur eine bereits erfolgte freiwillige Beischlafsvollziehung oder ein sonstiges in der eigenen sittenlosen Gesinnung des Mädchen wurzelndes unzüchtiges Treiben in der Regel die Annahme geschlechtlicher Bescholtenheit begründen könne. Diese Definition wird man in der Tat zur Richtschnur machen müssen; sie so präzise zu fassen, daß sie dem Wortlaut nach für alle Fälle zutreffend wäre, ist natürlich nicht möglich; die Frage der Bescholtenheit wird vielmehr stets Gegenstand der besonderen tatsächlichen Feststellung sein müssen. Schon im alten Rechte kannte man ein ähnliches Prinzip, und noch in der Theresiana heißt es wörtlich im Art. 67 § 8: „Die genöthigte Person aber bleibt dieserwegen unverleumdet, und kann ihr auch solches zu keiner Unehre angezogen werden.“ Ich halte nach der letzterwähnten Reichsgerichts-Entscheidung die Beantwortung der Frage, ob eine Frauensperson unbescholten sei, für ziemlich leicht zu beantworten. Schon daraus, wo und wie ein Mädchen dem Verführer die Annäherung ermöglicht hat, ob es widerstandslos mitgegangen, ob es vielleicht gar ermutigt hat usw. wird man Schlüsse ziehen dürfen und müssen. Zu eng wird man die Grenzen dieses Begriffs der Bescholtenheit nicht ziehen dürfen, man wird z. B. ein Mädchen, das sofort einem Herrn in dessen Wohnung oder sonst an einen verdächtigen Ort folgte, nicht als unbescholten gelten lassen dürfen, sondern annehmen müssen, daß sich schon hierin eine leichtfertige Gesinnung offenbart, denn wer sich freiwillig in Gefahr begibt, bedarf keines besonderen Schutzes. Man könnte ganz unbedenklich die im vorigen Kapitel als straflos geschilderte, mit gegenseitiger Einwilligung erfolgte freiwillige Geschlechtsvereinigung auch dann als vorliegend annehmen, wenn erwiesen wäre, daß das Mädchen bisher wirklich noch unberührt geblieben wäre. Natürlich wird volle Klarheit nur von Fall zu Fall zu schaffen sein, denn wäre das Mädchen etwa dem Verführer nur deshalb in seine Wohnung gefolgt, weil dieser versprochen hätte, ihm eine Anstellung usw. verschaffen zu wollen, so würde dies erst recht eine arglistige Verlockung sein. Unüberwindliche Schwierigkeiten bietet die Feststellung nicht.

Was versteht man nun unter einer Verführung? Auch da können wir zum großen Teil der Judikatur des Reichsgerichts folgen. Das Reichsgericht faßt den Begriff ziemlich streng, und dies wird man auch billigen können, wenn man den Begriff der Unbescholtenheit so definiert, wie es im Vorstehenden angeregt worden ist. Verführen heißt nur, daß der Mann zur Befriedigung seiner sinnlichen Begierde den Beischlaf gewollt und den Willen des Mädchens seinen Gelüsten dienstbar gemacht hat. (Vergl. Urt. vom 23. März 1882.) Das Reichsgericht geht dabei sogar noch viel weiter und bringt im Urt. vom 11. Februar 1884 zum Ausdruck, daß nicht einmal vorauszusetzen sei, es wäre von dem verführten Mädchen ernstlicher Widerstand geleistet worden, zu dessen Ueberwindung seitens des Mannes besondere Anstrengungen erforderlich wurden. Nach meiner Ansicht ist dies nicht ganz unbedenklich. Zunächst ist diese Definition viel zu unbestimmt, viel zu dehnbar und deshalb natürlich der Interpretations-Virtuosität ebenso preisgegeben wie das Gesetz selbst. Das darf aber die Entscheidung niemals sein, denn eine „ausgelegte Auslegung" ist gefährlicher als eine vollkommen zweideutige Bestimmung, weil man den bewährten Rechtssatz *„in dubio pro reo"* auf das Gesetz und seine Auslegung nicht nur nicht anwendet, sondern in der Praxis viel eher sich bemüht, den Angeklagten in den Maschen des Gesetzes zu fangen, ein Bemühen, das vom richterlichen Standpunkt aus völlig natürlich und verständlich, wenn auch recht gefährlich für einen faktisch eigentlich nicht strafbaren Angeklagten ist. Wohin kann die Annahme führen, daß eine Verführung vorliegt, trotzdem seitens des Mädchens kein ernstlicher Widerstand geleistet worden ist? Wer kennt nicht das beliebte „Ach nicht doch" aus weiblichem Munde das von Kennern des weiblichen Charakters stets mit „Ja" übersetzt und in der Regel als eine ganz besondere Aufmunterung betrachtet wird? Soll darin etwa ein Widerstand, wenn auch „kein ernstlicher", verstanden werden? Nicht allein die bisherige Unbescholtenheit darf den Ausschlag geben, denn auch die verdorbenste Person ist einmal „unbescholten" gewesen, auch nicht die Intensität des Widerstands, denn die ist doch schließlich beim Notzuchtsverbrechen wesentlicher als bei der Verführung, die niemals eine

Gewalttat ist, sondern es wird auf ganz andere Momente ankommen, die mehr seelischer Art sind. Das Reichsgericht hat auch in einer anderen Entscheidung vom 13. März 1885 gesagt, daß es auf die größere oder geringere Schwierigkeit, mit der der Mann zum Ziele gelange, gar nicht ankomme. Das wird man nicht dahin verstehen dürfen, daß auch dann schon eine Verführung vorliege, wenn ein Mann erreichte, daß ein Mädchen auf den ersten Blick ihm willig folgte, sondern nur dahin, daß es gleich sei, ob er, nachdem er ein Mädchen zur Beischlafsvollziehung an sich gelockt hat, dann noch zur Erreichung des letzten Zweckes besondere Schwierigkeiten zu überwinden hatte. Das Wesen der Verführung ist schon eher erklärt, wenn man an Verleitung oder Ueberredung denkt und berücksichtigt, daß es dem Täter darauf angekommen sein muß, zur Befriedigung seiner sinnlichen Begierden ein Mädchen seinen Gelüsten dienstbar zu machen. Besonderer Wert wird dabei auf arglistiges Verhalten des Verführers zu legen sein. Das Reichsgericht hat auch dies ausdrücklich betont und gesagt, daß eine mittels Ueberlistung ausgeführte Verleitung zur Duldung des Beischlafs unter den Begriff der Verführung falle, und daß es gar nicht darauf ankomme, ob die Verführte bei Duldung des Beischlafs sich auch wirklich bewußt war, daß es sich um dessen Vollzug handle. Ich möchte nun allerdings nicht genau dem Wortlaut der Reichsgerichtsentscheidung folgen, daß das arglistige Verhalten des Verführers auch unter den Begriff der Verführung falle, sondern es ist gerade das Hauptrequisit der Verführung. Es würde ganz verfehlt sein, sich eine Verführung anders als in Verbindung mit einem arglistigen Verhalten vorzustellen, wenigstens dürfte man sie dann nicht zum Gegenstand eines Strafverfahrens machen. Was heißt nun aber arglistiges Verhalten? Alle denkbaren Fälle lassen sich natürlich nicht hier aufzählen; es dürfte auch genügen, einige herauszugreifen. So ist es, wie oben schon angedeutet, ein arglistiges Verhalten, wenn ein Mann ein Mädchen in seine Wohnung lockt, durch das Versprechen, eine Stellung verschaffen zu können, während er hierzu weder willens noch auch in der Lage ist, sondern nur den Zweck verfolgt, seine sinnlichen Begierden zu befriedigen. Es ist ein arglistiges Verhalten, wenn ein Mann einer weiblichen Person erregende Getränke gibt, die es ihm leichter machen, seinen Zweck zu erreichen. Fraglich mag es sein, ob die Ausübung der Hypnose zum Zwecke, den Willen eines Mädchens sich dienstbar zu machen, als bloße Verführung angesehen werden kann, oder ob dieses Hilfsmittel nicht schon aus einem schwereren, später noch zu besprechenden Gesichtspunkt aus zu beurteilen ist; jedenfalls gibt es aber Fälle der Hypnose, die auch als einfache Verführung angesehen werden können. Eheversprechungen, durch die die Preisgabe und Gestattung des Beischlafs erreicht wird, sind auf alle Fälle Verführungen durch arglistiges Verhalten, wenn feststeht, daß das Eheversprechen von vornherein nicht ernst gemeint war, etwa weil der Täter bereits verheiratet oder verlobt war oder aus einem andern Grunde gar nicht daran denken konnte, die Verführte wirklich heiraten zu können. Den Einwand, daß die Arglist nicht immer bewiesen werden könne, lasse ich nicht gelten, denn auch bei einer Betrugsanklage wird es nicht immer möglich sein, die betrügerische Absicht oder das Faktum nachzuweisen, daß der Geschädigte wirklich durch Vorspiegelung einer falschen Tatsache in einen Irrtum versetzt und gerade dadurch bewogen worden sei, das Opfer zu bringen. Der Betrug hat übrigens mit der Verführung große Verwandtschaft, nur daß der Verführer sich Vorteile verschafft, die nicht ohne weiteres als Vermögensvorteile angesehen werden können. Faßt man alles das Gesagte zusammen, dann wird man wohl zu der Ansicht gelangen müssen, daß in Wirklichkeit die scheinbar unüberwindliche Schwierigkeit der Feststellung von Schuld oder Nichtschuld gar nicht vorhanden ist.

Das jetzige Strafmaximum von einem Jahre Gefängnis halte ich keineswegs für ausreichend; ich sehe nicht ein, aus welchem Grunde das Maximum niedriger bemessen werden soll als das wegen wörtlicher Beleidigung im Sinne des § 186. Einer Verfolgung *ex officio* würde ich hier nicht das Wort reden, weil dies denn doch zu sehr unliebsamen Konsequenzen führen würde. Ob der Beischlaf in voller Uebereinstimmung erfolgt ist, das läßt sich nicht so klar übersehen, daß man das Einschreiten in das Belieben Unbeteiligter stellen könnte; nur möchte ich nicht ausschließlich den Eltern oder Vormündern der Verführten, sondern auch dieser selbst das Recht, den Strafantrag zu stellen, einräumen; es ist dies schon deshalb notwendig, weil die Altersgrenze fallen soll. Der § 182 würde demnach zu lauten haben:

> „Wer arglistig eine unbescholtene Frauensperson zum Beischlaf verführt, wird mit Gefängnis bis zu zwei Jahren bestraft.
>
> Die Verfolgung tritt nur auf Antrag der Verführten oder deren Eltern oder des Vormunds ein.“

Sehen wir uns nun noch kurz an, welche Bedenken diese Antragsberechtigung erwecken kann. Es mag zunächst einmal erwogen werden, ob nicht auch jeder Verführer den Einwand erheben kann, er habe wirklich reelle Absichten gehabt, und ob nicht auch ein Mädchen selbst dann, wenn es freiwillig in den Beischlaf eingewilligt hatte, dennoch den Strafantrag stellen und behaupten könne, es sei das Opfer einer Verführung geworden. An und für sich erledigen sich diese Bedenken schon aus dem oben Gesagten; ich will aber bei der großen Wichtigkeit der Materie auch hierauf noch besonders eingehen.

Daß der genannte Einwand der Angeklagten in allen Prozessen erhoben werden würde, kann man wohl voraussehen; aber ich halte dies für ganz unbedenklich, denn es gibt kaum ein Gesetz, das nicht ähnliche Einwände zuließe. Die Einzelheiten des Falles werden hier wie bei jeder anderen Straftat gerichtlich festgestellt werden, und sie zeigen dann, ob der Einwand berechtigt war oder nicht. Die Art der Annäherung, die Umstände, durch die eine ehrliche Absicht von vornherein ausgeschlossen erscheinen mußte, z. B. große gesellschaftliche Unterschiede, das Vorleben des Angeklagten, sein Ruf, die Methode, durch die er sein Ziel verfolgt hat, seine Versprechungen usw. — das alles wird leicht genug ein ganz klares Bild der Sache liefern und die Verführungsabsicht dartun. Sehr oft wird die ehrliche Absicht schon dadurch als ausgeschlossen zu gelten haben, daß der Verführer sich, nachdem er seinen Zweck erreicht, zurückgezogen hat. Selbst wenn er hierfür Gründe angibt, so wird ihn dies nur selten entlasten können, weil man alle die Einzelheiten des Falles sorgfältiger prüfen muß. Hat ein Ehemann den Trauring in die Tasche gesteckt, sich für unverheiratet ausgegeben und dann ein Mädchen verführt, hat ein Verlobter seinen Ring abgelegt, Sonntags einen Tanzboden besucht und ein Mädchen verführt, — beide Fälle sind aus dem praktischen Leben bekannt —, dann wird man wohl ebenfalls an der Verführungsabsicht nicht zweifeln dürfen. Es würde sich dann aber auch immer noch um die Frage handeln, ob ein solches Mädchen wirklich als eine unbescholtene Frauensperson angesehen werden darf. Von jeder, die den Tanzboden besucht und sich dann der Verführung eines fremden Mannes überläßt, wird man dies nicht annehmen dürfen, man wird vielmehr stets gegen ein solches Mädchen zu präsumieren haben. Hat die „Verführte" nun gar noch gewußt, daß der „Verführer" verheiratet oder verlobt war, so wird man in dem einen Falle beide wegen Ehebruchs, in dem anderen Falle aber niemanden zu bestrafen haben. Auch diese dem Alltagsleben entnommenen Fälle zeigen, wie die Beurteilung ohne besondere Gefahren möglich ist. Der nach der Verführung Zurückgetretene befindet sich, wenn er sich wirklich in ehrlicher Absicht genähert hatte, nicht in so schlimmer Lage, denn er wird wohl stets die Gründe, die ihn zum Rücktritt bewogen haben, angeben können.

Daß ein Mädchen aus Rache wider besseres Wissen den Strafantrag stellen sollte, wird man wohl nicht im Ernste als eine wesentliche Gefahr ansehen wollen; die Praxis beweist, daß man viel eher befürchten darf, es werde aus falscher Scham auch da kein Antrag gestellt werden, wo er wirklich wünschenswert wäre. Ich halte das übrigens auch für unerheblich, da einmal die gerichtliche Untersuchung den Fall aufzuklären hat, eine unberechtigte Anschuldigung also noch lange keine ungerechte Verurteilung bedeutet, und weiter weil es überhaupt keine gesetzliche Bestimmung gibt, die nicht auch einmal mißbraucht werden könnte. Wer die gerichtliche Praxis kennt, der wird wohl wissen, daß nirgends soviel zusammengelogen wird, wie bei den Alimentationsprozessen. Von den Beklagten „will es niemals einer gewesen sein", und wenn sie schon den geschlechtlichen Verkehr nicht in Abrede stellen können, dann machen sie doch noch die ungeheuerlichsten Einwände, um ihre Zahlungspflicht zu bestreiten. Und die Weiber? Die schwören Stein und Bein, daß sie in ihrem ganzen Leben noch niemals einen Mann außer dem

Beklagten auch nur von ferne angesehen haben. Und wie vielen ist schon nachgewiesen worden, daß sie trotzdem mit einer ganzen Reihe anderer Männer genau so verkehrt hatten wie mit dem Beklagten. Wie mancher ist schon der Beweis geliefert worden, daß sie trotz aller Unschuldsbeteuerungen schon einmal oder wiederholt in gleicher Lage vor Gericht gestanden hatte, um Alimente einzufordern. Die Folge ist dann natürlich stets ein Meineidsprozeß. Ja, soll denn aber deshalb jemand auf den verwegenen Gedanken geraten, daß man die Alimentationspflicht abschaffen müsse? Im Gegenteil, alle diese gerichtlichen Feststellungen beweisen nur das, was ich oben behauptet habe, daß es nämlich gar nicht so schlimm mit den Lügen der Weiber ist, denn sie haben bekanntlich kurze Beine — nicht die Weiber, sondern die Lügen — und es ist in der Regel gar nicht so schwer, hinter die Wahrheit zu kommen, besonders im Strafverfahren nicht, wo doch dem Angeklagten jede Möglichkeit gewährt werden muß, den Beweis für seine Behauptungen zu liefern.

Kommen denn aber wirklich nur in Zivilprozessen falsche Beschuldigungen liederlicher Weiber vor? Es fehlt doch wahrlich auch nicht an falschen Anschuldigungen von Vergehen und Verbrechen. Gerade die Sittlichkeitssachen, die sich naturgemäß in der Regel ohne Zeugen abspielen, bieten gute Gelegenheiten zu falschen Anschuldigungen, und es kommt in der Praxis oft genug vor, daß Weiber die mit Vergnügen das *stuprum* geduldet haben, hinterher, wenn sie merken, daß sich Folgen einstellen, behaupten, das Opfer eines Verbrechens geworden zu sein, weil sie hoffen, dadurch der Schande zu entgehen. Wir werden später sehen, daß schon die älteste Gesetzgebung auf diesen Trick Rücksicht nahm. In Trebbin bei Berlin hatte ein Baumeister das Schützenhaus besucht und dort beim Tanze die Bekanntschaft eines Mädchens gemacht, mit dem er nachher den Heimweg antrat. Auf einer Promenadenbank genossen sie dann die verbotene Liebe, und die Sache wäre wohl damit erledigt gewesen, wenn nicht der Zufall eine andere Gesellschaft in jene entlegene Gegend geführt hätte. Da nun das Mädchen merkte, daß es seinem Rufe sehr nachteilig sein müsse, dort in vorgerückter Nachtstunde mit dem fremden Manne in traulichem Beisammensein gefunden worden zu sein, schrie es plötzlich laut um Hilfe und bezichtigte, als die andere Gesellschaft herbeieilte, den Baumeister eines Notzuchtsverbrechens. In dem Verfahren, das darauf gegen den Baumeister eingeleitet wurde, wiederholte das Mädchen unter dem Eide die schwere Beschuldigung. Da aber festgestellt wurde, daß die Anklägerin den ganzen Abend sich sehr lustig mit dem Baumeister unterhalten hatte, mit ihm in offenbar zärtlichstem Einvernehmen fortgegangen war, da sich das Idyll auch in einer Gegend abgespielt hatte, die das Mädchen auf dem Heimwege gar nicht zu berühren hatte, da ferner festgestellt wurde, daß das Mädchen keineswegs eine unbescholtene Person war, wurde gegen die Anklägerin das Verfahren wegen Meineids eingeleitet, und die Angeklagte gab dann auch ihre Schuld zu und erklärte, sie habe den Meineid nur geleistet, um ihren Ruf zu wahren. Das schützte sie selbstverständlich nicht vor Strafe. Es hält nicht schwer, Dutzende solcher Beispiele aus der Praxis anzuführen; sie alle zeigen, wie sehr die Gefahr einer wissentlich falschen Anschuldigung, die übrigens der § 164 mit besonderer Strafe bedroht, in der Regel überschätzt wird.

Damit ist auch die zweite Frage, ob nicht ein Mädchen in den Beischlaf freiwillig einwilligen und doch nachher den Strafantrag wegen Verführung stellen könne, eigentlich erledigt; wir wollen hier nur noch die Motive prüfen, aus denen ein Mädchen einen solchen Strafantrag stellen könnte. Da gibt es zunächst zwei Möglichkeiten. 1. handelt die Antragstellerin im guten Glauben, oder sie handelt 2. wider besseres Wissen. Handelt sie in gutem Glauben, d. h. ist sie der Ansicht, daß sie den Antrag wegen Verführung auch dann stellen darf, wenn sie eingewilligt hat, dann wird sie wohl sofort eines Besseren belehrt werden, denn schon bei ihrer Vernehmung wird man ihr sagen, daß sie sich irrt; für den Angeschuldigten hat dies also gar keine Folgen. Derartige Fälle dürften wohl nur selten vorkommen; sie würden aber sogleich eintreten können, wenn die Eltern oder der Vormund den Strafantrag stellten. Welches Motiv kann nun aber für eine wissentlich falsche Anzeige bestehen? Erstens das, was in dem oben mitgeteilten Beispiel das Trebbiner Mädchen zur Erstattung der Notzuchtsanzeige getrieben hatte. Nun, ich will diese Möglichkeit nicht bestreiten; aber eine hohe Gefahr vermag ich darin für die Männerwelt nicht zu erblicken. In zweifelhaften Fällen würde wohl überhaupt nicht gegen den Beschuldigten Anklage erhoben werden, denn unsere Gerichte schreiten auf eine bloße Anschuldigung, wenn nicht wenigstens noch dringende Verdachtsgründe vorliegen, erfahrungsgemäß nicht gleich ein; sie werden es besonders dann nicht tun, wenn ein Mädchen zugibt, wirklich wiederholt mit einem Manne den Beischlaf vollzogen zu haben. Ich erinnere mich eines Falles, in dem ein in Mitte der vierziger Jahre stehender Mann ein 17jähriges Mädchen entführt hatte. Da gab die Entführte an, sie sei von dem Entführer hypnotisiert worden. Natürlich fand diese Behauptung nicht den mindesten Glauben, das Gericht zweifelte nach der ganzen Lage der Sache nicht eine Minute daran, daß das Mädchen lediglich seiner Sinnlichkeit gefolgt sei, und so wird es auch bei den Verführungsanzeigen gehen, wenn nicht der Fall an sich schon den Schluß zuläßt, daß wirklich eine Verführung vorliegt. Ein anderes Motiv könnte die Rache sein. Warum soll sich ein Mädchen rächen? Gerade da, wo wirkliche Rache vorliegt, liegt sehr oft auch wirkliche Verführung vor. Für den Beischlaf, den ein Mädchen einem Manne gestattet hat, rächt es sich kaum; die Rache ist vielmehr fast stets ein Produkt der Eifersucht. Wenn also ein Mann ein Mädchen verleitet hat, darauf dessen Freundin verleitet usw., dann sucht sich die erste Verleitete zu rächen. Hat sie da so unrecht? Gerade solche Fälle soll man treffen, denn sie sind in der Regel typische Beispiele der gewohnheitsmäßigen Verführung. Man übersehe aber nicht, daß auch in solchen Fällen ein Strafantrag nur dann Erfolg haben kann, wenn er von einem unbescholtenen Mädchen oder für ein solches gestellt wird. Nun will es mir aber absolut nicht in den Kopf, daß unbescholtene Mädchen in Massen auftreten und Strafanträge stellen sollten, durch die sie sich selbst doch mehr oder weniger mit kompromittieren müßten. Noch viel weniger halte ich es für zulässig, anzunehmen, daß unbescholtene Mädchen sich vor Gericht stellen und frisch, frank und frei einen Meineid leisten sollten. Wenn man das so ohne weiteres als erwiesen annehmen will, dann hätte man vor allen Dingen die Pflicht, den Eid als Beweismittel nicht mehr zuzulassen, denn alle Praktiker können wohl versichern, daß er überall weit gefährlicher ist als da, wo wirklich unbescholtene Mädchen ihn zu schwören haben. In allen den Beispielen wie dem aus Trebbin, in denen Mädchen ihn zu ihrer Entlastung geschworen haben, handelte es sich um unbedingt bescholtene Personen. Das beweist allerdings, daß gelegentlich durchaus bescholtene Personen als Zeuginnen auftreten und sich unter dem Eide als völlig einwandsfrei ausgeben; aber gegen solche Fälle ist, wenn sie wirklich einmal nicht geklärt werden können, kein Kraut gewachsen. Man sieht doch aber, daß Meineide nicht von der Einführung eines vernunftgemäß geänderten § 182 abhängig sind. Und hier fällt die ganze Anklage schon in dem Moment zusammen, in dem erwiesen wird, daß die Anklägerin keine unbescholtene Person ist, weil die Verführung einer bescholtenen Person nicht mehr Strafhandlung ist. Der Angeklagte hat aber das Recht, den Beweis der Bescholtenheit zu führen, und er wird ihn führen, wenn er es kann, denn das ist seine berechtigte Verteidigung, in der er nicht beschränkt werden darf. Wo steckt also die Gefahr einer unschuldigen Verurteilung, die, wenn sie überhaupt möglich wäre, auch noch nicht einmal einen moralisch Unschuldigen treffen könnte? Die für das neue Recht in Aussicht genommene Bestimmung, daß der Täter straffrei bleiben soll, wenn er die Verführte geheiratet hat, halte ich für sehr vernünftig; sie ist aber überflüssig bei der von mir vorgeschlagenen Aenderung.

Daß es eine starke Ungerechtigkeit ist, alle möglichen Sittlichkeitsdelikte als Verbrechen zu verbieten und die schrankenlose Verführung, die neben den Ehebrüchen die schwerste sittliche Gefahr darstellt, zuzulassen, das hat man schon vor unendlich langer Zeit eingesehen. Ich will mich keineswegs auf alte Moralisten berufen, sondern hier den Rechtsgelehrten aus dem Jahre 1774 zitieren, gerade weil ich dessen Frivolität schon an anderer Stelle gegeißelt habe. Ich halte aber gleichwohl die Ansicht eines solchen Freigeistes hier für viel beachtenswerter als die eines strengen Moralisten, weil sie uns von vornherein die Garantie bietet, daß ihr Verfasser in seinen sittlichen Forderungen bestimmt nicht zu weit gegangen ist. Er schreibt: „Ein starker, breitschultriger, vollblütiger Handwerksbursche, welcher, da er das Geld nicht hat, Meister zu werden, nicht heyrathen, und auch in vier Wochen keinen halben Gulden ersparen kann, um eine gutherzige Jungfer damit zu bezahlen, sündiget nicht so sehr, wenn er ein ihm im Walde begegnendes Mädgen mit Gewalt zur Stillung seiner Begierden zwingt, als der alte geile Advokat, welcher ein junges Mädgen, unter allerhand Versprechungen, durch eine listige Kupplerin zu sich führen läßt, sie um ihre Ehre bringt, und damit er es zu thun im Stande war, den gantzen Tag vorhero stärkende und reitzende, der Gesundheit aber in der Folge schädliche Mittel eingenommen hat.“ An einer anderen Stelle sagt der ungenannte Schriftsteller: „Wir leben nun einmal in solchen vorurteilsvollen Zeiten, daß man ein Frauenzimmer, welches die Früchte der Liebe genossen, ehe ihr der Geistliche ein Privilegium darüber ertheilet, vor geschwächt, geschändet und ohne Ehre hält; der sie also durch List um solche bringt, muß einigermaßen gestraft werden, damit nicht ein jeder junger Mensch sich einfallen läßt, auf Jungferschaften ungescheut Jagd zu machen. Ein alter, reicher, auf Jungferschaften versessener Hagestolz, der ein unschuldiges Mädgen durch eine listige Kupplerin verführt, und um seine Ehre bringt, dem es nachher, wenn die Sache klagbar wird, auf einige hundert Rthlr. nicht ankommt, müßte billig so (mit Zuchthaus) gezüchtiget, und dadurch gewarnt werden, ehrbaren Mädgen und Familien einen Schandfleck anzuhängen.“ Es ist in beiden Stellen vollkommen klar erkannt, worauf es ankommt. Mehr als 1¼ Jahrhundert sind aber seitdem ins Land gegangen, und unser Gesetz steht noch heute auf demselben falschen Standpunkt wie früher; daß es geändert werden muß, das wird fast schon ein Kind, das sich abquält, um in die Geheimnisse des ABC's einzudringen, begreifen können.

Da in jenen Stellen immer von den listigen Kupplerinnen die Rede ist, will ich auch noch auf eine Widersinnigkeit unseres Gesetzes hinweisen. Eine arme kranke Frau in Berlin mußte Zuflucht in der Charité suchen und ihre kaum erwachsene Tochter unbeaufsichtigt in der Wohnung zurücklassen. Diesen Umstand benutzte mit Erfolg ein Mann, um sich dem Mädchen zu nähern; es gelang dem gewandten Herrn auch, dasselbe zu Fall zu bringen, und er setzte das Verhältnis noch fort, als die Mutter, nicht ganz geheilt, aus dem Krankenhause entlassen worden war. Was war die gesetzliche Folge? Der Verführer, der sich, nebenbei bemerkt, sehr niederträchtig und heimtückisch benommen hatte, blieb natürlich straflos, aber die Mutter? Ja, die wurde wegen schwerer Kuppelei zu einem Jahre Zuchthaus und Ehrverlust verurteilt, weil sie nicht die Macht gehabt hatte, das „unzüchtige" Verhältnis sofort zu sprengen. Das soll ein Gesetz zur Hebung der Sittlichkeit sein? Und da wagt man es noch, sich über den Mordprozeß Heinze sittlich zu entrüsten, weil darin zur Sprache gebracht wurde, daß ein Zuhälter eine Dirne geheiratet hatte, um sie von der lästigen Polizeiaufsicht zu befreien, und daß diese Herrschaften es mit der ehelichen Treue auch nicht genauer nahmen als mancher Ehrenmann, der sich neben der Gattin einige Maitressen hält? Wem es wirklich Ernst um die Sittlichkeit ist, der beweise es dadurch, daß er sich mit bemüht, die schändlichsten Mißstände zu beseitigen und eine Aenderung unseres völlig verfehlten Strafrechts herbeizuführen.

## Oeffentliche Belästigung und Verleumdung.

Wenn man das Vergehen, das ich im vorigen Kapitel eingehend besprochen habe, so auffaßt, wie es dort vorgeschlagen ist, dann wird man ohne weiteres finden, daß zum wirksamen Bekämpfen gerade der schlimmsten Verfehlung eine Lücke geblieben ist, die man im § 182 nicht ausfüllen kann, wenn man nicht etwa den im Strafgesetzbuch häufig, aber nicht gerade nach logischen Gesetzen verteilten Zusatz: „Der Versuch ist strafbar", anfügen will. Dagegen liegen aber so ernste Bedenken vor, daß ich mich nicht entschließen kann, diese „Ergänzung" zu empfehlen. Zunächst ein rein juristisches Bedenken! Was unter einem Versuch zu verstehen ist, sagt der § 43 in so köstlich gewundenem Deutsch, daß ich der Versuchung, ihn hier wiederzugeben, nicht widerstehen kann; es heißt da wörtlich: „Wer den Entschluß, ein Verbrechen oder Vergehen zu verüben, durch Handlungen, welche einen Anfang der Ausführung dieses Verbrechens oder Vergehens enthalten, betätigt hat, ist, wenn das beabsichtigte Verbrechen oder Vergehen nicht zur Vollendung gekommen ist, wegen Versuchs zu bestrafen. Der Versuch eines Vergehens wird jedoch nur in den Fällen bestraft, in welchen das Gesetz dies ausdrücklich bestimmt." Der langen Rede kurzer Sinn ist der, „daß nicht lediglich vorbereitende Handlungen, sondern solche, die schon Anfang der Ausführung" sind, begangen sein müssen, wenn man von einem Versuch sprechen will. Der Dieb, der sich ein Brecheisen anschafft und sich an den Ort der Tat begibt, hat damit wohl vorbereitende Handlungen, aber noch keine begangen, die schon Anfang der Ausführung wären. Sobald man die Verführung zu den Sittlichkeitsdelikten rechnet, und das ist notwendig, wenn man sie richtig beurteilt, dann ist die Tat erst durch die sexuelle Vermischung vollendet, Anfang der

Ausführung sind also immer nur Taten, die mit dem sexuellen Akt in direkter Verbindung stehen; schon aus diesem einen Grunde würde man weit, sehr weit am Ziele vorbei treffen, wollte man die groben Belästigungen, denen selbst die einwandfreiesten Damen auf öffentlichen Plätzen und Straßen ausgesetzt sind, etwa als Versuche der Verführung, die sie zwar *de facto* sind, gesetzlich bekämpfen.

Fraglich kann es allerdings erscheinen, ob man eine Belästigung von Damen an öffentlichen Orten, selbst wenn man eine dagegen erhobene Strafbestimmung für berechtigt hält, zu den Sittlichkeitsdelikten rechnen darf, und ob nicht zu befürchten steht, daß dadurch drakonische Verschärfungen geschaffen werden, die als eine ungerechtfertigte Bevormundung wirken und die persönliche Freiheit in unzulässiger Weise beschränken würden. Ich glaube aber gerade dadurch, daß ich diese Materie unter die Sittlichkeitsdelikte stelle, den weiteren Bedenken entgegenzutreten. In einem geordneten Rechtsstaate kann jede Person verlangen, sich unbehelligt an Orten, die dem öffentlichen Verkehr überlassen sind, aufhalten zu dürfen. Es ist Sache der Sicherheitsbehörde, dafür zu sorgen, daß dies ermöglicht wird, und man brauchte kein Spezialgesetz resp. keine Spezialvorschrift, um im allgemeinen die öffentliche Ordnung zu erzwingen. Die Spezialbestimmung ist aber recht wünschenswert, wenn es sich um eine ganz spezielle Art der Belästigung, nämlich um eine zudringliche, lediglich unsittlichen Zwecken dienende Belästigung handelt, die zweifellos zu den Sittlichkeitsdelikten gezählt werden darf.

In den großen Städten kann man täglich hundertfach die Beobachtung machen, daß auch durchaus anständige Damen auf der Straße durch zudringliche Pflastertreter in geradezu unerhörter Weise belästigt werden. Daß hierin ein großes Uebel liegt, ist oft genug, auch vom Richtertisch aus, anerkannt worden; aber es gibt dagegen kein wirksames Mittel, und in Berlin hat man sich deshalb dadurch zu helfen gesucht, daß man den bekannten Gummiparagraphen 360 al. 11 (wegen groben Unfugs) heranzog. Meines Erachtens geschieht dies bei den hier in Frage kommenden Belästigungen zu Unrecht; es ist immer ein Fehler, diesen eigentlich etwas ganz anderes bestimmenden Paragraphen in Ermangelung geeigneter Vorschriften zum Mädchen für alles zu machen. Die Damen sind zwar ein Teil des Publikums und können deshalb polizeilich gegen Belästigungen geschützt werden; aber es kommt mir immer so vor, als müsse dann auch ein Mann, der als Teil des Publikums auf der Straße ein paar Ohrfeigen bekommt, noch froh sein, wenn ein gefälliger Schutzmann seinen Gegner am Kragen nimmt, um ihm eine Strafe wegen groben Unfugs anzuhängen. Gerade die zudringliche Belästigung von Damen an öffentlichen Orten ist das wesentlichste Hilfsmittel der Verführung, und wer es jemals beobachtet hat, mit welcher Beharrlichkeit ein Roué sich an eine Dame heftet und selbst durch die heftigsten Abweisungen nicht zu entfernen ist, der wird schwerlich das Gefühl der Empörung unterdrücken können. Sich in solche Dinge einzumischen, ist aber eine recht bedenkliche Sache, da der unbeteiligte Zuschauer kein Recht hat, sich in Angelegenheiten, die er nicht einmal genau kennt, zu mengen, und weil er sich immer der Gefahr aussetzt, daß er selbst für einen zudringlichen Menschen gehalten wird, der den Ritterdienst nur in der Absicht leistet, sich der Belästigten zu nähern. Leider muß man auch zugeben, daß dies Motiv in der Regel das einzige für die scheinbare Ritterlichkeit ist.

Dem Uebel kann nun sehr leicht abgeholfen werden, wenn eine strikte Strafandrohung in unser Gesetzbuch eingeführt würde. Sie ließe sich an den § 183 anfügen; aber ich vertrete aus den bereits angeführten Gründen die Ansicht, daß es noch weit besser wäre, für dieses besondere Delikt auch eine besondere Vorschrift zu schaffen, und zwar an Stelle eines, wie ich später dartun werde, überflüssigen Paragraphen, nämlich des § 177. Dieser Paragraph würde dann die zweite sehr wesentliche Metamorphose durchzumachen haben, denn er hat bereits durch das Gesetz vom 26. Februar 1876 eine Abänderung erfahren. Die etwas deplazierte Stellung zwischen den §§ 176 und 178 kann nicht als störend angesehen werden. Ich schlage folgenden Wortlaut vor:

„§ 177. Wer auf öffentlichen Straßen, Plätzen oder an anderen öffentlichen Orten in Aergernis erregender, zudringlicher, sie in ihrer Geschlechtsehre beleidigender

Weise eine Frauensperson verfolgt, anspricht oder sonstwie belästigt, wird mit Gefängnis bis zu einem Jahre oder Geldstrafe bis zu 600 Mark bestraft."

Die Verfolgung von einem Strafantrag abhängig zu machen, erscheint mir nicht praktisch, da eine öffentliche Belästigung auch ein öffentliches Einschreiten geboten erscheinen läßt. Ich erinnere mich eines umfangreichen Prozesses, der einmal vor dem Berliner Landgericht gespielt hat. Ein unverschämter Bursche pflegte sich täglich Unter den Linden, in der Passage usw. umherzutreiben und anständige, meist sehr junge Mädchen in der unverschämtesten Weise zu belästigen, indem er sie aufforderte, mit ihm in den Tiergarten oder in seine Wohnung zu kommen; er bot ihnen sogar 10 Mark an und ließ sie dadurch über den Zweck der Annäherung keine Minute im Zweifel. Dieses Treiben fiel schließlich sogar den Beamten der Sittenpolizei auf. Zum direkten Einschreiten fehlte es aber damals, da man noch nicht auf die Heranziehung des § 360 al. 11 verfallen war, an jeder gesetzlichen Handhabe, und so blieb denn nichts übrig, als die angesprochenen Mädchen, sobald es ihnen gelungen war, den Burschen nach vieler Mühe loszuwerden, über den Inhalt der Unterredung auszufragen und sie zur Stellung eines Beleidigungs-Strafantrags zu bewegen. Nur dadurch wurde eine energische gerichtliche Bestrafung möglich. Daß dies kein genügender Schutz ist, liegt auf der Hand, denn ein solches Einschreiten ist doch höchstens dann möglich, wenn sich gerade zufällig einmal die Gelegenheit dazu besonders günstig stellt. Daß für die Mädchen eine hohe sittliche Gefahr vorliegt, wenn solche Belästigungen nur ausnahmsweise einmal verfolgbar sind, wird kein einsichtiger Mensch bestreiten wollen, und wer das Großstadtleben nur einigermaßen kennt, weiß auch, daß gerade dadurch die unverschämteste Verführung förmlich großgezogen wird.

Die von mir ausgeworfenen Strafen erscheinen durchaus angemessen; sie noch höher hinaufzuschrauben, liegt kein Grund vor, da ja die einfache Beleidigung aus § 185 auch keine höhere Gefängnisstrafe nach sich zieht, und das Delikt nicht schwerwiegender ist als die Beleidigung, von der es sich aber doch seiner Natur nach wesentlich unterscheidet. Die Geldstrafe bis zu

**Leda mit dem Schwan.**

Nach der griech. Skulptur im Dogen-Palast in Venedig. Arch. Mus Saal 9.

600 Mark genügt ebenfalls, da in schwereren Fällen ohnehin wohl auf Gefängnis erkannt werden dürfte.

Wie die Menschen so oft auf Dinge stolz sind, deren sie sich eigentlich schämen sollten, so pflegen auch oft Männer sich besonders gern ihrer Liederlichkeit zu rühmen und noch bedeutend mehr zu erzählen, als wirklich wahr ist. Wenn nur unsere Weiblichkeit ahnte, wie elende Aufschneider am Biertisch sich oft der angeblichen Gunstbezeugungen anständiger Damen rühmen und unter voller Namensnennung mit Behagen ihre galanten Abenteuer erzählen; gewiß würde manche etwas vorsichtiger sein in der Auswahl ihrer bevorzugten Anbeter. Auch in früheren Jahrhunderten liebten es die Prahlhänse, gehörig mit ihren Abenteuern aufzuschneiden, und es ist dies so übertrieben worden, daß man es sogar für notwendig hielt, hiergegen besondere Gesetze zu geben. An und für sich ist es ein grober Vertrauensbruch, wenn jemand ein Mädchen, das sich ihm in einer schwachen Stunde anvertraut hat, oder das er gar durch List zu Falle brachte, auch noch öffentlich bloßstellt; doppelt verwerflich aber ist es, wenn die erzählten Abenteuer auch noch nicht einmal wahr sind, oder wenn ein Mann durch versteckte Andeutungen bei anderen den Glauben erweckt, daß ihm eine Gunst gewährt worden sei, die er in Wirklichkeit niemals erlangt hat. So bestimmte die Sächsische Ordnung von 1578: „Es begiebt sich offtmals, daß leichtfertige Personen sich in vnd außerhalb Gericht rhümen, daß sie oder ein ander bey Ehefrawen, Jungfrawen oder Wittfrawen geschlaffen, vnd können doch derowegen keine gewisse nachrichtung thun. Dieweil dann solches ein gantz beschwerliche Diffamation ist, dadurch Frawen vnd Jungfrawen an Ehren bößlich verletzt werden, So ordnen vnd setzen wir, daß ein solcher Verbrecher oder verleumbder, neben dem Widerruff, so er dem Part thun soll, mit willkürlichen straffen, als Gefängniß, zeitlicher oder ewiger Landesverweisung, samt Staupschlägen, nach gelegenheit der vmbstende belangt vnd gestrafft werden soll."

Die Pfaltzgräffische Ordnung von 1582 bestimmt: „Es ist eine gantz beschwerliehe Ehren Schendung, welche billich nit ungestrafft bleiben sol, wann einer oder mehr, sich in oder außerhalb Gerichts berhümen, wie sie bei ehrlichen Frawen oder

Jungfrawen geschlaffen, Derowegen setzen, ordnen vnd wöllen wir, daß ein solcher Verleumbder, der vnbillich beschreyten Frawen oder Jungfrawen nicht alein einen öffentlichen Widerruff zu thun schuldig seyn, Sonder noch darüber von Ampts wegen, nach des Richters Ermessigung vnd gelegenheit der vmbstende, willkürlich an gelt, mit den Thurn, verweisung des Orths, da die vnschuldig verleumbdte Person wonhafft, oder sonst gestrafft werden sol. Also stellen wir auch diser oder anderer gestalt, vnbillich diffamirten oder Injurijrten frey vnd ledig heim, diejenigen Verbrecher, vnd falsche Verleumbder, da die gleich von Amts wegen, durch die vnsern, nach gestalt vnd gelegenheit der Sachen gestrafft werden, nichts destoweniger mit Bürgerlicher anklag von erlittner Schmach." Ungefähr gleich lautet auch das Frankfurter Stadtrecht.

Es ist sicher, daß diese Bestimmungen sehr heilsam gewirkt haben; daß sie überhaupt notwendig waren, ist kein gutes Zeichen für die damalige Männerwelt. Uebrigens wußte schon das mosaische Recht, das nach unseren heutigen Begriffen wahrlich nicht die reinste Moral predigt, doch die weibliche Ehre nachdrücklich zu schützen. Der Ehemann, der behauptete, er habe seine Frau nicht als Jungfrau gefunden, sollte dem Vater der Dirne mit 100 Silberlingen büßen „darum daß er eine in Israel berüchtigt hat; und soll sie zum Weibe haben, daß er sie sein Leben lang nicht lassen möge." (5. Mose 22, 19.) War die Nachrede berechtigt, dann sollte das Weib allerdings gesteinigt werden. Auch die Geschichte der Susanna, des Sojakim Weibes, zeigt, mit welcher Strenge Verleumdungen der weiblichen Ehre geahndet wurden.

Unser heutiges Recht macht nach dieser Hinsicht besondere Strafvorschriften überflüssig, da schon die §§ 185—187 eine genügende Handhabe bieten. Interessant sind aber die Bestimmungen des alten Rechtes auf jeden Fall, denn sie gestatten, wie so viele andere, auch einen klaren Einblick in das Sittenleben vergangener Zeiten.

## Unzucht zwischen nahe verwandten Personen.

Daß ein Geschlechtsverkehr zwischen Personen, die nicht durch die Bande der Verwandtschaft verknüpft sind, nicht immer in gleichem Sinne aufgefaßt worden ist und auch nicht immer in gleichem Sinne aufgefaßt werden kann, ist in den beiden vorigen Kapiteln genügend dargetan. Anders liegt die Sache aber, wenn nahe Verwandte, besonders Aszendenten und Deszendenten in Frage kommen. Es hat wie über alle Dinge des Geschlechtslebens auch über den sexuellen Verkehr zwischen nahen Verwandten, ja selbst zwischen Geschwistern und sogar Eltern und Nachkommen, in Wirklichkeit keine übereinstimmende Ansicht gegeben. Es haben vielmehr Völker gelebt, bei denen auch die Verwandtschaftsgrade, die direkte Abstammung dem Geschlechtsverkehr nicht als Hindernis galten, und solche Völker findet man auch heutigen Tages noch hin und wieder in Gegenden, bis zu denen sich die Kultur noch nicht den Weg gebahnt hat, die Kultur, die zwar solchen nach unserer Anschauung völlig verrotteten Zuständen ein Ende bereitet, dafür aber nicht selten an Stelle der „unbewußten Unmoral" (— ich erkenne diesen Begriff nicht an —) die bewußte bringt, die überhaupt erst als Unmoral betrachtet werden darf, z. B. Prostitution und ähnliche Dinge. Blutschande haben aber die Kulturvölker fast aller Zeiten als eine fluchwürdige Verirrung angesehen, und schon aus dem Altertum sind uns Ueberlieferungen in diesem Sinne erhalten; es sei hier nur an die tragische Geschichte des Oedipus erinnert. Schon immer galt ihnen wenigstens die Unzucht zwischen Eltern und Kindern als eine ganz abscheuliche Unsittlichkeit, und es herrschte überall das Empfinden, daß sie geradezu gegen die Natur verstoße. Weniger hat Uebereinstimmung in der Verurteilung der Unzucht zwischen Personen anderer Verwandtschaftsgrade geherrscht, und das, was spätere Gesetze noch als Inzest verboten — meist unter Androhung der Todesstrafe — das war zeitweilig nicht allein gestattet, sondern sogar gesetzlich vorgeschrieben. So ordnet das Gesetz Mosis an, daß der Schwager einer kinderlosen Witwe diese begatten solle. (5. Mose 25, 5.) Unzucht unter Geschwistern ist dagegen auch nach diesem Rechte als ein Vermischung angesehen worden, gegen die sich das gesunde Sittlichkeitsgefühl empörte.

Unser heutiges Recht geht nicht mehr so weit wie verschiedene frühere Rechte. Ehe ich den § 173, der die Blutschande behandelt, in seinen einzelnen Vorschriften kritisiere, will ich eine Bestimmung hier vorweg herausgreifen, weil sie ebenfalls die Inkosequenz des heutigen § 182 zeigt. Es ist dort nämlich gesagt, daß Verwandte und Verschwägerte absteigender Linie straflos bleiben, wenn sie das 18. Lebensjahr noch nicht zurückgelegt haben. Es ist also da diese Altersgrenze des § 57 noch viel mehr respektiert als im § 57 selbst, und das beweist doch wohl mehr noch als alles im vorigen Kapitel Angeführte, daß es ein Fehler ist, im § 182 eine Maximalschutzgrenze von nur 16 Jahren einzuführen. Im § 173 ist das zurückgelegte 18. Lebensjahr materiell ein positives Tatbestandsmerkmal, unter diesem Lebensalter liegt überhaupt bei Deszendenten kein strafbares Delikt vor; beim § 57 ist das Alter zwischen 12 und 18 Jahren ein Strafmilderungsgrund, und der § 182 kennt eine Schutzgrenze der Verletzten nur bis zum 16. Jahre. Im Vorentwurf für das künftige Gesetz war eine Aenderung insofern eingetreten, als das geringere Alter als 18 Jahre die Strafe ausschließen kann, aber nicht etwa muß.

Die älteren Rechte untersagten jeden Geschlechtsverkehr zwischen nahe gesippten Blutsfreunden. Der Begriff war nicht so leicht zu definieren, denn man nahm an, daß Personen, die sich ihrer Verwandtschaft wegen nicht heiraten konnten, auch unter keinen Umständen geschlechtlich miteinander verkehren dürften. Das ist nicht mehr und nicht weniger als ein einfaches Gebot der Sittlichkeit; aber die Frage war deshalb schwer zu lösen, weil eben die Eheverbote selbst nicht so einfach, und außerdem auch noch in den verschiedenen Ländern verschieden waren. Die

Geduld der verehrlichen Leser will ich nicht mißbrauchen und deshalb auch nicht etwa eine erschöpfende Aufzählung aller der Eheverbote wagen, denn mancher würde eine solche Lektüre kaum überleben können; und ich würde mich der Gefahr aussetzen, wegen fahrlässiger Tötung bestraft zu werden, aber eine kleine Stichprobe kann ich mir doch nicht ersparen. Ich folge dabei einem alten und bewährten Rechtslehrer des XVI. Jahrhunderts, Abraham Sawr, der u. a. darüber schreibt: „Die Mutter soll nicht nemmen I. Den Son, auch nicht den, so sie etwan außerhalb der Ehe, gezeuget möcht haben. II. Deß Sons Son, noch der Tochter Son. III. Deß Sones Sones Son, noch der Tochter Sones Son. IV. Deß Sones Sones Sones Son, noch der Tochter Sones Sones Son.“ Ich halte es für einen Beweis beispiellosen Gewissenhaftigkeit, wenn hier einem hoffnungsvollen Jüngling verboten wird, seine Ur-Ur-Großmutter zu ehelichen, und meine fast, ein solcher Mensch wäre eigentlich schon durch diese Tat selbst genug bestraft gewesen; aber es kommt fast noch besser, denn es heißt weiter: „Der Son soll nicht nemmenI. 1. Seine Stieffmutter, es sey die erste, andere, oder dritte, welche sein Vatter zu der Ehe gehabt. 2. Seines Weibes Stiefmutter, welche jhr Vatter nach jhm gelassen (also die Witwe). 3. Seine Schwieger, das ist seines Weibes Mutter. 4. Seines Vaters Braut, oder Vertrauwete, welches seine Stieffmutter sollte geworden seyn. 5. Seiner Braut Mutter, das ist die, mit welcher Tochter er sich zwar verlobet, vnd doch nicht Hochzeit mit jhr gehalten hat. II. 1. Seiner Stieffmutter Mutter. 2. Seines Stieffvatters Mutter. 3. Seines Weibes Großmutter, sie sei des Vatters oder der Mutter Mutter. 4. Des Großvatters Weib, das ist seines Vatters oder seiner Mutter Stieffmutter. III. 1. Seiner Stieffmutter Großmutter. 2. Seines Stieffvatters Großmutter. 3. Seines Weibes Großmutter Mutter. 4. Seines Weibes Großvatters Mutter. 5. Der Großmutter Vatters Weib, das ist der Großmutter Stieffmutter. 6. Großvatters Vattern Weib, das ist, des Großvatters Stieffmutter.“

Diese kleine Auslese mag genügen; natürlich gibt es für die Töchter ähnliche Vorschriften, und auch damit ist die Liste noch lange nicht erschöpft, denn darauf kamen noch Seitenverwandtschaften; jedenfalls konnte der, dem es oblag, diese Tabellen auswendig zu lernen, wohl einen kleinen Schwindelanfall bekommen, wenn auch die Leute damals noch mit ganz guten Nerven ausgestattet waren. Die Carolina gab nun im Art. 122 eine Vorschrift, die nichts weniger als klar ist und sich deshalb ganz auf den Rat und das Wissen der Rechtsgelehrten verlassen mußte; es heißt da: „So einer Unkeusch mit seiner Stiefftochter, mit seines Sons Eheweib, oder mit seiner Stieffmutter treibt, in solchen vnd noch nähern Sippschaften, sol die Straff, wie davon in vnser Vorfahrn, vnd vnsern Keyserlichen geschrieben Rechten gesetzt, gebraucht, vnd derhalb bey den Rechtverständigen raths gepflegt werden." Es ist also hier eine besondere Strafe überhaupt nicht ausgeworfen, sondern nur das ältere Recht bestätigt worden, und da nicht einmal die Verwandtschaftsgrade genannt sind, hat dieser Artikel wenig oder gar keinen praktischen Wert gehabt. Daher kam es denn auch, daß überall in diesem Kapitalverbrechen anders entschieden wurde, und es stellte sich sehr bald die Notwendigkeit heraus, besondere Gesetze zu schaffen. Es seien hier nur die interessantesten herausgegriffen. Zunächst die Pfalzgräfische Ordnung von 1582, deren Artikel 32 bestimmt:

„Dieweil die Keyserliche Recht vnd derselben Lehrer in Bestraffung jetzt geübter Laster, vngleiche meynung haben, dannenhero bey vnsern Malefitz Richtern in gleichen Fällen, bißweilen vngleiche Vrtheil eröffnet vnd außgesprochen worden, Setzen, ordnen vnd wollen wir hiermit, da künfftiger Zeit rechte natürliche Eltern und Kinder, vnd also diejenigen, so in auff vnd absteigender Linien, Geblüts halber einander verwandt, vnd zugethan, Blutschande begehen, vnd sich abschewlicher weise vermischen werden, daß auff solchen Fall, beyde Mann vnd Weibspersonen mit dem Fewer vnnachläßlich gestrafft. Würden aber ein Mann mit seiner Stiefmutter, seines Sons oder Schwester Tochter, oder sonst beydes mit Mutter vnd Tochter, Deßgleichen im gegenfall ein Weib mit jhrem Stieff Vatter, Eydam oder Tochtermann Stieffson oder sonsten, beydes mit Vatter, vnd Son fürsetzlicher weise sich fleischlich vermischen, sollen als dann beyde verbrechende Personen mit dem Schwerdt, Sack oder Wasser, nach gelegenheit der Sachen am Leben gestrafft vnd hingericht werden. Ferner, vnd da einer fürsetzlichen bey seiner eygen, seines

Vatters oder Mutter Schwester, oder auch seines Bruders, oder Schwester Tochter, hingegen ein Weibsperson bei jhren leiblichen Vatters oder Mutter Bruder, oder jhres Bruders oder Schwesterson, schlaffen würde, Sollen beyde, Mann vnd Weib, vnnachläßlich an Pranger gestellt, mit Ruthen außgestrichen, vnd des Landts ewiglich verwiesen werden. So dann einer fürsetzlichen vnd wissender Ding, zu seines Weibs Schwester, oder seines Bruders Weib, hinwider eine zu jhres Mannes Bruder, oder jhrer Schwester Mann sich fleischlichen gesellen würde, Sollen beyde verbrechende Personen mit Ruthen außgestrichen, vnd deß Landts ewiglichen verwiesen werden. Wenn aber einer mit seines Weibes Bruder oder Schwester Tochter, entgegen eine mit jres Mannes Bruder, oder Schwester Sone verbottene Unzucht vnd Hurerey treiben würde, Sollen beyde Mann und Weib deß Landts verwiesen werden. Da nun vber die nechst bestimpte Fälle in beyseitlicher oder *collateral* Linien, zwischen andern Personen, die vermöge vnser Eheordnung, Blutverwandtnuß, oder Schwagerschaft halben, nicht zusammen heurathen mögen, Fleischliche Vermischung sich begeben vnd zutragen würden, Sollen dieselbige Personen mit den Thurn, oder an Gelt, auch nach gelegenheit, mit verweisung des Landts gestrafft werden. Letzlichen, vnd da in den Fällen der Blutschandt, so vermög jetzt berürter vnser Ordnung ein Lebensstraff auff jnen tragen, ein rechter Ehebruch mit unterlauffen würde, Lassen wir es als dann bey hievor geordneter Straff des Ehebruchs bewenden."

Es fällt auf, wie schnell die Strafen mit dem Grade der Verwandtschaft abnehmen, so daß sie sich schließlich nicht mehr wesentlich von den einfachen Unzuchtsstrafen unterscheiden. Es ist dies ein Beweis dafür, daß dies Gesetz mehr dem gesunden Menschenverstande und dem wirklich sittlichen Empfinden als dem leeren Formalismus folgte, ein Vorzug den man unseren neueren Gesetzen nicht immer nachrühmen kann. Von besonderem Interesse ist auch eine Bestimmung der Sächsischen Ordnung. Wir haben oben, namentlich bei der Besprechung des Ehebruchs gesehen, daß gerade in Sachsen das strengste Recht herrschte; es mag deshalb auffallen, daß die Strafen wegen der Blutschande wesentlich milder sind als die des Pfälzischen Rechtes. Die Feuerstrafe war überhaupt nicht mehr angedroht, und auch die übrigen

Bestimmungen sind einfacher; denn es fehlt die Gradation der Strafen. Die große Ungleichheit der Rechtsprechung ist aber auch da als Grund für die Abfassung des neuen Gesetzes betont. Es heißt da: „Nach dem bishero von wegen der straffen deß *Incestus* vnd Blutschande in vnsern Schöppenstülen, Sintemalen die Rechtslehrer hierinnen widerwertige meynung haben, vngleich gesprochen, So setzen vnd ordnen wir, Wann vnder rechten natürlichen Eltern vnd Kindern, vnd also vnder denen Personen, so in auff vnd niedersteigender Linien, einander Blutshalben verwandt, ein Blutschande begangen wirt, daß auff den Fall beyde Personen, Mann vnd auch Weib am Leben mit dem Schwert sollen gestrafft werden. Da aber wegen der Jugend, oder anderer wichtigen vmbstände, linderung solcher straff fürzunemmen, So soll dieselbige Person mit Stauppenschlegen vnserer Lande verwiesen werden. Aber die andere Personen, so einander seithwerts, im ersten oder anderen Glied, vngleicher Linien verwandt, oder die so im Moyse Levit. 18 genannt werden, wann dieselbigen allerseits nit in der Ehe sind, vnd Blutschande mit einander begehen, Söllen beyde mit Stauppenschlegen vnserer Lande ewig verwiesen werden.“ Die übrigen Bestimmungen bieten kein Interesse. Beachtenswert ist der Hinweis auf das 3. Buch Mose; es dürfte wohl nicht gleich wieder das mosaische Recht so ausdrücklich zum christlichen Rechte gemacht worden sein, sondern es ist sonst immer nur zur Unterlagen für gelehrte juristische Ausführungen benutzt worden.

Auch die Theresiana schrieb noch für die Blutschande in schwersten Fällen die Strafe des Schwertes, für die leichteren Fälle schwere Leibesstrafen und bei der Unzucht zwischen sehr weiter Verwandtschaft willkürliche Strafen vor, die aber immer etwas schwerer ausfallen sollten als bei der Unzucht nicht verwandter Personen. (Art. 75.) Das Gesetz ist deshalb der sächsischen Ordnung sehr ähnlich. Der Artikel 82 § 2 ist wieder ein Beweis „echt christlicher“ Intoleranz. Er behandelt die Blutschande zwischen Verwandten verschiedenen Glaubens, die also dann vorlag, wenn eine der beteiligten Personen zum Christentum übergetreten war. Dann sollten die Schuldigen die Strafe des Schwertes erleiden, und die Körper der Hingerichteten wurden darauf noch zu Asche verbrannt.

Das alte Preußische Landrecht, das schon an anderer Stelle durch Präventivmaßregeln prophylaktisch wirkte, befolgt dieses System auch bei den Strafbestimmungen wegen der Blutschande und verdient deshalb besondere Beachtung. Die Bestimmungen finden sich im Teil II, Tit. 20 §§ 1039—1047. Eltern und Großeltern, die ihre ehelichen Kinder und Enkel zur Unzucht mißbrauchten, sollten mit Festungsstrafen von 3—5 Jahren angesehen werden. Die Kinder verfielen, wenn sie das 18. Lebensjahr vollendet hatten, Zuchthausstrafen von 6—12 Monaten; Kinder unter 18 Jahren blieben, wie jetzt noch, straffrei. Mannbare Geschwister „voller und halber Geburt" wurden mit Festungs- oder Zuchthausstrafen von 1—2 Jahren angesehen. Blutschande zwischen unehelichen Verwandten wurde nur an denen, die von der Verwandtschaft Kenntnis hatten, willkürlich geahndet. Personen, die Blutschande getrieben hatten, mußten unter allen Umständen voneinander entfernt werden. Zur Verhütung von „dergleichen Unheil" war verordnet, daß Eltern mit ihren Kindern verschiedenen Geschlechts, wenn diese 10 Jahre und darüber alt waren, nicht in einem Bette schlafen durften. Auch Geschwistern verschiedenen Geschlechts (über 10 Jahre alt) war das Zusammenschlafen untersagt. Eltern, die diese Verbote unbeachtet ließen, wurden zunächst, wenn noch kein Verbrechen geschehen war, mit gerichtlichem Verweis, und wenn dieser nichts fruchtete, mit Gefängnis bestraft. War aber durch Verschulden der Eltern zwischen Geschwistern wirklich Unzucht getrieben worden, so hatten die Eltern die den Kindern bestimmte Strafe ganz oder zur Hälfte verwirkt. Wenn namentlich die letzteren Bestimmungen fast so aussehen, wie eine zu weitgehende Einmischung der Obrigkeit in private Angelegenheiten, so läßt sich doch nicht bestreiten, daß gerade das Preußische Landrecht die besten Bestimmungen, wenigstens für den damaligen Zeitgeist, enthält. Wenn man bedenkt, unter welchen Verhältnissen heutigen Tages namentlich in den sogenannten Mietskasernen die Leute leben, dann wird man doppelt und dreifach die Nützlichkeit solcher Präventivbestimmungen des alten Rechtes anerkennen müssen, denn es kann keinem Zweifel unterliegen, daß besonders die Wohn- und Schlafverhältnisse in den großen Städten geradezu Brutstätten des Lasters sind. Das bezieht sich keineswegs nur auf Berlin. Gleichwohl kann natürlich gar nicht die Rede davon sein, daß etwa jetzt noch die Rückkehr zu jenem alten Rechte empfehlenswert oder auch nur möglich wäre.

Nach jetzt geltendem Rechte lautet der § 173:

„Der Beischlaf zwischen Verwandten auf- und absteigender Linie wird an den ersteren mit Zuchthaus bis zu 5 Jahren, an den letzteren mit Gefängnis bis zu 2 Jahren bestraft.

Der Beischlaf zwischen Verschwägerten auf- und absteigender Linie, sowie zwischen Geschwistern wird mit Gefängnis bis zu 2 Jahren bestraft.

Neben der Gefängnisstrafe kann auf Verlust der bürgerlichen Ehrenrechte erkannt werden.

Verwandte und Verschwägerte absteigender Linie bleiben straflos, wenn sie das achtzehnte Lebensjahr nicht vollendet haben.“

Da nur der Beischlaf, nicht aber schlechthin die Vornahme unzüchtiger Handlungen, den Gegenstand der Strafbestimmung bildet, wie dies das Reichsgericht noch besonders durch Urteil vom 17. Dezember 1880 hervorgehoben hat, so könnte es sich fragen, ob diese Vorschrift ausreichend ist, denn die unzüchtigen Handlungen verstoßen im Grunde nicht weniger gegen die Sittlichkeit als der Beischlaf, besonders deshalb, weil unsere Judikatur hierunter nicht mehr ausschließlich die vollendete Tat, wie im alten Rechte, sondern auch schon den Anfang der Ausführung versteht. (Vgl. Urteil des Reichsgerichts vom 19. Mai 1882.) Es erscheint aber doch bedenklich, das Gesetz nach dieser Richtung hin zu erweitern, denn daraus könnten sich leicht Konsequenzen ergeben, die weit über den Zweck des Gesetzes hinausgingen, und dies muß stets vermieden werden. Die angedrohten Strafen erscheinen zwar im allgemeinen angemessen, aber es fällt auf, daß gerade hier, wo doch schon durch die entsetzlichen Wohnverhältnisse und die dadurch von selbst sich ausbildende Demoralisation die Tat in einem wesentlich milderen Lichte erscheinen kann, die sonst fast überall gegebenen „mildernden Umstände“ fehlen. Ich entbehre sie gern, möchte dann aber neben der angedrohten Zuchthausstrafe wahlweise die Gefängnisstrafe (ohne Minimal- und Maximalgrenze) zulassen. Gerade in Rücksicht auf die unglücklichen Wohnverhältnisse scheint mir dies unerläßlich. Die Präventivmaßregeln des Preußischen Landrechts lassen sich, wie bereits gesagt, in unser Strafgesetzbuch, so vortrefflich sie an sich auch sind, dennoch nicht aufnehmen, und es könnte nicht einmal der Polizei die Befugnis zugesprochen werden, derartigen bedauerlichen Zuständen entgegenzuarbeiten. Das hat unter den heutigen sozialen Zuständen oder Mißständen seine natürlichen Grenzen, die nicht überschritten werden können, so bedauerlich es auch ist, wenn Eltern, Kinder und außerdem oft noch fremde Schlafleute in einem und demselben Raume, der nebenbei auch als Wohnzimmer und Küche dient, in bunter Reihe schlafen müssen.

Unser Gesetz macht zwischen ehelichen und unehelichen Verwandtschaften keinen Unterschied. Das hat etwas für sich, denn in der Tat liegt die Unsittlichkeit nicht allein in der formellen, durch Eheschließung begründeten Verwandtschaft, sondern in der rein natürlichen Abstammung. Immerhin aber wird man auch hierin nicht allzuweit gehen dürfen, und namentlich da, wo es sich um Verschwägerte handelt, können doch leicht ungerechtfertigte Härten entstehen, die nicht mehr im Interesse der Sittlichkeit liegen, sondern nur noch juristische Haarspaltereien sind. Wenn z. B. das Reichsgericht am 10. November 1881 dahin entschieden hat, daß es gleichgültig sei, ob dem Beischlaf eine Eheschließung vorausgegangen sei, und daß auch ein Irrtum über das eherechtliche Verbot der Ehe die Bestrafung aus § 173 nicht ausschließe, so wird man nicht das Gefühl unterdrücken können, daß hierdurch eher die Unsittlichkeit als die Sittlichkeit gefördert wird. Sehr bedenklich erscheint mir weiter ein Urteil des Reichsgerichts vom 19. Februar 1885, nach dem auch bei unehelich Verschwägerten ein Irrtum darüber, ob der Beischlaf gestattet, nur als eine Unkenntnis des Gesetzes, die nicht die Strafe ausschließe, und nicht als eine Unkenntnis eines wesentlichen Tatbestandsmerkmals im Sinne des § 59 anzusehen sei. Gerade solche „Ueberurteile“ halte ich für schädlich. Dagegen ist es auch wieder bedenklich, sie durch den Wortlaut des Gesetzes selbst unmöglich zu machen, denn man würde dabei zu allgemein sprechen müssen und dadurch vielleicht in zu hohem

Maße die Scheu vor einer Unsittlichkeit, wie sie generell die Blutschande ist, herabmindern können. Die einzige Möglichkeit, ungerechtfertigte Härten zu verhüten, besteht in einer Erweiterung der letzten Zeile, die ohnehin einen Strafausschließungsgrund enthält. Ich empfehle den Zusatz „desgleichen durch außereheliche Geburt Verschwägerte, wenn sie sich in begründetem Irrtum befanden". Es ist dadurch verhütet, daß Angeklagte sich einfach damit entschuldigen können, sie hätten sich im Irrtum befunden, sondern sie müssen beweisen, daß dieser Irrtum in der Tat begründet war. Diesen Beweis wird man auch durch eine wirklich vollzogene Ehe für erbracht ansehen müssen, sofern nicht feststeht, daß schon die Ehe in doloser Absicht eingegangen wurde, also durch eine bewußte und gewollte Täuschung der Standesbeamten usw.

Im Absatz 3 würde statt Gefängnisstrafe Freiheitsstrafe zu setzen sein, denn wenn auch der § 32 schon neben der Zuchthausstrafe an und für sich den Ehrverlust zuläßt, so ist es doch unrichtig, ihn hier ausdrücklich nur neben der Gefängnisstrafe zu gestatten. Unklarheiten sind stets zu vermeiden. Deshalb empfehle ich auch, wie beim Ehebruch, eine redaktionelle Aenderung dahin, daß nicht mehr der Beischlaf bestraft werden soll, sondern der Täter.

## Unzucht unter Mißbrauch der Autorität.

Die alten Gesetze kannten das erschwerende Moment des Autoritätsmißbrauchs bei den Sittlichkeitsverbrechen nicht; es ist auch aus dem ganzen Verhältnis der Klassenverschiedenheit und der verschiedenen Klassenrechte ohne weiteres erklärlich und verständlich, daß ein Mißbrauch des Ansehens zum Zweck der Verführung gar nicht so beurteilt werden konnte, wie wir ihn zwar nicht immer in der Praxis, aber doch wenigstens in der Theorie häufig ansehen. Schon bei der Ergreifung eines Ehebrechers auf frischer Tat war es dem gemeinen Manne, wie wir gesehen haben, verboten, den Uebeltäter zu erschlagen, wie dies zulässig gewesen wäre, wenn der Ehebrecher dem gleichen Stande oder gar einem geringeren Stande angehört hätte. Erst ganz allmählich tauchen schüchterne Versuche auf, einen Mißbrauch der Autorität als erschwerendes Moment gelten zu lassen; aber das, was wir mit unserem § 174 als Verbrechen bedrohen, das ist doch sehr weit entfernt von dem Begriff schwerer Unzucht früherer Gesetze, und noch das Preußische Landrecht rechnete alle diese Dinge einfach unter die Verführungen. Das war logischer als unsere jetzige Auffassung, die, sobald es sich um Frauenspersonen von mehr als 16 Jahren handelt, überhaupt keine Verführung kennt, das, was bei gewöhnlichen Sterblichen straffrei geduldet wird, aber sofort für ein mit Zuchthaus bis zu 5 Jahren zu sühnendes Verbrechen erklärt, wenn der Verführer als Beamter usw. gehandelt hat. Ist nun aber schon das Gesetz selbst widersinnig, so wird es durch die Judikatur erst recht teilweise zu einer leeren, sinnwidrigen und entsittlichenden Wortklauberei. Widersinnig dadurch, daß vollständig der Zweck des Gesetzes übersehen wird, entsittlichend dadurch, daß da, wo der leere Begriff des Beamtentums fehlt, Leuten, die gleiche Funktionen verrichten, doch der Freibrief zur Unsittlichkeit ausgestellt wird. Sehen wir uns also zunächst einmal unseren § 174 etwas näher an; er lautet:

„Mit Zuchthaus bis zu 5 Jahren werden bestraft:

1. Vormünder, welche mit ihren Pflegebefohlenen, Adoptiv- und Pflegeeltern, welche mit ihren Kindern, Geistliche, Lehrer und Erzieher, welche mit ihren minderjährigen Schülern oder Zöglingen unzüchtige Handlungen vornehmen.

2. Beamte, die mit Personen, gegen welche sie eine Untersuchung zu führen haben oder welche ihrer Obhut anvertraut sind, unzüchtige Handlungen vornehmen.

3. Beamte, Aerzte oder andere Medizinalpersonen, welche in Gefängnissen oder in öffentlichen, zur Pflege von Kranken, Armen oder anderen Hilflosen bestimmten Anstalten beschäftigt oder angestellt sind, wenn sie mit den in das Gefängnis oder in die Anstalt aufgenommenen Personen unzüchtige Handlungen vornehmen.

Sind mildernde Umstände vorhanden, so tritt Gefängnisstrafe nicht unter 6 Monaten ein.“

Es zeigt sich auf den ersten Blick, daß wir es hier eigentlich mit drei Paragraphen zu tun haben, von denen jeder eine besondere Materie behandelt; wir wollen deshalb auch jeden Absatz besonders betrachten. Der erste Absatz kann nur, wenn er überhaupt eine Berechtigung haben und der Sittlichkeit dienen soll, den Zweck haben, Personen, die in einem abhängigen Verhältnis geistiger und sittlicher Unterordnung stehen, dagegen, daß Personen, die ihnen vorgesetzt sind, ihre Autorität und Gewalt etwa mißbrauchen, um sie zu Unsittlichkeiten zu verleiten, zu schützen. Jeder andere Zweck würde der Bestimmung sofort ihre Berechtigung nehmen. Es liegt nun aber auf der Hand, daß dieser Absatz bei weitem nicht ausreichen kann, weil er das wichtigste nicht berührt; nämlich das Verhältnis, in dem weibliche Dienstboten und Angestellte zu ihrem Brot- und Lohnherrn stehen. Hier liegt gerade die größte sittliche Gefahr, und es versteht sich ganz von selbst, daß der Mißbrauch seiner Autorität seitens eines Brot- und Lohnherrn doppelt verwerflich ist, weil er sich zugleich als eine ganz abscheuliche und schnöde Ausbeutung des Abhängigkeitsverhältnisses und der sozialen Ueberlegenheit darstellt. Ich glaube, wenn man die Einführung einer solchen Bestimmung ablehnen will, dann erfordern es Billigkeit und Gerechtigkeit, den ganzen Abschnitt der Sittlichkeitsdelikte einfach aus dem Strafgesetzbuch zu streichen, weil man sonst die gefährlichsten Verbrecher straflos lassen, die viel weniger gefährlichen aber mit zum Teile sehr schweren Strafen bedrohen würde. Es kann nichts Gefährlicheres, Verwerflicheres und Verbrecherischeres geben als die Ausnutzung schwer um ihre Existenz ringender weiblicher Personen zu unsittlichen Zwecken. Der gewalttätige Mensch, der ein Notzuchtverbrechen begangen hat, ist nach heutigem Rechte mit Zuchthaus bis zu 10 Jahren bedroht, gewiß mit Recht; aber wenn man die Brotherren, die ihre weiblichen Angestellten zwar nicht mit Gewalt, aber durch die für den Weigerungsfall in Aussicht gestellte Entlassung zur körperlichen Preisgabe zwingen, straflos lassen will, dann müßte man dem Notzüchter, statt ihn zu bestrafen, noch eine Medaille wegen seiner Verdienste um die Sittlichkeit verleihen, denn er schädigt eine einzelne Person. Seine Tat ist das Produkt einer augenblicklichen großen Erregung, in die ihn der Anblick eines geeigneten Objekts und die gerade vorhandene günstige Gelegenheit versetzt haben, denn Notzüchter, die mit vorbedachtem Entschlusse auf solche Verbrechen ausgehen, werden immer seltener; man kann getrost sagen, sie kommen kaum noch vor. Der frivole Brotherr aber handelt mit ruhiger Ueberlegung, er vergiftet systematisch zahllose Personen moralisch und spornt Gesinnungsgenossen zur Nachahmung an, wozu er, da diese Scheußlichkeit straflos bleibt, wahrlich keiner großen Ueberredungskunst bedarf. An diesem Treiben geht ein großer Teil der auf Erwerb angewiesenen Bevölkerung moralisch zugrunde; ja es gibt Geschäfte, in denen nur solche Mädchen sich in ihrer Stellung halten können, die sich dem Chef und seinen Vertretern preisgeben. Die Sache geht schon so weit, daß die Handlungsgehilfinnen ganz allgemein wissen, in dem oder jenem Geschäft darf man keine Stellung suchen, wenn man nicht auch eine andere Pflicht, die mit der weiblichen Ehre nicht vereinbar ist, übernehmen will. Wenn das gestattet bleiben soll, dann begeht man ein himmelschreiendes Unrecht gegen jeden anderen Sittlichkeitsverbrecher, den man noch bestraft, denn er ist für die öffentliche Sittlichkeit ein viel geringerer Schaden. Und wie es mit den kaufmänischen Gehilfinnen geht, so geht es erst recht mit den gewerblichen Arbeiterinnen, so geht es auch mit den Theaterdamen; wer die Verhältnisse näher kennt, der weiß ganz genau, daß es Bühnen genug gibt, an denen eine junge Künstlerin niemals eine Anstellung findet, wenn sie sich nicht vorher dem Direktor preisgibt, oft auch noch dem Herrn Agenten. Das sind schauerliche Zustände, die unser Gesetz einfach duldet.

Daß schon wiederholt die Notwendigkeit einer Strafvorschrift gegen unsittliche Brotherren erkannt worden ist, haben die Reichstagsverhandlungen häufig genug bewiesen; das macht aber das Fehlen einer solchen Vorschrift erst recht zu einem schweren Vorwurf gegen unsere legislatorischen Körperschaften. Was hat man als Grund für die Nichteinführung einer solchen dringend notwendigen Vorschrift angegeben? Man hat gesagt, daß die weiblichen Angestellten ohne Berechtigung und nur aus Rache den Brotherrn fälschlich bezichtigen würden, sobald es ein Gesetz gäbe, das ihn wegen der Verführung seiner Angestellten mit schweren Strafen bedrohte. Man sollte es eigentlich gar nicht für denkbar halten, daß ernste Männer, deren Aufgabe es ist, für das Wohl des deutschen Volks zu sorgen, einen solchen Unsinn vorbringen und glauben könnten, denn genau so gut kann aus Rache der Chef eines jeden anderen Sittlichkeitsverbrechens beschuldigt werden. Oder sollen wir es wirklich glauben, daß Angestellte erst den Brotherrn zur Unzucht verführen würden, um ihn dann anzeigen zu können? Das ist einfach abgeschmackt und unsinnig, denn das können sie ebenfalls nach heutigem Rechte genau so gut haben; sie brauchen dann nur statt des einen Wortes Verführung das Wort Notzucht zu schreiben, das spricht sich ebenso leicht aus und kostet, wenn's geschrieben wird, auch nicht mehr — Tinte. Ich habe mir geradezu den Kopf zerbrochen; aber etwas dümmeres als den Einwand, daß die notwendige Bestimmung nur zu falschen Anschuldigungen verleiten würde, kann ich beim besten Willen nicht herausfinden.

Man wird das sofort zugeben müssen, wenn man einen Blick auf die beiden weiteren Absätze des § 174 wirft. Da werden mit derselben schweren Zuchthausstrafe bedroht: Beamte usw., die

**Aus einem Frauenhaus.**

Nach einem Gemälde von H. von Cleve. (Kaiserl. Gemäldegalerie Wien.)

mit Personen, gegen die sie eine Untersuchung zu führen haben, oder die im Gefängnis usw. ihrer Obhut anvertraut sind, unzüchtige Handlungen vornehmen. Nun weiß doch jedes Kind, daß Dirnen und ähnliches Volk fortgesetzt gegen derartige Beamte die schwersten sittlichen Anschuldigungen erheben. Da liegt ein wirklicher Anlaß zur Rache vor; da wollen diese Subjekte sich selbst entlasten dadurch, daß sie die Beamten beschuldigen. Ja, warum hat man denn nicht die gefährlichen Absätze 2 und 3 gestrichen? Weil es eben vorkommt, daß Beamte sich doch vergehen, und weil man fühlt, daß auch eine verkommene Dirne noch gegen derartige Uebergriffe geschützt werden müsse, wenn auch von 100 Anschuldigungen 99 falsch sind. Warum sollen denn ehrliche, anständige Mädchen, die sich sauer ihr Brot erwerben müssen, nicht ebenso geschützt werden wie die verkommenste Dirne, an der überhaupt gar nichts mehr zu verderben ist? Warum sollen denn ehrliche erwerbende Mädchen weniger glaubwürdig sein als Dirnen, die erfahrungsmäßig nur verschwindend selten ein wahres Wort sagen, wenigstens da, wo es sich um Anschuldigungen handelt? Ich muß denn doch energisch dagegen protestieren, daß Mädchen, die sich ehrlich und sauer ihr tägliches Brot erwerben müssen, tief unter die Hefe des Dirnentums gestellt werden. Oder fürchtet man etwa die falschen Massendenuziationen nur deshalb, weil erwiesen ist, daß von 100 wirklich geschehenen Fällen kaum ein einziger zur Anzeige gebracht wird? Wenn man aber einmal davon ausgeht, daß ehrliche Personen aus bloßer Passion lieber falsche Anzeige erstatten als Dirnen, warum fürchtet man denn da nicht, daß auch Vormünder, Lehrer oder Erzieher mit Leidenschaft falsch denuziert werden?

Wer wüßte etwa nicht, daß es in Fabriken und auch in Geschäften usw. weibliche Angestellte genug gibt, die auf einer sehr niedrigen moralischen Stufe stehen? Ich will auch keineswegs behaupten, daß die Herren Chefs an und für sich schuldig an diesem tiefen Sittenniveau ihrer Angestellten sind, und daß sie nicht auch den Wunsch haben könnten, mit diesen Personen nicht in zu enge Berührung zu kommen. Aber das ändert selbstverständlich an der Sache nichts, denn einmal haben sie es viel mehr als der Beamte in der Hand, jede direkte Berührung zu vermeiden, und ferner würde auch in solchen Fällen, die ja nicht Regel sind, sondern viel eher Ausnahmen, die Lage des Chefs noch nicht einmal so schwierig sein, wie die des Polizeibeamten, der allein die Dirne in ihrer eigenen Wohnung aufsuchen muß. Der Chef kann sich seinen verkommenen Mädchen fernhalten; er kann es vermeiden, mit ihnen einzeln zu verhandeln; er braucht sie nicht einzeln unter irgend einem Vorwand im Geschäftslokal zurückbehalten; ja er braucht sich nur so zu benehmen, wie es ihm als Chef zukommt, dann vrmeidet er sofort jede falsche Anschuldigung. Ich habe eine ganze Reihe von Betrieben kennen gelernt, in denen weibliche Angestellte, auch moralisch ziemlich tief gesunkene, beschäftigt waren; ich habe aber sofort an dem Verhalten des Chefs sehen können, ob er einwandfrei war oder nicht. Das zeigt sich schon aus der Art, wie er mit den Mädchen umgeht, mehr noch daraus, wie diese mit ihm umgehen; da weiß man es gleich, ob eine Beschuldigung mit Recht oder Unrecht erhoben werden könnte. Der oft gehörte Einwand, daß der Chef nicht der Verführer, sondern der Verführte sei, ist stets mit einiger Vorsicht aufzunehmen. Der Chef hat seinen Angestellten gegenüber eine autoritative Stellung; er dürfte deshalb gar nicht verführt werden können, wenn er nicht durch sein Verhalten die hauptsächliche Schuld trägt, und er ist eben durch seine ganze Stellung verpflichtet, sich rein zu halten, gerade so wie die Geistlichen, Lehrer und Erzieher. Es ist bekannt, daß junge Mädchen für ihre Geistlichen und namentlich für ihren Literaturprofessor schwärmen; aber deshalb kann man doch nimmermehr diesen das Recht einräumen, sich zur Unzucht verleiten zu lassen. Sie werden vielmehr, wenn sie es doch tun, aus § 174 bestraft. Wer sich in Gefahr begibt, der kommt darin um. Trotzdem ist das Dienstverhältnis doch, wie ich noch ausführen werde, anders als das Verhältnis des Lehrers zu seinen Zöglingen, wenigstens zu seinen minderjährigen.

Auch in Verkaufsgeschäften kommen selbst bei durchaus anständigem Betriebe Dinge vor, die einfach nicht gebilligt werden können. So ist es in manchen Geschäften Usus, daß nach Schluß des Geschäfts eine Verkäuferin solange mit dem Chef allein zurückbleiben muß, bis dieser seinen Geldschrank usw. verschlossen hat. Wozu dient dies? Wenn der Chef seinen Schrank nicht schließen kann, ehe sich alle entfernt haben, dann mag er doch zu seinem Schutze den Hausdiener zurückbehalten, nicht aber ein einziges junges Mädchen, denn das kann nur eine unnütze Versuchung mit sich bringen und verdächtigt ihn. Mögen doch derartige Ungehörigkeiten unterbleiben, dann ist es absolut ausgeschlossen, daß fälschlich Anzeigen wegen Autoritätsmißbrauchs erstattet werden können, oder daß sie nicht sofort als falsch erkannt werden müßten. Uebrigens kann man auch hier wieder darauf hinweisen, daß erfahrungsmäßig Dirnen die Beamten in ihre Netze zu ziehen suchen, um sie zur pflichtwidrigen Nachsicht zu bewegen; ein Beamter, der hierauf eingeht, kann sich aber niemals dadurch vor Strafe schützen, daß er beweist, er sei in Wirklichkeit der Verführte gewesen, und auch der Beamte hört doch nicht auf, Mensch zu sein in dem Augenblicke, in dem er Beamter geworden ist.

Den Dienstboten gegenüber hat die Herrschaft eine ähnliche Stellung, wie der Erzieher seinen Zöglingen gegenüber, vom Standpunkte der Sittlichkeit sogar die gleiche; deshalb erübrigt es sich wohl, noch besonders zu beweisen, daß auch die Dienstboten denselben Schutz genießen müssen wie die Zöglinge. Wenn es sich auch bei ihnen oft nicht um minderjährige Personen handeln mag, so liegt doch kein Grund vor, nicht auch den mündigen Personen den gleichen Schutz zu gewähren, denn das erschwerende Moment des Mißbrauchs der Autorität ist nicht durch den Altersunterschied begründet, sondern lediglich durch das Dienstverhältnis. Es liegt auch kein Grund vor, selbst unter diesem erweiterten Gesichtspunkt auf die Verschiedenheit der Geschlechter Wert zu legen, da immer nur von unzüchtigen Handlungen die Rede ist. Es ist deshalb auch nicht notwendig, daß im Gesetz von den weiblichen Angestellten die Rede ist, wenn auch faktisch hauptsächlich diese geschützt werden sollen; denn sie haben denselben Schutz, wenn auch nur schlechthin von Personen oder Angestellten die Rede ist. Der § 174 würde dann aber auch diejenigen Fälle mit umfassen, in denen unzüchtige Handlungen gegen männliche Angestellte begangen werden, ganz so, wie das Handelsgesetzbuch alle Angestellten, gleichviel ob männliche oder weibliche, zum Aufgeben des Dienstes ohne

Kündigung berechtigt, wenn ihnen unsittliche Zumutungen gestellt werden, oder der Chef sie nicht gegen solche schützt. Warum geht aber strafrechtlich nicht, was zivilrechtlich Norm ist?

Wenn nun die Rede davon gewesen ist, daß Lehrer, Erzieher und Geistliche auch selbst den Verführungen unterliegen können, und doch bestraft werden müssen, weil sie der Verführung nicht mit genügender Energie entgegengetreten waren, so erfordert es natürlich die Billigkeit, dass diese Personen nicht mit derselben Schärfe behandelt werden dürfen wie die lüsternen Verführer, die ihre Autorität missbrauchen, um den Willen der ihnen anvertrauten Personen ihren sinnlichen Begierden dienstbar machen. Der § 174 in seiner jetzigen Fassung ermöglicht dies durch die mildernden Umstände, so dass ein Angeklagter statt der Zuchthausstrafe mit Gefängnis von sechs Monaten bis zu fünf Jahren bestraft werden kann. Jch kann mich damit nicht einverstanden erklären, halte auch, so streng ich die wirklich gemeingefährlichen Verleitungen zur Unzucht verurteile, die Minimalstrafe von sechs Monaten Gefängnis in den leichtesten Fällen für zu hoch, vorausgesetzt natürlich, dass im Gesetz präzise gesagt ist, was als „leichte Fälle" zu betrachten ist. Nicht nur ich, sondern unendlich viele Kritiker, und zwar gerade die urteilsfähigsten, sind im Prinzip gegen die „mildernden Umstände". Das Gericht kann sie versagen, wenn ihm die Nase des Angeklagten nicht gefällt, während sie dagegen oft da zugebilligt werden, wo diese Zubilligung geradezu ein grober Unfug ist. Ich halte ohnehin die Machtbefugnisse des Richters für zu groß, die Garantien für seine Unbeeinflußbarkeit für zu gering; es ist schon vorgekommen, daß die Staatsanwaltschaft mit einem Amtsrichter lange vor der Verhandlung geradezu die ziemlich höchste Strafe gegen einen Angeklagten, dessen Persönlichkeit durch gelegentlich scharfe, aber berechtigte Kritik staatsanwaltschaftlicher Missgriffe verhasst geworden war, vereinbart hatte, und dass lediglich deshalb die Sache dem Amtsgericht überwiesen wurde, was direkt gegen die Bestimmungen des § 75 G.-V.-G. verstiess. Es wird dann durch das Urteil keine Strafe mehr festgesetzt, sondern einfach eine persönliche Rache geübt. Das ist keine unbegründete Behauptung, sondern eine unbestreitbare Tatsache, die ich aktenmässig beweisen kann. Wenn der § 223 a in Verbindung mit § 228 dem Richter gestattet, von drei Mark Geldstrafe bis zu fünf Jahren Gefängnis zu erkennen und dieselben Momente, z. B. die Trunkenheit, entweder als Milderungsgrund oder ganz nach Belieben auch als straferschwerend zu betrachten, oder bei einer Beleidigung aus § 186 von drei Mark Geldstrafe bis zu zwei Jahren Gefängnis zu erkennen, so ist der Spielraum viel zu weit. Der Richter hat es vollkommen in der Hand, einen Angeklagten entweder fast überhaupt nicht zu bestrafen oder ihn für das ganze Leben zu ruinieren. Wenn dabei lediglich rein persönliche Momente den Ausschlag geben, wie dies tatsächlich vorkommt, so kann man nicht mehr von einer Rechtssicherheit sprechen. Wer es nicht glaubt, dass tatsächlich in den wegen ganz gleichartiger Taten erkannten Strafen so unglaubliche Abstufungen bestehen, wie ich sie oben angedeutet habe, der vergleiche nur einmal die verschiedenen Straffälle selbst ganz kurzer Perioden; er darf sich dabei sogar nur auf die Urteile eines einzigen grösseren Gerichts beschränken, ja selbst auf die eines einzigen Richters, und er wird sein blaues Wunder erleben. Damit soll aber noch nicht einmal gesagt sein, dass die Richter nicht in jedem einzelnen Falle im besten Glauben gehandelt haben. Wer wüsste es nicht, wie sehr jeder Angeklagte lediglich durch sein Verhalten in der Hauptverhandlung für oder gegen sich einnehmen kann, und gerade bei der Zubilligung oder bei Versagung mildernder Umstände gibt sein persönlicher Eindruck vor Gericht den Ausschlag, während doch nur die Einzelheiten der Tat, wegen der auf der Strafe zu erkennen ist, den Masstab bilden dürften. Wenn jetzt das reuevolle Geständnis eines ohnehin überführten Angeklagten so gern als mildernder Grund angesehen wird, so kann man oft genug die Beobachtung machen, dass der abgefeimte Hallunke, sowie er den Gerichtssaal verlassen hat, das Richterkollegium auslacht. Man kann es auch nicht billigen, wenn immer die bisherige Unbescholtenheit eines Angeklagten diesem die mildernden Umstände sichert. Ein Mensch, der viele Jahre lang eine Straftat ständig wiederholt hat, kann wahrlich keinen Anspruch darauf erheben, dass er milder beurteilt werden muß, weil ihm sein verbrecherisches Treiben bisher noch keine Strafe eingebracht hat; es gibt vielmehr Fälle genug, in denen die bisherige Unbestraftheit, die nur das Raffinement, sich der wohlverdienten Strafe zu entziehen, beweist, lediglich straferschwerend wirken kann. Man muss doch auch berücksichtigen, dass ein Mensch, der das Unglück hatte, wegen eines blossen Versuchs der rächenden Nemesis in die Hände zu fallen, oder der einer blossen Gelegenheitstat wegen eine exemplarische Strafe erhalten hat, gerade dadurch, dass ihm die Existenz vernichtet wurde, dass er nach der Strafverbüssung ohne Obdach, ohne die Möglichkeit, einen Erwerb zu finden, in die Welt hinausgestoßen ist, geradezu zu neuen Straftaten gezwungen werden kann. Es gehört viel mehr als ein felsenfester Charakter dazu, nicht unterzugehen, wenn ein Mensch, der eine gesicherte und gute Existenz gehabt hat, statt dessen nichts besitzt als bedeutende Schulden für Gerichts- und Haftkosten und vielleicht das Gefühl, dass ihm durch seine Verurteilung ein bitteres Unrecht geschehen ist. Man urteile nur einmal objektiv, welche Schuld unsere Rechtspflege selbst an den sogenannten Rückfallsverbrechen trägt, dann wird man sich wohl hüten müssen, weiter nach der Schablone und nach den leeren toten Buchstaben zu richten. Das ist nicht neu, schon Schiller hat in seinem „Verbrecher aus verlorener Ehre" in klassischer Weise auf diesen Uebelstand hingewiesen, und seine Darstellung ist lehrreicher als irgend ein Kommentar eines Buchstabenjuristen über die Rückfallshandlungen. Das alles spricht dagegen, daß in dem Gesetz einfach von mildernden Umständen die Rede sein darf. Ich weiß recht gut, daß ich hier einen Kampf gegen Windmühlen führe, wenn ich gerade bei den Sittlichkeitsverbrechen etwas anfechte, das sich wie ein roter Faden durch das ganze Gesetz zieht; aber das kann mich nicht abhalten, für das energisch einzutreten, was ich für gut und unerläßlich halte, ebenso wie ich auch gerade wegen der Sittlichkeitsverbrechen besonders für eine Erweiterung des § 51 eintrete. Man kann hier nur einen einzigen Grund als wirklich wesentlich mildernd anerkennen, und zwar den, wenn der Angeklagte, durch die Person, gegen welche er sich vergangen hat, verleitet worden ist. Das kann dann aber auch so weit als mildernd angesehen werden, daß sehr wohl eine Minimalstrafe von drei Monaten Gefängnis als ausreichende Sühne gelten darf.

In alten Gesetzen finden wir über die Verführung durch Arbeitgeber wenig oder gar nichts, das ist auch nicht auffallend, weil in früheren Zeiten nicht die Verhältnisse herrschten, die heutigen Tages derartige Bestimmungen notwendig machen. Damals gab es keine Frauenfrage, also auch nicht im heutigen Sinne eine Ausnutzung selbst gesellschaftlich gleichstehender Personen; es fiel also auch das fort, was wir heute für das Schwerwiegende halten müssen, so daß man wohl sagen kann, derjenige, der die energische Bekämpfung des modernen Verbrechens verhindert, wird selbst zum Verbrecher am ganzen Volke. Die Theresiana geht noch am meisten auf den von mir verfochtenen Gedanken ein und zwar in Artikel 82, wo gesagt ist, daß die Strafe der gewöhnlichen Unzucht ganz bedeutend erschwert werden solle, wenn u. a. „ein Lehrmeister die ihme zur Unterweisung anvertraute Weibesperson auch mit ihrer Einwilligung zu Falle brächte.“ Es ist das ungefähr dasselbe, was ich bezwecke; wie der Wortlaut klar erkennen läßt, wurde aber die Strafe auch nicht milder bemessen, wenn die Tat mit der Einwilligung der mißbrauchten Person geschehen war. Das ist ein Fehler, denn das subjektive Verschulden muß unbedingt berücksichtigt werden, wenn man nicht im hohlen Formalismus ersticken will. Sonst findet man ähnliche Bestimmungen hauptsächlich gegen Kerkermeister usw., aber auch gegen Vormünder, Erzieher und Lehrer. Die Theresiana führt einen weiteren Strafverschärfungsgrund an, „da ein Kerkermeister oder Gerichtsdiener eine seiner Verwahrung übergebene Weibsperson mit ihrem Willen fleischlich mißbrauchte, besonders da es unter Versprechung der Freyheit beschehen wäre.“ Zum Schlusse heißt es wörtlich: „In diesen, und dergleichen Fällen solle die verübte Leichtfertigkeit besonders aber gegen den boshaften Verführer schärffer, als in gemeinen Unzuchtsfällen angesehen, und ein solcher Missetäter öffentlich ausgepeitscht, oder mit einer anderen schweren Leibesstraffe beleget, und des Lands, oder Landgerichts auf ewig verwiesen, ja wohl gar nach Gestalt der Verführung, und nach Maß der Vermessenheit, Gefärde, und verursachten Aergerniß am Leben gestraffet werden." Es ist aber vollkommen klar, daß wohl niemals besondere Milde zugelassen wurde, daß viel eher die Gerichte zu größter Strenge geneigt waren und durchaus nicht so selten von der Todesstrafe Gebrauch machten, denn diese war im allgemeinen sehr beliebt, und man wird auch behaupten dürfen, daß sie niemals eine verhältnismäßig zu strenge Strafe gewesen wäre, denn sie wurde auch wegen anderer Straftaten, die das allgemeine Wohl bei weitem nicht so eng berührten, ständig zuerkannt. Das Allgemeine Preußische Landrecht bedrohte im Teil II, Titel 20, § 1030 Aufseher eines Gefängnisses, Arbeits-, Armen- oder Waisenhauses mit Verlust des Amtes und außerdem mit Gefängnisstrafe von sechs Monaten bis zu zwei Jahren resp. mit Zuchthausstrafe, wenn sie die unter ihrer Verwahrung stehenden Personen zur Befriedigung ihrer Geilheit mißbrauchten. In § 1031 wurden Erzieher, Prediger und andere Lehrer mit Verlust aller öffentlichen Aemter, Würden und Ehrenstellen sowie (§ 1032) mit Festungs- oder Zuchthausstrafe von zwei bis zu vier Jahren, wenn sie die ihnen anvertrauten Personen schändeten, bedroht. Im § 1037 wurden Vormünder, die mit ihren Pflegebefohlenen Unzucht trieben, mit Zuchthaus- oder Festungsstrafe von einem bis zu zwei Jahren bedroht. Sie sollten in zweifelhaften Fällen stets als Verführer gelten; war aber das Gegenteil klar (§ 1038), dann hatten sie nur eine willkürliche Strafe verwirkt. Es ist da also schon der Gedanke, der für jeden gerecht urteilen Wollenden der nächstliegende sein sollte, ins Gesetz aufgenommen. Besonders interessant ist auch die Bestimmung, daß Stiefeltern, die ihre Stiefkinder verführten, nicht wegen Blutschande, sondern logischer Weise nur wegen erschwerter Verführung bestraft werden sollten, und zwar machte das Gesetz ausdrücklich einen Unterschied, ob der andere Gatte (also der rechte Vater oder die rechte Mutter) zur Zeit der Verführung noch lebte. War dies der Fall, so trat Zuchthaus oder Festungsstrafe von zwei bis zu vier Jahren ein; anderenfalls wurde die Strafe auf die Hälfte reduziert. Stiefkinder sollten in der Regel als Verführte gelten und straflos bleiben. Waren sie nicht verführt, also vielleicht selber die Verführer gewesen, so trat bei Lebzeiten des anderen Gatten Zuchthausstrafe von einem bis zu zwei Jahren für beide Beteiligte ein, nach dem

Tode des anderen Gatten wurde diese Strafe wiederum auf sechs bis zu zwölf Monaten herabgesetzt. Man hat es also früher in Preußen sehr gut verstanden, Gesetze zu geben, die der klaren Menschenvernunft entsprachen.

Wesentlich verschieden sind die Bestimmungen bezüglich der Geistlichen in dem katholischen Oesterreich-Ungarn von denen im evangelischen Preußen. In der Theresiana galt es als besonders erschwerend, „da wer eine gottgeweihte Person auch mit ihrer Einwilligung in oder außer Klosters schwächte, oder da von einem ledigen Weibsbild Leichtfertigkeit, und Unzucht mit geistlichen Mannspersonen getrieben würde." Es kann bei diesem Wortlaut keinem Zweifel unterliegen, daß nicht die gottgeweihte Person und nicht die geistliche Mannesperson bestraft wurden, sondern immer nur die Laienperson, während nach evangelischer Auffassung gerade die Geistlichen, wenn sie sich vergaßen, ihres Amtes wegen als doppelt schuldig galten. Das kann auch allein Berechtigung haben.

Eine Schwierigkeit bietet die Redaktion des § 174 immer noch. Wenn ich auch auf dem Standpunkt verharre, daß ein Brotherr, der seine Autorität mißbraucht, ebenso scharf anzufassen ist, wie ein Beamter, der eine seiner Obhut anvertraute Frauensperson mißbraucht, so kann ich doch nicht verkennen, daß die Verhältnisse zwar da, wo der Brotherr seine autoritative Stellung geradezu gewohnheitsmäßig mißbraucht, annähernd gleich liegen, daß aber doch da, wo durch das Dienstverhältnis eine Hausgemeinschaft herbeigeführt wird, die Lage eine völlig andere sein kann und auch oft ist. Wollte man den Dienstherrn auch in den Fällen in denen er sein Amt nicht mißbraucht, in denen der anreizende Teil lediglich die Bedienstete ist, mit einer Freiheitsstrafe von mindestens drei Monaten Gefängnis im besten Falle bestrafen, so würde man damit eine Härte schaffen, die in der Tat nicht mehr der Sittlichkeit diente, da sie etwas herbeiführte, das niemals beabsichtigt sein kann. Man denke nur an das Verhältnis, das zwischen dem Herrn und der Haushälterin nicht selten besteht, das aber auch zwischen dem Dienstherrn und der Bediensteten bestehen kann, ohne daß die öffentliche Sittlichkeit dadurch berührt würde. Konkubinat ist nicht verboten, es zu verbieten, hat die Oeffentlichkeit kein Interesse und, nach meiner Ansicht, auch kein Recht. Wenn nun aber ein erlaubtes Konkubinat in der Weise geführt würde, daß die Konkubine in den Dienst ihres Geliebten träte, und zwar gegen den üblichen Arbeitslohn, dann müßte aus dem erlaubten Verhältnis sofort ein Zustand, der den Mann zu jeder Zeit auf mindestens drei Monate ins Gefängnis lieferte, werden. Das wäre natürlich ein Unsinn, weil dadurch, daß das bloße Konkubinatsverhältnis nebenbei ein Dienstverhältnis würde, die öffentliche Moral nicht im mindesten berührt werden kann. Auch bei Lehrern kann die Sache ähnlich liegen. Jch glaube, all diese Bedenken damit beseitigen zu können, daß ich vorschlage, den Dienstherrn etc. nur dann mit Strafe zu bedrohen, wenn er unter Mißbrauch seiner Autorität gehandelt hat, Lehrer etc. nur dann, wenn sie sich gegen minderjährige Zöglinge vergangen haben.

Was nun den Absatz 2 unseres § 174 anbetrifft, so wird man ihn wesentlich erweitern müssen, wenn er überhaupt eine Berechtigung haben soll. Ich fasse den ganzen § 174 dahin auf, daß er jede Unzucht, die ein Beamter, Lehrer, Erzieher usw. usw. unter Mißbrauch seiner Autorität begeht, als ein Verbrechen besonderer Art bezeichnen und die Schuldigen mit schwerer Strafe bedrohen soll. Da hat es dann natürlich gar keinen Sinn, die Strafvorschrift lediglich auf einige Beamte beschränken zu wollen. Geradezu widersinnig wird aber diese Beschränkung durch die Judikatur des Reichsgerichts, das hierbei in der Haarspalterei sehr weit geht. Das, was durch das Gesetz bezweckt wird, muß geradezu vereitelt werden, wenn das Reichsgericht die Frage, ob ein Angeklagter als Beamter aunzusehen sei, lediglich aus § 359 beantwortet wissen will. Gerade die Vereinigung der Vormünder, Lehrer, Aerzte, Beamten usw. in einem einzigen Paragraphen zeigt doch über alle Zweifel klar und deutlich, daß der ganze § 174 nur den einen Zweck haben darf, Personen dagegen zu schützen, daß sie durch den Mißbrauch autoritativer Gewalt zur Unzucht oder überhaupt zur Duldung unzüchtiger Handlungen gezwungen oder verleitet werden, und es müssen alle Personen, die ihre autoritative Stellung zur Befriedigung ihrer sinnlichen Begierden ausnutzen, energisch bestraft werden. Das ist der Sinn des Gesetzes; die Unzucht und den Zwang einfach deshalb straflos zulassen zu wollen, weil der Verbrechende nicht im Sinne des § 359 Beamter ist, halte ich für völlig gegen den Sinn und Zweck des Gesetzes verstoßend, ja es ist um so widersinniger, als der § 132 schon den mit Gefängnis bis zu einem Jahr oder Geldstrafe bis zu dreihundert Mark bedroht, der unbefugt sich mit der Ausübung eines öffentlichen Amtes befaßt, denn es könnte dadurch eine Privatperson, die sich, um eine Unzuchtshandlung leichter begehen zu können, für einen öffentlichen Beamten ausgibt, wegen Mißbrauchs einer ihm nicht zustehenden Autorität bestraft werden, während der Mann, der die ihm wirklich zustehende Autorität mißbraucht, was doch sicherlich noch schlimmer ist, straflos bleiben würde, weil er zwar ein Amt innehat, streng genommen aber nicht als Beamter gilt, Die Gefahr, daß ein Gefangenentransporteur die weiblichen Gefangenen, die ihm anvertraut werden, mißbraucht, ist wirklich nicht so gering, wenn man erwägt, daß nach der Entscheidung des Reichsgerichts vom 22. Dezember 1881 eine von einer Polizeiverwaltung mit dem Gefangenentransport beauftragte Privatperson nicht im Sinne des § 174 als Beamter gelten dürfe, dessen Obhut eine Person anvertraut ist. Ebenso halte ich aber auch das Urteil vom 13. Mai 1884 für verfehlt und schädlich, nach dem ein Beamter, der nur zu einzelnen Untersuchungshandlungen, z. B. verantwortlichen Vernehmungen, befugt ist, nicht als ein Beamter, der eine Untersuchung zu führen hat, im Sinne des § 174 anzusehen sei. Ich verlange, daß einer derartigen Gesetzesauslegung in Zukunft schon durch den Wortlaut des Gesetzes vorgebeugt werden muß, wenn man nicht besser tun will, das ganze Gesetz zu streichen. Das, was das Reichsgericht da zusammeninterpretiert hat, das mag wunderschön auf den § 359 passen, der einfach von dem Mißbrauch der Amtsgewalt eines Beamten handelt; aber einer Bestimmung zur Bekämpfung von Sittlichkeitsverbrechen gräbt es einfach den Boden ab.

Nach meiner Ansicht muß der Abschnitt 2 des § 174 auf alle diejenigen Personen ausgedehnt werden, die durch Mißbrauch ihrer amtlichen oder beruflichen Autorität Personen zur Duldung unzüchtiger Handlungen verleiten. Dazu gehören außer allen Gerichts- und Polizeibeamten auch die Privatpersonen, die das Amt eines Armenvorstehers bekleiden, und ähnliche Leute. Beamte der Sittenpolizei kommen bekanntlich sehr oft in die Lage, von Dirnen usw. durch Bewilligung des Beischlafs zur Nachsicht verleitet zu werden. Wollte man den Dirnen Glauben schenken, dann wären Polizeibeamte, die für diese Art Liebesdienste nicht empfänglich sind, noch seltener als die weißen Raben. Nun, es versteht sich ganz von selbst, daß derartigen Beschuldigungen niemals ohne weiteres Glauben geschenkt werden darf; aber vorgekommen sind solche Dinge schon öfter, und es darf auch nicht unberücksichtigt bleiben, daß in der Tat wohl kein Mensch so viel in Versuchung geführt wird, wie gerade ein Sittenpolizeibeamter. Da ist dann eine möglichst strenge Untersuchung schon im Interesse der Beamten selbst erforderlich, die Ausdehnung des § 174, al. 2 auf solche Beamte notwendig. Weiter ist es schon gerichtlich festgestellt, daß Gerichtsvollzieher und Gerichtsvollziehergehilfen den alten Satz, daß die Liebe blind macht, bestätigt hatten, denn sie hatten nichts Pfändbares gesehen, wenn die Frau oder Tochter eines Schuldners ihnen unzulässige Gunstbezeugungen erwiesen hatten. Daß natürlich aus solchen Vorkommnissen sehr leicht das Volk die Ansicht gewinnt, ein derartiges Verhalten sei Praxis aller Gerichtsvollzieher, daß ein Gepfändeter zu dem Glauben neigt, das „Unglück" habe ihn nur deshalb getroffen, weil er nicht in der Lage gewesen sei, den Beamten durch coitales Entgegenkommen befriedigen zu können, das wird dann auch nicht durch das korrekteste Verhalten der anderen pflichtgetreuen Beamten aus der Welt geschafft. Ich gebe zu, daß auch für solche Beamte die Versuchung manchmal ungeheuer sein kann; aber gerade deshalb muß der § 174 auch auf sie ausgedehnt sein, gleichviel ob sie im Sinne des § 359 Beamtenqualität haben oder nicht. Ob ein solcher Mann für Sittlichkeitsverstöße und für die infolge derselben in idealer Konkurrenz begangenen Pflichtwidrigkeiten oder pflichtwidrigen Unterlassungen noch aus einem anderen strafrechtlichen Gesichtspunkte zur Verantwortung gezogen werden kann, interessiert hierbei ganz und gar nicht, denn hier haben wir es lediglich mit dem Abschnitt „Sittlichkeitsverbrechen und -Vergehen" zu tun.

Ich habe oben auch die Armenvorsteher mit erwähnt. Deren Stellung ist lediglich ein Ehrenamt, und zwar ein ebenso nützliches wie schwieriges. Die Herren, die sich in den Dienst der Humanität stellen, haben vollsten Anspruch auf Ehre und Hochachtung. Bedauerlicherweise sind aber gerade in unserer Zeit wieder Fälle bekannt geworden, in denen das Amt in die unrichtigen Hände gelegt worden war, daß man also den Bock zum Gärtner bestellt hatte. Es ist festgestellt worden, daß einige dieser Herren die Bewilligung von Unterstützungen davon abhängig gemacht hatten, daß sich ihnen die Bedürftigen oder ihre Töchter preisgaben. Das halte ich für noch verwerflicher als das Treiben jener frivolen Arbeitgeber, die außer der Arbeit auch die körperliche Hingabe verlangen. Hier ist die strengste Bestrafung aus § 174 unerläßlich.

Das Gesagte wird unwiderleglich dargetan haben, daß der § 174 in der Tat wesentlich erweitert werden muß, und es kann sich hier nur darum handeln, ob gegenüber den pflichtvergessenen Beamten da, wo der von mir angeführte Strafmilderungsgrund vorliegt, wirklich jemals eine Gefängnisstrafe von 3 Monaten eine ausreichende Sühne sein kann, oder ob man nicht den Beamten gegenüber das jetzt bestehende Minimum von 6 Monaten Gefängnis beibehalten muß. Ich halte die 3 Monate Minimum — für schwerere Fälle kann auch trotz des Milderungsgrundes bis zu 5 Jahren Gefängnis erkannt werden —, trotzdem ich die Sache viel strenger ansehe, als das heutige Recht, doch für ausreichend und empfehle den Straftheoretikern, die mit Eifer dafür eintreten, daß möglichst unter einem Jahre Gefängnis nicht erkannt werden sollte, doch zunächst einmal Strafpraktiker zu werden, d. h. passive, und einmal 3 Monate Gefängnis mit allen ihren Folgen, Verlust der Existenz usw. usw. über sich ergehen zu lassen. Vielleicht würden sie dadurch doch zu der Erkenntnis gelangen, wie furchtbar verschieden so eine Strafe auf die einzelnen Individuen wirkt. Bereitwilligst sei zugegeben, daß es Verbrecher gibt, die eine Gefängnisstrafe ven 1 Jahre und mehr noch für eine kurze Freiheitsunterbrechung halten, da also mögen unsere sogenannten Strafpraktiker, die aber eigentlich nur Straftheoretiker sind, z. B. Anstaltsbeamte, Staatsanwälte usw. recht haben; für einen sonst anständigen Menschen, der sich einmal im Taumel der Leidenschaft, in den er durch die Verführung einer anderen Person versetzt wurde, vergessen hat, kann sie so schwer sein, daß sie fast zum Todesurteil wird. Selbst die strenge Sächsische Ordnung, die den Ehebruch unnachsichtlich durch die Todesstrafe gesühnt wissen wollte, sagt hierüber: „Wenn derjenige welchem eine Weibsperson in seine *custodiam* vnd gewarsam befohlen, dieselbige Gefangene beschläfft, So sol er, so beyde Personen ledig, mit Stauppenschlägen, deß Landts verwiesen werden.“ Noch ausführlicher behandelte die Pfaltzgräfische Ordnung diese Materie: „Wann ein gefangen Weibsbildt, so sonsten ehrlichen wandels, von einen Thurnhüter mit gewalt beschlaffen würde, so lassen wir es bey obgesetzter Lebensstraff geübten gewalts halben verbleiben: Im fall aber kein gewalt angelegt, sonder das verhaffte Weib seinen willen darzu geben, oder sich sonst leichtfertig gehalten, soll ein solcher Thurnhüter vnsers Landts verwiesen werden, Es were dann sach, daß die *custodirte* Person Ehelich were, dann in solchen Fall die ordenliche Straffe, wie oben vom Ehebruch gesetzt, anzuerkennen.“ Das war ein durchaus richtiger Standpunkt, denn jedenfalls geschieht der öffentlichen Sittlichkeit mehr Abbruch, wenn ein anständiges Mädchen von einer Privatperson verführt wird, als wenn im Gefängnis ein Beamter sich mit einer liederlichen Dirne auf deren Wunsch abgibt. Da nun aber im Gefängnis Zucht und Ordnung herrschen müssen, wird auch die Bestrafung eines solchen Beamten erfolgen müssen; sie liegt dann aber mehr im Interesse der Disziplin als in dem der Sittlichkeit. Würde aber der Beamte sich gegen ein anständiges, d. h. geschlechtlich unbescholtenes Mädchen vergehen, dann dürfte unter keinen Umständen von der Zuchthausstrafe abgesehen werden, denn dann erfordert die öffentliche Sittlichkeit, wie das letzterwähnte Gesetz dies auch richtig annahm, nachsichtslose Strenge, weil die Sittlichkeit gebieterisch verlangen muß, daß ein Weib im Gefängnis sicher und nicht auch noch der Gefahr ausgesetzt ist, moralisch vernichtet zu werden. Diese Unterscheidung wird stets zu machen sein, wenn es sich um die Beurteilung eines Sittlichkeitsdelikts handelt.

Hat der Absatz 2 des § 174 die vorgeschlagene Erweiterung erfahren, dann könnte man den ganzen dritten Absatz eigentlich für entbehrlich halten; da er aber gerade das Medizinalwesen behandelt, lohnt es dennoch, diese Materie in einen besonderen Absatz zu bringen. Nun wird es aber schwerlich jemand verstehen, warum diese Bestimmung lediglich auf Anstaltsärzte beschränkt bleiben soll, und warum nicht auch jeder Privatarzt, Zahnarzt und überhaupt jede Person, die sich mit der Heilkunde befaßt, dadurch berührt werden soll. Was ich schon oben gesagt habe, gilt auch hier; es kann sich nicht darum handeln, rite ernannte Amtspersonen zu treffen, sondern es kann nur darauf ankommen, das Interesse der öffentlichen Sittlichkeit zu wahren. Dies ist nicht möglich, wenn den privaten Heilpersonen jeder Mißbrauch des ihnen entgegengebrachten Vertrauens nicht mit derselben Strenge untersagt wird wie den Anstaltsärzten. Auch der Privatarzt ist eine Vertrauensperson, die eine ganze Reihe von Privilegien besitzt, unter denen das, bei falscher Behandlung mit letalem Verlauf Richter in eigener Sache sein zu dürfen, noch nicht einmal das größte ist. Der Arzt kann beweiskräftige Atteste ausstellen, und vor allen Dingen müssen wir ihm unsere Frauen und Töchter anvertrauen, und im Vertrauen auf seine Gewissenhaftigkei und seine Hilfe müssen ihm Geheimnisse offenbart werden, die keinem anderen Sterblichen anvertraut werden, und bricht er dieses Vertrauen dadurch, daß er seine Patientinnen zu Unsittlichkeiten verleitet, warum soll er nicht genau so strafbar sein wie sein in einer Anstalt angestellter Kollege? Besondere Ueberwachung sollte man auch den Kassenärzten zuteil werden lassen. Es ist bekannt, daß in großen Städten anständige weibliche Krankenkassenmitglieder oft lieber auf eigene Kosten ärztliche Hilfe suchen, als daß sie zum Kassenarzt gehen, weil tatsächlich einige dieser Herren sich den Patientinnen gegenüber so zudringlich und unsittlich benommen haben, daß es mehr als gewagt war, dort Hilfe zu suchen. Wenn nicht bereits in Berlin und auch in anderen Orten Verurteilungen von Kassenärzten vorgekommen wären, könnte man derartige Gerüchte vielleicht als übertrieben oder unwahr ansehen. Daß keine Verurteilungen an allen Orten vorgekommen sind, beweist nach Lage der Sache noch nicht das Fehlen eines Anhalts für eine Anklage. Es beweist noch nicht einmal, daß keine Anzeige erstattet worden wäre, denn es ist mir aus eigener Erfahrung bekannt, daß an einem deutschen Gerichte auch auf detailliert begründete Anzeigen wegen fahrlässiger Körperverletzung in der Ausübung des Berufs gegen die betreffenden Aerzte doch nicht eingeschritten worden ist. Ich bin der Ansicht, daß es im Interesse der Aerzte liegen muß, wenn die unsauberen Elemente aus ihrem hochachtbaren Stande entfernt werden. Man wird wohl auch annehmen dürfen, daß das Krankenkassenwesen schon im Strafgesetzbuch Berücksichtigung gefunden haben würde, wenn es bei der Entstehung des Strafgesetzbuches bereits existiert hätte; jedenfalls ist es notwendig, diese Lücke jetzt auszufüllen. Es liegt dann aber auch kein Grund vor, zwischen den Kassenärzten und den Privatärzten ohne Amtspraxis einen Unterschied zu machen, und natürlich ist es dann auch dringend geboten, die Zahnärzte ebenfalls mit anzuführen, und zwar nicht nur diejenigen, die den Arzt-Titel *rite* erworben haben, sondern auch die Dentisten und ähnliche der Zahnheilkunde dienende Personen, sonst würde man nur die besseren Elemente mit Strafe bedrohen, die weniger Vertrauen genießenden aber leer ausgehen lassen. Daß gerade bei Zahnheilkünstlern in und außer der Narkose verhältnismäßig viele Verstöße gegen die Sittlichkeit vorkommen, hat die Praxis genügend dargetan, denn Bestrafungen, die jetzt allerdings meist nur unter dem Rahmen der Beleidigung aufgeführt werden können, sind keineswegs so selten; sie hindern leider die Herren nicht einmal immer in der weiteren Ausübung ihrer Praxis.

In den Krankenanstalten sind Sittlichkeitsverstöße verhältnismäßig viel seltener als in der Privatpraxis: sie sind auch dort gar nicht so leicht möglich, weil der Arzt viel weniger Gelegenheit hat, die Patientinnen so ungestört in seine Gewalt zu bekommen wie in der Privatpraxis. Es ist gewiß für niemanden ein angenehmer Gedanke, Frau und Töchter einem fremden Manne bis in ihre geheimsten Teile unverhüllt vorzustellen; da will man doch wenigstens die weitesten Garantien haben, daß solche Untersuchungen ohne sittliche Gefahren verlaufen, und ich darf wohl hervorheben, daß gerade aus ärztlichen Kreisen mir die

**Leben im Frauenhaus.**
Nach einem deutschen Kupferstich.

Bitte ausgesprochen worden ist, in diesem Sinne zu wirken, weil es den Herren selbst äußerst peinlich ist, daß einige ihrer Kollegen durch ihr frivoles Verhalten das Ansehen des ganzen Standes gefährden. Ueber Gefängnisärzte, Anstaltsärzte oder Personen, die in den zur Aufnahme von Armen oder Hilfsbedürftigen dienenden Anstalten beschäftigt sind, ist mir eigentlich noch keine wirklich substantiierte Klage zu Ohren gekommen, und man wird sich wohl hüten müssen, einfachen und völlig unerwiesenen Verdächtigungen Gewicht beizumessen.

Es könnte nun fraglich erscheinen, ob ein Privatarzt sich auch dann strafbar mache, wenn er seine Patientinnen zwar während der Behandlung in seinem Sprechzimmer unangefochten läßt, sich ihnen aber später nähert und sie unter Berufung auf die stattgehabte Untersuchung zu Unsittlichkeiten mißbraucht. Ich möchte dies bejahen und glaube auch, daß eine solche Auffassung notwendig ist, da sonst einer Umgehung des Gesetzes geradezu Vorschub geleistet werden müßte. Es ist dies auch vollkommen analog den anderen Fällen, die den Beamten, den Vormund, Lehrer, Geistlichen und Erzieher betreffen, denn alle diese Personen werden keineswegs nur für Verstöße bestraft, die sie während des Unterrichts, im Hause oder während der Amtshandlung selbst vornehmen, sondern auch für alles, was bei einem Zusammentreffen am anderen Ort geschieht, denn auch da handeln sie im Mißbrauch der einmal erlangten Autorität.

Der § 174 würde demnach zu lauten haben:

„Mit Zuchthaus bis zu 5 Jahreren werden bestraft:

Vormünder, die mit ihren Pflegebefohlenen, Adoptiv- und Pflegeeltern, die mit ihren Adopitiv- und Pflegekindern, Prinzipale, Arbeitgeber und Lohnherren, die mit ihren Angestellten unter Mißbrauch ihrer Autorität, sowie Geistliche, Lehrer und Erzieher, die mit ihren minderjährigen Zöglingen oder Schülern, unzüchtige Handlungen vornehmen.

Beamte oder Privatpersonen, die ein öffentliches Amt ausüben, wenn sie mit Personen, mit denen sie durch die Ausübung ihres Amtes in Berührung kommen, unzüchtige Handlungen vornehmen.

Aerzte, Zahnärzte oder andere der Heilpflege dienende Personen, wenn sie mit Patienten, die in ihrer Krankenkassen- oder Privatpraxis ihre Hilfe in Anspruch nehmen, sowie Beamte, Aerzte und andere Medizinalpersonen, die in Gefängnissen oder in öffentlichen oder privaten zur Pflege von Kranken, Armen oder anderen Hilflosen bestimmten Anstalten beschäftigt oder angestellt sind, wenn sie mit den in die Anstalt oder in das Gefängnis aufgenommenen Personen unzüchtige Handlungen vornehmen.

Geistliche, Lehrer und Erzieher sowie Angeklagte im Falle des Abs. 2 und 3 werden mit Gefängnis nicht unter 3 Monaten bestraft, wenn sie von der Person, mit der sie das Verbrechen begangen haben, verführt worden sind."

# Notzuchtverbrechen.

Was unter Notzucht zu verstehen sei, darüber ist man sich keineswegs zu allen Zeiten klar gewesen. Im allgemeinen hat man als Notzucht die Unzucht verstanden, die der Täter unter Anwendung von Gewalt beging, d. h. er mußte eine Frauensperson gegen deren Willen durch Gewalt zur Duldung seines Verbrechens genötigt haben. Der Täter wurde im alten Recht meist Notzöger, die Tat selbst Notnumft genannt. Es war aber nicht jede gewaltsame Vergewaltigung einer Frauensperson Notnumft; es war nicht einmal jede Notnumft strafbar. So heißt es im Sachsenspiegel noch ausdrücklich: „An varendeme wive unde an siner amien mach die man noth dun, of he sie ane iren dank beleget." Das klingt nicht wie eine Aufforderung, fahrende Weiber zu vergewaltigen; von der „amien" will ich gar nicht reden. Die Ansicht, daß die Gewalttat gegen „verleumbde" Frauenspersonen keine Straftat sei, hat sich aber sehr lange erhalten; dagegen war die Notzucht, wenn sie gegen unbescholtene Personen begangen war, ein schweres Verbrechen, das oft mit barbarischen Strafen gesühnt wurde. Es heißt im alten Hessischen Rechte: „Man sol einen dürren Eichen pfahl spitzen vnd dem nothzöger auf sein Herz setzen, den ersten, den andern und dritten schlag sol die Genothzüchtigte thun." Die weiteren Schläge führte der Henker, bis dem Uebeltäter der Pfahl durch „sein falsches herze" getrieben, er also an den Erdboden angenagelt war. Ich werde nachher auf die alten Strafbestimmungen noch näher eingehen, zunächst aber erst noch auf den Begriff der Notzucht zurückkommen.

Es war nach den alten Rechten meist der Raub der weiblichen Ehre dasjenige, was als Verbrechen galt. Der Begriff der Notzucht wurde daher auch auf die an Kindern begangene Unzucht ausgedehnt. Es ist dies allerdings etwas wesentlich anderes, denn bei dem Verbrechen gegen Kinder kann es sich doch nicht um einen Raub der weiblichen Ehre handeln, sondern es ist da einfach die gewaltsame und auch wohl gesundheitlich schädigende Befriedigung des tierischen Triebes das Ausschlaggebende. Es kommt dabei auch nicht darauf an, ob so ein Kind etwa in die Tat eingewilligt hatte, denn da es nicht für genügend geistig reif gehalten wurde, um überhaupt in dieser Richtung hin eine freie Willensbestimmung entfalten zu können, galt auch trotz der etwaigen Einwilligung die Tat doch als eine gewaltsame. Ebenso aber, wie das an Kindern verübte Verbrechen nicht durch die Einwilligung des Kindes entschuldigt war, ebenso war auch der Mißbrauch einer geisteskranken, blödsinnigen oder willenlosen erwachsenen Frauensperson ein Notzuchtverbrechen, mochte der Täter Gewalt angewendet haben oder nicht. Im wesentlichen ist dieses System auch in unserem Rechte beibehalten worden! Die Anschauung, daß die Notzucht ein Raub der weiblichen Ehre sei, ist damit allerdings verlassen worden; sie hat aber auch, als sie noch herrschte, einen logischen Riß bekommen. Man nahm nämlich an, daß die Ehre der Genotzüchtigten durch dieses Verbrechen nicht tangiert werden könne, d. h., wenn sie so vorsichtig gewesen war, sofort nach dem Verbrechen ihre Klage anzubringen. Hatte sie sich aber mit der Klage zu viel Zeit gelassen, dann lief sie Gefahr, noch wegen ihrer Leichtfertigkeit bestraft zu werden, denn sie hatte dann die Präsumption gegen sich, eingewilligt zu haben, und die Tat galt dann nicht mehr als Notzucht, sondern als ein *stuprum voluntarium*. An und für sich war die Ansicht, daß nicht die Notzucht, sondern das mit Einwilligung des Weibes ausgeführte *stuprum* schände, sicherlich logisch richtig, denn natürlich mußte es als ehrenrühriger gelten, wenn ein Mädchen selbst Unzucht getrieben hatte, als wenn es nur das unschuldige Opfer eines Verbrechens geworden war. Mit der Annahme eines Raubes der weiblichen Ehre war es dagegen nicht in Einklang zu bringen, wenn die Ehre nicht als berührt gelten sollte. In diesem Streben, die Ehre für unverletzbar durch ein Verbrechen zu halten, ging man so weit, daß man fast die klare Menschenvernunft pensionierte. Es wurde nämlich sogar behauptet, daß durch die

Notzucht auch nicht einmal die physische Jungfräulichkeit zerstört werden könne. Denn diese sei keineswegs etwas Körperliches, sondern sie ruhe im Herzen, und deshalb müsse eine violierte Jungfrau auch als unverletzte Jungfrau betrachtet werden, man dürfe ihr auch nicht das Recht aberkennen, bei einer späteren Trauung das Symbol der Jungfernschaft, den Kranz, zu tragen. Es konnte danach also auch unverletzte Jungfrauen mit Nachkommenschaft geben. Dieser Konsequenz wegen widersprachen sowohl die Schöffenstühle wie auch die Geistlichkeit der wohlgemeinten Ansicht, und den violierten Jungfrauen oder richtiger nicht mehr jungfräulichen Mädchen blieb auch der Kranz bei der Trauung versagt, was sicherlich wieder eine Härte war, da der Kranz bei der Trauung ein Zeichen der Wohlanständigkeit, sein Fehlen aber der Beweis der geschlechtlichen Anrüchigkeit war.

Sehen wir uns nun die Strafen näher an, dann werden wir finden, daß auch keineswegs daran überall festgehalten wurde, daß die Vergewaltigung nicht einwandsfreier Weiber als erlaubt zu gelten habe. Nach Nürnberger Stadtrecht ging man hiervon stets ab, wenn ein Jude die Tat begangen hatte. Man peinigte ihn dann in jeder denkbaren Weise, strafte ihn auch wohl am sündigen Gliede, hing ihn dann verkehrt, d. h. mit den Beinen nach oben, auf und ließ ihn durch Hunde zerfleischen. Eine sehr alte Strafe für Notzüchter war die Enthauptung durch die „Diele“, das war eine alte Hinrichtungsmaschine, die wir wohl als die Vorläuferin der Guillotine ansehen dürfen. In den alten Saalfelder Statuten heißt es: „Wirt ein man begriffen an der waren tat, daz hir eine frouwen oder eine maget notzoget, man sal ihm den hals abe stozen mit einer winbrechen dele.“ Diese Bestimmung stammt aus der ersten Hälfte des XIII. Jahrhunderts. Im Jahre 1235 tut Dreyer derselben Maschine in der Stadt Deudermonde Erwähnung; auch dort fielen ihr die „Notzöger“ zum Opfer.

Immer aber war es Bedingung, daß die Genotzüchtigte selbst klagte. Das war etwas ganz anderes als der Strafantrag im heutigen Sinne; die Vergewaltigte mußte einfach unmittelbar nach der Tat mit gerauftem Haare und zerrissenem Gewande — das waren die Spuren der Tat und zugleich Beweise des geleisteten

Widerstandes — dem ersten besten ihr Begegnenden das Geschehene klagen. Im alten Bremer Statut heißt es: „Nodighet en man en wif, wil se dhat beclagen, dhat schal se don an dher stunde the it ir beschen is, vrowen unde mannen, we that ir begeghnet, also dhat se bethugen moghe.“ Nach anderen Bestimmungen heißt es: „Die notzwungen jungfrau sol mit zerfallnem haar unde traurigen ansehen, wie sie von den is gangen und zu dem ersten mensch, so sie zukommen mag, desgleichen zu dem andern, denselben ir schmach unde unwird anzeigen.“ Im Welrichstädter Weisthum heißt es: „Wo eine genothzucht würde, so soll sie laufen mit gesträubten haare, ihren schleier an der hand tragen, allermenniglich wer ihr begegnet umb hülfe anschreien über den thäter, schweigt sie aber dismal still, soll sie hinfür auch still schweigen.“ Das heißt also: wenn sie unmittelbar nach der Tat nicht geklagt und niemandem das mitgeteilt hatte, was ihr geschehen war, dann hatte sie die Möglichkeit der Klage verwirkt; man würde ihr dann keinen Glauben mehr geschenkt haben. Das war eine ganz berechtigte Maßregel, denn es ist auch in früheren Zeiten vorgekommen, daß Weiber sich zu Leichtfertigkeiten verstanden, und dann später, um die Schande von sich abzuwälzen, behaupteten, es sei ihnen Gewalt angetan worden. Nach Ostfriesischem Landrecht wurde als Beweis verlangt; daß die Verletzte bei der Tat geschrien haben mußte; es ist da gesagt: „Wan men ein frouwensperson vorkräftiget, dat se schriet, ropt unde dat wapengrüfte folgt, de luide hoeren id und de richter und dat volk so reddet, wat ir dan gescheen is openbair und darto darf man neune tuigen.“ Es gab eine ganze Reihe ähnlicher Vorschriften zur Sicherung des Beweises. Niemals aber konnte eine Frau einfach vor den Richter treten und behaupten, es sei ihr zu einer bestimmten Zeit Gewalt angetan worden, denn man wollte unter allen Umständen sicher gehen. Das ist übrigens auch nicht auffällig, denn das alte Recht stellte auch bei anderen Straftaten ziemlich weitgehende Anforderungen an den Kläger. Der Unterschied, den man zwischen der „handgetat“, das heißt einem auf frischer Tat betroffenen Verbrechenden, und der „übernächtigen Tat“ machte, erklärt dies hinlänglich. Die Carolina bestimmte im

Artikel 119: „So jemand ein vnverleumbden Ehefrauwen, Wittwen oder Jungfrauwen mit gewalt, vnd wider jren willen, jhr Jungfräuwlich Ehr neme, derselbig Vbelthäter hat das Leben verwirckt, vnd sol uff Beklagung der Benöthigten in außführung der Missethat, einem Räuber gleich, mit dem Schwert vom Leben zum Tod gerichtet werden. So sich aber ein solches obgemelts Mißhandels freffentlicher vnd gewaltiger weiß, gegen einer vnverleumden Frauwen oder Jungfrauwen vnterstünde, vnd sich der Frauw oder Jungfrauw sein erwehrte, oder von solcher beschwerniß sonst errettet würde, derselbig Vbelthäter sol uff beklagung der Benöthigten, in außführung der Mißhandlung, nach gelegenheit vnd gestalt der Personen, vnd vnterstandenen Mißthat gestrafft werden, vnd sollen darinn Richter vnd Urtheyler, raths gebrauchen, wie vor in andern Fällen mehr gesetzt ist." Es ist also wegen der vollendeten und der bloß versuchten Tat Bestimmung getroffen. Im ersteren Falle ist der Täter wie ein Räuber zu bestrafen, im zweiten nach willkürlicher Satzung; stets galt aber nur die gegen unverleumdete Frauenspersonen begangene Tat als Verbrechen. Damit stimmten überein die Bambergische, Gülische, Pfaltzgräfische und Bayerische Ordnung, die die Carolina zum Vorbild genommen hatten. Nach Tiroler Recht sollte der Täter im Wasser ersäuft werden; das war eine schwerere Todesart als die Enthauptung, die nach den erstgenannten Rechten zu erkennen war. Uebrigens durfte auch diese Strafe je nach der Schwere des Falles auch sehr verschärft werden, und zwar durch vorheriges Reißen und Zwicken mit glühenden Zangen usw. Das alte Sächsische Recht schrieb gleichfalls gegen den Täter die Strafe des Schwertes vor, bestimmte aber außerdem: „Dazu werden auch niedergehauwen die Dorfgebeuw, darinn die Mägd oder Weiber genothzüchtiget oder geführt sind, desgleichen auch alle lebendige Ding, die bey der Nothzucht waren, vnd hülff gethan haben, enthäupt." Diese letztere Bestimmung erinnert lebhaft an das alte mosaische Recht. (Josua 7, 24—26.)

Die *Renovatio iuris Saxonici,* von 1572, unterschied sich wesentlich von den sonst allgemein gültigen Rechten: „Die gewaltsame Nothzucht, so einer an Ehelichen oder auch ledigen Weibspersonen begeht, wirdt vermöge gemeiner Landsvblichen

Sächsischen Rechten, mit dem Schwert gestrafft, Wie dann auch die Sachsen Recht, der an einem gemeinen oder freyen Weibe Notzucht begangen, dieselbe Gewalt, mit solcher schärpffe straffen, Darbey wir es auch bleiben lassen, vnd wöllen, daß vnsere Schöppenstüle vnd Gerichte, sich dessen, wie bißhero, in sprechen vnd erkennen, halten." Es ist hier der Hauptwert auf die geschehene Gewalt, nicht mehr auf die Qualität der Verletzten gelegt, und deshalb sollte auch die Strafe in richtiger Erkenntnis der Materie dieselbe sein, gleichviel ob gegen ein gemeines oder freies und wohlanständiges Weib die Gewalt geschehen war. Es kam auch nicht darauf an, ob durch die Tat zugleich ein Ehebruch begangen wurde; aber falls ein Ehemann der Täter war, konnte ihn auch nicht, wie dies beim bloßen Ehebruch zulässig war, die Interzession seiner Ehefrau vom Tode erretten. Die Todesstrafe wurde nur dann nicht ausgesprochen, wenn das Verbrechen nicht völlig zur Ausführung gekommen war; dann wurde nur auf Staupenschläge und Landesverweisung erkannt. Die gleiche Praxis übte man übrigens auch, wie Wesenbec, Berlich, Gilhausen, Stephan und Carpzow berichten, außerhalb Sachsens. Moller und Coler führen hierfür das interessante Beispiel an, daß der Beweis für das vollendete Verbrechen auch dann nicht als geführt erachtet wurde, wenn es der Angeklagte selbst offen eingestand, die Vergewaltigte aber bestritt, daß die *immissio seminis* erfolgt sei. Ferner konnte der Täter, wie Carpzow und Finkelthaus anführen, auch dadurch von der Todesstrafe errettet werden, daß sein Opfer für ihn bat und sich bereit erklärte, ihn zu heiraten. In solchem Falle blieb ihm sogar auch der Staupenschlag erspart; er wurde nur des Landes verwiesen, und die Genotzüchtigte mußte ihm als seine Frau in die Verbannung folgen. Dagegen war es belanglos, ob der Angeklagte selbst sich erbot, die Vergewaltigte zu heiraten; eine solche Erklärung hatte nur dann Wert, wenn das Opfer das Anerbieten annahm.

In der viel späteren Theresiana galt als Notzucht wieder nur die Entehrung „unverleumdeter Jungfrauen, Wittiben oder Frauen". Die Strafe war die der früheren Gesetze, nämlich die des Schwertes. (Artikel 76 § 6.) Bei erschwerenden Umständen konnte aber diese Strafe dadurch erhöht werden, daß nach der

Enthauptung der Körper des Gerichteten aufs Rad geflochten wurde, und als besonders erschwerend galt es, wenn ein Jude eine Christin genotzüchtigt hatte, wenn durch den Notzwang eine schwere gesundheitliche Störung herbeigeführt worden war, oder wenn durch die Notzucht zugleich ein Ehebruch begangen war usw. Dagegen wirkte es strafmildernd, wenn die Vergewaltigte nur schwachen Widerstand geleistet hatte, wenn die Tat nicht ganz zur Vollendung gekommen war, oder wenn die Verletzte für den Täter bat. Es wurde dann ein Unterschied in der Strafe gemacht, je nachdem, ob der Täter ein Ausländer war oder nicht; im ersteren Falle wurde er mit Ruten gestrichen und des Landes verwiesen, den Inländer bestrafte man mit Festung oder Zuchthaus und verbannte ihn auf ewig von dem Orte der Tat. Hatte aber ein Andersgläubiger eine Christin, oder ein Christ eine Andersgläubige genotzüchtigt, dann wurde die Tat aus Artikel 82 beurteilt, der Täter also mit dem Schwert gerichtet und der Körper darauf zu Asche verbrannt. Das steht eigentlich, wenigstens in Rücksicht auf die nachfolgende Strafverschärfung, mit dem Artikel 76 in Widerspruch. Es wird sich aber hierüber wohl nur schwerlich jemand aufgeregt haben, jedenfalls hat sich nicht einmal der Verurteilte selbst den Kopf darüber zerbrochen, ob sein Körper nach der Hinrichtung verbrannt oder nur aufs Rad geflochten werden sollte, denn das Unangenehmste war ihm sicherlich der Schwertstreich, der ihn Kopf und Leben kostete.

Das Allgemeine Preußische Landrecht behandelte im Teil II, Titel 20, §§ 1048—1060 die Notzuchtsverbrechen sehr ausführlich. Es galt als Notzucht, wenn jemand eine unschuldige Frauensperson durch Getränke oder andere Mittel ihrer Sinne beraubte, um sie zur Wollust zu mißbrauchen; die Strafe betrug 4—6 Jahre Zuchthaus; wenn der Zweck nicht erreicht worden war, 3 bis 6 Monate Zuchthaus. War durch die Tat Wahnsinn oder eine Gesundheitsschädigung eingetreten, dann kamen die wegen Verabfolgung von Liebestränken bestimmten Strafen zur Anwendung, nämlich bei der Tötung 10—15 Jahre Zuchthaus, im Falle unheilbaren Wahnsinns 8—10 Jahre Zuchthaus, im Falle einer anderen Krankheit, je nach deren Schwere und Dauer, 4—8 Jahre Zuchthaus. Auch die Verführung durch Arglist und betrügliche Kunstgriffe galt als Notzucht, die Strafe betrug außer der schuldigen Privatgenugtuung 6—12 Monate Zuchthaus. Auch der Zwang durch Bedrohung des Lebens oder der Gesundheit war Notzucht und kostete Festungsstrafe von 3—5 Jahren. Notzucht durch unwiderstehliche Gewalt an Personen über 12 Jahre alt wurde mit 6—8 Jahren Festung gesühnt, Notzucht an Personen unter 12 Jahren mit 8—10 Jahren Festung. Es galt dann jede geübte Unzucht als Notzucht. Nach der Deklaration vom 9. November 1815 machte es gar keinen Unterschied, ob Zwang angewendet worden war; nach dem alten Landrecht § 1054 milderte das Fehlen des Zwangs die Strafe auf die Hälfte. Dauernde und erhebliche Gesundheitsstörungen, infolge der Tat, erschwerten die Strafen stets; war der Tod verursacht worden, dann hatte die Strafe des Schwertes einzutreten. Als strafmildernd galt es, wenn die Vergewaltigte schon vorher in dem „Rufe einer schlechten, liederlichen Lebensart“ gestanden hatte. Der Bestrafte hatte der Verletzten in allen Fällen Genugtuung zu leisten, und die Verfolgung trat überhaupt nicht ein, wenn die „Beleidigten dergleichen Verbrechen nicht rügten, und wenn dadurch kein öffentliches Aergernis gegeben worden.“

Die alten Gesetze führen zum Teile ebenso wie das Preußische Landrecht die an willenlosen Personen und Kindern begangene Unzucht als Notzucht auf. Die Theresiana wirft beide Dinge vollständig in einen Topf und sagt darüber im Artikel 76: „Da wer unmündige, unsinnige, aberwitzige, schlaffende, oder betrunkene Weibespersonen auch ohne ihre Widerstrebung fleischlich bekennete.“ Das sollte als schwere Unzucht gelten und mit Auspeitschung oder einer anderen schweren Leibesstrafe, in Fällen besonderer „Vermessenheit, Gefährde und verursachten Aergernisses“ auch wohl mit der Todesstrafe gesühnt werden. Die noch älteren Gesetze wollten ebenfalls für die Notzucht gegen willenlose Personen keine Todesstrafe vollstreckt wissen. Die Sächsische Ordnung sagt: „Wann eine ledige Mannsperson, eine Wahnwitzige Sinnlose Weibesperson beschläffet, Sol er derselbigen nicht allein nach billicher ermessigung, einen Vnderhalt machen, sonder sol auch darüber mit Staupenschlägen verwiesen werden.“ Da hier von ledigen Mannspersonen die Rede ist, die Strafe des Ehebruchs aber die Schwertstrafe war, brauchte nicht besonders hervorgehoben zu werden, daß ein Ehemann, der Notzucht beging, dem Schwerte ohnehin verfiel. Die Pfalzgräfische Ordnung hielt es für erforderlich, diese Eventualität besonders zu betonen; es heißt da: „Welcher ein Sinnlose, Wahnwitzige Person beschläfft, der sol dieselbige mit gebührlicher vnderhaltung zuversehen, angehalten, darzu vnsers Landts verwiesen werden. Im Fall aber ein gewalt oder Ehebruch mit geübt worden, sol man obgemelte straffen deß Ehebruchs, vnd Notzucht erkennen." Das Verbrechen gegen die willenlosen Personen wurde also, wenn es ohne Gewaltanwendung begangen worden war, ganz anders aufgefaßt als die eigentliche Notzucht. Das hat streng genommen auch etwas für sich, denn der verbrecherische Wille des gewalttätigeren Notzüchters erscheint offenbar intensiver und verdammenswerter als bei demjenigen, der nur eine sich ihm bietende günstige Gelegenheit ausnutzt. Die älteren Gesetze machten aber nicht den Unterschied, ob jemand nur die bereits vorhandene Gelegenheit benutzt, oder diese erst geschaffen hatte, um sie benutzen zu können, d. h. ob er etwa selbst erst die Person in den willenlosen Zustand versetzt hatte. Das Preußische Landrecht ging, wie wir gesehen haben, hierin exakter zu Werke. Da, wo die angedrohten Strafen dem freien richterlichen Ermessen einen weiteren Spielraum lassen, wird es gewiß nicht empfehlenswert sein, den Unterschied zu machen, denn selbst der subtilsten Unterscheidung kann dann noch durch das Strafmaß Rechnung getragen werden; es müßte aber da, wo etwa jemand eine Frauensperson erst betrunken gemacht und dann diesen Zustand zur Verübung des Verbrechens ausgenützt hatte, immer mit Sicherheit festgestellt werden, ob er schon beim Beginn des Zechgelages eine unsittliche Absicht gehabt hatte, oder ob er erst durch die Trunkenheit der Frauensperson auf den Gedanken, sie zu mißbrauchen, gekommen wäre.

Das gegen Kinder geübte Verbrechen ist ebenfalls häufig besonders erwähnt. Die oben schon mitgeteilte Stelle der Theresiana spricht schlechthin von unmündigen Personen. Da aber das Alter der Mündigkeit gewöhnlich auf 14 Jahre festgesetzt war, ist also hier die Altersgrenze dieselbe wie in unserem § 176. Das Preußische Landrecht setzt die Grenze auf 12 Jahre, also unsere Grenze der absoluten Straflosigkeit, herab, andere Gesetze stellten sie noch tiefer oder ebenfalls auf 12 Jahre. Die Sächsische Ordnung sagt: „Wann ein junges Mägdlein, so vnder zwölff Jahren ist, mit gewalt genotzöget, vnd das Werck mit jr vollbracht würde, und solches ist durch erkündigung vnd sonsten befindlich, so soll der Thäter mit dem Schwerdt gestrafft, da aber einer ohne Nothzucht, oder zugethane Gewalt ein solches Kind fleischlich erkannt, Derselbige soll mit Stauppenschlägen vnsers Landes ewig verwiesen werden.“ Es ist also auch da zwischen der Gewalttat und dem einfachen Mißbrauch eines Kindes wesentlich unterschieden worden. Da es aber ein Unsinn ist, von einem wirksamen Konsens eines Kindes, namentlich wenn es noch recht weit von dem Alter der 12 Jahre entfernt ist, zu reden, haben die Juristenfakultäten doch diesen Bestimmungen eine Auslegung gegeben, die das Unrichtige des Gesetzeswortlauts paralisierte. Zunächst wurde durch Hebammen oder andere sachkundige Personen festgestellt, ob denn auch wirklich das Verbrechen zur Vollendung gebracht, also auch die *immissio seminis* erfolgt sei. War dies nicht der Fall, dann konnte auch für Gewaltanwendung nicht auf die schwerste Strafe erkannt werden. Unzüchtige Handlungen allein begründeten niemals die schwerste Strafe; sie dürften sogar in den meisten Fällen wohl gar keine Ahndung nach sich gezogen haben. Wegen der Einwilligung der Kinder nahmen die Schöffenstühle an, daß Kinder in der Wiege, ja sogar noch 6jährige Kinder, nicht den nötigen Verstand hätten, also auch nicht einwilligen könnten, und daß deshalb auch die Tat als mit Gewalt verübt, angesehen werden müsse. Coler führt ein Beispiel an, nach dem schon vor Erscheinen des oben zitierten Gesetzes, nämlich im Jahre 1558, ein Mann hingerichtet worden sei, weil er mit einem Kinde von vier Jahren, und zwar auch ohne Gewaltanwendung, das Verbrechen begangen hatte. Auch Carpzow führt eine Reihe von Fällen an, in denen Notzüchter, die ohne Gewaltanwendung mit Kindern Unzucht getrieben hatten, zum Tode verurteilt worden waren. Wenn man diese Fälle liest, kann man es kaum glauben, wie vertiert die Menschen waren, wenn sie der Geschlechtstrieb beherrschte. So hat ein erwachsener Mann ein Kind in der Wiege, das kaum ein Jahr alt war, mißbraucht. Daß solche Kinder das Verbrechen oft genug das Leben kostete, liegt auf der Hand; dies erhöhte aber, wie Carpzow ausdrücklich hervorhebt, in Sachsen die Strafe nicht; es wurde vielmehr auch dann nur die Strafe des Schwertes ohne Verschärfung ausgesprochen. Außerhalb Sachsens herrschte eine andere Praxis, die ich für berechtigter halten muß; da ging man solchen menschlichen Bestien ganz anders zu Leibe. Hammer und Finkelthaus teilen ein Mainzer Urteil mit, das an Grausamkeit, die aber in dem Falle wenigstens nicht ungerechtfertigt war, nichts zu wünschen übrig läßt. In Frauenstein in der Wetterau hatte ein junger Bursche ein Mädchen von 3½ Jahren an sich gelockt und mit dem Versprechen, ihm etwas schenken zu wollen, in einen öden Pfarrhof geführt. Dort suchte er das Verbrechen zu vollbringen; da dies der kindliche Körper aber noch nicht ermöglichte, ermordete er das Kind, öffnete mit einem Messer das *membrum muliebre* und beging dann das Verbrechen. Nachher zerschnitt er die kleine Leiche in Stücke und suchte diese Teile unbemerkt fortzuschleppen; er wurde dabei aber ertappt und festgenommen. Zunächst wurde ihm mit glühenden Zangen das sündige Glied zerrissen, dann erhielt er noch eine Anzahl „Zwicke" auf Brust und Rücken, und schließlich wurde er von unten auf gerädert und der entsetzlich zugerichtete Körper aufs Rad geflochten.

Eine besonders interessante Bestimmung enthielt die Pfaltzgräfische Ordnung: „Welcher ein solches Kindt mit gewalt Nothzüchtigt, der sol vom Leben zum Todte, mit dem Schwert gerichtet werden. Da aber dasselbig one gewalt vnterstanden vnd vollbracht, So sol der Thäter mit Ruthen außgehauwen vnd vnserer Landtschafft ewiglich verwiesen, das Mägdlein aber nach gelegenheit der Sachen gestraffet werden." Diese letztere Bestimmung ist vollkommen widersinnig, denn ein Kind dafür, daß es das Opfer eines Verbrechens geworden war, auch noch bestrafen zu wollen, das hat eigentlich die Grenzen des Blödsinns bereits überschritten. Daß einem Kinde gegenüber der Verbrecher sehr selten besondere Gewalt anzuwenden braucht, um seinen Zweck zu erreichen, liegt auf der Hand; deshalb gilt eben die Verführung solcher Kinder als Notzucht. Es zeigt sich hier so recht deutlich, auf welche Ausgeburten der Phantasie zuweilen die gelehrten Herren vom grünen Tisch verfielen, wenn sie durch Strafandrohungen die Welt moralischer machen wollten, als es irgend möglich war. Kinder zu bestrafen, statt sie bloß zu schützen, das hat noch nicht einmal die *lex Heinze* beabsichtigt gehabt.

Sehen wir uns nun an, was unser heutiges Recht uns über die Notzuchtsverbrechen zu sagen weiß. Der § 176 lautet:

„Mit Zuchthaus bis zu 10 Jahren wird bestraft, wer:

1. mit Gewalt unzüchtige Handlungen an einer Frauensperson vornimmt oder dieselbe durch Drohung mit gegenwärtiger Gefahr für Leib oder Leben zur Duldung unzüchtiger Handlungen nötigt,

2. eine in einem willenlosen oder bewußtlosen Zustande befindliche oder eine geisteskranke Frauensperson zum außerehelichen Beischlaf mißbraucht, oder

3. mit Personen unter 14 Jahren unzüchtige Handlungen vornimmt oder dieselben zur Verübung oder Duldung unzüchtiger Handlungen verleitet.

Sind mildernde Umstände vorhanden, so tritt Gefängnisstrafe nicht unter sechs Monaten ein."

Die eigentliche Notzucht behandelt aber erst der § 177, der lautet:

„Mit Zuchthaus wird bestraft, wer durch Gewalt oder durch Drohung mit gegenwärtiger Gefahr für Leib und Leben eine Frauensperson zur Duldung des außerehelichen Beischlafs nötigt, oder wer eine Frauensperson zum außerehelichen Beischlafe mißbraucht, nachdem er sie zu diesem Zwecke in einen willenlosen oder bewußtlosen Zustand versetzt hat.

Sind mildernde Umstände vorhanden, so tritt Gefängnisstrafe nicht unter einem Jahre ein."

Der § 176 handelt im ersten Absatz nur von unzüchtigen Handlungen, während der § 177 so ziemlich denselben Wortlaut hat, aber vom wirklich erfolgten Beischlaf spricht. Ich halte diese Einteilung für verfehlt. Einmal ist es meiner Ansicht nach nicht gerechtfertigt, die bloße Vornahme unzüchtiger Handlungen, zumal wenn sie nach der heutigen Judikatur beurteilt wird, mit Zuchthaus bis zu zehn Jahren zu ahnden, ferner ist es doch nicht gerechtfertigt, die Notzucht im Sinne des § 177 mit Zuchthaus bis zu 15 Jahren sühnen zu wollen. Ich möchte wirklich die Fälle, in denen wegen dieses Verbrechens auf mehr als zehn Jahre Zuchthaus erkannt worden wäre, einmal kennen lernen. Gewiß käme seit dem Bestehen des Strafgesetzbuchs für das Deutsche Reich kaum ein Dutzend solcher Verurteilungen zusammen, und von diesem Dutzend möchte ich in zwölf Fällen annehmen, daß die Strafe zu hoch bemessen sei. Ich rechne auch den § 176 seinem wesentlichen Inhalte nach zu den Notzuchtsbestimmungen; aber die bloße Vornahme unzüchtiger Handlungen möchte ich nicht mehr zur Notzucht selbst, sondern nur zu den Versuchshandlungen rechnen, da sie nichts sind als der Anfang der Ausführung dieses Verbrechens. Es wird wenigstens schwer halten, eine andere Erklärung zu geben, denn daß jemand gegen eine erwachsene Person durch Gewalt oder durch Drohung mit gegenwärtiger Gefahr für Leib und Leben nichts erzwingen wollte als die Duldung unzüchtiger Handlungen, bei denen er jeden Gedanken an die Vollziehung des Beischlafs von vornherein ausgeschlossen hätte, das erscheint doch so widersinnig und widernatürlich, daß ich mich in diese Möglichkeit nicht hineinzudenken vermag. Anders liegt die Sache, wenn Kinder als Objekte des Verbrechens in Frage kommen, damit haben wir es aber nur im dritten Absatz zu tun, während der Absatz 2, der erwachsene Personen betrifft, wieder nur von der Beischlafsvollziehung spricht. Immer wird nur der zu einer Gewalttat oder zu einer gefährlichen Drohung sich entschließen, der die ihm verweigerte Befriedigung seiner sinnlichen Begierden auf keine Weise zu unterdrücken vermag; wer aber eine Frauensperson vergewaltigt, der wird sich niemals auf die bloße Vornahme unzüchtiger Handlungen beschränken, wenigstens wird dies nicht der Zweck seines Vorgehens sein. Es kann sehr wohl vorkommen, daß jemand eine Frauensperson überfällt, sie zu Boden wirft, sie unsittlich berührt und dennoch den Beischlaf nicht vollzieht, weil seine Erregung eine derartig hochgradige war, daß bei ihm eine Pollution erfolgte; dann wird man aber immer annehmen müssen, daß seine Handlung der Anfang der Ausführung war, oder man wird zu prüfen haben, ob er nicht mindestens in seiner Zurechnungsfähigkeit beschränkt war. Das würde wohl die Einfügung eines § 51 a, niemals aber den jetzigen § 176 al. 1 rechtfertigen. Die unzüchtigen Handlungen allein zum Gegenstand einer Strafandrohung zu machen, das kommt mir ungefähr so vor, als wollte man im § 243, der vom schweren Diebstahl handelt, nicht das Stehlen, sondern nur das Einschleichen in fremde Gebäude, das Erbrechen von Behältnissen usw. verbieten und den Täter dafür auf zehn Jahre ins Zuchthaus senden, während doch alle diese Dinge in der Praxis, und zwar mit vollstem Rechte, nur als Anfang der Ausführung, also als Versuch, angesehen werden. Der Vergleich trifft noch nicht einmal ganz zu, denn das Erbrechen eines Behältnisses ist doch weit eher nur vorbereitende Handlung, also noch nicht einmal der Anfang der Ausführung, während bei den gewaltsam oder durch Drohung bewirkten unzüchtigen Handlungen diese wirklich schon der Anfang der Ausführung sind; sie sind an sich schon Sittlichkeitsdelikte. Man könnte nun allerdings den Einwand erheben, daß sie gerade deshalb als besondere Straftaten angesehen werden müßten, was beim Diebstahl nicht der Fall sei; aber dieser Einwand würde verfehlt sein. Gerade die Geschlechtsverschiedenheit ist im § 176 al. 1 besonders hervorgehoben, und das allein läßt doch schon mit hinreichender Sicherheit darauf schließen, daß die ganze Bestimmung nur den Zweck haben kann und darf, die zwangsweise Anbahnung des Geschlechtsverkehrs zu verbieten, diese ist aber, man mag die Sache drehen und wenden, wie man will, immer nur der Anfang der Ausführung des Beischlafs, in demselben Sinne, in dem das Erbrechen von Behältnissen usw. der Anfang der Ausführung eines schweren Diebstahls ist. Das letztere ist noch nicht Diebstahl selbst, weil dieser nur durch die tatsächliche Fortnahme einer fremden beweglichen Sache begangen werden kann, und das erstere ist noch nicht Beischlaf, weil dieser mindestens eine geschlechtliche Vereinigung voraussetzt. So wenig man aber einem Angeklagten, der bei Nacht in ein fremdes Haus eingebrochen ist, glauben wird, er habe lediglich das Einbrechen, nicht aber den Diebstahl bezweckt, so wenig wird man auch dem, der an einer Frauensperson gewaltsam unzüchtige Handlungen vornimmt, glauben dürfen, es habe ihm nichts ferner gelegen als der Gedanke an die Beischlafsvollziehung. Man wird sich nicht darauf beschränken, den Ein-

**In der Frauengasse.**

Nach einem Kupferstich von Crispin de Passe.

brecher lediglich wegen Hausfriedensbruchs oder eventl. wegen Sachbeschädigung zu verurteilen — das freiwillige Zurücktreten von der Tat kann hier nicht in Betracht kommen —; aber da, wo wirklich mit Gewalt unzüchtige Handlungen vorgenommen worden waren, wo doch also tatsächlich der Tatbestand des § 176 al. 1 ganz erfüllt war, ist schon wiederholt dennoch die Verurteilung nur wegen tätlicher Beleidigung erfolgt, weil das Gericht selbst der Ansicht war, daß es viel zu hart gewesen wäre, in der Handlungsweise des Angeklagten ein mit Zuchthaus bis zu 10 Jahren bedrohtes Verbrechen zu erblicken. Auch das Reichsgericht hat wiederholt zum Ausdruck gebracht, daß das Verbrechen gegen den § 176 mit § 185 ideell konkurrieren könne. (Vgl. z. B. Urteil vom 2. Juni 1893.) Man wird in der Praxis sehr oft noch darüber hinausgehen und behaupten dürfen, wie es wirklich schon geschehen ist, daß der Tatbestand des § 176 auf keinen Fall mehr sein könne als einfach der Tatbestand des § 185. Würde also, falls man nach meinem Vorschlage den § 177 (der jetzigen Form) striche und den § 176 al. 1 abänderte, in Zukunft bei den einfachsten unzüchtigen Handlungen nicht angenommen, daß diese Versuchshandlungen seien, sondern daß sie lediglich als Beleidigung im Sinne des § 185 anzusehen seien; so würde der Erfolg derselbe sein, den wir jetzt auch schon haben. Es würde dann nur weniger das Gesetz verletzt werden müssen als jetzt, wo eine solche Deutung doch weit eher gegen den § 176 verstößt. Ich glaube aber nicht, daß man in einer korrekten Anwendung des Gesetzes einen Fehler erblicken darf. Auf mich hat es immer den Eindruck von Willkür gemacht, wenn ohne erkennbaren Grund wegen zweier gleicher Handlungen in einem Falle der § 176, im anderen Falle aber nur der § 185 herangezogen wurde; ja ich habe es erlebt, daß in einem Falle das Berliner Amtsgericht einfach wegen Beleidigung zu erkennen hatte, obwohl der Täter ein Mädchen auf der Haustreppe überfallen, unzüchtige Handlungen und den vollendeten Beischlaf begangen hatte, die Tat also eigentlich aus § 177 hätte beurteilt werden müssen. Es war aber festgestellt worden, daß das Mädchen zwar keinen Anlaß zu einer Annäherung gegeben hatte, daß es aber durch die unzüchtigen Handlungen des Angeklagten soweit erregt worden war, daß es der Beischlafsvollziehung keinen wesentlichen Widerstand mehr entgegensetzte. Verstanden habe ich die Auffassung damals nicht, und auch im Laufe von ca. 30 Jahren ist mir das Verständnis bis heute noch nicht aufgegangen. Wenn ich nun aber die gewaltsame Vornahme unzüchtiger Handlungen nur als eine versuchte Notzucht angesehen wissen wollte, so stände ich nicht einmal im Widerspruch zu den Entscheidungen des Reichsgerichts selbst, das am 25. August 1892 ausdrücklich dahin erkannt hat, daß ein freiwillig aufgegebener Notzuchtsversuch als Beleidigung, Körperverletzung oder auch als eine mit Gewalt an einer Frauensperson vorgenommene unzüchtige Handlung im Sinne des § 176 al. 1 angesehen werden könne; da ist also direkt gesagt, daß der Tatbestand des § 176 al. 1 ein freiwillig aufgegebener Notzuchtsversuch sein könne. Ich gehe nur einen kleinen Schritt weiter und halte die gewaltsame Vornahme unzüchtiger Handlungen nicht nur für einen freiwillig aufgegebenen Versuch, sondern schon für eine wirklich versuchte Notzucht, niemals aber für ein selbständiges Verbrechen. Deshalb habe ich aber auch nicht notwendig, die Vornahme unzüchtiger Handlungen besonders im Gesetz zu erwähnen.

Es versteht sich ganz von selbst, daß Notzucht schwer gesühnt werden muß, ohne Ansehen der Person des Täters; aber eine Zuchthausstrafe von 1—10 Jahren, das gestattet doch unter allen Umständen eine exemplarische Strafe. Ich muß offen bekennen, daß ich die Strafausmessungen des heutigen Gesetzes nicht mehr verstehe. Dasselbe Gesetz, das die wüsteste Verführung junger Mädchen von 16 Jahren an gestattet, das die furchtbarste unsittliche Ausnutzung des Autoritätsverhältnisses eines Chefs seinen weiblichen Angestellten gegenüber liebevoll duldet, das den Ehebruch nur bedingt als eine Bagatellsache betrachtet, das läßt für ein im Affekt begangenes Verbrechen, bei dem der Täter in der Regel nicht mehr Herr seiner selbst ist, die höchste zulässige zeitliche Zuchthausstrafe zu. Es ordnet da dasselbe Maximum wie für den Totschläger an; es schreibt wegen der bloßen Vornahme unzüchtiger Handlungen dieselbe Strafe, die es dem schwersten Verbrecher, der bei der Unternehmung einer strafbaren Handlung, um ein der Ausführung derselben entgegenstehendes Hindernis zu beseitigen, vorsätzlich einen Menschen tötet, als Minimum androht, als Maximum vor, gibt also die Möglichkeit, daß beide die gleiche Strafe erhalten können. Ich erinnere mich eines Notzuchtsverbrechens, das sechs Burschen bei Berlin auf den Rixdorfer Wiesen begangen hatten; die Burschen waren über ein Mädchen hergefallen und hatten einer nach dem anderen das Verbrechen begangen, ähnlich wie die Einwohner von Gibea im Stamme Benjamin. (Richter 19, 25.) Da würde ein Gericht, das solche Burschen milde behandelte, einfach selbst ein Verbrechen an der Allgemeinheit begehen. Aber kann bei einer Zuchthausstrafe bis zu zehn Jahren noch von Milde die Rede sein? Es ist ein halbes Menschenalter, zehn Jahre im Zuchthaus zu sitzen, denn sie sind eine Zeit, die mindestens 30 Jahren in der Freiheit gleichkommt. So sehr ich die mattherzige Verurteilung eines Sittlichkeitsverbrechers verdamme, so glaube ich doch, daß es kein Notzuchtsverbrechen geben kann, das nicht mit zehn Jahren Zuchthaus gesühnt wäre, denn der § 178 enthält für Fälle, in denen schwere Folgen eingetreten sind, noch besondere Strafen. Sind wir denn wirklich noch so meilenweit zurück hinter dem oben zitierten Schriftsteller, der vor ca. 250 Jahren Vergleiche anstellte zwischen der Notzucht und der gemeinen, listigen und raffinierten Verführung?

Das Gesetz hält nun, und zwar mit vollstem Rechte, nicht nur die Anwendung roher Gewalt für ein Requisit der Notzucht, sondern auch den durch Drohungen ausgeübten Zwang. Nun ist aber sowohl im § 176 wie auch im § 177 nur von „Drohung mit gegenwärtiger Gefahr für Leib oder Leben" die Rede, und diese Einschränkung hebt zum großen Teile die Wirksamkeit der ganzen Bestimmung wieder auf. Ich verkenne keineswegs, daß die Drohung mit gegenwärtiger Gefahr für Leib und Leben der wirklich angewendeten Gewalt am nächsten kommt; aber das spricht eher gegen den Wortlaut als dafür, denn man hat nicht zweimal dasselbe oder wenigstens annähernd dasselbe, sondern zwei ganz verschiedene Dinge sagen wollen. Schon der § 240, der von der Nötigung handelt, spricht wenigstens ganz allgemein von Drohungen mit einem Vergehen oder Verbrechen. Auch da soll durch die Drohung auf den Willen eines anderen soweit eingewirkt sein, daß der andere zu einer Handlung, Duldung oder Unterlassung genötigt wurde, und es ist nicht abzusehen, warum gerade da, wo eine bestimmte Duldung, nämlich die von unzüchtigen Handlungen, in Frage kommt, der Begriff der Drohung enger begrenzt werden soll. Ganz im Gegenteil; derjenige, der seinen Zweck dadurch erreicht, daß er für den Weigerungsfall eine Tracht Prügel oder eine Ohrfeige in Aussicht stellte, ist sicherlich kein größerer Verbrecher als der, der seinen Zweck durch die Drohung mit einer Brandstiftung oder sonst einem Verbrechen schwerster Art erreichte. Nach dem jetzigen Rechte würde aber nur der erstere aus §§ 176 oder 177 strafbar sein da die in Aussicht gestellte Brandstiftung keine gegenwärtige Gefahr für Leib oder Leben ist, und doch wird, namentlich auf dem Lande, die zweite Drohung weit wirksamer sein als die erstere. Ausgeführt ist die Drohung in keinem Falle worden, weil sie in der Wirkung gleich war, nämlich dadurch, daß sie den Widerstand des Opfers brach, und nur darauf allein darf es ankommen, nicht aber darauf, ob eine Drohung im Weigerungsfalle sofort oder erst später zur Ausführung gelangen soll. Das Gesetz ist zum großen Teile zwecklos, wenn es, statt das Sittlichkeitsverbrechen, das durch irgendwelchen Zwang ermöglicht wird, zu verbieten, auf juridischen Spitzfindigkeiten herumreitet. Diese sind um so unlogischer, als sie anderen Bestimmungen, z. B. dem oben zitierten § 240 und weiter den §§ 253 und 254, direkt zuwiderlaufen. Im § 253 wird die Erpressung durch Gewalt oder Drohung begangen; zum Tatbestand des § 254 gehört Bedrohung mit Mord, Brandstiftung oder Verursachung einer Ueberschwemmung. Der § 255 setzt allerdings ebenfalls die Drohung mit gegenwärtiger Gefahr für Leib oder Leben voraus und bedroht dann den Erpresser gleich einem Räuber. Das interessiert hier aber gar nicht, denn der § 176 behandelt eine ganz andere Materie; er hat zu verhüten, daß jemand durch Drohung eine Frauensperson zur Duldung einer Unsittlichkeit zwingt. Drohung darf hier nichts anderes bedeuten als die Ankündigung irgend eines Uebels, dessen Verwirklichung von der Macht oder dem Willen des Drohenden abhängt, und dessen Eintritt die Bedrohte derartig zu fürchten hat, daß diese Befürchtung ihre Willensbetätigung beeinflußt. Diese Auslegung hat das Reichsgericht am 14. Januar 1886 dem § 253 gegeben; sie allein scheint für den § 176 passend. In Dresden hat ein Prinzipal seine weiblichen Angestellten zu Diebstählen angestiftet; er hat direkt einer Verkäuferin die Erlaubnis gegeben, Kleinigkeiten mitzunehmen, damit die übrigen diesem Beispiele folgen sollten. Der Zweck dieser eigenartigen Anordnung war der, daß er die Verkäuferinnen zwingen konnte, sich völlig zu entkleiden und sich nackt durchsuchen zu lassen. Weigerten sie sich, hierauf einzugehen, dann drohte er, sie sofort durch die Polizei verhaften zu lassen. Das zeigt einmal, daß die Einschränkung auf Drohungen mit gegenwärtiger Gefahr für Leib oder Leben verfehlt ist; es zeigt aber auch weiter, wie notwendig es ist, den § 174, wie ich es empfohlen habe, auch auf die Herren Prinzipale usw. auszudehnen. Man könnte ohne Bedenken auch den wegen Notzucht bestrafen, der Kenntnis besitzt, daß eine Frauensperson einen Diebstahl oder sonst eine Straftat begangen hat, und ihr, für den Fall, daß sie nicht die Beischlafsvollziehung duldet, mit einer Anzeige droht. Auch die Diebin muß davor geschützt werden, daß sie von jedem beliebigen Lüstling unsittlich ausgebeutet wird. Ich will hier an einen Prozeß erinnern, der anfangs der 90er Jahre das Landgericht II in Berlin beschäftigte. Ein Geschäftsmann war von seinem Dienstmädchen um eine bestimmte Summe bestohlen worden, und durch die flehentlichen Bitten der Diebin ließ er sich bewegen, von einer Strafanzeige abzusehen, falls ihm Schadensersatz geleistet werde. Da ihm die Diebin erklärte, daß ihre verheiratete Schwester bereit sei, den Schaden zu decken, begab er sich zu dieser und gab ihr das Versprechen, die Diebin mit einer Anzeige zu verschonen, falls sie, die Schwester, den Verlust decken wolle. Wegen dieser Unterredung verurteilte ihn das Gericht zu einem Monat Gefängnis wegen Erpressung. An die Schwester der Diebin habe der Angeklagte, so hieß es in den Entscheidungsgründen, keine Forderung gehabt, wenn er sie gleichwohl dort geltend machte, habe er also einen ihm nicht zustehenden, ergo einen rechtswidrigen Vermögensvorteil erstrebt, und zwar durch eine Drohung, denn jedes in Aussicht gestellte Uebel sei eine Drohung; auch die gegen die leibliche Schwester gerichtete Strafanzeige sei ein Uebel. Daß dem Angeklagten mindestens der *dolus* fehlte, wenn er nur das ersetzt verlangte, was ihm wirklich gestohlen worden war, das blieb völlig unberücksichtigt. Hätte nun der Angeklagte durch die Drohung mit einer Strafanzeige das Mädchen zur Duldung des Beischlafs genötigt, dann wäre er *ex lege lata* überhaupt nicht strafbar gewesen, denn da lag keine Drohung mit gegenwärtiger Gefahr für Leib oder Leben vor; es konnten also weder § 176 noch § 177 Anwendung finden. Nötigung im Sinne des § 240 wäre es auch nicht gewesen, weil das Inaussichtstellen einer berechtigten Strafanzeige keine Drohung mit einem Vergehen oder Verbrechen ist, und von Erpressung konnte keine Rede sein, weil die Beischlafsgestattung kein rechtswidriger Vermögensvorteil ist. Das soll noch Recht sein, und durch solche Gesetze hofft man der Sittlichkeit einen Dienst zu tun und sie zu fördern!

So wie die Erpressung durch jede Drohung begangen werden kann, so muß auch durch jede Drohung, die den Willen der Bedrohten lähmt, der Tatbestand des § 176 erfüllt werden. Straftat ist immer die Unsittlichkeit, die gegen den Willen der Frauensperson an dieser begangen wird; das zeigt auch der Mißbrauch einer willenlosen Person. Nicht das Maß der angewendeten Gewalt oder der Wortlaut der Drohung darf den Ausschlag geben, sondern lediglich der Umstand, daß der Täter überhaupt durch Gewalt oder Drohung die Frauensperson zur Duldung des Beischlafs, oder falls nur ein Versuch vorliegt, zur Duldung unzüchtiger Handlungen genötigt hat. Der § 176 al. 1 würde also zu lauten haben:

> „Mit Zuchthaus bis zu zehn Jahren wird bestraft, wer
> 1. durch Gewalt oder durch Drohung eine Frauensperson zur Duldung des außerehelichen Beischlafs nötigt.“

Der Absatz 2 hat dann den Mißbrauch willenloser, bewußtloser oder geisteskranker Frauenspersonen zum Gegenstand. Der Unterschied zwischen den jetzigen §§ 176 und 177 besteht darin, daß nach dem ersteren der Mißbrauch einer bereits geisteskranken oder willenlosen Frauensperson Straftat ist, während die Anwendbarkeit des § 177 davon abhängt, daß der Täter die Person erst in einen willenlosen oder bewußtlosen Zustand versetzt haben muß, um sie dann zu mißbrauchen. Es scheint auch keinem Zweifel zu unterliegen, daß in dem letzteren Falle der Täter erheblich strafbarer ist als im ersteren Fall; aber gleichwohl würde ich nicht zwei besondere Strafbestimmungen empfehlen, weil doch selbstverständlich der Spielraum von 1—10 Jahren Zuchthaus, den das Gesetz schon im § 176 gibt, vollkommen hinreichend die Möglichkeit gewährt, die Strafe nach der größeren oder geringeren Schwere der Schuld zu bemessen. Daß jemand eine Person in einen bewußtlosen oder willenlosen Zustand versetzt, lediglich um dann an ihr den Beischlaf auszuüben, kommt selten genug vor, denn noch lange nicht in allen den wenigen Fällen, in denen jemand eine Frauensperson in willen- oder bewußtlosen Zustand versetzte und dann mit ihr den Beischlaf vollzog, ist erwiesen, daß schon das Versetzen in diesen Zustand zum Zwecke der Beischlafsvollziehung erfolgte. Es kann vielmehr auch dann sehr wohl der Täter erst durch den Zustand der Frauensperson zu der unsittlichen Handlung verleitet worden sein. Das ist bei einer Narkose, die zu Heilzwecken angewendet wurde, leicht der Fall. Es kann auch sehr wohl vorliegen, wenn der Täter sein Opfer bei einem Zechgelage sinnlos betrunken gemacht hat, denn dieser Erfolg braucht gar nicht in seiner Absicht gelegen zu haben. Ist es nicht jedem schon hin und wieder begegnet, daß bei einem Gelage seine Bekannten sinnlos betrunken wurden, ohne daß man an diesen Erfolg vorher gedacht hatte? Kann aber ein Mann sich nicht in der potativen Leistungsfähigkeit einer Frauensperson noch tausendmal leichter verrechnen? An Hypnose und dergleichen Kunststückchen glaubte man früher nicht denken zu brauchen. Man hielt sie, nebenbei gesagt, für Unsinn, und noch nicht in einem einzigen Falle, in dem ein Mädchen behauptete, es sei von seinem Verführer hypnotisiert worden, konnte etwas anderes festgestellt werden als die Unwahrheit dieser Behauptung. Schon daß diese „Modeausrede" vorkam, zeigt aber auch, daß die Hypnose nicht einfach als ein Hokuspokus im großen Publikum angesehen wurde, und jetzt zweifelt wohl niemand mehr daran, daß es in der Tat hypnotische Suggestionen gibt, und man wird ebensowenig daran zweifeln dürfen, daß die Hypnose auch zu unlauteren und unsittlichen Zwecken benutzt werden kann. Die oben erwähnten Feststellungen, daß die behauptete Hypnose eine Unwahrheit gewesen sei, sind sicherlich mindestens übereilt gewesen. Ich habe schon bei dem Kapitel über die Verführung der Hypnose gedacht und bin der Ansicht, daß in den meisten Fällen einer Hypnose zur Erreichung der Beischlafsgestattung nur der § 182 zur Anwendung zu kommen brauchte, der, wenigstens nach meinem Vorschlage, ein arglistiges Verhalten des Täters zur Voraussetzung hat. In schwereren Fällen würde man den § 176 anziehen müssen. Jedenfalls würde der medizinische Sachverständige zu begutachten haben, ob durch die Hypnose wirklich ein willenloser Zustand geschaffen wurde, oder ob etwa ein Mädchen sich völlig dem Hypnotiseur, selbst auf die Gefahr hin, mißbraucht zu werden, überlassen hatte.

Es kommt aber auch gar nicht darauf an, denn gesetzt, es würde von jetzt ab jedes junges Mädchen durch die Kunst eines Hypnotiseurs zu Fall gebracht, was wohl niemals zugegeben werden kann, so würde auch darin ein Mißbrauch einer willenlosen Person gesehen werden müssen; den trifft aber der Absatz 2 des § 176 auch jetzt schon, und wenn alle die Herren Hypnotiseure dann eine Strafe erhielten, die sich nicht allzuweit vom Strafmaximum entfernte, so würde wohl auch der enragierteste Straffanatiker nicht behaupten können, daß zu wenig oder zu milde gestraft würde. Ich halte die Bestimmung des § 177 für vollkommen entbehrlich, würde aber in den Absatz 2 des § 176 noch die hilflosen Personen einfügen, weil ich es für sehr wesentlich halte, daß auch diese besonders geschützt werden. Ich verstehe darunter Blinde, Taubstumme und ähnliche Leidende, die weder willenlos noch besinnungslos sind, ihres Gebrechens wegen aber doch mehr oder weniger hilflos einem Verbrecher gegenüberstehen. Die Blinden können an einen zur Verübung des Verbrechens besonders geeigneten Ort geführt werden und sind dann weder in der Lage, sich zu wehren, noch den Verbrecher zu bezeichnen. Auch die Taubstummen sind einer größeren Gefahr ausgesetzt als Personen ohne derartige Mängel. Es ist durchaus wünschenswert, daß auch diese und ähnliche Personen besonders geschützt werden.

Die größten Schwierigkeiten bereitet der dritte Absatz, da ich ihn wesentlich erweitern möchte, andererseits aber auch einige

Linderungen in Vorschlag bringen will. Ich habe schon bei der Besprechung des § 182 darauf hingewiesen, daß es nicht ausreichend sei, junge Mädchen nur bis zum 14. Jahre unter den absoluten Schutz des Gesetzes zu stellen, daß sie vielmehr bis zum 16. Jahre den Schutz des § 176 genießen müssen. Dagegen halte ich den Schutz, der jetzt den „Personen" im Absatz 3 gewährt wird, bis zum 12. statt dem 14. Jahre für ausreichend, und es würde sich empfehlen, die Uebereinstimmung mit dem Alter, bei dem die volle Straflosigkeit ihr Ende erreicht, zu schaffen. Der § 176 würde schon dadurch ein wesentlich verändertes Aussehen erhalten. Vielleicht könnte man nun den Einwand erheben, daß die Herabsetzung der letzteren Altersgrenze und die Sicherung nur unbescholtener Mädchen bis zum 16. Jahre bedenklich sei, daß es sich vielmehr empfehle, wie bisher schlechthin von Personen unter 14 Jahren zu sprechen, da gerade durch diese schwere Strafandrohung leichtfertige Männer am leichtesten von ganz jungen Mädchen ferngehalten würden. Das klingt frappierend richtig, ist aber doch grundfalsch. Wir dürfen uns doch vor allen Dingen nicht den Erfahrungen des praktischen Lebens verschließen, denn wer mehr versittlichen will als durch ein Strafgesetz tatsächlich versittlicht werden kann, der schadet weit mehr, als er nützt, weil dadurch, daß eine Bestimmung als zwecklos erkannt wird, die Gefahr vorliegt, daß auch die brauchbaren Bestimmungen leicht für entbehrlich und übertretbar gehalten werden. Die sozialen Verhältnisse, die namentlich in den großen Städten einen Teil der heranwachsenden Jugend, die, weil Vater und Mutter auf die Arbeit gehen müssen, auf sich selbst angewiesen ist, verwahrlosen und verkommen lassen, haben es mit sich gebracht, daß in der Tat eine vollständige Kinderprostitution besteht. Diese Kinder sind durch und durch verdorben, und so verwerflich es auch an sich ist, wenn ein erwachsener Mann sich von solchen Kindern verlocken läßt, so wäre es doch meines Erachtens vollständig verfehlt, einen Menschen, der in der Regel hauptsächlich aus Neugierde dem Winke der bösen Mädchen folgt, ins Zuchthaus zu schicken. Das Gesetz hat nur dann eine Berechtigung, wenn es bewirkt, daß nicht Handlungen begangen werden, durch die der Allgemeinheit oder Einzelnen sittlicher oder materieller

Schaden zugefügt wird, und speziell durch den § 176 al. 3 sollen jugendliche Personen beiderlei Geschlechts vor schweren sittlichen Gefahren bewahrt werden. Wo in aller Welt kann denn nun aber da, wo eine jugendliche Person sich längst der Prostitution ergeben hat, noch davon die Rede sein, diese Person vor sittlichen Gefahren zu schützen, wo soll sie überhaupt dadurch, daß ein Mann ihren Verlockungen erliegt, sittlichen Schaden erleiden können? Jedenfalls hieße es, Ursache und Wirkung verwechseln und den logischen Sinn des Gesetzes auf den Kopf stellen, wollte man den Verführten ins Zuchthaus schicken, die jugendliche Verführerin aber als zu schützendes Opfer betrachten. Es ist gewiß tief bedauerlich, daß solche moralische Verkommenheit schon in einem Alter möglich ist, in dem eigentlich die Kinder noch gar nicht wissen sollten, daß es verschiedene Geschlechter gibt, in dem sie höchstens den einen Unterschied, daß Knaben Hosen und Mädchen Röcke tragen, kennen sollten. Aber selbst mit dem tiefsten Bedauern kann man eine Tatsache nicht aus der Welt schaffen, man muß ihr vielmehr Rechnung tragen und darf sie vor allen Dingen nicht in einem Gesetze verleugnen wollen. Man würde sonst den Richter, und zwar gerade den gewissenhaften, zwingen, auf jeden Fall sein Gewissen zu belasten, entweder dadurch, daß er das Gesetz verletzen und auf Freisprechung erkennen müßte, wo das Gesetz eine Zuchthausstrafe anordnet, oder dadurch, daß er den Angeklagten nach dem Buchstaben des Gesetzes verurteilte, während ihm sein klarer Menschenverstand sagte, daß der Angeklagte keine Strafe, mindestens nicht die gesetzlich vorgeschriebene, verdient habe. Im ersteren Falle ist die Gefahr vorhanden, daß das gegen das Gesetz erfolgte freisprechende Urteil demoralisierend wirkt, da bekanntlich jede derartige Freisprechung erst recht zur Nachahmung auch da reizt, wo der Tatbestand ein ganz anderer ist. Im zweiten Falle wird der gewissenhafte Richter durch das peinliche Gefühl, eine Menschenexistenz vernichtet zu haben, ohne daß eine der Strafe auch nur entfernt äquivalente Tat vorlag, erhebliche Einbuße an seiner Sicherheit, Objektivität und Unbefangenheit erleiden. Richtig ist die Ansicht, daß zur Verhütung derartiger schiefer Urteile eine Bestimmung aufgenommen werden muß, aus der klar zu ersehen ist, daß nur unbescholtene Mädchen, und zwar bis zum 16. Jahre, gegen die Beischlafsvollziehung, und Personen — hier sind beide Geschlechter gemeint — bis zum 12. Jahre gegen unzüchtige Handlungen geschützt sein sollen, daß aber Mädchen jeden Alters, sofern sie bereits der Prostitution ergeben sind, überhaupt ausscheiden, d. h. daß mit ihnen vorgenommene sexuelle Dinge niemals als Straftaten gelten dürfen. Wenn man diese Einteilung wählt, ist es ganz überflüssig, die „Personen" weiter als bis zum 12. Jahre zu schützen. Ich bin ein scharfer Gegner der schablonenmäßigen Altersabgrenzungen; aber gerade bei Sittlichkeitssachen gilt die Ansicht, daß ein Kind von 12 Jahren, es mag auf dem Lande oder in einer großen Stadt wohnen, es mag in sexuellen Dingen die Erfahrung eines Professors haben oder so dumm sein, daß man Wände mit ihm einrennen könnte, doch ein so weit entwickeltes Schamgefühl besitzt, um zu wissen, daß es unzüchtige Handlungen weder vornehmen noch dulden darf. Ein Kind aber, das mit 12 Jahren diese Kenntnisse nicht erlangt hat, wird sie wohl auch mit 14 Jahren noch nicht besitzen, und es liegt deshalb kein Grund vor, außer der in den §§ 56—57 bestimmten unteren Altersgrenze noch da, wo sie am wenigsten notwendig ist, eine weitere Altersgrenze zu bestimmen.

Man könnte nun im Zweifel sein, ob man nicht doch Männer die den Lockungen der Kinder folgen, wenigstens mit einer geringeren Strafe als der ordentlichen Zuchthausstrafe belegen müsse, ob man sie nicht wenigstens dann, wenn sie sich zu unzüchtigen Handlungen an Kindern unter 12 Jahren verleiten ließen, mit der Strafe von mindestens 3 Monaten Gefängnis belegen müsse, wie ich sie in der letzten Zeile des § 176 für verleitete Uebeltäter empfehle. Es läßt sich fast annehmen, daß viele der Bejahung dieser Strafe sehr sympathisch gegenüberstehen; denn das Gefühl sträubt sich dagegen, einen Menschen, der mit Kindern von 8—9 Jahren unzüchtige Handlungen vornimmt, straflos lassen zu wollen. Das Gefühl sträubt sich so stark gegen diesen Gedanken, daß ein anständiger Mensch die Straflosigkeit wegen einer Handlung, die er schon instinktiv verabscheut, überhaupt nicht verstehen kann. Aber es geht hier wie in jenem Berliner Prozeß, in dem einer der bekanntesten Anwälte einmal sagte:

„Meine Herren Richter, wenn man zu einem gerechten Urteil in dieser Sache gelangen will, dann darf man sich nicht auf den Standpunkt eines anständigen Menschen, sondern man muß sich auf den eines Richters stellen!" Das in der Hitze des Gefechtes entschlüpfte Wort, das sehr wenig schmeichelhaft für die Richter klang, ist aber vollkommen richtig, wenn man es so auffaßt, wie es gemeint war. In der Tat darf keineswegs immer das Gefühl und die Ansicht des anständigen Mannes entscheiden, sondern Gesetzgeber und Richter müssen doch immer im Auge behalten, welche Absicht mit einem Gesetz verfolgt werden soll und kann. Die Absicht, die mit dem § 176 verfolgt werden soll, habe ich schon dargelegt; man mag die Bestimmungen drehen und wenden, wie man will, einen anderen Zweck als den, gewaltsame, hinterlistige Nötigung zur Unzucht oder verbrecherische Verleitung der Kinder zu Unsittlichkeiten zu verhüten, findet man nicht heraus. Daß man da nicht einen Menschen, der nur den Lockungen einer Prostituierten, wenn auch einer sehr jugendlichen, folgt, dem Notzüchter, dem Schänder geisteskranker Personen oder dem gewissenlosen Verführer von Kindern gleich stellen kann, das dürfte auch dem Blödesten einleuchten. Deshalb muß man sagen, ein solcher Mensch mag moralisch noch so verdammenswert sein, mit dem § 176 hat er nichts zu schaffen. Findet man sonst gegen ihn eine strafrechtliche Handhabe, durch die ihm das Verwerfliche seines Tuns vor Augen geführt wird, um so besser.

Eine weitere Frage ist die, ob es nicht dennoch bedenklich sein müsse, den Verkehr mit prostituierten Jugendlichen ausdrücklich auszuschalten, weil dann vielleicht jeder, der ein Mädchen verführt oder mit einem Mädchen unter 12 Jahren unzüchtige Handlungen vorgenommen habe, sich damit entschuldigen könne, er sei der Meinung gewesen, es mit einem der Prostitution ergebenen Kinde zu tun gehabt zu haben. Prüft man dieses Bedenken näher, dann wird man es ohne weiteres verwerfen müssen. Wer nur einigermaßen die Prostitution kennt, der wird sicherlich nicht behaupten wollen, daß sich jemals ein Mann darüber im Zweifel befinden könnnte, ob er es mit einem solchen Subjekt oder einem unverwahrlosten Kinde zu tun hatte. Man kann jedenfalls viel eher bei erwachsenen Personen über die sittliche Qualität im Zweifel sein, als gerade bei Kindern; denn die erwachsenen Prostituierten haben nicht selten ein Interesse daran, die Harmlosen zu spielen. Es gibt in Berlin Prostituierte, die mit fußfreiem Kleide und offenen Haaren als Backfische herumlaufen. Kinder aber, die der Prostitution ergeben sind, die haben nur ein Interesse daran, ihnen geeignet erscheinende Personen in unzweideutiger Weise anzulocken. Gerade deshalb sind manche — ich möchte sagen — naiv genug, ihnen hauptsächlich aus Neugierde zu folgen; man könnte das freilich eine Art des *dolus eventualis* nennen. Weiter möchte ich aber gegen den Einwand hervorheben, daß die einfache Behauptung eines Angeklagten, er habe sich in dem Charakter seines Opfers geirrt, ganz bedeutungslos ist, wenn er nicht bestimmte Tatsachen unter Beweis stellen kann, die ihn berechtigt haben, das mißbrauchte Kind für eine Prostituirte zu halten. In der Regel wird da, wo ein Verbrechen gegen Kinder begangen wurde und zur Anzeige gelangt, schon aus der ganzen Natur des Falles eine etwaige Ausrede des Angeklagten, daß er geglaubt hätte, es mit einer jugendlichen Prostituierten zu tun zu haben, allerdings ausgeschlossen sein. Damit fällt aber jedes Bedenken in sich selbst zusammen.

Nun gibt es aber noch eine weitere Schwierigkeit. Es läßt sich nicht in Abrede stellen, daß doch zuweilen Kinder und fast noch zu den Kindern gehörende junge Damen den Anlaß zu unerlaubten Beziehungen selbst gegeben haben, ohne daß man sie zu den Prostituierten rechnen, und ohne daß man den Mann, der daraufhin sich ihnen in unsittlicher Weise genähert hätte, für straffrei erklären dürfte. Es sind wiederholt Fälle bekannt geworden, in denen tatsächlich das Gericht feststellen mußte, daß der erste Anlaß zu sträflichen Beziehungen von den Kindern gegeben worden war. Selbst in Dresden hat ein solcher Prozeß gespielt. Es handelte sich um die 10jährige Tochter eines Orgelbauers, bei dem ein Postunterbeamter als Aftermieter gewohnt hatte. Der Fall war psychologisch hochinteressant, denn ein Kollege des Aftermieters, der vor diesem dort gewohnt hatte, ist tatsächlich zu einer Zuchthausstrafe verurteilt worden, weil er mit dem Mädchen unzüchtige Handlungen vorgenommen hatte. Der zweite Mieter behauptete nun steif und fest, daß sich ihm das Mädchen ebenfalls genähert und versucht habe, ihn zu demselben Verbrechen zu verleiten. Dem Kinde wurden von allen Seiten die besten Zeugnisse ausgestellt; auch die Lehrer lobten besonders seine Wahrheitsliebe; dennoch schenkte das Gericht den Behauptungen des Postbeamten Glauben, denn auch ein Kind, das sonst sehr brav und wahrheitsliebend sei, pflege in sexuellen Angelegenheiten mit der Wahrheit hinter dem Berge zu halten. In Berlin war ein Aftermieter beschuldigt worden, wiederholt mit dem Kinde seiner Wirtsleute auf der Treppe unzüchtige Handlungen vorgenommen zu haben. Das Kind behauptete dies vor Gericht. Es wurde aber festgestellt, daß das Mädchen sehr verlogen war, ferner daß das Kind sich täglich in dem Zimmer des Beschuldigten aufgehalten hatte, und daß der Angeklagte oft stundenlang allein mit dem Kinde in der Wohnung gewesen war. Daraus durfte dann wohl geschlossen werden, daß er doch gewiß diese günstige Gelegenheit wahrgenommen haben würde, wenn er die Absicht gehabt hätte, sich mit dem Kinde einzulassen, daß er jedenfalls wohl nicht das auf der Treppe getan haben würde, was er stets ohne jede Gefahr und Störung in der Wohnung hätte tun können. Der Angeklagte behauptete direkt, daß ihn das Mädchen, das moralisch auf einer sehr niedrigen Stufe gestanden, fortgesetzt durch Worte und Gebärden zu einer Annäherung herausgefordert habe, und daß die Anzeige gerade deshalb aus Rache erfolgt wäre, weil er nicht darauf eingegangen sei.

Es gibt zweifellos Fälle genug, in denen die Annäherung von Seiten des Mädchens ausgeht. Die Tatsache allein, daß ein Mädchen unbescholten ist, beweist noch nicht, daß es nicht doch hätte eine Verirrung begehen können, weil naturgemäß auch ein sehr bescholtenes Mädchen einmal unbescholten gewesen sein muß. Ist nun wirklich ein Mann einmal durch ein bisher unbescholtenes Kind verleitet worden, so würde es hart sein, ihn trotzdem auf mindestens ein Jahr ins Zuchthaus zu senden; andererseits würde es aber im Interesse der Sittlichkeit nicht zulässig sein, einen Mann, der von dem Entgegenkommen seitens der Kinder unter 12 Jahren bezw. unbescholtenen Mädchen unter 16 Jahren Gebrauch machte, straflos zu lassen. Gegen die leidigen „mildernden Umstände“ habe ich mich bereits, da sie gerade hier sehr schädlich durch ihre Unbestimmtheit wirken, oben eingehend ausgesprochen; man müßte deshalb wie im § 174 eine Bestimmung dahin treffen, daß, falls der Täter von den Personen, an denen er sich verging, verleitet worden ist, Gefängnisstrafe nicht unter drei Monaten eintrete. Wenn auch der § 176 eine Zuchthausstrafe bis zu 10 Jahren androht, so ist doch gerade beim Absatz 3 unter besonderen Umständen das Strafminimum von 3 Monaten Gefängnis eine ausreichende Sühne; für schwerere Fälle ist, auch wenn der Angeklagte wirklich verleitet war, so daß auf Gefängnisstrafe erkannt werden müßte, noch die Möglichkeit geboten, diese so zu bemessen, daß sie einer Zuchthausstrafe nahezu gleichkommt.

Bei den ersten beiden Absätzen des § 176 halte ich die Zulässigkeit besonderer, die Zuchthausstrafe ausschließender Milderungsgründe für unratsam. Notzucht und Mißbrauch geisteskranker, willenloser, bewußtloser oder hilfloser Personen sind stets derartig verwerfliche, gefährliche und schwere Verbrechen, daß wir auf keinen Fall eine Entschuldigung für ausreichend gelten lassen können, von der ordentlichen Strafe abzusehen. Wenn wirklich ein Umstand vorliegen sollte, der die Tat in einem etwas milderen Lichte erscheinen ließe, so könnte dies höchstens bewirken, daß nicht wesentlich das Minimum der ordentlichen Strafe überschritten würde. Die öffentliche Ordnung, Sicherheit und Sittlichkeit verlangen kategorisch, daß derartige Verbrecher mit aller Energie bestraft werden. Es ist übrigens zu bemerken, daß die gewöhnlichste Entschuldigung, der Täter sei sinnlos betrunken gewesen, mit besonderer Vorsicht aufzunehmen ist, denn aus rein physischen Gründen gelingt gerade dieses Verbrechen einem sinnlos Betrunkenen fast niemals. Selbstverständlich gehe ich aber auch hier davon aus, daß der § 51a eingefügt wird, daß also immer erst festgestellt werden muß, ob der Täter auch wirklich voll zurechnungsfähig gewesen sei. Die Beseitigung der „mildernden Umstände“, und deren Ersatz durch genauere Angabe der Gründe, durch die die Zuchthausstrafe ausgeschlossen werden soll, ist, wie ich nicht unterlassen will, besonders zu betonen, zwar auf den ersten Blick für alle, die zäh am Gewohnten festhalten, ungefähr ein so kühnes Verlangen und eine so frevle

Tat, wie es den heidnischen Germanen erschien, als Bonifacius die Axt an die heiligen Bäume legte. Aber die Welt ist damals nicht in Trümmer gegangen, sie wird es auch jetzt nicht. Uebrigens wird durch die Beseitigung der „mildernden Umstände“ noch nicht einmal etwas absolut Neues geschaffen, denn nach dieser Richtung hin enthalten auch einzelne andere Paragraphen ganz ähnliche Ausnahmen. So bedroht der § 236 den Entführer mit Zuchthausstrafe bis zu zehn Jahren; es heißt aber weiter, daß auf Gefängnis zu erkennen sei, wenn die Entführung begangen war, um die Entführte zur Ehe zu bringen.

Nach allem Gesagten würden die beiden letzten Absätze des § 176 zu lauten haben: (Bestraft wird, wer)

> „ein unbescholtenes Mädchen, welches das 16. Lebensjahr noch nicht vollendet hat, zum Beischlaf verführt, oder mit Personen unter 12 Jahren, sofern sie nicht bereits die gewerbsmäßige Unzucht betreiben, unzüchtige Handlungen vornimmt, oder sie zur Verübung oder Duldung unzüchtiger Handlungen verleitet.
>
> Ist im Falle des Absatz 3 der Angeklagte durch die mißbrauchte minderjährige Person zu dem Verbrechen verleitet worden, so tritt Gefängnisstrafe nicht unter 3 Monaten ein.
>
> Der Versuch ist strafbar.“

**Ein Liebespaar.**
Holzschnitt aus einem Gebetbuch des 16. Jahrhunderts.

## Straferschwerende Erfolge.

Wo der blinde Zufall, nicht der Wille des Täters, den Ausschlag gibt, ob eine Handlung als Vergehen oder Verbrechen anzusehen ist, kann man sich sehr oft nicht der Empfindung erwehren, als sei die Strafpraxis doch zuweilen eine Art Lotteriespiel. Wir finden bei den Vermögensdelikten stets die Absicht betont. „Wer eine fremde bewegliche Sache einem anderen in der Absicht wegnimmt", so beginnt der § 242. „Wer in der Absicht usw.", heißt es im § 263. Stets ist die Absicht des Täters dasjenige Moment, das darüber entscheidet, ob überhaupt eine strafbare Handlung vorliegt oder nicht. Das ist auch zweifellos das einzig richtige System. Anders liegt die Sache bei Gewalttaten. Auch da bildet der Vorsatz des Täters die Grundlage für die Frage, ob ein beabsichtigtes oder ein nur durch Fahrlässigkeit verursachtes Delikt vorliegt. Die Schwere des Verschuldens wird aber nicht nach der Absicht des Täters, sondern nach dem auch unabhängig von seinem Willen, ja sogar gegen seinen Willen eingetretenen Erfolg bemessen. Es hat allerdings eine gewisse Berechtigung, zu sagen: „Du hast absichtlich einen Angriff auf jemanden unternommen, also mußt du auch für alle Folgen die Verantwortung tragen", aber gleichwohl läßt sich nicht verkennen, daß hieraus notwendig Härten entstehen müssen, die nicht mehr mit einem berechtigten Zwecke der Strafen in Einklang zu bringen sind, und die dem Urteil deshalb auch den eigentlichen Charakter der Strafe nehmen, diese vielmehr zur Rache machen. Man darf darin fast noch einen Ueberrest der uralten Blutrache erblicken. Dies tritt besonders da recht grell zu Tage, wo der eben zitierte Satz, den ich als einigermaßen berechtigt bezeichnete, nicht mehr zutrifft, nämlich da, wo der Täter überhaupt keinen Angriff unternommen hat, also bei einer

Ueberschreitung der Notwehr und besonders bei Fahrlässigkeitsdelikten. Ich habe diese kurze Betrachtung zum besseren Verständnis des Nachstehenden für unentbehrlich gehalten. Der § 178 unseres Strafgesetzbuches lautet:

„Ist durch eine der in den §§ 176 und 177 bezeichneten Handlungen der Tod der verletzten Person verursacht worden, so tritt Zuchthausstrafe nicht unter zehn Jahren oder lebenslängliche Zuchthausstrafe ein."

Das Reichsgericht hat in konstanter Judikatur angenommen, daß diese Strafbestimmungen sich lediglich gegen den objektiven Erfolg richten, und daß es absolut gleichgültig sei, ob dieser Erfolg vom Täter beabsichtigt war, oder ob er auch nur vorausgesehen werden konnte. Gerade durch diese Auslegung wird die Vorschrift recht bedenklich; es widerstrebt dem einfachen Rechtsgefühl, anzunehmen, daß es ganz gleichgültig sei, ob jemand durch ein schweres Verbrechen direkt den Tod seines Opfers beabsichtigt hatte, oder ob ganz gegen seinen Willen und ohne daß er den üblen Ausgang voraussehen konnte, rein zufällig dieser Erfolg eintrat.

Was heißt denn nun aber, daß durch die Handlung der Tod eingetreten sei? Und wie kann gegen den Willen des Täters der Tod eintreten? Vor allen Dingen ist der sogenannte Lustmord etwas anderes als das, was durch den § 178 getroffen werden soll. Der Lustmord braucht allerdings auch kein Mord im Sinne des § 211 zu sein; er kann rechtlich als Totschlag oder auch als ein Verbrechen gegen den § 214 (vorsätzliche Tötung eines Menschen, um ein der Ausführung entgegenstehendes Hindernis zu beseitigen) in Verbindung mit § 176 oder 177 angesehen werden; man handelt aber entschieden rechtsirrtümlich, wenn man hier den § 178 anwenden wollte. Dagegen würde kein Lustmord, sondern lediglich ein Verbrechen gegen den § 178 vorliegen, wenn der Täter seinem Opfer einen Knebel in den Mund gesteckt hätte, um es am Schreien zu verhindern, und wenn dadurch der Tod des Erstickens herbeigeführt worden wäre. In Berlin hatte ein Mann sein Opfer, ein Kind, ins Gebüsch geschleppt, ihm Steine und Erde in den Mund gestopft und dadurch den Tod herbeigeführt. In solchen Fällen darf man wohl annehmen, daß der Täter, wenn er auch nicht in der Absicht, vorsätzlich zu töten, handelte, doch wenigstens den Tod voraussehen konnte, es würde also, wenn auch kein Sittlichkeitsverbrechen hinzukäme, wegen der Tötung die Strafe eintreten müssen, weil doch mindestens der *dolus eventualis* dem Täter innewohnte. Der Tod kann aber auch, namentlich bei Kindern, durch innere Verblutung herbeigeführt werden, wenn das Verbrechen, wie dies leider vorkommt, mit viehischer Roheit durchgeführt wurde. Auch da wird wohl niemand etwas dagegen einzuwenden haben, wenn eine solche Bestie in Menschengestalt mit der vollen Strenge des Gesetzes angefaßt wird, denn es liegt doch auf der Hand, daß in einem solchen Falle sich auch nicht der mindeste Entschuldigungsgrund geltend machen läßt. Wer so an einem Kinde handelt, der hat jeden Anspruch auf Milde und Erbarmen verloren, und die härtesten und grausamsten Strafen, die man in früheren Zeiten gegen solche Burschen anwendete, erscheinen verständlich und entschuldbar.

Nun kann aber auch durch das Verbrechen der Tod des Opfers herbeigeführt werden, ohne daß der Täter auch nur im mindesten mit dieser Möglichkeit rechnen konnte. Wenn er nämlich, ohne es zu wissen, eine herzkranke oder an Gefäßverkalkung leidende Person zum Opfer seines Verbrechens machte, dann kann sehr leicht durch die Erregung usw. ein Schlagfluß herbeigeführt werden, und man wird auch dann den § 178 anwenden müssen; aber es kann doch wohl keinem Zweifel unterliegen, daß in einem solchen Falle die Schuld des Täters in gar keinem Verhältnis zu dem Verschulden in den oben angeführten Fällen steht. Nun kann allerdings durch die Strafzumessung dem Unterschied Rechnung getragen werden; aber man darf dabei nicht übersehen, daß auch bei der mildesten Sachlage, bei der nach jetzigem Rechte vielleicht die Strafe von sechs Monaten Gefängnis nicht wesentlich überschritten worden wäre, den Täter, ohne daß er subjektiv etwas Schlimmeres beabsichtigt hätte, eine Strafe unter zehn Jahren Zuchthaus überhaupt nicht treffen kann. Es ist merkwürdig, daß, während überall im Gesetz die leidigen mildernden Umstände wie ein Stein des Anstoßes vorhanden sind, stets, wo sie noch am meisten gerechtfertigt wären, ihre Anwendung untersagt ist. Man wird nicht behaupten dürfen, daß dies eine zu billigende Konsequenz wäre. Ich bin sicher Gegner der mildernden Umstände und mag sie deshalb auch hier nicht empfehlen; aber ich halte in Fällen, in denen nach meinem Vorschlage den Täter eine Strafe von im Minimum drei Monaten Gefängnis treffen dürfte, auch beim Eintritt des Todes der verletzten Person, wenn dieser Erfolg von dem Täter nicht vorausgesehen werden konnte, eine Gefängnisstrafe nicht unter drei Jahren für ausreichend. Ich gehe davon aus, daß der § 222 wegen fahrlässiger Tötung nur eine Gefängnisstrafe bis zu drei Jahren zuläßt. In letzterem Falle wird diese Tat nur durch eine mit Gefängnis nicht unter drei Monaten bedrohte Handlung erschwert, und ich glaube denn doch, daß der Gerechtigkeit Genüge geschicht, wenn man beim Hinzutreten eines Sittlichkeitsdelikts dann die — man darf noch nicht einmal sagen — fahrlässig begangene Tötung mit Gefängnis nicht unter drei Jahren bewertet, während die wirklich fahrlässige Tötung im Mindestfalle mit einem Tage Gefängnis gesühnt ist. Wenn ich hier ausdrücklich bemerke, daß die im Sinne des § 178 herbeigeführte Tötung noch nicht einmal eine fahrlässige Tötung im Sinne des § 222 sei, so ist dies vollkommen gerechtfertigt, denn eine Fahrlässigkeit setzt immer voraus, daß der Täter bei Aufwendung gehöriger Aufmerksamkeit und Vorsicht hätte voraussehen können, daß durch sein Tun — oder auch durch eine Unterlassung — erfahrungsmäßig der Tod einer Person verursacht werden könne. Davon ist aber in den letzten von mir angeführten Fällen gar nicht die Rede; der Täter kann da vielmehr erfahrungsmäßig nur wissen, daß der Tod nicht die Folge zu sein pflegt, sonst müßte man auch den Ehemann, dessen herzkranke Frau in der Brautnacht vom Schlage gerührt wird, noch viel eher wegen fahrlässiger Tötung verurteilen, da er wenigstens in den meisten Fällen das Leiden seiner Frau, das der Sittlichkeitsverbrecher nicht kennt, gewußt hat und deshalb noch eher in der Lage war, an einen letalen Verlauf des Coitus zu denken. Es ist ja an und für sich notwendig, einen Sittlichkeitsverbrecher streng zu bestrafen; aber verfehlt ist es, ihm in allen Fällen Folgen, die er unmöglich voraussehen konnte, über jedes Maß der Gebühr anzurechnen.

Daß ein Mißverhältnis in den Strafbestimmungen gerade der Sittlichkeitsdelikte vorhanden ist, ist nun schon wiederholt hervorgehoben; auch der § 178 zeigt wieder, daß nicht die strenge Logik das Gesetz diktiert hat, sondern daß vieles Phrase und Vorurteil ist. Wenn der § 178 dem Täter unter allen Umständen den unbeabsichtigten Erfolg anrechnet, so fehlt es an jeder Bestimmung gegen den, der mit Bewußtsein und Absicht seine Mitmenschen vergiftet und verseucht; ich meine die mit Geschlechtskrankheiten Behafteten, die in voller Kenntnis ihres Zustandes und der Ansteckungsgefahr doch Unzucht treiben. Warum droht man solchen Leuten keine Strafe an? Warum ist es, obwohl doch jedes Kind die furchtbare Gefahr einer Verseuchung begreifen kann, den Syphilitikern, ja selbst den mit Gonorrhoe usw. Behafteten nicht streng verboten, mit dem anderen Geschlechte in Verbindung zu treten? Man sage nicht, daß eine solche Ansteckung als fahrlässige Körperverletzung angesehen werden könne, und daß deshalb eine besondere Vorschrift entbehrlich sei. Das ist Unsinn, denn wenn's richtig wäre, brauchten wir den ganzen § 178 erst recht nicht. Der Abschnitt, der von Verbrechen und Vergehen gegen die Sittlichkeit handelt, fordert eine solche Spezialvorschrift kategorisch. Es ist völlig unsinnig, es lediglich der Polizei überlassen zu wollen, daß sie unter sittenpolizeilicher Kontrolle stehende Infizierte „aufhebt". Das genügt nicht; die zu erlassende Vorschrift darf nicht auf Prostituierte, sie darf auch nicht auf Weiber beschränkt werden, sondern muß alle Personen umfassen. Das ist keine neue Forderung; schon von dem von mir zitierten Schriftsteller ist sie vor ca. 250 Jahren aufgestellt worden. Die Stelle ist weiter oben wörtlich wiedergegeben. Aber auch da war die Forderung nicht neu; bereits Abraham Sawr führt 1590 einige Gesetze an, durch die das Verbreiten der „Frantzosenkrankheit" im Wege der *copula carnalis* streng verboten war, und noch das Preußische Landrecht droht im Teil II, Titel 20, § 1026 allen „Personen, welche wissen, daß sie mit einer venerischen Krankheit behaftet sind, aber dennoch sich mit anderen fleischlich vermischen, und wieder damit anstecken", eine dreimonatige Gefängnis- oder Zuchthausstrafe an. Daß unser Gesetz nicht gleichfalls eine ähnliche Strafvorschrift enthält, ist ein offenbarer Rückschritt gegen das frühere Recht, wie denn überhaupt eine Vergleichung der von mir sehr sorgfältig ausgesuchten früheren Rechte auch im allgemeinen leicht erkennen läßt, daß früher auf diesem Gebiete vieles besser war, daß wenigstens weit mehr Logik herrschte als jetzt. Es kommt bei uns sehr oft vor, daß Luetiker und Gonorrhoiker usw. den Beischlaf nicht nur mit Prostituierten, sondern auch mit „anständigen" Mädchen, ja selbst in der Ehe vollziehen, schon deshalb, weil der Aberglaube, daß der Coitus das beste Heilmittel gegen solche Leiden sei, ziemlich allgemein verbreitet ist. Da durch ein solches Verfahren die furchtbaren Seuchen eine gewaltige Ausbreitung annehmen, ist es notwendig, diesem gefährlichen Unfug einen energischen Damm entgegenzusetzen. Wenn nun auch die meisten Uebertragungen nicht durch Sittlichkeitsverbrechen erfolgen, so ist es doch fast selbstverständlich, daß da, wo durch ein Sittlichkeitsverbrechen zugleich eine Ansteckung erfolgt, diese auch besonders erschwerend wirken muß; deshalb gehört diese Verschärfungsvorschrift in den § 178, und wenn sie einmal darin steht, dann mag auch die Ansteckung, die ohne Sittlichkeitsverbrechen erfolgt, an derselben Stelle behandelt sein. Der § 178 würde demnach folgenden Wortlaut erhalten müssen:

> „Ist durch eine in den §§ 174 und 176 bezeichneten Handlungen der Tod der verletzten Person verursacht worden, so tritt Zuchthausstrafe ein; ist eine körperliche Verletzung oder die Uebertragung einer Geschlechtskrankheit herbeigeführt worden, oder ist, ohne daß der Täter diesen Erfolg voraussehen konnte, durch eine nach §§ 174 und 176 nur mit Gefängnisstrafe nicht unter drei Monaten zu ahndende Handlung der Tod der verletzten Person verursacht worden, so tritt Gefängnisstrafe nicht unter drei Jahren ein. Die mit einer Geschlechtskrankheit behafteten Personen werden, auch wenn sie keine der in den §§ 174, 176 und 182 bezeichneten Handlungen begangen haben, wegen Duldung oder Ausübung des Beischlafs mit Gefängnis nicht unter drei Monaten bestraft."

Daß es sehr oft nicht gelingen wird, die Personen, die gegen die letzte Vorschrift verstoßen, zu ermitteln, verkenne ich durchaus nicht, aber ich halte dies nicht für einen Grund, der gegen das Erlassen der Bestimmung sprechen könnte, denn es ist bekannt, daß auch wegen anderer Straftaten die Täter sehr oft nicht ermittelt werden. Die Strafandrohung hat schon den einen wesentlichen Zweck, daß sie die frivol leichtfertigen Menschen doch wohl etwas vorsichtiger machen wird, und damit ist schon viel erreicht.

Ich habe nun die wesentlichsten Sittlichkeitsdelikte eingehend genug besprochen und dargetan, wie man wirksamer und gerechter als bisher gegen sie einschreiten kann. Wenn es mir gelungen ist, wenigstens eine Anregung zu geben, die zu Verbesserungen führen kann, dann bin ich schon befriedigt. Die Prostitution und die noch übrigen besonderen Delikte, die aus einem wesentlich anderen Gesichtspunkte zu behandeln sind, werde ich im dritten Teile ausführlich besprechen.

## Teil III.

## Kindesmord und Abtreibung.

Mit den eigentlichen Sittlichkeitsdelikten stehen sowohl der Kindesmord wie auch die sogenannte Abtreibung nur in mittelbarem Zusammenhange; aber gleichwohl haben wir sie hier zu berücksichtigen; ja ich würde geradezu eine Lücke offen lassen, wenn ich sie nicht besprechen wollte. Den innigen Zusammenhang des Kindesmordes mit den Sittlichkeitsdelikten findet man schon darin, daß unser heutiges Recht unter einem Kindesmord nur die während oder gleich nach der Geburt erfolgte vorsätzliche Tötung eines unehelichen Kindes versteht. Die Abtreibung ist aber ein Verbrechen, das sich vom Kindesmord nicht so wesentlich unterscheidet, wie man gewöhnlich annimmt; sie könnte eigentlich eine Tötung vor der Geburt genannt werden. Solange die, wie wir schon im zweiten Teile gesehen haben, ungerechtfertigten Vorurteile gegen Mädchen, die das Opfer eines gewissenlosen Verführers geworden sind, bestehen, wird man Kindesmord und Abtreibungen nicht aus der Welt schaffen können, und es ist kein Wunder, wenn sogar hin und wieder Schriften auftauchen, in denen die Forderung gestellt wird, daß diese Verbrechen überhaupt nicht mehr als Straftaten angesehen werden sollten. Kurz vor der ersten Auflage dieses Buches ist eine derartige Broschüre von einem Schriftsteller Jüngst erschienen. „*Nomina sunt odiosa.*“ Es ist allerdings wohl die „jüngste“ Anschauung, die sich in diesen Ausführungen wiederspiegelt, denn erstens steht der Verfasser moralisch auf einem ganz falschen Standpunkte, zweitens ist das Büchlein offenbar ohne jede Sachkunde geschrieben, denn wenn der Verfasser bis zum Ueberdruß das Elend schildert, in das die ärmsten Familien durch zu reichen Kindersegen geraten würden, wenn sie nicht in der Abtreibung ein Hilfsmittel besäßen, so übersieht er dabei die Kleinigkeit, daß die Abtreibungsepidemie gar nicht in den ärmsten Familien herrscht, sondern daß es ganz andere Leute sind, die Rat und Hilfe kluger Frauen in Anspruch nehmen. Er hat auch offenbar seine Ausführungen selbst nicht recht verstanden, denn er widerspricht sich fortwährend. Das könnte uns nun hier gewiß nicht interessieren; aber ich halte derartige Schriften denn doch für recht gefährlich, weil sie unter allen Umständen zu Verbrechen ermutigen. Es versteht sich, wenigstens für die heutige Kulturwelt, ganz von selbst, daß Kindesmorde und Abtreibungen nicht straflose Privatangelegenheiten Einzelner sein können. Man kann hier nur dadurch eine Besserung schaffen, daß man die Ursachen des Uebels beseitigt und bessere soziale Verhältnisse schafft. Ferner muß dahin gewirkt werden, daß nicht Mädchen, die erwiesenermaßen nur Opfer gewissenloser Verführer geworden sind, als Verworfene, Gefallene usw. verachtet werden dürfen, während der allein schuldige Verführer straflos bleibt und an seiner Ehre keinen Schaden leidet. Liederliche Dirnen dagegen haben wahrlich kein Recht auf Schonung; ihnen und ganz generell jedem Ehepaare die Befugnis gewähren zu wollen, nach Belieben ihre Kinder zu töten, das kann nur jemand verfechten, der selbst nicht klar zu übersehen vermag, was er eigentlich will.

Ueber die Abtreibungen finde ich bei Dr. Ploß folgende sehr beachtenswerte Ausführungen: „Wer die Ueberzeugung hat, daß in dieser Beziehung „die Wilden bessere Menschen sind", der wird sich ernstlich enttäuscht fühlen müssen. Denn nicht allein bei den halbzivilisierten, sondern auch bei den in den primitivsten Zuständen lebenden Völkern finden wir den Brauch weit verbreitet, die Schwangerschaft absichtlich zu unterbrechen. Jedenfalls ist dieser Uebelstand älter als jegliche Zivilisation. Daß solch ein eigenmächtiger Eingriff als ein Unrecht zu betrachten sei, diese Empfindung kommt erst ganz langsam und allmählich zum Bewußtsein des Volkes, und erst ziemlich spät treten religiöse und politische Gesetzgeber dieser „Vernichtung keimenden Lebens" durch Verbote und Strafandrohungen entgegen. Aber man soll nur ja nicht glauben, daß der Einfluß der Strafgesetzbücher mächtig genug gewesen ist, um die Abtreibung in Wirklichkeit zu beseitigen. Leider lebt sie auch bei den Kulturvölkern fort als eine Volkskrankheit von größerem Umfange, als man sich selber gestehen mag. Zurzeit wissen wir über die Verbreitung der betreffenden Unsitte bei zahlreichen fremden Völkern viel Genaueres, als über dasjenige, was sich bei uns selber zuträgt und nur deshalb verborgen bleibt, weil, vielleicht in dem irrigen Glauben, daß es sich doch nicht ausrotten läßt, viel zu wenig in ernster Weise von den dazu berufenen Personen über die Mittel nachgedacht ist, wie durch Aenderung der sozialen Verhältnisse diesem Uebel gesteuert werden könne." Ich werde auf dieselbe Quelle noch an anderer Stelle zurückkommen. So interessant es nun auch wäre, hier eine Uebersicht dessen zu bieten, was bei den halbzivilisierten Völkern Brauch war, so muß ich, da ich es lediglich mit der Beurteilung, die diese Unsitte in Deutschland erfuhr, noch erfährt und später noch erfahren sollte, zu tun habe, doch dieser Versuchung hier widerstehen.

Man hat nun allerdings auch über den Kindesmord nicht einmal bei den Kulturvölkern immer dieselben Ansichten gehegt; im Gegenteil ist der Kindesmord in der Tat zeitweilig erlaubt gewesen. Das ältere römische Recht gestattete dem Vater, frei über seine Kinder zu verfügen, er durfte sie verkaufen, konnte sie auch zu seinen Sklaven machen, ja es war ihm sogar unverwehrt, sie zu töten. Das war allerdings so wenig den christlichen Lehren entsprechend, daß die Aufhebung derartiger väterlicher Rechte selbstverständlich erfolgen mußte, als das Christentum von den römischen Machthabern angenommen wurde. So hat denn auch bereits Constantin der Große das barbarische Recht aufgehoben und Eltern, die ihre Kinder töteten, gleichfalls mit der Todesstrafe belegen lassen. Er hat allerdings auch den Versuch gemacht, das Problem dadurch zu lösen, daß er Kinder armer Eltern auf Staatskosten erziehen und ernähren ließ. Das war der richtige Weg; aber er wurde aufgegeben, da die Sache — zu teuer wurde. Bei den alten Griechen war es dem Vater ebenfalls gestattet, seine Kinder umzubringen, wenigstens dann, wenn sie für die Verrichtungen des täglichen Lebens untauglich waren. Selbst der weise Aristoteles mochte dies empfehlen.

Daniel Crahmer in seiner „Pommerischen Kirchen-Historia" erzählt ganz ähnliche Dinge aus dem alten Pommern. Nach seiner Angabe wurde es geradezu für eine väterliche Fürsorge gehalten, die „überschüssigen" Töchter wegzuwerfen oder zu erwürgen, damit sie nicht den Söhnen das Gut zu sehr schmälerten. Dieser brutale Akt väterlicher Liebe wurde erst ausgerottet, als Bischof Otto von Bamberg 1124 den Pommern das Christentum brachte, wie übrigens auch der berühmte Zeiler berichtet. Es ist nun aber keineswegs die Gestattung des Kindesmordes oder der Kindesaussetzung auf Pommern beschränkt geblieben, sondern sie war in vorchristlicher Zeit ganz allgemein üblich. Nichts ist in den alten Sagen des Nordens Deutschlands, ja selbst des Morgenlandes häufiger erwähnt als die Kindesaussetzung, und es fällt geradezu auf, daß sie im alten Theben verboten war. Dort hatte man, wie Aelianus berichtet, sogar vorgebeugt, daß jemand durch Not und Armut zu einem Kindesmord gezwungen werden könne. Es gab nämlich eine Einrichtung, die lebhaft an die viel später eingerichteten Findelhäuser erinnert. Wenn ärmere Eltern nicht in der Lage waren, ihre Kinder selbst zu erhalten, konnten sie die Obrigkeit in Anspruch nehmen, die dann die Kinder aus dem Stadtsäckel großzog, sich allerdings dadurch schadlos hielt, daß sie die Erzogenen als Knechte und Mägde verwendete.

Im alten Deutschland konnte der Vater nach der Geburt frei entscheiden, ob er das Kind behalten oder die Annahme verweigern wollte; im letzteren Falle wurde es ausgesetzt oder auch wohl getötet. Dieses Recht durfte allerdings nur solange geübt werden, wie das Kind durch Verabfolgung von Nahrung noch kein Recht aufs Leben erlangt hatte Das Christentum hat diese Sitte nur sehr schwer auszurotten vermocht, obwohl die Priester mit Feuereifer dagegen auftraten. Erst nach späteren Rechten war die Aussetzung ein für allemal verboten, ebenso der Kindesmord und die Abtreibung. Die Carolina ging in den Artikeln 131 und 132 sehr streng vor, und selbst viel ältere nordische Gesetze, z. B. das alte Guledingsgesetz, erklärten die Kindesaussetzung einfach für Mord. Gleichwohl hat es auch viel später noch Philosophen gegeben, die den Kindesmord für erlaubt hielten. Selbst der ausgezeichnete Philosoph Hobbes äußerte um ca. 1650, daß, wenn auch nicht dem Vater, so doch der Mutter das natürliche Recht, ihr Kind zu töten, zustehe. Sie bringe das Kind zur Welt, ziehe es auf, und wenn das Kind ihr den schuldigen Gehorsam verweigere, könne sie es als einen Feind aus Herrengewalt *(vi domini)* ums Leben bringen. Hobbes ist nun allerdings in vielen seiner Ansichten für uns ein längst überwundener Standpunkt, aber immerhin verdient seine Auffassung doch der Erwähnung, weil sie zeigt, daß auch große Geister, wenn sie sich auf einen falschen Standpunkt stellen, etwas lehren können, was selbst nach der Ansicht kleiner Geister verwerflich sein muß.

Die Carolina macht im Artikel 131 durchaus keinen Unterschied, ob ein eheliches oder uneheliches Kind ermordet wurde, und eine gleiche Auffassung vertraten alle alten Rechte, sie unterschieden sich nur in den Strafen, die allerdings ohne Ausnahme hart und grausam waren. So heißt es z. B. im alten Frankenberger Rechte von den Kindesmörderinnen: „Die sol man lebendig in ein grab, ein dornen heck auf iren leib legen, sie mit erde beschutten und ir ein eichen pfal durch ir herz schlan."

Immer kam es darauf an, ob das Kind auch wirklich gelebt hatte, denn sonst konnte natürlich von einem Morde nicht die Rede sein. Deshalb war die Beweisführung nicht immer so leicht, denn nach den strafprozessualen Vorschriften wurde auf das *corpus delicti* — dieser Begriff war durchaus nicht so eng begrenzt wie bei uns — großer Wert gelegt. Das Kind mußte durch Sachverständige, zu denen auch die Hebammen zählten, genau besichtigt werden, damit einmal festgestellt werden konnte, ob das getötete Kind auch wohlgebildet und ausgetragen war, ferner ob etwa Spuren einer gewaltsamen Tötung zu finden waren. Selbst wenn aber auch vollkommen der Beweis der vorsätzlichen Tötung erbracht worden war, galt doch noch nicht jede derartige Tat als ein Verbrechen. Meckbach führt in seinem Kommentar zur Carolina ein Beispiel an, in dem eine Hebamme, die beschuldigt war, ein Kind vorsätzlich bei der Geburt ums Leben gebracht zu haben, doch von der Strafe, ja sogar von der Folter freigesprochen wurde, weil sie erweisen konnte, daß sie das

Kind hatte töten müssen, um die Mutter zu retten. Es hieß in dem Urteil: *„Ex duobus malis minimum est eligendum"*. Die Carolina erkannte zwar die schweren Strafen des älteren Rechtes wegen des Kindesmordes noch als berechtigt an, ließ aber den Gerichten auch die Möglichkeit, mehr Milde walten zu lassen, allerdings eine Milde, die immer noch so beschaffen war, daß uns heutigentags darob die Haare zu Berge stehen könnten. Und fast scheint es, als habe der Gesetzgeber diese „Milde" schon beim Niederschreiben bereut, denn im nächsten Satze werden Strafverschärfungen zugelassen. Der Artikel 131 lautet: „Welche Weiber ihre Kinder, so das Leben oder Gliedmaß empfangen haben, heimlicher, boßhafftiger, williger Weiß ertödten, die werden gewöhnlich lebendig begraben und gepfälet. Aber darinnen Verzweifelung zu verhüten, mögen die selbigen Uebelthäterin, in welchem Gericht die Bequemlichkeit des Wassers darzu vorhanden ist, ertrenckt werden. Wo aber solches Uebel oft geschehe wollen Wir die gemeldte Gewonheit des Vergrabens und Pfälens, um mehrer Forcht willen solcher boßhafftigen Weiber, auch zulassen, oder aber, daß vor dem Ertrencken die Uebelthäterin mit glüenden Zangen gerissen werde, alles nach Rath der Rechtsverständigen." Gepfählt sind die Kindesmörderinnen aber noch recht lange nach dem Erscheinen der Carolina worden, und man hat auch dann sogar die Strafverschärfungen angewendet. Noch am 23. Januar 1686 ist in Ullerdorf eine Dienstmagd lebendig gepfählt und verschüttet worden, weil sie ihr uneheliches Kind bei der Geburt ermordet hatte. Meckbach war noch 1756 der Ansicht, daß diese Strafe nicht zu hart sei, „wiewohl solche lebendige Begrabung oder Durchpfälung jetzo nicht mehr gebräuchlich, auch das Ertränken fast abgekommen, und daher *poena gladii* eingeführt ist, wiewohl nicht zu zweifeln, daß an einer Kindes-Mörderin, wenn sie zum zweytenmahl ein *infanticidium* begangen haben sollte, die Strafe alsdann verdoppelt, und diese zuvor mit glüenden Zangen gerissen werden sollte." Diese Aeußerung klingt allerdings in der verschrobenen Ausdrucksweise jener Zeit so ähnlich, als sollte die Strafe mit glühenden Zangen gerissen und die Kindesmörderin doppelt enthauptet werden; aber bei einigem guten Willen wird man auch heute noch verstehen können, was der gelehrte Meckbach gemeint hat, und früher verstand man es noch besser; denn im Jahre 1676, am 18. Mai, wurde in Schlesien an einer Kindesmörderin die doppelte Strafe vollstreckt. Man zwickte die Deliquentin erst mit glühenden Zangen, enthauptete sie, und schlug ihr dann auch noch den Pfahl durch das Herz. Das letztere wird ihr zwar nicht mehr wehe getan haben, aber darauf kam es nicht an, denn wenn's nicht anders ging, dann wurde auch an Verstorbenen die Strafe noch vollzogen, weil die Justiz glaubte, niemandem etwas schenken zu dürfen, und weil sie doch auch nicht auf die Abschreckung verzichten wollte. Es wird von Roch berichtet, daß im Jahre 1624 diese „Strafe" an einer Kindesmörderin vollzogen worden sei, die sich, als sie sich entdeckt sah, vergiftet hatte. Solche Strafen an Verstorbenen waren übrigens keineswegs selten; die Abschreckungstheorie konnte sie nicht entbehren, und wenn die „Hinrichtung" nach dem Tode eigentlich nicht als Strafe gelten konnte — denn Strafen machen *dolores* — so war sie doch eine Sühne und gewiß nicht lächerlicher, als wenn man eine Strohpuppe anfertigte und diese hinrichtete, weil — der wirkliche Täter vorsichtig genug gewesen war, sich rechtzeitig durch die Flucht der peinlichen Prozedur an seinem eigenen Leibe zu entziehen.

Ebenfalls mit der Strafe des Schwertes wurden die Weibspersonen, die ihre Leibesfrucht abtrieben, und diejenigen, die ihr dabei behilflich waren, angesehen. Als solche Abtreibung galt es schon, wenn eine schwangere Frauensperson starke abtreibende Getränke einnahm, den Leib hart band, ihn drückte, „kneipte", an Tischecken stieß, von hohen Plätzen herabsprang oder schwere Lasten aufhob oder trug. Man ist also darin sehr streng vorgegangen und hat offenbar dabei zuweilen stark über die Schnur gehauen. Alle diese „Abtreibungsmittel" zählt Carpzow besonders auf, und andere Schriftsteller führen außerdem noch andere Mittel an, die wohl niemals wirklich den beabsichtigten Erfolg herbeigeführt haben. So nennt Stryke ein Mittel, das allerdings schon im Altertum als helfend empfohlen wurde; er meint nämlich, daß durch den „Dampf und Gestanck von nicht recht ausgelöschten Lichtern hierzu viel *contribuiret*" werden könne.

Bei der Abtreibung durch Getränke scheint man etwas vorsichtiger judizieret zu haben als mit dem „Dampf und Gestanck" der nicht recht ausgelöschten Lichter, denn Carpzow sagt in bezug auf den Trank: „Doch muß zuvor der *Medicorum* Gutachten über einen solchen Trank, und ob dessen *ingredientien* den *abortum causieret,* eingeholet, und zu den Akten geleget werden, ehe die Straffe erkant wird." Ueber den Versuch mit untauglichen Mitteln hat man sich damals den Kopf noch nicht zerbrochen. Wenn ein Kind geboren war, und die Mutter es in seinem „Unflath" liegen und darin sterben ließ, so wurde sie zwar nicht mit der ordentlichen Strafe des Ersäufens belegt, weil hierin weder eine Abtreibung noch ein direkter Kindesmord erblickt wurde, aber man erkannte, wie Carpzow hervorhebt, doch auf die Strafe des Schwertes, weil immerhin der Tod vorsätzlicher Weise verursacht worden sei. Carpzow teilt auch mit, daß die gleiche Strafe ein Weib getroffen habe, das nach Eintritt der Geburtsschmerzen auf das Sekret gegangen sei und das Kind habe hineinfallen lassen; eine schwerere Strafe sei nicht ausgesprochen gewesen, weil nicht feststehe, ob das Kind tot oder lebendig zur Welt gekommen sei. Mennochius, Berlich und auch Carpzow führen das kaum glaubliche Exempel an, daß eine solche Frau, die etwa nicht gewußt habe, daß sie schwanger sei, oder daß ihr das Kind wider ihren Willen abgegangen sei, nur willkürlich mit Gefängnis oder Landesverweisung bestraft werden könne, daß sie aber bei der zweiten Eventualität mit Staupenschlägen bestraft werden müsse, wenn sie die Schwangerschaft verheimlicht habe. Für uns wird es wunderbar erscheinen, daß eine Frau wirklich bis zu der tatsächlich erfolgten Geburt ihren Zustand nicht gekannt haben sollte. Nahm man das aber wirklich an, dann wäre auch die gelindeste Strafe eine Ungerechtigkeit gewesen. Bemerken möchte ich, daß in Berlin im Jahre 1895 eine der fahrlässigen Tötung angeklagte Mutter, der das Kind ins Sekret gefallen und gestorben war, freigesprochen worden ist, da der medizinische Sachverständige, Medizinalrat Dr. Long, begutachtet hatte, daß die Angeklagte sehr wohl hätte im Zweifel sein können, ob nur ein natürlicher Drang oder wirklich schon der Eintritt der Geburt vorgelegen habe.

**Nelly Gwyn als Amor.**
Die Geliebte Karls II. von England.
(Nach einem englischen Schabkunstblatt).

In späteren Gesetzen ist die Materie wesentlich, zum Teile in geradezu mustergültiger Weise, bearbeitet worden. Zunächst behandelt die Theresiana sowohl den Kindesmord als auch die Abtreibung sehr eingehend, und für uns haben die Bestimmungen eine enorme Bedeutung, weil sie viel klarer den innigen Zusammenhang mit den eigentlichen Sittlichkeitsdelikten erkennen lassen als die älteren Gesetze und als — unser jetziges Recht. Noch für die Carolina handelte es sich schlechtweg um die Vernichtung eines Menschenlebens, sei es eines erst entstehenden oder eines schon entstandenen. Deshalb war es auch gleichgültig, ob eine eheliche oder uneheliche Mutter die Täterin war. Die Theresiana aber erfaßt gerade den wesentlichen Unterschied, auf den doch bereits Leyser und Koch hingewiesen hatten — damals wurden die Belehrungen, deren Berechtigung gar nicht bestritten werden kann, viel eher beachtet als jetzt —, sehr scharf. Für uns ist hauptsächlich das von Interesse, was das Gesetz zur Verhütung solcher Verbrechen anordnet; aber ich will auch nicht unerwähnt lassen, daß gegen die hinreichend verdächtige Kindesmörderin, wenn sie leugnete, die Folter zugelassen war, und daß das Gesetz, das den Kindesmord ein „greuliches Laster" nennt, die Strafe des Schwertes anordnete und verfügte, daß nach der Enthauptung ihr Körper ins Grab gelegt, ihr ein Pfahl durchs Herz geschlagen, und die Leiche verscharrt werden sollte. Ferner, daß eine Mutter, die ihr Kind ohne Nahrung ließ oder den Tod dadurch verursachte, daß sie die Nabelschnur nicht verband, ebenfalls mit dem Schwerte gerichtet werden sollte. Endlich, daß in schwereren Fällen die Strafe durch Reißen mit glühenden Zangen oder sonst verschärft werden konnte, und daß auch der Täterin außer der oben angegebenen Doppelstrafe noch vor der Hinrichtung die Hand abgehauen werden durfte. Hand und Kopf wurden aufs Rad gesteckt. Die Strafen sind also unmenschlich schwer, und doch, welche wahre Humanität atmet das Gesetz in seinen weiteren Bestimmungen! Zunächst entging der Mann, der ein Mädchen zu Fall gebracht hatte, seiner Strafe niemals, und besonders wenn er sich seinen Verpflichtungen gegen die Geschwängerte entziehen wollte, durfte er nach dem Gutdünken des Richters durch eine empfindliche Leibesstrafe an seine Pflicht erinnert werden. In unserem heutigen Rechte machen wir zwar den Täter, z. B. bei einer Körperverletzung, auch für die gegen seinen Willen eingetretenen Folgen seiner Tat voll verantwortlich, aber den Verführer lassen wir ruhig laufen, auch wenn er durch sein Verhalten die Geschwängerte geradezu zum Kindesmord gezwungen hat. In der Theresiana war weiter ausdrücklich bestimmt, daß eine „aus menschlicher Schwachheit zum Fall gebrachte Weibsperson", wenn sie ihren Eltern oder sonst verläßlichen Personen ihren Zustand offenbart hatte, niemals mit einer öffentlichen Bestrafung angesehen werden durfte, daß ferner eine Hebamme, der sie sich anvertraute, zur Verschwiegenheit verpflichtet war, und zwar unter Androhung der Meineidsstrafe. Der Kindesvater, der durch ein Eheversprechen oder sonst die Person zum Beischlaf verführt hatte, durfte sich unter keinen Umständen seinen Verpflichtungen entziehen oder gar nach der Schwängerung die Verführte boshaft verlassen. Wer von dem Zustande einer Geschwängerten Kenntnis hatte, war verpflichtet, dies den Eltern oder den Dienstherren usw., event. der Obrigkeit mitzuteilen, der letzteren stets, wenn er merkte, daß zur Niederkunft keine Fürsorge getroffen wurde. Es heißt dann wörtlich: „Wie Wir uns dann untereinstens zu den Eltern, und Anverwandten derer zum Fall gebrachten Weibspersonen gnädigst versehen, daß sie nach geschehener Sache wider die geschwächten Töchter nicht allzuhart verfahren, und durch ihre übermäßige Strenge zu derenselben Kleinmut, Verzweiflung, und bösen Folgen keine Ursach geben, sondern vielmehr zu deren sicheren Niederkunft das Nöthige besorgen werden." Den Obrigkeiten war anbefohlen, daß sie ein wachsames Auge halten sollten; sie mußten aber gegen geschwängerte Weibspersonen, namentlich wenn diese ihre Schwängerung freiwillig angaben, mit aller Milde verfahren, ihnen tunlichst alle Hilfe leisten und ihnen namentlich auch gegen ihren Buhlen nach dem „was Rechtens ist" schleunigst Hilfe schaffen. Die Obrigkeiten hatten auch darauf zu achten, daß solche verführte Mädchen von ihren Eltern nicht zu hart gestraft würden, sie mußten die Eltern direkt von Haß und übermäßiger Schärfe abmahnen und ihnen mit Rat und Tat beistehen, ehrliebenden Leuten auch an die Hand gehen, um die Sache möglichst sicher und geheim vollziehen zu lassen. Im Fall allseitiger Mittellosigkeit hatte die Obrigkeit die nötigen Auslagen für die Entbindung usw. zu decken.

Die Abtreibung der Leibesfrucht wie auch die Unfruchtbarmachung einer Mannes- oder Frauensperson wurde dem Kindesmord ziemlich gleich geachtet, die Täter wurden ebenfalls mit der Strafe des Schwertes belegt. Im übrigen nimmt das Gesetz selbst auf den Kindesmord-Artikel Bezug und erklärt, daß alle die Gründe und Verhütungsmaßregeln auch hierbei gelten sollen. Auch die Aussetzung von Kindern wurde, wenn sie so erfolgte, daß das Kind sterben mußte, dem Kindesmord fast gleich geachtet; die Schwertstrafe war wenigstens für die schwereren Fälle vorgesehen.

Das Allgemeine Preußische Landrecht ist der Theresiana noch einen kräftigen Schritt voraus. Es bestimmt für Ehefrauen, die ihre Kinder ermorden (d. h. die ehelichen), die Strafe des Rades von unten herauf (also der schwersten Form) und Schleifen zur Richtstätte. Ehefrauen, die mindestens ein Jahr von ihrem Manne getrennt gelebt hatten oder die sonst sich bewußt waren, daß ihre Schwangerschaft aus einem außerehelichen Beischlaf herrührte, sollten dagegen nach den für außerehelich Geschwängerte gegebenen Vorschriften beurteilt werden, also erheblich milder. Die Strafe war die des Schwertes; aber als Kindesmord galt nur die Tötung des neugeborenen (unehelichen) Kindes, während oder gleich nach der Geburt; eine spätere Tötung wäre, vollkommen analog unseren heutigen Anschauungen, einfach Mord gewesen. Dem Kindesmord gleich geachtet wurde das Aussetzen eines Kindes. Hier hat sich 1796 vor dem alten Berliner Stadtgericht ein seltsamer Fall abgespielt. Die 24 jährige Dienstmagd Caroline Friederike Christiane Hahn hatte am Charfreitag 1795 ihren dreijährigen unehelichen Knaben in einem Hause der Markgrafenstraße ausgesetzt. Das Kind wurde von einer dort wohnenden Soldatenfrau gefunden und verpflegt, wofür die Armen-Direktion einen Verpflegungsbetrag zahlte. Erst am 6. September gelang es, die Hahn zu ermitteln. Sie gab die Tat zu und erklärte, daß sie nur 14 Taler jährlich verdiene und nicht in der Lage gewesen sei, davon ihr Kind zu ernähren. Der uneheliche Vater habe sie verlassen und sei durchgebrannt, so daß von ihm keine Hilfe zu erlangen war. Das Gericht mochte der Aermsten nicht die schwere Strafe der Kindesaussetzung, die nach §971 Tl. II Tit. 20 A. L., auch in diesem Falle noch 6 Monate bis 3 Jahre Zuchthaus betragen hätte, auferlegen und fand einen Ausweg. Die Strafvorschrift befindet sich in der Rubrik „Vom Mord neugeborenen Kinder". Hier aber handelte es sich nicht um ein neugeborenes, sondern um ein bereits 3 Jahre altes Kind, für das der Natur der Sache nach durch die Aussetzung keine Gefahr bestand. Schon Quistorp habe in seinem „Peinlichen Rechte" § 265 gesagt, daß eine Mutter, die alles für die Unterhaltung des Kindes getan habe, nur eine willkürliche Strafe treffen könne; aber auch er spreche dabei nur von neugeborenen Kindern. Das Gesetz behandle das Aussetzen älterer Kinder überhaupt nicht, und wenn ältere Rechte für solche Fälle 1—4 wöchige Arreststrafe vorgesehen hätten, so sei doch nach dem Publikations-Patent vom 5. II. 1794 das Anwenden älterer Gesetzes-Verordnungen verboten. Das Gericht fragte deshalb beim Könige an, wie es sich verhalten solle, und erhielt im Reskript vom 18. April 1796 die Antwort, daß allerdings die Aussetzungsvorschrift nur neugeborene Kinder betreffe, das Verhalten der Hahn, die ihr Kind auf Kosten des Publikums ernähren lasse und nicht ihren Pflichten nachkomme, stelle sich als eine Vernachlässigung der gesetzlichen Pflichten und zugleich als Betrug dar. Deshalb müsse, wenn auch keine Schädigung des Kindes eingetreten sei, doch auf eine willkürliche Strafe erkannt werden im Sinne des § 35 A. L. R. Die Strafvorschriften, die, wie man sieht, sehr streng waren, interessieren uns hier nur in zweiter Linie; den Hauptwert haben wir dagegen auf die Vorbeugungsmittel zu legen, die nicht so sehr die kriminelle als vielmehr die zivilrechtliche und sittliche Seite der Sache berühren, obwohl sie im Teil II. Titel 20 stehen, der von den Verbrechen und deren Strafen handelt. Es ist da im § 888 gesagt: „Um den Kindesmord möglichst zu verhüten, haben die Gesetze unbescholtenen ledigen Weibspersonen, wenn sie unter dem Versprechen der Ehe geschwängert worden, die Rechte und Würden einer Ehefrau oder, wo die Ehe nicht stattfinden kann, einer Hausfrau beigelegt." Da nach § 1029 der Verführer mit Zuchthaus oder Festung von 6 Monaten bis zu einem Jahre bedroht war, ließ sich die Sache regeln; der Verführer sollte überhaupt tunlichst die Geschwächte heiraten; in jedem Falle mußte er für sie und das Kind sorgen. Man kann nicht behaupten, daß durch solche Gesetze der Unzucht Vorschub geleistet worden wäre. In der Rechtsprechung hat allerdings sehr oft ein sehr empfindlicher Unterschied zwischen Theorie und Praxis bestanden, und die preußischen Könige haben oft genug mit einem Donnerwetter zwischen ihre Kollegien fahren müssen; aber gegen eine falsche Auslegung und Anwendung der Gesetze werden die Gesetzgeber stets machtlos bleiben; das wird sich leider niemals ändern lassen, denn wenn auch die klare Menschenvernunft nur eine einzige Auslegung zuläßt, so wird doch nicht selten das direkte Gegenteil entschieden. Wir nennen das heutigentags Interpretationskunst; die Preußenkönige nannten's freilich etwas anders, wenn sie sich veranlaßt sahen, den hochgelehrten Herren mit dem Knüppel klar zu machen, daß sie Recht zu sprechen, nicht aber Interpretations-Jongleurkunststücke aufzuführen hätten.

Man könnte nun wohl annehmen, daß gerade die günstigen Bestimmungen des Gesetzes die Weiber zu einem leichtfertigen Lebenswandel bewogen hätten, und das ist nach den ältesten Gesetzen, die ihnen Anwartschaft auf Unterhalt oder gar Ehe gaben, der Fall gewesen. Das Preußische Landrecht unterschied sich aber auch darin, daß es kein Schablonengesetz war, sehr vorteilhaft von unserem modernen Rechte. Es wog sehr genau ab, auf wessen Seite die Schuld lag, und es war niemals die Rede davon, daß etwa lediglich die Tatsache der erfolgten Beischlafsvollziehung den Ausschlag gegeben hätte, ob und wieviel ein Mann zu zahlen hatte, sondern seine Verpflichtungen wurden nach dem Grade seines Verschuldens berechnet. So hatten Frauenspersonen, die zum Beischlaf verführt hatten, eigentlich überhaupt nichts zu forden; nur wenn sie die Kosten der Niederkunft, der Wochen, Taufe usw. aus eigenen Mitteln weder zum Teile noch ganz bezahlen konnten, hatten sie einen geringen Ersatzanspruch. Was sonst der Schwängerer zu zahlen hatte, ob den vierten oder sechsten Teil seines Vermögens usw., blieb „nach Bewandtnis der Umstände eines jeden Falles, der mehreren oder minderen von dem Verführer gebrauchten Arglist, der Größe seines Vermögens und des Standes der Geschwächten, richterlichem Ermessen vorbehalten". Das war eine vortreffliche Theorie; sie hat allerdings in der Praxis viel Unrecht geschaffen. Daß es nicht gleich sein kann, ob der Schwängerer Verführer oder Verführter ist, liegt klar auf der Hand; nach unserem heutigen Rechte ist es aber gleich, weil wir eine Verführung nicht kennen. Auch dies ist ein Beweis dafür, wie notwendig die Erweiterung des § 182 in meinem Sinne ist. Die Obrigkeit hatte nach dem Preußischen Landrecht ebenfalls sich der Geschwängerten und des unehelichen Kindes anzunehmen. Die Geschwächte durfte ihren Zustand nicht verheimlichen; dagegen war jede Person, der sie sich anvertraut hatte, bei nachdrücklicher Strafe zur Verschwiegenheit verpflichtet. Jeder „wohlgesinnte" Staatsbürger durfte sich der Geschwängerten annehmen und sie verpflegen; er war dann aber auch berechtigt, sich seine Auslagen von dem Verpflichteten ersetzen zu lassen. Jede Mannsperson, die sich eines außerehelichen Beischlafs bewußt war, mußte auf die Folgen aufmerksam sein und darauf dringen, daß die gesetzlichen Vorschriften erfüllt wurden; tat er dies nicht, dann hatte er eine Gefängnisstrafe von 2—4 Monaten verwirkt. Der Schwängerer war verpflichtet, sobald er merkte, daß die Verführte ihren Zustand verheimlichen wollte, den Eltern, der Dienstherrschaft oder auch der Obrigkeit Mitteilung zu machen, wenn er nicht Gefahr laufen wollte, im Falle eines Kindesmordes als Mitverbrecher bestraft zu werden. Die Geschwängerte durfte ebensowenig wie ihren Zustand ihre Niederkunft verheimlichen; tat sie dies doch, dann wurde sie, wenn sie ein totes Kind zur Welt gebracht hatte, zu vier- bis sechsjähriger Zuchthausarbeit verurteilt. Der Nachweis, daß die Frauensperson an dem Tode des Kindes irgend ein Verschulden trug, war nicht erforderlich, im Gegenteil, diese „gelinde" Strafe war nur zulässig, wenn kein Verschulden angenommen werden konnte. Zeigte der Körper des Kindes tödliche Verletzungen, ohne daß ein von der Mutter verübter Mord nachgewiesen werden konnte, dann steigerte sich die Strafe sofort zu lebenslänglichem Zuchthaus mit öffentlichem Staupenschlag, und selbst wenn solche Verletzungen nicht vorlagen, aber der Verdacht einer lebensgefährlichen Behandlung bestand, dann gab es zwölf bis fünfzehn Jahre Zuchthaus mit Willkommen und Abschied.

Diese Vorschriften haben einmal zu einem hochinteressanten Prozeß geführt. Ein Dienstmädchen hatte die Schwangerschaft und die Geburt eines unehelichen Kindes verheimlicht, das Kind nach der Geburt sofort in einem Sandhaufen vergraben und den Sand über dem kleinen Körper festgetreten. Die Mitmägde hatten aber Verdacht geschöpft, und da ihnen das Frühaufstehen ihrer Kollegin aufgefallen war, ebenso deren bleiches Aussehen, forschten sie nach und endeckten eine Blutspur, die nach dem Sandhaufen führte. Mit großer Vorsicht gruben sie nach und fanden denn auch das vergrabene Kind. Nun spielte sich aber ein Wunder ab, denn das „tote“ Kind fing nach einer Weile zu leben an und lebte auch wirklich weiter. Die Mutter aber wurde hinter Schloß und Riegel gesetzt, und nun kam das zweite Wunder; das Gericht sprach sie frei. Die Angeschuldigte hatte nämlich angegeben, sie habe das Kind für tot gehalten, da es kein Lebenszeichen von sich gegeben, und deshalb habe sie es beseitigt. Nach der Ansicht des gerichtlichen Sachverständigen war diese Angabe keineswegs nur eine leere Ausrede, sondern in der Tat hätte das Kind im Starrkrampf gelegen, als es geboren wurde, denn sonst würde es in dem Sande unbedingt erstickt sein; es sei ganz natürlich, daß das Kind aus dem totähnlichen Zustande erst erwacht sei, als es eine Weile der frischen Luft ausgesetzt war. Man müsse danach wohl annehmen, daß die Angeschuldigte in der Tat das Kind für tot habe halten können. Wegen der Verheimlichung der Schwangerschaft und Niederkunft würde, wenn das Kind wirklich tot gewesen wäre, die Mutter mit Zuchthaus von 4—6 Jahren, oder da das Vergraben und Feststampfen im Sande doch mindestens als eine lebensgefährliche Behandlung gegolten hätte, mit Zuchthaus von 12—15 Jahren nebst Willkomm und Abschied bestraft worden sein. Aber diese Bestimmungen konnten keine Anwendung finden, da eben das Kind lebte. Von einem beabsichtigten Morde oder einer Aussetzung konnte also nicht die Rede sein, da die Angeklagte das Kind für tot gehalten hatte. So mußte dann mangels einer passenden

Gesetzesvorschrift die Freisprechung erfolgen. Es war dies wohl der eigentümlichste Kindesmordprozeß, der jemals zur Verhandlung gelangt ist.

Die Strafvorschriften wegen der Abtreibung waren nicht gelinde, wenn auch bei weitem milder als die Bestimmungen wegen des Kindesmordes; sie enthielten so etwas ähnliches wie eine Vorschrift wegen eines Versuches mit untauglichen Mitteln. Nämlich schon das Einnehmen eines Abtreibungsmittels brachte eine Zuchthausstrafe von 6 bis 12 Monaten ein, wenn ein Erfolg nicht erzielt worden war. Wesentlich war es, in welcher Zeit der Schwangerschaft die Abtreibung erfolgte, denn während der ersten 30 Wochen der Schwangerschaft kostete die Abtreibung 2—6 Jahre Zuchthaus, nach der 30. Woche aber schon 8—10 Jahre. Diese Unterscheidung hat eine physiologische Begründung darin, daß der letztere Fall eher ein Mord war als der erstere. Ich brauche dies wohl nicht eingehender zu erklären.

Das sind die namentlichsten Bestimmungen des ältern Rechtes. Wir dürfen wohl behaupten, daß man heutigentags unendlich viel daraus lernen könnte. Gerade solche Betrachtungen über Abtreibung und Kindesmord zeigen so recht klar, wie krank und matt unser Recht gegen das frühere ist; sie zeigen aber auch, wie leicht eine Abhilfe ist. Deshalb habe ich den Gegenstand, obwohl er nur in lockerem Zusammenhang mit unserem Thema steht, doch so eingehend behandelt.

Zunächst wird es sich darum handeln, festzustellen, aus welchen Gründen Abtreibung und Kindesmord besonders begangen werden. Ich lasse hier zunächst wieder Dr. Ploß das Wort: „Es wird längst aufgefallen sein, daß hier die treibende Ursache durchaus nicht in allen Fällen die gleiche ist. „Es bedarf immer mächtiger Motive,“ sagt Stricker, „um die natürliche Zärtlichkeit der Mutter zu ihrem geborenen oder ungeborenen Kinde in Zerstörungstrieb umzuwandeln.“ Auch diesem Satze stimmt unser Material nicht zu. Selbst bei ziemlich hoch entwickelten Völkern ist wohl die Zärtlichkeit der Mutter gegen das noch ungeborene Kind im allgemeinen keineswegs sehr tiefgehend. Recht charakteristisch sagen die Mädchen im Frankenwalde: „Das kann ja kein Mord sein; denn es hat ja kein Leben.“ Und bei den wilden Nationen genügt oft ein kleiner ehelicher Zwist, um die Frau zu dem künstlichen Abortus zu bewegen. Allerdings ist die allergewöhnlichste und am weitesten verbreitete Ursache der Fruchtabtreibung die Absicht, eine entehrende Schwangerschaft zu beseitigen, sei es, daß es sich um die Schwängerung einer Unverehelichten handelt, sei es, daß eine Ehefrau das Produkt eines Ehebruchs zu vernichten gedenkt. Also die Furcht vor der Schande oder vor der in solchen Fällen nicht selten sehr harten Strafe läßt die Weiber zu den Abtreibemitteln greifen. Nächstdem sind es die Nahrungssorgen, welche der Fruchtabtreibung zugrunde liegen, die gefürchtete oder die reale Unmöglichkeit, für einen neuen Zuwachs der Familie den notwendigen Lebensunterhalt zu erwerben. Doch spielt hier nicht selten auch die Mode ihre Rolle; es ist bei manchen Stämmen nicht Sitte, in den ersten Jahren der Ehe niederzukommen, oder es ist gebräuchlich, nicht mehr als ein oder zwei Kinder zu besitzen, folglich werden alle übrigen Befruchtungen vorzeitig wieder vernichtet. Auch die Scheu der Frau, sich den Mühen des Säugens zu unterziehen, oder den Strapazen, die mit der Wartung eines jungen Kindes verbunden sind, kommen als Beweggrund in Betracht, sowie das Bestreben, dem gestrengen Ehemann die Unbequemlichkeiten einer Kleinkinderstube zu ersparen. Die Eifersucht und die weibliche Eitelkeit sind auch keineswegs ganz ohne Schuld. Die erstere veranlaßt den künstlichen Abort, wenn die Frau fürchtet, daß infolge ihrer Schwangerschaft ihr Ehegemahl sich andern Weibern zuwenden möchte. Aus Eitelkeit abortieren die Weiber in der Hoffnung, sich durch Vermeidung einer Gravidität möglichst lange ihre Körperformen jugendlich und mädchenhaft und namentlich ihre Brüste prall und rund zu erhalten."

Das sind Gründe, die zum Teil doch recht ernstlich die Frage zu erörtern gemahnen, ob es in der Tat berechtigt sein kann, die volle Strenge des Gesetzes anzuwenden, während die Angeklagten ohne weiteres dartun können, daß sie in einer gewissen Zwangslage gehandelt haben. Ich kenne den Standpunkt jener satten Moral, die am vollen Tische des Lebens sich gütlich tut, niemals in eine Versuchung geraten ist und sich deshalb unendlich erhaben vorkommt, recht gut und weiß, daß ihr Wahlspruch lautet: „Was man sich einbrockt, das muß man auch ausessen!“ Ja, daß man das muß, das weiß ich, und das weiß schließlich jeder; es ist bloß die Frage, wie weit die strafrechtliche Verantwortlichkeit in solchen Fällen gehen darf. Ich sehe keine Entschuldigung darin, daß eine Mutter der Mode zu Liebe, aus Eifersucht oder aus Eitelkeit Kindesmord oder Abtreibung begeht und habe gar nichts dagegen, wenn eine strenge Strafe auf das Unzulässige solcher frivolen Taten hinweist. Ich habe auch nichts dagegen, wenn eine Person, die aus Hang zur Liederlichkeit sich einem Schandleben in die Arme wirft und schon von Anfang an den Vorsatz hegt: „Wenn Folgen entstehen, die werde ich schon aus der Welt schaffen,“ energisch bestraft wird. Ich habe aber sehr ernste Bedenken dagegen, daß da, wo die bitterste Not, wo die Verzweiflung über Schande und Schmach eine erbärmlich um ihr Lebensglück Betrogene dazu verleiten läßt, dem Unheil ein Ende zu machen und das keimende Leben, das ihr für alle Zeiten wie ein Schandmal anhaftet, zu vernichten. Solange die schiefe Moral, die leider auch da herrscht, wo jeder fühlt, daß sie der Gerechtigkeit einen Faustschlag ins Gesicht versetzt, besteht, solange die furchtbarste Not einer Mutter geradezu gebieterisch den Gedanken aufzwingt, daß es für das Kind, das sie unter dem Herzen trägt, eine Wohltat sein muß, wenn es davon bewahrt bleibt, ein furchtbares Jammerleben zu führen, solange soll man sich hüten, die Personen, die doch in erster Linie nur tiefstes Mitleid verdienen, ins Zuchthaus zu schicken.

Anerkannt muß werden, daß unsere Zeit schon viel getan hat, um das bitterste Unrecht zu beseitigen. Wir haben eine Bewegung für den Mutterschutz, wir haben Säuglingsheime. Die erstere muß sich hüten, von einem Extrem ins andre zu fallen; sie darf nicht wahllos beschönigen, sonst wird sie der Leichtfertigkeit Vorschub leisten. Die Säuglingsheime sind Pflegestätten, von wahrster Humanität geschaffen; beide Schöpfungen können mehr ausrichten als der Strafrichter, der gegen Windmühlenflügel kämpft, solange er eine Handlung durch Strafe abwendet, die oft nichts ist als ein Symptom unhalbarer Zustände.

Bestimmte Vorschläge für eine Abänderung der §§ 217 und 218 habe ich an dieser Stelle nicht zu machen.

## Die widernatürliche Unzucht.

Der Begriff der widernatürlichen Unzucht, den der § 175 des Reichsstrafgesetzbuches umfaßt, ist wohl die meist umstrittene Materie des ganzen Abschnitts 13. Die Literatur ist bis ins Ungeheuerliche gewachsen, und das sonderbarste ist, daß auch vielfach Damen ihre Federn gespitzt haben, um über dieses Thema die nötige Aufklärung zu schaffen. Das muß nun freilich auffallen, denn es gibt ja doch immer noch unmoderne Menschen — sie stehen den sogenannten modernen wie 99 zu 1 gegenüber —, die der Ansicht sind, daß dies Thema eigentlich recht wenig geeignet sei, von Frauen öffentlich besprochen zu werden. Uebrigens befinden sich die verehrten Kolleginnen auch in einem Rechtsirrtum, wenn sie glauben, dadurch berechtigte Interessen wahrzunehmen, denn das Strafgesetzbuch berührt die perversen Geschlechtsverirrungen, die Frauen unter sich vornehmen, vorläufig überhaupt noch nicht.

Nach dem Vorentwurf, der diese Materie im § 250 behandelt, wäre allerdings ein Wandel geschaffen, denn danach sollten auch Frauen, die untereinander Unzucht treiben, mit derselben Strafe belegt werden, wie die Männer.

Ich habe es schon immer für ein sehr gutes Zeichen gehalten, daß die ersten Namen der medizinischen Wissenschaft sich gerade dieser Frage mit solcher Begeisterung widmen, denn es kann nur dadurch möglich werden, volle Klarheit zu schaffen. Bedenklich kann eine solche Stellungnahme medizinischer Autoritäten nur dann werden, wenn sie bewirkt, daß die gedanken- und urteilslose Menge, oder gar maßgebende Personen, sich nun verpflichtet fühlen, das, was ihnen doziert wird, ohne eigene Prüfung zu glauben, weil's die Autoritäten gesagt haben. Das wäre durchaus falsch. Autoritäten haben sich schon wiederholt recht kräftig geirrt, namentlich, wenn sie auf strafrechtlichem Gebiete Reformen schaffen wollten. Es sei hier nur an die Kleptomanie, Pyromanie und sonstige Manien erinnert, an die keine forensische Wissenschaft mehr glaubt, und ich habe schon recht lange dringend empfohlen, auch diesmal recht sorgfältig zu prüfen, ob die homosexuelle Manie wirklich eine Manie ist, ob es wirklich ein „drittes Geschlecht" gibt, und ob der § 175 überhaupt entbehrlich sein kann. Die gerichtliche Praxis hat allerdings so viele lästige Skandale enthüllt, die allen denen, die sich früher zu Verteidigern des Lasters berufen fühlten, doch die Augen über den Abgrund geöffnet haben. Und seitdem ist's recht still geworden, wo man sich sonst der lärmenden Lobreden nicht genug tun konnte.

Prüfen wir zunächst, ob der § 175 im Abschnitt 13 unseres Strafgesetzbuches eine Berechtigung hat, d. h. ob er im Interesse der öffentlichen Sittlichkeit entbehrt werden kann oder nicht. Daß ein Staatswesen nicht bestehen kann, wenn alle seine Einwohner darin einig wären, auf Ehe und Fortpflanzung zu verzichten, steht fest. Der Staat hat also zunächst schon ein sehr berechtigtes Interesse daran, daß nicht die konträrsexuelle oder homosexuelle Richtung Norm wird. Andererseits kann natürlich auch nicht der Einzelne gezwungen werden, an der Fortpflanzung des Menschengeschlechts mitzuwirken. Das Interesse des Staates braucht nun zwar noch nicht naturnotwendig mit dem Interesse der Sittlichkeit identisch zu sein; aber man mag die Sache drehen und wenden, wie man will, hier sind doch beide Interessen gleich, und das muß natürlich zu dem Schlusse führen, daß die konträrsexuelle Manie auch ganz hervorragend gegen die Sittlichkeit verstößt. Das ist weniger bei den sodomitischen Verirrungen Einzelner der Fall, weil diese sich naturgemäß völlig unter Ausschluß der Oeffentlichkeit abspielen; dagegen ist die zwischen Menschen gleichen Geschlechts begangene Unzucht wenigstens sehr oft das wahre Gift. Ich habe stets betont, daß ich auch diese Betrachtungen unter der Voraussetzung schreibe, daß in unser Strafgesetzbuch der § 51 a aufgenommen wird. Schon wenn dies durch die Bemühungen der ärztlichen Autoritäten erreicht würde, könnte man letzteren dauernd dankbar sein. Wer etwa bestreiten will, daß die Aufhebung des § 175 eine empfindliche

Lücke in unser Strafgesetzbuch schlagen würde; wer sich streng auf den modern-medizinischen Standpunkt stellt und behauptet, der § 175 sei nicht nur entbehrlich, sondern seine Existenz auch ein großes Unrecht, der übersieht vollkommen, daß wir in den großen Städten wahre Börsen von Leuten besitzen, die gewerbsmäßig der perversen Liebe huldigen und von dem konträrsexuellen Verkehr geradezu leben. Will wirklich ein Mediziner behaupten, daß auch diese Burschen bedauernswerte Kranke seien? Will jemand behaupten, daß jeder Mensch, der sich von solchen Burschen zur widernatürlichen Unzucht — nennen wir doch endlich das Ding beim rechten Namen —verleiten läßt, ein bedauernswerter Kranker sei, daß er dem dritten Geschlecht angehöre usw.? Das wäre ein so kolossaler Unsinn, wie er noch niemals ausgesonnen wurde. Die Erfahrung hat es gelehrt, daß sehr oft geile Burschen, denen die Gelegenheit fehlt, auf natürlichem Wege ihren Geschlechtstrieb zu befriedigen, in der Erregung auch mit Personen des eigenen Geschlechts Unzucht treiben. Das ist so alt wie das Menschengeschlecht selbst, und wer's nicht glaubt, der prüfe nur nach dieser Richtung hin einmal die Geschichte unserer Strafanstalten; da wird er sein blaues Wunder erleben. Schon seit langen Jahren ist es den Gefängnispraktikern bekannt, daß die gesundesten Sträflinge, wo es ihnen nur immer möglich ist, miteinander in einen unzüchtigen Verkehr treten, und gewaltige Kosten hat es verursacht, für diese Leute getrennte Schlafräume zu schaffen. Will denn da wirklich noch ein mit Vernunft begabter Mensch von krankhaften Trieben, die jede sittliche und strafrechtliche Verantwortlichkeit ausschließen, sprechen?

Ich weiß es recht gut, daß leider in unsere Strafanstalten oft genug Personen aufgenommen werden, die in einer Idiotenanstalt mit viel mehr Recht untergebracht wären; aber nur ein Fanatiker wird behaupten können, daß die Sträflinge, die der widernatürlichsten Unzucht huldigen, auch nur im allergeringsten Grade deshalb einen psychischen Defekt aufzuweisen hätten; sie sind von dem Uebel in dem Augenblick geheilt, in dem ihnen außerhalb der Gefängnismauern Gelegenheit gegeben wird, ihre sinnliche Begierde in natürlicher Weise zu stillen. Steht das aber fest, dann ist das Lehrgebäude von den sexuellen Zwischenstufen, von der Homosexualität, und wie diese Dinge sonst noch heißen, durchlöchert. So wie es nun aber den Sträflingen in der Anstalt geht, so geht es auch zahlreichen Menschen außerhalb der Gefängnismauern; Gelegenheit, Verleitung, Schüchternheit dem weiblichen Geschlecht gegenüber usw. usw. und das seit Jugend betriebene Laster der Onanie führen manchen ganz gesunden Burschen der widernatürlichen Unzucht zu, und selbst die enragiertesten Fanatiker der Homosexualität würden an solchen Individuen auch nicht die geringste Spur einer geistigen oder — sagen wir — seelischen Erkrankung entdecken. Wenn wir uns doch nur daran gewöhnen wollten, die Dinge beim richtigen Namen zu nennen! Wozu die Worte, für die so oft die Begriffe fehlen? Wir haben uns daran gewöhnt, mit Schlagworten umherzuwerfen, von denen die meisten selbst nicht wissen, was sie bedeuten; es macht einen geradezu humoristischen Eindruck, wenn man grüne, ganz unreife Burschen über Homosexualität, drittes Geschlecht, sexuelle Zwischenstufen und natürlich auch über die Verwerflichkeit des § 175 reden hört. Wenn diese Leutchen reden wollten, wie ihnen der Schnabel gewachsen ist, wenn sie statt Homosexualität widernatürliche Unzucht sagen, in einem Homosexuellen nicht den bedauernswerten Menschen vom dritten Geschlecht, sondern einen Unzucht treibenden Menschen sehen wollten, dann würden sie in 99 von 100 Fällen das Richtige treffen, und der 100. Fall, der mag dann den Herren von der medizinischen Fakultät überlassen bleiben, die ganz nach Belieben das Leiden bezeichnen können: dazu wird ihnen der § 51a hinreichende Gelegenheit bieten.

Man darf absolut nicht daran zweifeln, daß Leute, die mehr oder weniger an nervöser Zerrüttung leiden, auch der perversen Liebe huldigen können; es wird sich dann nur fragen, was Ursache, und was Wirkung ist. Blicke in das Seelenleben des Urnings sind nicht jedem möglich; aber daß solche Zwitterseelen, die man auch wohl sehr geschmacklos die Enterbten des Liebesglücks nennt, doch zuweilen ihr drittes Geschlecht verleugnen und ein Individuum des anderen Geschlechts heiraten, das sollte doch zu einiger Vorsicht mahnen. Daß so etwas vorkommt, ist bekannt, und ich bin in der angenehmen Lage, mich hierüber auf das Zeugnis der Homosexualitäts-Schwärmer selbst zu berufen. In einem Berliner Blatte, das es sich offenbar zur Lebensaufgabe gestellt hat, den Kampf gegen den § 175 zu führen, stand vor etwa 24 Jahren ein schwulstiger Artikel von Senna Hoy „Wegen Homosexualität im Irrenhause!" Da schildert ein Mensch seine Lebensschicksale und erzählt, daß er durch seinen intimsten Freund erfahren habe, er sei „homogen", daß sich dann der Verkehr zwischen beiden angebahnt habe, und daß er durch seinen Vater wegen dieser Sache ins Irrenhaus gebracht worden sei. Etwas später heißt es in dem Schreiben: „Im Anfang des Jahres . . . traf mich ein schwerer Schicksalsschlag, der mir noch jetzt unerklärlich blieb . . . (der Freund) verheiratete sich mit einer Fürstin . . . und blieb doch der völlig gleichgesinnte Freund. Viel mag der pekuniäre Punkt mitgespielt haben, aber er ist auch in beispielsloser Liebe seiner Frau zugetan, in jeder Beziehung so wie mir." Der „homogene" Freund hat sich also verheiratet und war der Frau in beispielloser Liebe zugetan; das ist doch wohl ein klarer Beweis dafür, daß die Homosexualität entweder gar nicht vorhanden war, nämlich als psychische Entartung, oder daß sie ihn wenigstens psychisch nicht verändert hatte. Ja, dann kann man eben die Sache drehen und wenden, wie man will, man wird zu der Ueberzeugung gelangen müssen, daß der ganze wissenschaftliche Streit wenigstens in diesem Falle Unsinn ist. Ist er das aber, dann ist weiter damit der Beweis erbracht, daß der Sturmlauf gegen den § 175 erst recht Unsinn ist. Nicht den § 175 darf man also ausmerzen, denn er ist schon unentbehrlich wegen der Lumpen, die die perversen Neigungen zahlungsfähiger Männer ausnutzen, sondern man muß den § 51a einfügen, der die Gerichte zwingt, auch die verminderte Willensfreiheit zu berücksichtigen. Ich habe schon früher die Wahrheit der Nachricht bezweifelt, daß wirklich der Chef des Reichsjustizamtes, Staatssekretär Wirkl. Geh. Rat Nieberding, geäußert habe, die Regierung wolle selbst auf die Wiederaufnahme des verhängnisvollen § 175 in das Strafgesetzbuch, dessen Revision bevorsteht, verzichten, und daß er deshalb im Mai 1900 den Präsidenten des Wissenschaftlich humanitären Komitees gebeten habe, die öffentliche Meinung aufzuklären, damit dieser Entschluß der Regierung verstanden werde. Der Weg erschien denn doch etwas ungewöhnlich, und die Tatsachen beweisen, daß ich vollkommen richtig vermutete, denn der § 175 ist nicht nur nicht gefallen, sondern der Vorentwurf zum Strafgesetzbuch brachte ihn als § 250, wie schon gesagt, erheblich verschärft.

Ist denn nun die widernatürliche Unzucht etwas Neues, etwa eine Errungenschaft des modernen Lebens, oder hat sie schon früher bestanden? Die Frage ist leicht zu beantworten, denn das Laster ist ungefähr so alt wie das Menschengeschlecht. Schon die Sintflut soll zur Strafe für dieses Laster und ähnliche Neigungen der damaligen Menschheit verhängt worden sein, geradeso wie Sodoms Untergang wegen der perversen Neigungen seiner Einwohner erfolgt sein soll. Gewiß, man kann biblische Erzählungen nicht zum Beweise geschichtlicher Ereignisse anführen; aber wir brauchen überhaupt die Bibel dazu gar nicht, denn auch die profane Geschichte lehrt uns das Vorhandensein des Lasters schon in dem grauen Altertum. Bei den alten Deutschen hat man davon freilich so gut wie nichts gewußt, aber im Orient, sowie bei den Griechen und Römern stand diese Unsittlichkeit in bester Blüte. Nero hat dem Laster gefröhnt, und auch vom Kaiser Aurelius Heliogabalus weiß Equatius böse Dinge zu berichten. Ueber die Verbreitung der widernatürlichen Unzucht klärt uns auch der Brief des Apostels Paulus an die Römer auf (Kap. 1, V. 26—27). Menochius erzählt uns, daß im alten Griechenland selbst Plato und Solon widernatürliche Unzucht getrieben haben, also Männer, die wir eigentlich nicht zu den geistig Enterbten rechnen dürfen. Im späteren Deutschland herrschte, nachdem die frühere Sittenreinheit verschwunden war, das Laster in jeder Form, und die alten Gesetze beweisen, daß man sich genötigt sah, gegen die widernatürliche Unzucht energisch zu Felde zu ziehen, ebenso energisch wie dies jetzt ein Teil unseres Volkes gegen den § 175 tut, letzteres nach meiner Ansicht allerdings mit weniger Recht. Neu war freilich auch die Bestrafung der „Unzüchter“ nicht. Sie ist schon im 3. Mose Kap. 20, V. 13 vorgeschrieben, ebenso im 2. Mose 22, 19, 3. Mose 18, 23 und 5. Mose 27, 21, und zwar war auch dort die Todesstrafe vor-

**Aus einem Frauenhaus.**

Nach einem Kupferstich von Matham.

gesehen. Nach Römischem Rechte war die Strafe des Schwertes angedroht. Von Kaiser Justinian wird berichtet, daß er 55 Bischöfe habe hinrichten lassen, weil sie Knabenschänder waren. In der Carolina befaßte sich der Artikel 116 mit der Materie; er bestimmte: „So ein Mensch mit einem Viehe, Mann mit Mann, Weib mit Weib vnkeusch treibet, die haben das Leben verwirket, vnd man soll sie, der gemeinen Gewohnheit nach, mit dem Feuer vom Leben zum Todte richten". Das Laster, das mit dem Vieh begangen wurde, hielt man allerdings, obwohl die Carolina für jede Art der widernatürlichen Unzucht nur eine Strafe kennt, für ein schwereres Verbrechen, denn man schied, wenigstens in der Rechtsprechung des XVI. und XVII. Jahrhunderts, die Materie in *Crimen gravius* und *gravissimum*. Das erstere war die widernatürliche Unzucht zwischen Menschen gleichen Geschlechts — auch unter Frauen —, das letztere war die Unzucht, die von Menschen an Tieren begangen wurde. Daraus ergab sich zuweilen eine sonderbare Konsequenz. Für das leichtere Verbrechen wurde nämlich nicht mehr auf die Strafe des lebendig Verbrennens erkannt, sondern man strafte solche Personen mit dem Schwerte. Da man aber vorübergehend die Juden nicht für eigentliche Menschen hielt *(sic)*, so wurde der natürliche Geschlechtsverkehr zwischen einer jüdischen und einer christlichen Person, als schwerstes Verbrechen, die widernatürliche Unzucht zwischen christlichen Personen aber nur für ein geringeres Uebel gehalten, so daß im ersteren Falle auf den Feuertod, im letzteren nur auf die Strafe des Schwertes erkannt wurde. So ist in Paris Joan Alardus auf dem Scheiterhaufen wegen „Sodomiterey" verbrannt worden, weil er mit einer schönen Jüdin zusammengelebt hatte, denn nach Bonifacius Vitalinus war es völlig gleichgültig, ob ein Christ sich mit einem Hunde oder einem Juden abgab. Auch Damhouder neigte dieser Ansicht zu. Nach Sächsischem Rechte nahm man sogar drei Arten des Lasters an, nämlich: 1. Masturbation, Manustupration oder Onanie, 2. die konträrsexuelle Befriedigung, d. h. den Verkehr von Mann mit Mann oder Weib mit Weib, und 3. die Sodomie, d. h. Geschlechtsverkehr von Menschen mit Tieren. Die erstere Art galt als ein nicht so schlimmes Laster; sie wurde niemals durch die Todesstrafe gesühnt, sondern man bestrafte den Täter nur mit Landesverweisung oder mit einer willkürlichen Strafe, wie Menochius, Farinacius, Stephan, Damhouder und Sittmann übereinstimmend dartun, wobei sie allerdings selbst zugeben, daß dies Laster, da es geheim betrieben werde, nur sehr selten zur Kenntnis der Gerichte komme. Die zweite Art des Lasters wurde freilich auch nicht zu häufig entdeckt, aber da hierbei zwei Personen beteiligt waren, konnte immerhin schon eher Verdacht geschöpft werden. Die Täter strafte man dadurch, daß „das Schwert einen Unterschied zwischen ihrem Rumpf und Kopfe machte." Wegen der dritten Art des Verbrechens wurde der Täter lebendig verbrannt, und zwar zusammen mit dem Vieh, mit dem er gesündigt hatte. Voraussetzung war jedoch hier wie bei allen Sittlichkeitsverbrechen, daß die Tat auch wirklich vollendet, also *semen immittiret* war. Clarus verweist hierauf besonders, und Menochius, Gomutz und Theodorus führen an, daß beim nicht vollendeten Verbrechen nur auf Staupenschlag und ewige Landesverweisung erkannt werden durfte; das Vieh mußte aber dann gleichfalls fortgeschafft werden, damit niemand Aergernis daran nehmen sollte. Der letztere Grund war überhaupt der leitende Gedanke, denn das unvernünftige Vieh sollte nicht etwa bestraft, sondern nur als Instrument der Tat vernichtet werden. Wurde der Sodomit aus irgend einem Grunde nicht verbrannt, sondern mit dem Schwerte gerichtet, dann sollte auch das mißbrauchte Tier nicht verbrannt, sondern von dem Kaviller erschlagen und dann verscharrt werden. Der Besitzer des Viehs wurde aber in jedem Falle entschädigt; war der Schuldige hierzu nicht in der Lage, dann mußte der Fiskus zahlen. Nun gab es aber noch ein Bedenken. Wir haben bei der Besprechung anderer Sittlichkeitsverbrechen, z. B. beim Ehebruch usw., gesehen, daß die beiden Beteiligten nur dann für genügend überführt erachtet werden konnten, wenn sie beide ein Geständnis abgelegt haten, daß auch der geständige Notzüchter nicht zu der ordentlichen Strafe verurteilt werden durfte, wenn die Verletzte erklärte, daß nicht die *immissio seminis* stattgefunden habe. Darauf fußten einige Juristen, z. B. Meckbach, wenn sie der Ansicht waren, daß ein Sodomit niemals für voll überführt erachtet werden dürfe, da ja das Geständnis des anderen Beteiligten, nämlich des unvernünftigen Viehs, niemals vorliegen könne. Man übersah dabei allerdings, daß das Vieh immer nur als Objekt, niemals als Subjekt in Frage kommen, also auch nicht als mitschuldig oder Beteiligter gelten konnte, mithin nicht zu gestehen brauchte. Die Praxis ist allerdings dieser Ansicht von Meckbach auch nicht gefolgt, und nach Meckbachs Zeit kam die Strafe der Carolina gegen Sodomiten fast niemals mehr vor. Man hat übrigens doch Wert darauf gelegt, daß neben dem Geständnis des Beschuldigten auch noch ein Beweis durch Augenzeugen vorlag; dadurch hielt man das fehlende Geständnis des Viehs, das wohl auch durch die schneidigste Folter nicht zu erzielen war, für ersetzt. Wie bei vielen Urteilen aus früherer Zeit, so konnte man auch bei der Sodomie eine bedenkliche Rechtsauffassung kennen lernen, denn wenn infolge eines völligen Mangels an Zeugen der Angeklagte auch durch sein Geständnis für nicht überführt galt, dann wurde er nicht etwa wegen mangelnden Beweises freigesprochen, sondern er blieb nur von der Todesstrafe verschont; für Staupenschlag und Landesverweisung reichte der Beweis aus. Wie man entschieden hat, wenn Weib mit Weib Unzucht getrieben hatte, dafür ist mir leider aus der alten Praxis kein Fall bekannt. Die Carolina schrieb zwar auch da die Strafe des lebendig Verbrennens vor, und die Bamberger Ordnung, Artikel 141, sowie die Pfaltzgräffische Ordnung, Artikel 53, stimmen damit vollkommen überein; aber da nun einmal die Praxis das Verbrechen erst durch die *immissio seminis* für vollendet hielt, hätte hiernach gegen Weiber niemals die ordentliche Strafe der vollendeten Tat ausgesprochen werden dürfen. Wahrscheinlich haben sich die Gerichte auch niemals mit diesem Falle zu beschäftigen gehabt. Es ist also interessant, daß das Gesetz etwas Unmögliches vorschrieb, resp. daß die Vorschrift von etwas Möglichem durch die Interpretation unmöglich gemacht wurde. In unserem heutigen Rechte ist, wie gesagt, diese Eventualität gar nicht mehr vorgesehen, obwohl wir heute die Vollendung der Tat nicht mehr von der wirklich erfolgten *ejaculatio* oder vielmehr *immissio seminis* abhängig machen. Vielleicht hat die letztere Erwägung die geplante Verschärfung veranlaßt.

Damals hat man sich aber den Kopf noch über eine andere

Frage zerbrechen müssen. Die rohe Zeit brachte es mit sich, daß auch öfter Leichen geschändet wurden; und es war dann zu entscheiden, wie eine solche Tat zu beurteilen sei. Notzucht konnte nicht angenommen werden. Der Mißbrauch einer willenlosen oder bewußtlosen Frauensperson galt zwar als Notzucht; Voraussetzung war aber stets, daß die willenlose Person lebte. Deshalb nahmen manche Rechtsgelehrte an, daß einer verstorbenen Person überhaupt kein Unrecht mehr getan werden könne. Andere dagegen waren der Ansicht, daß das an einem Toten begangene Verbrechen schwerer sei als das gegen Lebende, und Kornemann spricht sich dahin aus, daß derjenige, welcher auch den Toten ihre Ruhe nicht gönne, sondern noch die Gebeine der Toten schände, eine schwere Strafe erhalten, ja wohl gar mit der Todesstrafe belegt werden müsse. Dieser Auffassung folgte auch die 25. Churfürstl. Sächsische Constitution, die im Art. 4 jedem die Strafe des Schwertes androhte, der an toten Weibsbildern Unzucht vornahm.

Die Theresiana läßt noch keine wesentliche Linderung der Strafen erkennen, denn das Laster der widernatürlichen Unzucht wurde für eins der schwersten Verbrechen gehalten. Der Art. 74 bestimmt darüber: „Das abscheulichste Laster der Unkeuschheit wider die Natur, oder sodomitische Sünd wird verübt erstlich: wenn von einem Menschen mit dem Viehe, oder toden Körper; andertens: wenn zwischen Personen einerley Geschlechts, als Mann mit Mann, Weib mit Weib, oder auch Weib mit Mann wider die Ordnung der Natur Unzucht getrieben wird; worzu drittens: gewissermaßen auch die von Jemanden allein begehende widernatürliche Unkeuschheiten zu rechnen sind.“ Es ist da also auch der Mißbrauchs der Leichen, der widernatürlichen Unzucht zwischen Mann und Weib und sogar der Onanie ausdrücklich gedacht. Daß widernatürliche Unzucht zwischen Mann und Weib nichts Seltenes ist, auch dann nicht, wenn beide Teile vollkommen gesund sind, mag auch in Rücksicht auf unsere Zeit besonders hervorgehoben werden. Ueber die Strafen heißt es im § 6: „Wenn eine solche verdachte Person dieses greuliche Laster güt- oder peinlich umständlich bekennete, oder dessen, wie Rechtens ist, überwiesen, auch alle Umstände durch fleißige Nachforschung wahrhaft erfunden, der Thäter auch in ordentlicher Bestättigung darauf verharren würde, solle Erstlich: ein dergleichen Uebelthäter, so sich mit ein- oder mehreren unvernünftigen Viehe vergriffen, und die That vollbracht, samt dem Viehe, so es anderst noch verhanden, durch das lebendige Feuer von der Erde vertilget werden. Wobey zu bemerken, daß wenn auch der Thäter entflohen, oder vorher verstorben, oder aus was immer für einer Ursache der Todesstraffe entgangen wäre, dessen unangesehen allemal das Vieh, womit derley Unthat verübet, oder angemaßet worden, bei der Obrigkeit, worunetr sich selbes befindet, heimlich durch den Abdecker zu vertilgen seie, damit keine Erinnerung, und Merkmal solchen Greuls in der Gemeinde zurückbleibe. Andertens: Ein Knabenschänder, oder aber da sonst ein Mensch mit dem andern sodomitische Sünd getrieben hätte, der solle anfangs enthauptet, und nachfolgends dessen Körper samt dem Kopf verbrennet; und endlich Drittens: „All- übrige widernatürliche Unkeuschheiten willkürlich nach Gestalt der Umständen schärffer oder gelinder gestraffet werden.“ Beging der Täter durch die widernatürliche Unzucht zugleich einen Ehebruch oder eine Blutschande, dann mußte die Strafe verschärft werden. Ein Ehemann war also schlimmer daran als eine ledige Person, denn durch das Laster hatte er die Ehe gebrochen, d. h. den Ehebruch begangen, wie ein Täter, der mit einer nahe verwandten Person widernatürliche Unzucht trieb, dadurch zugleich Blutschande beging. Die Theresiana war darin also noch strenger als das strenge Sachsenrecht, denn dieses kannte eine derartige Verschärfung durchaus nicht. Im Gegenteil, selbst dann, wenn zu dem Unzuchtsverbrechen noch andere damit nicht im Zusammenhang stehende Verbrechen hinzukamen, wurde auch die Strafe für das Unzuchtsverbrechen nicht verschärft. Carpzow teilt ein besonders markantes Beispiel mit. Ein Mann war von seiner Stieftochter überrascht worden, als er an einer Kuh widernatürliche Unzucht trieb. Damit ihn die Stieftochter nicht verraten sollte, schlug er sie einfach tot. Er hatte gleichwohl nur die Strafe zu leiden, die er ohne den Mord erhalten haben würde, so daß die Mitteilung mit den fast humorvollen Worten schloß: „Da ihm weiter nichts widerfahren als daß er verbrand worden.“ Bloß verbrannt zu werden, noch dazu bei lebendigem Leibe, war allerdings auch schon eine Strafe, die wohl noch den weitestgehenden Ansprüchen genügen könnte.

Das Allgemeine Preußische Landrecht, das sonst die Sittlichkeitsdelikte sehr eingehend behandelte, faßte die unnatürlichen Laster sehr kurz zusammen und sagte mit einer Prüderie, die eigentlich dem Gesetzgeber am wenigsten gut steht, im § 1069: „Sodomiterey und andere dergleichen unnatürliche Sünden, welche wegen ihrer Abscheulichkeit hier nicht genannt werden können, erfordern eine gänzliche Vertilgung des Andenkens.“ Von den furchtbaren Strafen, wie sie noch die Theresiana vorschrieb, findet sich aber nichts mehr, der Verbrecher sollte zu ein- oder mehrjähriger Zuchthausstrafe mit Willkommen und Abschied verurteilt und dann für ewig von dem Orte, an dem sein Laster bekannt geworden war, verbannt werden. Ein etwa mißbrauchtes Vieh wurde getötet oder heimlich aus der Gegend entfernt. Wer einen andern zu dergleichen unnatürlichen Lastern verführte, der sollte die doppelte Strafe erhalten, und wenn Eltern, Vormünder, Lehrer oder Erzieher das Verbrechen begingen — ob an ihren Kindern oder Zöglingen usw. oder an fremden Personen, ist nicht gesagt —, so hatten sie vier- bis achtjährige Zuchthausstrafe zu erwarten und zwar mit Willkommen und Abschied, wie der technische Ausdruck für die doppelte Ausprügelung lautete. Sehr oft ist es in alten Gesetzen nicht vorgekommen, daß Strafen für Laster, die nicht genannt werden konnten, vorgeschrieben wurden, das Gesetz krankte aber geradezu an diese „Schüchternheit“, denn was war denn eigentlich strafbar? Es ist nicht einmal gesagt, ob nur solche Laster, die mit anderen Individuen begangen worden, oder auch die Onanie usw. gemeint waren. Mit der Frage, ob die Täter geistig gesund waren oder nicht, brauchten sich die Sittlichkeitsbestimmungen freilich nicht zu befassen, da schon generell angeordnet war, daß die geistige Zurechnungsfähigkeit geprüft werden mußte, denn die §§ 16—18 (Teil II, Tit. 20) schrieben vor, daß bei geistiger Unfreiheit niemand als Verbrecher anzusehen sei, daß schwachsinnige Personen wohl gezüchtigt, aber niemals nach der Strenge des Gesetzes bestraft werden durften, und daß alles, was das Vermögen eines Menschen, frei und mit Ueberlegung zu handeln, vermehrt oder vermindert, auch die Strafen erschweren oder lindern müsse. Das ist im allgemeinen der einzig richtige Standpunkt, ganz besonders aber bei der Beurteilung der widernatürlichen Unzucht. Hier generell jede Verantwortlichkeit aufheben zu wollen, wäre der größte Fehler, und ich verdenke es den gelehrten Herren Medizinern sehr stark, daß sie gerade beim § 175 so viel Humanität entwickelten, während sie kalten Blutes zusehen, wie tagtäglich Halbidioten, die allenfalls in eine Heilanstalt gehören, in die Gefängnisse und Zuchthäuser geschickt werden, weil — ja weil unser Gesetz nun einmal nur die völlige Ausschließung der Willensfreiheit berücksichtigt. Ich habe kein Verständnis dafür, warum Männer der Wissenschaft es sich förmlich zur Lebensaufgabe gemacht haben, ohne jede Ausnahme Leute, die geradezu ekelhafte Unsittlichkeiten begehen, vor Strafe zu schützen, weil vielleicht einige Personen mit erkranktem Nervensystem darunter sind, während sie da, wo sicher zahlreiche nicht voll zurechnungsfähige Personen wegen aller möglichen anderen Vergehen, Uebertretungen und Verbrechen verurteilt und als ganz zurechnungsfähig behandelt werden, auch noch nicht einmal ein Wort des Bedauerns finden.

Nach unserm Gesetz ist weder die Onanie noch die von Weib mit Weib oder von Mann mit Weib begangene widernatürliche Unzucht als Straftat aufgeführt. Wenn man dies genauer prüft, dann wird man allerdings sagen müssen, daß unser Gesetz mindestens nicht konsequent ist, und daß es in der Tat eine gewisse Ungerechtigkeit begeht, wenn es nur die von Männern mit Männern begangene widernatürliche Unzucht als Delikt ansieht. Verständlich wäre dies höchstens nach den Grundsätzen des alten Rechts, das bei Sittlichkeitsverbrechen — der Begriff des Vergehens fehlte — stets den Nachweis der wirklich erfolgten *immissio seminis* für die vollendete Tat verlangte. Das kennt doch aber das heutige Recht nicht mehr, so daß höchstens der Gedanke, daß durch die lesbische Liebe für die Vermehrung des Menschengeschlechts nichts verloren gehe, als Basis gedient haben könnte. Dieser Gedanke würde nicht einmal zutreffend sein. Es ist deshalb nicht abzusehen, warum den Weibern erlaubt sein soll, was den Männern unter Strafandrohung verboten ist. Es ist weiter, streng genommen, nicht einmal zu verstehen, warum die ganz abscheuliche widernatürliche Unzucht, die oft, sogar sehr oft, von Männern mit Weibern begangen wird, erlaubt sein soll, denn sie kann sich logisch gar nicht anders darstellen als die gleiche, oft weniger abscheuliche Unsittlichkeit, und sie wirkt gewiß nicht moralisierender; vor allen Dingen kann auch nach alledem, was das Reichsgericht über die widernatürliche Unzucht zwischen Personen männlichen Geschlechts entschieden hat, gar kein Zweifel darüber bestehen, daß die widernatürliche Unzucht, die zwischen Mann und Weib begangen wird, ganz genau rechtlich der zwischen Mann und Mann begangenen entspricht. Ich will damit nicht etwa behaupten, daß ich die Aussprüche des Reichsgerichts für Orakelsprüche halte, denen man blindlings zu folgen hat; — im Gegenteil. Das Reichsgericht hat auch über diesen Gegenstand nur nach dem toten Buchstaben entschieden und dadurch Grundsätze aufgestellt, die in sich widerspruchsvoll sind und außerdem meilenweit an dem wirklichen Sinne und Zwecke des § 175 vorbeitreffen; aber es ist doch gewiß interessant, daß die nun einmal für unsere Rechtsprechung maßgebende Judikatur des Reichsgerichts ebenso für den widernatürlichen Geschlechtsverkehr zwischen Männern wie für den zwischen Mann und Weib paßt. Das Reichsgericht hat gesagt, und zwar in einer langen Reihe von Entscheidungen (23. April 1880, 24. April 1880, 13. Januar 1881, 17. März 1881, 3. Februar 1890 usw.), daß die Befriedigung des Geschlechtstriebes durch den Mißbrauch des Körpers eines anderen Mannes zu einem der Duldung eines naturgemäßen Beischlafs ähnlichen Verhalten widernatürliche Unzucht sei, jedoch sei weder Päderastie, noch *immissio seminis* in einen Körperteil des anderen Mannes, noch auch wirkliche Erreichung des Geschlechtsgenusses durch *ejaculatio seminis* erforderlich; immer aber müsse eine Berührung des *penis* mit dem Körper eines anderen Mannes erfolgt sein. (20. September 1880.) Es sei aber nicht erforderlich, daß dieser Körper entblößt sei. (8. Januar 1898.) Nicht erforderlich sei es, daß die widernatürliche Unzucht mit Wissen und Willen des anderen erfolgt sei. (21. März 1881.) Dagegen sei aber die von Männern wechselseitig begangene

Onanie nicht als widernatürliche Unzucht im Sinne des § 175 anzusehen, da sie der Beischlafsvollziehung nicht analog sei. — Auf den ersten Blick ist zu erkennen, daß hier unter Ausschluß alles dessen, was logisch bezweckt werden kann und muß, nur nach reinem, totem Buchstabenwortlaut entschieden worden ist. Wechselseitige Onanie ist an und für sich sprachlich und sinnlich ein Nonsens; diese Auffassung richtet sich aber erst recht von selbst, wenn man bedenkt, daß das Reichsgericht davon ausgeht, daß weder Päderastie noch Sodomie erforderlich sei. Es tut wirklich not, daß hier einmal Klarheit geschaffen wird; das Wie? ist allerdings ein nicht leicht zu lösendes Rätsel, denn unmöglich kann schon in einem Gesetze jede unlogische Entscheidung verhindert werden; bei der widernatürlichen Unzucht ist dies aber ganz unmöglich, da sich nicht jede Abart, die als Straftat gelten soll, ausdrücklich anführen läßt. Wie nun aber der Sittlichkeit dadurch gedient werden soll, daß man die „wechselseitige Onanie" für erlaubt, die erotische Umarmung eines Schlafenden aber für strafbar erklärt, wie es doch tatsächlich geschehen ist, das werden uns auch die Herren vom Reichsgericht schwerlich sagen können, und deshalb dürfen wir ihnen sagen, daß eine derartige Auffassung nicht nur nicht zur Bekämpfung der Unsittlichkeit beitragen kann, sondern daß sie weit eher das Gegenteil bewirkt.

Betrachten wir zunächst einmal die Onanie. Daß sie etwas an sich Unsittliches ist, kann man nicht in Abrede stellen; daß sie im höchsten Grade schädlich wirkt, demoralisiert und üble Folgen nach sich ziehen kann, ist erwiesen, und daraus ergibt sich dann von selbst, daß der Staat sehr wohl ein Interesse daran haben kann und eigentlich auch haben muß, dieses Laster auszurotten. Es ist nur die Frage, ob er dies auch kann, und ob es empfehlenswert ist, im Wege der Strafandrohung das Laster zu bekämpfen. Diese letztere Frage kann man nur unbedenklich verneinen, und zwar aus einer ganzen Reihe von Gründen. Es ist bekannt, daß kein Laster eine solche Verbreitung gefunden hat wie gerade die Onanie. Sie herrscht bei beiden Geschlechtern gleich stark, und sie wirkt auch bei beiden Geschlechtern in gleichem Maße ungünstig auf Geist und Körper, setzt die Charakterfestigkeit herab und demoralisiert immer mehr; dadurch aber trägt das Laster gewissermaßen das in sich selbst, was seine Fortdauer und Verschlimmerung bewirkt. Es versteht sich ganz von selbst, daß durch die Demoralisation und das Schwinden der Widerstandsfähigkeit schließlich jeder Halt verloren geht, so daß die Opfer ihrer unheilvollen Leidenschaft auch beim besten Willen, und obwohl sie sich sogar übertriebenen Befürchtungen wegen der Folgen des Lasters hingeben, doch immer und immer wieder dem Uebel verfallen. Die Aussicht auf eine wirkliche, d. h. dauernde Heilung ist deshalb auch sehr gering, und es fehlt keinesfalls an trüben Fällen, in denen die Opfer dieses Lasters aus Ekel vor sich selbst und aus Verzweiflung über ihre jämmerliche Charakterschwäche selbst ihrem Leben ein Ende gemacht haben.

Wenn man heutigen Tages die jugendlichen Greise beobachtet, die in kraftloser, gebückter Haltung, mit blasiertem Gesichtsausdruck, eingefallenen Wangen, tiefen Augenringen gelangweilt umherschleichen, dann geht man in den meisten Fällen nicht fehl, wenn man in diesen Jammergestalten Opfer des seit frühester Jugend geübten Lasters erblickt. Die höchst bedenkliche Geistesverflachung ist ebenfalls sehr oft nichts als eine böse Folge des Lasters, und nicht selten wächst sich die geistige Degeneration bis zu einem völligen Widerwillen gegen das andere Geschlecht aus; der Kandidat für die widernatürliche Unzucht, die gegen den § 175 verstößt, ist dann fertig. Hier liegt aber auch die Grenze zwischen dem, was strafbar sein darf, und dem, was man als krankhafte Störung, nicht mehr als strafwürdig ansehen sollte. Das Laster der Onanie ist bei Personen jeden Alters und jeden Geschlechts verbreitet; es wirkt namentlich bei Schulkindern geradezu kontagiös, denn die mit dem Laster Behafteten infizieren andere, völlig unschuldige Kinder, mit denen sie in Berührung kommen, und die sie in das Geheimnis einweihen. Einer solchen Einweihung bedarf es aber keineswegs immer, denn schon instinktiv wird die Möglichkeit, durch das Laster einen hohen Sinnenreiz zu erhalten, entdeckt. Daß solche Kinder etwa eine Ahnung davon hätten, daß ihr Treiben strafbar sein könne, wird man gewiß nicht behaupten dürfen; rechtlich wäre dies auch ganz gleichgültig, da in dem Alter, in dem das Uebel schon eingebürgert ist, von einer Strafmündigkeit in der Regel ohnehin noch gar nicht die Rede sein kann. Ist aber das Alter der Strafmündigkeit erreicht, dann ist das Laster bereits so eingebürgert, man darf wohl sagen, zum krankhaften Bedürfnis geworden, daß es ein schweres Unrecht sein würde, plötzlich beim Eintritt der bedingten Strafmündigkeit dasselbe Laster, das bisher unbeanstandet blieb, als eine Straftat betrachten zu wollen. Schon dies müßte ausreichen, die Onanie nicht als Strafdelikt zu behandeln.

Der Verbreitung des Lasters ist es sehr zuträglich, daß in den meisten Fällen gesundheitliche Störungen zunächst nicht beobachtet werden, sondern daß auch die fortgesetzte Nervenüberreizung von den meisten Individuen körperlich gut vertragen wird. Das allmähliche Schwinden der Energie und des sittlichen Gefühls entzieht sich weit leichter der Beobachtung, wird auch in der Regel auf andere Ursachen zurückgeführt. Im allgemeinen werden die Gefahren des Lasters überschätzt; sie werden natürlich um so bedenklicher sein, in je jugendlicherem Alter das Uebel eingerissen ist. Ich halte Schriften, die in zu schwarzen Farben die Folgen des Lasters schildern, für sehr gefährlich, denn sie nehmen dem Onanisten jedes Selbstvertrauen, verschlimmern das Uebel nur und bringen niemals Heilung. Fälle, in denen Onanisten nach dem Lesen solcher Schriften Selbstmord begangen haben, sind keineswegs so selten.

Die übelste Wirkung übertreibender Warnungsschriften macht sich in der Regel geltend, wenn ein Onanist in die Ehe treten möchte, aber durch die Lektüre solcher Schriften jedes Selbstvertrauen verloren hat, und wenn sich bereits Fälle von geschwächter Potenz und vorübergehender Impotenz eingestellt haben, wie sie bei Onanisten vielfach vorkommen. Schon Niemeyer behandelt dieses Thema, gestützt auf langjährige Erfahrungen als Arzt, sehr eingehend und vertritt die Ansicht, daß derartige Fälle in der Regel bei zweckmäßiger Behandlung einen günstigen Verlauf nehmen. Er schildert, daß Männer mit mangelndem Vertrauen in ihre Potenz meist vor der Hochzeit mit liederlichen Frauenzimmern Verkehr anknüpfen, um ihre Fähigkeit zu prüfen, daß sie aber gerade dann, weil ihnen die nötige Unbefangenheit fehlt, niemals reüssieren, und daß derartige Mißerfolge dann auch in der Ehe eine Beiwohnung vereiteln, weil hier erst recht das Bewußtsein der Schwäche lähme. Auch dabei liege aber absolut die Sache nicht ungünstig, sobald der „Impotente" nur in die rechten Hände, d. h. zu einem Arzte komme, der es verstehe, ihm sein Selbstbewußtsein zurückzugeben. Dies gelinge oft schon durch die Versicherung, daß es sich nur um ein vorübergehendes Uebel handle, das sehr oft auftrete, aber ebenso oft auch von selbst verschwinde. Ja, es seien schon die besten Erfolge dadurch erreicht worden, daß der Kranke ein ganz indifferentes Mittel bekommen habe, wobei ihm gesagt worden sei, daß dieses nach einer bestimmten coitalen Enthaltsamkeit unter allen Umständen wirken müsse. Es habe dann auch gewirkt, weil nur der Mangel an Selbstvertrauen, das Gefühl, die Kohabitation werde gewiß fehlschlagen, das Unvermögen bewirkt habe. Daß diese Schilderung vollkommen der Wahrheit entspricht, wird jeder Arzt, der wirklich das Vertrauen seiner Patienten besitzt, durchaus bestätigen können.

Wenn ich oben gesagt habe, daß auch durch die Onanie ein völliger Widerwille gegen das andere Geschlecht herbeigeführt werden könne, und daß dann die Neigung zur widernatürlichen Unzucht sehr leicht entstehe, weil der geschlechtliche Reiz nicht mit dem Vermögen erlösche, so kann auch daraus noch nicht gefolgert werden, daß stets die perverse Befriedigung schon das Zeichen einer wirklichen Krankheit sei, durch die jede Bestrafung zum Unrecht würde. Auch bei Onanisten kann eine völlige Dementia herbeigefürht werden, auch dieses Laster wird keineswegs immer in der Ehe schwinden; sogar in der Regel seltener als die wirkliche perverse Neigung. Es gibt auch Fälle genug, die nicht so günstig verlaufen, wie die von Niemeyer geschilderten; das zeigt sich nicht selten in Ehescheidungsprozessen. So ist in einem solchen Scheidungsprozeß eines Berliner Anwalts, in dem der ehemalige Verteidigerkönig Fritz Friedmann eine klägliche Rolle spielte, festgestellt, daß der Gatte von frühester Jugend an onaniert und dadurch seine Potenz eingebüßt hatte. Ob bei einer weniger sinnlich veranlagten Gattin der Fehler reparabel gewesen wäre, blieb freilich unerörtert. Das weitverbreitete Laster der Onanie läßt sich mit einiger Aussicht auf Erfolg nur prophylaktisch behandeln, und es ist gewiß eine sehr ernste Pflicht aller

Eltern, ihre Kinder nach Möglichkeit zu überwachen. Wenn solche Kinder Hang zum Grübeln und zur Einsamkeit zeigen, sind sie immer verdächtig, besonders bei schüchternem und scheuem Wesen. Es ist dann ein bewährtes Mittel, sie zu zerstreuen und zweckmäßig zu beschäftigen, sei es durch eine angemessene körperliche Arbeit, sei es durch viel Spielen an frischer Luft, damit sie abends, wenn sie das Bett aufsuchen, müde sind und gleich einschlafen. Das Lager darf nicht zu weich und nicht zu warm sein. Die Kinder müssen überhaupt abgehärtet werden; tägliches Waschen des ganzen Oberkörpers mit kaltem Wasser ist durchaus notwendig. Das alles sind Mittel, die natürlich keineswegs unfehlbar sind, immerhin aber retten, was noch zu retten ist. Strafen wegen des Lasters sind ganz zu vermeiden; denn sie schaden in der Regel weit mehr als sie nützen, und sie bringen außerdem meist noch die Gefahr mit sich, daß sie auch Unbeflekte auf das Laster aufmerksam machen, und das ist in vielen Fällen mit einer Verleitung gleichbedeutend. Da, wo das Laster bereits besteht, ist immer zu prüfen, wieweit eine krankhafte nervöse Störung eingetreten ist, denn man kann das Uebel stets nur individuell behandeln. Die Folgen sind, wenn auch kaum bemerkbar, oft schon sehr schlimme. Eine vernünftige Aufklärung kann unter Umständen noch günstig wirken; wer sie scheut, überlasse sie einem erfahrenen Arzte, der gewiß besser und ohne Prüderie die kleinen Sünder belehren und ihnen das Bedenkliche ihres Treibens vor Augen führen kann.

Gerade weil aber stets individuell entschieden werden muß, ist es auch bei der widernatürlichen Unzucht, die das Gesetz unter Strafandrohung verbietet, notwendig, immer die geistige Widerstandsfähigkeit der Angeklagten, ihre krankhaft nervöse Veranlagung und ihre Willensfreiheit zu prüfen. Deshalb muß bei allen diesen Delikten der § 51 a berücksichtigt werden, auch ohne daß etwa der Angeklagte den Einwand seiner Willensunfreiheit erhebt. Entbehrlich ist der § 51 a auch nicht in einem einzigen Falle; man wird vielmehr, da es sich um ein widernatürliches Laster handelt, stets präsumieren müssen, daß bis zu einem bestimmten Grade die Tat unter dem Einfluß einer perversen Veranlagung begangen, sei, denn ein völlig normaler Mensch wird sich wohl in der Regel von selbst mit Abscheu von einem Treiben abwenden, das ihn eigentlich mit Ekel vor sich selbst erfüllen müßte. Man darf aber nicht so weit gehen, daß man den § 175 einfach aufheben will, denn es ist schon hervorgehoben, daß es viele Leute gibt, die im Vollbesitz ihrer Willensfreiheit teils ihres Vorteils wegen, teils auch aus Neigung der widernatürlichen Unzucht huldigen.

Mit vollstem Rechte steht unsere Judikatur auf dem Standpunkt, daß nicht durch die *immissio seminis* die Unsittlichkeit perfekt wird, daß auch nicht die Folgen der Tat ausschlaggebend sein dürfen, sondern daß eine Unsittlichkeit ihrer selbst wegen verboten sein muß, mindenstens dann, wenn nicht, wie bei der Onanie, der Täter nur gegen die eigene Person handelt, sondern wenn er ein anderes Individuum benutzt. Diese Unterscheidung ist schon deshalb wesentlich, weil die Verleitung zu Unzuchtshandlungen doppelt und dreifach gegen die öffentliche Sittlichkeit verstößt. Es ist aber ein Fehler, die weiblichen Personen von vornherein von jeder Strafbestimmung auszuschließen, denn will man dies, dann hat auch die Strafbestimmung gegen Männer keine Berechtigung. Pervers ist der Verkehr zwischen Frauen so gut wie der zwischen Männern, und der letztere weicht doch ebenso sehr von der Norm ab wie der erstere. Darin kann also der Unterschied nicht liegen, in der *ejaculatio seminis* liegt er ebenfalls nicht, denn diese ist ja nicht Requisit des § 175. Man kann doch auch wahrlich nicht behaupten, daß die Verfehlungen der Frauen weniger gegen die Moral verstießen als die der Männer. Wenn man alles Anormale schon als Symptom einer Krankheit, die jede Verantwortlichkeit ausschlösse, ansehen wollte, wohin sollten wir dann mit unserem ganzen Strafrecht kommen? Und warum sollte da den Männern nicht billig sein, was den Frauen recht ist? Mir fehlt für diese Auffassung jede logische Erklärung. Deshalb kann nur von einer widernatürlichen Unzucht, die von Menschen mit Menschen begangen wird, die Rede sein, gleichviel welchem Geschlecht sie angehören, gleichviel aber auch, ob sie gleichen oder verschiedenen Geschlechts sind. Wenn das Zukunftsgesetz von derselben Ansicht ausgeht, dann ist es auf jeden Fall ein gerechteres als das jetzt geltende. Vor allen Dingen soll man auch nicht übersehen, daß die Oeffentlichkeit sehr wohl ein Interesse gegen die lesbische Liebe hat, da dieses Laster schon viel mehr Unheil angerichtet hat, als man für gewöhnlich anzunehmen geneigt ist.

Es bleibt nun noch die widernatürliche Unzucht übrig, die von Menschen mit Tieren begangen wird. Unser Gesetz macht dabei keinen Unterschied, ob ein Mann oder eine weibliche Person die Tat begangen hat, und das läßt ebenfalls die Ausschließung des weiblichen Geschlechts, die ich eben kritisiert habe, nicht logischer erscheinen, am wenigsten, wenn man auch hier die Auffassung des Reichsgerichts prüft, das ausdrücklich konstant entschieden hat, daß es auf die Erreichung des Geschlechtsgenusses durch Samenerguß gar nicht ankomme, daß auch nicht eine Verschiedenheit des Geschlechts des Menschen und des Tieres erforderlich sei. Ich verstehe es nicht, aus welchem vernünftigen Grunde ein Weib mit dem menschlichen Weibe nach Belieben sündigen darf, während es wegen einer Unzüchtigkeit, die es mit einem tierischen Weibe begangen hat, bestraft wird. Ob es mehr die Aufgabe des Gesetzes ist, die Sittlichkeit eines tierischen Weibchens zu schützen als die eines menschlichen, steht zwar nicht im Gesetz selbst, aber nach den Reichgerichts-Entscheidungen muß man es wohl annehmen. Das allein aber zeigt schon, welche verfahrenen Bahnen unser § 175 eingeschlagen hat. Auch hier zeigt sich wieder, daß ohne wirklich eingehende Prüfung der für und wider sprechenden Vernunftsgründe etwas verordnet ist, was sich nur als ein wertloser Ueberrest früherer besserer Bestimmungen darstellt.

Nach meiner Ansicht ist die widernatürliche Unzucht, die an Tieren begangen wird, so ziemlich der Onanie gleichzustellen. Hier wie dort handelt der Täter heimlich, hier wie dort zieht er keine andere Person in sein Treiben mit hinein, hier wie dort geschieht unmittelbar der allgemeinen Sittlichkeit kein Abbruch — die mittelbare Schädigung, die durch Erregung eines öffentlichen Aergernisses erfolgt, ist aus einem wesentlich anderen Gesichtspunkte zu beurteilen —, denn das unvernünftige Tier wird gewiß moralisch keinen Schaden leiden, mindestens kann unser Strafgesetzbuch aber nicht die Aufgabe haben, die Tiere sittlich zu schützen. Die Sodomie kann man nun gewiß nicht für eine zu billigende Tat halten; im Gegenteil, sie ist tief verwerflich; aber die Onanie ist auch gerade keine Beschäftigung für Tugendbündler, und es kommt auch nicht darauf an, ob etwas an sich moralisch verwerflich oder moralisch zu billigen ist, sondern es kann sich immer nur darum handeln, ob etwas an sich moralisch Verwerfliches auch geeignet ist, die allgemeine Sittlichkeit zu schädigen. Daß dies bei der Unzucht gegen Tiere der Fall wäre, kann man unter keinen Umständen behaupten. Ich gehe dabei keineswegs so weit, etwa behaupten zu wollen, daß jeder Mensch, der eine solche Unsittlichkeit begeht, notwendig geisteskrank sein müsse und deshalb nicht bestraft werden dürfe. Durchaus nicht; ich bin vielmehr felsenfest davon überzeugt, daß ein Bauernbursche, der im Zustande großer geschlechtlicher Erregung seine heiße Begierde am Vieh befriedigt, durchaus gesund ist. Zeuge coitaler Szenen ist er sehr oft. Daß so ein Bursche sie mit ansehen sollte, ohne selbst in erotische Ekstase zu geraten, wird man gerade von einer robusten Natur am wenigsten erwarten können. Gelegenheit, seine Begierde an einem Weibe zu befriedigen, hat er sehr oft nicht, Onanist ist er auch nicht; da ist es denn sehr naheliegend, daß er das Tier, mit dem er doch tagtäglich zu tun hat, und zu dem er in einem freundschaftlicheren Verhältnis steht, als der Städter es sich vorstellt, mißbraucht. Das ist nicht schön, das ist auch nicht sittlich; aber es ist sicherlich nicht schlimmer, als wenn er an einer Magd oder sonst an einem weiblichen Wesen ein Notzuchtverbrechen beginge; ja ich bin „entartet“ genug, es selbst für besser als eine frivole Verführung eines unschuldigen Mädchens zu halten, die das Gesetz allerdings erlaubt, die aber die allerbescheidenste Moral schon verwerfen und verurteilen muß. Ueber die Widernatürlichkeit läßt sich ohnehin streiten; der Bauernbursche wird jedenfalls subjektiv der Ansicht sein, daß die Befriedigung auf dem durchaus natürlichen Wege nicht unnatürlich sei. Ein Mann von besseren ethischen Grundsätzen mag freilich anders darüber denken; aber diese Ansichten ändern sich manchmal. Heutigentags kann wohl selbst der Antisemit es nicht mehr für widernatürliche Unzucht

**Leda mit dem Schwan.**

Von Michelangelo, nach dem Original in der Dresdener Galerie.

**Nelly Gwyn, die Geliebte Karls II. von England.**
Nach einem Gemälde von Lely.

halten, wenn ein Christ eine Jüdin, oder ein Jude eine Christin coitiert, und früher wäre es schon gefährlich gewesen, dies auch nur zu bestreiten. Man mag aber über die Unzucht von Menschen mit Tieren denken, wie man will; jedenfalls ist sie, sofern die Verschiedenheit der Geschlechter vorliegt und die natürlichen Organe benutzt werden, nicht so unnatürlich, d. h. wider den natürlichen Brauch, wie der Apostel Paulus sagt, wie die Unzucht zwischen Personen gleichen Geschlechts. Ich halte es für gar nicht angebracht, einen solchen Burschen auf eine Weile ins Gefängnis zu schicken, gebessert wird er dadurch gewiß nicht, man wird ihn aber vielleicht noch mehr verderben, denn die Gefängnisstrafe wirkt gerade bei solchen Delikten im höchsten Grade schädlich, und man vernichtet ganz unnötig und zwecklos eine Existenz.

Aehnlich liegt die Sache auch, wenn eine Dorfschöne, die beständig die Geschlechtsakte des Viehs vor Augen hat, sich einmal zu einer geschlechtlichen Annäherung an ein Tier verleiten läßt. Oft kommt das nicht vor, weil den Mädchen auf dem Lande der Verkehr mit Männern zu jeder Zeit ermöglicht ist; aber wo es vorkommt, wird man ebenfalls bei weitem nicht das Interesse an einer Bestrafung haben können, das bei jedem an Menschen begangenen Sittlichkeitsverbrechen vorliegt. Die allgemeine Sittlichkeit kann an der Sache ohnehin kein Interesse haben, weil sie nicht mehr tangiert wird als bei der Onanie. Andererseits wird man aber auch aus einer solchen Tat keinen Schluß auf einen geistigen Defekt ziehen dürfen. Der Umstand allein, daß eine Dorfschöne auch Gelegenheit hat, ihrer Leidenschaft mit Männern zu fröhnen, beweist gar nichts, da im Gegenteil in der „Verirrung“ mit einem Tiere ein gutes Stück gesunder Berechnung liegen kann. So ein Mädchen sagt sich, daß es durch den geschlechtlichen Verkehr mit Männern leicht in üble Nachrede kommen kann; die Unzucht mit einem Tiere läßt sich leichter verheimlichen. Sehr nahe liegt auch die Rücksicht auf etwaige Folgen, die bei einem Akte mit Tieren nicht erwartet werden. Bei alten Schriftstellern findet man hierüber allerdings wahre Wundergeschichten. So berichtet Eberhard Guernerius, daß

Weiber von Bären und Hunden Kinder bekommen haben sollen, und daß auch der Hunnenfürst Attila der rechte Sohn eines Hundes und eines Weibes gewesen sei. Im Jahre 1685 habe in Lion eine Kuh zwei Weltbürger geboren, die so wohlgestaltete und geistig entwickelte Knaben waren, daß man ihnen sogar, wenn auch nach reiflicher Ueberlegung, die heilige Taufe erteilt habe. „Diese Kinder haben", so heißt es wörtlich weiter, „außer Zweifel keinen natürlichen Ochsen, sondern einen verteufelt-gottlosen Mann zum Vater gehabt, den man aber nicht hat erforschen können".

Etwas anders liegt die Sache, wenn Personen, die weniger in enge Berührung mit dem Vieh kommen, niemals durch den Anblick tierischer Familieninterna in Erregung versetzt werden und auch nicht fortgesetzt in Ställen allein beschäftigt sind, zu einer derartigen Unzucht gelangen, oder wenn verheiratete Personen Sodomie treiben. Dann wird man wohl eher die Vermutung hegen dürfen, daß eine geistige Abnormität obwaltet. Gegen eine Strafandrohung habe ich aber in allen Fällen, selbst wenn die Täter geistig völlig gesund sind, ernste Bedenken, vor allen Dingen, weil bei solchen Delikten ebenfalls kein öffentliches sittliches Interesse vorliegen kann und ferner, weil der Zweck, den die Strafe haben soll, auf keinen Fall erreicht werden kann. Eine Besserung des Sodomiten wird gewiß nicht erreicht, wenn man ihn auf eine Weile ins Gefängnis schickt. An eine Abschreckung anderer vom gleichen Vergehen ist ebenso wenig zu denken, und dem Staate Genugtung zu verschaffen, liegt keine Veranlassung vor, weil der Staat weder als solcher noch in einzelnen seiner Untertanen geschädigt wird. Wird eine derartige Unzucht so betrieben, daß sie von anderen gesehen werden kann, dann ist sie aus § 183 straffällig.

Wenn wir prüfen, ob die widernatürliche Unzucht zwischen Menschen unter den jetzt bestehenden Strafandrohungen verboten werden darf, so will ich nicht verschweigen, daß ich auch da ernste Bedenken nicht zu unterdrücken vermag. Nach jetzigem Rechte mache uns einmal ein Richter das Kunststück vor, einen geistig nicht normalen Menschen sach- und zweckentsprechend zu bestrafen. Wenn er das, besonders beim § 175 fertig bringt, dann sollte er mindestens Justizminister werden, und sein Bildnis müßte überall als ein besonderes *miraculum* ausgestellt werden. Durch die Einführung des § 51 a würde wohl die Sache schon wesentlich erleichtert werden. Aber ich halte auch, wie ich schon an verschiedenen Stellen betont habe, an und für sich die Gefängnisstrafe bei derartigen Delikten für ein zweischneidiges Mittel, das in der Regel wenig nützt, aber fast immer sehr viel schadet. Höchstens in Fällen, in denen Personen gewerbsmäßig die widernatürliche Unzucht betreiben, würde sich eine längere Gefängnisstrafe empfehlen, da durch diese solche Burschen wenigstens auf einige Zeit unschädlich gemacht werden, und es würde sich dann auch empfehlen, gegen sie Verlust der bürgerlichen Ehrenrechte und Polizeiaufsicht zuzulassen.

Es geht eigentlich über den Rahmen dieses Buches hinaus, wenn ich auch über die Strafmittel einige Bemerkungen einflechte, aber bei der Wichtigkeit der Sache will ich doch wenigstens kurz darauf eingehen. Daß ein Halbidiot oder ein roher Bursche, der Sittlichkeitsverbrechen oder andere Exzesse begangen hat, durch das Gefängnis nicht gebessert wird, das ist eine alte Wahrheit, die ich gewiß nicht noch eingehender zu begründen brauche. Es könnte sich für den Ausnahmefall vielleicht empfehlen, wenn wir die Prügelstrafe wieder in unsere Strafmittel aufnähmen und diese generell für Jugentliche, in besonderen Fällen auch für Erwachsene anwendeten. Uebrigens sollen die Prügel in Gefängnissen nichts Seltenes sein. Das ist eine Sprache, die jeder versteht, und die immer wirkt; selbst ein Mensch, der nicht weiß, wann die Schlacht bei Leipzig war, und daß Napoleon dort Prügel bekommen hat, merkt, wenn er selbst welche bekommt, recht deutlich, daß er nicht gut getan hat, aber gut tut, wenn er so etwas nicht wieder macht. In Berlin hat einmal ein medizinischer Sachverständiger gegen die geistige Qualifikation eines Bauernburschen Bedenken geäußert, weil der Bursche diese beiden geschichtlichen Tatsachen nicht mit voller Sicherheit anzugeben wußte; damals handelte es sich allerdings um die Frage, ob der Angeklagte ins Zuchthaus geschickt werden dürfe; gegen eine Portion ungebrannter Asche würde sich wohl auch der Mediziner nicht gesträubt haben. Selbst gegen geistig sehr niedrig Stehende ist eine nicht zu übertriebene körperliche Züchtigung immer noch anwendbar und erfolgreich. Denn auch der Dümmste reibt sich, wenn er wieder in Versuchung gerät, den gegerbten Teil seines Körpers und denkt bei sich: „Fürwahr, das hat nicht gut getan!“ Dann widersteht er, und der Mann ist gerettet und wird kein Gewohnheitsverbrecher, wozu ihn so oft die Gefängnisstrafe zwingt. Für einen Mann mit perversen Neigungen ist das Gefängnis das reine Gift. Erkennt man ihm aber als Strafe eine Anzahl Hiebe zu, so bleibt ihm länger eine wohltuende Erinnerung, und er wird vor allen Dingen nicht aus seinem Beruf gerissen. Die Strafe würde selbstverständlich nicht öffentlich vollstreckt; es brauchte deshalb auch nicht alle Welt von der Strafe Kenntnis zu erhalten, wenigstens nicht die Welt, in der der Bestrafte leben muß. Der kurze Hinweis zeigt genügend, daß in besonderen Ausnahmefällen eine gesunde Tracht Prügel eine Reihe von Vorteilen bietet, und daß diese Strafe für das spätere Fortkommen viel mehr Humanität in sich schließt als die angeblich viel humanere Gefängnisstrafe, die in der Regel nicht nur den Angeklagten, sondern auch seine Angehörigen für das ganze Leben unglücklich macht.

Wir sind nun aber nicht in der Lage, gerade für den § 175 die Wiedereinführung der Prügelstrafe einzuführen und müssen uns deshalb leider auf die nun einmal vorhandenen Strafmittel beschränken. Um wenigstens einigermaßen übertriebene Härten und falsche Verurteilungen verhüten zu können, würde ich dringend empfehlen, wenigstens bei Personen, denen nicht gewerbsmäßige widernatürliche Unzucht zur Last fällt, die Geldstrafe zuzulassen. Man wird da freilich leicht die Befürchtung hegen können, daß dadurch eine Art Klassenjustiz eingeführt werden dürfte, da die vornehmen Wüstlinge, die durch den Uebergenuß coitaler Freuden zu der unnatürlichen Unzucht verleitet werden, stets die Geldstrafe, die weniger sittlich verdorbenen Dorfknechte und Leute geringen Standes aber stets die Gefängnisstrafe treffen würde. Aber eine solche Befürchtung entbehrt, wenigstens bis zu einem bestimmten Grade, der Berechtigung.

Auch bei anderen Vergehen wird die Geldstrafe keineswegs nur auf die „oberen Zehntausend“ beschränkt; bei Beleidigungen z. B. wird in der Regel auf Geldstrafen erkannt, nicht nur gegen gesellschaftlich Hochgestellte, sondern auch gegen Leute ganz geringen Standes, und zwar werden in der Regel die Geldstrafen so bemessen, daß sie nicht gerade unerschwinglich sind, aber immerhin als ein Uebel empfunden werden. 10 Mark Geldstrafe ist für einen armen Teufel mindestens eine ebenso empfindliche Sühne wie für den gutsituierten Mann, dem, wenn nicht ein eigenes Vermögen, so doch ein guter Kredit zur Seite steht, eine nach Hunderten bemessene Buße. Hierin haben die Gerichte aber eine in der Regel das Richtige treffende Praxis; warum sollte da beim § 175 nicht gehen, was bei den §§ 185, 186 und 223 alle Tage geschieht? Eine Geldstrafe von 3—600 Mark oder Gefängnis von 1 Tag bis zu 2 Jahren gibt einen mehr als hinreichenden Spielraum, sofern nicht gewerbsmäßige Unzucht vorliegt. Ehrverlust ist hierbei niemals angebracht, weil der Täter nicht einer ehrlosen Gesinnung, sondern nur einem irregeleiteten, nicht mehr normalen Triebe, der oft genug krankhaft ist, folgt. Ganz zwecklos ist es, dabei der Abschreckungstheorie durch besonders harte Strafen Rechnung tragen zu wollen, denn schon das eigene Empfinden schreckt einen Durchschnittsmenschen von einem solchen Treiben genügend zurück. Die Strafe selbst ist nicht zu entbehren, da erwiesenermaßen diejenigen Personen, die widernatürliche Unzucht zwar nicht gewerbsmäßig, aber gewohnheitsmäßig betreiben, auch andere von dem Laster nicht ergriffene Personen verleiten und sie dadurch moralisch schwer schädigen. Das würde natürlich in noch viel höherem Maße der Fall sein, wenn der § 175 gestrichen, die verwerflichste Unzucht also gestattet würde. Sind die Täter wirklich krank und deshalb gar nicht oder nur in vermindertem Umfange strafrechtlich verantwortlich, dann mögen sie unter Kuratel gestellt oder sonst unschädlich gemacht werden. Das wird, wenn der § 51 a nach meinem Vorschlag eingeführt würde, ohnehin, und auch bei anderen Straftaten geschehen müssen.

Ganz besonders muß dem Treiben des verkommenen Gesindels, das sich gewerbsmäßig zur widernatürlichen Unzucht prostituiert, entgegengewirkt werden. Ich verstehe es einfach nicht, wie ein ruhig denkender Mensch es über sich bringen kann, auch da von jeder strafgesetzlichen Bestimmung absehen zu wollen. Es kommt sogar vor, daß solche Burschen Frauenkleidung anlegen, weil sie dadurch auf ihre „Kunden" einen größeren Reiz ausüben. Es ist ferner bekannt, daß solche Burschen in den großen Städten sich geradezu zahlungsfähigen Herren aufdrängen, daß sie nicht nur fortgesetzt andere zur wiedernatürlichen Unzucht verlocken, sondern dann auch noch in der schnödesten Weise Erpressungen begehen. So hat es vor etwa 20 Jahren in Dresden gewaltiges Aufsehen erregt, als einige Päderasten, die in Berlin einen dort besuchsweise sich aufhaltenden Grafen in ihre Netze gelockt hatten, ihr Opfer bis nach Dresden verfolgt und es selbst in der Gesandtschaft, der es angehörte, aufgesucht hatten. Es ist hinreichend bekannt, daß solche Fälle gerade von den Gegnern des § 175 benutzt werden, um die Notwendigkeit der Beseitigung dieser Strafbestimmung zu illustrieren. Das ist aber ein vollkommener Unsinn! Es versteht sich ganz von selbst, daß man die Erpressungen nun und nimmer beseitigen würde, wenn man selbst die widernatüliche Unzucht gestatten wollte; ganz im Gegenteil: die Schandbuben würden erst recht Erpressungen begehen, wenn sie wüßten, daß sie wegen der wiedernatürlichen Unzucht nicht ebenfalls bestraft werden könnten. Die Opfer zahlen bekanntlich nicht, um sich vor einer Strafe zu schützen, sondern lediglich deshalb, weil sie gesellschaftlich nicht bloßgestellt werden wollen; sie würden also genau so gut Opfer jener Schandbuben werden, wenn diese einfach drohten, die Abenteuer ihres Opfers öffentlich bekannt zu machen. Nun, daß es für einen gesellschaftlichen Ruhm gehalten würde, widernatürliche Unzucht zu begehen, das werden auch unsere hypermodernsten Freigeister nicht erreichen, dazu ist denn doch trotz aller „Aufklärung" die öffentliche Meinung — Gott sei Dank — zu gesund.

Ich bin kein Anhänger der Polizeiaufsicht, sondern weiß recht wohl, wie schädlich sie wirkt, weil sie es oft einem Menschen, der ehrlich werden will, unmöglich macht, einen regelrechten Erwerb zu finden. Bei Zuhältern und gewerbsmäßigen Päderasten ist aber die Polizeiaufsicht das geeignetste Mittel, solchen Burschen das schändliche Handwerk zu legen. Der § 175 würde also zu lauten haben:

„Wegen widernatürlicher Unzucht, die von Menschen mit Menschen begangen wird, ist auf Geldstrafe bis zu 600 Mark oder auf Gefängnis bis zu 2 Jahren und, falls die widernatürliche Unzucht gewerbsmäßig betrieben wurde, auf Gefängnis zu erkennen. Im letzteren Falle kann auch auf Verlust der bürgerlichen Ehrenrechte und Zulässigkeit von Polizeiaufsicht erkannt werden.“

## Das öffentliche Aergernis.

Daß durch eine unsittliche Handlung nicht nur die Person, gegen die diese direkt gerichtet ist, in ihrem sittlichen Empfinden verletzt wird, sondern daß auch jede beliebige andere Person, die Zeuge einer unzüchtigen Handlung wird, sich in ihrem Schamgefühl, also ebenfalls in ihrem sittlichen Empfinden, tangiert fühlen kann, liegt auf der Hand, und deshalb geschieht es durchaus im Interesse der Sittlichkeit, wenn unser Strafgesetz auch die öffentliche Vornahme unzüchtiger Handlungen verbietet und den Täter mit Strafe bedroht. Der § 183 lautet:

> „Wer durch eine unzüchtige Handlung öffentlich ein Aergernis gibt, wird mit Gefängnis bis zu zwei Jahren oder mit Geldstrafe bis zu 500 Mark bestraft.
>
> Neben der Gefängnisstrafe kann auf Verlust der bürgerlichen Ehrenrechte erkannt werden."

Einen wirklichen Wert kann diese Bestimmung nur dann haben, wenn feststeht, erstens was als unzüchtige Handlung zu gelten hat, und zweitens, was man unter Aergernis verstehen soll. Es ist hier nach beiden Richtungen hin nicht ohne weiteres dem strengen Sprachgebrauch zu folgen, denn züchtig und unzüchtig im engeren sprachlichen Sinne bedeutet entschieden etwas anderes, als das, was der Gesetzgeber darunter verstehen darf, und Aergernis kann hier nicht etwa das sein, was Aerger oder Unmut erregt, sondern man wird nur im begrenzteren Sinne das meinen dürfen, was gegen die geltenden Moralanschauungen verstößt und deshalb verwerflich ist, woran also ein Mensch mit normalem Sittlichkeitsgefühl Anstoß nehmen muß. Es steht nun aber fest, daß gerade bei unsittlichen Handlungen dies keineswegs immer der Fall ist, daß vielmehr die Zeugen solcher Vorgänge mit einer Art Wohlbehagen zusehen und nicht nur kein Aergernis, sondern im Gegenteil eine Art angenehmen sexuellen Reizes empfinden, und dies regt die Frage an, ob auch trotzdem eine unzüchtige Handlung noch als Straftat im Sinne des § 183 angesehen werden darf. Nach meiner Ansicht wird im Einzelfalle weder zu rigoros noch zu tolerant verfahren, sondern stets geprüft werden müssen, wieweit objektiv die Sittlichkeit verletzt worden ist. Es kann nun sehr wohl eine Handlung, ohne direkt unzüchtig zu sein, doch das Schamgefühl zufälliger Zeugen in grober Weise verletzen. So wird kein Mensch behaupten wollen, daß die Vollziehung der ehelichen Pflichten bei einem Ehepaar eine unzüchtige Handlung an sich sei, denn das, was das Recht gestattet und vorschreibt, kann weder unsittlich noch unzüchtig sein. Gleichwohl wird es nicht dem mindesten Zweifel unterliegen, daß auch eine solche an sich nicht unsittliche Handlung doch das Schamgefühl in grober Weise verletzen muß, wenn sie sich öffentlich abspielt. Doepler teilt unter Berufung auf Tiraq. mit, daß die „Nasamones, Angylae, Guidanes, Stymphali usw. auch die ehelichen Wercke auf öffentlichen Gassen und Straßen pflegten“, und fährt fort: „Welches gleichfalls Diogenes zuweilen wohl gar auf dem Marckt mit seinem Weibe getrieben, daher er *Cynicus* oder hündisch genennet worden, weil die Hunde auch ohne Scheu auf öffentlicher Straße reihen.“ Philosophisch mag Diogenes recht gehabt haben, wenn er glaubte, etwas öffentlich tun zu dürfen, das erlaubt war, und wovon nach seiner Ansicht doch jeder Mensch wußte, daß er es tue. Daß aber diese Philosophie bei der Allgemeinheit nicht das erwartete Verständnis fand, beweist der keineswegs schmeichelhafte Beiname, den ihm die Oeffentlichkeit spendete. Philosophisch mag es auch zu begründen sein, daß die Menschen sich zeigen, wie sie Gott geschaffen hat; aber dennoch würde wohl die Polizei bei uns einen Naturmenschen, den seine Philosophie oder auch die Rücksicht auf die Hygiene oder vielleicht auch die profane Liebe zu seinem Geldbeutel veranlaßte, der Kleidung zu entbehren, höchst wahrscheinlich sehr energisch am Kragen — man verzeihe diesen Euphemismus — nehmen. Es kann auch jemand durch eine Entblößung, die er zum Zwecke der Bedürfnisverrichtung vornimmt, das Schamgefühl anderer verletzen, dennoch wird man nicht behaupten dürfen, daß an sich die Verrichtung eines Bedürfnisses eine unsittliche Handlung sei; ob sie unzüchtig ist, hängt von den Umständen des Einzelfalles ab. Wir Deutsche sind hierin durchschnittlich etwas penibler als andere Völker, z. B. Franzosen, Italiener usw. Das Reichsgericht hat übrigens in logischer Konsequenz seines nachher zu besprechenden Standpunktes dahin entschieden, daß auch an sich unzüchtige Handlungen, z. B. Entblößung der Geschlechtsteile, nicht aus § 183 zu beurteilen seien, wenn sie lediglich zum Zwecke der Ausübung physischer Funktionen erfolgen. Das würde nun allerdings auf die Bedürfnisverrichtung zutreffen; es schließt aber natürlich keineswegs aus, daß auch dabei die Absicht des Täters, eine wirklich unzüchtige Handlung zu begehen, mit unterlaufen kann; es wird also auch hierbei in jedem Falle auf die Umstände, unter denen es geschah, Rücksicht zu nehmen sein, mit anderen Worten, es wird zu prüfen sein, ob der Täter wirklich „lediglich" zum Zwecke der Ausübung physischer Funktionen handelte. Ich möchte mir aber doch den Rat erlauben, nicht allzufest auf die Entscheidung des Reichsgerichts zu bauen, denn so vernünftig diese auch zweifellos ist, so hat die Praxis gezeigt, daß die einzelnen Gerichte andere Auffassung haben. Ist doch vor einiger Zeit vom Landgericht Dresden ein Angeklagter zu sechs Monaten Gefängnis verurteilt worden, weil er zu einer physischen Verrichtung eine Entblößung vorgenommen hatte. Es ist in solchen Fällen sehr schwer, das Urteil mit Erfolg anzufechten, weil das verurteilende Gericht einfach im Urteil zu sagen braucht, daß die Entblößung nicht lediglich zum Zwecke der Ausübung physischer Funktionen erfolgt sei. Tatsächliche Feststellungen in der Revision anzufechten, ist aber eitles Bemühen.

Weiter wird man bestimmen müssen, was der Ausdruck „Handlung" zu bedeuten habe. Es ist nämlich schon seit Bestehen des Gesetzes nicht klar gewesen, ob auch bloß mündliche Aeußerungen als „Handlungen" im Sinne des § 183 anzusehen seien. Das Berliner Obertribunal hat dies unter dem 17. Mai 1871 verneint, während die Oberlandesgerichte Jena und Dresden am 29. Mai 1872 resp. 27. September 1872 in entgegengesetztem Sinne entschieden haben. Berlin ist bei seiner Ansicht auch noch am 1. Mai 1877 stehen geblieben, und wenn man den Wortlaut des Gesetzes berücksichtigt, darf man wohl sagen, mit Recht, denn bloße Worte sind schlechterdings noch nicht Handlungen. Bedenkt man aber, welchen Zweck der § 183 verfolgt, dann wird man schwerlich der Berliner Entscheidung zujubeln können, denn es versteht sich ganz von selbst, daß durch mündliche Aeußerungen unter Umständen das Schamgefühl und das sittliche Empfinden anderer noch weit gröblicher verletzt werden kann als durch eigentliche Handlungen. Nach meiner Ansicht muß aber, wenn ein Gesetz sich seinem Wortlaut nach nicht als ausreichend erweist, das Gesetz geändert werden; durch eine ausdehnende Auslegung den gewünschten Erfolg herbeizuführen, das halte ich in jedem Falle für unzulässig, und deshalb wird man vom rein rechtlichen Standpunkt aus doch die Entscheidungen des Berliner Obertribunals billigen müssen. Das Reichsgericht hat allerdings der Jenenser und Dresdener Ansicht in seinen Urteilen vom 6. Mai 1881 und 3. März 1884 sich angeschlossen.

Was heißt nun aber öffentlich? Darunter kann nicht lediglich verstanden werden, daß der Täter selbst sich an einem öffentlichen Orte befinden müsse, sondern nur, daß seine Handlungsweise öffentlich wahrgenommen werden kann, daß also Personen, gleichviel welche und wie viele, ihn sehen. Es liegt deshalb auch dann zweifellos ein öffentliches Aergernis vor, wenn jemand in seiner Privatwohnung eine unzüchtige Handlung derartig vornimmt, daß sie von draußen wahrgenommen werden kann, sei es nun, daß er sie bei offenem Fenster oder bei Licht hinter unverhängten Fenstern vornähme. Die Praxis ist ungemein reich an Beispielen aller Art. Es ist in Berlin wiederholt vorgekommen, daß Männer direkt am Fenster ihrer Wohnung unzüchtige Entblößungen vornahmen, lediglich um dadurch ihnen gegenüber wohnende Mädchen sexuell zu erregen und eine unsittliche Annäherung anzubahnen. Auch wenn diese schamlose und empörende Handlungsweise nur von dem Mädchen, dem sie galt, wahrgenommen wurde, also lediglich von einer bestimmten Person, ist doch die Erregung eines öffentlichen Aergernisses angenommen worden, und die Gerichte handeln nur anerkennenswert, wenn sie dann auf energische Strafen erkennen. So hat das Berliner Landgericht I einmal einen Referendar, der sich in dieser gemeinen Weise vergangen hatte, zu sechs Monaten Gefängnis verurteilt.

Wesentlich hiervon verschieden war ein anderer Fall, der ebenfalls vor einer Reihe von Jahren das Berliner Amtsgericht beschäftigte. Ein junger Mann hatte in seinem Zimmer auf Anraten des Arztes Waschungen vorgenommen, die nicht geeignet waren, öffentlich produziert zu werden. Diese sanitäre Maßregel hatten aber zwei Damen, die in einiger Entfernung wohnten, beobachtet und daran angeblich so großes Aergernis genommen, daß sie Anzeige erstatteten. Vor Gericht wurde festgestellt, daß die Beobachterinnen nur dadurch, daß sie sich auf einen Tisch stellten und ein Fernglas benutzten, von dem Vorgange in der stillen Klause des hoffnungsvollen Jünglings etwas hatten wahrnehmen können; unzüchtig hatten also die Angeberinnen weit mehr gehandelt als der Beschuldigte, und das Gericht trug diesem Umstande auch Rechnung und sprach den Angeklagten frei. Gerade diese beiden Fälle sind im höchsten Grade charakteristisch für die Beurteilung des § 183; sie zeigen aber auch, daß der § 183 doch noch präziser abgefaßt werden muß, als es jetzt der Fall ist. Waschen und Umkleiden vermögen nicht viele als unzüchtige Handlungen anzusehen, wenigstens dann nicht, wenn der sich Waschende oder Umkleidende keine Ahnung davon hat, daß er beobachtet wird oder auch nur beobachtet werden kann. Ein anständiger Mensch nimmt an solchen Vorgängen auch wohl niemals ein Aergernis, sondern sieht nicht hin oder läßt, wenn dies nicht gut zu umgehen ist, den Uebeltäter in geeigneter Weise darauf aufmerksam machen, daß er gesehen werden könne und deshalb gut daran tue, einige Vorkehrungen zu treffen, durch die sein Reinigungsverfahren den Blicken Unberufener entzogen werde. Hilft eine solche Warnung nicht, dann läßt sich schon eher auf eine böswillige Absicht schließen. Nun hat allerdings das Reichsgericht entschieden, daß der Begriff einer unzüchtigen Handlung neben der gegen das Scham- und Sittlichkeitsgefühl gröblich verstoßenden Eigenschaft eine geschlechtliche Beziehung erfordere; es kann also danach niemals eine unzüchtige Handlung, die in keiner Weise auf das Geschlechtsleben Bezug hat, unter den § 183 fallen; aber gleichwohl ist auch dabei immer auf die Einzelheiten und besonderen Umstände des konkreten Falles zu achten, denn sehr wohl kann jeder unzüchtigen Handlung, aus was immer einem Grunde sie erfolgt, eine geschlechtliche Beziehung gegeben werden. Wäre dies nicht der Fall, dann könnte jeder, der moralisch auf einer so niedrigen Stufe steht, daß ihm überhaupt die Erregung eines öffentlichen Aergernisses durch Vornahme unzüchtiger Handlungen eine gewisse physische Befriedigung gewährt, ungestraft diesem Hange fröhnen, sobald er dieses Tun nur durch irgendeine physische Funktion maskierte. Nach meiner Ansicht wird man sogar ohne Gefahr noch einen großen Schritt weiter gehen dürfen, als ihn das Reichsgericht mit der zitierten Definition getan hat; man wird nämlich auch dann, wenn der Täter lediglich eine physische Funktion vorgenommen hat, immer noch den § 183 anwenden können, sofern in ganz rücksichtsloser Weise verfahren wurde, denn jeder Mensch ist verpflichtet, auf seine Mitmenschen und auf deren Schamgefühl Rücksicht zu nehmen. Tut er dies nicht, dann mag er durch eine angemessene Bestrafung darauf hingewiesen werden, daß jeder, der nicht selbst weiß, daß er den allernatürlichsten Anstand zu wahren hat, hierzu einfach gezwungen werden kann.

Immer wird man auch verschiedene Arten des Verstoßes gegen den § 183 unterscheiden müssen, und zwar solche, die bei der Verrichtung natürlicher Funktionen begangen werden, die also nicht etwa aus der Absicht, etwas Unzüchtiges zu begehen, resultieren, ferner solche Handlungen, die mit Bewußtsein oder auch nur aus Fahrlässigkeit für andere sichtbar werden. Dahin gehört z. B. die Vollziehung des Coitus bei unverhängtem Fenster oder gar an einem öffentlichen Platze, an dem die Täter sich allein wähnten. Drittens solche Handlungen, die ganz ausschließlich begangen werden, um andere Personen zu erregen oder sie zu ärgern. Es versteht sich ganz von selbst, daß nicht alle drei Arten des Vergehens in gleicher Weise beurteilt werden können, denn bewußt und gewollt unsittlich ist eigentlich nur die dritte Art. Sie kommt häufiger vor, als man annehmen sollte. In Berlin ist es gar nicht so selten, daß im Tiergarten an den sogenannten

Spielplätzen, an denen sich viele Kinder unter der Aufsicht der Dienstmädchen oder Erzieherinnen aufhalten, Strolche — es gibt auch solche in guter Kleidung — sich in der schamlosesten Weise entblößen. Daß eine solche Gemeinheit kaum streng genug bestraft werden kann, versteht sich von selbst. Es ist derartigen Strolchen zwar offenbar mehr darum zu tun, den erwachsenen weiblichen Personen einen sexuell erregenden Anblick zu gewähren; aber auch den Kindern geschieht an ihrem moralischen Empfinden eine schwere Schädigung. Man muß sich offenbar fragen, ob ein so schamloser Bursche überhaupt geistig gesund sein könne, denn einem normalen Menschen wird wohl schwerlich jemals die Versuchung nahen, eine derartige Handlungsweise zu begehen. Es wundert mich deshalb fast, daß sich nicht auch einige Autoritäten energisch für die völlige Aufhebung des § 183 ins Zeug legen; es wäre das auch nicht weniger gerechtfertigt als beim § 175, gegen den eine so große Propaganda gemacht wurde. Hier aber hört man — man darf wohl sagen glücklicherweise — einmal nichts von einer solchen Agitation, die mir auch beim §175 wie eine Art Unfug erscheint. Dagegen zeigt auch der § 183 wieder als dringend notwendig die Einschaltung eines § 51 a.

Wegen der zweiten Art des Vergehens lohnt es sich, noch etwas ausführlicher auf Vorkommnisse einzugehen, die Mitte der 90er Jahre den Gerichten viel zu schaffen gemacht haben. Es war nämlich der Direktion der Berliner Stadt- und Ringbahn bekannt geworden, daß häufig Liebespaare, denen es an einer Gelegenheit zu ungestörten Zusammenkünften fehlte, in den Wagen der Stadt- und Ringbahn während der Fahrt den Coitus vollzogen. Den Beamten wurde deshalb die größte Aufmerksamkeit auf verdächtige Paare zur Pflicht gemacht, und es war auch einigen Schaffnern gelungen, solche Uebeltäter bei mehreren während der Fahrt unternommenen Revisionen auf frischer Tat zu überraschen. Die Personen wurden festgestellt und dann nach § 183 angeklagt. Das Gericht erkannte aber auf Freisprechung, nachdem durch gerichtliche Augenscheinnahme ermittelt worden war, daß auf den Ringbahnstrecken das, was sich innerhalb des Wagens abspielte, von außen nicht wahrgenommen werden konnte, selbst nicht von einem entgegenkommenden Zuge aus. Die Wagen eines Ringbahnzuges seien während der Fahrt nicht als ein öffentlicher Ort anzusehen, da es niemandem möglich wäre, sie zu betreten; von außen könne öffentlich nicht wahrgenommen werden, was sich im Wagen abspiele. Die Person des Schaffners komme nicht in Betracht, da der Beamte einmal während der Fahrt überhaupt nicht revidieren solle, und da er ferner nicht als eine unbestimmte Anzahl beliebiger Personen in Betracht kommen könne. Der Staatsanwalt führte in der Berufungsinstanz aus, daß das Verhältnis genau dasselbe sei, wie bei einem jungvermählten Paare, das die Hochzeitsreise allein in einem Coupé antrete. Es sei wohl allgemein bekannt, daß auch dabei oft im Vertrauen auf das Alleinsein manches vorgenommen werde, was nicht für die öffentliche Beobachtung berechnet sei; trotzdem habe aber noch niemals jemand daran gedacht, solche Hochzeitsreisende aus § 183 unter Anklage zu stellen. Die Bahnverwaltung hat nach diesen für sie ungünstig verlaufenen Prozessen dem Uebel dadurch abzuhelfen gesucht, daß sie sogenannte Durchgangswagen einführte. Durch diese Maßnahme wird allerdings das einzelne Coupé ein öffentlicher Ort, da jeder Passagier unbehindert von einem Abteil in die übrigen gehen kann. Das ist aber natürlich nur solange zutreffend, wie mehrere Abteile besetzt sind. Ist der ganze Wagen leer, wie dies nicht selten in den Abendstunden auf einzelnen Ringbahstrecken vorkommt, dann ist der Durchgangswagen so wenig ein öffentlicher Ort wie das einzelne Coupé. Etwas anders liegt das Verhältnis auf der Stadtbahn, die bekanntlich in Etagenhöhe zwischen den Häusern entlang geführt ist. Da ist es schon eher möglich, in den Wagen hineinzusehen, wenigstens da, wo die Häuser etwas entfernter vom Viadukt liegen. Für die Bahnverwaltung würde aber auch dabei die Herbeiführung einer Verurteilung mit Schwierigkeiten verknüpft sein, da nach der konstanten Judikatur des Reichsgerichts, an der etwas zu ändern sich kaum empfehlen dürfte, es nicht ausreicht, daß objektiv eine unzüchtige Handlung geeignet ist, ein Aergernis hervorzurufen, sondern daß feststehen müsse, es sei wirklich Aergernis genommen worden, wenn auch nur von der Person, gegen die sich die unzüchtige Handlung richtete, oder überhaupt von einer Person, die natürlich nicht die des regelwidrig während der Fahrt revidierenden Schaffners sein dürfte. Wenn die Prozesse den mitgeteilten Ausgang genommen haben, so ist nicht abzusehen, inwiefern dies der öffentlichen Sittlichkeit zum Nachteil gereichen sollte; ebenso wird man kaum behaupten dürfen, daß die Bahnverwaltung der Sittlichkeit einen Dienst geleistet habe, wenn sie sich so große Mühe gab, das Treiben auf jeden Preis zu verhindern, denn die Paare, die sich dort unerlaubten Freuden hingeben, werden nicht etwa durch die sich in der Eisenbahn bietende Gelegenheit hierzu verleitet, sondern sie sind bereits einig, wenn sie die Bahn aufsuchen, und sie würden, wenn sich dort keine Gelegenheit fände, einen anderen Ort aufsuchen, an dem sie vielleicht weit leichter Anstoß erregen könnten. Es mag für penible Seelen ein nicht sehr angenehmer Gedanke sein, daß die Wagen, in denen jeder gelegentlich fährt, auch einmal zur Stillung sinnlicher Begierden mißbraucht werden; aber das hat mit der wirklichen Sittlichkeit nicht das mindeste zu schaffen. Denn es kann unter Umständen jeder Ort einmal zu ähnlichen Zwecken benutzt werden.

Durchaus falsch ist es, den § 183 auch da anwenden zu wollen, wo Paare sich in die denkbarste Unsichtbarkeit zurückgezogen hatten und vielleicht durch einen sich heimlich heranpürschenden Kriminalbeamten bei Handlungen überrascht wurden, die kein Gesetz verbieten kann, sobald sie unter gegenseitigem Einverständnis geschehen. Das ist eine absolute Verkennung dessen, was das Gesetz vernünftigerweise verhüten will. Eine entlegene Bank im Tiergarten oder sonst wo während der dunklen, verschwiegenen Nacht sucht ein Paar doch selbstverständlich nur in der felsenfesten Absicht auf, sich den Blicken anderer zu entziehen. Der Park, in dem die Bank steht, ist allerding ein öffentlicher Ort, aber der § 183 kann unter einem solchen vernunftgemäß doch nur den meinen, der nach menschlicher Berechnung auch von Menschen besucht und begangen werden muß. Das trifft auf einen entlegenen Parkplatz während der Nacht absolut nicht zu. Personen, die dort gleichwohl in der Nähe vorübergehen könnten, würden kaum so viel sehen, daß sie Aergernis nähmen. Leute, die sich zur Nacht an einen solchen Platz begeben, würden sicherlich nicht Aergernis an einer Nachtszene nehmen. Der patrouillierende Beamte kann hier nicht als Publikum gelten.

Im allgemeinen wird nur dann von einem öffentlichen Aergernis durch Vornahme unzüchtiger Handlungen die Rede sein können, wenn diese so vorgenommen werden, daß sie andere Personen sehen; nicht jede sinnliche Wahrnehmung würde also ausreichen. Z. B. kommt es in Hotels vor, daß ein Paar von den Nebenzimmern aus belauscht werden kann, wenn es sich coitalen Freuden hingibt; in solchem Falle wird man niemals den § 183 anwenden dürfen. So ist in der Prozeßsache eines Hauptmanns v. B. und einer Frau Dr. S. in D . . . . festgestellt worden, daß dies Paar in einem Zimmer einer Weinstube Ehebruch getrieben hatte, und zwar so, daß die Beobachter durch die Tür deutlich dieses Ereignis belauschen konnten. Zweifellos ist eine Weinstube ein öffentlicher Ort; aber gleichwohl würde doch der § 183 nicht Anwendung haben finden können, da das bloße Hören durch eine angelehnte Türe noch nicht hinreicht, die Handlung als eine öffentliche zu charakterisieren. Auch dies mag dagegen sprechen, daß bloße mündliche Aeußerungen als Handlungen angesehen werden können. Da aber doch Worte eine grobe Schamverletzung darstellen können, wird es sich dringend empfehlen, dies im Gesetz präzise zum Ausdruck zu bringen. Weiter wird es notwendig sein, solche Anklagen, wie die gegen den jungen Mann, der sich in seinem Zimmer gewaschen hatte, ohne zu wissen, daß er hierbei beobachtet werden konnte, in Zukunft zu verhüten. Es ist nichts einfacher als dies, denn man braucht nur das eine Wort „wissentlich“ einzufügen, so daß der § 183 in Zukunft lauten müßte:

> „Wer wissentlich durch unzüchtige Handlungen oder Worte öffentlich ein Aergernis gibt, wird mit Gefängnis bis zu 2 Jahren oder mit Geldstrafe bis zu 500 Mark bestraft.
>
> Neben der Gefängnisstrafe kann auf Verlust der bürgerlichen Ehrenrechte erkannt werden.“

Eine Strafe von 2 Jahren Gefängnis reicht auch für die gröbsten Fälle aus. Gewiß ist die bewußte und gewollte Erregung eines Aergernisses durch unzüchtige Handlungen eine durchaus gemeine und verwerfliche, zuweilen auch die Sittlichkeit anderer gefährdende Handlungsweise; aber 2 Jahre Gefängnis sind wahrlich auch keine geringe Sühne, zumal wenn nebenbei auf Ehrverlust erkannt wird, was doch immerhin auf die Behandlung in der Strafanstalt nicht ohne Einfluß ist. Wer's nicht glaubt, der verbüße einmal eine zweijährige Strafe in einem Gefängnis, dann wird er wahrscheinlich doch eine andere Melodie singen und zu der Ansicht gelangen, daß für die Tat, die, wenn sie auch auf eine sehr niedrige Gesinnung und einen völligen Mangel an moralischem Empfinden schließen läßt, doch in der Regel aus einer momentanen sexuellen Erregung resultiert, diese Strafe eine recht schwere, mindestens aber eine völlig ausreichende Sühne ist. Man braucht dabei noch nicht einmal zu berücksichtigen, daß subjektiv das Verschulden eines Menschen, dem es an jedem Schamgefühl gebricht, an und für sich geringer ist, wenn er etwas tut, was ein Mensch mit normalem Empfinden so wie so nicht über sich brächte. In der Praxis dürfte wohl auch in den schwersten Fällen nicht auf das Maximum erkannt werden; in Fällen, die zu allgemeiner Kenntnis gelangt sind, ist ein Strafmaß von 6 Monaten Gefängnis überhaupt nicht überschritten worden.

Daß auch Geldstrafe zugelassen ist, halte ich für sehr empfehlenswert, denn in den leichteren Fällen würde denn doch eine Freiheitsstrafe eine ganz ungerechtfertigte Härte darstellen. Es gibt Aergerniserregungen, für die man den Täter gewissermaßen nur dann verantwortlich machen kann, wenn man den *dolus eventualis* anwendet. Das ist nämlich auch dann möglich, wenn man dem Gesetz die von mir vorgeschlagene Fassung gibt, wenn also „wissentlich“ eingeschaltet wird. Denn wissentlich bedeutet nicht etwa, daß der Täter sich bewußt gewesen sein müsse, er errege unter allen Umständen ein öffentliches Aergernis, sondern es genügt, daß er bei der notwendigen Sorgfalt sich sagen mußte, das, was er tue, könne gesehen werden. Wenn also jemand an einem öffentlichen Orte unzüchtige Handlungen vornimmt, so wird man stets annehmen müssen, er hätte wissen und berücksichtigen müssen, daß in jedem Augenblick sich jemand einstellen und Zeuge seines Tuns werden könne. Jedenfalls geht dies wesentlich über den Begriff einer bloßen Fahrlässigkeit hinaus. Dagegen wird man nicht von einer wissentlichen Aergerniserregung sprechen dürfen, wenn der Täter den Umständen nach annehmen konnte, daß er nicht beobachtet werde. Nach meiner Ansicht kann der von mir vorgeschlagene Wortlaut nach keiner Richtung hin Mißverständnisse hervorrufen; sicherlich wird gerade durch die Einschaltung des einen Wortes „wissentlich" verhütet, daß in Fällen, in denen der Täter sich überhaupt nicht bewußt sein konnte, öffentlich unzüchtige Handlungen vorzunehmen, Anklage aus § 183 erhoben werden kann. Solche unhaltbare oder auch nur mit dem gesunden Rechtsempfinden nicht in Einklang zu bringende Anklagen halte ich unter allen Umständen für schädlich.

## Unzüchtige Schriften und Bildwerke.

Seitdem die erste Auflage dieses Buches erschienen ist, hat sich unendlich viel auf dem weiten Gebiete der Sittlichkeitsdelikte geändert, aber am meisten noch in den Ansichten über die Verbreitung unzüchtiger Schriften und Bildwerke, und allenfalls über die Kuppelei. Ich darf wohl sagen, daß seitdem eine neue Gesetzgebung und erst recht eine neue Judikatur entstanden ist. Man ist auch gegen die großen Fehler und die Unhaltbarkeit anderer Bestimmungen des Strafgesetzbuchs nicht blind gewesen, und ich darf behaupten, daß es im Strafrecht Fehler gibt, die viel einschneidender und tiefer die Allgemeinheit treffen. Man ist, wie gesagt, dagegen nicht blind gewesen; aber die Aenderung wurde nur für die Strafreform in Aussicht gestellt. Beim § 184, der die „unzuchtigen" Schriften und Bildwerke behandelt, da war es sonderbarer Weise absolut unmöglich, bis zur Reform des Strafgesetzes zu warten; nein, hier ist Wandel geschaffen, damit aber auch nach außen der Eindruck erweckt worden, als sei soweit im Strafrecht alles gut und schön, bis auf den § 184 und die Kuppeleiparagraphen (letztere aber erst in zweiter Linie), und als habe man eine neue Sintflut erwartet, wenn nicht schleunigst hier eine Aenderung geschaffen werde. So schuf man sie, und das Strafgesetzbuch, das so viele schlimmere Fälle enthält, dessen Unlogik doch wahrhaftig nicht bloß von den sogenannten Hetzern, sondern gerade von den berufensten Juristen in allen Tonarten kritisiert wird, erhielt auf den alten Flicken, den man schon früher dem § 184 aufgesetzt hatte, noch zwei neue.

Damit ist nicht allein etwas geschehen, was an und für sich nicht geschehen sollte — denn wo viel Unhaltbares ist, soll man nicht bloß eine Stelle verbessern —, sondern es mußte auch bei den Richtern der Eindruck erweckt werden, als sei es der Pflichten erste und heiligste, alles, was aus dem Gesichtspunkte des § 184 zu fassen ist, mit glühenden Zangen zu zwicken. Ist es denn nun aber wirklich in Deutschland so weit gekommen, daß der Zusammenbruch alles Bestehenden, eine den völligen Untergang androhende Entsittlichung zu erwarten gewesen wäre, wenn der § 184 nicht verschärft und erweitert worden wäre? Ich habe selbst eine Verschärfung gegen die pornographischen Produkte, die auf die niedrigsten Instinkte der moralisch Entgleisten berechnet sind, empfohlen. Das ist gut, weil solche Dinge, die sicherlich jeder vernünftige Mensch mit Ekel von sich weist, auch Unheil anrichten können, sobald sie in falsche Hände geraten. Dem ist aber sehr wenig entsprochen worden. Was man mit fanatischem Eifer verfolgt, das sind ja gar nicht diese Schmutz- und Schundwerke, sondern es ist ein Sturm gegen Kunstwerke und Literaturerzeugnisse hereingebrochen, der geradezu eine starke und energische Abwehr herausfordert. Ernste und einwandfreie Werke sind mit heißem Bemühen darauf durchforscht worden, ob es nicht gelinge, an ihnen etwas zu entdecken, das wie unzüchtig gemeint aussehe und deshalb in den herzhaft erweiterten Rahmen des § 184 hineingezwängt werden könne. Zahllos sind die Anklagesachen dieser Art, die damit endeten, daß die Gerichte auf Freisprechung und Freigabe erkennen mußten, bei der langen Dauer des Verfahrens oft genug erst dann, wenn den Betroffenen unwiederbringlicher Schaden entstanden war. Zeitweilig war die Sache aber noch ganz wesentlich verschlimmert worden. Die Gerichte folgten nur zu bereitwillig den von der Staatsanwaltschaft gegebenen Anregungen. Freigaben von beschlagnahmten Werken kamen äußerst selten vor, und auf eine Freisprechung rechnete auch der nicht mehr, der unter der größten Sorgfalt das bei ihm beanstandete Buch darauf prüfte, ob es denn wirklich etwas enthalte, was irgendwie so aussehen könnte wie eine Unsittlichkeit oder doch wenigstens wie etwas Schamverletzendes, und der auch beim eifrigsten Bemühen nichts Derartiges zu entdecken vermochte. Was das harmlose Gemüt des Verfassers oder des Verlegers nicht entdeckt, das fand mit spielender Leichtigkeit das moderne Gericht, und so war das Schicksal eines Werkes entschieden, das nach den allgemeinen Ansichten, auch nach denen sehr angesehener Sachverständiger, literarischen Wert besitzt und in keiner Weise beanstandet werden kann.

Wie kommt das? War wirklich die Literatur so viel schlechter geworden? Waren wirklich Verfasser und Verleger so viel mehr darauf bedacht, unsittliche Produkte erscheinen zu lassen als noch wenige Jahre vorher? Gerade das Gegenteil war der Fall, und das schien beinahe selbstverständlich, denn, mag man noch so fest davon überzeugt sein, daß der Hang zum Obscönen vorherrschte; das wird man doch wohl zugeben müssen, daß dieses scharfe Vorgehen zur Vorsicht mahnte, und daß schon deshalb nicht ein vernünftiger und ernsthaft zu nehmender Verleger ein kleines Vermögen, wie es doch die Herausgabe eines größeren Buches erforderte, riskieren würde, um etwas zu veröffentlichen, das ihm nach Lage der jetzt herrschenden Richtung unter allen Umständen „den Hals brechen mußte“. Man hat ja auch den besten Beweis dafür, daß die Bücher nicht frivoler geworden waren, sondern daß lediglich die Kunst, auch in ganz harmlosen Sachen eine Unsittlichkeit zu entdecken, zur Virtuosität ausgebildet worden war, in der Tatsache, daß Bücher, die 24 Jahre bereits unbeanstandet blieben, weil sie eben einfach nicht unsittlich waren, dann beschlagnahmt worden sind. Das war ein mehr als ungesunder, ja ein wegen der daraus entstehenden Rechtsunsicherheit auch ganz unhaltbarer Zustand, der um so merkwürdiger berührte, als gerade wirklich verwerfliche Dinge entweder unbeanstandet geblieben sind oder nur minimale Bestrafungen zur Folge hatten. Wollte man etwa auch hier nur die unbedeutenden Sachen hängen und die groben Verstöße mit Milde übersehen? Ich habe schon betont, daß die Verschärfung nur einzelner §§ des Strafgesetzbuches eine gefährliche Tendenz erzeugen mußte. Niemand weiß, was gehauen und gestochen ist. Das als Folge läßt das Gesetz bedenklich genug erscheinen. Sinnlos und gefährlich ist jede Bestimmung, durch die das, was beabsichtigt wird, niemals erreicht werden kann, durch die aber etwas getroffen werden muß, was überhaupt nicht getroffen werden darf. Man verbiete heute ein Kunstwerk, das, ohne unzüchtig zu sein, doch das Schamgefühl irgend eines Jemands verletzen könnte, und man wird morgen vielleicht den letzten Künstler pensionieren müssen. Es hat sich doch wahrlich oft genug gezeigt, daß sich immer blöde Geister finden, die behaupten, daß sie auch an dem edelsten Kunstwerk Anstoß nehmen, die auch der antiken Kunst gegenüber völlig blind für das Edle und Große sind und nur die Nudität mit moralischem Schaudern sehen. Man wird gewiß nicht behaupten dürfen, daß solche Moralfexe mit der wirklichen Moral etwas zu tun haben; ganz im Gegenteil. Was von der Kunst im allgemeinen gilt, trifft natürlich auch auf die Literatur zu; Schriften, Abbildungen und Darstellungen nennt das Gesetz ausdrücklich, und das ist gut, denn wollte man schlechthin nur von Kunst sprechen, dann könnten findige Köpfe auf den genialen Gedanken kommen, daß jede Sudelei, die niemals auf den Ehrentitel Kunst Anspruch erheben dürfte, nicht mit unter das Gesetz falle.

Es ist nun leider vollkommen richtig, daß es auch in Kunst und Literatur Elemente gibt, die in der Effekthascherei das höchste Ziel erblicken und recht gut wissen, daß sie dies Ziel am leichtesten erreichen, wenn sie sich auf das erotische Gebiet wagen. Das ist im allgemeinen keine Lobeshymne auf die öffentliche Moral, aber es ist leider richtig. Die Spekulation auf die niedrigsten Instinkte der Menge macht nur selten Bankerott, und so gibt es recht viele, auch ganz geniale, Künstler und Schriftsteller, die mit breitem Behagen recht tief im Schmutze wühlen und Produkte zutage fördern, für die die Bezeichnung schlüpfrig noch ein Keuschheitsattest sein würde. Man prüfe nur einmal die Feuilletons eines großen Teiles unserer Zeitungen, man betrachte unsere Kunstschöpfungen und besuche unser Theater. Auf die Zensurfreiheit während der kurzen Revolutionsepoche und ihre verderbliche Wirkung will ich hier nicht eingehen. Die Bühne soll ein Bildungsinstitut sein; aber wenn man jede wirklich dafür halten wollte, dann könnten einem die Haare zu Berge stehen, denn dann würde die Bildung hauptsächlich in der Kunst, raffinierte Ehebrüche, Verführungen und noch schlimmere Dinge zu begehen, ihre Vollendung finden müssen. Es wird so oft von Moralisten über die moderne Richtung der Stab gebrochen. Ist das richtig? Nur ein verblendeter und von jeder Sachkunde völlig freier Mensch kann das behaupten, denn das gleiche Uebel besteht ungefähr ebenso lange, wie Kunst und Literatur bestehen. Es gibt aber auch da, wenn ich so sagen darf, Ebbe und Flut, die je nach der Zeitströmung wechseln. So oft eine Uebersättigung durch eine Richtung entstanden ist, huldigt alles dem entgegengesetzten Prinzip; auf die Periode des tollsten Atheismus pflegt eine Periode des Pietismus zu folgen. So geht es auch in der Kunst und Literatur; beide huldigen der herrschenden Zeitrichtung; sie sind nicht einmal Führer, sondern müssen, oft genug widerwillig, dem Zeitgeist folgen, wenn sie Beachtung finden wollen. Von diesem Zwange sind nur die größten Geister befreit. Das mag bedauerlich sein, aber es ist richtig. Wer gegen den Strom schwimmen will, muß bedeutende Kräfte haben, wenn er nicht untergehen soll, und wenn es noch so richtig ist, daß der wahre Künstler nicht zum Volke niedersteigen, sondern das Volk zu seiner Höhe emporziehen soll, so ist doch diese Wahrheit nur eine schöne Phrase, wenn dem Künstler die gigantische Kraft fehlt, das ganze Volk zu sich empor zu heben. Endlich siegt immer das Gute, die Vernunft.

Das alles sind Dinge, die man nicht übersehen darf, und es ist ein vollkommener Unsinn, da immer bloß einseitig von den heutigen Zuständen und der sogenannten modernen Richtung sprechen zu wollen. Ben Akiba hat recht, es ist alles schon dagewesen, wer's nicht glaubt, der studiere nur recht eingehend Kunst- und Literaturgeschichte; dann dürfte er sein blaues Wunder erleben. Es soll gar nicht behauptet werden, daß wir uns augenblicklich etwa im Stadium moralischen Hochstandes befinden, und deshalb ist es auch gar nicht so wunderbar, wenn jemand, der fühlt, daß gar manches faul ist, und daß vor allen Dingen unsere Gesetze nicht ausreichen können, die stark um sich greifende Unsittlichkeit einzudämmen, auf den an sich durchaus richtigen Gedanken verfällt, dem Mangel abzuhelfen und bessere Bestimmungen zu schaffen. Aber da nun einmal der Zweck nicht das Mittel heiligt, kann ein falsches Mittel, auch wenn sich jemand in der besten Absicht vergriffen hat, nicht als richtig und heilsam betrachtet werden, sondern man muß es schonungslos verwerfen.

Wer einen Kirchtum bauen will, der darf nicht mit der Turmspitze anfangen, und wer der Sittlichkeit nützen will, der muß ebenfalls hübsch bei den Fundamenten anfangen zu bauen, nicht beim Dache, d. h. bei den Schriften und Bildwerken. Es ist ein grober Fehler, eine Tat straflos zuzulassen, den aber, der sie schildert, mit schweren Strafen bedrohen zu wollen. Läßt man Ehebrüche und jede Art, auch die gemeingefährlichste, Verführung ganz oder fast ganz straflos zu, dann hat man auch nicht das Recht, den Darsteller solcher Dinge zu bestrafen. Niemals darf man in einem Gesetze, das Vergehen und Verbrechen wider die Sittlichkeit behandelt, etwas verbieten wollen, das nicht gegen die Sittlichkeit im Sinne dieses Gesetzes verstößt, und eine Schrift oder ein Bildwerk, das nur etwas darstellt, was in demselben Gesetze erlaubt wird, weil es nicht verboten ist, kann auch nicht gegen die im Gesetze als Norm aufgestellte Sittlichkeit verstoßen. Will man aber gegen Künstler und Schriftsteller ein anderes Prinzip gelten lassen als gegen alle anderen Menschen, dann stellt man sie unter ein Ausnahmegesetz, und das ist absolut nicht zulässig, am wenigsten in einem allgemeinen Gesetze. Man würde dann auch nichts wesentlich anderes haben als das, was in der *lex Heinze* so allgemeinen Widerspruch hervorgerufen hat, nämlich daß auch an sich nicht unzüchtige Werke doch verboten sein sollten, sofern sie das Schamgefühl verletzen.

Die famose Deduktion, daß Schriften, Abbildungen oder Darstellungen, ohne unzüchtig zu sein, doch das Schamgefühl gröblich verletzen können, haben wir bereits im § 184a des heutigen Rechts, der jedem Gefängnis bis zu 6 Monaten oder Geldstrafe bis zu 600 Mark androht, der solche Dinge einer Person unter 16 Jahren gegen Entgelt überläßt oder anbietet. Das steht in einem Gesetz, das jede unzüchtige Handlung an Personen über 14 Jahren, also doch auch unter 16 Jahren, straflos geschehen läßt, sie nicht verbietet, daher erlaubt, denn erlaubt ist doch immer noch, was nicht verboten ist. Die ganze Sinnwidrigkeit ergibt sich aber auch aus der Bestimmung, daß die Ueberlassung und das Anbieten nur gegen Entgelt verboden ist. Wenn also ein gewissenloser Mensch Personen unter 14 Jahren schamverletzende Bilder schenkt, in der Absicht, die Person dadurch anzureizen und sie seinen Gelüsten geneigt zu machen, dann darf er das natürlich getrost tun. Das will ein Gesetz zum Schutze der Sittlichkeit sein.

Der Buchhändler, der eine Schrift, von deren schamverletzendem Charakter er keine Ahnung hat, einer Person unter 16 Jahren für 5 Pfennige verkauft oder sie gegen eine geringe Leihgebühr überläßt, der muß ins Gefängnis. Ich muß offen gestehen: schon dieser eine Passus verwandelt mich aus einem Saulus in einen Paulus. Doch sehen wir uns zunächst einmal den Begriff der Schamverletzung etwas genauer an!

Ob etwas das Schamgefühl des Einzelnen verletzen kann, muß schließlich dem subjektiven Empfinden überlassen bleiben; in ein Gesetz möchte ich diesen Begriff um keinen Preis aufgenommen wissen, denn man kann unmöglich so weit gehen, eine Sache verbieten zu wollen, die objektiv nicht unzüchtig ist, aber vielleicht geeignet sein könnte, das Schamgefühl einer besonders sensiblen Person zu verletzen. Es gibt bekanntlich Leute, die erröten, wenn die Worte Hemd und Hose in ihrer Gegenwart ausgesprochen werden, weil diese Worte ihr Schamgefühl gröblich verletzen. Soll man da vielleicht einen Wäschehändler, der solche Dinge in seinem Schaufenster ausstellt, ins Gefängnis stecken? Oder soll man — das würde der jetzigen Judikatur noch mehr entsprechen — den Wäschehändler laufen lassen, aber den Zeitungsmann, der den Verkauf von Hemden und Hosen in seinem Blatte anzeigt, bestrafen? Man muß, wie dieses Beispiel deutlich zeigt, sehr streng zwischen Sittlichkeit und Prüderie unterscheiden, denn das eine ist in der Regel das direkte Gegenteil des anderen. Es gibt wohl kein Land, in dem die Prüderie so übertrieben wird, wie in England: es gibt aber auch kein Land, in dem eine raffiniertere Unsittlichkeit herrscht als in England. Das ist durchaus nicht wunderbar, denn ein prüder Mensch kann niemals ein sittlicher Mensch sein, weil schon sein erster Gedanke bei jeder Sache unsittlich ist. Dem Reinen ist alles rein; ein wirklich sittlicher Mensch denkt beim Anblick eines wirklichen Kunstwerks nichts Böses; er bewundert das Schöne und Edle, das die Kunst geschaffen hat. Ein unsittlicher Mensch geht an einem Kunstwerk oft teilnahmslos vorüber, die Kunst ist ihm zu erhaben, er versteht sie nicht, weil sie seiner Geistesrichtung keine Nahrung gibt. Aber der prüde Mensch sieht nicht die Kunst, er erblickt nur den nackten Körper und denkt, daß so etwas unanständig ist und das Schamgefühl verletzt, ohne unzüchtig zu sein. Man kann sich gerade daraus, wie ein Mädchen ein antikes Kunstwerk betrachtet, am sichersten ein Urteil bilden, ob es wirklich sittsam und unverdorben ist; gewiß wird man von denen, die fortblicken und sich genieren, nicht allzuviel zu halten haben. In einem Theaterstück amüsieren sich der sittenreine und der unsittliche Mensch oft gleich gut, der sittenreine, weil er den geschickten Aufbau der Handlung, den geistvollen Dialog und die ganze Entwickelung des Stückes bewundert, der unsittliche, weil er pikante Dinge in zweideutiger Form und geistreicher Hülle liebt. Der prüde Mensch aber schimpft und läßt an dem Stücke keinen guten Faden; der wirkliche Wert des Stückes ist ihm vollständig entgangen, er hat nur das Pikante gehört und begriffen. Der prüde Mensch steht moralisch meist auf einem viel niedrigeren Niveau als der unsittliche Mensch oder der — man darf es frei heraussagen — ohne den heuchlerischen Mantel der Prüderie einherwandelnde Normalmensch. Deshalb soll man ihn aber auch nicht in Kunstsachen zum Richter machen wollen. Das wäre nicht besser, als wollte man einen Backfisch einen gelehrten Aufsatz über den Wert des französischen Zweikindersystems schreiben lassen: obwohl ich nicht daran zweifle, daß ein moderner Backfisch seine Aufgabe sogar noch besser lösen werde.

Wenn man nun prüft, was für Dinge auf Grund des § 184 beanstandet werden, dann gelangt man am sichersten zu einem klaren Urteil, wenn man zwei Hauptgruppen bildet. In die eine gehören Schöpfungen, die einen wirklichen künstlerischen Wert haben oder doch wenigstens haben sollen, in die zweite aber Produkte, denen man ein bitteres Unrecht tun würde, wollte man sie unter die Kunstwerke rechnen. Die Beurteilung der letzteren macht keine Schwierigkeiten; es versteht sich unter allen Umständen von selbst, daß sie verboten werden müssen, daß die Verbreiter usw. eine Strafe treffen muß. Wesentlich anders liegt die Sache bei der ersten Hauptgruppe, also bei den Kunstleistungen, mag es sich nun um Bildwerke, Schriftwerke oder Darstellungen der dramatischen Kunst handeln, die in der Regel zu den Schriftwerken zu rechnen sind. Das Reichsgericht hat darüber eine ganze Reihe von Gesichtspunkten aufgestellt. Generell hält das Reichsgericht solche Schriften und Darstellungen für unzüchtig, die das Scham- und Sittlichkeitsgefühl des Lesers oder Beschauers in geschlechtlicher Beziehung verletzen; es wird dabei aber immer vorausgesetzt, daß die Produkte objektiv unzüchtig seien; denn die individuelle Auffassung eines Einzelnen spielt absolut keine Rolle. Das ist sehr viel, jedoch auch sehr wenig gesagt. Es läßt sich aber leider nichts Präziseres vorbringen, denn unmöglich kann mit Worten zum Ausdruck gebracht werden, wo die Grenze zwischen dem Erlaubten und dem Verbotenen liegt. So wird denn also die Entscheidung darüber, was objektiv unzüchtig ist, immer in das subjektive Empfinden des Richters oder auch des urteilenden Kollegiums gestellt bleiben müssen, und das ist schon ein innerer Widerspruch in der Auffassung des Reichsgerichts. Wohl verstanden, es ist hier natürlich nur von solchen Produkten die Rede, die einen künstlerischen Wert haben, denn bei Machwerken ausschließlich pornographischen Inhalts, die darauf berechnet sind, die rohe Sinnlichkeit anzuregen, versteht es sich von selbst, daß sie objektiv unzüchtig sind. Das Reichsgericht hat aber die Grenzen des Begriffs sehr weit gezogen und auch Dinge als unter den § 184 fallend bezeichnet, die an sich objektiv absolut nicht unzüchtig waren, sondern erst dadurch als unzüchtig betrachtet werden konnten, daß man ihnen eine Bedeutung beilegte, die wörtlich nicht darin enthalten war. So ist nach der Auffassung des Reichsgerichts (Urteil vom 26. März 1881) ein Zeitungsinserat, durch das jemand eine Reisebegleiterin sucht, eine unzüchtige Schrift, weil aus dem Inserat deutlich die Absicht erhelle, es wolle jemand während der Reisezeit ein geschlechtliches Verhältnis anknüpfen. Wo hier das Unzüchtige liegt, ist nicht abzusehen, und so wünschenswert er auch sein mag, daß solchen Verhältnissen, wie sie hier nach der Ansicht des Reichsgerichts angebahnt werden sollten, ein Riegel vorgeschoben wird, so geht es doch über den berechtigten Zweck des Gesetzes weit hinaus, in einem solchen Inserat schon eine unzüchtige Schrift sehen zu wollen. Man müßte dann auch das Inserat eines Gastwirts, der „schneidige Damenbedienung" ankündigt, für ein unzüchtige Schrift halten, ja unter Umständen sogar die behördlichen Verordnungen betr. das Bordell- und Prostitutionswesen. Von dem großen Kapitel der Heiratsannoncen usw. will ich gar nicht reden, denn es ist bekannt, daß den meisten nur die Anknüpfung eines geschlechtlichen Verhältnisses als Absicht unterliegt. Ferner kann ein findiger Kopf unter den Inseraten vieler Masseusen usw. Unrat wittern, sollen diese auch unzüchtige Schriften sein? Niemals darf die Vermutung, daß ein Inserat vielleicht eine unzüchtige Absicht gehabt habe, ausreichen, eine Anzeige, in der auch nicht eine einzige unzüchtige Silbe enthalten ist, zur unzüchtigen Schrift zu stempeln. Wo bleibt dann auch die Konsequenz, wenn solche Inserate als gegen den § 184 verstoßend angesehen werden sollen, da doch öffentliche Balletablissements unbeanstandet während der Reisezeit Strohwitwer und lebenslustige Fremde öffentlich einladen dürfen? Hier ist doch die Verleitung zum Ehebruch sonnenklar ausgesprochen, sonnenklar wenigstens im Vergleich zu dem beanstandeten Inserat. Wo bleibt die Konsequenz, wenn man dieses als unzüchtig verbietet, die wirkliche, gefährliche, das ganze öffentliche Leben verseuchende Unzucht aber liebevoll duldet? Nicht viel besser liegt die Sache mit den unzüchtigen Darstellungen. Wirkt es nicht geradezu wie eine bittere Ironie, wenn zweifelhafte Details aus Bildwerken nur mit einer papiernen Leibbinde in den Schaufenstern ausgestellt werden dürfen, wenn also gerade dadurch erst das Publikum darauf hingewiesen werden muß, daß diese Bilder pikant und eigentlich unzüchtig sind? Kann es etwas Widersinnigeres geben, als wenn die Polizei in Dresden aus einigen Kunsthandlungen Einzelfiguren aus berühmten Gemälden, an denen kein Mensch auch nur den Schatten einer Unzüchtigkeit entdecken kann, entfernte, während sie dieselben Bilder in den Schaufenstern anderer Buchhandlungen duldete? Dieselbe Polizei ließ die Produktionen einer Lona Barrisson als Madame Pfuti-Pfut, die so schamlos sind, daß sie einem anständigen Menschen widerlich werden, einfach unbeanstandet.

Das alles sind Dinge, die deutlich zeigen, in wie hohem Grade eine gründliche Reform notwendig ist. Das Uebel besteht aber darin, daß sich durch ein Gesetz eine solche Reform absolut nicht schaffen läßt, weil kein Gesetz der Welt, und hätte es den Umfang der Bibel, jemals den Einzelfall regeln kann. Das Reichsgericht selbst hat dies im Urteil vom 16. Dezember 1897 zum Ausdruck gebracht, wenn es an betr. Stelle sagt: „Das Entscheidende für den Begriff des Unzüchtigen ist stets die Wirkung der Darstellung auf das sittliche Gefühl.“ Wessen sittliches Gefühl soll denn aber als das normale gelten und entscheiden, ob etwas objektiv unzüchtig sei? Nach meiner Ansicht wird man gut daran tun, jede über allen Zweifel unzüchtige Schrift oder Abbildung mit schonungsloser Strenge zu verfolgen, dagegen bei wirklichen Kunstwerken den Grundsatz gelten zu lassen: *„In dubio pro reo!“* Eine Schrift oder ein Bildwerk, bei dem man sich erst den Kopf darüber zerbrechen muß, ob es überhaupt möglich sein kann, irgend etwas Unzüchtiges daran zu entdecken, kann doch wahrhaftig niemals der öffentlichen Sittlichkeit Gefahr bringen; deshalb soll man lieber die Hand davon lassen. Das Gesetz gestattet und muß gestatten, wirklich unzüchtige Schriften und Bildwerke zu unterdrücken; aber es ist nicht dazu da, dem Muckertum und einer scheinheiligen Prüderie Vorschub zu leisten. Man prüfe in jedem einzelnen Falle, ob wirklich eine Darstellung geeignet ist, das wahre sittliche Gefühl zu verletzen. Durch ein Verbieten rein künstlerischer Schöpfungen ladet eine Behörde immer nur den Fluch der Lächerlichkeit auf sich; der Sittlichkeit dient sie gewiß nicht. Wenn das Reichsgericht annimmt, daß durch die Herausnahme einzelner Figuren aus einem an sich nicht unzüchtigen Bildwerk doch eine unzüchtige Darstellung entstehen könne, daß durch die Form der Schaustellung oder durch die unter dem Bilde befindliche Schrift derselbe Erfolg herbeigeführt werden könne, so wird man dies — natürlich unter den notwendigen Einschränkungen — nicht für falsch halten dürfen. Es wird auch sehr stark die Art und der Zweck des Verkaufs zu berücksichtigen sein; nun hat zwar das Reichsgericht entschieden (6. November 1893), daß das Bildwerk objektiv unzüchtig sein müsse, wenn der § 184 Anwendung finden solle, und daß es keineswegs genüge, wenn der Verbreiter oder Verkäufer durch die Verbreitung, Ausstellung usw. unzüchtige Zwecke verfolgt habe; aber das ist eine Entscheidung, die mehr theoretisch als praktisch Wert besitzt. Ich halte es nicht für gar zu leicht, mit einem objektiv nicht unzüchtigen Bilde doch unzüchtige Zwecke zu verfolgen. Wenn wirklich ein Verkäufer durchaus harmlose Bilder als „hochpikante“ an einen lüsternen Burschen verkauft, der dann natürlich, wenn er seinen vermeintlichen Schatz auspackt, sehr enttäuscht ist, dann hat der Verkäufer sicherlich den Käufer täuschen wollen. Unter Umständen mag man sogar konstruieren können, daß er ihn auch wirklich betrogen hat; aber einen unzüchtigen Zweck hat er gewiß nicht verfolgt, denn die Spekulation auf die Lüsternheit des Publikums ist, wenn sie so geübt wird, wohl verwerflich, sie mag unter Umständen auch strafrechtlich als Betrug gelten können, aber sie stellt doch niemals einen unzüchtigen Zweck dar, ebensowenig wie ein Mädchen im strengen Sinne unzüchtig handelt, wenn es sich von einem Manne, dessen Verführungsabsicht es kennt, Geschenke machen oder bewirten läßt, dem Manne aber den erhofften Gegendienst nicht leistet. Das mag auch eine sehr niedrige Handlungsweise sein, aber sie ist nicht unzüchtig, würde also aus einem ganz anderen Gesichtspunkte zu beurteilen sein. Nach meiner Ansicht ist der Zweck, den ein Verkäufer verfolgt, trotzdem nicht außer acht zu lassen. Es kann sehr wohl ein Gemälde in seiner Totalität als ein echtes und durchaus einwandfreies Kunstwerk gelten, während einzelne demselben entnommene Figuren doch den klar erkennbaren Zweck verfolgen können, lediglich als pikantes, sexuell erregendes Produkt wirken zu sollen. Es gehört aber sehr viel Takt, künstlerisches Verständnis und wahres sittliches Empfinden — hier im direkten Gegensatz zur Prüderie — dazu, stets ein richtiges Urteil zu fällen. Nicht der Umstand allein, daß eine Einzelfigur dem Ganzen entnommen worden ist, verrät schon die unzüchtige Absicht, denn solche Detaildarstellungen aus berühmten Gemälden sind durchaus gebräuchlich und unverfänglich; es sei hier nur an die bekannten Engelsköpfe aus dem Raphaelschen Madonnenbild erinnert, die doch gewiß nicht unlauteren oder gar unzüchtigen Zwecken dienen können. Auch das Herausgreifen einzelner nackter Frauenfiguren, z. B. aus Markarts „Jagdzug der Diana“ oder „Sommer“ usw. ist noch keineswegs ein Beweis dafür, daß dadurch ein unzüchtiger Reiz auf die Sinnlichkeit ausgeübt werden soll. Man darf in einem nackten Frauenkörper an sich durchaus nicht etwas Unzüchtiges sehen wollen, sondern muß in solchen Abbildungen oft nichts als eine ideale Kunstleistung bewundern, die viel eher veredelnd als entsittlichend wirken kann, weil das wahrhaft künstlerisch Schöne stets erhebend und niemals unzüchtig auf einen nicht schon selbst unmoralischen Menschen wirkt.

Immer wird es wesentlich darauf ankommen, wie und wo Reproduktionen einzelner Figuren aus Gemälden ausgestellt werden. Die Leda mit dem Schwan gehört nicht in die Schaufenster; in der Galerie läßt man sie sich gefallen; da mag sie nicht als eine unzüchtige Darstellung gelten; im Schaufenster aber besonders, wenn derartige Bilder, wie es unbegreiflicherweise die Berliner Polizei verlangte, halb mit einem Papierstreifen bedeckt werden. Denn dadurch wird doch dem Publikum erst gesagt: „Dahinter steckt etwas Verfängliches!" In der Regel stand auf dem Papierstreifen auch noch, ohne daß dies beanstandet wurde, eine gar nicht mißzuverstehende Andeutung wie „Galerie schöner Frauengestalten" oder auch nur das eine Wort: „Pikant". Der Polizei aber möchte ich den Rat geben, im Interesse der Sittlichkeit lieber diese Bilder frei hängen zu lassen, wenn sie nicht die Entfernung überhaupt durchsetzen kann, als das Publikum, das bekanntlich offene Bilder im Vorübergehen meist gar nicht sieht, erst mit der Nase darauf zu stoßen, daß hier etwas „Kitzliches" zu haben ist. Wegen aller der sonst auf diesem Gebiete schon zur Sprache gekommenen Maßnahmen ließe sich einfach sagen, ein untergeordnetes Organ der Polizei sollte überhaupt niemals in irgend einer Weise eingreifen dürfen, wo es sich um öffentliche Ausstellungen von Kunstsachen handelt, also Gefahr niemals im Verzuge liegt, sonst wird, wie die zahlreichen Beispiele ganz falscher Verbote usw. beweisen, in der Regel der haarsträubendste Unsinn fertig. Die Beamten haben gewiß in jedem einzelnen Falle nach ihrer besten Ueberzeugung gehandelt; sie verstehen es nicht besser.

Auch der Durchschnittsrichter kann nicht das erforderliche künstlerische Verständnis besitzen, das ihn befähigte, wirklich in Kunstsachen ein zutreffendes Urteil zu fällen; deshalb müßte es Vorschrift sein, daß stets in Prozessen, in denen der § 184 auf ein Kunstwerk oder die Reproduktion eines solchen oder von Teilen aus einem solchen angewendet werden soll, ein erprobter

**Dirnen und Landsknechte.**

Nach einem Kupferstich nach P. P. Rubens (17. Jahrhundert).

und bewährte Sachverständiger hinzugezogen oder auch das Gutachten einer Kunstgenossenschaft, Akademie usw. eingeholt werden muß. Was wollte der Richter sagen, wenn sein Urteil der Entscheidung eines Künstlers, der kaum weiß, daß es ein Strafgesetzbuch gibt, unterstellt werden sollte? Die Präsumtion, daß sie nicht unzüchtig sei, hat eigentlich die Reproduktion von Teilen eines anerkannt guten Bildwerks immer; durch die Art der Darstellung kann sie aber hinfällig werden, und die Entscheidung dieser Frage erfordert, wie gesagt, besonderen künstlerischen Takt und hervorragendes künstlerisches Verständnis. Auf das Wie kommt es an, und da die Feststellung, ob eine Reproduktion unzüchtig sei oder nicht, eine tatsächliche ist, kann sie in der Regel im Instanzenwege nicht angefochten werden; schon deshalb müssen für die erste Instanz alle denkbaren Kautelen geschaffen werden.

Der § 184 handelte nur von dem Verkäufer, Verteiler oder Verbreiter unzüchtiger Schriften oder Darstellungen; von dem Verfertiger war nicht die Rede. Nach meiner Ansicht war dies gut und vollkommen ausreichend. Es ist natürlich nicht ausgeschlossen, daß der Hersteller einer unzüchtigen Sache auch gleichzeitig als Verbreiter in Frage kommen kann; es ist auch nicht ausgeschlossen, daß man ihn als Mitschuldigen, als Anstifter, Teilnehmer oder Beihelfer verantwortlich machen darf; generell aber ist er nicht die Person, an die man sich zu halten hat. Es ist meinem Empfinden nach auch ein bedenklicher Eingriff in private Rechte, wenn man die Herstellung unzüchtiger Schriften und Bildwerke verbieten wollte; sie gefährdet an sich die Sittlichkeit nicht, sondern die Gefährdung tritt erst durch die Verbreitung, also den Akt ein, durch den diese unzüchtigen Dinge anderen zugänglich gemacht werden. Zu wissenschaftlichen und künstlerischen Studienzwecken müssen zweifellos auch solche Schriften und Abbildungen hergestellt werden, die man ohne weiteres für unzüchtig zu erklären hätte, wenn sie, herausgerissen aus dem Ganzen und ihrem eigentlichen Zwecke entzogen, der Masse zugänglich gemacht würden, damit sie frivolen Zwecken dienen sollten. Der Zweck heiligt allerdings nicht das Mittel; aber in diesem Falle darf man doch wohl behaupten, daß der

Zweck entscheidet. Machen wir uns das an einem alltäglichen Beispiel klar. Es ist ohne Zweifel eine recht grobe Beleidigung, wenn man jemandem die Zunge herausstreckt, und doch verlangt der Arzt in seinem Sprechzimmer, daß man es ihm gegenüber tue. Ist es auch da eine flegelhafte Beleidigung? Gewiß nicht! Der Zweck ist auch da ausschlaggebend, und dieser Zweck besteht nicht darin, den Arzt zu beleidigen, sondern vielmehr darin, dem Arzte Gelegenheit zu einer wissenschaftlichen Prüfung zu geben. Ebenso kann man auch die diskretesten Untersuchungen, die ein Frauenarzt vorzunehmen hat, nicht als unzüchtige Handlungen betrachten wollen, denn auch da entscheidet der Zweck, der durch die wissenschaftliche Berufserfüllung gegeben ist. Gerade dieses Beispiel ist besonders lehrreich, denn ich halte jede diskretere Untersuchung weiblicher Patienten, sofern sie nicht unbedingt durch den Krankheitsfall notwendig ist, für eine unzüchtige Handlung, die nach meiner Ansicht um so verwerflicher ist, als sie außer der Unsittlichkeit zugleich noch einen groben Berufs- und Vertrauensmißbrauch darstellt. Leider kommt es oft genug vor, daß Aerzte ihre Patientinnen, wenigstens die jüngeren, zur Duldung unnötiger Untersuchungen nötigen; der Zweck ist dann natürlich lediglich ein unzüchtiger, denn die Untersuchung erfolgt nicht in der berechtigten Ausübung des Berufs, sondern bei dieser oder neben dieser. Es ist vorgekommen, daß ein Kassenarzt eine Patientin, die ihn wegen einer Verletzung an der Hand aufsuchte, am ganzen Körper untersuchen wollte. In einem anatomischen Museum dürfen und müssen auch Darbildungen ausgestellt werden, deren Ausstellung „an Orten, welche dem Publikum zugänglich sind", zweifellos eine Anklage aus § 184 begründen würde. Das anatomische Museum ist nun aber auch ein „Ort, welcher dem Publikum zugänglich ist", und dennoch kann auch wegen der Zurschaustellung der allerbedenklichsten Dinge niemals Anklage erhoben werden, sofern nur irgend feststeht, daß das Museum wissenschaftlichen Zwecken dient, daß es also nicht etwa nur den Titel „anatomisches Museum" führt, um unter dieser Schutzflagge lediglich erotische und unzüchtige Abbildungen oder plastische Darstellungen zu zeigen. Der Zweck entscheidet also mit Recht auch hierbei, und ebenso muß es gestattet sein, selbst die unverblümtesten Abbildungen geschlechtlicher Vorgänge abzudrucken, sofern es sich um medizinische und wissenschaftliche Werke handelt, mit anderen Worten, sobald die Abbildungen einem wissenschaftlichen oder künstlerischen, aber durchaus nicht unzüchtigen Zwecke dienen sollen.

Wohin soll man nun aber kommen, wenn man ohne weiteres die Hersteller solcher Bilder für strafbar halten will, während sie doch sehr oft gar nicht in der Lage sein können, zu beurteilen, ob eine von ihnen gefertigte Abbildung einem erlaubten oder einem verbotenen Zwecke dienen soll? Wer die Fähigkeit besitzt, ein Buch zu schreiben, ist wohl nur äußerst selten auch künstlerisch genug begabt und ausgebildet, um die notwendigen oder wünschenswerten Illustrationen selbst zu zeichnen; er ist vielmehr in der Regel auf die Hilfe eines Künstlers angewiesen, der sich, soweit wissenschaftliche Werke in Frage kommen, streng an die Vorschriften des Verfassers halten muß; er ist also gewissermaßen nur das Instrument, dessen sich der gelehrte Verfasser bedienen muß, deshalb ist es auch ganz unbillig, ihn für strafbar zu erklären, falls mit solchen Abbildungen Mißbrauch getrieben wird.

Jetzt trifft aber der § 184 auch den, der Bilder usw. „zum Zwecke der Verbreitung" herstellt, der Zweck der Verbreitung liegt selbstverständlich immer vor, denn jede Illustrationszeichnung wird verbreitet, jede Zeichnung für ein wissenschaftliches Werk wird verbreitet, und es ist aus den schon angeführten Gründen in der Regel eine unbillige und völlig unzweckmäßige Härte, den mit einer Zeichnung beauftragten Künstler mit anklagen zu wollen. Man sieht auch hieraus wieder, daß das Gesetz ohne reifliche Erwägung aller Gründe für und wider gemacht worden, daß es ein reines Tendenzgesetz ist.

Wesentlich anders würde freilich die Sache liegen, wenn es sich um bildliche Darstellungen ganz zweifellos unzüchtiger Art handelt, die offenbar nur den einen Zweck haben können, die Sinnlichkeit anzuregen. Da würde man den Hersteller unbedenklich mindestens wegen Beihilfe oder Teilnahme belangen können, wenn er nicht gleichzeitig selbst Verbreiter ist. Sehr oft wird auch die Photographie in den Dienst solcher unzüchtiger Darstellungen gezogen, und zwar nicht nur in der Weise, daß die sogenannten pikanten Bilder auf photographischem Wege vervielfältigt werden, sondern es gibt auch Photographen, die lebende Objekte benutzen, d. h. lebende Personen in den schamlosesten Stellungen photographieren. Man sollte es kaum für denkbar halten, daß es Menschen geben kann, die sich in solchen Situationen verewigen lassen; aber das Geschäft bringt etwas ein, und für Geld kann man, wie das Sprichwort sagt, den Teufel tanzen sehen. Beim Berliner Landgericht war es durchaus keine Seltenheit, daß ganze Stöße derartiger Platten und fertiger Bilder der Vernichtung überliefert werden mußten. Hierbei konnten sich natürlich die bei der Herstellung Beteiligten nicht mehr im Irrtum über den wahren Zweck der Bilder befinden, und es würde sich gewiß niemand darüber aufregen, wenn außer dem eigentlichen Verkäufer auch der Photograph, ja selbst die Photographierten bestraft würden; im Interesse der Sittlichkeit wäre ein möglichst rigoroses Vorgehen gegen derartige Personen nur zu wünschen.

Mehr als man denkt, ist es wahr, daß die Herstellung solcher Bilder ein Geschäft sei, das noch etwas einbringt, und es ist daher auch kein Wunder, daß auf diesem Gebiete mit geradezu staunenswerter Findigkeit gearbeitet wird. Man kann sich kaum einen Begriff machen, was alles in Massen fabriziert wird, und alle diese Artikel, mögen sie einen hohen oder geringen Preis haben, finden ihre Abnehmer. Man liefert unzüchtige Darstellungen auch an Gegenständen, an denen man sie niemals vermuten würde, und nicht selten sind sie so angebracht, daß man sie ohne weiteres überhaupt nicht wahrnehmen kann. So habe ich einmal ein Spiel Karten in die Hand bekommen, an dem selbst bei der genauesten Prüfung nichts zu bemerken war; hielt man aber die einzelnen Karten gegen das Licht, dann wurden die Bilder sichtbar; es sind dies Transparentkarten, und die Abbildungen sind in der Regel so frivol und schamlos, daß sie bei einem normalen Menschen nur ein Gefühl des Ekels erregen können; da sie aber der so raffiniert versteckt gehaltenen Bilder wegen als Scherzartikel sehr beliebt sind, werden sie doch gekauft. Man darf wohl sagen, es gibt kaum eine bildliche und plastische Darstellungsart, die nicht benutzt würde, Obszönitäten jeden Genres herzustellen. Am beliebtesten sind natürlich frivole Szenen aus dem Sexualleben, und man muß sich wirklich staunend fragen, wie es möglich sein kann, all dies Zeug an den Mann zu bringen, wie es überhaupt denkbar ist, daß manche dieser Dinge bei Leuten Wohlgefallen erregen können. Die einzige Antwort ist die, daß in der menschlichen Natur nun einmal ein Hang zu sexuell-pikanten Dingen schlummert, und daß von der Industrie jeder Geschmacksrichtung Rechnung getragen wird; es gibt aber bekanntlich nicht so Verschiedenartiges wie den Geschmack. Dazu kommt noch, daß die Schundindustrie sich bemüht, möglichst „aktuelle" Dinge auf den Markt zu bringen. Wo irgend ein Skandal enthüllt worden ist, bemächtigen sich die Hersteller unzüchtiger Bilder des dankbaren Stoffes. Wer es beobachtet hat, was alles bei Gelegenheit der großen Sensationsprozesse unserer Zeit an Ansichtspostkarten usw. geleistet worden ist, der muß wahrlich staunen, nicht zum wenigsten über die kaum noch vorstellbare Frivolität der Hersteller und — leider muß es gesagt werden — auch der Käufer. Verkauft werden solche Dinge freilich nicht mit Genehmigung der Polizei; aber im Geheimen desto mehr. Sie werden von besonderen Versandgeschäften vertrieben, und diese kündigen auch in den Zeitungen ganz offen ihre Artikel an; natürlich ist nicht mit dürren Worten gesagt, um was es sich handelt, aber doch immerhin so deutlich, daß es — um einen vulgären Ausdruck zu gebrauchen — ein Blinder mit dem Stocke fühlen kann. Viel wird auch unter der Hand in bestimmten Läden an „sichere Kunden" abgegeben oder von Kolporteuren vertrieben, selbstverständlich ebenfalls nur an vertrauenswerte Personen, d. h. solche, denen man es schon an der Nase ansehen kann, daß sie nicht Jünger der heiligen Hermandad sind. Die glücklichen Erwerber solcher Kunstschätze sind in der Regel auf ihren Besitz sehr stolz und kargen denn auch nicht damit, andere Personen den Anblick ihres Schatzes genießen zu lassen. Auch noch zu einem praktischen Zwecke lassen sich solche Bilder verwenden; sie werden nämlich mehr oder weniger jungen Mädchen gezeigt, bieten da einen „geistigen" Anknüpfungspunkt und erleichtern oft nicht unwesentlich die gesetzlich erlaubte Verführung.

Das Gesetz verbietet dies nur dann, wenn gegen Entgelt die Bilder überlassen oder angeboten werden, und die Person, der sie angeboten werden, noch nicht 16 Jahre alt ist. Wer aber solche Bilder zeigt, um ein Mädchen dadurch der Verführungskunst zugänglich zu machen, der wird natürlich für das Anbieten der Bilder kein Geld nehmen, und so darf er getrost, ich möchte sagen, unter liebenswürdiger Unterstützung des Gesetzes, auch 14 jährige Mädchen verderben. Um Deutschland vor dem sittlichen Ruin zu bewahren, hat man dies Gesetz geschaffen.

Mit der Literatur sieht es nicht besser aus. Es gibt produktive Köpfe, die solchen Unrat in Massen fabrizieren und, wie mir versichert worden ist, damit weit bessere Einnahmen erzielen als ein wirklicher Schriftsteller, der zu seinen Werken jahrelang und fortgesetzt Studien machen muß. Dies haben die Schriftsteller jenes Genres allerdings nicht nötig; es wird von ihnen nicht einmal verlangt, daß sie geistreich schreiben oder auch nur mit der deutschen Sprach auf freundschaftlichem Fuße stehen, denn ihr Publikum ist durchaus nicht kritisch veranlagt und schon befriedigt, wenn auf jeder Seite einige Gemeinheiten stehen. Frivole Witze, Zweideutigkeiten und erotische Anspielungen sind wohlfeiler als die Brombeeren. Es gibt Leute genug, die da meinen, einen brillanten Witz kredenzt zu haben, wenn sie eine recht gemeine Zote erzählen; sie bringen kaum etwas anderes noch fertig und verlangen auch in ihrer Lektüre nichts anderes. Man begreift es oft wirklich nicht, daß jemand an solches Zeug die schöne, teure Druckerschwärze verschwenden konnte; aber selbst dann lehrt der Erfolg, daß nichth verschwendet worden ist, sondern daß auch dieses Schandprodukt wieder seine Abnehmer findet. Von den besser stilisierten und prickelnd geschriebenen Sachen will ich hier nicht besonders handeln; sie bilden eine andere Kategorie und sind in der Regel so gehalten, daß sie ganz dicht die Grenze des Verbotenen streifen, aber immer noch öffentlich verkauft werden dürfen. Dann gibt es Bücher, bei denen der Titel so gewählt ist, daß die Phantasie junger Leute in dem Inhalt eine reiche Fülle von Obszönitäten vermutet, und die Ausstattung des Buches erweckt kühne Hoffnungen, aber der Inhalt ist — wässerig, langweilig und bringt „bittere“ Enttäuschungen. Auch das ist eine Spekulation auf die Lüsternheit; in der Wirkung ist freilich ein großer Unterschied.

Wenn man dies alles erwägt, dann wird man sich selbst sagen müssen, daß es ungemein schwer ist, erfolgreich den Kampf gegen unzüchtige Schriften und Bildwerke zu führen; denn einmal ist das Publikum sehr geneigt, derartige Dinge zu kaufen, ferner ist der geheime Vertrieb von Hand zu Hand gar nicht zu verhüten, und drittens ist das Geschäft viel zu lohnend, als daß es nicht reizen sollte. Schließlich sei auch bemerkt, daß namentlich die unzüchtigen Bilder teils wirklich, teils angeblich im Ausland hergestellt, oder falls sie deutsches Fabrikat sind, erst nach dem Ausland und von da über die Grenze zurückbefördert werden. Man kann nicht jede einzelne Person unter Polizeiaufsicht stellen, ob sie etwa unzüchtige Schriften und Bilder kauft, verkauft oder sonstwie verbreitet, sondern es ist nur möglich, den Verbreiter, wo er wirklich einmal zu ermitteln ist, zu bestrafen. Da muß man dann allerdings zugeben, daß unsere bisherigen Strafen bei weitem nicht ausreichten. Der Schaden, der durch unzüchtige Machwerke der öffentlichen Moral zugefügt wird, ist ein ganz enormer, schon deshalb, weil das gemeinste, unkünstlerische und lediglich unzüchtigen Zwecken dienende Schandzeug stets auf den Massenvertrieb zugeschnitten und des billigen Preises wegen auch in Massen verbreitet wird. Demgegenüber halte ich die frühere gesetzliche Maximalstrafe von 6 Monaten Gefängnis oder 300 Mark Geldstrafe und auch das jetzt giltige Strafmaximum von 1 Jahr Gefängnis oder 1000 Mark Geldsrafe noch für unzureichend. Es gehört doch stets eine ehrlose und niedrige Gesinnung sondergleichen dazu, wenn jemand so ausschließlich auf die niedrigsten Leidenschaften und Instinkte der großen Menge spekuliert. Schon deshalb ist es nicht zu billigen, wenn die Strafe ganz bedeutend niedriger normiert wird als die für einen Menschen, der vielleicht aus den edelsten Modiven gehandelt hat, dabei aber zu weit gegangen ist, wie dies sehr oft bei Beleidigungen der Fall ist. Wie oft kommt es vor, daß ein Redakteur, der im Gefühle seiner vornehmsten publizistischen Pflicht einen notorischen Schurken entlarven wollte, schwer bestraft wird, nicht etwa, weil das, was er schrieb, nicht wahr gewesen wäre, sondern lediglich, weil es ihm nicht gelang, den vollen Beweis der Wahrheit zu erbringen. Ich habe nun trotz eifrigster Bemühungen keinen Grund zu finden vermocht, aus dem der Verbreiter unzüchtiger Schriften so unendlich viel milder beurteilt werden müßte als jemand, der durch Druckschriften oder Abbildungen eine einzelne Person beleidigt hat. Bei der Beleidigung wird sehr oft noch nicht einmal die beleidigte Person geschädigt; bei der Verbreitung unzüchtiger Machwerke werden, wie ich gezeigt habe, stets ganze Volksschichten moralisch vergiftet; ist dies der Grund für die mildere Beurteilung? Oder ist nur die bewiesene ehrlose Gesinnung der Grund? Noch ein Umstand darf nicht außer acht gelassen werden. Wir haben gesehen, daß durch den Vertrieb unzüchtiger Dinge ein sehr gutes Geschäft gemacht wird; verurteilte man daher einen derartigen Geschäftsmann auch zu der höchsten zulässigen Geldstrafe, so würde er dies einfach zu den Geschäftsunkosten rechnen. Er würde die Strafe, da schnödeste Gewinnsucht sein Motiv ist, tief beklagen, aber trotzdem noch ein ganz lohnendes Geschäft machen können: also statt der Strafe im Effekt noch eine Belohnung übrig behalten. Von seinem verwerflichen Treiben würde er also auf keinen Fall kuriert sein, und ebenso wenig wird man durch eine solche Strafe andere Personen von dem gleichen Erwerb abschrecken. Es zeigte sich dies in Preußen bei dem Vertrieb sogenannter ausländischer Lotterielose recht deutlich. Da haben die größeren Kollekteure schon enorme Strafen, oft ganze Vermögen bezahlt, aber sie vertrieben die „ausländischen" Lose weiter, weil sie trotz alledem noch viel Geld verdienten. Der Vertrieb deutscher Lose in Preußen zeugt aber nicht von einer ehrlosen Gesinnung, und der preußische Fiskus machte bei der Sache ein gutes Geschäft; also mag's darum sein. Bei den unzüchtigen Schriften und Bildern liegt die Sache aber wesentlich anders, da wird immer das ganze Volk moralisch geschädigt, und darum muß die Strafe bedeutend erhöht werden, mindestens auf das im § 186 wegen Beleidigung durch Verbreitung von Schriften, Abbildungen oder Darstellungen vorgesehene Maximum von 1500 Mark Geldstrafe oder 2 Jahren Gefängnis.

Die Schwierigkeit besteht lediglich darin, daß durch eine solche Verschärfung auch andere Personen getroffen werden könnten, als die, die eine scharfe Strafe verdienen; also die Hersteller und Verbreiter der gemeinsten Unflätigkeiten, die schon ihrer ganzen Natur nach gar nichts anderes sein können und sein wollen als Schmutzprodukte. Natürlich hat der § 184 in seiner heutigen Fassung — angedrohte Strafe: Gefängnis bis zu 1 Jahr und Geldstrafe bis zu 1000 Mark oder eine dieser Strafen allein — absolut keinen Unterschied gemacht, so daß der Buchhandel ebenso bedroht ist wie die lichtscheue Kolportage. Hauptsächlich wird auch tatsächlich gegen Bücher das Kesseltreiben gerichtet; wie unberechtigt dies oft geschieht, habe ich schon oben aus den häufigen Freisprechungen folgern müssen. Ich darf aber weiter gehen und behaupten: So gut es Staatsanwälte gibt, die eine nach Ansicht des Gerichts unberechtigte Anklage erheben, so gut kann es doch auch Richter geben, die einmal die staatanwaltschaftliche Ansicht teilen, und dann ist die Verurteilung fertig, Die vorzeitige Korrektur des § 184 sorgt doch schon dafür, daß Stimmung gemacht wird, daß man statt des Urteils dem Vorurteil begegnet.

Sobald also im Gesetz selbst nicht der klare, nicht zu umgehende Unterschied gemacht wird, solange muß man die Verschärfung des § 184 bis zum Aeußersten bekämpfen. Es muß allerdings auch einmal zur Sprache gebracht werden, daß es leider im Buchhandel zuweilen Erscheinungen gibt, die es wenigstens begreiflich erscheinen lassen, wenn eine Mißstimmung Platz greift. Wenn z. B. in der recht häßlichen Mord- und Ehebruchssache, wie sie in Allenstein sich abspielte, die widerlichsten Dinge zur Sprache kommen, wenn die Angeklagte bekennt, daß sie sich ihres liederlichen Lebens wegen oft vor sich selbst geekelt habe, dann sollte doch wirklich nicht in ganzseitigen Inseraten für die sehr zweifelhaften „Dichtungen“ eines Mannes noch deswegen Reklame gemacht werden, weil er diese Angeklagte geheiratet hat. So etwas wirkt so widerlich und beschämend, daß es nicht wundernehmen kann, wenn diese — gelinde gesagt — Taktlosigkeit jeden anständigen Menschen empört und ihm das objektive Urteil soweit trübt, daß er sich leicht verleiten läßt, zu verallgemeinern. Das ist eine Gefahr, die bei der Gesetzgebung vorliegt, die aber das richterliche Urteil nicht beeinflussen sollte. Für das Zukunftsgesetz hat denn auch der § 257 des Vorentwurfs Strafen bis zu 2 Jahren Gefängnis und bis zu 3000 Mark Geldstrafen vorgesehen. Auch dabei ist kein Unterschied gemacht zwischen der eklen Schmutz-Kolportage und dem Buchhandel, kein Unterschied zwischen der jammervollsten Pornographie und wirklichen Kunstgegenständen, bei denen sich die Gerichte erst die Köpfe zerbrechen müssen, ob es überhaupt möglich ist, in dem Bildwerke oder dem Buche einen Passus zu entdecken, der etwa aus § 184 (resp. 257) angreifbar wäre. Wie oft kommt es vor, daß verschiedene Gerichte über dasselbe Werk zu ganz entgegengesetzten Ansichten gelangen. Dem muß ein Ende gemacht werden, und das geht nur durch das Gesetz. Ich möchte hier, der Entscheidung des Reichsgerichts vom 17. Januar 1895 folgend, als Zusatz zum § 184 den Satz empfehlen „Auf wissenschaftliche und künstlerische Erzeugnisse haben diese Bestimmungen nur dann Anwendung, wenn unter Hinweis auf einzelne das Geschlechtsleben behandelnde Stellen in schamloser Form aufmerksam gemacht wurde."

Der § 184 ist bekanntlich schon einmal erweitert worden; der Ergänzungsabsatz lautet:

> „Gleiche Strafe trifft denjenigen, welcher aus Gerichtsverhandlungen, für welche wegen Gefährdung der Sittlichkeit die Oeffentlichkeit ausgeschlossen war, oder aus den dieser Verhandlung zugrunde liegenden amtlichen Schriftstücken öffentlich Mitteilung macht, welche geeignet sind, Aergernis zu erregen."

Wir leben in einer Periode der weitestgehenden Begriffsverwirrung; das zeigt schon ein Blick auf unsere Gesetzgebung, namentlich wenn man dann einen zweiten Blick auf die Erscheinungen des öffentlichen Lebens wirft. Die Unlogik im 13. Abschnitt unseres Strafgesetzbuches auch in dem verbesserten § 184 zu finden, dazu bedarf man keiner scharfen Brille. Wenn der Zeitungsberichterstatter, der berufen und verpflichtet ist, über Gerichtsverhandlungen seinem Blatte Referate zu schreiben, mit demselben Maße gemessen werden soll, mit dem man ein moralisch verkommenes Subjekt mißt, das aus gemeinster Geldgier auf die niedrigsten Instinkte der Massen spekuliert und durch seine ausschließlich der Lüsternheit dienenden Schandprodukte die Moral vergiftet, dann ist damit sonnenklar zum Ausdruck gebracht, daß die Gesetzgeber überhaupt nicht mehr gewußt haben, was sie mit dem Gesetz eigentlich bezwecken wollten. Ich verkenne durchaus nicht, daß die Gerichtsberichterstattung keineswegs immer auf der Höhe ihrer wirklichen Aufgabe steht, daß sie sehr oft gezwungen is, sei es duch Mangel an Sachkunde und Vorbildung, sei es durch die ihr erteilte Weisung, lediglich solche Berichte zu liefern, die man billig als Weiberklatsch bezeichnen könnte. Wir haben es noch nicht so weit gebracht, daß der Presse nur solche Personen angehören dürfen, deren wirkliche Befähigung über jeden Zweifel festgestellt ist. Aber kann denn dies alles den zitierten Absatz des § 184 rechtfertigen? Es ist da allerdings mit keinem Worte von einem Gerichtsberichterstatter die Rede; aber wer macht denn öffentlich Mitteilungen? Das können alle die tun, die jener Verhandlung beigewohnt haben, sei es als Geschworene, Schöffen, Zeugen, Gutachter, Rechtsanwälte usw.; in erster Linie wird aber jene Bestimmung das Organ der Oeffentlichkeit, die Zeitung, oder in unserem Falle den Gerichtsberichterstatter treffen. Daß es den Prozeßbeteiligten untersagt wird, Dinge aus jener Verhandlung, soweit sie sich unter Ausschluß der Oeffentlichkeit abspielte, mitzuteilen, würde sich von selbst verstehen, da sonst der Ausschluß der Oeffentlichkeit keinen Sinn hätte. Das aber ist gerade durch dieses Gesetz nicht erreicht, sondern im Gegenteil begünstigt, denn Mitteilungen sind schlechthin nicht verboten, sondern nur insoweit, wie sie geeignet sind, Aergernis zu erregen. Hierüber hat nun aber das Reichsgericht eine ganze Reihe von Entscheidungen gefällt, die einmal beweisen, daß der ganze Zusatz zum § 184 illusorisch gemacht werden kann, die aber weiter auch die Ansicht, daß dieses Anhängsel überhaupt nicht zum § 184 paßt, weil es eine völlig andere Materie behandelt, lediglich bestätigen. So hat das Reichsgericht am 28. Oktober 1890 ausgeführt, daß nur Mitteilungen aus solchen Teilen der Verhandlung, die unter Ausschluß der Oeffentlichkeit sich abgespielt haben, verboten seien, daß dagegen aus den öffentlich verkündeten Urteilsgründen straflos auch solche Dinge mitgeteilt werden dürften, die geeignet seien, Aergernis zu erregen. Es könnte hiernach sehr wohl ein Zeitungsberichterstatter aus § 184 freigesprochen werden; freigesprochen aus dem für ihn gegebenen Spezialabsatz 2, verurteilt aus dem nicht gegen ihn speziell gerichteten Absatz 1. *Difficile est, satiram non scribere!* Daraus ergibt sich, daß der Absatz 2 für die Presse entbehrlich ist. Soll er aber nicht für die Presse gelten, sondern nur für öffentlich getane mündliche Aeußerungen, dann paßt er nicht zum § 184, der sich mit unzüchtigen Schriften und Bildwerken beschäftigt, also eine ganz andere Materie behandelt. Schon am 5. Juli 1889 hat übrigens das Reichsgericht ausgesprochen, daß es ganz gleich sei, auf welche Weise der Täter das aus den Gerichtsverhandlungen Mitgeteilte erfahren habe. Damit wäre dann die Mitteilung durch Prozeßbeteiligte auch reichsgerichtsseitig gestattet, nur das Weiterverbreiten an die Oeffentlichkeit verboten. Nun macht aber das Reichsgericht noch ganz besonders darauf aufmerksam, daß der Absatz 2 eigentlich nicht zum Absatz 1 paßt, denn in der schon erwähnten Entscheidung vom 5. Juli 1889 ist gesagt, daß „Aergernis zu erregen geeignet“ nur bedeute, die Mitteilungen müßten das allgemeine — im Gegensatz zu dem individuellen — sittliche oder moralische Gefühl verletzen. Unzüchtige Mitteilungen — dies hebt das Reichgericht am 12. März 1891 ausdrücklich hervor —, also solche, die das Schamgefühl in geschlechtlicher Beziehung gröblich verletzen, sind nicht für den Tatbestand des Absatz 2 erforderlich; da nun aber der Absatz 1 ausschließlich die unzüchtigen und nicht die Aergernis erregenden Dinge (auch nach der Rechtsprechung des Reichsgerichts) zum Gegenstande hat, ergibt sich auch hieraus, daß in beiden Absätzen verschiedene Materien behandelt werden.

Im weiteren hat das Reichsgericht auch die Bestimmung des § 184 al. 2 zum guten Teile illusorisch gemacht, indem es konstant hervorhebt, daß der Täter sich bewußt gewesen sein müsse, seine Mitteilung sei geeignet, Aergernis zu erregen. Da heutigen Tages ganz öffentlich Dinge diskutiert werden dürfen, von denen früher kein anständiger Mensch etwas wissen mochte, da selbst Damen mit Stolz ihren Namen unter derartige Abhandlungen setzen, ist nicht so leicht anzunehmen, daß jemand, der über eine wirklich stattgehabte Gerichtsverhandlung wahrheitsgemäß berichtete, das Bewußtsein gehabt haben müsse, gerade seine Mitteilung sei geeignet, Aergernis zu erregen.

Ich halte das ganze Anhängsel des später geschaffenen zweiten Absatzes für zweckwidrig und entbehrlich. Unzüchtige Schriften usw. werden schon nach § 184 al. 1 genügend getroffen, Aergernis erregende Worte aber kann nur der entsprechend abgeänderte § 183 treffen. Für Mitteilungen über Prozesse, die unter Ausschluß der Oeffentlichkeit verhandelt werden, noch eine besondere Bestimmung zu treffen, liegt absolut kein Anlaß vor, wenigstens keiner, der in dem Abschnitt 13 des Strafgesetzbuchs seine Begründung finden könnte. Will man verhüten, daß Prozeßbeteiligte etwas über eine Verhandlung, bei der die Oeffentlichkeit ausgeschlossen war, mitteilen, dann schaffe man eine wirklich diesen Zweck erfüllende Bestimmung da, wo sie hingehört, nicht aber etwas Halbes da, wohin es seiner Natur nach nicht paßt.

Daß dieses Anhängsel wirklich völlig deplaziert war, das scheint ja der Gesetzgeber selbst empfunden zu haben; deshalb wurde es dem § 184 wieder genommen, aber nicht etwa beseitigt, sondern zum Inhalt eines besonderen § 184b gemacht. Ich bin der Ansicht, daß durch diese Operation der § 184 nur gewonnen hat, kann mich aber nicht zu der Höhe des Gedankens aufschwingen, daß auch der Abschnitt 13 des Strafgesetzbuchs durch den § 184b eine wesentliche Verbesserung erfahren hätte. Ich würde diese Bestimmung ohne weiteres da plazieren, wo sie noch am besten aufgehoben wäre, — nämlich im Papierkorb.

Fassen wir nun das, was über den § 184 zu sagen ist, nochmals kurz zusammen, dann ergeben sich folgende Richtpunkte. Es ist streng zu unterscheiden zwischen solchen Erzeugnissen, die wirklich einen künstlerischen Wert besitzen, oder richtiger gesagt, die überhaupt als Werke der Kunst und Literatur angesehen werden müssen, und solchen, die lediglich unzüchtige Darstellungen sein sollen; man wird also stets zu prüfen haben, ob man ein Kunstwerk, das vielleicht einige Obszönitäten enthält, vor sich hat, oder nur Obszönitäten ohne Kunstwerk. Im ersteren Falle ist niemals ohne Hinzuziehung von Sachverständigen zu entscheiden. Das ist eine Forderung, die eigentlich selbstverständlich ist, und die auch durchaus nicht im Widerspruch zu den allgemeinen Bestimmungen des siebenten Abschnittes der Strafprozeß-Ordnung steht. Wir halten es auch für selbstverständlich, daß bei Tötungen, wenn z. B. jemanden der Schädel eingeschlagen worden ist, erst der medizinische Sachverständige dem Gericht erklären muß, das Zertrümmern des Schädels sei die Ursache des erfolgten Todes gewesen; warum soll denn da bei einer Sache, die viel weniger selbstverständlich ist, das Gericht ohne sachverständiges Gutachten entscheiden? Man wende nicht etwa ein, daß die Frage, ob ein Produkt als unzüchtig anzusehen sei, keine Kunstfrage wäre, sondern lediglich von dem gesunden Moralempfinden entschieden werden könne, denn das mag wohl auf die zweite Kategorie der lediglich unzüchtigen Darstellungen zutreffen, nicht aber auf wirkliche Kunstwerke und ernst zu nehmende literarische Schöpfungen. So sehr ich dafür eintrete, daß die wirklichen Schandprodukte, die überhaupt keine Daseinsberechtigung haben, mit aller Energie bekämpft werden, ebenso halte ich es für notwendig, wirkliche Produkte der Kunst und Literatur ohne jede Prüderie lediglich vom künstlerischen Standpunkte beurteilen zu lassen.

Nun erhält der § 184 in seiner jetzigen Fassung noch verschiedene andere Vorschriften, die sich deutlich als Flickwerk erkennen lassen. Man hat sich besonnen, daß es noch andere Dinge gebe, die man verbieten möchte, und für die man keinen rechten Unterschlupf finden konnte. Deshalb ließ man sie unter der Flagge des § 184 mit ins Meer eines ungewissen Schicksals hinausschwimmen als traurige Zeugen dafür, wie bei uns Gesetze gemacht werden, wenn einmal der Strudel einer bestimmten Strömung die Gemüter ergriffen hat. Ueber das Verbot, unzüchtige Schriften usw. an Kinder unter 16 Jahren gegen Entgelt abzugeben, habe ich mich schon geäußert. Es ist ein schöner Beweis dafür, daß die schändlichsten Taten bei uns erlaubt, ihre mehr oder minder verblümten Andeutungen aber bei schwerer Strafe verboten sind, wenn ein Entgelt gefordert wird.

Weiter wird mit Gefängnis bis zu 1 Jahr und mit Geldstrafe bis zu 3000 Mark oder mit einer dieser Strafen bestraft, wer Gegenstände, die zu unzüchtigem Gebrauch bestimmt sind, an Orten, welche dem Publikum zugänglich sind, ausstellt oder solche Gegenstände dem Publikum ankündigt oder anpreist, ferner: wer öffentliche Ankündigungen erläßt, welche dazu bestimmt sind, unzüchtigen Verkehr herbeizuführen.

Selbst der Unbefangenste muß doch erkennen, daß hier Dinge in einen Paragraphen zusammengepfercht sind, die kaum in lockerem Zusammenhang stehen. „Es rast der See und will sein Opfer haben." Wirklich macht der jetzige § 184 den Eindruck eines Unwetters, bei dem die Blitze auch einmal da einschlagen, wohin das Gewitter eigentlich nicht hinzureichen schien. Was sind denn Gegenstände, die zu unzüchtigem Gebrauch bestimmt sind? Das Reichsgericht hat es verraten: es sind Präservativs, Mittel zur Verhütung der Empfängnis, Preislisten für Frauenschutz usw. Daß der Gebrauch selbst sich als eine unzüchtige Handlung darstellt, ist nicht erforderlich; es genügt, wenn die Verwendung des betr. Gegenstandes der Ausübung unzüchtiger Handlungen (nicht nur Beischlafsvollziehung) in irgend einer Weise förderlich werden soll. So hat das Reichsgericht am 19. Juni 1903 entschieden, und damit die ganze Bestimmung zu einer Art Menschenfalle gemacht. Ein Jnserat, das gar nichts Bestimmtes besagt, sondern nur so abgefaßt ist, daß Leute von einer großen Lebenserfahrung entnehmen können, es sollen Mittel zur Ermöglichung eines unzüchtigen geschlechtlichen Verkehrs angeboten werden, ist danach eine unzüchtige Schrift, deren Veröffentlichung dem verantwortlichen Redakteur eine empfindliche Gefängnisstrafe wegen Sittlichkeitsvergehens einbringen kann, wenn er selbst sich auch gar nicht bewußt gewesen ist, welchen Sinn man aus der von ihm vielleicht für absolut harmlos gehaltenen Ankündigung herauslesen kann. Das ist etwas, was dem übrigen Jnhalt des § 184 direkt widerspricht, denn da werden nur unzüchtige Druckschriften verboten, hier etwas nicht Unzüchtiges. Uebrigens ist diese Erweiterung des § 184 recht charakteristisch für den Geist, der auch in den wissenschaftlichen Büchern mit Eifer sucht, was etwa Leute „mit einer großen

Lebenserfahrung“ als unzüchtig ansehen könnten. Man wird noch so weit kommen, daß auch das Strafgesetzbuch selbst als eine unzüchtige Druckschrift gilt, weil es Dinge der Unzucht behandelt. Nicht übersehen sollte man übrigens, daß der Redakteur einer Zeitschrift von dem Jnhalt des Jnseratenteils in der Regel keine Kenntnis hat, sie meist auch nicht haben kann. Er wird aber „Sittlichkeitsverbrecher“, ohne es selbst bemerkt zu haben. Es müßten also mindestens die Verantwortlichkeits-Verhältnisse nun geregelt werden.

Jch meine, man soll den § 184 von dem nicht zu ihm gehörigen Anhängsel befreien und die §§ 184 a und b ganz streichen. Obwohl dies jedenfalls, da auch der Vorentwurf nicht nur an dem Wortlaut festhält, sondern die Strafe bis zu 2 Jahren Gefängnis erhöht, nicht geschehen wird, schlage ich doch für den § 184 folgende Fassung vor:

> „Wer unzüchtige Schriften, Abbildungen oder Darstellungen verkauft, verteilt oder sonst verbreitet oder an Orten, die dem Publikum zugänglich sind, ausstellt oder anschlägt, wird mit Geldstrafe bis zu 1500 Mark oder mit Gefängnis bis zu 2 Jahren bestraft .
>
> Auf wissenschaftliche und künstlerische Erzeugnisse oder ernste Aufklärungsschriften finden diese Bestimmungen nur dann Anwendung, wenn unter Hinweis auf einzelne das Geschlechtsleben berührende Stellen in schamloser Form aufmerksam gemacht wird.“

**Eine treue Ehegattin.**

Der Mann reitet fort. (Alter Nürnberger Holzschnitt.)

## Die Prostitution.

Wenn wir in den vorstehenden Kapiteln uns fast ausschließlich mit Delikten beschäftigt haben, bei denen immer eine aggressive Tätigkeit den Gegenstand der Strafhandlung bildete, gehen wir nunmehr zu einer wesentlich anderen Gattung von Sittlichkeitssachen über, die man beinahe als passive im Gegensatz zu den aktiven bezeichnen könnte. Ja, man darf sogar noch viel weiter gehen und direkt bestreiten, daß diese Gruppe überhaupt noch zu den Sittlichkeitsdelikten gehört, denn sie ist eigentlich, streng genommen, nichts anderes als eine bloße Ausnutzung der Unsittlichkeit anderer. Die gewerbsmäßige Unzucht ist zweifellos ein Uebel, aber sie ist ein notwendiges Uebel, und wer etwa die Sittlichkeit dadurch beheben wollte, daß er die Prostitution beseitigte, der würde sehr bald erfahren, daß er gerade das Gegenteil von dem erreicht hätte, was er bezweckte, nämlich ein rapides Steigen der Sittlichkeitsdelikte, an denen doch auch jetzt schon eher Ueberfluß als Mangel herrscht, und ein horrendes Anwachsen der Unsittlichkeit, das sich nicht allein in einer gesteigerten Vermehrung der Verführung anständiger Frauenspersonen, sondern auch in einer starken Zunahme der sogenannten widernatürlichen Unzucht zu erkennen geben würde. Weil dies so ziemlich überall als richtig anerkannt worden ist, hat man vielfach die Ansicht ausgesprochen, daß die Prostitution überhaupt keiner Einschränkung unterliegen dürfe, damit so eine wesentliche Abnahme der Sittlichkeitsverbrechen erzielt werde, und man könnte vielleicht auf den Gedanken geraten, daß, wenn das eine System — das völlige Verbot der Prostitution — falsch sei, das entgegengesetzte System richtig sein müsse; in Wirklichkeit erinnert diese Theorie aber lebhaft an den Clown, der sich auf das äußerste Ende des Pferderückens setzte und, als ihm gesagt wurde, er sitze zu weit hinten, dem Pferde auf den Hals rutschte. Der goldene Mittelweg ist hier der richtige; man kann nicht sagen, daß eine Ueberschwemmung die Welt beglücken müsse, wenn gerade durch eine Dürre eine Mißernte droht. Man mag über die Prostitution denken, wie man will. Daß sie ein unwürdiges Los der ihr ergebenen Mädchen bedeutet, daß sie geradezu ein Hohn auf die Menschenwürde sei, soll hier nicht in Abrede gestellt werden. Aber ebensowenig läßt sich bestreiten, daß mit derartigen Phrasen die Sache nicht aus der Welt geschafft werden kann, daß es vielmehr für das praktische Leben ganz unzulässig ist, sich mit einigen Schlagworten schwärmerischer Weltbeglückungstheoretiker über Ursachen und Wirkungen hinwegtäuschen zu wollen. Man erreicht damit nichts und übersieht nur zu leicht das Notwendige.

Fragen wir uns zunächst, wie alt die Prostitution eigentlich sei, so werden wir sagen müssen, daß sie ungefähr eben so alt ist wie das Menschengeschlecht selbst. Wer wollte wohl darüber nachforschen, wo und wann der erste Fall einer Prostitution sich zugetragen habe? Eine solche Forschung würde wohl deshalb ein negatives Resultat ergeben müssen, weil in einer Zeit, in der es keinen geordneten Staat, kein festgegliedertes Rechtssystem gab, das, was wir heute Prostitution nennen, eben noch gar nicht als Prostitution gelten konnte. Es liegt tief in der menschlichen Natur, daß ein Mann, der sich zur Befriedigung seiner Lüsternheit um ein weibliches Wesen bewirbt, durch Liebesgaben usw. seinen Zweck leichter zu erreichen sucht. Das ist ein Mittel, das uns schon in den ältesten Mythen entgegentritt; aber es liegt doch bei allen diesen mythischen Berichten der Gedanke an eine Prostitution sehr fern, und im heutigen landläufigen Sinne kann man auch solche durch Geschenke forcierte Bewerbungen, wenn sie selbst nur auf Befriedigung der Lüsternheit berechnet waren, nicht zur Prostitution rechnen. Sie bilden indes offenbar den Grundgedanken, und da, wo uns Mitteilungen über das Volksleben des kultivierten Altertums zu Gebote stehen, finden wir auch schon ganz bestimmte Angaben über das Prostitutionswesen, das selbst in den ältesten Nachrichten eine regelrechte Organisation unschwer erkennen läßt. Die Ansichten über dieses notwendige Uebel sind allerdings schon zu allen Zeiten sehr verschieden gewesen, vor allen Dingen nach der Richtung hin, ob es überhaupt ein Uebel sei; über die Notwendigkeit hat wohl niemals da, wo es eine Prostitution gab, ein Zweifel geherrscht. Bei den alten orientalischen Völkern galt die körperliche Preisgabe einer Frauensperson gegen Entgelt überhaupt nicht als ein schändliches Gewerbe, und sie gilt es zum Teile auch heute noch nicht. Bei den Hindus gehört die Prostitution gewissermaßen mit zum religiösen Kult. Es ist bekannt, daß die Bajadern sich in den Tempeln preisgeben, ohne daß ihnen hieraus auch nur der geringste Vorwurf gemacht werden dürfte, im Gegenteil, Ebenso wird in China ein Mädchen, das sich an ein Bordell vermietet, dort nennt man's freilich nur Teehaus, in keiner Weise in seiner Ehre beeinträchtigt. Der Aufenthalt in einem solchem öffentlichen Hause ist durchaus kein Hinternis für die Rückkehr ins bürgerliche Leben.

In der Bibel, schon im 1. Mose, Kap. 38, Vers 14, wird erzählt, daß Thamar ihren Schwäher vor dem Tore von Enaim an dem Wege gen Thimnath durch ihre Tracht täuscht und ihn in den Glauben versetzt, sie sei eine Hure. Diese Erzählung ist besonders charakteristisch, denn sie zeigt klar und deutlich, daß schon in jener grauen Vorzeit das Prostitutionswesen eine hohe Ausbildung erreicht hatte. Die sichersten und ausführlichsten Berichte über das Prostitutionswesen besitzen wir aber aus dem griechischen und römischen Altertum. Dort wurde den Göttinnen der Liebe, Aphrodite und Venus, in einem besonderen Kult gehuldigt; war es ein Wunder, daß man auch die Jüngerinnen dieser Gottheiten duldete oder sie gar verehrte? Das griechische Hetärenwesen war doch nichts als eine verfeinerte Prostitution. Die Hetären unterschieden sich freilich wesentlich von den Straßendirnen unserer Zeit; sie spielten sogar im geistigen Leben eine große Rolle, denn sie überragten an Geist und Bildung meilenweit die griechischen Hausfrauen, die keine größere Rolle im öffentlichen Leben spielten als etwa heutigentags die Haremsdamen; die Hausfrauen schalteten im Hause, kannten als vorzüglichstes Gesetz den Willen des gestrengen Eheherrn, dienten als Mütter der Fortpflanzung des Geschlechts und führten ein sehr eingezogenes Leben. Die Häteren aber traten auch mit den Männern, denen sie an Geist und Bildung oft ebenbürtig, zuweilen auch überlegen waren, in geistigen Verkehr; sie verschönerten und verfeinerten die Gastmähler und verstanden es auch damals nicht selten, ihre Verehrer in unerhörter Weise auszuplündern. Schon Solon erkannte die Notwendigkeit der Prostitution an und erlaubte das Hetärenwesen gesetzlich, da dies das beste Mittel sei, die Befriedigung der Sinnlichkeit in der am wenigsten anstößigen und für die öffentliche Sittlichkeit gefährlichen Weise zu ermöglichen. Selbst Ehemänner verkehrten schließlich ganz ungeniert mit Hetären; die Frau diente ihnen zur Kindererzeugung, die Hetäre zur geistigen Unterhaltung. Der Begriff der geistigen Unterhaltung wurde allerdings soweit ausgedehnt, daß er nach heutigem Rechte zur Begründung einer Ehescheidungsklage ausgereicht haben würde. Perikles soll das zweifelhafte Verdienst gehabt haben, zuerst als Ehemann öffentlich dem Verkehr mit Hetären neben der rechtmäßigen Gattin gehuldigt zu haben; jedenfalls hat dieses leuchtende Vorbild massenhafte Nachahmer gefunden, denn selbst die größten Dichter und Philosophen verschmähten es nicht, bei den Hetären „geistige Anregung" zu suchen; deren einige sind geradezu durch ihren Verkehr mit berühmten Geistes- und sonstigen Heroen selbst berühmt geworden. Aristophanus von Byzanz hat uns in einem besonderen Buche die Namen von 135 der berühmtesten Hetären überliefert. Der Name der Lais ist auch vielen Leuten, die sich absolut nicht um griechische Literatur und Kultur bekümmern, schon durch die Operette „Rhodope" geläufig. Wie armselig war aber die Lais trotz der ansehnlichen Gaben, für die ihre Gunst feil war, im Verhältnis zur Phryne, die aus ihren eigenen Mitteln die zerstörten Mauern Thebens wieder aufbauen lassen konnte, oder auch zur Thais, die den Vorzug hatte, vom großen Alexander geliebt zu werden. Aus diesem „geistigen Verkehr" entstammten mehrere Nachkommen; ein Sohn wurde Beherrscher der Ptolemäer, und eine Tochter beherrschte als Königin die Cyprier; das könnte wohl den Neid unserer „vornehmsten" Prostituierten herausfordern. Selbstverständlich gelangten nur die wenigsten Hetären zu solchem Ansehen, solchen Reichtümern und solcher Macht; es gab auch eine Prostitution, die im Schmutze watete, so daß wir eigentlich, wenn wir unsere heutigen Verhältnisse schildern wollen, auch hier mit Ben Akiba sagen können: „Es ist alles schon einmal dagewesen!"

Ueber die Prostitution im alten Deutschland ist wenig bekannt, wenigstens nicht aus den ältesten Zeiten, und man darf beinahe annehmen, daß es eine wirkliche Prostitution überhaupt nicht gegeben hat, da die Keuschheit für die Frau das höchste Gesetz war und ledige Frauenspersonen, wie wir gesehen haben, in manchen Gegenden sogar mit dem Tode bestraft werden konnten, wenn sie sich mit einem Manne in unerlaubten Verkehr eingelassen hatten. Das schließt allerdings nicht aus, daß mit Unfreien ein außerehelicher Geschlechtsverkehr stattgefunden haben kann, und es darf wohl keinem Zweifel unterliegen, daß Dienerinnen für den Herrn „frei" waren. Das ist aber niemals eine Prostitution gewesen, sondern bloßes Herrenrecht. Frauenhäuser werden in verschiedenen alten Städten schon sehr früh erwähnt. Bekannt ist, daß das Konzil von Konstanz im Jahre 1414 eine ungeheure Menge feiler Dirnen angelockt hat, alte Chroniken berichteten von 700; es muß also damals schon längst außer den bereits im XII. Jahrhundert erwähnten Frauenhäusern auch eine starke Prostitution fahrender Weiber gegeben haben. Dies ergibt sich auch klar und deutlich aus alten Gesetzen, die ich gelegentlich schon erwähnt habe, z. B. im Kapitel über die Notzucht. Wir haben gesehen, daß dort, im Sachsenspiegel, die Notzucht gegen fahrende Weiber ausdrücklich erwähnt war, und daß auch in anderen Gesetzen diese „Nötigung" nur dann als ein Verbrechen angesehen wurde, wenn sie gegen unbescholtene Personen begangen war. Geduldet waren im Mittelalter solche Weiber, die — wie es sehr geschmackvoll heißt — sich mit der Hand ernähren, darauf sie sitzen, zweifellos, weil man sie für ein nützliches Uebel hielt; aber sie waren völlig rechtlos und jeder Willkür schutzlos preisgegeben. In der Regel gab es für sie auch eine bestimmte Kleiderordnung, ähnlich wie im alten Rom, wo man Frauenhäuser und ebenfalls auch selbtändige Dirnen *(meretrices)* hatte. Im alten Rom mußten die *meretrices* auffallende und sehr kurze Kleider tragen, so daß schon Horatius darüber spottet und meint, diese armen Geschöpfe seien viel übler daran als andere Frauen, denn wenn sie krumme Beine hätten, könnten sie diesen Fehler nicht so wie die anständigen Frauen durch ihre Kleidung verbergen. In Deutschland hat man auf die etwaigen krummen Beine der Prostituierten etwas mehr Rücksicht genommen; man beschränkte sich in der Regel darauf, ihnen das Tragen von Schmuck und prunkvoller Kleidung zu verbieten. Daß man damit einen sehr praktischen Zweck verfolgte, ergibt sich aus dem Wortlaut des Reichsabschiedes von 1530. Die hier interessierende Stelle lautet wörtlich: „Nachdem auch aus dem viel Aergernis im Heiligen Römischen Reich entstanden, daß die gemeine und andere unehrliche Weiber, Seiden, Gold, Silber und andere zierliche Kleider antragen, dadurch manch fromm Weib und Tochter verleitet wird, auch dadurch unter Erbarn kein Unterschied zuerkennen: Gebiethen wir ernstlich, und wollen, daß die unehrliche Weiber kein hochzierliche Kleider oder Geschmuck, auch nichts verbrämtes oder gülden Schleyer, sonder eine iede derselben sich nach Landes-Gebrauch tragen soll. Darauf die Obrigkeit sondere acht haben, und das nicht dulden soll.“ Daß dieses Gebot für die „fromm Weib und Tochter“ gerade sehr schmeichelhaft sei, läßt sich schwerlich behaupten, denn es wird ihnen geradezu zugetraut, daß sie sehr leicht den Pfad der Tugend verlassen könnten, um Schmuck und schöne Kleidung zu erlangen. Das ist, wie gesagt, nicht schmeichelhaft; es deutet aber doch darauf hin, daß die damaligen Gesetzgeber recht gute Frauenkenner gewesen sein müssen, und in der Tat fehlt es auch heute nicht an Mädchen, die für Tand und Putz ihre Ehre hinopfern. Hat doch auch der große Frauenkenner Goethe sein keusches und sinniges Gretchen durch das Schmuckkästchen kirre werden lassen, ohne daß er dadurch eine Prostituierte zeichnen wollte. Man hat Goethe vielfach verübelt, daß er die deutsche Jungfrau gerade durch die Schmuckgeschichte zur Dirne gestempelt habe; aber man tut ihm damit Unrecht, gerade so wie man dem Augsburger Reichsabschied Unrecht tun würde, wenn man behaupten wollte, daß er alle Weiber durch die zitierte Stelle habe zu feilen Dirnen stempeln wollen. Es handelt sich hier genau so wie bei Goethe lediglich um eine psychologische Finesse, die bei Goethe ihre Spitze findet, wenn er Gretchens Bruder, den sterbenden Valentin, sagen läßt: „Hat Dich erst Einer, hat Dich bald die ganze Stadt.“ Wer wollte wohl bestreiten, daß in der Tat die Putzsucht und Vergnügungssucht seit erdenklichen Zeiten zahllose Weiber zu Fall gebracht haben?

Der Reichsabschied zeigt aber — und das ist für die Sittengeschichte ungleich wertvoller —, daß an und für sich die Dirnen geduldet waren, ja daß das Prostitutionswesen schon eine gewisse, wenn auch nur sehr primitive Organisation erreicht hatte, denn sonst hätte nicht vorgeschrieben werden können, wie die Dirnen sich zu kleiden oder vielmehr nicht zu kleiden hatten. Daß übrigens gesagt ist, es sollte sich jede nach Landesgebrauch tragen, beweist nur, daß schon an vielen Orten bestimmte Kleidertrachten für Prostituierte vorgeschrieben waren, und das ist in der Tat zutreffend. Gab es doch auch für die Juden bestimmte Vorschriften, so daß man das Mittelalter eigentlich mit noch mehr Recht das Zeitalter der Uniformen nennen darf als unsere Zeit, in der freilich die Uniform eine andere Bedeutung angenommen hat oder richtiger gesagt, hatte.

Es ist sehr oft darüber diskutiert worden, ob es im Interesse der öffentlichen Sittlichkeit liegen könne, Prostituierte für jeden durch die Kleidung kenntlich zu machen, ob nicht vielmehr gerade dadurch die Sittenlosigkeit gefördert werden müsse. An und für sich ist es sicherlich richtig, daß die öffentliche Moral nicht dadurch gefördert werden kann, wenn täglich und stündlich auf den Straßen klar und deutlich gezeigt wird, diese oder jene Person ist eine Dirne, die für den allgemeinen Gebrauch freigegeben ist; das würde vielmehr so ähnlich auf die öffentliche Sittlichkeit wirken wie das Ausstellen unzüchtiger Bilder, vielleicht sogar noch einige Nuancen schädlicher. In jenen Zeiten hatte aber die Vorschrift doch einen besonderen Zweck. Prostituierte waren in jeder Beziehung rechtlos; sie waren geradezu vogelfrei, mußten sich alle möglichen Angriffe und Beschuldigungen gefallen lassen oder hatten höchstens Scheinrechte, daher waren sie wie die seiner Zeit ebenfalls in nicht höherer Achtung stehenden Juden gekennzeichnet. Weiter sollten aber die anständigen Frauen besser geschützt werden, und das waren sie in der Tat dadurch, daß sie schon durch ihre Tracht ausgezeichnet und als unantastbar bezeichnet waren. Es ist in älteren Rechtsbestimmungen geradezu gesagt, daß eine anständige Frau straflos beleidigt werden dürfe, ja daß sich auch niemand strafbar mache, wenn er gegen sie ein Sittlichkeitsverbrechen begehe, sofern sie nämlich Dirnenkleider trage oder überhaupt in ihrer Erscheinung einer öffentlichen Dirne gleiche. Soweit hatte also die Kleiderordnung unbestreitbar ihre Berechtigung, wenigstens soweit, wie sie der Wortlaut des Reichsabschieds enthält, und es wäre gewiß auch jetzt noch ein recht gutes Mittel, wenn es den Dirnen verboten werden könnte, sich mit Schmuck und Putz zu überladen, denn mancher Halbweltdame würde wohl dadurch die Lust an ihrem schändlichen Beruf am nachdrücklichsten verleidet werden, und es würde wohl auch manches noch nicht gefallene Mädchen sich zweimal besinnen, ehe es eine Bahn beträte, die mit Riesenschritten zum Abgrund führt. Leider sind solche Mittel heutigentags nicht mehr durchführbar. In früherer Zeit war die Kleidervorschrift aus einem anderen Grunde wieder nicht gerechtfertigt. Wollte man die Dirnen dulden und als geduldete Prostituierte kenntlich machen, dann hätte man sie auch nicht mit der abscheulichsten Willkür behandeln dürfen; in Wirklichkeit waren sie niemals sicher, trotz aller Duldung nicht dennoch festgenommen, geprügelt, mit Schand- und Ehrenstrafen belegt und schließlich wohl gar aus dem Lande gejagt zu werden.

Die Haldsgerichts-Ordnungen befaßten sich mit der Prostitution so gut wie gar nicht, sondern überließen dieses Uebel der Fürsorge der Polizei oder der niederen Gerichtsbarkeit. Das alte Kaiserrecht enthält über das Dirnenwesen nichts; auch die Carolina schweigt sich vollkommen aus, obwohl zur Zeit ihres Entstehens die Prostitution in üppigster Blüte stand. Dagegen gab es in der Sächsischen Ordnung von 1572 eine sehr beachtenswerte Vorschrift, die wörtlich lautet: „Wann mit gemeinen Weibspersonen, durch die, so ledig vnd nicht Ehelich sindt, vnzucht getrieben wirt, Ob wol der gemeine Rechte hierinn kein Straff verordnet, Dennoch dieweil Gottes Wort solche vnordentliche vermischung hart verbotten, so ordnen vnd setzen wir, daß das gemeine Weib offentlich verwiesen, vnd der Mann, so mit jhr zuthun gehabt, mit gefängnuß, oder mit Geltsstraff belegt werden sol. Aber andere ledige Weibspersonen, welche nicht offentlicher Hurischer weise, vnd doch gleich wol in Vnkeuschheit heimlich leben, Sollen gleichfalls mit zeitlichen gefängnuß, oder auch nach gelegenen vmbständen vnd vielheit der geübten Vnzucht, mit verweisung gestrafft werden. Da aber obgedachte gemeine Weiber oder die Personen, so heimlich Hurerey treiben, jemands mit Frantzosen oder andern Kranckheiten, wissentlich vnd ohne vorgehende verwahrung vergifftet, So sollen sie deß falls mit Stuppenschlägen verwiesen werden."

Die Berufung auf Gottes Wort kann über den vollständigen Fehlschritt, den diese Bestimmung bedeutet, nicht hinwegtäuschen. Die üblen Folgen haben sich auch prompt eingestellt, Sittlichkeitsverbrechen und Ehebrüche mehrten sich bedenklich; gerade die sächsische Gerichte hatten sich besonders häufig mit solchen Delikten zu befassen, und die Unzucht, sowohl die heimliche wie auch die öffentliche, konnte doch nicht aus der Welt geschafft werden. Einen recht hohen Wert hat aber zweifellos die Bestimmung wegen der Ansteckung mit Syphilis usw. gehabt; leider ist aber gerade bei dieser wichtigen und nützlichen Vorschrift das Gesetz nicht über den Anlauf hinweggekommen, sondern auf halbem Wege stehen geblieben. Immerhin war ein Anfang, die Sache auch von der sanitären Seite zu betrachten, gemacht, und es konnte später nicht schwer fallen, auf diesem Fundament weiterzubauen.

Die Hessische Ordnung ging so ziemlich von denselben Grundsätzen aus wie die sächsische, und deshalb ist sie natürlich ein ganz ähnlicher Mißgriff. Sie schrieb wegen jeder Leichtfertigkeit scharfe Strafen vor. Besonders liederliche Frauenspersonen, nicht etwa Prostituierte, sondern auch solche, die sich nur zu ihrem Privatvergnügen Leichtfertigkeiten zuschulden kommen ließen, sollten beim ersten Vergehen mit „den Thurn", also einer sehr wenig angenehmen Gefängnishaft, und schon das zweite Mal mit einer noch verschärften Turmstrafe, zu der öffentliche Ausstellung am Pranger und meist auch Landesverweisung trat, bestraft werden. Der rohe Geist jener Zeit läßt es durchaus erklärlich erscheinen, daß zu diesen Strafübeln auch noch mehr oder weniger schwere Körperstrafen gartis verabfolgt wurden. Wie damals mit leichtfertigen Weibern seitens einer hohen Obrigkeit umgegangen wurde, davon gibt Jacobus Döplerus unter Berufung auf Benjamin Herz ein anschauliches Bild; er schreibt: „An vielen Orthen ist gebräuchlich, daß die Gemeine *Prostibula* oder öffentliche Huren, oder auch die leichtfertige Metzen, so sich schwängern lassen, aber mit viel Schweren und Vermaledeien es leugenen, oder es doch biß zu letzt in Geheim halten, in Meinung, die Kinder über die Seite zu bringen, auff Befehl und Anordnung des Ober Richters, durch den Scharffrichter, oder dessen Knecht zu desto größerer Beschimpfung durch die Stadt hin öffentlich ausgepauckt, und noch darzu ein Stroh-Krantz, drinn etliche Hanenfedern gesteckt, ihnen auf den Kopf gesetzt wird. Die Prozession geschiehet gemeiniglich folgender Gestalt: Die Dirne wird, nach geschworener Urphede, aus dem Amt- oder Richt-Hause durch 2 Schergen oder Amts-Knechte in der Mitten geführet. Vor ihnen her geht der Scharffrichters Knecht mit einer an theils Orthen, als in Leipzig, ungemein großen Trommel, daran ein Kerl fast genug zu tragen hat, und schlägt dann und wann, mit einem einzigen großen Klöppel auf dieselbe, daß Männiglich herzulauffe, und dem *Spectacel* zusehe. Wann sie mit derselben auffn Marckt kommen, gehen sie dreymahl auff denselben mit ihr in einen großen Kreys herum, hernach zum Thor hinaus biß an den Orth, wo sie fortgewiesen wird.“ Eine sehr beliebte Strafe war auch das Bockziehen, eine Strafart, zu der man meist drei Dirnen brauchte. Die eine wurde auf einen hölzernen, fahrbaren Bock gesetzt und so von ihren Leidensgenossinnen durch die Stadt gefahren, natürlich ebenfalls unter dem Schutze der hochweisen Obrigkeit, die dafür sorgte, daß es diesem lustigen Schauspiel nicht an Zuschauern fehlte. Oeffentliche Ausstellung in schimpflicher Tracht oder in den lächerlichsten Situationen war eins der beliebtesten Strafmittel. Daß dadurch hätte die öffentliche Sittlichkeit gehoben werden können, wird man wohl schwerlich behaupten dürfen. Die Theresiana wollte deshalb auch von den Schandstrafen im allgemeinen nicht mehr viel wissen, hat sie aber keineswegs verhindert. Dieses Gesetzbuch schrieb für Prostituierte schwere Leibesstrafen und Landesverweisung vor, und nicht selten wurde der Volksmenge das skandalöse Schauspiel geboten, daß man Prostituierte auf ein Strafpodium führte, sie auf eine Bank schnallte und ihnen angesichts der vor Vergnügen johlenden Menge den völlig entblößten Hinterteil weidlich gerbte.

Bekanntlich folgten auch dem Kriegsheere in der Regel ganze Armeen feiler Weiber, um deren Besitz die braven Söldner oft genug wahre Privatschlachten eröffneten. Ebenso oft balgten sich aber auch die Weiber um die Gunst eines tapferen Kriegsmannes. Es herrschte da eine Liederlichkeit, die uns heutigentags einfach nicht mehr vorstellbar ist, weil sie uns geradezu wie ein Hohn auf die notwendigste Disziplin erscheint. Die Heerführer hatten mit dem Weibertroß ihre liebe Not. Es war bis auf unsere Tage nicht gut zu bestreiten, daß das Militär demoralisierend auf das weibliche Geschlecht wirkte, nicht etwa nur auf Küchenfeen, die mit Freuden ihre Ehre, ihre Existenz und sogar ihre sauer verdienten Spargroschen opferten für den bunten Rock ohne Ansehen der Person des Trägers, sondern auch auf die Töchter des Mittelstandes und der oberen Zehntausend, die oft weit stolzer waren, die Maitresse eines Leutnants sein zu dürfen als die Gattin eines achtbaren Mannes. In früheren Zeiten, als die Weiber noch im Kriegslager geduldet wurden, war das natürlich viel schlimmer, da brannten Frauen und Töchter nicht selten der Familie durch, um Soldatendirnen zu werden und das freie ungezügelte Kriegsleben zu genießen. Nicht etwa bloß im sogenannten finsteren Mittelalter kam so etwas vor, sondern noch im XIX. Jahrhundert liebten die Weiber solche Freuden; hat man doch noch 1870 in französischen Lagern reiche Schätze an Damengarderobe erbeutet. Wie sich zuweilen im Anfang des vorigen Säkulums die Kriegsobersten von dem lästigen Weibsvolk befreiten, das zeigt ein Fall, der sich im Juli 1808 im Kriegslager zu Glogau abspielte. Vier Weiber hatten sich in das Lager begeben, um von den kräftigsten Soldaten in unbeschränktem Maße ihre sündigen Lüste befriedigen zu lassen. Zwei hatten sogar Betten mitgebracht, die anderen begnügten sich mit einem Strohlager; alle aber gestatteten jedem Soldaten, der Lust dazu hatte, den Zutritt, und da sich die braven Krieger eine so günstige Gelegenheit nicht gern entgehen lassen wollten, da vielmehr jeder gern der erste sein wollte, der diesen modernen Venustempel betrat, gab es eine furchtbare Prügelei, die der General selbst kaum zu hemmen vermochte. Um ähnlichen Vorkommnissen ein für allemal einen Damm vorzuschieben, beschloß der findige Befehlshaber ein Exempel zu statuieren. Er ließ sich die vier Weiber sofort vorführen, um ein strenges Gericht über sie zu halten, und das tat er denn auch in einer Weise, die verdient, der Nachwelt für alle Zeiten aufbewahrt zu werden. Zunächst ließ er dem liederlichen vierblätterigen Kleeblatt das Haupthaar kahl abscheren, dann mußten sich die Unersättlichen vollständig nackt ausziehen und sich zu einer feierlichen Prozession im Evakostüm bereit halten. Gerade um die Mittagszeit, als alle Soldaten und zahlreiche Zivilpersonen im Lager anwesend waren, wurde das schamlose Weibsvolk nackt durch das ganze Lager geführt. Voran marschierten Trommler, damit dem seltsamen Zuge die allgemeinste Aufmerfsamkeit geschenkt werden sollte. Nach diesem Marsche durften sich die so seltsam Bestraften wieder ankleiden, dann erhielten sie die strengste Weisung, niemals wiederzukommen, und schließlich wurden sie mit Schimpf und Schande davongejagt. Da sie durch das Abschneiden der Haare dauernd entstellt und geschändet waren, wird wohl die Warnung genügend gewirkt haben, und es ist sogar anzunehmen, daß dieser Vorgang auch sonst „den Zuzug ferngehalten" hat. Jedenfalls machte die Sache damals ein ungeheures Aufsehen, und es ist sogar ein besonderes Flugblatt mit Abbildung der Prozession gedruckt und verbreitet worden. Dem General einen Vorwurf zu machen, wagte aber niemand, und das ist beinahe das Bezeichnendste an der Sache.

Das Abschneiden des Haupthaares war übrigens besonders im XVIII. Jahrhundert eine sehr beliebte Zivilstrafe gegen liederliche Frauenspersonen, die man dann auch noch gern einige Zeit niedrige öffentlich Arbeiten, wie Straßenfegen usw. verrichten ließ. Auch eine Berliner Verordnung vom Jahre 1787 bestimmte noch, daß liederliche Frauenzimmer zur Warnung öffentlich Brücken und Plätze abfegen sollten. Selbst solche Weiber, die eigentlich nicht Prostituierte waren, sondern nur einen „Liebsten" hatten, konnten polizeilich aufgehoben und ins Gefängnis geworfen werden. Daß sie dadurch gebessert worden wären, wird der nicht behaupten wollen, der das damalige Gefängniswesen genauer kennt. So furchtbar nämlich im XVIII. Jahrhundert noch die Haftstrafen waren, so fidel gestalteten sie sich im Anfang des XIX. Jahrhunderts. Getrennte Gefängnisse gab es kaum; man sperrte gewöhnlich die ganze Gesellschaft, Männer, Weiber, Strolche und „bessere" Sträflinge in denselben Raum und überließ es ihnen, sich das Leben, soweit es ihre Mittel gestatteten, angenehm zu machen. Da gab es nicht selten die tollsten Orgien, die mitgefangenen Weiber schlossen sich nach Herzenslust ihren zahlungsfähigen Leidensgenossen an, oder gesellten sich auch zum Zeitvertreib den weniger Wohlhabenden zu. Das waren unbeschreibliche Zustände, und es ist wohl begreiflich, wenn alle diese Mißstände, zu denen wir auch die öffentlichen Schandstrafen rechnen dürfen, den Gedanken anregten, einmal gründlich Remedur zu schaffen und auch das Prostitutionswesen zu organisieren. Mir liegt eine Publikation aus dem letzten Viertel des XVIII. Jahrhunderts vor, in der es heißt: „Aber darauf sollte (die Obrigkeit) sehen, daß keine inficirte Personen geduldet würden, und hierzu ist kein Mittel besser, als durch eine gute Polizey die Anstalt zu machen, daß alle, wie es heißt, auf ihre eigene Hand liegende Frauenzimmer der Obrigkeit genau angezeigt und gar nicht geduldet würden. Dahingegen sollte man offenbar Mädgenhäuser, unter Aufsicht einer oder einiger Frauens, die man in Copenhagen mit dem ehrbaren Namen Jungferncomprotirs belegt, durch Privilegia gestatten, dahin sehen, daß in solche junge Leute mit Sicherheit ihrer Geldbörse und Gesundheit gehen könnten, und zu dem Ende wöchentlich die Mädgens durch Feldscheers und Hebammen besichtigen lassen, und die im geringsten Inficirte nach einer Charité schicken; wenn man aber mit Gewißheit einen Vergifter der menschlichen Zeugung entdeckte, solchen exemplarisch bestrafen. Auf diese Art würde eine Obrigkeit zur wahren Wohlthäterin des menschlichen Geschlechts werden." Neu war der Gedanke, die Dirnen in besondere Häuser zu verweisen, nicht, denn vom alten Rom abgesehen, hatte es solche Institute schon vor mehr als 500 Jahren gegeben, und jener Verfasser selbst beruft sich auf ähnliche Einrichtungen in Kopenhagen; aber von großer Wichtigkeit ist die Betonung der Notwendigkeit regelmäßiger wöchentlicher Untersuchungen, die auch jetzt noch den Kernpunkt der polizeilichen Kontrolle bilden und stets bilden müssen. Die wichtige Frage, ob man für die „polizeiliche Schutztruppe besondere Kasernen“ errichten, oder die Mädchen auf eigene Faust „gehen“ lassen soll, ist indes bis auf den heutigen Tag noch nicht zur Ruhe gekommen. Ebenso ist niemals völlig geklärt worden, was überhaupt unter Prostitution zu verstehen sei, oder richtiger, wie eng und wie weit man die Grenzen dieses Begriffes zu ziehen habe. Nach altem Canonischen Rechte galt schlechthin die für eine Hure, die sich vielen preisgab. Das ist auch zweifellos eine an sich richtige Definition; sie ließ aber doch noch einige Zweifel darüber, was denn unter „Vielen“ zu verstehen sei, und eine alte Glosse spricht den fast humoristischen Gedanken aus, daß eine Frauensperson nur dann eine Hure sei, wenn sie 23000 Männer zugelassen habe. Man würde danach wohl, wie der selige Diogenes, mit einer Laterne vergeblich suchen, denn einmal wäre es gewiß nicht leicht, diese Menge Männer richtig zu zählen, und zweitens würden wohl auch die „strebsamsten“ Weiber selbst im hohen Alter diese „Würde“ noch nicht erreicht haben. Andere — man darf wohl sagen vernünftigere und anspruchslosere — Kommentatoren wollten schon nach einem Verkehr mit 60 verschiedenen Männern einem Weibe die Bezeichnung „Hure“ zuerkennen. Döpler schreibt (anno 1693): „Nach dem gemeinen Kayser-Recht wird die vor eine Hure gehalten, so sich öffentlich, auch wohl ohne Huren-Lohn prostituieret. Heut zu Tage wird es von solchen unzüchtigen Weibern vor eine freye Kunst geachtet, und wandern die Schwestern gemeiniglich aufs Handwerk, und verdienen klein Geld.“ In unserer Zeit versteht man unter einer Prostituierten meist eine Frauensperson, die sich einer unbestimmten Anzahl von Mannspersonen preisgibt; aber rechtlich ist immer nur eine Gewerbsmäßigkeit Voraussetzung. Der § 361 al. 6 St.-G.-B. spricht ausdrücklich von gewerbsmäßiger Unzucht. Das ist auch gewiß zutreffend, und ich würde es wenigstens für völlig verfehlt halten, wollte man auch ein Mädchen, das sich von verschiedenen Männern verführen läßt, oder selbst verschiedene Männer verleitet, um lediglich der eigenen Lüsternheit Rechnung zu tragen, für eine Prostituierte erklären. Dagegen setze ich dem Begriffe der Gewerbsmäßigkeit in bezug auf die Anzahl der Männer keine Schranken; ich halte den Begriff der Gewerbsunzucht auch dann schon für gegeben, wenn eine Frauensperson mit einem einzigen Manne gegen Entgelt Unzucht treibt, sofern die Zahlung so wesentlich ist, daß sie den einzigen oder doch wenigstens einen bedeutenden Teil des Lebensunterhaltes ausmacht. Zu berücksichtigen sind jedoch immer die besonderen Einzelheiten des Falles. Unter Umständen kann selbst das dauernde Konkubinat, durch das eine Frauensperson vollständig unterhalten wird, sich nicht als eine Art der Prostitution darstellen; es kann nämlich eine sogenannte Gewissensehe sein, wie sie Goethe mit der Vulpius führte, d. h. eine Ehe ohne standesamtliche Sanktion, bei der aber die gegenseitige Treue gehalten wird. Dagegen ist ein Verhältnis, bei dem ein wohlhabender Mann ein Mädchen „aushält", damit es ihm stets zur Verfügung steht, in der Regel als eine verfeinerte Prostitution anzusehen. Das wesentliche Merkmal ist stets die körperliche Hingabe gegen Entgelt, d. h. es muß auf der einen Seite die Hingabe des Geldes zur Erlangung der sinnlichen Befriedigung, auf der andern Seite die körperliche Preisgabe zur Erlangung des Geldes erfolgen. Geht man hiervon aus, dann wird sich der streng logische Begriff der Prostitution nicht in allen Fällen mit dem strafrechtlichen decken können. Wenn die körperliche Preisgabe nicht in der Absicht erfolgt, einen baren Geldpreis, sondern nur einen sonstigen Vorteil zu erlangen, etwa eine gute Stellung oder auch nur die Fürsprache zur Erlangung derselben, so ist dies streng logisch auch eine Prostitution; ja es kann sogar eine Ehre mit der Ehre erkauft werden, beispielsweise — um nur eine blutige Satire zu erwähnen — die Erlangung des Tugendpreises, so wird man da ebenfalls wohl von einer Prostitution, niemals aber von einer gewerbsmäßigen Unzucht sprechen dürfen.

Wenn ich nun zu den allgemeinen Betrachtungen über das Wesen der heutigen Prostitution übergehe, kann ich mich natürlich nicht auf das beschränken, was das Strafgesetzbuch unter gewerbsmäßiger Unzucht verstanden wissen will, sondern ich muß notgedrungen auch Dinge zur Sprache bringen, die dem eigentlichen Dirnenwesen fernliegen, die aber immerhin einen Zusammenhang mit diesem haben, oft auch als der Anfang der Prostitution im strafrechtlichen Sinne gelten können, Wenn wir später die Kuppelei zu besprechen haben, werden wir finden, daß der Uebergang von der einen Gruppe zur anderen doch nicht so weit und beschwerlich ist, wie es dem weniger unterrichteten Leser erscheinen mag.

Wer die Prostitution an der Quelle und mit allen ihren Einzelheiten und Abarten studieren will, der darf natürlich nicht in einem Dorfe oder in einer kleinen Provinzialstadt sein Observatorium errichten, und wenn er einen wirklichen Einblick gewinnen will, muß er eine reiche Lebenserfahrung und eine gute Beobachtungsgabe mitbringen. Ich will nun nicht etwa behaupten, daß es in Dörfern und kleinen Städten keine Prostitution gäbe, im Gegenteil, sie findet sich überall, aber sie ist in der Regel — sagen wir — primitiver und sucht sich mehr zu verbergen, während sie in den großen Städten sich ungescheuter und öffentlicher breit macht, so daß sie auch der Einfältigste bemerkt. Wenn ich trotzdem sage, der Studierende müsse eine reiche Lebenserfahrung und eine scharfe Beobachtungsgabe mitbringen, so ist das durchaus gerechtfertigt, denn ein Blick hinter die Kulissen, d. h. ein wirkliches Erkennen des ganzen Treibens gewinnt der Durchschnittsmensch nur selten. Es geht mit der Prostitution so ähnlich wie mit dem Sturme, von dem geschrieben steht, man hört ihn brausen, aber man weiß nicht, von wannen er kommt, und wohin er geht. In den Weltstädten Paris, London, Berlin, Hamburg, Petersburg, Moskau, Wien, München, natürlich auch jenseits des großen Wassers in New York und Chicago, selbst in Tunis zeigt sich die Prostitution in ihrer Internationalität; berühmt oder berüchtigt ist auch das Dorf Jericho, das ich deshalb erwähne, weil auch in dem großen alttestamentlichen Jericho das erste, was die israelitischen Kundschafter genauer kennen lernten, die Hure Rahab war. Von sächsischen Städten ist Leipzig wohl diejenige, die in dem Rufe steht, eine starke Pro-

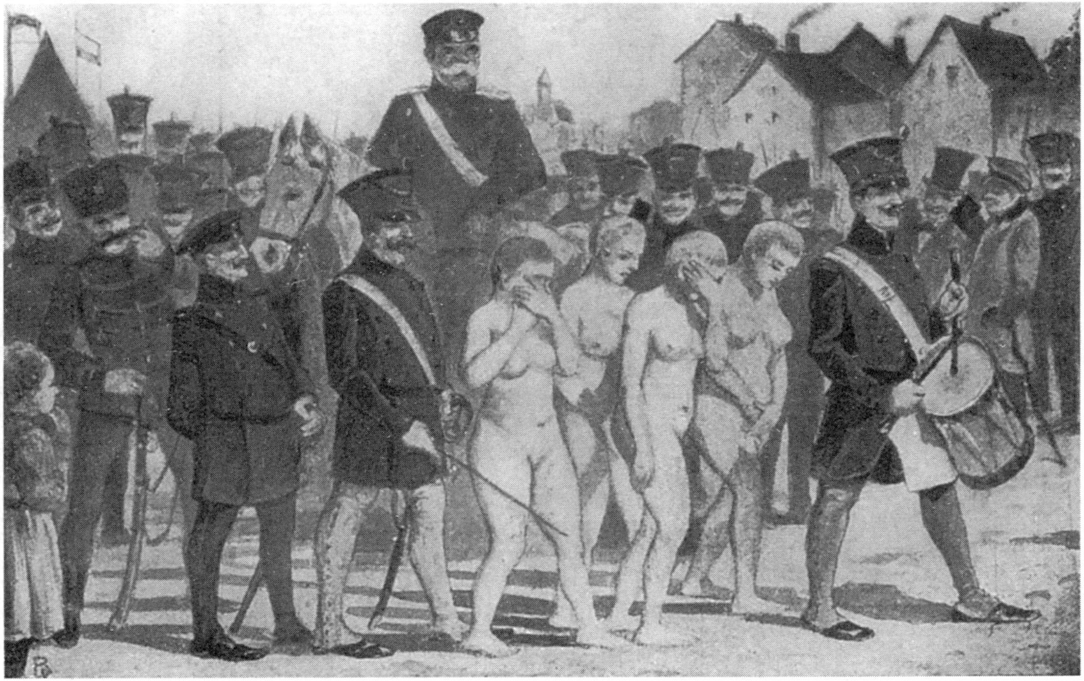

**Eine exemplarische Bestrafung von Soldatendirnen.**

im Kriegslager von Glogau im Jahre 1808.

situtiom zu beherbergen; für den Forscher ist aber Dresden interessanter, denn Dresden ist wohl in Deutschland die Stätte der vollendetsten Heuchelei. Der Uneingeweihte erhält dort in der Regel den Eindruck einer wohltuenden, spießbürgerlichen Sittsamkeit; wie aber sieht es dort in Wirklichkeit aus? Selbst der an „starken Toback" gewöhnte Berliner erschrickt zuweilen, wenn er das verborgene Treiben genauer kennen lernt. Ja, wenn eine scheinheilige Heuchelei schon Tugend, ein dünner Firnisglanz schon Geld wäre, dann brauchen wir kein Sittlichkeitsgesetz für das Deutsche Reich, sondern nur eins für wenige Städte im Deutschen Reich; aber es ist doch wohl besser, man schafft's für ganz Deutschland und sorgt dafür, daß es auch befolgt wird.

In unseren deutschen Großstädten rekrutieren sich die Prostituierten hauptsächlich aus deutschen Christenmädchen. In Berlin und den Seestädten kommen auch farbige Prostituierte vor, die zwar nicht immer im Auslande geboren sind, aber doch von farbigen Eltern stammen. Es gibt jetzt schon genug Farbige in Deutschland, die keineswegs im Cölibat leben. Sonderbarerweise sind Neger und ähnliche Leute für die deutsche Frauenwelt ein besonders gesuchter Artikel, der sprichwörtliche Hang der Deutschen, für alles Fremde zu schwärmen, zeigt sich auch darin wieder. Jüdische Prostituierte sind in Deutschland seltener; in Tunis, Kairo, auch in amerikanischen Städten findet man sie häufig; ja sie sind an manchen Orten fast die ausschließlichen Vertreterinnen der Prostitution. Chinesinnen, die in Chicago und anderen amerikanischen Städten das Hauptkontingent stellen, gibt es in Deutschland so gut wie gar nicht; es herrscht hier auch für solche Geschöpfe kein Bedarf, denn es gibt schon so viele deutsche Mädchen, die dem Laster verfallen sind, daß sie die Heimat nicht mehr zu ernähren vermag. Ganze Scharen deutscher Prostituierter wandern fortgesetzt ins Ausland, um dort mit besserm Erfolge das schändliche und leider doch so nötige Gewerbe zu betreiben. In den holländischen Bordells, in Kopenhagen, Wien, Petersburg, in Oesterreich-Ungarn — kurz überall sind deutsche Prostituierte in Massen zu treffen, und in London, das ich so ziemlich für die unsittlichste Großstadt der Welt halte, bilden sie einen hohen Prozentsatz der Prostitution; sie zählen dort aber nicht zu der „besten“, sondern sind in der Regel noch viel tiefer gefallen, als sie es in der Heimat schon waren.

In einem längeren Aufsatz hat die bekannte Anna Pappritz über die Frage: „Gibt es eine „geborene“ Prostitution?“ recht sonderbare Betrachtungen angestellt. An und für sich fällt es nicht mehr auf, daß eine Dame öffentlich so heikle Themata behandelt, denn im modernen Leben muß man auch in solchen Fragen Damen das Wort lassen. Wir wollen uns hauptsächlich mit dem Anfang dieses Artikels befassen, der wörtlich lautet: „Bei Erörterungen über die Prostitutionsfrage hört man öfters die Ansicht äußern, daß es „geborene Prostituierte“ gibt, d. h. Frauen, die einen angeborenen, unausrottbaren Hang zum Laster haben. Beweis dafür sind die gescheiterten Rettungsversuche. Und das Argument benützten die Verfechter des Reglementierungssystems, um alle ethischen Gründe, die dagegen sprechen, aus dem Felde zu schlagen; sie sagen: „Nicht die Kontrolle entwürdigt die Frauen, sondern durch die Tatsache des „Sich-Prostituierens“ entwürdigen sie sich selbst.“ Sie bedenken bei diesem harten Urteil nicht, daß es tausende von Frauen gibt, die keine „Würde“ zu verlieren haben, weil sie niemals auch nur die allerelementarsten Begriffe von Sittlichkeit und Schamhaftigkeit kennen lernten. Nicht ihre „eingeborenen, lasterhaften Triebe“, wohl aber das ganze Milieu, in dem sie aufwuchsen, prädestiniert sie zum Lasterleben.“ — Mag man über die hier angeregte Frage denken, wie man will, jedenfalls steht fest, mehr als Anna Pappritz sich in diesen kurzen Sätzen selbst wiederspricht, kann es ihr wohl ihr erbittertster Gegner, wenn sie deren besitzen sollte, nicht tun. Selbstverständlich würde Anna Pappritz durch ihren Widerspruch zugeben, daß „das harte Urteil“ durchaus gerecht wäre, denn wie eine Frau, die niemals auch nur die allerelementarsten Begriffe von Sittlichkeit und Schamhaftigkeit kennen lernte und deshalb niemals ein Würde zu verlieren hatte, nun plötzlich durch die Kontrolle entwürdigt werden soll, das kann allenfalls weibliche Logik herausfinden. Weiter wird in dem Artikel ausgeführt, das Schamgefühl sei nichts angeborenes, sondern nur etwas anerzogenes, und zur Zeit der Geschlechtsreife, der erwachenden Triebe, werde dies anerzogene sittliche Feingefühl zu einer mächtigen Schutzwehr vor jeder Versuchung. Dann heißt es wörtlich weiter: „Nicht nur das junge Mädchen scheut vor allem Unreinen zurück, sondern der Mann respektiert diese Reinheit, er würde es als etwas Schmachvolles bertrachten, sie zu besudeln. Die Keuschheit des jungen Mädchen ist ihm heilig, verehrungswürdig — ja, mehr noch, es ist ihm ein Bedürfnis, Erholung und Ruhe in reiner Atmosphäre zu suchen, nachdem er im Schmutze gewatet. Dabei macht er sich nicht klar, daß Reinheit ebenso wenig Naturanlage ist wie Schamlosigkeit, daß beides vielmehr als ein Produkt der Verhältnisse anzusehen ist, und daß es vielfach das Verdienst resp. die Schuld des Mannes mehr als die der betreffenden Frauen selbst ist, ob sie zu der einen oder anderen Kategorie gehören. (?) Der junge Mann, der der Tochter des Hauses mit ausgesuchter Ehrerbietung begegnet, erlaubt sich fünf Minuten später dem Dienstmädchen gegenüber eine unpassende Vertraulichkeit, und doch würde er es mit Entrüstung zurückweisen, wenn man ihm Mangel an Achtung vor der Frau vorwürfe. Die Frage, warum er der „Dame" gegenüber eine Vertraulichkeit, die er sich mit dem Dienstmädchen gestattet, nicht wagen würde, beantwortet er mit einem Hinweis auf seine „Erfahrung". So glaubt der Mann, daß ein großer Teil des weiblichen Geschlechts „dazu geschaffen ist", daß er diesem gegenüber die in der Theorie so oft beteuerte „Achtung vor dem Weibe" hintansetzen darf, ohne seiner Ehrbarkeit und Gewissenhaftigkeit etwas zu vergeben, und er grübelt gar nicht über das wunderbare Naturschauspiel nach, daß die Natur, die ihre Gaben doch sonst gleichmäßig verteilt, die schöne Gabe der Keuschheit nur für einen engumgrenzten Kreis von weiblichen Wesen reserviert. Jeder Mann aber, der die Reinheit seiner Gattin und Tochter als kostbaren Schatz bewahrt, sollte sich klar machen, daß sie, unter denselben Umständen aufgewachsen, auch nicht anderes geworden wären als jene, die er in seiner Jugend als Genußobjekte gebrauchte, um sie nachher zu verachten." — Es ist tief bedauerlich, daß Anna Pappritz nicht auch das Geheimnis verrät, aus welcher bisher verborgenen Quelle sie ihre Menschen- und besonders Männerkenntnis geschöpft hat, denn diese widerspricht vielfach bisher gesammelten Erfahrungen. Wenn die Männer wirklich die Keuschheit des jungen Mädchens heilig halten, wo kommen da die betrogenen und verführten Mädchen her, und warum halten Männer dann nicht auch die Keuschheit des Dienstmädchens heilig? Wäre wirklich Reinheit oder Schamlosigkeit von jeher ein Produkt der Verhältnisse, in denen ein Mädchen aufgewachsen ist, nun dann könnte es überhaupt keine Verführung geben — wohl Anna Pappritz, wenn sie ihr fern geblieben ist. — Dann müßten aber auch die Dienstmädchen gesichert sein, weil sie in sittlich-relegiöser Hinsicht oft reiner erzogen sind als die Töchter des Hauses, die in modernen Theatern und bei der Lektüre moderner Romane und Essays nicht immer die sittlich kleinbürgerlichen Anschauungen mancher Dienstmädchen bewahrt haben. Sind die Ausführungen des Artikels, wie sich zeigt, schon an sich widerspruchsvoll, so sind sie auch noch objektiv unzutreffend; es fällt sehr vielen Männern nicht im Traume ein, Keuschheit und Reinheit heilig zu halten, ganz im Gegenteil, sehr viele Männer, denen es, wie dies auch durchaus begreiflich und erklärlich ist, widerstrebt, mit Prostituierten Geschäftsverbindungen anzuknüpfen, die neben dem sexuellen Akt auch — sagen wir einmal — geistige Unterhaltung suchen, die es lieben, mit einem Mädchen sich auch öffentlich zeigen, Restaurants besuchen und kleine Ausflüge machen zu können, suchen gerade mit Vorliebe die Bekanntschaft möglichst unverdorbener Mädchen zu machen. Reden wir noch nicht einmal von der sogenannten Deflorationsmanie, zu der aus rein physischen Gründen Mädchen, die schon als Kinder verdorben waren, nicht mehr zu gebrauchen sind, so wird doch der Durchschnittsmann eine noch unberührte Jungfrau in der Regel einer Prostituierten vorziehen, und er wird sich dann auch alle Mühe geben, die Auserkorene nicht „unberührte Jungfrau“ bleiben zu lassen. Es wird da kein Standesunterschied gemacht, sondern die Gelegenheit benutzt, wie sie sich bietet. Daß ein Mann sich dem Dienstmädchen gegenüber mehr erlaubt, als im Salon der Tochter des Hauses gegenüber, das wird außer Anna Pappritz wohl eigentlich niemand wunderbar finden, denn das erfordert doch schon die einfachste Rücksicht, die jeder Gast gegen seinen Wirt zu üben hat. Der Unterschied schwindet aber sofort, wenn die Tochter des Hauses zu erkennen gibt, daß sie die größere Vertraulichkeit, gegen die das Dienstmädchen meist durch seine Stellung fast wehrlos ist, nicht übel nimmt. Es ist einfach lächerlich, statt dieser natürlichen Erklärung eine unnatürliche suchen zu wollen. Der ganze Aufsatz beweist nur, wie wenig manchmal Frauen, die sich die Lösung derartiger Fragen geradezu zur Lebensaufgabe gemacht haben, von solchen Dingen verstehen. Es fehlt Anna Pappritz nicht allein die notwendige Erfahrung, sondern hier auch die Fähigkeit, logisch zu denken. Kein Mensch wird bestreiten wollen, daß ein Mädchen, das in einem Milieu wahrhaft grauenvoller Sittenzustände aufgewachsen ist, leichter auf den Weg des Lasters geleitet wird, als ein Mädchen, das wie ein Ei gehütet wurde. Das sagt noch nicht, daß von Natur aus die Behütete besser und reiner sein müsse, als die aus dem sittenlosen Milieu Hervorgegangenen. In die Arme der Prostitution führt doch wahrlich nicht allein die Neigung zu einem leichtsinnigen Lebenswandel. Da spielen ganz andere Momente mit. Vor allen Dingen Not und Verzweiflung über ein vernichtetes Lebensschicksal. Daß eine Katharina II. oder alle die in der Weltgeschichte wegen ihrer sexuellen Unersättlichkeit berühmt oder berüchtigt gewordenen Courtisanen nicht notwendig hatten, sich durch ihre Lasterhaftigkeit den Lebensunterhalt zu erwerben, also gewerbsmäßige Unzucht zu treiben, ist für die Frage ihres moralischen Wertes vollständig gleichgültig, und Beispiele von Töchtern aus sehr guten Familien, die doch Prostituierte geworden sind, weil sie trotz aller anerzogenen Sittsamkeit das Laster nicht meiden konnten und sich lieber verstoßen ließen, als anständig zu leben, Beispiele durchaus sorgfältig erzogener Mädchen, die durch gewissenlose und raffinierte Verführung der Prostitution in die Arme geführt wurden, sind so bejammernswert zahlreich, daß es wirklich schade um jeden Tropfen Tinte wäre, den man anwenden müßte, um die von schauerlicher Sachunkunde zeugenden Behauptungen der Anna Pappritz eingehender zu widerlegen. Dazu braucht man noch nicht einmal das praktische moderne Leben zu kennen, schon die Literatur lehrt es, freilich nur den, der sich nicht die Augen verbindet und es vorzieht, mit inhaltslosen Phrasen eine so schwierige Frage lösen zu wollen, wie es nun einmal die Prostitutions- und Sittlichkeitsfragen sind. Wie unsinnig die Theorie ist, daß Sittlichkeit und Schamlosigkeit stets allein Produkte der Erziehung seien, und daß jede Frau eine Dirne sein würde, wenn sie in einem entsprechenden Milieu aufgewachsen wäre, beweist wohl klar der Umstand, daß tatsächlich auch Mädchen, die wirklich in einem Milieu vollkommener sittlicher Verwahrlosung aufgewachsen, dennoch durchaus anständige und einwandsfreie Charaktere geworden sind.

Für mich gibt es keine maßgebenden statistischen Zahlen; sie beweisen in Wirklichkeit absolut nicht mehr, als daß es überhaupt eine Prostitution gibt, und daß diesem Gewerbe viele Mädchen obliegen. Das sind lediglich solche Dinge, die man ohne jede Statistik auch weiß. Wie hoch aber die Ziffer sich beläuft, davon erfährt man durch die Statistik nichts; im Gegenteil, sie kann immer nur ein völlig falsches Bild liefern, da sie bloß die offizielle Zahl, also die der wirklich unter polizeilicher Kontrolle stehenden Mädchen gibt; die geheime Prostitution ist aber der offiziellen an Zahl ganz bestimmt nicht untergeordnet. Außerdem gibt es auch noch eine Art, die ich die wandernde Prostitution nennen möchte; es sind dies Dirnen, die eigentlich keinen festen Wohnsitz haben, sondern die verschiedensten Städte aufsuchen, überall bleiben, solange das Geschäft geht, und die Polizei ihnen nicht ins Gehege kommt. Diese Dirnen unterrichten sich immer sehr genau darüber, wo „etwas los" ist. Messen, Märkte, Sänger-, Turn-, Schützen- und sonstige Feste, die große Menschenmengen nach den betreffenden Orten führen, noch dazu Menschen, denen es auf eine Ausgabe mehr oder weniger in der Regel nicht ankommt. Dort haben sie, wie sie voraussetzen, meist eine reiche Ernte, und vor Belästigungen sind sie auch ziemlich sicher, da die Behörden solcher Festorte meist ganz zufrieden sind, wenn die zahlreichen fremden Gäste, denen man ohnehin im Interesse der Stadt möglichst entgegenkommen muß, durch die fremden Dirnen von schlimmerem Unfug ferngehalten werden. Es läßt sich auch gewiß nicht verkennen, daß es ganz bedeutend im Interesse der weiblichen Einwohner liegt, wenn nicht allzustreng das Treiben fremder Dirnen überwacht wird, denn fremde Festgäste pflegen fidel zu sein und respektieren dann nicht immer mit der Sorgfalt einer Anna Pappritz den Grad sittlicher Reinheit einer Bürgerstochter.

Eine Kleiderordnung gibt es nicht; es geht jede gekleidet, wie es ihre Verhältnisse gestatten. Diese aber lassen einen ungeheuren Spielraum; es gibt Prostituierte, die in Samt und Seide einherstolzieren und kostbare Schmucksachen tragen, die sie — das ist bezeichnend — zuweilen für ein Ballbillet versetzen; es gibt aber auch Prostituierte, die sich kaum in Lumpen hüllen können. Als einmal so ein — man darf hier wohl sagen — bejammernswertes Geschöpf in Berlin an der Sandkrugbrücke ermordert und ins Wasser geworfen worden war, stellte sich bei der Untersuchung der Leiche heraus, daß diese nicht einmal mit einem Hemde bekleidet war, und daß die übrige Garderobe trotz der noch winterlichen Kälte zerlumpt und im höchsten Grade mangelhaft war. Diese Mordtat beschäftigte anfangs der neunziger Jahre das Berliner Schwurgericht. Die Gegend um die Sandkrugbrücke wurde nur von den armseligsten Geschöpfen „begangen", die sich für wenige Groschen dort unter freiem Himmel in den Promenadenanlagen prostituierten. Jetzt ist dort die Gegend wohl besser gesäubert worden, ebenso wie die früher sehr unsicheren Partien des Tiergartens. Auch in der Gegend an der Fennbrücke, am Spandauer Schiffahrtskanal, teilweise im sogenannten Scheunenviertel, weiter im Südosten, in den Rixdorfer Wiesen, dem Treptower Park usw. trieben sich die armseligsten Geschöpfe umher und lauerten auf Beute; wer sie aufsuchte, begab sich in die Höhle des Löwen, denn die Gegenden waren zum größten Teile gefährlich, und selbst der Polizei machte der männliche Anhang der Megären viel zu schaffen. In Berlin W. und SW. floriert dagegen die Crême der Prostitution. Dort gibt es Dämchen, die sich vornehme Wohnungen und Dienerschaft halten können, und die natürlich auf die Plebs mit tiefer Verachtung herabblicken. Plebs sind nämlich alle die, denen Fortuna weniger verschwenderisch ihre Gaben in den Schoß geworfen hat, „gewöhnliche" Menschen, die sich schlecht und recht ernähren müssen, Männer, die nicht die Mittel besitzen, mit ihnen Freundschaft zu schließen, ein Luxus, zu dem in der Tat die meisten Menschen nicht reich genug und auch nicht — dumm genug sind. Da kann man wirklich sagen: „Hochmut kommt — „nach" dem Fall." Die Verschwendungssucht dieser sogenannten Damen kennt gar keine Grenzen, und die Unglücklichen, die ihnen in die Hände fallen, sind oft für das ganze Leben ruiniert. Mitleid kann man eigentlich nicht mit ihnen haben, denn wer dumm ist, muß „geprügelt“ werden. Es sei nur an die Vergnügungsfahrt erinnert, die der ehemalige Konsul Schneider mit einer solchen Dulcinea unternahm. Da wurden sogar die Fidibusse aus Papiergeld hergestellt, und Papiergeld diente auch seiner handlichen Form wegen an stillen Orten den Zwecken, zu denen gewöhnliche Sterbliche gelesene Zeitungen, Luxusmenschen höchstens eine perforierte Rolle benutzen. Das Ende vom Liede war, daß der törichte Konsul kräftige Unterschlagungen begehen und sich deshalb das Leben nehmen mußte, während die Dulcinea, die übrigens keine zünftige Prostituierte, sondern eine Berliner Theaterdame älteren Jahrgangs war, die Anklagebank des Berliner Landgerichts zu zieren hatte, aber freigesprochen werden mußte, da man ihr eine Hehlerei nicht nachweisen konnte. Auch der Prozeß gegen die falsche Erzherzogin von Oesterreich-Este, der 1895 vor der zweiten Strafkammer des Berliner Landgerichts I zur Verhandlung gelangte — übrigens eine der letzten Verhandlungen, die der Landgerichtsdirektor Brausewetter leitete, — bot ein interessantes Bild wahnsinniger Verschwendungssucht. Die falsche Erzherzogin war in Wirklichkeit eine Chansonette sehr untergeordneten Ranges und die Tochter einer Waschfrau, die bei der Betrugskomödie die stumme Rolle einer Gräfin Dubarry spielte, stumm deshalb, weil sie angeblich kein Wort deutsch verstand, und verstehen durfte sie kein Wort, weil sie keins sprechen konnte, wenigstens kein richtiges.

Nur in den seltensten Fällen können nach unserem Rechte Sirenen zur Verantwortung gezogen werden, wenn sie auch in der unerhörtesten Weise ihre Anbeter ausgebeutet haben. Sehr oft zwingen sie ihre Seladons zu Ausgaben, die deren Mittel bedeutend überschreiten. Die leichtsinnigen Burschen begehen dann eher Wechselfälschungen, als daß sie es wagen, mit vollem Herzen und leerem Beutel statt umgekehrt zu erscheinen, denn im letzteren Falle würde wohl aus der Gnädigen sofort eine Ungnädige werden. Ist ein solcher leichtfertiger Mensch aus Charakterschwäche und falschem Ehrgefühl zum Verbrecher geworden, dann macht die Staatsanwaltschaft wohl ab und zu einen schüchternen Versuch, den weiblichen Vampir wegen Hehlerei oder, wenn's ja einmal geht, auch wegen Betrugs zur Verantwortung zu ziehen; aber in der Regel endet die Sache mit einer Freisprechung, weil es fast nie gelingt, den Nachweis zu erbringen, daß die Verschwenderin gewußt habe, sie erhalte Geld, das mittels einer strafbaren Handlung erlangt war. Das Gesetz bestraft wohl den Wucherer, der hohe Zinsen von einem unsicheren Lebemann genommen hat, weil er den Leichtsinn desselben ausgebeutet hat; die ausbeutende Dirne aus dem gleichen Grunde zu fassen, dazu kann man sich leider immer noch nicht entschließen. Die Gesetzgebung, die in neuerer Zeit auch da, wo die objektive Prüfung nicht die mindeste Notwendigkeit einzusehen vermag, mit staunenswerter Energie so viele Spezialgesetze schafft, daß der Durchschnittsjurist schon nicht mehr das ausreichende Gedächtnis besitzt, um sich alle die Gesetze und Gesetzchen merken zu können, läßt hier, wo es sich um einen horrenden Krebsschaden handelt, absolut im Stiche. Man ist da immer geneigt, den Schutz der persönlichen Freiheit in den Vordergrund zu rücken und zu sagen, es dürfe niemand gehindert werden, freiwillig Zuwendungen zu machen, so viel er Lust hat. Ja, wenn dies nur die allgemeine Richtschnur wäre; sie ist es aber weder beim Wucher noch bei anderen Dingen. Man schafft doch auch für alle möglichen Sachen Taxen, die nicht überschritten werden dürfen, man greift mit kühner Hand in die persönliche Freiheit der Geschäftsleute und verbietet ihnen, nach 8 Uhr abends noch etwas zu verkaufen usw. Warum kann denn nur die Dirne, die doch wirklich unendlich oft Leben und Existenz junger und älterer Männer durch die schnödeste Ausnutzung ihres Leichtsinns vernichtet, in ihrem gemeingefährlichen Treiben vollkommen ungehindert bleiben? Es ist doch schon so weit gekommen, daß man mit tötlicher Sicherheit stets da, wo junge Leute Unterschlagungen und Fälschungen begangen haben, vorhersagen kann, daß sie sich haben von liederlichen Frauenzimmern ausbeuten lassen. Auch für mich versteht es sich von selbst, daß nicht durch Gesetze dem Uebel der Garaus gemacht werden kann; aber vieles läßt sich bessern. Man darf Geschöpfe, die nun einmal zum niedrigsten Auswurf der Menschheit gehören, in die für sie notwendigen Schranken zurückweisen; das wird kein vernünftiger Mensch als eine Ungerechtigkeit empfinden. Sozial wäre eine schärfere Einschränkung des Lasters nach meiner Ansicht sehr heilsam, denn es versteht sich doch wohl von selbst, daß es Leute, die durch schwere, harte Arbeit kaum mühselig den Lebensunterhalt für sich und die Ihrigen erringen können, über alle Begriffe erbittern muß, wenn sie es täglich und stündlich vor Augen haben, daß Dirnen, die doch nur mühelos von ihrer Schande leben, als große Damen einherstolzieren und oft in einem Tage mehr vergeuden, als der ehrliche Arbeiter, auch der am Schreibsessel, in einem Jahre erwirbt. Muß sich da nicht die Frage aufdrängen, wo stammen diese Summen her, sind sie nicht der Erlös der Werte, die der Arbeiter im Schweiße seines Angesichts für kargen Lohn schaffen muß? Wer nicht arbeitet, der soll auch nicht essen, und wer von seiner Schande sich nährt, der soll wenigstens nicht auch noch in blödsinnigem Hochmut auf andere, die ehrlich arbeiten, herabsehen können.

Eine gesetzliche Maßnahme gegen die „vornehmen" Prostituierten ist aber nicht nur deshalb recht notwendig, weil diese systematisch zahllose Existenzen leichtfertiger Männer vernichten, und weil sie eine soziale Gefahr bilden, sondern auch schon aus dem im Reichsabschied von 1530 angeführten Grunde, also weil „dadurch manch fromm Weib oder Tochter verleitet wird." Es ist Tatsache, daß der so hochmütig zur Schau getragene Luxus und Reichtum solcher Frauenzimmer sehr oft andere Mädchen, die sich mühselig ernähren müssen, verleitet, dieselbe Bahn des Lasters zu betreten; es sind das solche, die sich durch den äußeren Glanz blenden lassen und nicht das befolgen, was der Lateiner so schön und kurz in die Worte kleidet: *„Respice finem."* Bedenke das Ende! Ja, wenn das die Dirnen täten!

Es ist eine alte Erfahrung, daß nur in den allerseltensten Fällen so ein Weib an das „Morgen" denkt. Wozu auch? Spielend werden der Dirne ganze Vermögen zugeworfen, und es ist selbst an der ernsten Stätte des Gerichts sehr oft festgestellt worden, daß für solche Subjekte auch der Tausendmarkschein meist nur ein Trinkgeld ist, von dem am folgenden Morgen vielleicht schon nicht eine einzige Mark mehr übrig bleibt. Wozu sich sorgen? Es gibt ja immer von selbst neue reiche Mittel, bis es einmal keine mehr gibt, denn so ein Weib ist furchtbar schnell verbraucht, und nur wenige verstehen es, sich für längere Zeit Anbeter zu erhalten. An der Stelle der schnell alternden Kokette treten frische Erscheinungen, die denselben Lebenslauf durchmachen. Noch wenigere verstehen es, aus der Zeit des Ueberflusses etwas für die Zeit der Not zu retten. Wie gewonnen, so zerronnen. Mit nichts wird die glänzende Laufbahn begonnen, mit noch weniger als nichts hört sie auf, denn die meisten sammeln nichts als massenhafte Schulden. Der Fall von Stufe zu Stufe geht mit rapider Schnelligkeit vor sich. Eine so verwöhnte und über alle Begriffe leichtfertige Person hat gar nicht den moralischen Halt, sich in andere Verhältnisse hineinzuleben; sie wird entweder eine Schwindlerin, die im Zuchthause endet, oder sie sinkt zur niedrigsten Stufe der Prostitution herab und sucht bei Schnaps und Fusel Glanz und Pracht zu vergessen. Das ist das Ende. Wenn's doch alle die sehen könnten, die sich durch den früheren Glanz blenden lassen; wie gern würde sich manche lieber ehrlich ernähren. *„Respice finem.“*

Mir tut's immer in der Seele weh, daß ein so gefährliches Gewerbe, dem doch gerade die Kreise zum Opfer fallen, die man für die besten hält, oder wenigstens solche Leute, die sich zu diesen Kreisen zählen möchten, so uneingeschränkt geduldet wird. Freilich man kann die Leute nicht unter Kuratel stellen und dem Einzelnen vorschreiben, wofür er sein Geld zum Fenster hinauswerfen soll, das geht nur beim Wucherer, und dann ist noch eins zu berücksichtigen. Mancher hoffnungsvolle Jüngling hat so gar nichts, darauf er stolz sein könnte, und so ist er es eben darauf, daß er sich den Luxus einer solchen Geliebten gestatten darf. Man ist auf so manches stolz, dessen man sich eigentlich schämen sollte, und der Jüngling hat dabei wenigstens den Trost, daß er den falschen Stolz und auch die noch falschere Geliebte mit noch mehreren teilen darf. Die Prostituierte ist stolz auf ihren Schmuck und ihre Kleidung, und doch ist jeder dieser Gegenstände ein sprechender Beweis ihrer Schande. Man kann niemandem verbieten, auf seine Schmach stolz zu sein, und es ist auch nicht gut möglich, für die Prostituierten eine bestimmte Taxe zu schaffen, nach der jeder vorgeschrieben wird, was sie zu nehmen hat; aber bei einigem guten Willen kann es nicht schwer fallen, der fabelhaften Ausnutzung des Leichtsinns ein Paroli zu bieten. Vom „freien" Willen des Gebers kann in der Regel auch nicht mehr die Rede sein als beim Wucherer, dem man doch ebenfalls aus „freiem" Willen die Wucherzinsen gewährt, denn gezwungen wird man hierzu nicht mehr als bei der Protistuierten. Will man kein besonderes Gesetz schaffen, was schließlich auch nicht nötig ist, dann fasse man doch einfach die tollsten Fälle als Wucher auf und mache so die schlimmsten Sirenen unschädlich. Nur darf keine Willkür herrschen; es muß immer eine bestimmte Norm eingehalten werden; das aber ist ein wahres Kinderspiel. Es liegt auf der Hand, daß man, wenn es keine Möglichkeit gibt, Schutz gegen das „männermordende" Treiben der Dirnen zu schaffen, auch kein Recht hat, gegen andere Ausbeutungen einzuschreiten, man muß es dann vielmehr auch jedem Hansnarren überlassen, sich im Glücksspiel und vom Wucherer ruinieren zu lassen wie von einer Vettel. Wer selbst zeigt, daß er nicht die nötige geistige Reife besitzt, sich vor dem Ruin zu bewahren, der kann doch nur seinem Gotte danken, wenn der Staat für ihn sorgt. Es genügt nicht, daß der uneingeweihte Philister sich glücklich wähnt, in einem Staate zu leben, in dem die Gesetze keine Unsittlichkeit dulden, sondern die Gesetze müssen auch wirklich so beschaffen sein oder wenigstens so angewendet werden, daß sie die schlimmsten Folgen der Unsittlichkeit nach Möglichkeit fernhalten.

Die Hauptschwierigkeit bildet eine andere Art der Gewerbsunzucht, die man zwar in der Regel nicht zu dieser zählt, die ich aber gerade für die schlimmste Prostitution halte. Nicht das Grisettentum, jenes ephemere Konkubinat, das besonders in Paris und jetzt auch in anderen Großstädten in Blüte steht, meine ich, sondern die schauderhafte Maitressenwirtschaft. Diese ist wohl der öffentlichen Sittlichkeit nicht so ganz verhängnisvoll wie die eigentliche Prostitution; aber sie ist gleichwohl ein furchtbarer Krebsschaden. Ich verstehe unter solchen Maitressen Weiber, die einem, vielleicht auch zweien gehören, ihren Inkubus wie eine Zitrone auspressen und ihn mehr oder weniger zugrunde richten. In der Regel sind es wohlhabende oder auch reiche Ehemänner, die eine solche Nebensonne halten, deren Strahlen ihnen das kleine und noch mehr das große Geld gründlich zusammenschmelzen. Es ist für so einen Ehemann oder auch für einen Junggesellen, dem seine gesellschaftliche Stellung Rücksichten auferlegt, oft geradezu unmöglich, solch einen Vampir wieder loszuwerden; es geht ihm wie dem Zauberlehrling, der auch die Geister, die er rief, nicht zu bannen vermochte. Macht er nur Miene, sich zurückzuziehen, dann gibt's eine Schreckensszene, bei der zunächst an seine Ehrenhaftigkeit und sein Gerechtigkeitsgefühl apelliert wird; die Holde wirft ihm vor, daß sie ihm die Ehre, ihre Jugend, alles geopfert habe, und daß sie sich nun nicht wegwerfen lasse wie eine am Wege gepflückte Blume, deren man überdrüssig wird. Zieht das nicht, dann wird schwereres Geschütz aufgefahren, die Maitresse, die nicht die Rolle einer Ariadne spielen will, droht mit einem öffentlichen Skandal, sie droht, der Gattin, der teueren, oder der Oeffentlichkeit die Schlechtigkeit ihres Galans — nicht die eigene natürlich — verraten zu wollen; sie droht mit Erschießen oder sonst etwas und erreicht dadurch in der Regel, daß ihr Opfer gefügig wird und weiter zahlt, denn das ist oft — nicht immer — die Hauptsache. Wenn dann noch besondere Geheimnisse vorliegen, z. B. die künstliche Beseitigung der Folgen eines derartigen Verhältnisses, was sehr oft vorkommt, dann ist der Mann auf Gnade und Ungnade seiner Geliebten überliefert. Die Gerichtsannalen haben sehr viele solcher Fälle aufzuweisen. Es sei hier nur an den Mordprozeß Sanke erinnert, der 1895 das Schwurgericht des Berliner Landgerichts I beschäftigte. Der Dr. med. Steinthal unterhielt mit der Prostituierten Sanke ein Maitressenverhältnis, bei dem er allerdings eine erbärmliche Rolle spielte. Er ließ sich von dem Mädchen wiederholt größere Geldbeträge geben, ja, sogar sich zeitweilig ganz erhalten; dafür war er mit seiner Kunst gefällig, wo es not tat; er hat eine ganze Reihe von Abtreibungen vorgenommen. Als er dann die Sache satt hatte und sich von dem Verkehr zurückziehen wollte, war natürlich die Sanke hiermit keineswegs einverstanden, und sie drohte, daß ihm

„etwas passieren würde", wenn er sie verließe, um eine reiche Heirat einzugehen. Steinthal ließ sich hierdurch zwar so weit einschüchtern, daß er überall, wo er die Sanke vermutete, wie ein Feigling floh und sich sogar oft nicht einmal auf die Straße wagte; aber das Schicksal ereilte ihn doch. Die Sanke begab sich in die Wohnung einer Bekannten, ließ dorthin den Herrn Dr. angeblich zu einer Kranken rufen und traf so mit ihm zusammen. Steinthal wurde bei dieser Gelegenheit erschossen. Nach den Angaben der Sanke hat diese ihm einen geladenen Revolver gezeigt und ihm gedroht, sich vor seinen Augen erschießen zu wollen, falls er nicht das Verhältnis fortsetze. Darauf soll ihr Steinthal den Revolver entrissen, und die Waffe sich bei dieser Gelegenheit entladen haben. Aufgeklärt ist die Sache nicht, jedenfalls ist aber die Sanke nicht wegen Mordes verurteilt worden, und Dr. Steinthal konnte als ein Mensch betrachtet werden, der ganz gewiß ins Zuchthaus gewandert wäre, wenn ihn die Affäre nicht das Leben gekostet hätte. Wenn die Maitressen sich so überaus anhänglich an den Mann, der sie benutzt hat, klammern, so ist dabei zu berücksichtigen, daß sie in der Tat oft das Opfer seiner schnöden Verführungskünste geworden sind. Wenn man nach Recht und Billigkeit der Verführung steuern und den Ehebruch nicht mehr als Antragsdelikt betrachten und die Strafbarkeit von der vorausgegangenen Ehescheidung abhängig machen wollte, würde sich manches bessern lassen. Weiter ist aber auch zu bedenken, daß solche Maitressen nicht nur sich, sondern oft auch ihre ganze Familie durch die reichen Mittel, die sie von ihrem Galan erhalten, ernähren, ja man kann es viel öfter, als man glaubt, beobachten, daß Familien, die in den allerdürftigsten Verhältnissen gelebt haben, nach dem Tode des Ernährers, also wenn ihnen überhaupt keine nachweisbare Einnahmequelle mehr zur Verfügung steht, unbegreiflicherweise in geradezu beneidenswerten Verhältnissen leben. Sie beziehen in besserer Gegend größere Wohnungen, richten sie luxuriös ein, kleiden sich auf das beste und verstehen es manchmal sogar, Fremde in den Glauben zu versetzen, daß bei ihnen alles durchaus anständig und geordnet zugeht, bis die Täuschung nicht mehr gelingt, und der ganze Bekanntenkreis es merkt, daß alles nur durch die Schande der Tochter, manchmal auch der Töchter, bestritten wird. Ach, es gibt viele solcher Existenzen in der Großstadt. Leichtsinnige Menschen sind oft gutmütig; auch solche Töchter, die man in der Regel mehr bedauern als verachten müßte, handeln zum großen Teile aus Fürsorge für die Ihrigen, denen sie Gutes über Gutes tun, während sie selbst tief unter dem Stachel ihrer Schande zu leiden haben. Sie sind es denn auch, die sich am krampfhaftesten an den Mann klammern, der sie verführte, denn sie können den Gedanken nicht ertragen, daß ihre Angehörigen, wenn das Verhältnis gelöst wäre, wieder in Not und Dürftigkeit leben müßten. Sie fühlen es selbst, daß sie zu einem mühseligen und doch nur dürftigen Erwerbsleben nicht mehr zu gebrauchen sind. Ist so ein Mann reich genug, um eine genügende Abfindung zu zahlen, dann läßt sich wohl das Verhältnis noch allenfalls lösen; er muß freilich tief, sehr tief in den Beutel greifen, dem Mädchen ein Geschäft einrichten und so für die Zukunft sorgen. Meist werden diesen Dämchen Putzgeschäfte usw. gekauft. Es gibt in Berlin und anderen Städten eine ganze Reihe von Modistinnen, die ihr Geschäft der Freigebigkeit des ehemaligen Galans zu danken haben; manche von diesen Geschäften haben sogar eine sehr vornehme Kundschaft, die freilich wohl keine Ahnung davon hat, wie das Geschäft erworben worden ist. Mir ist in Berlin eine Modewarenhandlung bekannt, deren Inhaberin die Maitresse eines Herrn der höchsten Aristokratie war. Von dessen Mitteln wurde das Geschäft gegründet, und die Kundschaft gehört ebenfalls der hohen Aristokratie an.

Es liegt auf der Hand, daß gerade diese Art Verhältnisse, die ich unbedenklich zur Prostitution rechne, dem Vorgehen gegen die Ausbeutung seitens der Prostituierten große Schwierigkeiten bereiten. Wo liegt die Grenze dessen, was erlaubt, und dessen, was verboten sein soll? Man muß sich übrigens wohl hüten, solche Maitressen durchweg zu idealisieren und sie alle für Opfer ihrer Gutmütigkeit zu halten. Sie sind es sehr oft nicht; sie sind bloß ganz raffinierte Subjekte, die in jeder Weise den Mann, dessen Opfer zu sein sie behaupten, ausnutzen. Raffinierte Genußsucht ist dann ihre einzige Triebfeder, und durch gemeine Erpressungen wissen sie den Mann, der in ihre Netze geriet, zu fesseln. Diese Erpressungen kommen aber nur sehr selten zur Anzeige, gerade weil das Opfer schweigen muß, und weil nur durch diese Notwendigkeit des Schweigens die Erpressung möglich wird.

Wir wenden uns nun dem großen Heere der die Straßen, Plätze, Parkanlagen, Restaurants, Theater usw. unsicher machenden Prostitution zu. Das sind die Weiber, die man eigentlich allein als Prostituierte zu betrachten pflegt, womit man natürlich den bisher besprochenen Spezies ein bitteres Unrecht tut. Man findet auch unter diesen Prostituierten die verschiedenartigsten Elemente. Es gibt darunter Individuen, die sehr viel auf äußere Formen halten, durchaus elegant gekleidet gehen, sehr sittsam und wohlanständig tun, niemals einen Herrn ansprechen, nicht einmal mit herausfordernden Blicken einen ansehen, und die doch trotz alledem nur auf den Fang ausgehen und nur von „Bekanntschaften" leben. Diese Art besucht meist gute Theater, ist in Kunstausstellungen und Gartenkonzerten, wo die vornehme Welt verkehrt, zu treffen und besonders auf den Rennplätzen stark vertreten. Die vornehme Welt lebt mit dieser vornehmen Halbwelt auf einer Art Kriegsfuß; sie macht stets die besten Etablissements nur so lange zu ihrem Sammelpunkt, bis sie merkt, daß sich auch die vornehme Halbwelt, die übrigens stets die besten, sogar elegantesten Umgangsformen wahrt, eingefunden hat. Ist erst die vornehme Welt der Halbwelt gewichen, dann findet sich auch sehr bald die gewöhnliche Halbwelt ein, und das ist wieder für die „bessere" Halbwelt das Signal zum Rückzug. Der Wechsel vollzieht sich oft recht schnell, und so ist es denn kein Wunder, wenn Etablissements, die früher von der besten Gesellschaft besucht waren, ein Tummelplatz der gewöhnlichsten Lebewelt werden, so daß der Spießbürger entrüstet erklärt: „Dorthin kann man nicht mehr gehen." Jeder Berliner wird solche Etablissements an den Fingern herzählen können. Die Sittenpolizei steht diesem Treiben oft völlig machtlos gegenüber; der Besuch verschiedener Etablissements ist den Kontrolldirnen ausdrücklich verboten. Das wird nun allerdings wohl nicht in allen Fällen so rigoros genommen, denn es kommt schließlich bloß darauf an, daß durch die Anwesenheit der Dirnen nicht ein unliebsames

**Bauernkirmes.**

Kupfr. von N. Clok, Berliner Kupferstichkabinett.

Aufsehen erregt wird. Die größte Strenge würde aber das nicht erreichen, was sehr oft ohne Strenge erreicht wird. Es gibt nämlich Konzertetablissements usw., die außerordentlich rege besucht werden, und zwar von einem zahlungsfähigen Publikum, denen aber die Dirnen doch fernbleiben. Nicht aus Furcht vor dem Verbot, sondern deshalb, weil sie dort kein Publikum finden, das ihnen etwas nützen könnte. In solche Etablissements geht man lediglich, um Musik zu hören, wirklich gute Musik in künstlerischer Darbietung. Da gehen die Familien hin, oder doch Leute, die nicht an andere Dinge als an den Musikgenuß denken. Es ist eine merkwürdige Erscheinung, daß gerade die Musentempel, in denen gute Musik geboten wird, von den Dirnen gemieden werden, obwohl kein Theater, keine Kunstausstellung usw. denkbar ist ohne Anwesenheit Prostituierter. Anders in Konzertgärten oder Konzertsälen, in denen die klassische Musik verpönt ist, da sind diese Individuen zahlreich genug vertreten, denn da bietet sich Gelegenheit, sich mit an einen Tisch zu setzen und Bekanntschaften anzuknüpfen. Auch sonst nützen Verbote wenig. Es ist bekannt, daß den Kontrollmädchen verboten ist, die Friedrichstraße zwischen der Leipziger Straße und Unter den Linden, sowie auch die Passage zu „begehen", und dennoch werden gerade dort von Einheimischen und Fremden mit Vorliebe Anknüpfungen mit Prostituierten gesucht und gefunden. In der Passage namentlich gehen auch mit Vorliebe sehr junge, natürlich noch nicht unter Kontrolle, sondern oft noch in den Kinderschuhen stehende Mädchen auf intime Bekanntschaften aus.

Die Frauenzimmer, die ich als Crême der vornehmen Prostitution bezeichnet habe, sind durch sittenpolizeiliche Maßregeln fast niemals zu treffen. Sie stehen nicht unter Polizeikontrolle, vermeiden jede Anstößigkeit und erwecken meist durchaus den Anschein anständiger Damen; sie erscheinen sogar sehr oft in Begleitung einer älteren Anstandsdame, übrigens stets ein Beweis dafür, daß sie an das Portemonnaie ihrer Anbeter die denkbar höchsten Ansprüche stellen. Trotz ihrer anscheinend unnahbaren Wohlanständigkeit gelingt es diesen Hetären doch fast stets, eine Eroberung zu machen. Mehr brauchen sie auch nicht, denn sie haben schon den scharfen Blick, um nur solche Huldigungen anzunehmen, die den nötigen metallischen Beigeschmack verraten; der Gimpel, der ihnen auf die Leimrute geht, büßt diesen Leichtsinn immer mit einer Summe, von der eine nicht zu anspruchsvolle Familie so ziemlich einen Monat das Leben fristen könnte. Da merkt man nichts von Not und schlechten Zeiten, denn für solche Kreaturen ist immer Geld im Ueberfluß vorhanden. Wehe aber dem Manne mit schmaleren Mitteln, der es wagt, eine solche Dirne anzusprechen, denn sofort ist sie über die Frechheit zudringlicher Männer, die es einer anständigen Dame unmöglich macht, ein Etablissement zu besuchen, auf das tiefste entrüstet. Wie gesagt, lange bleibt selten ein Etablissement exklusiv genug, um diesen Sirenen als Operationsfeld zu dienen, denn wenn erst die niedrigere Prostitution mit ihnen in „unlauteren Wettbewerb" tritt, dann ist das Geschäft verdorben. Nur die besseren Plätze in den besseren Theatern können sie als dauernde Domäne betrachten.

Die Prostituierten, die allein auf die Straße oder allenfalls noch auf die Restaurants — in den meisten dürfen sie sich auch nicht breit machen — angewiesen sind, befinden sich schon in einer übleren Lage; sie haben meist keinen so leichten und angenehmen Beruf, wie man gewöhnlich denkt. Die noch nicht so tief Gesunkenen, die noch gute Toiletten, Chic und eine feine, „ungenierte" Wohnung haben, können verhältnismäßig noch nicht so klagen; sie machen noch oft Bekanntschaften, die wirklich etwas einbringen, und zwar so viel, daß sie nicht gezwungen sind, Tag ein Tag aus ihre Netze nach einer größeren Anzahl von Männern auszuwerfen; und doch ist auch ihr Schicksal nicht frei von bitteren Enttäuschungen und Sorgen. Die Dirne kann viel Geld einnehmen, aber sie muß auch sehr viel ausgeben. Unrecht Gut gedeiht nicht, und Sündengeld bringt keinen Segen. Man sagt, wo das Aas ist, sammeln sich die Geier; das trifft hier vollkommen zu, denn es ist kaum glaublich, was alles an solchen Damen saugt. Die Wohnungen sind enorm teuer, Kleidung und Wäsche kosten ein horrendes Geld und werden schnell abgenutzt, den Unterhalt bezahlt eine solche Dirne in der Regel dreimal so teuer als andere Leute, und dann treten noch zahlreiche andere Verpflichtungen an solche Mädchen heran. Daß sie von Natur leichtsinnig sind und es fast niemals verstehen, das leicht erworbene, wenigstens in gewissem Sinne leicht erworbene Geld zusammenzuhalten, haben wir ja schon gesehen.

Die gewöhnliche Straßendirne hat in der Regel wirklich ein beschwerliches Dasein. Es ist sicherlich keine Kleinigkeit, bei Wind und Wetter Tag für Tag oder auch Nacht für Nacht umherzulaufen, oft stundenlang, ehe sie auch nur ein Opfer findet. Ist aber wirklich der Fang gelungen, dann kommt nur zu häufig die zweite Enttäuschung — er zahlt nicht soviel, wie sie braucht. Die Preise resultieren ja stets aus Nachfrage und Angebot, und bei der starken Konkurrenz, die nun einmal unter dieser Art Dirnen besteht, um es kaufmännisch zu sagen, tritt selbstverständlich eine Wirkung auf die Preise ein. Umgekehrt wird aber der Preis der für solche Zwecke passenden Wohnungen aus denselben Gründen gesteigert, denn hier ist die Nachfrage beinahe größer als das Angebot; das Vermieten an solche Mädchen ist auch, wie wir später sehen werden, mit ziemlichen Gefahren verknüpft. Bei weniger günstigen Erwerbsverhältnissen werden also die Ausgaben eher gesteigert als herabgesetzt. Selbstverständlich sind die Preisverhältnisse je nach der Stadtgegend verschieden, sowohl die Preise, die ein Mädchen fordern kann wie auch die, die es zu zahlen hat, die Lage der Prostituierten ist also relativ doch dieselbe, ja sie ist in den besseren Gegenden eher noch schlimmer, weil da zu den höheren Ausgaben für Miete und Beköstigung auch noch große Ausgaben für Kleidung, Wäsche, Schuhzeug, Hüte, Schirme und Zehrgeld treten. Das letztere darf nicht unbeachtet bleiben, denn namentlich bei schlechtem Wetter sind die Mädchen öfter gezwungen, irgendwo einzukehren und sich zu stärken, wenn nach stundenlangem Umhergehen die Kräfte erlahmen. Allzuoft darf ein Mädchen aber auch nicht mit einem Gaste heimkommen, da dies zu gefährlich ist, die Wirtsleute der Gefahr aussetzt, wegen Kuppelei bestraft zu werden, und die Prostituierte sich schließlich auch körperlich möglichst schonen muß. Sie ist also auch schon dadurch gezwungen, auf Preise zu halten, und es versteht sich von selbst, daß ihr dies wieder andererseits das Geschäft wesentlich erschwert, denn die Massenkonkurrenz, namentlich die der heimlichen Prostitution, verdirbt doch die Preise, und man kann es oft genug beobachten, daß eine Dirne zwar häufig angesprochen wird, daß sich aber in neun von zehn Fällen die beiden um den Preis zanken und dann auseinandergehen, sie schimpfend, er lachend.

Man würde nun aber vollständig fehlgehen, wenn man annehmen wollte, daß sich dieses Treiben nur unter dem Schutze des nächtlichen Dunkels abspielte. Nein, auch den ganzen Tag über vom frühen Morgen bis in die sinkende Nacht sind in den hierfür geeigneten Gegenden Mädchen bemüht, Bekanntschaften zu machen und so ihr Dasein zu fristen. Es gibt Wohnungen genug, in die so eine Prostituierte auch am Tage Männer mitnehmen darf. In der Regel fallen solche Tagesbesuche viel weniger auf als die Besuche in der Nacht. Natürlich muß am Tage, an dem ein ganz anderer Verkehr herrscht als in der Nacht, auch das Anlocken anders betrieben werden, und die Gefahr, hierbei mit der Polizei in Konflikt zu geraten, ist zuweilen größer. Die Dirnen verstehen aber ihr Geschäft, und sie haben einen geübten Blick, so daß sie ziemlich genau wissen, wem sie mit einer gewissen Aussicht auf Erfolg einen Wink geben oder ihr beliebtes: „Na Kleiner!“ im Vorbeigehen zuflüstern dürfen.

Die Wohnungsverhältnisse der Prostituierten sind in der Regel nicht sehr günstig. Das Kontrollmädchen muß zwar eine Wohnung haben und dort gemeldet sein; aber die Polizei, die den Nachweis der Wohnung verlangt und das Gewerbe duldet, verbietet dennoch, daß diese Wohnung zur Ausübung des Gewerbes benutzt wird. Daß dieses Verbot fortgesetzt unbeachtet bleibt, versteht sich allerdings ganz von selbst; das Verbot und die Gefahr der Uebertretung macht aber gerade die Wohnungen so teuer. Es liegt deshalb sehr nahe, daß es auch eine große Anzahl Prostituierter geben muß, die niemanden mit in die Wohnung bringen dürfen, und dem ist in der Tat so. Ausgebeutet werden solche Mädchen natürlich auch, aber nicht in dem Maße wie die anderen. Ihre Lage wird dadurch nicht besser, denn sie sind entweder gezwungen, den Männern in deren Wohnungen zu folgen, wobei sie natürlich auch bescheidenere Forderungen stellen müssen und nebenbei manchen Gefahren und Roheiten schutzlos ausgesetzt sind, oder sie müssen neben der Wohnung noch ein sogenanntes Absteigequartier mieten. Absteigequartiere sind nämlich eine besondere Spezialität. Die Vermieter solcher Gelegenheiten sind in der Regel frühere Dirnen, oder sie betreiben dieses Geschäft auch selbst noch, haben aber eigene Möbel und infolgedessen auch eigene Wohnungen. Diese Personen vermieten nun ihre Räume oder auch nur einen einzigen Raum an eine Anzahl Dirnen, die dorthin die Männer führen, die sie auf der Straße gekapert haben. Die Dirnen zahlen für das Recht, die Räume vorübergehend benutzen zu dürfen, entweder eine bestimmte Summe oder — was meist der Fall ist — sie verpflichten sich, von jedem Besuch eine vereinbarte Abgabe, also eine Art Steuer, zu entrichten. Ist diese Steuer auch noch so niedrig berechnet, so trifft sie doch das Mädchen noch hart genug, denn die Absteigequartiere blühen und gedeihen meist in Gegenden, in denen nicht das zahlungsfähige Publikum verkehrt, in denen auch die Prostituierten, wenn sie überhaupt leben wollen, auf den Massenverkehr angewiesen sind; die Steuer beträgt dann so ziemlich die Hälfte der ganzen Einnahme, so daß also für die Vermieterin das Geschäft in der Regel weit befriedigender ist als für die Prostituierte. Die unglaublichsten Zustände herrschen in solchen Quartieren, die für mehrere Mädchen gemeinschaftlich zur Verfügung stehen. Nicht selten warten zwei oder drei Paare auf dem Korridor, bis das Zimmer, in dem sich gerade eine andere mit ihrem „Freunde“ befindet, leer wird. Da Zeit für die Mädchen, deren Hauptverdienst sich auf nur wenige Stunden konzentriert, Geld ist, sind die Wartenden natürlich ungeduldig und daher auch ungemütlich; sie klopfen fortwährend an die Türe, so daß das Paar darinnen ebenfalls ungemütlich wird, und so kommt es oft genug zu einem heftigen Wortwechsel, ja sogar zu solennen Prügeleien, die dann der Kadi zu schlichten hat, und die hierdurch wiederum zur Kenntnis anderer Leute gelangen. So werden zuweilen auch Details bekannt, die sich nicht einmal andeutungsweise wiedergeben lassen. Auch im sogenannten Heinze-Prozeß sind böse Dinge über die Absteigequartiere zur Sprache gebracht worden. Das ist kein Wunder, denn in der Gegend der Elisabethkirche — sagen wir kurz — in der Heinzegegend florieren diese Institute besonders.

Die Prostituierten, die sich nicht den zweifelhaften Luxus eines Absteigequartiers leisten wollen oder können, die aber auch nicht „mitnehmen dürfen“, sondern prinzipiell nur mit Männern in deren Wohnungen gehen, verschaffen sich hierbei außer ihrem Einkommen zum Teile noch einen lohnenden Nebenverdienst, sie stehlen wie die Raben. Das wird meist auf ganz geschickte Weise gemacht. Ist der Mann ein dummer und unachtsamer Tölpel, dann ist es natürlich nicht schwer, ihm sofort irgend etwas zu stehlen. Ist er gewitzigter und wachsamer, dann muß er „sicher“ gemacht werden. Entweder wartet das Mädchen, bis er eingeschlafen ist, was oft sehr schnell geschieht, da diese Art Diebinnen am liebsten mit Männern gehen, die mehr oder weniger angetrunken sind, oder wenn der Mann munter bleibt, bittet das Mädchen, erst etwas ausschlafen zu dürfen, was in der Regel, wenn auch nicht immer, gern gestattet wird, und die Diebin dehnt ihren Schlummer so lange aus, bis auch der Mann fest eingenickt ist. Sobald dies geschehen ist, nimmt sie, was sie bekommen kann, läßt den guten Mann schlafen und verschwindet. Ist das Haus noch verschlossen, dann wartet sie, bis zufällig jemand kommt, oder sie hält sich auf der Treppe verborgen, bis das Haus geöffnet wird. In dieser Weise geht die Sache auch vor sich, wenn beide zusammen schlafen gegangen sind. Ist die Korridortüre noch besonders verschlossen, dann weckt die Diebin ihren „Freund“, nachdem sie genommen hat, was erreichbar ist, plötzlich und erklärt, daß sie unbedingt sofort gehen müsse. Der im Schlafe Gestörte ist dann gewöhnlich froh, den Störenfried los zu werden, und erst am folgenden Tage bemerkt er, daß er eine Schlange am Busen genährt hat. Fortwährend haben die Berliner Gerichte derartige Diebinnen abzuurteilen, und gar manche wandert nach vielen Vorstrafen schließlich ins Zuchthaus. Es ist kaum glaublich, was da alles zusammengestohlen wird; Dinge, die für die Diebin absolut wertlos sind, wie z. B. Photographien usw., und die sie nur reizen, weil ihr das Stehlen zur zweiten Natur geworden ist, heißt sie mitgehen. Trotz der häufigen Verurteilungen solcher Diebinnen versteht es sich gleichwohl von selbst, daß nur ein kleiner Teil solcher Diebstähle zur Anzeige und zur Verurteilung gelangt, denn meist werden die Diebinnen überhaupt nicht erwischt, und wenn der Bestohlene die langfingerige Freundin auf frischer Tat ertappt, ist er in der Regel schon zufrieden, wenn er sein Eigentum sofort zurückerhält und nicht erst nötig hat, sein Abenteuer öffentlich an Gerichtsstelle zu erzählen. Manchen Leuten ist das sehr peinlich.

Viele Prostituierte gehen aber grundsätzlich mit keinem Manne in dessen Wohnung. Sie logieren sich höchstens auf völlig neutralem Gebiet, also etwa im Hotel, mit ihm ein, eine Methode, die auch sehr oft Anwendung findet, wenn es sich um die Verführung bisher unbescholtener Mädchen handelt. Da aber zum Einlogieren in ein Hotel nur Prostituierte zu gebrauchen sind, die nicht so leicht als solche zu erkennen sind, da dieser Ausweg auch mit verhältnismäßig hohen Kosten verknüpft ist, muß in der Regel ein anderer Ausweg gefunden werden. Da gibt es nun eine spezifisch berlinerische Gattung, das ist die sogenannte Bahnprostitution. Die Dirnen halten sich in der Nähe der Bahnhöfe Alexanderplatz, Börse und auch Friedrichstraße auf und suchen vertrauenerweckende Männer zu kapern, denen sie dann eine gemeinsame Rundfahrt auf der Ringbahn vorschlagen, oder sie nehmen selbst ein Billet und treten auf eigenes Risiko die Fahrt an. Das erforderte vor der Revolution keine großen Auslagen, denn der Fahrpreis von 30 Pfg. für die 2. und 20 Pfg. für die 3. Klasse ermöglichte es, sich so ziemlich den ganzen Tag im Zuge aufzuhalten, und unter den Mitfahrenden befindet sich fast immer einer, der für eine solche Fahrt zu haben ist. Den Umfang dieses Treibens und seine rechtliche Beurteilung habe ich bereits in einem früheren Kapitel ausführlicher geschildert.

Sehr beliebt sind auch die sogenannten Porzellanfahrten, bei denen das Paar eine Droschke besteigt und während der Fahrt das Geschäft abwickelt, das sonst in dem stillverschwiegenen Kämmerlein erledigt wird. Es fehlt, wie man sieht, niemals an einer passenden Gelegenheit, wenn sich auch nicht verkennen läßt, daß solche Aushilfssysteme nicht nach jedermanns Geschmack sind.

Nun gibt es aber noch eine Klasse, die ich die fliegende Prostitution nennen möchte. Das sind solche Dirnen, die ebenfalls kein Heim besitzen, in das sie Besuch mitbringen dürfen, die aber auch nicht mit Männern mitgehen, auch nicht Stadtbahn und Droschken benutzen, sondern fast nur in der freien Natur sündigen. Auch unter diesen kann man noch verschiedene Abstufungen machen. Zum Teil haben sie Wohnungen und auch einen Beruf, so daß sie die Prostitution nur als lohnenden Nebenerwerb betrachten, zum Teil führen sie ein reines Vagabundenleben. Die ersteren kleiden sich möglichst gut, halten sich in den Promenadenanlagen, in Vergnügungsgärten oder auch im Tiergarten auf. Wenn sie eine Bekanntschaft machen, ziehen sie sich mit ihrem Partner auf die verborgener gelegenen Bänke im Tiergarten oder anderen öffentlichen Anlagen zurück. Beliebt aber auch gefährlich für solche Zwecke sind der Friedrichshain oder auch der Humboldthain, beliebt, weil diese öffentlichen Parkanlagen zahlreiche verborgene Plätzchen bieten, gefährlich, weil sich dort viel Gesindel aufhält, das mit besonderer Vorliebe solche Paare aufschnobert, sie überfällt und ausraubt oder durch Erpressung Geld zu erlangen sucht. Wer im dunkelsten Berlin Studien machen will, der kann in solchen Gegenden zur Nacht sein Wissen gewaltig bereichern, wenn er die nötige Vorsicht und den noch nötigeren Mut besitzt. Derartige Nachtidylle spielen sich keineswegs etwa nur im Sommer ab, nein, auch die strenge Winterkälte vermag nicht, die Leidenschaft abzukühlen. Der Tiergarten bietet indessen jetzt, da er stark abgeholzt wird, immer weniger Schlupfwinkel. Uebrigens ist keineswegs nur der dunkle Wald eine vielbesuchte Zufluchtsstätte, sondern solche Paare wissen sich auch in der Stadt selbst zu helfen. In wenig verkehrsreichen Straßen findet man die Paare auch in tieferen Hausnischen, oder sie suchen auch gern solche Häuser auf, die nicht geschlossen werden, weil Schanklokale das Offenlassen des Hauses notwendig machen. In solchen Häusern bieten dann die dunklen Treppen die erwünschte Zuflucht. Im Jahre 1888 hat in Berlin ein umfangreicher Beleidigungsprozeß geschwebt, weil ein am Landgericht II beschäftigter Berichterstatter öffentlich behauptet hatte, daß sogar im Gerichtsgebäude Unzucht getrieben werde. Die Prostituierten sollten nämlich in die Kellerräume geführt und dort „benutzt" worden sein. Der Prozeß endete indes mit der Verurteilung des Berichterstatters, der nicht in der Lage war, für seine Behauptungen einen hinreichenden Beweis zu erbringen; man darf also von Rechtswegen nicht behaupten, daß dieses Treiben wirklich bewiesen wäre. Damit ist freilich noch nicht bewiesen, daß nicht doch hin und wieder eine solche „Verschleppung“ vorgekommen wäre, denn die Lokalitäten lassen sich nicht so ständig überwachen, und die Verhältnisse lagen damals nach dieser Richtung hin noch etwas anders als heute. Das Vorkommen ähnlicher Dinge ist übrigens auch in den Markthallen behauptet worden, und man darf wohl sagen, wo sich nur irgend eine Gelegenheit findet, wird sie auch benutzt, denn Paare, die auf solche Schlupfwinkel angewiesen sind, besitzen in der Regel eine Kühnheit, die man beinahe bewundern könnte; kein Ort, der nur irgend geeignet erscheint, ist vor ihnen sicher.

Die niedrigste Klasse der fliegenden Prostitution bietet ein abschreckendes Bild menschlicher Verkommenheit. Die Frauenzimmer haben überhaupt kein ordentliches Unterkommen, sondern treiben sich Tag und Nacht umher. Ihr Wesen trieben sie am Humboldthafen in der Nähe des Lehrter Bahnhofs, am Spandauer Schiffahrtskanal, in der Fenngegend, den Rixdorfer Wiesen usw. usw. Ich habe vorher schon auf diese Sorte und auf die Mordtat an der Sandkrugbrücke hingewiesen. Diese Tat hatte sich in nächster Nähe der belebten Invalidenstraße abgespielt und angesichts der Straßenkehrer, die am Ufer des schmalen Kanals die Straßen reinigten und den Vorfall genau beobachten konnten. Die übrigen derartigen Prostituierten, die in solchen Gegenden ihr Wesen treiben, sind auch nicht besser gekleidet, als es die Ermordete war. Die Nahrung solcher Frauenzimmer besteht fast ausschließlich in Schnaps, denn zu viel mehr reichen die wenigen Groschen, die sie durch ihr lichtscheues Gewerbe verdienen, nicht aus, zumal sie von dem Erlös in der Regel auch noch einen Mann erhalten, der entweder der wirkliche Ehemann oder auch nur ein Zuhälter ist. Man soll auch im tiefgesunkenen Subjekt noch immer die Menschenwürde ehren; aber bei dieser Kategorie wird es wirklich schwer, an eine Menschenwürde zu glauben. Versucht man es, dann hat man immer das Gefühl, als tue man der übrigen Menschheit ein Unrecht. Gewiß, Laster bleibt Laster, ob es uns in Lumpen gehüllt oder im Prunkgewand entgegentritt; im Grunde genommen tun diese Geschöpfe auch nichts anderes als das, was jede Straßendirne macht. Es ist platterdings ein Ding purer Unmöglichkeit, das Laster in dieser Form zu sehen, ohne vom heftigsten Ekel erfüllt zu werden, denn die letztgeschilderten Prostituierten stehen eigentlich noch tief unter dem Vieh. Das mag nicht sehr human klingen, aber es ist berechtigt, und wer's nicht glaubt, der sehe selbst zu. Ich möchte ihm dann aber raten, sich vorher recht hoch in eine Lebensversicherung einzukaufen, denn ohne Lebensgefahr sind solche Studien nicht zu machen. Die Kundschaft dieser Weiber steht moralisch nicht viel höher, sie setzt sich auch aus Elementen zusammen, denen Zahlungsfähigkeit ein dunkler Begriff ist. Das macht freilich nicht viel aus, denn die Weiber prostituieren sich für wahrhaft schemenhaftes Entgelt. Wenn sich einmal ein etwas besser Situierter verleiten läßt, einer solchen Vettel in die Wiesen oder an den Kanal hinter dem Hamburger Bahnhof zu folgen, dann schwebt er in der größten Lebensgefahr, von dem männlichen Anhang überfallen und ausgeplündert zu werden, und bei diesen Burschen steht ein Menschenleben nicht besonders hoch im Kurs. Das Gericht hat sich hin und wieder mit solchen Ueberfällen zu beschäftigen. Oft kommt das freilich auch nicht vor, denn die Berliner Behörden folgen dem bewährten Nürnberger Rezept, auch sie hängen niemanden, ehe sie ihn haben, und jene Burschen sind nicht leicht zu fassen, da das Terrain ihnen die Möglichkeit gewährt, rechtzeitig zu verschwinden. Die Polizei steht deshalb auch dem Treiben ziemlich machtlos gegenüber. Uebrigens kommt es dem Gesindel auch gar nicht darauf an, selbst gegen die Polizei tätlich vorzugehen, und es gelingt selbst am Tage nur zuweilen einem größeren Aufgebot von Beamten, der Bande Herr zu werden. Ist es doch schon vorgekommen, daß ein Beamter entwaffnet und mit seiner eigenen Wehr angefallen wurde. Einmal konnte ein Schutzmann nur mit Mühe von seinen Kollegen davor bewahrt bleiben, von dem Gesindel ins Wasser gestürzt zu werden. Zu bedauern ist jeder Beamter, den sein Dienst in solche Gegenden führt. Wenden wir uns von dem scheußlichen Bilde ab und gehen wir nunmehr zu einem Thema über, das ich bereits wiederholt gestreift habe, und das, wenn es auch nicht in derselben Weise, wie die zuletzt geschilderte fliegende Prostitution Ekel und Abscheu erweckt, doch eine der beklagenswertesten Erscheinungen unseres modernen Großstadtlebens ist, nämlich der Prostitution Jugendlicher oder wie man es noch richtiger nennen könnte, der Kinderprostitution.

Diese Abart des gewerbsmäßigen Lasters ist keineswegs etwas spezifisch Berlinisches; man findet sie in London noch viel verbreiteter. Sie spielt auch in Paris und jenseits des Ozeans in New York usw. eine große Rolle und existiert auch an vielen anderen Orten; selbst in zahlreichen kleineren Städten zeigt sie sich, wenn auch in etwas anderer Form. Gekannt hat man das Uebel schon lange; aber allgemeiner besprochen ist es erst worden, nachdem sich das englische Parlament auf die Enthüllungen der Pall Mall Gazette eingehend mit der Frage beschäftigt hat. Uns interessieren hier natürlich die englischen Verhältnisse nur sehr wenig; leider bietet auch Berlin reichen Stoff zu Studien auf diesem dunklen Gebiete. Im Jahre 1889 trat durch ein sonderbares Ereignis die Kinderprostitution in einer geradezu grauenhaften Weise zutage. Es waren auf die Anschuldigung eines elfjährigen Mädchens hin vier Männer wegen Verbrechens gegen den § 176, al. 3, St.-G.-B. in Untersuchungshaft genommen. Da sie alle den bessersituierten Kreisen angehörten, waren sie in der Lage, ihr Schicksal in die Hände eines zwar sehr teuren aber auch ebenso geschickten und berühmten Rechtsanwalts zu legen, und so kam es, daß sie die Hilfe des damaligen Verteidigerkönigs Dr. Fritz Friedmann in Anspruch nahmen. Dieser machte denn auch seine Besuche im Gefängnis, und nun erzählte ihm der erste Beschuldigte, das Mädchen habe ihn gebeten, es mit in seine Wohnung zu nehmen. Dummerweise habe er, hauptsächlich weil dieser Fall seine Neugierde wachgerufen hatte, der Aufforderung Folge geleistet. Diesen Leichtsinn habe er bitter zu bereuen, denn er sei bald genug überzeugt worden, daß er es mit einer ebenso unverschämten wie raffinierten Person zu tun gehabt habe. Das Mädchen sei nämlich mit einer ganz horrenden Forderung an ihn herangetreten und habe ihm gedroht, ihn zur Anzeige zu bringen, wenn er die Riesensumme nicht zahle, denn auf die Anzeige hin müsse er, da sie noch nicht 12 Jahre alt sei, ins Zuchthaus wandern. Im Gefühl seiner Schuldlosigkeit sei ihm gar nicht der Gedanke gekommen, daß die jugendliche Vettel Ernst machen könne. Er habe auch fest geglaubt, daß, selbst wenn dies der Fall wäre, ihm nichts passieren könne, da das Mädchen ihn verleitet habe, nicht er das Mädchen, und er sei nicht wenig überrascht gewesen, als er bemerkt habe, daß die Kleine das Sittengesetz besser kannte als er, und daß sie es wirklich nicht nur zu einer dreisten Erpressung, sondern auch zur Rache wegen der nicht bewilligten Forderung benutzte. Das Kind sei übrigens so raffiniert und gut unterrichtet, daß es wisse, es selbst könne infolge seiner Jugend weder wegen der Erpressung noch wegen der Gewerbsunzucht strafrechtlich zur Verantwortung gezogen werden. Die übrigen Angeschuldigten erzählten ihr Erlebnis in derselben Weise, und nun stellte es sich heraus, daß alle vier einem und demselben Mädchen zum Opfer gefallen waren, daß also das Mädchen geradezu gewerbsmäßig nicht nur die Unzucht, sondern auch die Erpressung betrieb. Die Angeklagten wurden freigesprochen. Allerdings ließ sich nicht in Abrede stellen, daß sie faktisch mit einem Mädchen unter 14 Jahren unzüchtige Handlungen vorgenommen hatten; objektiv war also der Tatbestand des § 176, al. 3, erfüllt. Das Gericht nahm aber an, daß die Angeklagten das Mädchen, das sich als wohlausgebildete Prostituierte ihnen genähert, sie selbst zu der Tat überredet hatte, wohl schon deshalb für älter als 14 Jahre gehalten haben müßten, daß sie sich deshalb subjektiv in einem Irrtum befunden hätten und aus diesem Grunde nicht bestraft werden könnten.

Nun sagt allerdings der § 59 St.-G.-B., daß jemandem, der bei Begehung einer strafbaren Handlung das Vorhandensein von Tatumständen, die zum gesetzlichen Tatbestand gehören, nicht kannte, diese nicht zuzurechnen seien, und gesetzliches Tatbestandsmerkmal ist beim § 176, al. 3, das jugendliche Alter; mithin war rein rechtlich das freisprechende Erkenntnis nicht falsch. Es war aber rein tatsächlich falsch. Ich habe jenes Mädchen bei allen Prozessen persönlich gesehen, muß aber bekennen, daß es mir auch beim besten Willen nicht möglich gewesen wäre, dieses Kind für älter als 14 Jahre zu halten. Es ging mir genau so wie verschiedenen anderen Leuten, die das schlecht genährte und in der körperlichen Entwicklung zurückgebliebene Mädchen auf zirka neun Jahre alt schätzten. Trotzdem hat aber die Freisprechung gewiß den allgemeinsten Beifall gefunden; ja man würde es lebhaft bedauert haben, wenn wegen einer solchen Sache vier unbescholtene Männer ins Zuchthaus oder doch mindestens — denn mildernde Umstände hätten hier nicht gut versagt werden dürfen — auf Monate ins Gefängnis gewandert wären. Dazu ist der § 176 denn doch nicht da, solchen frühzeitig moralisch gescheiterten Subjekten die Erpressungen zu ermöglichen. Mag man es im allgemeinen noch so verwerflich finden, wenn Männer sich mit Kindern abgeben, hier war jedenfalls der Sittlichkeit kein Abbruch geschehen. Diese Fälle zeigen aber, wie notwendig mein Vorschlag, jugendliche Prostituierte gesetzlich vom Schutze des § 176, al. 3, auszuschließen, ist.

Ein anderer Fall hatte sich in der Rixdorfer Gegend abgespielt; er ist für die jugendliche Prostitution ebenso bezeichnend und predigt ebenso klar und verständlich die Notwendigkeit einer Abänderung des Gesetzes. Es muß allerdings für die Leser, die das damalige Rixdorf nicht gekannt haben, bemerkt werden, daß dort, wenigstens in verschiedenen Gegenden, sich Verbrechergesindel in Masse aufhielt, so daß einmal am Berliner Landgericht II ein Staatsanwalt den denkwürdigen Ausspruch in seinem Plaidoyer tun konnte: „Als ganz besonders erschwerend fällt für den Angeklagten der Umstand ins Gewicht, daß er in Rixdorf wohnt.“ Heutigentags würde man das nicht mehr verstehen und sicherlich auch nicht mehr sagen. Es war also ein zwölfjähriger Knabe aus Rixdorf in die Charité eingeliefert worden, der an ausgeprägter Lues litt. Das war natürlich, da gar nicht zu verkennen war, daß die kontagiöse Infektion nur durch den sexuellen Akt herbeigeführt sein konnte, ein Sensationsfall. Der Junge wurde scharf ins Gebet genommen und gestand dann auch eine kaum glaubliche Geschichte. In Rixdorf wohnte ein zirka 10jähr. Mädchen, das mit der ganzen Schulklasse, der der Erkrankte angehörte, gewerbsmäßige Unzucht getrieben hatte. Die Schuljungens hatten für solche Vergnügungen dem Mädchen je einen Groschen geben müssen, und die Zusammenkünfte fanden in einer

Rixdorfer Scheune statt, in der so leicht keine Störung durch Uneingeweihte zu erwarten war. Um die nötigen Groschen zusammenzubringen, hatten die Schlingel ihren Eltern stets vorgeschwindelt, daß sie wieder ein neues Schreibheft haben müßten, und wenn auch den Eltern der Massenverbrauch an Schreibheften aufgefallen war, so hatten sie doch nichts Böses vermutet, sondern seufzend die Forderungen bewilligt. Was tut man nicht alles für die Wissenschaft! Nun hatte diese jugendliche Rixdorfer Rahab aber auch einmal mit einem Erwachsenen zu tun gehabt, der ihr mehr geben konnte als die jugendlichen Sünder, mehr Groschen, und außerdem noch eine luetische Infektion. Dadurch war diese Seuche dann auf den Knaben übertragen worden. Alle an den Scheunenorgien beteiligten Schüler, soweit sie das 12. Lebensjahr überschritten hatten, also gesetzlich strafmündig waren, wurden aus § 176 angeklagt und vor die Strafkammer gestellt; es war eine ganze Schar. Das Gericht sprach aber auch diese Schlingel frei, nicht etwa weil es annahm, daß sie ebenfalls das Mädchen für über 14 Jahre alt gehalten hätten, das ging nicht, weil die Burschen das Alter des Mädchens gekannt hatten, sondern weil das Gericht der Ansicht war, daß die Angeklagten die zur Erkenntnis der Strafbarkeit ihres Handelns erforderliche Einsicht nicht besessen hätten. Das war nach § 56 St.-G.-B. wiederum durchaus zulässig; aber die Schlingel werden wohl trotzdem noch niemals eine solche Freude über ein ihnen zugefügtes „Unrecht" empfunden haben, wie an jenem denkwürdigen Tage. Zu Hause wird man ihnen wohl einen gewissen Körperteil gründlich versohlt haben, wenn auch nicht allein wegen der diversen Liebesträume, sondern auch wegen der diversen erschwindelten Groschen.

Jedenfalls zeigten diese Fälle nicht nur, daß es eine jugendliche Prostitution gab, sondern auch, daß das Gericht selbst das durchaus richtige Gefühl hatte, es verstoße gegen den gesunden Menschenverstand, jemanden, der mit einer prostituierten Dirne zu tun gehabt hat, dafür mit den schweren Strafen zu belegen, die der § 176 aus einem ganz anderen Grunde vorschreibt. Man soll aber dem Richter nicht zumuten, daß er, um kein Unrecht tun zu müssen, doch ein Unrecht tun muß, indem er das Gesetz verletzen oder, um es nicht dem Buchstaben nach zu verletzen, ihm eine Auslegung und Anwendung geben muß, die aus tatsächlichen Gründen nicht zutreffend sein kann. Ergo muß das Gesetz geändert werden. Als man es schuf, lebte man noch in einem Zeitalter größerer Harmlosigkeit; in dieser hat man sicher noch nicht geahnt, daß sich eine jugendliche Prostitution entwickeln könne. Wer aber tiefere Studien machen konnte, weiß, daß reichlich Gelegenheit dafür sich findet, und deshalb haben wir auch die ernste Pflicht, sie im Gesetz zu berücksichtigen.

Nun wird gewiß jeder nicht eingeweihte Leser geneigt sein, zu urteilen: „Wegen einiger einzelner Fälle darf man doch nicht von einer jugendlichen Prostitution und der Notwendigkeit einer Gesetzesänderung sprechen.“ Ja, wenn es nur einzelne Fälle wären, wenn es weiter nichts vorzubringen gäbe als die Tatsache, daß vor zirka 30 Jahren zweimal die Gerichte solche Fälle kennen gelernt hätten, wäre ich gewiß zuerst geneigt, sie für seltene Ausnahmefälle zu halten und mich mit dem Gefühle, daß Ausnahmen nur die Regel bestätigen, befriedigt aufs Ohr zu legen. Verurteilungen aus § 176, al. 3, sind verhältnismäßig häufig, daß es sich dabei etwa immer um jugendliche Prostituierte handle, wird kein Mensch behaupten dürfen. Im Gegenteil, in der Regel sind die Mädchen, die dabei in Frage kommen, wirklich die mehr oder weniger schuldlosen Opfer des Verbrechens, zuweilen behaupten sie es wenigstens, ohne daß ihnen die Unrichtigkeit dieser Behauptungen nachgewiesen werden kann. Alle diese Fälle können aber für uns hier schon deshalb kein Interesse haben, weil da, wo es sich um wirkliche Prostitution Jugendlicher handelt, selbstverständlich eine Anklage aus § 176, al. 3, nur ganz zufällig erhoben werden kann, also wenn so ein Mädchen die Prostitution betreibt, um dadurch Erpressungen begehen zu können — mir ist nach dieser Richtung nur der oben mitgeteilte Fall bekannt geworden —, oder wenn einmal zufällig fremde Personen Zeugen eines solchen Verkehrs mit einem Kinde werden und sich zum Einschreiten bewogen fühlen. Es liegt auch dabei auf der Hand, daß wohl nur in seltenen Ausnahmen diese Eventualität eintreten kann, weil doch gewiß jeder Mann schon von selbst dafür sorgt, daß ihn in so bedenklichen Situationen niemand erwischt. Aus den Verurteilungen aus § 176, al. 3, also Schlüsse auf das Vorhandensein einer Kinderprostitution ziehen zu wollen, das würde ebenso sein, als wollte man sich über die Prostitution Erwachsener aus den statistischen Angaben über die Notzuchtsverbrechen informieren. Ueber die jugendliche Prostitution gibt es ebenfalls kein statistisches Material. Ich bedauere dies gewiß nicht, im Gegenteil, es ist mir sehr lieb, denn aus statistischem Material Schlüsse auf die Sittlichkeit oder Unsittlichkeit ziehen zu wollen, halte ich für einen Beweis krasser Unsachkunde. Ich halte mich deshalb auch bei der übrigen Prostitutionsfrage von den statistischen Angaben fern; diese sind zwar sehr beliebt, denn sie sollen den Abhandlungen meist das Gepräge großer Zuverlässigkeit und Wissenschaftlichkeit geben; aber in Wirklichkeit beweisen sie sehr oft weiter nichts, als daß der Autor von dem, was er geschrieben hat, sehr wenig Verständnis besaß.

Wenn man z. B. mitteilt, es gäbe in Berlin 50000 unter sittenpolizeilicher Kontrolle stehende Dirnen, so will ich mit Vergnügen daraus haarscharf beweisen, daß Berlin die unmoralischste Stadt der Welt sein muß; ich kann aber ebenso logisch daraus beweisen, daß Berlin wahrhaft vorsintflutlich harmlos sein muß. Nehmen wir an, um die Möglichkeit eines solchen Doppelbeweises darzutun, Berlin hätte nur 1¾ Millionen Einwohner, dann verhielte sich die Anzahl der Dirnen dagegen wie 5 zu 175. Es käme also, was gleichbedeutend ist, auf je 35 Einwohner eine Dirne. Diese 35 Einwohner sind nun allerdings nicht alles Männer, dafür sind auch die Soldaten nicht mitgerechnet und auch nicht die massenhaften Fremden, die doch zum großen Teile nur nach Berlin kommen, weil sie sich hier unerkannt und ungeniert amüsieren können. Es würde deshalb der Schluß berechtigt sein, daß alle Berliner Ehemänner vergnügt zu Hause blieben, und daß die Berliner Junggesellen ohne Ausnahme in den Jünglingsvereinen säßen und Tee tränken, daß also höchstens die Soldaten, denen man so etwas nicht so übel nehmen kann, und die Fremden ab und zu einmal eine Dirne besuchen. Rechnet man nun aus, wieviel auf den Kopf der Bevölkerung Vermögen und Einnahme kommt, wieviel also „Jeder" nach der Statistik für Rindfleisch, Bier, Schnaps, Champagner, Stadtbahn, Pferdebahn, Dampfschiff,

**Soldatendirnen.**

Nach einem Gemälde von Jan Lys. (Gemäldegalerie zu Kassel.)

Theater, Steuer, Schulgeld, Zigarren, überhaupt für Luxus- und Bedarfsartikel ausgibt, so wird man finden, daß für die Dirnen nichts übrig bleibt, und sie müßten jedenfalls elend verhungern, wenn sie nicht auch zu den Köpfen der Bevölkerung gehörten und den ihnen von der Statistik zugebilligten Teil Bier, Rindfleisch, Champagner, Equipagen usw. zu fordern hätten. Nun die Kehrseite! Auch hier nehmen wir willkürlich 50 000 Dirnen auf 1¾ Millionen Einwohner an. Da nun aber die Dirnen von den übrigen Einwohnern, denen wir sie gegenüberstellen, in Abzug gebracht werden müssen, blieben nur noch 1 700 000 Einwohner; davon sind, da die weibliche Bevölkerung überwiegt, mindestens 900 000 weiblichen Geschlechts, bleiben 800 000 männliche Einwohner. Davon sind mehr als die Hälfte Knaben und Greise, die hier nicht in Frage kommen können, also ausscheiden, und da von dem Reste wiederum an Kranken, Abwesenden usw. ein Teil ausscheidet, bleiben rund 350 000 Männer. Nun muß man aber ebensoviele heimliche wie offizielle Prostituierte und doppelt soviel unzüchtige „Verhältnisse" rechnen, so daß rund 200 000 der Venus huldigende Weiber auf diese 350 000 Männer entfallen, das ist für je 1½ Mann 1 Weib. Da aber diese Weiber, um leben und ihre vielseitigen Bedürfnisse bezahlen zu können, durchschnittlich pro Tag zirka 10 Mark verdienen müssen, kann man annehmen, daß jeder Mann täglich 2—3 Dirnen besucht. Die Soldaten kommen nicht in Betracht, da für diese in der Regel Köchinnen reserviert sind.

Ich halte die Statistik für eine sehr wichtige und notwendige Wissenschaft, und es fällt mir gar nicht ein, gegen diese meine Satire richten zu wollen, sondern ich will durch obige Beispiele, die den im öffentlichen Leben so oft geführten statistischen Beweisen getreu nachgebildet sind und gewiß bei keinem Leser einen „wissenschaftlichen" Eindruck machen, nur den abscheulichen Mißbrauch geißeln, der fortwährend mit dieser Wissenschaft getrieben wird und sie gründlich in Mißkredit bringen muß. Dazu möchte ich prinzipiell nicht gern beitragen, und ich glaube, daß meine Ausführungen durch die strenge Vermeidung aller statistischen Scheinbeweise auch nicht um ein Jota an Wert und Beweiskraft verlieren, ja daß sie gerade dadurch nur gewinnen können. Man hat so oft den Versuch gemacht, aus der Zahl der unehelichen Kinder einen Beweis für die Sittlichkeit oder Unsittlichkeit einiger Städte oder auch ganzer Gegenden herzuleiten. Gewiß, im allgemeinen wird man aus einer hohen Zahl unehelicher Geburten nicht auf übergroße Sittsamkeit und Reinheit schließen dürfen; aber können solche Angaben wirklich mit apodiktischer Sicherheit Aufklärung schaffen? Ich möchte dies verneinen. Selbst das Fehlen unehelicher Geburten beweist gar nichts. Gewerbsdirnen bringen wirklich selten uneheliche Kinder zur Welt; sie deshalb als Muster eines tugendhaften Lebenswandels hinzustellen, dürfte man wenigstens nicht wagen, denn ich fürchte, daß man dabei denn doch auf einigen Widerstand stoßen könnte. Sehen wir aber von den Gewerbsdirnen ab, so beweist auch da das Fehlen unehelicher Geburten sehr oft das Gegenteil wirklicher Sittlichkeit. Es ist bekannt, daß heutigentags sehr viele Leute, die einen wirklich grauenvollen Lebenswandel führen, doch von den Folgen desselben dauernd befreit bleiben, weil sie entweder zu dem Verbrechen der Abtreibung ihre Zuflucht nehmen oder von vornherein die überall öffentlich angepriesenen Mittel zur Verhütung der Konzeption anwenden. Abtreibungsprozesse bilden fast bei allen Gerichten eine ständige Rubrik. Daß dieses Verbrechen sehr häufig vorkommt, ergibt sich schon hieraus, und doch muß ich auch hierbei warnen, aus den statistischen Angaben über die Verurteilungen auf die Zahl der wirklich begangenen Fälle schließen zu wollen, denn es steht fest, daß die meisten Fälle überhaupt nicht zur Kenntnis der Behörden gelangen. Recht interessant könnte eine genaue Statistik über die Menge der in den Verkehr gebrachten Vorbeugungsmittel sein; aber eine solche Statistik gibt es nicht, und auch sie könnte nicht völlige Klarheit schaffen, da immer noch nicht feststände, wer diese Mittel kauft und verwendet. Ein großer Teil bleibt zunächst bei den Zwischenhändlern liegen, und ein Teil wird von Eheleuten, sogar auf ärztlichen Rat, verwendet. Aus dieser Verwendung schon auf eine Unsittlichkeit zu schließen, läßt die gesunde Menschenvernunft nicht zu. Noch ein weiteres Moment darf nicht unbeachtet bleiben. Nicht jeder Geschlechtsverkehr hat Folgen. Es ist erwiesen, daß die Konzeption, wenn der Coitus eine bestimmte Frist nach beendeter Menstruation erfolgt, in der Regel sehr unwahrscheinlich ist. Auch hierauf wird von vielen Leuten Wert gelegt, und man braucht die Personen, die aus dieser physiologischen Erkenntnis Nutzen ziehen, gerade nicht zu den sittenreinen zu zählen. Selbst auf die Gefahr hin, für einen moralischen Ketzer zu gelten, möchte ich weiter hervorheben, daß auch die uneheliche Geburt nicht absolute Gewähr für einen unsittlichen Lebenslauf bietet. Man wird da vielmehr immer die Einzelheiten des Falles zu berücksichtigen haben. Ein Mädchen kann, ohne unsittlich zu sein, das Opfer eines gewissenlosen Verführers werden, daran wird auch die Phantasterei einer Anna Pappritz nichts ändern. Es gibt aber auch sonst genug Fälle, in denen Paaren, die sich innig lieben, die sich oft allein überlassen bleiben, die Möglichkeit einer Heirat fehlt; wenn diese Leute dem Taumel der Leidenschaft erliegen, dann soll man doch ernste Bedenken haben, sie für unsittlich zu erklären. Bei sehr schwierigen sozialen Verhältnissen kann so etwas leicht vorkommen, und in Gegenden, in denen große soziale Not herrscht, kommt es oft vor, ohne daß man in satter Tugend den Stab über die „Gefallenen" brechen dürfte; man täte vielmehr besser daran, sich etwas mehr an das Beispiel vom Zöllner und vom Pharisäer zu erinnern.

Doch kehren wir nunmehr nach dieser Abschweifung zu unserem Thema, der jugendlichen Prostituion, zurück. In Berlin konnte es früher selbst dem gleichgültigsten und unfähigsten Beobachter nicht leicht entgehen, daß zahllose Kinder den Hausierhandel betreiben. Die Zahl dieser jugendlichen Hausierer war natürlich nicht festzustellen; daß sie aber ungeheuer groß war, davon hat sich jeder leicht selbst überzeugen können. Die meisten machten die Straßen unsicher und belästigten die Passanten in geradezu schauderhafter Weise; nur wenn sie einen Schutzmannshelm auftauchen sahen, verschwanden sie wie die Spreu vor dem Winde, kehrten aber sofort zurück, wenn die Gefahr vorüber und die Luft wieder rein war. Andere grasten die Häuser ab, und wieder andere suchten in den Schanklokalen ihre Ware an den Mann zu bringen. Die beliebtesten Artikel waren Blumen, Streichhölzer, Früchte, Fliegenstöcke und Scheuermatten. Aus diesen jugendlichen Hausiererinnen rekrutierte sich vornehmlich die jugendliche Prostitution; der Handel war sehr oft — keineswegs immer — nur ein Vorwand zum Betteln und — zur Unzucht. Es gab Mädchen, die nur an den Tagesstunden, und andere, die auch an den Abendstunden aufs Geschäft gingen. Es ist nun absolut unwahr, daß alle diese Personen von ihren Eltern auf den Handel geschickt und geprügelt wurden, wenn sie nicht genug Geld mit heim brachten. Die am Tage hausierenden Mädchen betrieben vielmehr das Geschäft oft auf eigene Rechnung und vollständig ohne Vorwissen der Eltern, sie brachten auch nicht einen Pfennig heim, sondern vernaschten den Erlös. In der Regel gingen sie in Gruppen von zwei oder drei Personen. Wenn sie nun einen Mann bemerkten, der ihnen geeignet erschien, so gaben sie ihm einen nicht mißzuverstehenden Wink, lachten ihn an und eilten ihm, sich fortwährend umblickend, voraus, bis sie an ein Haus kamen, das ihnen als ruhig und nicht verkehrsreich bekannt war, dort schlüpften sie hinein und warteten, bis ihnen der Angelockte nachkam. Wer dies Treiben genauer beobachtete, der konnte nach verhältnismäßig kurzer Zeit den Mann eilig und sich scheu umblickend das Haus wieder verlassen sehen, und nach wenigen Minuten betraten auch die Mädchen sichtlich erfreut und im Besitz von Geld, die Straße. Es konnte sich bei solchen Fällen, die sich meist am hellen Tage abspielten, wohl nur um die Vornahme unzüchtiger Handlungen, wie sie der § 176, al. 3, im Auge hat, handeln, denn weitergehende Dinge dürften sich an derartigen unsicheren Orten wohl von selbst verbieten.

Anders lag die Sache mit den unglücklichen Geschöpfen, die noch am späten Abend auf der Straße herumlungern mußten. Sie handelten wohl niemals ohne Wissen und Auftrag der Eltern; sie waren gezwungen, Geld mitzubringen, und hatten, wenn sie dies nicht taten, wirklich die schwersten Mißhandlungen zu erwarten. Was lag nun für solche Kinder näher, als jede sich ihnen bietende Gelegenheit, die das ersehnte Geld schaffen konnte, zu ergreifen? Was Kinder zu Hause zu sehen bekommen, was sie von erfahreneren Leidensgenossen erzählen hören, das muß ihnen schnell jedes Gefühl für Scham und Unrecht ersticken und würde es ihnen nicht stets und ständig von allen Seiten vorgepredigt, daß sie sich nicht erwischen lassen dürften, es würde ihnen wohl nicht einmal anstößig erscheinen, sich mit dürren Worten den Männern anzubieten. Der Menschheit ganzer Jammer greift einen an, wenn einem das Schicksal einen freien Einblick in diese furchtbaren Abgründe gestattet. Die Mädchen sind oft nur zehn Jahre und selbst darunter alt, und doch ist für sie das Laster etwas ganz Alltägliches und Selbstverständliches. Da hockten sie auf der Straße, beobachteten die Vorübergehenden, von deren fröhlicher Behaglichkeit kaum ein Schatten in ihr elendes Dasein fällt, und wenn sie merkten, daß sie die Aufmerksamkeit eines Mannes erregt hatten, dann erhoben sie sich, gingen in eine unbelebtere Nebenstraße, überzeugten sich, ob der Mann ihnen folgte, ob eine gefährliche Person, etwa ein Polizeibeamter, zu sehen war, und schlüpften dann in ein Haus, in das ihnen langsam und möglichst harmlos der Mann folgte. In der Regel ward von beiden die äußerste Vorsicht angewendet, und es war gar nicht so leicht, das Treiben zu beobachten. Daß es bei solchen Mädchen zu mehr als zur Duldung unzüchtiger Berührungen kam, ist kaum anzunehmen; das hat aber auf die sittliche Beurteilung des Treibens auch wenig Einfluß. Zu bemerken ist, daß sich solche Kinder wohl selten aus Hang zum Laster prostituierten, daß sie dies vielmehr nur deshalb taten, weil sie durch das schändliche Treiben leichter und müheloser Geld erhielten, und durch dieses Zaubermittel die ihnen sonst bevorstehende Mißhandlung abwenden konnten. Die Eltern wußten sehr oft, auf welche Weise ihr Kind die Mittel verdiente; sie hinderten es nicht, gaben ihm höchstens noch „gute“ Lehren mit auf den gefährlichen Weg, und dabei handelten auch sie oft nur der Not gehorchend. Hunger tut weh; Not und Elend sind oft wirklich unbeschreiblich. Die Eltern krank, arbeitsunfähig, durch Leiden und Entbehrungen verwahrlost, leben die Leute in den unglaublichsten Verhältnissen. Oft in einer ganzen Anzahl, gemeinschaftlich mit noch fremden Personen beiderlei Geschlechts, leben sie in einem einzigen elenden Raume zusammen. Die Szenen, die sich dort vor den Kindern abspielen, sind schlimmer als Gift, sie ertöten jedes sittliche Gefühl im Keime. Es ist nicht wahr, daß Sittlichkeit und Schamgefühl nur Produkte der Erziehung sind. Sie schlummern vielmehr in jedes Menschen Brust als Instinkte; aber wie der Nachtfrost die zarte, kaum entfaltete Blüte vernichtet, so wird auch das, was gut und edel im Menschenherzen ruht, durch die rauhe, frostige Wirklichkeit gar leicht erstickt und abgetötet. Und die Not ist unerbittlich und unbeschreiblich. Was selbst die Hunde im Kehricht unberührt lassen, das wühlen diese Menschen mit Heißhunger hervor und fallen darüber her, als seien es die kostbarsten Leckerbissen. Das Sündengeld der Kinder geht in Miete und — Schnaps auf. Ohne Schnaps könnten solche Leute nicht bestehen; er ist noch das einzige, was sie künstlich aufrecht erhält; sie trinken ihn als Lethe, um sich und das Elend zu vergessen. Es ist eine furchtbare Wirklichkeit, der sich solche Leute durch die Flucht in das fuselduftende Traumleben zu entziehen suchen.

Wenn man das alles berücksichtigt, dann gewinnt die jugendliche Prostitution unter diesen Verhältnissen doch ein anderes Aussehen; sie ist eine laute, zum Himmel schreiende Klage gegen die moderne Gesellschaft, die eigentlich kein Recht hat, diesen „Enterbten" noch die letzte Quelle, die ihnen Leben sprudelt, zu entziehen. Fast scheint es grausam, diese Quelle verstopfen zu wollen, und doch ist es notwendig. Sprechen wir hier nicht mehr von Sittlichkeit und öffentlicher Sicherheit; schon die Menschlichkeit erfordert es gebieterisch, daß solche Kinder solchen Eltern entzogen werden, denn es ist ein furchtbares Unrecht, sie in die Zuchthäuser oder Gefängnisse zu schicken, wenn sie wirklich das geworden sind, was sie naturgemäß durch den Zwang der Verhältnisse werden mußten, nämlich vollendete Verbrechernaturen. Dann erwächst den Behörden aber auch die Pflicht, für die Eltern, wenn sie wirklich erwerbsunfähig geworden sind, in anderer Weise zu sorgen. Das Hausieren der Kinder ist jetzt allerdings verboten, damit ist die frühere Form der Kinderprostitution verhütet, nicht aber diese selbst, und so entstehen immer noch Verbrechergeschlechter, die für ihre bösen Taten gar nicht bestraft werden dürften, da ihnen von frühester Kindheit an das Laster in jeder Gestalt eingeprägt und dafür das beigebracht worden ist, was das Verbrechertum erst wirklich gefährlich macht, nämlich das Gefühl und die Ueberzeugung, daß zwischen den ehrlichen und besitzenden Klassen und den „Enterbten" ein Kriegszustand bestehe, daß also jedes Verbrechen nichts weiter sei als ein Akt ausgleichender Gerechtigkeit, lediglich eine berechtigte Rache für all das bittere, jahrelang getragene grauenhafte Elend, in das der Verbrechende gestoßen worden ist. Daran ändert auch der Umstand nichts, daß etwa die Eltern nicht wirklich arbeitsunfähig, sondern nur arbeitsscheu sind, denn in der Kinderseele prägen sich alle die entsetzlichen Eindrücke mit furchtbarer Deutlichkeit unvergänglich ein. Solche Geschöpfe können nur dadurch, daß man sie der Gewalt ihrer Eltern völlig entzieht und sie einer Erziehungsanstalt überweist, zu brauchbaren Mitgliedern der menschlichen Gesellschaft herangebildet werden. Es ist aber dabei Wert darauf zu legen, daß die Erziehungsinstitute nicht Strafanstalten sind, sondern die bedauernswerten Geschöpfe sollten dort gerade das erhalten und kennen lernen, was ihnen stets gefehlt hat, den warmen, belebenden Sonnenschein von Liebe und Fürsorge. Dem werktätigen Christentum ist hier ein weites und lohnendes Feld gegeben.

Daß nicht dadurch der Sittlichkeit gedient werden kann, wenn man die Männer, die sich mit solchen Kindern abgeben, mit schweren Strafen belegt, versteht sich ganz von selbst, mag es auch noch so verwerflich sein, wenn ein erwachsener Mann solche Kinder benutzt. In Wirklichkeit schädigt er aber die Sittlichkeit der schon sittlich verkommenen Geschöpfe nicht, und in der Wirkung tut er vielleicht noch wenigstens insofern etwas Gutes, als er durch die Hingabe des Geldes das verzweifelnde Kind vor noch Schlimmerem bewahrt. Es wird sich nicht jeder zu dem Grundsatz bekennen, den Maxim Gorki in seinem „Nachtasyl" ausspricht, daß nämlich die Diebe die besten Menschen seien. Geld muß das Mädchen mitbringen. Viel Geld wird allerdings das Gewerbe der Schande den jugendlichen Prostituierten auch nicht einbringen, denn daß gerade so sehr viel Männer daran Gefallen finden sollten, mit einem zerlumpten Kinde auf einige Minuten in einem Hause, wo doch jede Minute eine unangenehme Störung eintreten kann, unzüchtige Handlungen vorzunehmen, vermag man sich nicht vorzustellen; es will mir auch nicht recht in den Kopf, daß für solche Dinge wirklich größere

Beträge gezahlt werden könnten. Wir werden weiter sehen, daß es Lüstlingen, die so übersättigt sind, daß sie nur noch etwas Außergewöhnliches reizen kann, nicht an anderen Gelegenheiten fehlt, sich mit dem Kindesalter angehörenden Prostituierten in Verbindung zu setzen. Uebrigens „arbeitete" auch früher die zuletzt beschriebene Art kindlicher Prostituierter nicht durchweg nach der mitgeteilten Methode; es gab auch viele solche Geschöpfe, die sich nicht auf der Straße aufhielten, sondern in die Häuser gingen, um ihre Ware und schließlich, wenn die Gelegenheit es gestattet, sich selbst an den Mann zu bringen. Von diesen Geschöpfen handelte ein Teil aus Leichtsinn, die überwiegende Mehrzahl aber aus wirklicher Not und Armut.

Die eigentliche Prostitution Jugendlicher ist aber auch die zuletzt besprochene Art noch nicht, wenigstens gibt es noch eine andere, die der Prostitution Erwachsener noch mehr gleicht. Wer die Leipziger, Friedrich- und ähnliche Hauptverkehrsstraßen Berlins genauer kennt, wer vor allen Dingen in der „Passage" und auf den Bahnhöfen genauere Menschenstudien macht, der wird überall eine ganze Menge recht jugendlicher Mädchen, die meist besser gekleidet sind, und denen man wohl eine starke Dosis Leichtfertigkeit, aber keine Not ansieht, finden. Diese fallen in der Regel schon durch ihr herausforderndes Betragen und durch die Dreistigkeit, mit der sie die Männer ansehen und anlachen, auf. Das ist die eigentliche Prostitution oder das, was man bei den erwachsenen Dirnen die Elitetruppe nennen kann. Meist sind es Schulmädchen, die ihre freie Zeit „nutzbringend" zu verwerten wissen. Diese Mädchen finden einen weit größeren Zuspruch als die elenden, armseligen Geschöpfe, mit denen wir uns bisher beschäftigt haben. Meist sind es ältere, reichere Lüstlinge, die solche Kinder mitsichnehmen. Mir ist ein Fall bekannt geworden, in dem die Polizei einen sehr reichen Bremer Großkaufmann in der Passage observiert hatte, weil er offenbar für die Lockungen sehr junger Prostituierter äußerst zugänglich war. Dieser Kinderfreund nahm denn auch wirklich zwei noch nicht 14 jährige Mädchen mit in sein Heim. Dort wurde er festgestellt, und auch die Mädchen mußten es sich gefallen lassen, daß die Polizei sich genauer über ihre Verhältnisse erkundigte. Dabei stellte es sich heraus, daß es Töchter angesehener Bürgerfamilien waren; der Vater der einen war ein bekannter Tischlermeister in Moabit; die andere gehörte einer ähnlichen Familie an. Es war nicht schwer, festzustellen, daß beide Mädchen schon längere Zeit der Prostitution ergeben waren. Zu einem Strafverfahren kam es übrigens nicht, weil sowohl der Großkaufmann als die Mädchen energisch behaupteten, daß es zu irgend einer unsittlichen Handlung nicht gekommen sei, und das Gegenteil war nicht nachzuweisen. Es gibt, so unglaublich dies auch klingen mag, unter solchen kaum dem Kindesalter entwachsenen Mädchen eine ganze Anzahl, die sogar bestimmte Absteigequartiere haben, in die sie zu jeder Zeit Männer mitbringen dürfen. Ich werde darauf noch bei der Besprechung der Kuppelei näher einzugehen haben.

Am Georgenkirchplatz in Berlin, einem zwischen alten, winkeligen Häusern versteckten Promenadenplatz, herrschte vor einigen Jahren das Treiben jugendlicher Prostituierter so stark, daß die Polizei alle Hebel in Bewegung setzen mußte, um dem Unwesen zu steuern. Auch in der hinteren Halle des Bahnhofs Alexanderplatz stand früher das jugendliche Dirnenwesen in üppigster Blüte. Die Mädchen fühlten sich dort so heimisch, daß sie ganz ungeniert sich an Männer heranwagten. Die Polizei hat dort ebenfalls Remedur geschaffen, und daß sie auch sonst ein scharfes Auge auf derartige Dinge richtet, beweist schon der oben erwähnte Fall mit dem Bremer Großkaufmann. Das Uebel aber auszurotten, ist ganz unmöglich; etwas wirklich Strafbares zu entdecken, hält sehr schwer, denn die Kinder sind trotz ihrer Jugend sehr „helle“ und außerordentlich raffiniert. Uebrigens gehen sie meist in Gruppen, so daß sie nach allen Seiten ein wachsames Auge haben und sich gegenseitig warnen können, wenn Gefahr naht. Hin und wieder werden aber doch solche Mädchen, wenn sie es gar zu bunt treiben, festgenommen und sogar bestraft; es ist mir mitgeteilt worden, daß eine sehr jugendliche Dirne, die unter dem Spitznamen „Judenlene“ bekannt war, wiederholt zu kurzen Haftstrafen verurteilt worden sei. Das ist natürlich ein vollkommen falsches System, denn solche Personen gehören nicht in die Gefängnisse, sondern in die Zwangserziehungs- oder Besserungsanstalten. Es kommt auch vor, daß selbst 14- und 15jährige Dirnen unter sittenpolizeiliche Kontroll gestellt werden. So notwendig nun auch die Sittenkontrolle schon vom hygienischen Standpunkt ist, so verfehlt ist sie den jugendlichen Prostituierten gegenüber; auch da wäre es dringend geboten, diese Personen einem Institut für Verwahrloste zu überliefern. Wenn man nun annehmen wollte, daß jugendliche Prostituierte durchweg der Hefe des Volkes angehörten, so wäre dies ein verhängnisvoller Irrtum, denn auch Töchter der höheren Stände wenden sich zuweilen diesem Gewerbe zu; in der Regel werden sie durch Verführung auf die Bahn des Lasters getrieben. Ich erinnere mich eines Falles, der zwar nicht in die weite Oeffentlichkeit gedrungen ist, bei den Beteiligten aber große Erregung hervorgerufen hat. Ein Mitglied der chinesischen Gesandtschaft in Berlin hatte ein junges Mädchen mit in seine Wohnung genommen und, da der Chinamann gerissener war als die meisten deutschen Männer, bemerkt, daß ihm die Schöne ein Goldstück entwendete. Der Chinese ließ das Mädchen festnehmen, und nun stellte es sich zum allgemeinen Staunen heraus, daß es sich um die Tochter eines sehr hohen Militärs handelte. Hätte die Sache den gewöhnlichen Verlauf genommen, also zu einem Strafprozeß geführt, so würde sie gewiß das peinlichste Aufsehen erregt haben, und aus diesem Grunde darf man wohl sagen, es ist besser gewesen, daß es gelang, die Sache totzumachen. Uebrigens irrt man durchaus, wenn man glaubt, daß ähnliche Fälle so ungeheuer selten sind. Einen Einblick in die Geheimnisse der besseren Gesellschaft erhielt man wiederholt, als die Polizei verschiedene „vornehme Lasterhöhlen" aufhob; was dort für Mädchen, meist noch in sehr jugendlichem Alter, beteiligt waren, das wird jeder, der nicht tiefer in die Verhältnisse eingeweiht ist, einfach für unmöglich halten. Goldstücke werden allerdings von diesen jungen Damen bei derartigen Gelegenheiten in der Regel nicht gestohlen; aber uns interessieren auch nicht die Diebstähle, sondern die Orgien, die zwischen den vornehmsten Herren mit vornehmen und nicht vornehmen Mädchen, oft noch Kindern, aufgeführt werden, und diese übersteigen alle Begriffe. Auch hierauf werde ich noch im nächsten Kapitel näher einzugehen haben.

Ich rechne auch solche Mädchen, die derartige Lasterhöhlen besuchen, unbedenklich zu den Prostituierten, wenigstens dann, wenn sie wissen, zu welchen Zwecken sie eingeladen werden.

Schon wiederholt habe ich von einer offiziellen und einer geheimen Prostitution gesprochen. Wenn die offizielle Prostitution nur aus den unter sittenpolizeilicher Kontrolle stehenden Dirnen besteht, so ist es klar, daß die Kinderprostitution zu der geheimen gehört. Zu dieser zählen natürlich auch alle Frauenzimmer, die das Geschäft betreiben, ohne der Polizei als Prostituierte bekannt zu sein, resp. ohne unter Kontrolle zu stehen. In der Regel suchen diese Prostituierten durch das Laster nur ihre bedrängte materielle Lage aufzubessern; es kommt aber auch vor, daß sie ausschließlich mit der Prostitution ihren Lebensunterhalt erwerben. Meist sind sie das Opfer der gesetzlich gestatteten Verführung, denn diese bildet in der Regel im Leben des Weibes einen Wendepunkt, man kann sagen, die erste Verführung gleicht der Ankunft am Scheidewege. Wohl wandeln einige auf dem rechten Wege weiter, wenn sie es nicht vorziehen, sich das Leben zu nehmen; der größere Teil schwenkt aber links ab, und der linke Weg führt zu Schmach und Schande. Die ihn wandeln, begehen auch Selbstmord, freilich nicht physischen, sondern nur moralischen. Bei vielen mögen angeborener Leichtsinn und eine stark ausgeprägte Sinnlichkeit die Triebfeder sein. Man soll nicht idealisieren, aber sehr viele werden auch durch die Macht der Verhältnisse auf die schiefe Ebene getrieben, auf der das Sinken rapide schnell vor sich geht. Wer erst der geheimen Prostitution ergeben ist, der hat bis zur offiziellen nur noch einen kleinen Schritt zu tun, denn es hängt nur vom Zufall ab, ob so ein Weib der Polizei entgeht oder nicht. Es ist übrigens im allgemeinen Interesse zu wünschen, daß die geheimen Dirnen möglichst bald zu offiziellen werden, denn sie bilden hygienisch eine große Gefahr, die zwar durch die sittenpolizeiliche Kontrolle nicht völlig beseitigt, aber doch wenigstens stark herabgemindert wird. Sehr viele geheime Prostituierte sind mit Geschlechtskrankheiten infiziert und verbreiten diese Seuchen ungehindert weiter. Wenn nun auch die Kontrolldirne infiziert ist und die Krankheit bis zur nächsten Untersuchung weiterverbreiten kann, so wird sie doch bald unschädlich gemacht, und nebenbei ist sie schon in Rücksicht auf die ständige Kontrolle vorsichtiger. Daß sie dies sein kann, dafür wird außerdem noch gesorgt, denn die vorgedruckten Informationen, die jede Kontrolldirne von der Polizei ausgehändigt erhält, unterrichten sie ziemlich genau über das Wesen und die Symptome der in Frage kommenden Krankheiten, so daß sie sich in der Tat möglichst vorsehen kann. Es ist ein blöder Unsinn, wenn von mancher Seite gegen die ärztliche Untersuchung der Dirnen als eine diese entwürdigende Maßregel geeifert wird; denn jeder mit der hinreichenden Dosis gesunden Menschenverstandes ausgestattete Beurteiler wird sich viel eher für eine Verschärfung der Kontrolle als für eine Aufhebung begeistern können. Für die Anstellung weiblicher Polizeiärzte ist wiederholt lebhaft agitiert worden, und dieser Vorschlag sollte in der Tat einer gewissenhaften Prüfung unterzogen werden. Es läßt sich gewiß nicht verkennen, daß für ein Mädchen, das zur ersten Untersuchung eingeliefert wird, die Untersuchung durch einen Mann im höchsten Grade peinlich sein muß. Gegen den Vorschlag wird geltend gemacht, daß gerade den männlichen Aerzten die notwendige und reiche Erfahrung zu Gebote stehe, und daß die Einführung weiblicher Aerzte die Befürchtung erwecke, der Dienst, der unter allen Umständen eine Disziplin erfordere, wie sie bei einer Teilung in männliche und weibliche Funktionäre wohl schwerlich durchführbar sein würde, könne eine störende Beeinträchtigung erleiden. Das würde aber nach meiner Ansicht doch nicht ausschließen, daß man mindestens neue Eingelieferte, deren sittliche Qualifikation noch nicht feststeht, zunächst weiblichen Händen überlassen sollte. Die größten Bedenken erregen aber zweifellos die wiederholt festgestellten Fälle von willkürlichen Amtsüberschreitungen der unteren Polizeiorgane. In Kiel, Hamburg, München usw. ist erwiesen worden, daß in der Tat Frauen ohne Grund als Prostituierte festgenommen worden sind. Gegen derartige Vorkommnisse muß unter allen Umständen Schutz gewährt werden. Schutz vor der Polizei tut da vor allen Dingen not; aber man darf nicht generalisieren. Wenn sich ein Mädchen, wie dies tatsächlich vorgekommen ist, um Mitternacht an den verrufensten Orten, beispielsweise im Friedrichshain usw., aufhält, sich mit verkommenen Burschen unterhält, und angeblich nur den Bräutigam erwarten will, dann handelt es sich um eine Persönlichkeit, der eine empfindliche Lektion im Grunde genommen nichts schaden kann. Das ist sicher nicht das Verhalten einer sittenreinen und einwandsfreien Person, denn wer sich mutwillig in Gefahr begibt, der muß es sich gefallen lassen, wenn er auch darin umkommt. Jeder, der in der Oeffentlichkeit sich auch für solche Personen ins Zeug legt, sollte mit aller Vorsicht den Einzelfall prüfen und dann bedenken, ob er wirklich der öffentlichen Ordnung und Sittlichkeit einen guten Dienst erweist. Die heimliche Prostitution ist gesundheitlich und natürlich auch moralisch eine hohe Gefahr; der Polizei ist durch ihre Bekämpfung eine sehr schwierige, ja nahezu unlösbare Aufgabe gestellt. Greift sie aber zu, ohne daß ein völlig hinreichender Grund hierzu vorliegt, dann darf man nicht mit dem Deckmantel biederer Moralität einen solchen Mißgriff entschuldigen wollen, denn ohne genügenden Beweis darf niemals gegen eine Person vorgegangen werden. Die Polizei ist am wenigsten dazu da, mit brutaler Faust Ehre und Freiheit des Publikums anzutasten. Selbst in Fällen, in denen eine Frauensperson sich dringend verdächtig gemacht hat, muß jeder Uebergriff vermieden werden, denn jemand, der nur verdächtig ist, kann nicht ebenso behandelt werden, wie eine wirklich schon überführte Person. Wo wirklich eine Festnahme geboten erscheint, da muß sie mit dem erforderlichen Takte und der gerade auf diesem Gebiete unentbehrlichen Delikatesse erfolgen. Wenn es ein untergeordneter Beamter in der Hand haben sollte, gegen jede beliebige, ihm bloß verdächtig erscheinende Person brutal vorzugehen, dann wäre kein weibliches Wesen mehr sicher, nicht eines schönen Tages mit Schimpf und Schande von der Straße fortgeführt und fürs ganze Leben geschändet zu werden. Selbst in Fällen, wie dem erwähnten aus dem Friedrichshain, wo also ein Beamter im guten Glauben die Festnahme vornimmt, muß unbedingt mit der Sistierten glimpflicher verfahren werden, als dies jetzt zuweilen geschieht. Die sofortige Untersuchung ist zu vermeiden; sie darf vielmehr erst dann vorgenommen werden, wenn feststeht, daß die Person wirklich gewerbsmäßige Unzucht getrieben hat. Durch die körperliche Untersuchung ist dies nicht zu ermitteln; sie kann nur darüber Aufklärung geben, ob die Person etwa geschlechtskrank ist. Hier könnten die Polizeimatronen segensreich wirken. Erst wenn die Polizei die Garantie gegen jede Willkür ihrer Beamten bietet, kann sie ihr Ziel erreichen.

Schlecht bezahlte Arbeiterinnen und zum Teil sogar kaufmännische Angestellte usw. usw. gehören sehr oft der heimlichen Prostitution an und müssen ihr angehören, wenn sie es nicht vorziehen wollen, langsam zu Tode zu hungern. Ich habe das schon vorher geschildert und dabei hervorgehoben, wie sich die Lage solcher Mädchen gestaltet, wenn sie erst von dem gewissenlosen Chef verführt worden sind. Ist dies geschehen, dann sagen sie sich oft, daß alles, was nun noch kommt, nicht mehr so schlimm sein kann, nachdem das beste, die weibliche Ehre, verloren ist. Erst hat die Verführung einen unwiederbringlichen Verlust geschaffen; nun bringt das Laster nur noch Gewinn. Deshalb ist aber gerade die Verführung der Angestellten seitens des Arbeitgebers eine so schreckliche Gefahr, und deshalb plädiere ich dafür, daß ein solcher Mensch mindestens ebenso schwer bestraft werden muß wie ein Beamter, der sich mit Einwilligung einer ihm amtlich anvertrauten Dirne gegen diese vergangen hat. Man glaube nur nicht, daß die Prostitution sich hauptsächlich aus jenen armseligen Geschöpfen rekrutiert, die schon im Kindesalter von ihren Eltern zum Laster angehalten worden sind. Nebenbei möchte ich bemerken, daß auch die halbwüchsigen Geschöpfe, die als jugendliche Prostituierte — ich habe sie die Elitetruppe genannt — die Straßen unsicher machen, schließlich einmal durch schlechten Verkehr oder männliche Verführung zu dem für ihr Alter unnatürlichen Erwerb gebracht worden sind. Der Schritt von der heimlichen Prostitution, die zunächst nur zur Aufbesserung der materiellen Lage dient, bis zur Kontrolldirne, die ausschließlich von ihrer Schande lebt, ist nicht groß, und wie der Verlust der weiblichen Ehre oft zur Prostitution führt, so bringt der Umstand, daß ein Mädchen „Unglück hat", d. h. in unser geliebtes Deutsch übersetzt, daß es bei einer gewagten Streife nach Männern der polizeilichen „Streife" in die Hände fällt, es von selbst mit sich, daß dann das unter Kontrolle gestellte Mädchen nur noch von der Prostitution lebt. Das ist schon deshalb notwendig, weil so ein Mädchen der sittenpolizeilichen Kontrolle und der wöchentlichen Stellung zur ärztlichen Untersuchung wegen überhaupt keine regelmäßige Beschäftigung mehr annehmen kann.

Die Art und Weise, in der die heimlich Prostituierten in Berlin ihre Kundschaft suchen, ist sehr verschiedenartig. Arbeiterinnen und Geschäftsmädchen, die dem Gewerbe huldigen, schlendern nach Schluß des Geschäfts die Straßen entlang und warten, bis sie einer anspricht, was fast immer geschieht, wenn sie langsam gehen, sich viel umsehen und vor den Schaufenstern stehen bleiben. Oder sie begeben sich nach der Passage, die geradezu eine Börse bildet, für alle die, denen an der Anknüpfung eines Verhältnisses gelegen ist, sei es auch nur für einen Abend. Manche legen Wert auf ein Verhältnis von längerer Dauer, weil sie dadurch der Mühe, erst suchen zu müssen, auf einige Zeit überhoben sind, ferner weil sie auch wissen, was sie haben, und weil sie nicht die ewige Furcht ausstehen müssen, doch einmal einem Sittenbeamten in die Hände zu fallen. Diese Furcht ist nämlich bei solchen Mädchen so stark ausgeprägt, daß sie jeden Mann, der sie anspricht, zunächst für einen Polizeispitzel halten. Wieder andere gehen prinzipiell nicht auf ein Verhältnis von einiger Dauer ein, weil sie die „Veränderung“ lieben, und auch weil sie sich nicht erst an einen Menschen, den sie doch nicht für sich behalten dürfen, gewöhnen wollen. Einige befolgen eine ganz eigentümliche Praxis, sie knüpfen nur mit Ehemännern Beziehungen an; jeder Junggeselle ist ihnen eine anrüchige Person. Dieses System ist, genau betrachtet, auf sehr kluger Berechnung aufgebaut; die Ehemänner haben nämlich in der Regel vier Vorzüge, die nicht zu unterschätzen sind; erstens leben Ehemänner oft in besseren Verhältnissen, zweitens behandeln sie in der Regel ein Mädchen besser, drittens pflegen sie geschlechtlich gesund zu sein, und viertens sind sie meist verschwiegener. Ob diese Vorzüge stets wirklich vorhanden sind, will ich nicht erörtern, sie werden aber wenigstens als vorhanden angenommen, und das schon erklärt die Bevorzugung. Da nun auch der Ehebruch gesetzlich eigentlich gestattet ist, kann man den Mädchen die

Neigung für Ehemänner, wenn's auch nicht die eigenen sind, wenigstens vom Standpunkt des Strafgesetzbuchs aus nicht gar so sehr verübeln. Ehemänner, namentlich ältere, fühlen sich nicht wenig in ihrer Eitelkeit gekitzelt, wenn sie sehen, daß sie noch Eindruck auf junge, hübsche Mädchen machen, und die liebe Eitelkeit verleitet so oft die Männer zu Dummheiten und Ausschweifungen, viel öfter als der wirkliche Trieb zum Laster. Wie stolz ist schon ein Vierziger, wenn er bei einem Backfisch einen Jüngling ausstechen kann. Wie geht es nun aber erst dem „Jüngling" mit grauem Haare, dem Manne, der seine 50—60 Jahre auf dem Rücken hat. Die Menschen sind so oft stolz auf Dinge, deren sie sich eigentlich schämen sollten; müßte da so ein alter Geck nicht erröten, daß er sich die Jugenddummheiten absolut nicht abgewöhnen kann? Ach, die Mädchen bevorzugen in der Regel nur sein gutgefülltes Portemonnaie, das ihnen so manche Erleichterungen schafft, wenn sie es selbst genügend erleichtern, und dann wählen sie den müden Greis, weil sie selbst sich nach Ruhe sehnen, wenn sie nach des Tages Mühen und Lasten noch auf Raub ausgehen. Das Alter ist genügsamer als die feurige Jugend. Man braucht sich hier nicht drastisch auszudrücken; aber es ist immer ein Beweis, daß die Mädchen nicht aus leidenschaftlicher Sinnenlust auf Eroberungen ausgehen, wenn sie sich an das Alter anschließen, und der gute Alte merkt das nicht, er ist vergnügt, daß er noch reüssiert und ahnt gar nicht, daß er in Wirklichkeit doch nur der alte Esel ist, der die Kosten des Verfahrens zu tragen hat. Das ist auch eine Tragik des Alters, das seine Jahre vergißt.

Fabrikmädchen wählen zu ihren Freunden oft Männer des arbeitenden Standes. Die haben eher ein Herz und Verständnis für die Leiden eines armen und „abgearbeiteten" Wurmes und zeigen sich deshalb bei solchen Verhältnissen — um einen *terminus technicus* anzuwenden — anständiger als andere junge Männer, die auf Fabrikmädchen reflektieren müssen, eine „bessere" Stellung einnehmen, weniger verdienen, großmäuliger und anspruchsvoller, dabei aber meist schlechtere Zahler sind. Männer, die weniger auf den schnöden Mammon sehen, die gehen wieder nicht mit einem simplen Fabrikmädchen, wenigstens nicht an den Wochen-

Das Bockziehen als Strafe für Dirnen.

tagen, wo dieses meist so gekleidet ist, daß es auch Leute mit weniger scharfen Augen selbst auf eine größere Entfernung noch recht deutlich von einer Dame unterscheiden können. Bei einem Manne der Arbeit hat so ein Mädchen, das noch arbeitet, also immer doch nicht so sehr tief gesunken ist, auch die stille und nicht immer vergebliche Hoffnung, daß schließlich doch aus dem leichtsinnig und frivol angeknüpften Verhältnis eine Ehe werden kann. Es ist da schon eher ein Band der Zusammengehörigkeit in dem Gefühle der sozialen Gleichheit gegeben, und die Ehen, die sich aus solchen Liebschaften entwickeln, sind nicht immer die schlechtesten.

Bei der nicht mehr arbeitenden Dirne hört das auf; diese hat das Gefühl, daß sie für Höheres geboren und auf „Höhere" angewiesen ist, und hierin ist die heimlich Prostituierte ihrer offiziellen Kollegin gleich; aber dennoch ist auch manche, die das Schandleben satt hat, ganz zufrieden, wenn sie einen Arbeiter heiraten kann, ein Vorzug, auf den allerdings jeder anständige Arbeiter verzichten sollte. Die Kontrolldirne geht solche Ehe oft deshalb ein, um sich von der lästigen Kontrolle zu befreien. Nicht selten verrechnet sie sich aber auch, denn der Mann, der so leichtsinnig ist, eine Dirne zu heiraten, wird durch deren Gesellschaft nur zu oft noch leichtsinniger und zwingt dann die sogenannte bessere Hälfte, zu ihrem alten Gewerbe zurückzukehren und ihn dadurch zu ernähren.

Die heimlich Prostituierte unterscheidet sich von der offiziellen sehr oft nur dadurch, daß sie bisher das Glück hatte, der Polizei nicht in die Hände zu fallen, ein Umstand, der übrigens in der Regel über kurz oder lang ohnehin beseitigt wird. Sonst ist ihr Leben zuweilen ganz das gleiche; sie arbeitet auch nicht, sondern „geht nur auf die Straße". Alle diese „Heimlichen" tragen das unheimliche Gefühl mit sich herum, daß sie längst „reif" sind, d. h. daß sie jede Minute der Polizei verfallen können. Dafür sorgen übrigens auch sehr oft die Kontrolldirnen, die bei den „schlechten Zeiten" wenig geneigt sind, sich einen unlauteren Wettbewerb gefallen zu lassen. Andere heimlich Prostituierte, die als Plätterin, Arbeiterin, Aufwartung, Kellnerin oder sonst etwas beschäftigt sind und die Prostitution als Nebengewerbe betreiben — oft ist sie freilich auch das Hauptgewerbe, und der ehrliche Beruf dient nur, sie vor der Stellung unter Kontrolle zu schützen —, sind den wirklichen, d. h. den offiziellen Dirnen erst recht ein Dorn im Auge, weil sie an und für sich Konkurrenz bilden und dann auch noch durch Minderforderungen die Preise verderben. Die geschiedenen Frauen, Witwen oder auch Frauen, deren Männer abwesend sind — etwa auf längere Zeit im Gefängnis weilen — oder deren Männer das Treiben gutheißen und sich durch Prostitution ernähren lassen, stehen sich dadurch im allgemeinen etwas besser als die letzteren, daß sie eine eigene Wohnung haben und nicht so horrende Preise bezahlen müssen wie die Dirnen, die sich auf Kost und Logis einmieten, und dazu kommt, daß sie in der Regel am Tage auch noch eine Beschäftigung annehmen; dagegen müssen sie oft ihre Kinder, eventuell auch den Mann mit ernähren. Sie leben meist auch in sehr gedrückten Verhältnissen. Wir werden allerdings sehen, daß auch die anderen Dirnen sehr oft noch eine Mannsperson ernähren müssen, und zwar den sogenannten Zuhälter.

Damit wäre nun wohl das Wesen der Prostitution nach jeder Richtung hin genügend beleuchtet; auf einige Punkte müssen wir ohnehin im nächsten Kapitel noch zurückkommen. Ich will nun zum Schlusse noch eine wichtige Frage behandeln.

Schon seit sehr langer Zeit ist darüber gestritten worden, ob es besser sei, die Dirnen frei auf der Straße umherlaufen zu lassen, oder ob es nicht ratsamer wäre, sie in bestimmte Häuser, die sogenannten Bordells, zu verweisen. Wir haben gesehen, daß schon die ältesten Urkunden uns von Frauenhäusern berichten; neu ist der Bordellgedanke also nicht; jene altertümlichen Institutionen können aber für uns unmöglich maßgebend sein, weil unsere sämtlichen Verhältnisse nicht mehr den früheren Zeiten entsprechen, so daß für unsere heutigen Zustände das, was früher gut und brauchbar war, schlecht und verderblich sein kann. Wir dürfen auch nicht andere nichts beweisende Momente als Argumente anführen. Es ist bekannt, daß in Dresden die Bordelle aufgehoben, nach einiger Zeit aber wieder eingeführt worden sind; das beweist gar nichts. Wir werden die Dresdener Zustände noch besonders prüfen. Von den Bordellanhängern wird vor allen Dingen geltend gemacht, daß durch das Bordellwesen die öffentliche Sittlichkeit gehoben, die Ansteckungsgefahr aber beseitigt werde. Prüfen wir, ob dies richtig ist.

Was zunächst die Ansteckungsgefahr betrifft, so überschätzt man wesentlich den Vorteil der Bordelle. Auch die Kontrolldirne ist regelmäßigen ärztlichen Untersuchungen unterworfen. Mehr kann in den Bordellen auch nicht geschehen. Durch diese Untersuchungen wird nun freilich die Gefahr einer Infektion wesentlich herabgemindert; beseitigt kann sie indes nicht werden, weil die Infektion in dem Zeitraum zwischen zwei Untersuchungen erfolgen kann. Darin ändert sich bei den Bordellen nichts, wenn man nicht auch die Männer bei ihrem Eintritt einer sorgfältigen ärztlichen Untersuchung unterzieht, eine Maßregel, die wohl auf so starken Widerspruch stoßen würde, daß man sie einfach für undurchführbar erklären muß, schon deshalb, weil nach ihrer Einführung voraussichtlich die Bordelle wohl nur in den seltensten Fällen sich noch eines Gastes zu erfreuen haben würden. Wir können also den hygienischen Grund ohne weiteres streichen.

Sehen wir also zu, ob die Straßenprostitution oder die in den Bordellen entsittlichender wirkt. Ich gebe nun ohne weiteres zu, daß die sich öffentlich in den Straßen breitmachende Prostitution sehr wenig zur Hebung der öffentlichen Sittlichkeit beiträgt. Im Gegenteil! Aber wirkt denn das Bordellwesen befördernd auf die Sittlichkeit ein? Das bestreite ich ganz entschieden. Zunächst ist eins zu bedenken. Die Bordelle haben da, wo sie geduldet werden, unter der gegenseitigen Konkurrenz viel zu leiden, und die Inhaber sind deshalb gezwungen, sich zu überbieten, d. h. sie müssen immer frisches und möglichst junges „Material" schaffen. Woher stammt es? Meist wird es von Agenten „geliefert". Diese Herren verstehen es und müssen es verstehen, immer neue junge Mädchen für diese Häuser aufzutreiben; da werden dann unter allen möglichen Versprechungen und Vorspiegelungen junge Mädchen zum „Bedienen" der Gäste usw. angeworben, und diese merken dann in der Regel erst so spät, daß es keine Rettung mehr gibt, den schändlichen Zweck, dem sie dienen sollen. Wozu besteht denn der empörende Mädchenhandel, der immer und immer wieder die Gemüter erregt? Er hat nur den einen Zweck: den Bordellen, in der Regel den ausländischen, frisches Material zu schaffen, denn im Ausland müssen die Bordelle sich genau so wie im Inland durch frische Zufuhren zu überbieten suchen. Die Versendung der Mädchen ins Ausland erfolgt deshalb, weil diese im fernen Lande hilfloser sind, aber wenn man überall bei uns die Bordelle einführen würde, entstände den Agenten auch keine größere Gefahr, wenn sie ihre Opfer einfach nach einer etwas entfernteren Stadt beförderten, und das Geschäft wäre sogar noch lohnender, weil die großen Reisespesen auf kaum den zehnten Teil reduziert werden könnten. Wer die Geschichte der Bordelle genauer kennt, weiß, auf welche Weise die unglücklichen Mädchen zu dem Hundeleben gebracht werden; durch Lug und Trug werden sie stets zur Annahme einer angeblich glänzenden Stellung bewogen. Jeder Eingeweihte weiß aber auch, daß ein hübsches, junges Mädchen in so einem Hause meist schon in ganz kurzer Zeit zur Ruine gemacht wird. Es kann wohl nicht leicht etwas Verwerflicheres und Abscheulicheres geben als den Mädchenhandel. Daß er durch die Einführung von Bordellen blühen und gedeihen würde, kann keinem Zweifel unterliegen. Schon deshalb halte ich die Bordelle für tausendmal entsittlichender als die Straßenprostitution, für deren Vermehrung wenigstens nicht besondere schurkische Agenten tätig sind.

Das wird auch gar nicht bestritten, selbst die enragiertesten Anhänger des Bordellwesens stellen diese Tatsachen, die allein schon gegen die Einführung der „Weiberkasernen“ sprechen sollten, nicht in Abrede, sondern sie schweigen sie einfach tot, weil sie ihnen zur Diskussion zu gefährlich sind, oder weil ihnen die Fähigkeit abgeht, alle Seiten einer Frage zu übersehen. Dagegen wird geltend gemacht, daß die allgemeine Entsittlichung fortfalle, wenn man die Prostitution nicht mehr auf Schritt und Tritt in den Straßen zu sehen bekomme. Wenn das richtig wäre, dann würde es im allerbesten Falle Vogelstraußpolitik sein. Es ist aber auch noch nicht einmal richtig. Wo Bordelle geduldet werden, da ist ihre Existenz nicht nur den sämtlichen Einwohnern der Stadt, sondern auch den Fremden genau bekannt. Jeder spricht davon, selbst junge Mädchen nennen die Straßen, in denen es solche Häuser gibt, als eine Art reizvolles Geheimnis, das kein Geheimnis ist. Das Laster, das sich auf den Straßen breit macht, hat für reine Gemüter etwas unglaublich Abstoßendes; das Laster, das sich hinter einem mystischen Schleier verbirgt, hat eher etwas Verlockendes, man ahnt seinen Reiz und sieht nicht sein Abstoßendes. Die Gefahr, die für junge Leute in der Anlockung durch die Prostitution zweifellos liegt, ist durch die Bordelle nicht aufgehoben, sondern viel eher verstärkt. Dorthin zieht sie ein verborgener Magnet. Wer Dresden kennt, der versäume es nicht, seinen Weg durch die Frohngasse oder das Gerberviertel zu nehmen, wo Haus neben Haus so eine behördlich protegierte Lasterhöhle steht. Da wird er ganze Scharen halbwüchsiger Burschen zu sehen bekommen, die in den Gassen herumlungern, das Treiben studieren und mit großem Jubel die Männer beobachten, die in solche Häuser eintreten. Halten sich diese Burschen etwa dort auf, um ihre Sittlichkeit zu stärken? Wer seinen Weg in den späteren Abendstunden zufällig durch die Frohngasse nimmt, dem wird ein eigentümliches Schauspiel geboten. In jeder Haustür steht eine Frau, in der Regel die Besitzerin des Hauses, und ruft die Vorübergehenden an, ladet sie zum Besuch ein und schildert ihnen mit geläufiger Zunge die Vorzüge ihrer schneidigen Mädels. Soll das auch die Sittlichkeit heben? Meist sind es Ehemänner, die diesen Lockungen folgen, die sogar aus der Provinz nach Dresden kommen, weil sie einmal in einer solchen Lasterhöhle sich austoben wollen. In Leipzig ist es genau so.

Es ist noch nicht lange her, daß die Stadtverordneten sich mit der Bordellfrage beschäftigt haben, und was mußte man in dem „sittenreinen“ Dresden erleben? Mit breitestem Behagen schwelgten die Väter der Stadt in dem Sündenpfuhl und amüsierten sich vortrefflich bei der Besprechung der Schandverhältnisse. Was haben sie dabei beschlossen? Es solle dahin gewirkt werden, daß wenigstens in den Bordellen die Fenster verhängt werden müßten, damit man von außen das wüste Treiben nicht gar zu ungehindert beobachten könne. Man frage nur in Dresden selbst ganz junge Mädchen nach der Frohngasse, und ich wette, daß es nicht eine gibt, der die Bedeutung jener im Mittelpunkte der Stadt liegenden Straße unbekannt wäre. Ja, es ist vorgekommen, daß ein Reisender, dem die Verhältnisse in Dresden nicht bekannt waren, in eine eigentümliche Verlegenheit geriet, er hatte nämlich an eine bekannte Familie eine Ansichtskarte aus Dresden geschickt, auf der die — Frohngasse abgebildet war. Das nahm ihm natürlich der besser unterrichtete Empfänger gewaltig übel, denn er hielt die Zusendung gerade dieser Ansicht für eine grobe Frivolität und beruhigte sich erst, als er erfuhr, daß der nichts Böses ahnende Absender die Karte auf gut Glück aus dem Automaten am — Hauptbahnhof entnommen hatte. Das war allerdings ein echt Dresdener Streich.

Es ist also auch mit dem Werte des Bordells für die Hebung der öffentlichen Sittlichkeit nicht weit her. Nun kommt aber noch ein Umstand hinzu, der nicht übersehen werden darf. Die heimliche Prostitution wird nämlich durch die Einführung der Bordelle nicht beseitigt, sondern im Gegenteil stark befördert werden; und dadurch bleiben dann natürlich alle die Schäden, die man aus der Welt schaffen will, erst recht und in erhöhtem Maße bestehen. Ja, sie würde viel eher unentbehrlich sein als jetzt. Es ist oben schon gesagt, daß es meist Ehemänner sind, die sich in die Bordelle locken lassen. Es gibt sehr viele junge Männer, die nicht dazu zu bewegen sind, ein öffentliches Haus zu besuchen. Man kann das recht gut verstehen, ja ich muß bekennen, daß ich es viel weniger verstehen kann, wie ein anständiger Mensch, der noch etwas auf sich hält, es über sich bringt, durch eine Schar gaffender und witzelnder Burschen hindurch in ein solches Haus zu treten. Ist nun die Prostitution wirklich ein Notübel, woran wohl kein verständiger Mensch zweifeln kann, dann muß es für die Leute, die um keinen Preis ein Bordell besuchen, noch eine besondere Prostitution geben, oder die Verführungen anständiger Mädchen und andere Sittlichkeitsdelikte werden sich bis ins Ungeheuerliche steigern, und ein Mangel an solchen Uebeln hat doch eigentlich niemals bestanden. Die heimliche Prostitution wird man niemals aus der Welt schaffen, mag man nun den Begriff derselben noch so eng oder so weit, wie ich es tue, begrenzen. Die Polizei ist absolut nicht in der Lage, diesem Uebel zu steuern, sie kann nicht einmal die Uebergriffe der offiziellen Prostitution verhüten, denn könnte sie dies, dann wäre schon deshalb die Einrichtung von Bordellen erst recht überflüssig, weil dann auch das Treiben der Prostitutierten auf den Straßen niemals störend und dadurch auf die öffentliche Sittlichkeit schädlich wirken könnte. Einem Krebsschaden des Dirnenwesens ließe sich vielleicht durch die Einrichtung der Bordelle entgegenwirken, nämlich dem abscheulichen Parasiten, dem Zuhälterwesen; das ist aber auch nur theoretisch möglich, weil dem praktischen Erfolg die geheime Prostitution entgegensteht. Ich werde im nächsten Kapitel diejenigen Maßregeln zu besprechen haben, die auch ohne Bordelle dem Zuhältertum einen kräftigen Riegel vorschieben.

Einen wesentlichen Faktor hat man überhaupt bei dem Streite um Kasernierung oder Freilassen des Lasters gründlich übersehen, nämlich die Dirnen selbst, und die gehören doch — gewissermaßen zu der Frage auch recht notwendig hinzu. Es kommt vor allen Dingen darauf an, ob sich die Dirnen überhaupt so ohne weiters in die Bordelle stecken lassen, und ob es wirklich zulässig ist, sie gegen ihren Willen in solche Pesthöhlen des Lasters zu sperren. Ich möchte da doch einige Zweifel auszusprechen wagen. Nach dem Urteil, das ich mir auf Grund sehr sorgfältigen Beobachtungen gebildet habe, behaupte ich, daß die meisten sich nicht dazu bereit erklären würden, und offen gestanden, verdenken können wir es ihnen nicht. Die Dirne ist an und für sich trotz ihrer Durchtriebenheit ebenso geschäftlich dumm wie persönlich gutmütig; das sind zwei Eigenschaften, die den meisten leichtsinnigen Leuten zugesprochen werden können. Sie läßt sich von ihren Wirtsleuten nicht nur in ganz beispielloser Weise ausplündern, sondern macht ihnen trotzdem in der Regel auch noch freiwillig Geschenke. Sie läßt sich ebenso auch von ihrem Zuhälter ausnutzen, duldet von ihm brutale Mißhandlungen und spendet auch ihm noch Liebesgaben. Deshalb hat sie selbst bei guten Einnahmen eigentlich niemals Geld, sondern fast immer Schulden. Aber sie hat ihre Freiheit, und die liebt sie. Sie wird den Gedanken, sich in ein Bordell einsperren und wie eine Ware verschachern zu lassen und dafür dem Wirte die Tasche füllen zu müssen, niemals ertragen. Die Bordellmädchen bilden immer eine ganz besondere Klasse.

Die Anhänger des Bordellsystems werden voraussichtlich über dieses Bedenken lächeln und meinen, daß es keine größere Torheit geben kann, als diese Frauenzimmer erst zu fragen; wenn man sie ins Bordell stecke, dann hätten sie einfach zu gehorchen. Das klingt sehr schön; aber ich möchte dieses Schauspiel einmal mit ansehen. Wenn die Dirne nicht will, dann geht sie nicht, und ich möchte den kennen lernen, der sie zwingen wollte. Die Zeit der Leibeigenschaft ist Gott sei Dank vorüber; über Körper und Freiheit einer Person kann man deshalb auch nicht so ohne weiteres mehr verfügen, und ein größeres Unrecht, als ein Mädchen zu zwingen, auch gegen den eigenen Willen sich jedem preiszugeben, der den Wirt dafür bezahlt, das ist denn doch eine Barbarei, gegen die der Sklavenhandel beinahe noch als eine milde und moralische Institution angesehen werden darf. Der Obrigkeit steht das Recht zu, eine Dirne zu strafen, wenn sie etwas tut, was ihr verboten ist, ja, es läßt sich theorotisch sehr wohl darüber reden, ob ein Gesetz, das der Dirne dafür, daß sie Dirne ist, eine Strafe androht, zu billigen wäre; aber ein Recht, die Prostituierte zu zwingen, Prostituierte zu bleiben, sich tief und dauernd unter das Vieh herabwürdigen zu lassen, kann und darf es nicht geben, sonst wäre schon das Recht ein Verbrechen. Jedes Kontrollmädchen hat das Recht, zu jeder Minute die Gewerbsunzucht aufzugeben; sie kann jede Minute ehrliche Arbeit anfangen und den liederlichen Lebenswandel an den Nagel hängen, und selbst wenn sie dann auch zunächst noch unter Polizeiaufsicht bleibt, so kann sie doch keine Obrigkeit zwingen, deshalb auch Unzucht zu treiben. Die Polizei kann auch einer Dirne nicht verbieten, auszuwandern, wenn sie dazu Lust hat, und dies würden wahrlich viele dem Bordelleben vorziehen. Etwas Skandalöseres und Verwerflicheres als das heutige Bordellwesen kann es überhaupt nicht geben. Wir werden weiter sehen, daß nichts geschieht, das in gleichem Maße gegen das Gesetz verstößt, und ich muß offen bekennen, daß mir jedes, aber auch jedes Verständnis dafür fehlt, wie eine Behörde, die schon das Wohnenlassen einer Dirne, die einfache Begleitung eines Zuhälters als Kuppelei bestraft, die furchtbarste Kuppelwirtschaft eines Bordellwirts dulden kann. Mir kommt das immer so vor, als wenn man einen

Raufbold bestraft, dem Massenmörder aber eine Konzession erteilt. Ganz unverständlich ist es indes, wenn jemand, um die Sittlichkeit zu heben, sich für die ärgste Unsittlichkeit begeistern kann.

Sicher möchte man gern die Straßenprostitution eingeschränkt sehen; wer glaubt aber, daß sie ganz von selbst sich bedeutend vermindern wird? Immer werden aus den verschiedensten Ländern zahlreiche Mädchen der Prostitution als Ersatzreserven zugeschoben. Allzu optimistisch darf man natürlich die Sache niemals ansehen; es gibt zuviele Mißstände, die dazu beitragen, Frauen und Mädchen auf den Weg des Lasters zu treiben. Um so mehr ist es notwendig, zu retten, was nur irgend zu retten ist. Wenn ich deshalb immer und immer wieder auf die Notwendigkeit der Bestrafung gewissenloser Verführer hinweise, dann tue ich dies nicht, weil ich glaube, daß eine Sache dadurch, daß man sie öfter sagt, noch wahrer wird, sondern deshalb, weil die meisten Leser erst den wiederholt in verschiedener Beleuchtung erscheinenden Gedanken beachten und nachprüfen; wer ihn aber prüft, wird ihn auch richtig finden.

Von einer wirklich freien Prostitution kann und darf nicht die Rede sein. Wer Prostitution betreibt, muß polizeilich kontrolliert werden. Das ist keine Härte, sondern eine dringende Notwendigkeit; das Treiben der heimlich Prostituierten muß verboten, gegen diese auf Strafe und Stellung unter Kontrolle erkannt werden. Das ist aber genau dasselbe, was unser Gesetz auch heute schon vorschreibt. Der § 361, al. 5, lautet: „Mit Haft wird bestraft: eine Weibsperson, welche wegen gewerbsmäßiger Unzucht einer polizeilichen Aufsicht unterstellt ist, wenn sie den in dieser Hinsicht zur Sicherung der Gesundheit, der öffentlichen Ordnung und des öffentlichen Anstandes erlassenen polizeilichen Vorschriften zuwiderhandelt, oder welche, ohne einer solchen Aufsicht unterstellt zu sein, gewerbsmäßig Unzucht treibt."

Diese Vorschrift ist vollkommen ausreichend; sie nach irgend einer Richtung hin abzuändern, liegt keine Veranlassung vor. Es wäre nur wünschenswert, daß die Auslegung dieser Bestimmung etwas erweitert würde. Nach meiner Ansicht ist es dringend geboten, den Begriff der Gewerbsunzucht nicht zu eng zu begrenzen. Es hat keinen Sinn, nur die Frauenzimmer, die direkt die Straßen unsicher machen, Männer ansprechen und das sind, was man gemeinhin unter einer öffentlichen Straßendirne versteht, zu überwachen, sondern die gleiche Sorgfalt muß auch denen zugewendet werden, die das gleiche Geschäft auf etwas „vornehmere" Weise betreiben. Sie bilden unzweifelhaft die gleiche Gefahr für Gesundheit und außerdem den Geldbeutel ihrer Opfer. Wegen der letzteren Gefahr empfehle ich nochmals die Anwendung des Wucherparagraphen.

Es ist mir gelungen, für die neue Auflage ein außerordentlich wichtiges historisches Material aufzufinden, das meines Wissens niemals allgemein bekannt geworden und jetzt wohl völlig in Vergessenheit geraten ist. Im Jahre 1799 ist nämlich die Prostitutionsfrage vom Berliner Stadtgericht und dem Polizeidirektorium zum Gegenstand einer Anfrage gemacht, von der Gesetzeskommission beantwortet und durch Reskript des Großkanzlers vom 11. November 1799 normiert worden. Ausgang dieser enorm wichtigen Erörterungen war ein Kompetenzkonflikt zwischen dem Stadtgericht und dem Polizeidirektorium. Letzteres hatte die Akten einer Untersuchungssache gegen eine Prostituierte dem Stadtgericht zur Erledigung überwiesen, und dieses war der Ansicht, daß das Kriminal-Departement hier nicht zuständig sei, da die **Unzucht einer unverehelichten Frauensperson nicht Kriminalsache** sei, also nur von der Polizei entschieden werden könne. Es wurde deshalb von dem Stadtgericht, das schon wiederholt auf die Unlogik der Sittlichkeitsgesetze hingewiesen hatte, sehr ausführlich auf die historische Entwicklung und die offenbaren logischen Entgleisungen verwiesen. „In älteren Zeiten", so hieß es da, „ist zwar in mehreren Provinzen Deutschlands das *Crimen Fornicationis* nicht unter die von der höheren Gerichtsbarkeit zu ahndenden Verbrechen gezählt worden, ungeachtet Kaiser Karl V. in seiner Peinlichen Halsgerichts-Ordnung dessen mit keinem Worte erwähnt. Allein nachdem man in neuerer Zeit über den Geist der Gesetze weiter nachgedacht, und die innere moralische Qualität der Verbrechen sowie die für selbige zu bestimmenden Strafen genauer, nach dem für das gemeine Wesen daraus resultierenden Nachteil, abzuwägen bemüht gewesen, und hierbei vorzüglich in Betrachtung zu ziehen angefangen hat, ob nicht aus der Bestrafung schlimmere Uebel für die Gesellschaft erwachsen dürften, als aus dem Verbrechen selbst? — Es hat die Theorie von Verbrechen und Strafen nicht nur überhaupt manche Abänderungen erlitten, sondern man hat auch aufgehört, *in specie* das vor dem an vielen Orten so laut verpönte *Crimen Fornicationis* unter die Verbrechen zu zählen und mit irgend einer Strafe zu verfolgen. Zum Beweis hiervon dient das Edikt vom 8. Februar 1765, in welchem § 5 alle Hurenstrafen, von welcher Gattung und Art sie auch sein mögen, gänzlich verboten sind, und der, gewiß nicht von ungefähr, sondern mit reiflicher Erwägung gewählte Ausdruck — Hurenstrafen — legt den ganzen Umfang des eigentlichen Sinnes des Gesetzgebers überzeugend zu Tage. Eben dasselbe erhellet aus den Verordnungen des Allgemeinen Landrechts T. II, Tit. 20, §§ 999 ff. Dasselbe begnügt sich bloß damit, die sich der Hurerei ergebenden liederlichen Weibspersonen der Polizeiaufsicht zu unterwerfen, und ihnen die Modalitäten vorzuschreiben, unter welchen sie ihr Gewerbe treiben und von Polizeiwegen dazu aufgenommen und autorisiert werden sollen. Wäre die Gewerbshurerei auch nach dem Geist des Allgemeinen Landrechts noch ein peinliches Verbrechen, so müßte unter allen Umständen ihre moralische Qualität, die einzig und allein nur zum Verbrechen erhöhen konnte, dieselbe bleiben und nie aufhören; sie würde daher auch nie unter irgend einer Einschränkung zu erlauben, geschweige deren Betreibung durch obrigkeitliche Autorität zu privilegieren unmöglich seyn. Wenn daher denen Weibspersonen, welche ohne Authorisation der Polizei Gewerbshurerei heimlich treiben, der § 1023 androht: daß sie aufgegriffen und mit 3 monatlicher Zuchthausarbeit bestraft werden sollen, so ist ohne Zweifel diese Strafe nicht sowohl deshalb, weil durch den Mangel der Polizei-Authorisation die Gewerbshurerei in ein Criminal-Verbrechen umgeschaffen werden könnte, als vielmehr wegen der dadurch versierenden Contravention gegen die Polizeiverordnungen im Allgemeinen Landrecht angeordnet worden. Wäre dies nicht der Fall, sondern hätte die Lohnhurerei durch die Verheimlichung ein peinliches Verbrechen werden sollen und können, welches sie an sich nicht war, so würde das Allgemeine Landrecht auch für diejenigen, welche mit einer solchen nicht authorisierten Person sich in fleischlichem Umgang einlassen, als Theilnehmer des Verbrechens verhältnismäßige Strafen bestimmt haben, welches aber nicht geschehen ist. Wenn nun, wie hiernach offenbar zu Tage zu liegen scheint, bei der Lohnhurerei nur eine Polizei-Contravention obwaltet, so können nur die Polizeibehörden darüber erkennen."

Die weiteren Ausführungen über die Kompetenz des Gerichts interessieren hier nicht; es wird aber dann für den Fall, daß die Entscheidung doch dem Stadtgericht übertragen werden sollte, weiter gefragt, wie der § 1023 hier anzuwenden sei. Es werde da verordnet: „Weibspersonen, die von der Hurerei ein Gewerbe machen, ohne sich ausdrücklich unter die besondere Aufsicht der Polizei zu begeben, sollen aufgegriffen und zu 3 monatlicher Zuchthausarbeit verurteilt werden." Nun heißt es in der Frage weiter: „Es ist nicht genau bestimmt, in welchem Sinne der Ausdruck — ein Gewerbe machen — allhier eigentlich zu verstehen sey? Adelung in seinem Wörterbuch will unter dem Wort Gewerbe den Umfang von Geschäften, womit jemand seinen Unterhalt erwirbt, verstanden wissen. Nach gemeinem Sprachgebrauch aber versteht man darunter auch dasjenige, was jemand so oft treibt, daß er ein tägliches Geschäft daraus macht, wenn es auch nicht um Unterhalt oder Gewinneswillen geschieht. Ob das Gesetz nun bloß diejenigen, welche Verdienstes oder Unterhaltes wegen, mithin eigentliche Lohnhurerei für Bezahlung treiben, verstanden, oder ob es auch diejenigen, welche sich zwar zu jeder Zeit mehreren Mannspersonen preisgeben, jedoch ohne Bezahlung dafür anzunehmen, mit darunter begriffen wissen wolle? — Dies ist der bei uns entstandene Zweifel. Es ist derselbe um so begründeter, da der § 999 des Ausdrucks „Liederliche Weibspersonen, die mit ihrem Körper ein Gewerbe treiben wollen", sich bedient; der § 1023 hingegen im Allgemeinen, ohne dieses Eigenschaftswort und ohne alle nähere Bestimmung, von „Weibspersonen, die von der Hurerei ein Gewerbe machen" redet. Indessen ist so viel gewiß: daß jene mit diesen sich nicht *in pari Reatu* befinden, sondern daß der beabsichtigte Gewinn solchen erhöht, und daß also auch der Gesetzgeber wahrscheinlicherweise nur Abstufung der Strafe nötig gefunden haben würde, wenn er die letztere ebenfalls der Verordnung dieses Gesetzes hätte unterwerfen wollen. 2. Bestimme das Allgemeine Landrecht nicht: wie diejenige Mannsperson, welche mit einer solchen nicht von der Polizei authorisierten Weibsperson Hurerei getrieben hat, bestraft werden solle? Soll aber die heimliche Hurerei als ein Verbrechen zur Cognition der Criminal-Behörde gezogen werden, so kann der Regel nach der Mitschuldige, durch dessen Beistand das Verbrechen seine Wirklichkeit erlangt hat, nicht ungestraft bleiben. Es frägt sich daher: ob eine Mannsperson nach den Regeln des Allgemeinen Landrechts, von der Teilnahme an dem Verbrechen anderer, und *in specie* dem § 71 gemäß, bestraft werden solle? Weiter wird dann noch darauf hingewiesen, daß die Anwendbarkeit des Allgemeinen Landrechts auf solche Fälle nicht zu rechtfertigen sei, weil die gesetzlich vorgeschriebene Publikation fehle. Die übrigen Einwände interessieren hier nicht so viel, daß eine Wiedergabe lohnend erschiene.

Jedenfalls läßt sich nicht bestreiten, daß in der Tat alle die Punkte, die das Stadtgericht anführt, logisch begründet sind. Vor allen Dingen kann, wenn die Prostitution als ein mit Zuchthaus bedrohtes Verbrechen angesehen werden soll, nicht die Polizei zu einem solchen Verbrechen die Genehmigung geben, da sie nicht Schutzmacht des Verbrechertums, dessen Bekämpfung ihre hauptsächlichste Aufgabe ist, sein darf. Ferner ist es selbstverständlich, daß bei einem in der Tätigkeit zweier Personen bestehenden Verbrechen nicht lediglich die eine Person bestraft, die andere aber unangefochten bleiben darf. Gerade diese Klippe haben die älteren Rechte viel geschickter vermieden. Auf diese Anfrage des Berliner Stadtgerichts, die vom 10. September 1798 datiert ist, hat das Berliner Polizeidirektorium unter dem 24. November 1798 mit einer Erklärung geantwortet, die alles andere eher als eine logische Widerlegung ist. Es ist da gesagt: „Alle Rechtslehrer sind darin einig, daß der Begriff der gemeinen Hurerei im strengen Sinne darin bestehe: daß es freiwilliger, unerlaubter Beischlaf eines ehelosen Mannes mit einem ehrbaren unverheirateten Weibe, denen die Verheiratung unter sich gesetzlich erlaubt ist, nicht mit gegenseitigem Versprechen, den Beischlaf fortzusetzen, sey. *Fornication* aber ist die Vollziehung des

Beischlafes mit einer gemeinen Hure, das ist mit einer solchen Hure, welche nicht aus Neigung zu einem Individium in der Wollust ausschweift, sondern jedem ohne Wahl aus Gewinnsucht oder übermäßiger Geilheit feil ist. Ein anderer Begriff kann unseres Erachtens hier nicht angenommen werden, es sey denn, daß die Stadtgerichte wieder zu den Grundsätzen zurückkehren wollten, die vor den christlichen Kaisern Roms angenommen waren. Damals war gemeine Hurerei im strengsten Sinne kein Verbrechen. Nachher aber wurde sie, ohne einen Unterschied zwischen dem Mann und dem Weibe zu machen, an Personen höheren Standes mit der Konfiskation der Hälfte des Vermögens, an Personen geringeren Standes aber mit Züchtigung und Verweisung bestraft. Das päpstliche Recht verordnet zur Tilgung dieses Verbrechens die Kirchenbuße, welche aber bald darauf in Geldbuße verwandelt wurde. Von diesen Kirchenbußen kann das Edikt am 8. Februar 1765 nur sprechen, indem es den Zweck hat, die Schande der unehelich Schwangeren aufzuheben, ohne hierdurch die Hurerei selbst als erlaubt anerkennen zu wollen. Man darf nur die Worte des Edikts lesen, um sich zu überzeugen, daß die Hurerei dadurch nicht privilegiert werden soll. So heißt es im § 5 wörtlich: „Damit endlich die in Unehren schwanger gewordenen Weibspersonen um so weniger Gedenken finden mögen, ihre Schwangerschaft bekannt werden zu lassen, und sie, nach der Vorschrift des Edikts von freien Stücken anzuzeigen, so sollen, um ein größeres Uebel zu verhüten, von nun an alle Hurenstrafen, von welcher Gattung sie auch seyn mögen, völlig abgeschafft seyn, und dergleichen Weibsleute ihres begangenen Fehltritts halber zu keiner Strafe ferner gezogen, und ihnen nicht der geringste Vorwurf deshalb oder einige Schande gemacht werden.“

Es wird dann noch, meines Erachtens sehr überflüssiger Weise, auf die Carolina verwiesen, in der die Hurerei übersehen sei; in Wirklichkeit ist sie nicht übersehen, sondern absichtlich nicht erwähnt, gerade deshalb, weil sie nicht Verbrechen war — und darauf, daß sie in den Territorialgesetzen mit willkürlichen oder Geldstrafen bedacht war. Auch dieses ist aber nur der Beweis dafür, daß sie, wie das Stadtgericht sehr richtig annimmt, lediglich Polizeikontravention und nicht Verbrechen war. Es heißt dann noch: „Es ist auch ein unrichtiger Grundsatz: daß, wenn eine unerlaubte Handlung unter gewissen Modalitäten erlaubt wird, sie überhaupt kein Verbrechen weiter seyn könne. Die Stadtgerichte haben den Satz schief gestellt; die Hurerei wird nicht durch den Mangel der Polizei-Authorisation in ein Verbrechen umgewandelt, sondern das Verbrechen, wenn es unter Polizeiaufsicht begangen worden ist, wird bloß geduldet. Die Stadtgerichte sind in ihrem angenommenen Grundsatze, daß Hurerei kein Verbrechen sey, auch unfolgenrecht, da bei allen vor ihnen schwebenden Injurien-Prozessen auf die erwiesene Benennung: Hure, Privat- oder öffentliche Genugthuung gesetzlich erkannt wird."

Dieser letzte Satz beweist so recht den Mangel an Denkvermögen. Die Benennung Esel oder Schafskopf ist zu allen Zeiten als eine strafbare Injurie anerkannt worden; daraus müßte sich nach der Logik des Polizeidirektoriums ergeben, daß es ein faktisches Verbrechen wäre, ein Esel oder ein Schafskopf zu sein. Dann hätten aber die Verfasser jener Ausführung in großer Gefahr geschwebt, als Verbrecher bestraft zu werden. Ebenso unsinnig ist die Behauptung, daß die Polizei das Recht habe, wirkliche Verbrechen zu dulden. Ein solches Recht hat sie nicht und kann sie niemals haben, da sie sonst ohne weiteres Mitschuldige wäre.

Es ist denn auch auf diese Ausführungen ein längeres Gutachten der Gesetzkommission erstattet worden (16. August 1799), aus dem ich nur das Wichtigste wiedergeben will. Zunächst die wichtige Frage der Gewerbsmäßigkeit; es heißt darüber: „Die Stadtgerichte sind hierüber zweifelhaft, was unter dem Ausdruck — ein Gewerbe machen — zu verstehen sey, und ob dahin auch solche Weibspersonen zu rechnen, die sich zwar zu jeder Zeit mehreren Mannspersonen preisgeben, jedoch ohne dafür Bezahlung anzunehmen. Wenn in den angeführten Stellen des Allgemeinen Landrechts von liederlichen Weibspersonen, die mit ihrem Körper ein Gewerbe treiben, die Rede ist, und ihretwegen gesetzliche Vorschriften erteilt worden sind, so können hierunter wohl keine anderen als Lohnhuren, oder solche liederliche Weibspersonen, welche die Hurerei des Gewinnes wegen treiben und sie als ein Erwerbsmittel behandeln, verstanden werden. Der Ausdruck: mit dem Körper ein Gewerbe treiben, ist offenbar eine Uebersetzung des lateinischen Ausdrucks *Quaestum corpore facere,* wo das Wort *quaestus,* nach seiner Ableitung und einzigen Bedeutung, nur auf eine gewinnbringende Hantierung bezogen werden kann. Auch das deutsche Wort: Gewerbe bedeutet nach dem gewöhnlichen Sprachgebrauch eine solche Gewinn oder Erwerb bringende Hantierung, oder, wie Adelung es erklärt, den Umfang von Geschäften gleicher Art, womit jemand seinen Unterhalt ganz oder zum Teil verdient; wenn gleich im eigentlichen Sinne der Ausdruck: Gewerbe von ausgedehnterer Bedeutung ist, und man auch zu sagen pflegt: er macht aus den Lügen ein Gewerbe usw.

Es wird dann auf eine Reihe anderer Stellen des Landrechts verwiesen, aus denen klar hervorgeht, daß Gewerbe immer eine gewinnbringende Tätigkeit sei und daß ein Gesetz nicht nach der figürlichen Wortbedeutung ausgelegt werden dürfe. Es sei deshalb klar, „daß, nach den oben allegierten Stellen des Allgemeinen Landrechts, nur solche Weibspersonen, welche sich ohne Unterschied für Geld oder sonstige Bezahlung zu Huren hingeben und sich dabei der Aufsicht der Polizei entziehen, bestraft werden sollen; diejenigen Weibspersonen, welche sich ohne Bezahlung zur Wollust überlassen, aber in der Regel mit aller Strafe verschont bleiben müssen". Die Ausnahme sei schon im § 1026 erwähnt, wonach die bestraft werden, die mit venerischen Krankheiten belastet sind und sich dennoch prostituieren.

Die Frage, ob auch Mannspersonen zu bestrafen seien, verneint die Gesetzkommission. Es könnten Prostituierte auch außerhalb der Bordelle Konzession erhalten. „Wir würden also bei diesem Punkte der Meinung sein: daß Mannspersonen, welche mit solchen feilen Weibspersonen, die in Ansicht dieses Gewerbes nicht unter Polizeiaufsicht stehen, Hurerei treiben, weil in dem Allgemeinen Landrecht nirgends verordnet, die Mannsperson auch nicht zu wissen schuldig ist, ob die Weibsperson eine von der Polizei geduldete Hure sey oder nicht? bloß dieser Handlung wegen weder überhaupt, noch als Teilnehmer an der der Weibsperson zur Last fallenden Uebertretung der Polizeigesetze bestraft werden können."

**Die Dirnen werden durch die Sittenpolizei zum Haarabschneiden verurteilt.**

Nach einem französischen Kupferstich.

Mit der Einführung des Preußischen Strafgesetzbuches vom 14. April 1851 änderte sich manches. Mir liegt ein Erkenntnis des Obertribunals vom 7. Mai 1852 vor, in dem gesagt ist, daß zum Begriff der Gewerbsmäßigkeit die tatsächliche Feststellung, daß die Angeklagte sich wiederholt gegen Bezahlung zum Beischlaf hingegeben habe, ausreicht, ohne daß ein Preisgeben an jedermann ohne Auswahl und die Gewinnung des Lebensunterhaltes durch die Hurerei noch erforderlich wäre.

Goltdammer ist noch ein erhebliches Stück weiter gegangen. Er hält die Ausdrücke „gewerbsmäßig" und „aus Eigennutz" für weitergehend als das bloße „gewerbsmäßig". Hiernach falle unter Umständen auch schon eine einmalige Unzucht gegen Lohn unter den Begriff des Gesetzes. Ist nicht der förmliche Lohn vorhanden, sondern nur eine Gabe, die nach den Umständen als freiwilliges Geschenk zu achten ist, so wird dennoch die Wiederholung insbesondere mit anderen, wenn auch nur mit ebensolchem Geschenke begleitet, in der Regel den Tatbestand bilden. Diejenige, welche *sine quaestu passim se prostituit,* ist hiernach straflos.

Das kommt dem nahe, was ich über die Maitressenwirtschaft gesagt habe, die in der Regel nach meiner Auffassung ebenfalls als Prostitution aufzufassen ist. Uebrigens hat die Regierung zu Potsdam durch Erlaß vom 6. Januar 1852 angeordnet, daß gewerbsmäßige Hurerei nie zu dulden wäre. Damit werden dann die Bordelle in Preußen erledigt, nicht aber die Prostitution, und das Obertribunal hielt es für notwendig, in einem Erkenntnis vom 7. Mai 1852 zu betonen, daß in Ermangelung besonderer polizeilicher Vorschriften die Hurerei nicht etwa als ein freies Gewerbe zu betrachten sei, das lediglich ins Gebiet der Unsittlichkeit falle, sondern es dürfe die gewerbsmäßige Unzucht nur unter Voraussetzung polizeilicher Anordnungen als zulässig angesehen werden.

Man sieht aus allen diesen Erörterungen, daß es ungeheuer schwer ist, ein Uebel, daß man bestehen lassen will, gleichzeitig zu verbieten.

## Kuppelei und Zuhältertum.

Was Kuppelei bedeutet, glaubt jeder zu wissen, und für diejenigen, die nicht völlig in die Materie eingeweiht sind, mag es sonderbar genug aussehen, daß ich Kuppelei und Zuhältertum schon in der Ueberschrift dieses Kapitels trenne, denn wenn man zwar recht gut weiß, daß es Kuppler und besonders Kupplerinnen geben kann, die mit dem Zuhältertum nichts zu schaffen haben, so nimmt man doch gewöhnlich an, daß es entgegengesetzt mindestens keinen Zuhälter geben könne, der nicht zugleich Kuppler sei. Ich halte dies für falsch und habe schon in der ersten Auflage dieses Werkes eine entsprechende Aenderung des § 180 vorgeschlagen, durch die gesetzlich verhütet werden soll, daß unter dem Einfluß des bloßen Empfindens das willkürlich als Kuppelei betrachtet werden durfte, was weder nach dem Sprachgebrauch noch nach der in der Judikatur festgelegten Definition als Kuppelei gelten konnte.

Es ist nun inzwischen auch das Gesetz ausgeflickt worden, d. h. das Strafgesetzbuch hat einen § 181 a erhalten, in dem das, was ich mit wenigen Worten gesagt hatte, in behaglicher Breite, wie man sie an anderen Stellen viel vorteilhafter angewendet haben würde, gesagt ist. Das Gesetzbuch hat also jetzt wirklich die beiden Begriffe: Kuppelei und Zuhältertum getrennt. Ob dafür ein genügender Grund vorlag oder nicht, das mag hier unerörtert bleiben, ich sehe ihn nicht ein, denn auch das Strafmaß macht diese Trennung nicht notwendig. Auch für die Definition der sogenannten schweren Kuppelei hatte ich einen Zusatz vorgeschlagen, der mir außerordentlich wertvoll erschien, und den sonderbarerweise das Gesetz — vergessen hatte. Letzteres scheint mir wenigstens die beste Entschuldigung zu sein. Auch dieser Fehler ist inzwischen beseitigt worden. Schwere Kuppelei erblickte man darin, daß der Schuldige zu den Personen, mit denen Unzucht betrieben worden ist, in dem Verhältnis von Eltern zu Kindern, von Vormündern zu Pflegebefohlenen usw. usw. steht. Daß der Kuppler in dem Verhältnis des Ehegatten steht, blieb unberücksichtigt, und das erschien mir der schlimmste Fehler, der jetzt, wie gesagt, beseitigt ist. Sehen wir uns nun zunächst einmal an, welche Stellung die älteren Rechte der Kuppelei gegenüber annahmen.

Schon das römische Recht kannte den Begriff der Kuppelei und bezeichnete sie als *Lenocinium*. Für dieses Verbrechen war selbst die Todesstrafe zugelassen, und man verstand darunter die Gelegenheitsmacherei zur unerlaubten Befriedigung des Geschlechtstriebes, also dasselbe, was wir auch heute noch darunter zu verstehen haben, wobei allerdings zu beachten ist, daß hier „unerlaubt" nicht ohne weiteres als gleichbedeutend mit gesetzlich verboten oder strafbar anzusehen ist, denn sonst würde es eine Kuppelei in Rücksicht auf die eigentümliche Moral unseres heutigen Rechtes fast überhaupt nicht mehr geben. Wir haben den eigentümlichen Rechtszustand, daß die Unzucht selbst straflos geschehen darf, daß man aber den oft mit schweren Strafen belegt, der für die nicht einmal verbotene Unzucht die Gelegenheit schaffte oder gar bloß es versäumte, die Unzucht anderer mit genügender Energie zu verhüten.

Es ist auch eine Art Kuppeleistrafe an leblosen Gegenständen, wenn das alte deutsche Recht die Vernichtung des Hauses anordnete, in dem ein Sittlichkeitsverbrechen geschehen war; ja, wir haben gesehen, daß auch allen, die bei einem solchen Verbrechen zugegen gewesen waren, das Haupt abgeschlagen werden sollte, selbst dem unvernünftigen Vieh. Es versteht sich deshalb ganz von selbst, daß man die bewußte Kuppelei nicht gestatten konnte. Nach Gemeinem Kaiser-Recht war den Kupplern die Todesstrafe angedroht, nicht etwa denen nur, die sich dessen schuldig machten, was wir heutigentags schwere Kuppelei nennen, sondern allen, die „Gewinnstes halber Huren auf der Streu halten, und zu solchen Gottlosen leichtfertigen Leben mannich ehrlich Medgen verführen". Diese Strenge ist aber nicht beibehalten worden, denn schon die Carolina sagt im Artikel 123: „Nachdem zum dickermal die unverständige Weibsbilder, und die unschuldige Mägdlein, die sonst unverleumbde, ehrliche Personen seyn, durch etliche böse Menschen, Mann und Weiber, böser betrieglicher Weise, damit ihnen ihre Jungfräuliche oder Fräuliche Ehre entnommen, zu sündlichen, fleischlichen Wercken gezogen werden, dieselbigen boshafftigen Kupler und Kuplerinnen, auch diejenigen, so wissentlichen, gefährlicher und boßhafftiger Weise ihre Häuser darzu leihen, oder solches in ihren Häusern zu geschehen gestatten, sollen nach Gelegenheit der Verhandlung, und Rath der Rechtsverständigen, es sey mit Verweisung des Landes, Stellung am Pranger, Abschneidung der Ohren, oder Aushauung mit Ruthen, oder andern gestraffet werden."

Dieses Gesetz, mit dem auch der Artikel 148 der Bambergischen Halsgerichts-Ordnung übereinstimmt, kennt also den Unterschied der schweren und einfachen Kuppelei nicht. Das war aber auch gar nicht notwendig, denn die schwere Kuppelei fiel unter einen ganz anderen Begriff, und die Carolina hat nicht das Kaiserrecht beseitigt, sondern nur ergänzt, im übrigen aber auf das ältere Gemeine Recht und die darin ausgeworfenen Strafen sehr oft Bezug genommen. Nach Kaiserrecht aber wurde der, der seine Ehefrau oder seine Tochter verkuppelte, ja selbst der, der auch ohne irgendwelchen Vorteil davon zu haben, den Ehebruch der Frau duldete, oder der auch nur eine als Ehebrecherin bekannte Person nach dem Tode ihres Mannes heiratete, als Ehebrecher mit dem Schwerte bestraft. Die Carolina schreibt allerdings wegen der Kuppelei die Todesstrafe nicht vor; aber da sie die im Gemeinen Rechte ausdrücklich hervorgehobenen schweren Fälle nicht besonders anführt, da sie aber wegen des Ehebruchs usw., wie wir bereits früher gesehen haben, ebenfalls die Todesstrafe vorschreibt, versteht es sich ganz von selbst, daß so leicht niemand wegen des vermeintlichen Mangels im Gesetze mit dem Leben davonkam, wenn er eine Kuppelei auf dem Kerbholz hatte, die man nach der alten Anschauung als eine Art des Ehebruchs auslegen konnte. Uebrigens war der Schluß des Art. 123 „oder andern gestrafft" ziemlich verhängnisvoll, zumal auch die ausdrücklich genannten Strafen nichts weniger als milde waren. Pranger, Ruten, Abschneiden der Ohren usw.

waren recht empfindliche Strafmittel, die wohl den Richtern den Gedanken eingeben mußten, daß dem, der Schlimmeres als einfache Kuppelei getan hatte, auch Schlimmeres widerfahren dürfe. Man hat es auch an vielen Orten für notwendig gehalten, jeden Irrtum ausdrücklich zu beseitigen, und deshalb beschäftigen sich verschiedene Ordnungen noch besonders mit dem *Lenocinium*. In der alten Freybergischen Ordnung heißt es: „Offen Kuppler vnnd Kupplerin, vnnd die so Eheleut auffhalten, fromme Töchter vnnd Frauewen zur Büberey bewegen, zusammen stoßen, vnnd darzu rathen vnnd helffen, die sollen jhr Zunfftrecht verloren haben, von dieser Statt verwiesen, oder sonst nach gelegenheit deß Handels, mit der Schärpffen oder in ander weg hoch gestrafft werden.“ Da war also die Todesstrafe direkt vorgesehen, im übrigen aber der Willkür Tür und Tor geöffnet.

Die Gesetze des letzten Drittels des XVI. Jahrhunderts zeichnen sich durch größere Präzision aus, ein Umstand, der klar und deutlich erkennen läßt, daß in der Praxis keineswegs diejenige Klarheit herrschte, die im Interesse einer gerechten und gleichmäßigen Judikatur erforderlich erschien. Vor allen sind beachtenswert die Sächsische und die Pfalzgräfische Ordnung, da sie der Materie sehr auf den Grund gehen, möglichst alle Fälle berücksichtigen und so einen Einblick gewähren, der von hohem, kulturhistorischem Werte ist. Ich gebe deshalb diese Bestimmungen wörtlich wieder. Zunächst heißt es in der Sächsischen Ordnung: „Da ein Ehemann sein Weib, oder die Eltern jhre Kinder, vmb Geld, oder schändtlichen Genießes willen, jemandt zu Ehebruch oder Vnzucht Prostituieren würden: So soll der, so sich solches Gewinns oder Nutzes gebraucht, wegen dieses *Lenocinii* vnd Mißhandlung, mit dem Schwerdt gestraffet werden. Wo aber solches nicht vmb Geldt oder Genieß willen geschehen, sol er mit Staupschlägen deß Landts verwiesen werden, vnd die Person, so sich zu solcher Schande verkuppeln läßt, wo sie Ehelich, sol wie oben von dem Ehebruch gesatzt, gestraffet werden. Wo aber beyde Personen ledig, sollen sie nach gelegenheit willkürlich mit Gefängnuß, oder mit Verweisung belegt werden. Würden auch andere Personen außerhalb der Eheleute vnd Eltern, jhres Nutzes oder Geldts halben, ein Eheliche oder Ledige Person verkuppeln, die sollen willkürlich, als mit Staupenschlägen, gestrafft werden. Da sie aber nicht Geldts oder Gewinns halben getan, Sollen sie mit Gefängnuß oder Landesverweisung, jedoch ohne Staupenschlägen gestraffet vnd beleget werden." Die Stelle klingt für den, der nicht gewohnt ist, alte Gesetze zu lesen und auszulegen, etwas dunkel; aber das ist nur ein falscher Schein, denn in Wirklichkeit ist sie klar und scharf, ja sie kann in vieler Beziehung unserem heutigen Rechte vorgezogen werden. Zunächst ist die scharfe Betonung des Motivs ein offenbarer Vorzug des alten Rechtes. Man braucht nicht gerade ein besonderes Aufgebot juridischer Spitzfindigkeit anzuwenden, um herauszufühlen, daß es für die Strafbarkeit ein eminenter Unterschied sein muß, ob jemand aus schnöder Geld- oder Gewinnsucht auch die eigene Frau und Tochter verkuppelt, oder ob er aus bloßer Charakterschwäche, Willenlosigkeit oder mangelnder Aufmerksamkeit dem unsittlichen Treiben der Seinen nicht steuert. Unser heutiges Recht macht hierin gerade da, wo es besonders notwendig ist, also bei der schweren Kuppelei, diese Unterscheidung, die es völlig inkonsequenterweise bei der einfachen Kuppelei für notwendig hält, nicht; unser Recht zählte bisher wohl die Verkuppelung der Kinder zur schweren Kuppelei, hielt aber selbst die zwangsweise Verkuppelung der Ehefrau nicht für schwere, sondern nur für einfache Kuppelei. Das mochte eine logische Konsequenz unserer Ehebruchsanschauungen sein; aber vernünftig war es nicht, es war vielmehr Unmoral in der höchsten Potenz. Daß im Sächsischen Rechte auch die Verkuppelte mit Strafe bedroht war, kann nicht unlogisch erscheinen, da es sich mit der damaligen Anschauung durchaus deckte; es blieb auch für jene Gesetzgebung kaum ein anderer Ausweg. In der Praxis mußte diese Bestimmung allerdings oft zu ungerechtfertigten Härten führen.

Die Ordnung des Pfalzgrafen und Kurfürsten Herzog Ludwig besagt im Titel 41: „Wann ein Ehemann, Vatter, Mutter, Vormünder, oder andere Freund diejenigen Personen, so sie in jhrem Gewalt haben, vnd denen sie mit gutem Exempel vorgehen, vnd zur Tugendt auffziehen sollen, als jhre Weiber, Kinder, Pfleg Töchter vnd Basen, vmb Geldt zu Ehebruch oder Vnzucht verkauffen, hingeben, oder vorsetzlich darzu bereden, also vmb jhr

Fräuwlich vnd Jungfräuwlich Ehr bringen, So sollen die vermeldte Mannsperson, vmb deß willen sie jhrer Ehr vnd Pflicht vergessen, am Leben, oder sonst gantz hertiglich vnd mit allem Ernst am Leib gestraffet werden. Es were denn daß nicht fürsetzlich Geltsgewinn gesucht, oder listige beredung darunder gebraucht, sonder auß fahrlässigkeit etwas dergleichen fürgangen were In welchem Falle die Straff etlicher maßen zu miltern. Andere Personen, so gleiche Kupplerei an denen Personen geübt, die jhnen nicht zu versprechen, oder zu versorgen stehen, als oben vermeldt, sollen nach gestalt vnd viele jhrer Verbrechung, mit Ruthensteuppen, verweisung deß Landts, Vnd da die verkuppelte Person ein Eheweib, auch am Leben vnnachläßlich gestrafft werden. Die Weibsperson aber, so sich also verkuppeln lassen, so die im Ehestand, sollen als Ehebrecherin, doch auff weiß, als obstehet, gestraffet werden." Der Unterschied zwischen der einfachen und schweren Kuppelei ist hier noch präziser hervorgehoben; wieder spielt die Motivfrage die Hauptrolle, und wenn auch die Verkuppelung von nicht verwandten Personen als kapital galt, sobald es sich um einen Ehebruch handelte, wenn da sogar ohne jede Nachsicht die Todesstrafe vorgeschrieben war, so darf nicht außer acht gelassen werden, daß der Ehebruch selbst die gleiche Strafe nach sich zog. Das zeigt sich auch klar daraus, daß eine Ehefrau, wenn sie sich hatte verkuppeln lassen, ebenfalls wegen Ehebruchs am Leben bestraft werden sollte. Ob diese besondere Vorschrift gerade notwendig war, wo doch schon die Ehebruchsstrafe an anderer Stelle angedroht war, läßt sich wohl in Zweifel ziehen; vielleicht hat man gefürchtet, daß Weiber, die einen Ehebruch begehen wollten, sich einfach der Hilfe eines Kupplers bedienen und sich dann als „Opfer" entschuldigen würden. Ob ihnen das etwas genützt haben würde, wenn der Fall nicht besonders noch im Titel 41 geregelt worden wäre, steht freilich auf einem anderen Blatte. Straffrei hätte aber trotz dieser Vorschrift eine verkuppelte Ehefrau dennoch bleiben müssen, wenn sie wirklich das Opfer einer arglistigen Täuschung geworden wäre, denn das päpstliche und gemeine Recht konnte auch durch diese Pfalzgräfische Ordnung nicht beseitigt werden, wenigstens nicht insoweit, daß letztere für Dinge, die nach allgemeiner Rechtsauffassung keine Verbrechen waren, die Todesstrafe hätte anordnen dürfen.

Die Zahl der Straffälle spielte keine Rolle; eine einzige Verkuppelung zog die Todesstrafe, da wo sie überhaupt vorgeschrieben war, ebenso sicher nach sich, wie eine ganze Reihe von Fällen. Nach Farinacius konnte ein Ehemann, der beschuldigt war, seine Frau verkuppelt zu haben, sich nicht damit herausreden, daß er gar nichts zu der Sache getan, sondern sich nur schlafend gestellt habe; sobald ihm nachgewiesen wurde, daß er für diese Duldung etwas angenommen hatte, verlor er den Kopf. Dagegen führt Carpzow an, daß ein Mann, der wirklich von einem Ehebruch seiner Frau nichts gewußt, von diesem vielmehr erst später Kenntnis erlangt habe, nicht als Kuppler betrachtet werden durfte, wenn er sich dann mit dem Ehebrecher vergleiche und von diesem etwas annehme. Damhouder führt aus, daß man „nachsichtige" Ehemänner — man nannte sie auch „geduldige Hornträger" — nicht mit der Todesstrafe belegt, sondern sie in der Regel nur ausgestäupt habe. Nach Foller ist man an verschiedenen Orten sogar noch milder mit ihnen umgesprungen, man hat ihnen nur eine Schandstrafe zudiktiert, die darin bestand, daß der Mann nebst seiner besseren Hälfte rücklings auf einen Esel gesetzt und so durch die Stadt geführt wurde. Wenn die Pfalzgräfische Ordnung von Eltern, Vater, Mutter, Vormund und „anderen Freunden" spricht, so geht sie entschieden weiter als die Carolina und die Sächsische Ordnung; gleichwohl haben aber verschiedene Juristen der Meinung Ausdruck gegeben, daß nicht nur Eltern, die ihre Kinder verkuppeln, mit dem Schwerte zu strafen seien, sondern auch andere Blutsfreunde, wie Brüder, Schwestern usw. Dagegen hat sich aber Carpzow, der von allen denen, die sein Wirken nicht genau kennen, als eine Art Bluthund bezeichnet wird, mit aller Entschiedenheit ausgesprochen, und zwar mit der Motivierung, daß in keinem Falle über die Bestimmungen des Gesetzes hinausgegangen werden dürfe, daß also auch Personen, die in dem Gesetze nicht ausdrücklich genannt seien, auch bei dem nahesten verwandtschaftlichen Verhältnis, in dem sie zu der Verkuppelten standen, doch nur *arbitrie*, also willkürlich und nicht mit dem Tode, gestraft werden könnten.

„Andere Personen außerhalb der Eheleute und Eltern“ wurden, wie wir gesehen haben, nur mit Gefängnis oder Landesverweisung gestraft, wenigstens in Sachsen. Nach der damaligen Rechtsprechung machte es keinen Unterschied, ob sie ehrliche, anständige Mädchen oder gemeine Huren verkuppelt hatten. Carpzow betont dies ausdrücklich und dokumentiert damit etwas, was ich als Buchstabenjustiz bezeichnen möchte, weil es der gesunden Vernunft einen Rippenstoß versetzt. Wichtiger war der Grundsatz, daß auch große Armut nicht als Entschuldigungsgrund gelten konnte. Einen weiteren recht interessanten Fall teilt der schreiblustige Carpzow mit. Ein Mann hatte mit seiner Frau einen besonderen Geniestreich verabredet. Die Frau sollte einen Lüstling anlocken, ihn mit in die Wohnung bringen und so tun, als wolle sie auf seine lüsternen Pläne eingehen. Ehe dies jedoch wirklich geschah, sollte der Ehemann auf der Bildfläche erscheinen, sich furchtbar wütend stellen und über den Ehebrecher herfallen, damit dieser in seiner Angst sich zu einem stattlichen Lösegeld verstehen sollte. Der Plan gelang zunächst ausgezeichnet. Das auserlesene Opfer ging wirklich in die Falle, und im geeigneten Augenblick erschien auch der Ehemann, der sich den Anschein eines wilden Tigers gab. Der wider Willen noch ganz unschuldige Ehebrecher bekam einen furchtbaren Schreck und gab freiwillig Geld, allerdings nur Fersengeld, so daß das überschlaue Ehepaar dennoch mit leeren Händen auf der Stätte des Sieges zurückblieb. Damit die guten Leutchen aber nicht ganz leer ausgehen sollten, erhielten sie wenigstens eine Anklage, und das Gericht verwies sie beide des Landes, damit sie nicht ferner durch die Pseudokuppelei den Versuch unternehmen konnten, ihre Mitmenschen zu plündern, wenigstens nicht im Heimatlande. Das wäre so das Wesentlichste, was wir über die Kuppelei des alten Rechtes zu wissen brauchen. Der letzterwähnte von Carpzow mitgeteilte Fall erinnert allerdings stark an eine Zuhältergeschichte; aber er kann doch, streng genommen, nicht unter diesen Begriff fallen, und sonst finde ich im Gesetz selbst auch nicht eine Silbe, die an unser heutiges Zuhältersystem erinnert, wohl aber in der Kasuistik. Die Praxis des XVII. und XVIII. Jahrhunderts ist außerordentlich reich an Fällen, in denen Männer, nicht selten Soldaten, sich mit Dirnen verbündeten, diesen Schutz leisteten und besonders von den Dirnen Opfer anlocken und an Orte führen ließen, wo es leicht möglich war, die Gimpel nach allen Regeln der Kunst auszuplündern. Ich verweise auf mein Werk: „Sittlichkeit und Moral im heiligen römischen Reich deutscher Nation." (Berlin-Pankow, Linser-Verlag); ich habe da eine ganze Reihe derartiger Fälle aktenmäßig dargestellt.

Die spätere Gesetzgebung, nämlich die des XVIII. Jahrhunderts, ging ziemlich summarisch vor, war aber in den Strafen, wenigstens zum Teile, auch nicht milder. So hat die Theresiana der „Kupplerey" einen ganzen Artikel mit 8 ziemlich voluminösen Paragraphen gewidmet. § 1 sagt zunächst, was Kupplerey eigentlich bedeute; er lautet: „Dieses Laster wird sich schuldig gemacht, da wer sein eigenes Eheweib, Tochter, oder sonst jemanden um Geld oder Gewinns wegen in boshafter Weise zu unkeuschen Werken verkuppelt, oder gebrauchen läßt, oder in seiner Behausung, oder auch anderstwo Hülff, Rath und Vorschub dazu giebt." Daß zur Erzielung eines Geständnisses auch die Folter zugelassen oder, wenn man will, auch vorgeschrieben war, besagt der § 4; dieses *remedium eruendae veritatis* durfte aber nur dann angewendet werden, wenn für die Tat die Todesstrafe zulässig war, also in Fällen, auf die ich nachher zurückkommen werde. § 6 schreibt die Strafen vor und sagt wörtlich: „Die Straffe der Kupplerey wollen Wir dahin bestimmet haben, daß die Kuppler und Kupplerinnen, wenn sie dieses Verbrechen geständig, oder genugsam überwiesen sind, mit Ruthen gestrichen, und Unserer Erblanden auf ewig verwiesen, oder da es Innländer wären, mit einer andern scharffen Leibsstrafe beleget, anbey aus dem Landgericht abgeschaffet, bey darzustoßend-beschwerenden Umständen aber ihnen der Kopf abgeschlagen; und endlich jenen Falls, wenn die Kupplerey mit gottgeheiligten Personen, oder an heiligen Orten, oder zwischen Unglaubigen und Glaubigen beschehen wäre, die Kuppler nach vorheriger Enthauptung verbrennet werden sollen." Die Strafen stehen denen mittelalterlicher Blutjustiz um kein Jota nach, sind eher noch etwas strenger, wenigstens da, wo die Religion der christlichen Liebe ins Spiel kam. Die erschwerenden Umstände sind nach § 7: „Erstlich: Wenn die Eltern ihre Kinder;

Andertens: Ein Mann sein Weib; Drittens: ein Bruder seine Schwester; Viertens: Ein Vormund seine Pflegetochter boshaft verkuppelt. Fünftens: So einer, oder eine ihrer viele durch Kupplerey verführet, und in ein unehrbares Leben gebracht; oder Sechstens: Die Kupplerey in der Kirchen verübet hätte." Mildernde Umstände waren nach § 8: „Erstlich: Da ein oder die andere obgedachte Person ihren Kindern, Weibern, oder Pflegetöchtern ohne habenden Genuß allein aus Nachlässigkeit dergleichen Leben gestattete. Andertens: So wer was dergleichen zwar bey den Weibsbildern gesuchet hätte, die Person aber nicht wäre zum Fall gebracht worden; oder Drittens: Da die Kupplerey nicht an ehrbaren, sondern ohne das unehrlichen Weibsbildern begangen würde. Viertens: In Ansehen der Helffern, und Unterschleiffgebern: wenn die Hülff, und Vorschubleistung nicht unmittelbar, und aus gefährlichem Vorsatz, sondern vielmehr aus Dummheit, Einfalt, Fahrlässigkeit, und dergleichen unvorsetzlicher Beywirkung beschehen. Welchen Falls die Thäter nach Gestalt der Sachen mit Geldbuß, oder Gefängniß, oder sonst willkührlich zu bestraffen sind." Auch diese Milderungsgründe wird man gelten lassen können; aber man wird sich doch sagen müssen, daß es bei den sub 4 angeführten Fällen nicht hätte bei einer bloßen Strafmilderung bleiben dürfen, sondern daß dabei volle Straflosigkeit angezeigt gewesen wäre. Solche Fälle kommen stets vor; man braucht dabei nicht etwa an die blühende Phantasie eines Boccaccio zu denken, sondern kann getrost ins tägliche Leben hineingreifen. Es kann auch jemand, ohne etwas Böses zu beabsichtigen oder zu erwarten, dulden, daß seine Frau oder Tochter Besuche annimmt, die er für harmlos hält, während sie in Wirklichkeit unsittlichen Zwecken dienen. Was sollte daraus werden, wenn man einen solchen betrogenen Menschen auch noch wegen Kuppelei bestrafen wollte?

Sehen wir uns nunmehr das alte Preußische Landrecht an, so finden wir eine so grundsätzliche Verschiedenheit, daß es fast den Anschein erweckt, es müsse sich um eine völlig andere Materie handeln. Daß die hier in Frage kommenden Bestimmungen einer weit späteren Zeitperiode angehören als die Theresiana, ergibt sich schon aus den Strafmitteln. Es heißt da im Teil II, Titel 20,

Abschnitt 12, §§ 996 ff.: „Kuppler und Kupplerinnen, welche junge Leute, oder auch verheiratete Personen, zu Ausschweifungen verführen, ihnen dazu Gelegenheit verschaffen, oder sonst beförderlich sind, haben Zuchthaus- oder andere Strafarbeit, auf sechs Monathe bis zwey Jahre verwirkt. § 997. Haben sie aus dergleichen Kuppeleien ein Gewerbe gemacht: so soll zwey- bis dreijährige Zuchthausstrafe eintreten; diese mit Willkommen und Abschied geschärft; und ein dergleichen Verbrecher, nach deren Erduldung, aus seinem bisherigen Aufenthaltsort für immer verbannt werden. § 998. Haben Aeltern, Erzieher oder Erzieherinnen, oder Andere, deren Aufsicht junge Personen anvertraut sind, sich einer solchen schändlichen Verkuppelung ihrer Kinder, Zöglinge, oder Untergebenen schuldig gemacht, so wird die Dauer der an sich verwirkten Zuchthausstrafe gegen sie verdoppelt.

Hier finden sich also drei Abstufungen, zunächst die einfache Vorschubleistung, die aus irgend einem Grunde erfolgt, vielleicht aus Freundschaft für eine der bei der Unzucht beteiligten Personen, die aber weder gewerbs- noch gewohnheitsmäßig sein darf, dann die gewerbsmäßige Kuppelei, die natürlich strenger zu verurteilen ist, weil sie erstens einem noch schnöderen Motiv entspringt, und weil sie zweitens für die öffentliche Sittlichkeit größere Gefahren bringt, da ein Gewerbskuppler schon seines Verdienstes wegen bemüht ist, möglichst viele Personen zu Falle zu bringen, und schließlich die Verkuppelung von eigenen Kindern oder jungen, der Aufsicht der kuppelnden Person unterstellten Leuten. Daß diese als die schwerste Art der Kuppelei gelten muß, liegt auf der Hand, da sie sich außer als Unsittlichkeit zugleich noch als ein grober Mißbrauch der erzieherischen Gewalt darstellt. Es ist hierbei auch dem Gedanken Ausdruck gegeben, den ich schon bei der Besprechung des § 174 weiter ausgeführt habe, und der zu meinem großen Bedauern in unserem jetzigen Rechte fehlt, daß nämlich Dienstherren und Prinzipale, die ihre Gewalt dazu mißbrauchen, die ihnen unterstellten weiblichen Personen moralisch zu verderben, doppelt und dreifach zu bestrafen sind.

Wie nach dem Preußischen Allgemeinen Landrecht sonst die Prostitution organisiert war, zeigen uns die §§ 999 ff. Es heißt da: „Liederliche Weibspersonen, welche mit ihrem Körper ein Gewerbe treiben wollen, müssen sich in die unter der Aufsicht des Staates geduldeten Hurenhäuser begeben. Dergleichen öffentliche Häuser sind nur in großen volkreichen Städten, und nicht anders als in abgelegenen und von den öffentlichen Wegen und Straßen entfernten Orten zu dulden.“ Ich habe gerade bei der Besprechung der Dresdener Bordellwirtschaften ausgeführt, daß dies Treiben im Zentrum der Stadt den ungünstigsten Einfluß auf die öffentliche Moral ausüben müsse; das ist im Landrecht wenigstens geschickt vermieden. Ferner sagt der § 1003: „Auch muß die Polizey den Verkauf berauschender Getränke in dergleichen Häusern nicht gestatten.“ In Dresden wird er, noch dazu zu Wucherpreisen, erlaubt. Von besonderer Wichtigkeit sind auch die §§ 1004 und 1005: „Ohne Vorwissen und Erlaubniß der Polizey muß kein Hurenwirth oder Hurenwirthin, bey 50 Thaler Strafe für jeden Uebertretungsfall, eine Weibsperson aufnehmen. Ist eine unschuldige Person, durch List oder Gewalt, in ein solches Haus mit Vorwissen oder Genehmigung des Wirthes gebracht worden, so hat letzterer öffentliche Ausstellung, und sechs- bis zehnjährige Zuchthausstrafe, nebst Willkommen und Abschied verwirkt.“

Gerade durch diese Bestimmungen war dem schändlichen Treiben schurkischer Agenten und Mädchenhändler nach Möglichkeit vorgebeugt. Für unsere heutigen Verhältnisse würden diese Vorschriften allerdings nicht ausreichen; damals genügten sie weit eher. Es folgen dann Vorschriften über die weitgehende Verantwortlichkeit des Wirtes für venerische Ansteckungen, Diebstähle, Schlägereien und Nichtanmeldung von Geburtsfällen usw. Dann heißt es in §§ 1020 und 1021: „Der Austritt aus dem Hurenhause darf keiner darin bisher befindlich gewesenen Weibsperson, die ihre Lebensart ändern und sich auf eine ehrbare Weise nähren will, verschränkt oder erschwert werden. Selbst wegen gegebener Vorschüsse oder sonst gemachter Schulden, darf der Wirth eine solche Person, bey Verlust der Forderung, wider ihren Willen nicht zurückhalten.“ Ohne ausdrückliche Zulassung der Polizeidirektion durfte niemand eine derartige Wirtschaft anlegen. Es ist nun gewiß nicht zu verkennen, daß nach diesen Vorschriften das Bordellwesen so gut wie nur irgend möglich, organisiert war; aber trotzdem ist alles, was das Allgemeine Landrecht hier anordnet, doch nichts als ein bloßer Auszug aus der Bordell-Verordnung vom 2. Februar 1792. Diese Verordnung war gegeben worden, weil in Erfahrung gebracht worden war, daß oft junge unerfahrene Mädchen, besonders aus den kleinen Städten nach Berlin verschleppt und in die Bordells gebracht wurden, und daß ferner nicht selten venerische Ansteckungen in den Bordells erfolgten. Diesen Uebeln suchte man dadurch vorzubeugen, daß es den Wirten streng verboten wurde, irgend eine Person ohne besondere polizeiliche Erlaubnis, sei es als Dienstmädchen oder unter sonst einem Vorwand aufzunehmen. Entschuldigungen und Ausreden sollten in keiner Weise berücksichtigt werden. Unmündige Weibspersonen durfte auch die Polizei nicht in Bordells dulden. Der Austritt und Wiedereintritt in einen ehrlichen Erwerb durfte unter keinen Umständen verweigert werden. Die Polizei hatte sich regelmäßig in Abwesenheit des Bordellwirts bei den Dirnen zu erkundigen, ob diese angemessen behandelt und nicht benachteiligt würden. Für Diebstähle, Schlägereien, die im Bordell vorkamen, haftete der Wirt, der solange als Täter galt, wie er nicht seine Unschuld nachweisen konnte. Der Wirt hatte auch die Unkosten zu zahlen, wenn ein Gast venerisch infiziert worden war. Für die Dirnen gab es schon 1792 eine Krankenkasse. Für jede mußten monatlich 6 Groschen bezahlt werden. Dafür erwarb jede das Recht auf freie Behandlung und Verpflegung im Falle einer Infektion. Konnte einem Manne nachgewiesen werden, daß er eine Dirne infiziert hatte, so mußte er nicht allein alle Unkosten, sondern außerdem noch 50 Taler Strafe bezahlen. Alle Dirnen mußten regelmäßig ärztlich untersucht werden und hatten unweigerlich etwaige Erkrankungen zu melden. Alle diese Vorschriften galten auch für konzessionierte Dirnen. Jedenfalls war das Bordellwesen auf das Beste und Sicherste geregelt; aber trotzdem kann man sich des Eindrucks nicht erwehren, daß die polizeilich konzessionierte Kuppelei des Wirtes, die doch auf jeden Fall im schreienden Widerspruch zum § 996 stand, wie eine Art roher Barbarismus anmutet; es ist und bleibt eine Unmoralität, wenn einem Menschen das Recht erteilt wird, sich von der Schande anderer Personen zu nähren. Das kann durch kein Gesetz der Welt beseitigt werden. Mit dem einfachen Wohnenlassen der Dirnen ist bekanntlich in einem Bordell die Sache nicht abgetan, denn das bloße Vermieten ist noch keine Bordellwirtschaft; es müssen noch weitere Momente hinzutreten, die dann aber die Sache zu einem Vermieten der Mädchen zu Unzuchtszwecken machen, und das ist das Scheußlichste an der ganzen Sache. Es ist und bleibt Kuppelei in der abstoßendsten Form, und wenn man einmal eine Kuppelei aus sittlichen Gründen verbieten muß, dann darf man sie anderseits nicht in der allerschlimmsten Form gestatten. Nützlichkeitsgründe, die übrigens auch noch sehr anfechtbar sind, dürfen allein nicht maßgebend sein, denn auch in Sittlichkeitssachen dürfen wir uns nicht zu dem Grundsatz bekennen, daß der Zweck das Mittel heilige. Wir haben wohl keine Ursache, zu den jetzt glücklicherweise längst überwundenen Zuständen des rohen Polizeistaates zurückzukehren. Idyllisch sind sie jedenfalls ebensowenig gewesen wie die frühere Blutjustiz, und wenn man sich fragt, was sie der allgemeinen Sittlichkeit genützt haben, dann wird man voraussichtlich wohl zu der Erkenntnis gelangen müssen, daß der Erfolg ein negativer war. Es war auch damals nicht jedermanns Sache, solche Häuser aufzusuchen; die heimliche Prostitution stand trotz Bordell in Blüte, und die Sittlichkeitsverbrechen und Verführungen mehrten sich in erschreckender Weise. Es hat allerdings damals keine statistische Aufzählung der einzelnen Verurteilungen gegeben; aber wer jemals Einblick in die alten Akten und in die verschiedenen Aufzeichnungen aus der in Frage kommenden Zeit gehabt hat, der wird erstaunt sein über das ungemein häufige Vorkommen von Sittlichkeitsdelikten aller Art. Selbst in den Zuchthäusern, Arbeitshäusern und ähnlichen Anstalten zur Aufnahme Prostituierter und Kindesmörderinnen ließen sich die Aufsichtsbeamten nicht selten zu schweren Ausschreitungen gegen die ihrer Obhut anvertrauten Weibspersonen hinreißen. Das Interessanteste an diesen Fällen ist aber gerade die oft ganz unverständliche Milde, mit der diese Herren beurteilt wurden, und ich meine doch, daß man schon aus dieser Milde einen besonderen Schluß auf die ganze Moralanschauung ziehen darf.

Die Materie ist den Gerichten übrigens keineswegs so klar gewesen, wie es nach dem Wortlaut der gesetzlichen Bestimmungen erwartet werden sollte. Das beweisen die ständig verlangten Anweisungen, wie im Einzelfalle zu verfahren sei. Insbesondere blühte trotz der Bordelle und aller Vorschriften die heimliche Prostitution üppig; das ist wohl eine gerichtlich festgelegte Bestätigung meiner Ansicht, daß die Bordelle absolut nicht den Zweck erreichen können, der von ihnen erwartet ist, nämlich den, die Prostitution von der Straße zu entfernen. So heißt es in einem Reskript vom 11. November 1799 über die Strafbarkeit der „Winkelhurerey": „Wir finden daher nötig, hierdurch festzusetzen: daß den Polizei-Offizianten aufzugeben, wenn sie aus hinreichenden Gründen eine Weibsperson der Winkelhurerei verdächtig halten, davon dem Polizei-Direktorium sofort Anzeige zu thun, welches sodann die Einleitung zu treffen hat, daß dergleichen Personen vorgefordert und von einem der Polizei-Offizianten mit den in dem Allgemeinen Landrecht enthaltenen Vorschriften wegen Bestrafung der Winkelhurerei bekannt gemacht werde, worüber eine kurze Registratur zur Nachricht aufzunehmen und bei den Akten zu asservieren ist. Wird nun eine Weibsperson wegen wirklich verübter Winkelhurerei zur Untersuchung gezogen, so ist die Verhandlung zugleich mit darauf zu richten: ob der Angeschuldigten die diesfälligen Gesetze bekannt gewesen, oder ob derselben, in der oben erwähnten Art, die Strafen der verbotenen Hurerei von der Polizeibehörde bereits eröffnet worden seien. Kann sie nicht überführt werden, daß sie von obgedachten gesetzlichen Vorschriften Kenntnis gehabt, so kann nur, wenn sie sonst schuldig befunden wird, auf eine außerordentliche Polizeistrafe erkannt werden usw." Hier ist also der Rechtssatz, daß die Unkenntnis des Gesetzes nicht vor Strafe schützt, gründlich durchbrochen worden, eine Milde, die nach meiner Ansicht in solchen Fällen allerdings empfehlenswert erscheint, deshalb aber nicht minder auffällt.

Noch im Reskript vom 19. Juli 1814 ist gesagt, daß obiges sich nur auf Berlin beziehen sollte. Ueber den Begriff der Kup-

**Die Sittenpolizei befördert aufgegriffene Dirnen ins Spital.**
Nach einem französischen Kupferstich von Vaßeur, ca. 1770.

Die Sittenkommission der Kaiserin Maria Theresia.

pelei herrschte keineswegs Klarheit, und wieder am 22. Oktober 1798 war das Berliner Stadtgericht kühn genug, selbst an eines Königs Wort zu deuteln und zu rütteln. Es sagte direkt, daß es ein Königs-Reskript nicht verstehe und deshalb annehme, daß der König wohl von falschen Voraussetzungen ausgegangen sei und nicht ganz klar gewußt habe, was er eigentlich meine; er habe wohl nur die wirklichen Kuppler, nicht aber die sogenannten Winkelkuppler treffen wollen. Da stehe nun aber wiederum nicht fest, was unter einem Winkelkuppler verstanden werden solle." Bleibt man bei dem Begriffe dieses Verbrechens in der eingeschränkten und nur einzig und allein gesetzlichen Bedeutung stehen, so ist solches nichts anderes als: die Verleitung einer unschuldigen, unbefleckten Weibsperson, oder einer ehrbaren tugendsamen Frau zum feilen, unzüchtigen Umgang mit Mannspersonen." Dieser Begriff liege nicht allein im Römischen Rechte, sondern auch in der Peinlichen Halsgerichtsordnung Karls V. und offenbar auch im Allgemeinen Landrecht selbst (T. II, Tit. 20, § 996). Hätte letzteres den Begriff weiter, auch auf Hurenwirtschaften und solche Personen, die ihre weibliche Ehre schon vorher preisgegeben, ausdehnen wollen, so hätte davon unmöglich unter Vorbeugungsmitteln zur Erhaltung jungfräulicher Unschuld gegen die Verführung unschuldiger Personen (§§ 992 bis 998) die Rede sein können. Offenbar habe das Königliche Reskript also Kuppelei und Hurenwirtschaft für sinnverwandte Begriffe angesehen, wie es das Bordell-Reglement tue, das dies deshalb tun dürfe, weil dabei die ganze Materie jeden Zweifel ausschließe. Die wirkliche Kuppelei sei ein Verbrechen und könne deshalb unter keinen Umständen erlaubt werden, Kuppelei im Sinne der Bordell-Ordnung sei aber etwas an sich überhaupt nichts Strafbares, und es sei nur das heimliche Hegen von Prostituierten, die sogenannte Winkelkuppelei, aus polizeilichen Gründen verboten. Zwischen diesen beiden sei der strafrechtlichen und der moralischen Bedeutung nach ein gewaltiger Unterschied, den schon v. Soden betont habe.

Das Gericht fragte deshalb an, nach welchen Gesetzen die Hurenwirte bestraft werden sollten; die Bordell-Ordnung sei nicht publiziert worden, mithin nicht anwendbar, und das Allgemeine

Landrecht erwähne dieses Delikt überhaupt nicht. Ferner werden noch mehrere Fälle aus dem praktischen Leben zum Gegenstand der Anfrage gemacht. Wenn z. B. jemand eine polizeilich eingetragene Dirne mit in die Wohnung eines Bekannten nehme. Das Gericht sähe darin keine Straftat, weil der Dirne die Unzucht gestattet und nirgends gesagt sei, daß dieses nur innerhalb des Bordells geschehen dürfe. Man könne deshalb auch nicht sagen, daß jemand, der einen solchen Verkehr ein- oder einigemal in seiner Wohnung gestatte, dadurch ein öffentliches Hurenhaus anlege. Wenn weiter jemand in seiner Wohnung den Verkehr mit einer polizeilich authorisierten Dirne, die nicht im Bordell wohne, gestatte, so sei das Gericht der Ansicht, daß dabei noch weniger von einer Kuppelei die Rede sein könne, weil einer solchen Dirne überhaupt kein Ort ihrer Betätigung vorgeschrieben sei. Es dürfe doch auch kein Hauswirt als Kuppler bestraft werden, der einer solchen Person eine Wohnung vermietet. Schließlich dürfe auch niemand als Kuppler angesehen werden, der einer Dirne ein Bordell nachwiese.

So logisch dies alles ist, beschränkte sich das Berliner Polizeidirektorium darauf, diese Ansichten für falsch zu erklären. Die Mühe einer sachlichen Widerlegung machte sich diese Behörde nicht. Unter dem Datum des 16. August 1799 erteilte die Gesetzeskommission ein Gutachten, das eine Art Mittellinie, und den engen Standpunkt des Berliner Stadtgerichts nach beiden Richtungen hin erheblich erweitert. Ein Kuppler sei nicht nur der, der junge oder verheiratete Leute zur Unzucht verführe, sondern auch jeder, der Gelegenheit zu Ausschweifungen verschaffe. Dabei komme es nur in dem ersten Punkte darauf an, ob es sich um unbefleckte und tugendsame Personen handle, in zweiter Linie sei das Verschaffen der Gelegenheit der springende Punkt, wenn es sich auch um nicht ganz unbefleckte Weibspersonen handle; es dürften nur nicht feile Dirnen sein, denn dann liege schon eine Hurenwirtschaft vor. Nach Ansicht der Gesetzeskommission ist es nicht nötig, auf das Römische Recht und die alten Kriminalrechtslehren zurückzugreifen, weil auch das geltende Recht die Materie genügend kläre. Auch dem Bordellwirt sei die von soinem Betrieb ganz verschiedene Kuppelei verboten. Bei den Winkelhurenwirtschaften, die den polizeilich erlaubten Bordellen in ihrem Betriebe ähnelten, polizeilich aber verboten seien, komme der § 1001 A. L. R. zur Anwendung, der jedem 1—2jährige Zuchthausstrafe androhe, der ohne ausdrückliche polizeiliche Zulassung eine Hurenwirtschaft betreibe. Es komme hierbei nicht darauf an: „ob hier nur eine oder mehrere feile Weibspersonen zum unzüchtigen Gebrauch gehegt werden, vielmehr halten wir (die Gesetzkommission) dafür, daß auch derjenige, welcher nur mit einer feilen Dirne Mannspersonen, die in unzüchtiger Absicht zu ihm kommen, zur Erreichung dieser Absicht beförderlich ist, nicht mehr für einen eigentlichen Kuppler, sondern für einen unbefugten Hurenwirt angesehen, und als ein solcher bestraft werden müsse.“

Im allgemeinen ist auch hier der Begriff der Kuppelei richtig wiedergegeben. Die Vorschubleistung der Unzucht kann Kuppelei sein, wenn einem Paare Gelegenheit zur Unzucht in der Wohnung einer Person gegeben wird. Man mag auch darin zustimmen, daß zu diesem Begriff nicht der Besitz der Tugendrose oder der Beweis absoluter Unbefleckheit der beteiligten Frauensperson erforderlich ist, denn es soll auch der Unzucht einer nicht mehr einwandfreien Person nicht Vorschub geleistet werden. Daß aber die Ueberlassung der Wohnung an eine feile Dirne, die polizeilich zur Gewerbsunzucht die Konzession erhalten hat, keine Kuppelei ist, das sagt die Gesetzkommission sehr vernünftigerweise ganz unverblümt. Da nun das A. L. R. und die Bordellordnung nicht mehr gelten, der Begriff der Winkelkuppelei nicht mehr besteht, ist das Wohnenlassen von Kontrolldirnen logisch kein Delikt mehr. Nun tauchten aber wiederum Bedenken auf, was gewerbsmäßige Unzucht und gewerbsmäßige Kuppelei zu bedeuten hätten. Im Reskript vom 10. Mai 1824 ist deshalb gesagt: „Hierbei kann es nun aber nicht bloß darauf ankommen, daß in einzelnen Fällen für die Vollziehung des Beischlafs Bezahlung gefordert und angenommen worden, sondern zu dem Begriff der Lohnhurerei als eines Gewerbes, sowohl desjenigen, welches unter Aufsicht der Polizeibehörde, als desjenigen, welches ohne diese Aufsicht getrieben wird, gehört wesentlich, daß sich die Weibsperson jedem ohne Unterschied zur fleischlichen Vermischung gegen Bezahlung hingibt, welches nach den konkurrierenden Umständen zu beurteilen und wobei es in Beziehung auf die Existenz des Gewerbes überhaupt gleichgültig ist, wie oft die Hurerei wirklich getrieben worden.

Bei der Kuppelei, insofern solche deshalb, weil daraus ein Gewerbe gemacht worden, bestraft werden soll, finden dieselben Grundsätze Anwendung. Es kommt also auch hier darauf an, ob der Angeschuldigte jedem ohne Unterschied seine Kupplerdienste gegen Bezahlung geleistet hat."

War der Wirt nicht Kuppler, so konnte doch jeder, der dem Hurenwirt Weibspersonen zuführte, als Kuppler bestraft werden. Das Obertribunal hat dies am 6. Mai 1853 ganz ausdrücklich entschieden: „Als Kuppler ist auch derjenige zu bestrafen, welcher Frauenzimmer in einem öffentlichen Bordell unterbringt, und nur der polizeilich konzessionierte Bordellwirt für seine Person und derjenige, welchem polizeilich erlaubt worden, als Unterhändler zwischen Bordellwirten und Frauenzimmern aufzutreten, bleibt wegen Kuppelei straflos, wogegen Andern nicht gestattet ist, auf eigene Hand und aus Eigennutz den Bordellwirten Mädchen zu verschaffen."

Daß diese Entscheidung nicht mehr unter der Geltung des Allg. Landrechts (Strafrecht), sondern unter der des Preußischen Strafgesetzbuchs vom 14. April 1851 gefällt wurde, tut nichts zur Sache, denn die Materie blieb dieselbe, wie die §§ 147 und 148 des Preußischen Strafgesetzbuchs fast wörtlich in das jetzt noch geltende Strafgesetzbuch für das Deutsche Reich aufgenommen worden, und zwar als §§ 180 und 181, die, wie wir sehen werden, dann geändert wurden.

Ich will hier noch auf eine Entscheidung des Ober-Tribunals vom 30. September 1854 hinweisen, die besonders deshalb Interesse hat, weil sie für die Frage des Mädchenhandels von Wichtigkeit ist. Danach sollte auch die Kuppelei für eine im Ausland betriebene Unzucht selbst dann bei uns strafbar sein, wenn sie im Auslande straflos war.

Im heutigen Rechte haben wir drei Paragraphen, die sich mit der Kuppelei beschäftigen. § 180 lautet: „Wer gewohnheitsmäßig oder aus Eigennutz durch seine Vermittelung oder durch

Gewährung oder Verschaffung von Gelegenheit der Unzucht Vorschub leistet, wird wegen Kuppelei mit Gefängnis nicht unter einem Monat bestraft; auch kann zugleich auf Geldstrafe von einhundertfünfzig bis zu sechstausend Mark, auf Verlust der bürgerlichen Ehrenrechte, sowie auf Zulässigkeit von Polizeiaufsicht ererkannt werden. Sind mildernde Umstände vorhanden, so kann die Gefängnisstrafe bis auf einen Tag ermäßigt werden." § 181 lautet: „Die Kuppelei ist, selbst wenn sie weder gewohnheitsmäßig noch aus Eigennutz betrieben wird, mit Zuchthaus bis zu fünf Jahren zu bestrafen, wenn

1. um der Unzucht Vorschub zu leisten, hinterlistige Kunstgriffe angewendet werden, oder

2. der Schuldige zu der verkuppelten Person in den Verhältnissen des Ehemanns zur Ehefrau, von Eltern zu Kindern, von Vormündern zu Pflegebefohlenen, von Geistlichen, Lehrern oder Erziehern zu den von ihnen zu unterrichtenden oder zu erziehenden Personen steht.

Neben der Zuchthausstrafe ist der Verlust der bürgerlichen Ehrenrechte auszusprechen; auch kann zugleich auf Geldstrafe von einhundertfünfzig bis zu sechstausend Mark sowie auf Zulässigkeit von Polizeiaufsicht erkannt werden.

Sind im Falle des Abs. 1, Nr. 2, mildernde Umstände vorhanden, so tritt Gefängnisstrafe ein, neben welcher auf Geldstrafe bis zu dreitausend Mark erkannt werden kann."

§ 181 a. „Eine männliche Person, welche von einer Frauensperson, die gewerbsmäßig Unzucht treibt, unter Ausbeutung ihres unsittlichen Erwerbs ganz oder teilweise den Lebensunterhalt bezieht, oder welche einer solchen Frauensperson gewohnheitsmäßig oder aus Eigennutz in bezug auf die Ausübung des unzüchtigen Gewerbes Schutz gewährt oder sonst förderlich ist (Zuhälter), wird mit Gefängnis nicht unter einem Monat bestraft.

Ist der Zuhälter der Ehemann der Frauensperson, oder hat der Zuhälter die Frauensperson unter Androhung von Gewalt oder Drohung zur Ausübung des unzüchtigen Gewerbes angehalten, so tritt Gefängnis nicht unter einem Jahre ein.

Neben der Gefängnisstrafe kann auf Verlust der bürgerlichen Ehrenrechte, auf Zulässigkeit von Polizeiaufsicht, sowie auf Ueberweisung an die Landespolizeibehörde mit den im § 362, Absatz 3 und 4, vorgesehenen Folgen erkannt werden."

Der § 181a ist, wie oben schon bemerkt, ganz neu aufgenommen, die andern beiden sind wesentlich verschärft und erweitert worden. Neu ist die Zulässigkeit der sehr erheblichen Geldstrafe — ein Minimum von 150 Mark ist ganz ungewöhnlich —, und im § 181 die Androhung der Zuchthausstrafe für den kuppelnden Ehemann. Die „mildernden Umstände" sind zwar ein unglückseliger Wortlaut; aber gleichwohl ist die Fassung jetzt erheblich glücklicher als früher. Es läßt sich kaum eine üblere Konsequenz eines Gesetzes denken, als es die Auslegung der früheren §§ 180 und 181 war. Diese schossen gerade an dem, was getroffen werden sollte, weit vorbei; sie haben es auch mit sich gebracht, daß ein verkommener Bursche, der ein anständiges Mädchen heiratet, es dann aber zwingt, ihn durch das Schandgewerbe einer Prostituierten zu ernähren, nur wegen einfacher Kuppelei bestraft werden konnte, während man eine alte geistig und körperlich gebrochene Frau, die aus dem Krankenhause kommt, und dem Geliebten ihrer Tochter nicht gewaltsam den weiteren Zutritt wehrt, wozu sie gar nicht in der Lage war, wegen schwerer Kuppelei auf ein Jahr ins Zuchthaus sperrte. Das sind Fälle aus der Praxis, die mich wirklich empört haben, und die wirklich dazu führen konnten, das Gesetz zu ändern. Eine Neuerung, die anscheinend nur ein anderer Ausdruck für gleiches, in Wirklichkeit aber doch sehr bedeutungsvoll ist, weist der § 181 auf; es heißt da *sub* 2 jetzt „zu der verkuppelten Person", statt, wie früher „zu den Personen, mit welchen die Unzucht getrieben worden ist." Auf die Bedeutung dieser Aenderung komme ich nachher zurück; ich will mich zunächst mit einer Abart der Kuppelei beschäftigen, die sich geradezu als ein gefährlicher Krebsschaden des öffentlichen Lebens, wenigstens in den großen Städten, erwiesen hat. Das Zuhältertum!

Der Zuhälter oder, wie er im vulgären Jargon heißt, der Louis, gehört einer ganz besonderen Spezies an. Von dem richtigen Louis kann sich der Durchschnittsmensch nur selten einen Begriff machen. Man denke sich ein verkommenes Subjekt, das vollständig moralisch und wirtschaftlich Schiffbruch erlitten hat, in der Regel das Gefängnis, auch wohl das Zuchthaus, ganz genau von innen kennen gelernt hat, das einen Haken in der Ausübung von Verbrechen gefunden, die ehrliche Arbeit nie geliebt hat, „alle Schulen durch" ist und nun den Entschluß betätigt, die sonstige Verbrecherlaufbahn einstweilen zu verlassen und von der Schande eines Mädchens mühelos und angenehm zu leben; dann hat man ein ziemlich zutreffendes Bild des Louis. Die Blütezeit des Louistums ist eigentlich vorüber, die Zeit, in der er seinen Namen verdiente. Louis oder Ludwig stammt nämlich noch von dem fränkischen Namen Chlodowig ab, der soviel bedeutete wie „der tapfere Held". Früher konnte der Zuhälter diesen Namen in der Tat führen, denn im Kampfe gegen Recht, Ordnung, Sitte und Obrigkeit, da ist er oft genug durch sein trauriges Heldentum zum Schrecken selbst recht beherzter Polizeimenschen geworden, da war er noch der gefürchtete Beschützer seiner Dirne, da konnte er ihr wirklich oft nützlich werden. Er befreite sogar gelegentlich allein oder auch mit einigen Kollegen seine Dirne aus den Händen der Polizei, wenn sie etwa arretiert werden sollte, er prügelte ihre Besucher ganz oder halb tot, wenn sie nicht genug bezahlen wollten oder sich sonst nicht nach Wunsch benahmen; er war Schirm und Schutz, Retter und Helfer und „verdiente" sich seinen Unterhalt mit seiner Fäuste Arbeit. Jetzt ist das alles anders geworden; jetzt besteht die markanteste, oft die einzige Tätigkeit des Zuhälters darin, daß er seine Dirne prügelt, wenn sie ihm nicht die genügenden Mittel zu seinem kostspieligen Lebensunterhalt schafft, und daß er überhaupt seiner Ernährerin das Leben sauer macht. Das Verhältnis zwischen Louis und Dirne gehört zu den sieben Wundern der Welt und erinnert an das russische Sprichwort, daß Prügel die Liebe erhöhen. Da, wo die Dirnen im Freien leben und ihre Gäste in die Wiesen oder an die entlegenen Kanäle usw. führen, da kann der Zuhälter noch ab und zu etwas nützen, wenn's auch durch ein bißchen Raubmord oder einen Raub mit den obligaten Prügeln ohne Mord wäre; diese verkommenen Burschen zeigen doch ihren Dirnen immer noch zuweilen, daß sie wenigstens noch zu etwas nutze sind in der Welt. Der „bessere" Louis aber ist für die Dirne eigentlich ein ganz nutzloses Möbel, und gerade jetzt, wo wiederholt Prostituierte in ganz abscheulicher Weise ermordet worden sind, wäre er doch oft als eine Art Privatschutzmann so gut zu gebrauchen. Wer aber daraus etwa entnehmen wollte, daß der Louis wirklich ein harmloser Mensch wäre, der irrt gewaltig. Zum Privatvergnügen huldigt der Zuhälter auch jetzt noch dem rohen Messertum; es spielen sich immer noch in den Straßen die rohesten Szenen ab; aber die Verhältnisse haben sich verschoben, und das ist kein Wunder, denn die Polizei räumt fortgesetzt böse unter diesen Burschen, die eine wahre Pestbeule darstellen, auf und verdirbt ihnen gründlich das Geschäft. Zu einer vollständigen Ausrottung dieses gemeinen Schmarotzertums wird es aber nicht so leicht kommen. Die Polizei geht jetzt diesen Herren mit übergroßer Berechtigung zu Leibe, und deshalb müssen sie jede „Berufstätigkeit" in der Wohnung der Dirnen tunlichst vermeiden. Nur in den verrufeneren Gegenden ist das Louistum noch einigermaßen in seinem alten Glanze erhalten geblieben. Was es dort noch für Burschen gibt, das hat sich wohl bei der Ermordung des Nachtwächters Braun im Jahre 1891 deutlich genug gezeigt; es tritt auch jetzt noch hin und wieder bei nächtlichen Krawallen in solchen Gegenden in die Erscheinung. Dort hat es für die Dirne auch noch eine gewisse Bedeutung, einen Louis anzunehmen. Vor einigen Jahren hatte das Berliner Landgericht I einen nach vieler Richtung hin hochinteressanten Prozeß, der auch sogar eine historische Reminiszenz darstellte, zu erledigen. Es handelte sich dabei um die Frage, ob die Dirne, die einen Zuhälter annimmt, etwa deshalb wegen Anstiftung zur Kuppelei bestraft werden könne. Angeklagt waren Frau Heinze — die Heldin des Heinzeprozesses, die im Jahre 1892 zu zehn Jahren Zuchthaus verurteilt worden war — und der „Arbeiter" Köhn. Frau Heinze hatte nach ihrer Entlassung aus dem Zuchthaus ihr altes Gewerbe wieder aufgenommen, weil, wie sie dem Gericht unter Tränen versicherte, für sie absolut keine Möglichkeit vorhanden war, auf andere Weise ihr Leben zu fristen, eine Versicherung, die man ihr auch ohne ihre Tränen glauben darf, und die wohl dem objektiven Beobachter genügenden Stoff zum Nachdenken bietet. Frau Heinze war 50 Jahre alt; sie hat schon lange vor der Mordaffäre ihrer schweren Krankheit wegen nur mit Widerwillen und Mühe ihr Nachtgewerbe betreiben können, weil sie — das steht notorisch fest — so elend war, daß sie nicht einmal eine längere Strecke gehen konnte. Sie hat sich auf ihren Wanderungen immer wieder setzen und ausruhen müssen. Auch jetzt war sie ein Bild des Leidens, und es war deshalb wohl erklärlich, daß sie sich nach einer zuverlässigen Stütze umsah. Diese glaubte sie in dem 22 jährigen „Arbeiter" Köhn gefunden zu haben, und diesem scheint es eine besondere Ehre gewesen zu sein, mit einer solchen „Berühmtheit", wie es Frau Heinze doch nun einmal ist, in eine so vertrauensvolle Verbindung treten zu dürfen, zumal der Töpfer Heinze, der zu 15 Jahren verurteilt worden ist, doch erst nach einer Reihe von Jahren der sogenannten goldenen Freiheit zurückgegeben wurde, also einstweilen noch dringend verhindert war, seiner „besseren Hälfte" mit Rat und Tat beizustehen. Köhn hat aber die „Ehre" nicht lange zu schätzen gewußt, denn schon nach ziemlich kurzer Zeit veruneinigte sich dieses würdige Paar, und Frau Heinze, der man alles andere viel eher als einen friedfertigen Charakter nachsagen darf, erstattete gegen Köhn Anzeige wegen Diebstahls, da er ihr eine Uhr und noch einige Kleinigkeiten gestohlen haben sollte. Sie illustrierte die gemeine Gesinnung ihres ehemaligen Genossen noch besonders dadurch, daß sie angab, sie habe den Burschen erst durch Geschenke und verschiedene Zuwendungen an sich gefesselt und ernte nun so schnöden Dank. Das war menschlich gedacht nicht unberechtigt, juristisch gedacht aber grundfalsch, denn das Gericht nahm Herrn Köhn zwar wegen Diebstahls und Kuppelei am Kragen, stellte aber auch Frau Heinze wegen Anstiftung zum letzteren Delikt unter Anklage und verurteilte schließlich Köhn zu einem Jahre und drei Monaten, Frau Heinze aber ebenfalls zu drei Monaten Gefängnis. Gerade wegen des Vorgehens gegen Frau Heinze verdient dieser Fall die allgemeinste Beachtung. Es ist früher wohl niemals vorgekommen, daß eine Dirne, die einen Zuhälter angenommen hatte, wegen Anstiftung zur Kuppelei bestraft worden wäre. Auch da, wo vornehme Wüstlinge sich der Vermittelung gewissenloser Frauen zur Verführung junger Mädchen bedienten, wo doch also in der Tat viel eher eine Anstiftung zur Kuppelei vorlag, hat man niemals etwas von einem solchen Verfahren zu hören bekommen; daß man sich nun gerade bei der Frau Heinze auf den § 48 besonnen hat, fällt auf. Ob diese Rechtsprechung zu billigen ist, mag dahingestellt bleiben; aber ob sie in der Praxis wirklich Nutzen schaffen wird, das steht auf einem anderen, bisher noch unbeschriebenen Blatt, denn nur selten dürfte sie anwendbar sein.

Es ist oben schon hervorgehoben, daß heutigentags der Zuhälter seiner Dirne nur sehr wenig zu nützen vermag, wenigstens durchschnittlich ist das so, und es drängt sich deshalb die Frage auf, warum ist denn die Dirne so dumm, sich solch einen Kerl zu halten, der ihr nur das Geld abnimmt und ihr in jeder Weise das Leben erschwert? Das ist nun allerdings eine Laienfrage, d. h. die Frage eines Menschen, der die Verhältnisse nicht kennt. Zunächst nimmt die Dirne im allgemeinen den Louis nicht an, weil sie will, sondern weil sie muß. Hat ein Louis sein Auge auf ein Mädchen geworfen, dann bietet er seine Dienste an; wird er abgewiesen, dann droht er; hilft das nicht, dann prügelt er, oder er verdirbt dem Mädchen das Geschäft, macht ein Zusammenkommen mit Männern ganz unmöglich, was nicht schwer hält, wenn er sich der Auserkorenen an die Fersen heftet, und übt so lange einen unerträglichen Zwang aus, bis er seinen Zweck erreicht hat. Da kann natürlich die Dirne nicht wegen Anstiftung zur Kuppelei bestraft werden. Es kommt oft genug vor, daß eine Dirne sich gegen solche Belästigungen dadurch wehrt, daß sie die Hilfe der Polizei in Anspruch nimmt; aber das ist bei dem Solidaritätsgefühl der Zuhälter eine gewagte und zweischneidige Sache, denn die Dirne kann sich dann in der Regel keine Minute mehr sicher fühlen. Sehr oft hat sie auch alle Ursache, den Mund zu halten, weil der Louis nicht selten auch von ihr Dinge erzählen kann, deren Bekanntwerden ihr Verschwinden aus dem öffentlichen Leben auf eine ganze Weile zur Folge haben würde. Ist nun das Verhältnis zwischen dem Mädchen und dem Louis, auch gegen den Willen des ersteren, angebahnt, so fügt sich jede ins Unvermeidliche, und es ist gar nicht zu beschreiben, wie schnell sich beide akklimatisieren und wie Kletten aneinander haften. Der Grund dieses Gesinnungsumschwungs liegt allerdings sehr oft auch tiefer; er ist ein im höchsten Grade unsittlicher, der sich nur andeuten läßt, denn der Dienst des Louis besteht zum Teil darin, daß er mit der Dirne eine ekelerregende, widerliche, widernatürliche Unzucht treibt. Dafür wird er dann bezahlt; dafür läßt sich die Dirne mißhandeln, sie erträgt alles, duldet alles, leidet alles, nur — ihre Eifersucht darf er nicht erregen.

So unglaublich es ist, so ist es doch Tatsache, daß die Dirne, die jeden Tag einer ganzen Anzahl von Männern dient, doch ihrerseits auf ihren „Bräutigam" rasend eifersüchtig ist; und gibt er ihr hierzu wirklich Grund, oder glaubt sie auch nur, Grund zu haben, so kennt sie dann gar keine Grenze mehr. Ohne Besinnen läuft sie zur Polizei und zeigt ihn an. Was sie da alles vorbringt, das ist manchmal kaum zu glauben, daß er ihr Zuhälter ist, daß er sie prügelt, daß er sie bestohlen hat, einen Mordversuch, Bedrohungen, Erpressungen und wer weiß, was sonst noch alles begangen hat. Der Louis wird dann einfach ausgehoben, am Kragen genommen und hinter Schloß und Riegel gesetzt. So etwas kommt ungeheuer oft vor, und nicht selten hat die Dirne wirklich Grund zu ihrer Anzeige, die sie aber gleichwohl nur in der heftigen Eifersucht erstattet.

Ist die erste Fieberhitze verflogen, dann kommt schon bald die Reue. Die Dirne sitzt zu Hause, sehnt sich wieder nach ihrem lieben Peiniger, und dieser sitzt in seiner einsamen Zelle und denkt darüber nach, daß vorher doch alles viel schöner war. Zunächst schmiedet er Rachepläne in ohnmächtiger Wut, dann bricht sich allmählich die Ueberzeugung Bahn, daß er wohl auch nicht immer Recht gehabt habe, und daß er alles anders machen würde, wenn er nur erst wieder aus diesem „verfluchten alten Mauerloch" hinaus könnte. Nun kommt der große Tag der Hauptverhandlung heran. Ein Verständigen zwischen der Denunziantin und dem Beschuldigten ist natürlich bis zur Verhandlung völlig ausgeschlossen, denn daß der Untersuchungsgefangene Mitteilungen aus dem Gefängnis hinaus, oder die Denunziantin solche etwa in das schöne rote, fünfflügelige Staatshotel in Moabit (Untersuchungsgefängnis) hineingelangen lassen könnte, ist nahezu ausgeschlossen. Anders lag früher aber die Sache, wenn der Angeklagte vorgeführt wurde. Ehe man ihn nämlich in den Sitzungssaal geleitete, wurde er zunächst in eine Detentionszelle eingeschlossen, deren Tür auf den Korridor des Gerichtsgebäudes mündete. Das wußten die Prozeßbeteiligten und die sonst an der Sache Interessierten natürlich ganz genau, denn sie sahen ja, daß der Mann vor ihren Augen eingeschlossen wurde. In der Regel blieb er längere Zeit, nämlich bis zum Beginn seines Termins, in der Zelle, und diese Zeit genügte für die Verständigung. Sobald der Gerichtsdiener den Rücken gewendet hatte, begab sich das Gesindel an die Zellentüre, klopfte leise an und dann begannen durch die Tür die Unterhandlungen, die sogenannten Friedenspräliminarien, die in der Regel zur Folge hatten, daß der Angeklagte beharrlich leugnete, und daß auch die Dirne als Zeugin ihre ganze Anschuldigung widerrief und so die Freisprechung des Angeklagten herbeiführte, denn das einzige, was gegen ihn feststand, daß er nämlich „der Bräutigam“ *alias* Louis war, reichte damals zur Verurteilung nicht aus, wenn nicht zugleich erwiesen war, daß er in irgendwelcher Weise so tätig gewesen, daß sich daraus eine Kuppelei konstruieren ließ. Solche Prozeßwendungen kehrten mit erstaunlicher Regelmäßigkeit immer und immer wieder. Zuweilen wurde dann die Dirne wegen wissentlich falscher Anschuldigung angeklagt und auch verurteilt, zuweilen endete für sie die Sache auch noch wesentlich schlimmer. Es kam nämlich vor, daß eine Dirne, die ihre erwiesene Anschuldigung eidlich widerrief, vom Flecke weg wegen Meineids verhaftet wurde. Ich habe es selbst wiederholt erlebt, daß eine Dirne auf das Eindringlichste verwarnt, daß ihr direkt angedroht wurde, sie werde sofort verhaftet werden, wenn sie zugunsten des Angeklagten einen falschen Eid leiste, es wurde ihr klar gemacht, wie unrecht und töricht es sei, einem Menschen zu Liebe, der sie viehisch roh behandelt habe, und der doch verurteilt werde, auch ohne ihre Aussage, einen Meineid zu leisten und ins Zuchthaus zu wandern, — es half nichts, die Dirne leistete den Meineid doch und „blieb dann gleich da“.

Jetzt ist so manches geändert worden. Schon die Möglichkeit der Verständigung vor dem Termin ist fast völlig beseitigt; die Anlage der Detentionszellen ist viel besser und zuverlässiger geworden, und vor allen Dingen ist der § 181 a, der die Bestrafung des Zuhälters nicht vom Nachweis besonderer Vorschubleistung abhängig macht, ein gutes Mittel, den Herren das Handwerk zu legen.

Es wäre nun aber doch falsch, wenn man etwa annehmen wollte, daß die Dirne nur aus wiedererwachter Zuneigung einen solchen an Wahnsinn grenzenden Unsinn beginge. Es wirken da oft ganz andere Momente mit. So konnte schon wiederholt festgestellt werden, daß bei dem Türgespräch der Herr Louis seiner Dulcinea angedroht hatte, er werde sie nach seiner Entlassung „kalt machen", wenn er auf ihre Aussage hin verurteilt würde. In anderen Fällen hatten die Freunde des rohen Patrons die Zeugin durch ähnliche Drohungen so weit eingeschüchtert, daß sie in der Tat ihre sofortige Verhaftung nur als Rettung aus Todesgefahr betrachtete und deshalb den Meineid leistete. Wie man sieht, ist es eins der dunkelsten Kapitel, das sich in solchen Prozessen enthüllt.

Von dem rachsüchtigen Charakter eifersüchtiger Dirnen gab ein Fall einen so prägnanten Beweis, daß ich diese Tatsache den Lesern nicht vorenthalten will. Im Jahre 1895 hatte ein junger Kaufmann, der sich in guter Stellung befand und der Sohn eines geachteten Schriftstellers war, in recht leichtsinniger Weise ein Verhältnis mit einer Prostituierten angeknüpft. Als er mit dem Mädchen Streitigkeiten bekommen und deshalb erklärt hatte, daß er sich zurückziehen wolle, nahm die Prostituierte eine sehr gemeine Rache; sie denunzierte den hoffnungsvollen Jüngling wegen Kuppelei, gab an, daß sie ihn ernährt, und er ihr dafür Zuhälterdienste geleistet habe. Da nun mit Recht gegen die Zuhälter mit rücksichtsloser Energie vorgegangen wurde, hatte die Anzeige den erwünschten Erfolg; der Beschuldigte wurde verhaftet und in Untersuchungshaft genommen. Er selbst war über diese Festnahme so perplex, außerdem so wenig in dergleichen Rechtssachen erfahren, daß er gerade das, was den Fall sofort hätte aufklären müssen, nicht sagte, sondern sich, im Gefühle seines Rechtes, zu einer möglichst falschen Verteidigung hinreißen ließ. Er leugnete, wie es jeder wirkliche Louis auch tut, d. h. mit einer schroffen Dreistigkeit, die unter allen Umständen gegen ihn einnehmen mußte, zumal er nicht in Abrede stellen konnte, daß er tatsächlich mit dem Frauenzimmer eine gemeinschaftliche Wohnung innegehabt hatte. Ich selbst habe dann in Rücksicht auf den durch die Verhaftung seines Sohnes tiefgebeugten Vater in einem eingehend begründeten Schriftsatz die Freilassung beantragt, und dargetan, daß der Verhaftete bis zum Moment seiner Festnahme sich in einer gutbezahlten Stellung befunden hatte, daß er nicht nur nicht von dem Mädchen erhalten worden war, sondern sogar dieses durch sein Einkommen vollständig erhalten und während des Zusammenlebens von dem schändlichen Gewerbe ferngehalten hatte. Die Freilassung wurde auch sofort verfügt, und zwar ohne jede Kaution. Sehr bald darauf gab dann auch die Angeberin zu, daß sie lediglich aus Rache eine vollständig falsche Anschuldigung erstattet habe. Nun wurde der Spieß natürlich umgedreht, das Mädchen hatte die Anklagebank zu zieren, und der junge Mann konnte gegen die Angeberin als Zeuge auftreten. Der Racheakt brachte der Dirne einige Monate Gefängnis ein; der leichtsinnige Mensch war aber seine gute Stellung los und erhielt sie auch nicht wieder. Ob er dauernd von seinem Leichtsinn geheilt worden ist, habe ich nicht in Erfahrung gebracht; will's aber hoffen, denn empfindlich genug war der Denkzettel. Der Fall ist übrigens sehr geeignet, auch anderen jungen Leuten zur Warnung zu dienen; denn er zeigt, daß es niemals gut ist, mit Prostituierten eine engere Beziehung einzugehen.

So verschiedenartig die Dirnen sind, ebenso verschieden sind auch die Zuhälter. Man findet sie im schäbigen Vagabundenkostüm oder mit jener nonchalanten Halbnoblesse, die sofort erkennen läßt, daß sie keine ehrlichen Arbeiter, aber auch keine — Rentiers sind; man findet sie schließlich auch wirklich elegant gekleidet und frisiert. Der — sagen wir so — Mittelstand ist am zahlreichsten vertreten. Die Burschen tragen vielfach ganz gute Kleidung, die Beinkleider meist an den Füßen sehr weit. Gewöhnlich vertritt ein Halstuch mit frei flatternden Enden die Stelle des Hemdenkragens, und den mit viel Pomade frisierten Kopf — die in der Mitte gescheitelten Haare sind zu sogenannten Schmalzlocken in die Stirn gekämmt — deckt die sprichwörtliche Ballonmütze, die jetzt allerdings mehr der Radfahrermütze oder dem Hute weichen muß. Die Gesichtszüge sind roh und zeigen den eigentümlichen Ausdruck, den das ständige Laster seinen Anhängern aufzudrücken pflegt. Das ist so ungefähr das Bild des Durchschnittslouis. Nun gibt es aber, wie gesagt, auch elegante Zuhälter, die selbstverständlich moralisch nicht die Kollegen mit dem Halstuch übertreffen, aber gern die Rolle des vornehmen Mannes spielen. Der gebildete Zuhälter ist meist nur eine Art Impresario; es ist einmal gerichtlich zur Sprache gebracht worden, daß eine angebliche Französin so einen ganz jungen Menschen als ihren Sekretär angenommen hatte. Die Sekretärtätigkeit dieses Burschen bestand darin, daß er für seine Dame Antwortschreiben auf die verschiedenen reellen Heiratsgesuche, die bekanntlich wohl real, aber selten reell sind, zu fertigen und an die verschiedenen Zeitungen zu befördern, dann auch gelegentlich mit der Gnädigen Restaurationslokale zu besuchen hatte. Natürlich war der junge Mensch dabei nur eine Art Dekorationsstück, man nennt das auch Bärenführer; die Rolle hat den Zweck, den Dirnen den Zutritt in Lokale zu ermöglichen, in die sie allein, d. h. ohne Herrenbegleitung, keinen Einlaß finden. Diese Art Zuhälterdienste sind eigentlich unbeschreiblich harmloser Natur, sie werden sehr gern von den Dirnen in Anspruch genommen, die als Ausländerinnen auftreten und dadurch auf reichere Ernte hoffen, weil sie den krankhaften Zug der Deutschen für alles Fremde ausschlachten. Schein ersetzt da das Sein; auf Dumme wirkt's aber. Es gibt unter den Berliner Dirnen eine ganze Anzahl, die irgendwo einmal einige französische Brocken aufgesammelt und dann die Kunst erlernt haben, die deutsche Sprache so zu radebrechen, daß sie jedenfalls selbst nicht wissen, was sie eigentlich sagen. Haben sie dann das Unglück, an einen wirklichen Franzosen zu geraten oder an einen Deutschen, der der französischen Sprache auch nur einigermaßen sicher ist, dann erleiden sie zwar mit ihren Kenntnissen Schiffbruch; aber das geniert schließlich auch nicht weiter. Viele ziehen es deshalb vor, Wienerinnen zu spielen, das ist leichter und hilft auch. Die Welt will betrogen sein, und für manche Narren ist es ein erhebendes Bewußtsein, daß ihm eine echte Wienerin das Geld abgeknöpft hat. Man versteht diesen Unsinn höchstens dann, wenn man einmal eine mit Spreewasser getaufte

Dirne berlinisch hat reden hören. Mir wird der Eindruck ewig unvergeßlich bleiben, den ich erhielt, als ich zuerst als ganz junger Mensch vor dem Berliner Amtsgericht einen bescheidenen Blick hinter die Kulissen tun durfte. Eine hübsche, hochelegante Dame betrat den Gerichtssaal. Für eine Dame hielt man sie in der Tat, so lange sie stumm die Bretter zierte, die die Anklagebank bedeuten; als sie aber auf die Anschuldigung, in einem Restaurant Hausfriedensbruch und durch Zerschlagen einer Fensterscheibe Sachbeschädigung verübt zu haben, mit holdem Lächeln meinte: „Ja doch, det har'k jemacht; ick war besoffen!“, da wußte jeder, wes Geistes Kind der holde Engel war, und seitdem habe ich schon eher ein dunkles Verständnis dafür, daß manche Menschen lieber ein blutiges Französisch oder ein beinahe echt klingendes Wienerisch radebrechen hören, als die wenig das Ohr erfreuenden Klänge des sogenannten Vogtländer Idioms.

Wenden wir uns nun der strafrechtlichen Beurteilung der Kuppelei zu. Ich habe oben bereits den Wortlaut der in Frage kommenden Bestimmungen wiedergegeben. Es läßt sich nicht verkennen, daß die Judikatur aus diesen an sich nicht übermäßig klaren Vorschriften etwas im allgemeinen Brauchbares geschaffen hat; es ist aber ebensowenig zu verkennen, daß in dem Bestreben, dem wüsten Treiben Einhalt zu tun, doch teilweise ganz bedeutend über das Ziel hinausgeschossen worden ist. Zunächst ist in Berlin eine wahre Kalamität dadurch herbeigeführt worden, daß man den § 180 auch auf Hauswirte ausgedehnt hat, die nicht verhütet hatten, daß in ihrem Hause an Prostituierte vermietet wurde, oder daß die Mieter selbst Prostitution trieben. Der Hauswirt nimmt Mieter im guten Glauben auf; die Polizei verweigert jede Auskunft über den moralischen Charakter der Mietslustigen, und der frühere Wirt drückt sich in der Regel bei seinen Auskünften sehr vorsichtig aus, weil man bekanntlich mit dem Beleidigungsparagraphen leicht sehr trübe Erfahrungen machen kann. Nach § 186 St.-G.-B. wird jemand wegen Beleidigung oft sehr hart bestraft, nicht etwa bloß dann, wenn er etwas Unwahres behauptet hat, sondern auch dann, wenn er nicht in der Lage ist, das Wahre wirklich als wahr zu beweisen. Nun ist aber der Beweis der Wahrheit nicht leicht zu führen. Sind doch schwere Verbrecher, z. B. Giftmörder in ihren Uebeltaten dadurch geradezu geschützt worden, daß man Personen, die faktisch begründete, aber „nicht erweislich wahre“ Tatsachen über sie geäußert hatten, wegen Beleidigung empfindlich bestrafte. Jetzt soll die Beleidigungsstrafe verschärft, der Wahrheitsbeweis noch erschwert werden, so daß, was sicherlich nicht bezweckt ist, dadurch für die Schurken das goldene Zeitalter geschaffen würde. Wenn die Polizei sich in Schweigen hüllt und auch nicht einmal Auskunft darüber erteilt, ob eine Person unter sittenpolizeilicher Kontrolle steht, so ist dies gewiß nur zu billigen, denn es würde in der Tat doch ein grober Mißbrauch des Amtsgeheimnisses sein, wenn jedem genaue Auskunft darüber erteilt würde, was eine dritte Person auf dem Konto hat. Man muß dann aber auch konsequent sein und dem Hauswirt nicht eine Verantwortung aufbürden, die er nach Lage der Sache gar nicht haben kann. Der Hauswirt ist sonst in einer geradezu verzweifelten Lage. In verrufenen Gegenden haben die Wirte teilweise ein Verzweiflungsmittel angewendet; sie haben einfach eine private Nachtwache in ihren Häusern eingerichtet. Dieses Auskunftsmittel hat aber schon zu argen Unannehmlichkeiten und zu blutigen Nachtkämpfen geführt. Die Nachtwache begeht da auch leicht böse Mißgriffe, denn wenn sie jedes Femininum, das nachts mit einem Manne heimkehrt, anhalten will, dann wird sie oft etwas tun müssen, was sich kein Mieter gefallen läßt.

Die Polizei duldet die Dirnen, soweit sie unter sittenpolizeilicher Kontrolle stehen; sie muß sie dulden, weil die Prostitution ein notwendiges Uebel ist. Mehr noch, die Polizei muß, wenn sie überhaupt eine Kontrolle üben will, auch verlangen, daß jede Prostituierte eine feste Wohnung hat. Oeffentliche Häuser, in die man Dirnen verweisen könnte, gibt es in Berlin nicht; ergo müssen sie in Privathäusern wohnen. Nun sagt man freilich, das Wohnenlassen sei keinem Wirte verboten; er werde nur strafbar, wenn er auch die Unzucht in der Wohnung selbst dulden. Das klingt allerdings auf den ersten Augenblick ganz einwandfrei, aber in Wirklichkeit ist es doch grundfalsch. Die Mädchen stehen gerade deshalb unter Kontrolle, weil sie Gewerbsunzucht treiben; wollte man den § 180 über seine Bedeutung hinaus interpretieren, dann müßte man auch die Polizei bestrafen, weil sie durch ihre den Kontrollmädchen erteilte Konzession gewohnheitsmäßig durch Duldung der Unzucht Vorschub leistet. Daß dies ein Unsinn wäre, wird kein Mensch bestreiten können. Die Duldung der Prostitution erfolgt aber nicht deswegen, weil etwa die Mädchen keine Lust zur ehrlichen Arbeit haben, sondern sie erfolgt der Allgemeinheit wegen, und es geht absolut nicht, daß man mit der einen Hand gewährt, was man mit der anderen wieder entzieht; man kann also das zwar unmoralische, aber nicht strafbare, sondern erlaubte Gewerbe auch nicht gleichzeitig wieder verbieten, d. h. es ist ein Unding, wenn die Behörde ein Gewerbe gestattet, den Hauswirt aber, der das geduldete Gewerbe ebenfalls gestattet oder auch nur nicht gewaltsam verhindert, bestraft. Wir müssen hier auch noch mit einigen Worten auf die Rechte des Wirtes eingehen und prüfen, ob dieser überhaupt die Macht hat, in jedem Falle wirksam einzuschreiten. Durch den Mietsvertrag geht das Verfügungsrecht und auch das Hausrecht über die Wohnung auf den Mieter über. Der Mieter kann Besuche empfangen, soviel er Lust hat, und wann er will. Zu welchen Konsequenzen soll denn die Verantwortlichkeit des Hauswirtes führen? Der Hauswirt ist nicht befugt, der Frau des Hauses den Besuch von Hausfreunden zu verbieten, auch dann nicht, wenn er glaubt oder weiß, daß sie mit ihren Besuchern Ehebruch treibt. Der Hauswirt ist nicht befugt, dem Mieter zu untersagen, daß er seine Köchin verführt; er kann auch nicht einschreiten, wenn die Gouvernante das Opfer sinnlicher Gelüste wird. Er kann nicht einschreiten, wenn sein Mieter Blutschande treibt, er darf auch dem Geschäftsmann nicht wehren, seine weiblichen Angestellten mit oder ohne Anwendung von Gewalt zu verführen, denn er ist nur der Vermieter, aber nicht Chef der Sittenpolizei, und auch dieser kann nicht ohne weiteres in eine fremde Wohnung eindringen. Wer hätte nur jemals daran gedacht, einen Hauswirt wegen Kuppelei zu bestrafen, weil er durch das Vermieten einer Wohnung Gelegenheit gegeben hat, darin Unzuchtsverbrechen zu begehen? Wenn das aber beim wirklichen Verbrechen nicht geht, warum soll es dann bei einer erlaubten Sache geschehen? Uebrigens paßt auch das, was der Wirt tut, zum § 180 ungefähr so wie die Faust aufs Auge. Der Wirt vermietet seine Wohnung und überläßt sie vollständig seinem Mieter. Wo soll da ein gewerbs- oder gewohnheitsmäßiges Vorschubleisten der Unzucht herkommen, wenn er es einfach unterläßt, an jede einzelne Wohnungstür einen Privatsittenbeamten zu stellen? Dann hätte man schließlich auch die Stadt- und Ringbahn-Verwaltung aus § 180 bestrafen müssen, weil sie gewohnheits- und gewerbsmäßig dem Publikum die Bahncoupés überläßt, obwohl sie doch wußte, daß diese auch gewohnheitsmäßig zur Ausübung der Unzucht mißbraucht wurden. Ein Hauswirt, der ein anständiges Haus besitzt, ist auch ohne Strafandrohung eifrigst bemüht, sein Grundstück rein zu halten, nicht etwa, weil er ein so penibel moralisch empfindender Mensch wäre, daß ihm der Gedanke, es könnte vielleicht einer seiner Mieter oder eine Mieterin einmal Unzucht treiben, schon schlaflose Nächte verschaffte, sondern erst recht seines Vorteils wegen, denn er weiß recht gut, daß er seine anständigen Mieter verlieren würde, sobald diese merkten, daß Dirnen in dem Hause ihr Wesen trieben. Das ist eine so alte Erfahrung, daß ich sagen möchte, sie zu beweisen, wäre etwa so lohnend, als wolle man wissenschaftlich die Wahrheit und Berechtigung des alten, geistreichen Spruches: „Wenn's regnet, wird's naß" dartun.

Welchen Nutzen bringt nun aber die nach meiner Ueberzeugung unberechtigte Verfolgung der Hauswirte für die öffentliche Sittlichkeit? Nicht nur gar keinen, sondern sie verschlimmert die Sittenzustände wesentlich. Die gewerbsmäßige Unzucht ist ein notwendiges Uebel und deshalb erlaubt; dieses Treiben kann also durch die Bestrafung der Wirte nicht beseitigt werden, denn wenn dieser Erfolg wirklich erzielt werden könnte, dann wäre die Prostitution kein notwendiges Uebel, und man handelte töricht und unsittlich zugleich, wenn man sie überhaupt duldete. Die Unzucht würde sich also einfach viel mehr in der Oeffentlichkeit abspielen müssen, statt daß sie auf die Wohnungen der Dirnen beschränkt bliebe, und wer schon jetzt manchmal Gelegenheit gehabt hat, auf Promenaden die Szenen, die sich in den Nachtstunden etwa oder an anderen öffentlichen Anlagen entwickeln, zu sehen, der wird kaum zu sagen wagen, daß durch eine Vermehrung dieses Treibens die öffentliche Sittlichkeit wirklich nachdrücklich gehoben werde. Bedenkt man dann noch, daß es eine ganze Menge Strolche gibt, die geradezu davon leben, daß sie wie die Räuber solche Paare überfallen und ausplündern, dann wird man wohl ohne weiteres zu der Ueberzeugung gelangen müssen, daß man wahrlich besser täte, dem Laster, wenn man es nun einmal gestatten muß, auch ein besseres Asyl zu gewähren. Im besten Falle würde man erreichen, daß die Junggesellen in weit ausgedehnterem Maße Dirnen mit in ihre Wohnung brächten, als dies jetzt schon geschieht. Ja, wäre denn das ein Vorteil für die Sittlichkeit? Jeder wird es bestreiten, und außerdem würde wohl die Folge davon sein, daß man auch die Vermieter von Junggesellenquartieren wegen gewerbs- oder gewohnheitsmäßiger Kuppelei in Massen auf die Anklagebank schleppte.

Das hier bereits Gesagte trifft natürlich zum großen Teil auch auf die direkten Logiswirte der Dirnen zu. Die Sache liegt in diesem Falle aber doch wesentlich anders. Während der Hauswirt nichts weiter tut, als daß er seine leerstehende Wohnung zu dem festgesetzten Preise vermietet und sich nicht darum kümmert, was der Mieter in seiner Wohnung tut und treibt oder tun und treiben läßt, vermietet der Dirnenwirt bewußt und absichtlich sein Zimmer einer Dirne, damit sie dort ihr Gewerbe betreiben kann. Solche Logiswirte sind fast ohne Ausnahme verkommene Subjekte, zuweilen sogar wahre Zierden der Verbrecherwelt, und wenn man nun auch nicht in Abrede stellen darf, daß nicht die allgemeine moralische Qualität, sondern lediglich die konkrete Handlung eines Täters bestimmen darf, ob etwas Strafbares vorliegt oder nicht, so ist doch der Unterschied der, daß solche Logisgeber sich durch die Preise, die in keinem Verhältnis zu der Leistung stehen, für das Zimmer und die Kost bezahlt machen, daß sie also das Plus nur dafür erhalten, daß sie der Unzucht durch Verschaffung von Gelegenheit Vorschub leisten. Sie handeln aus Eigennutz und ziehen wissentlich aus der Unzucht ihrer Mieterin einen unberechtigten Vorteil. Die Hauswirte mit ihnen auf eine Stufe stellen zu wollen, das wäre für die ersteren mindestens eine direkte Beleidigung. Trotz alledem darf man aber in dem bloßen Wohnenlassen und Dulden der polizeilich erlaubten Unzucht auch auf seiten dieser Leute keine strafbare Handlung erblicken, mindestens keine Kuppelei. Ich muß immer wieder betonen, daß die Polizei das Wohnen und auch die Unzucht duldet, und daß es sich nun einmal nicht zusammenreimen läßt, wenn eine und dieselbe Handlung gleichzeitig erlaubt und gleichzeitig verboten sein soll. Daß eine Dirne, die für ein meist elendes Zimmer und nicht viel bessere Kost pro Tag 5—10 Mark = 150—300 Mark pro Monat zahlt, diesen Preis nicht anlegen kann, um dort vielleicht — Andachtsübungen zu halten, das wird ja wohl auch ein Mensch begreifen können, der nicht gerade das Studium der Psychologie zur Lebensaufgabe gewählt hat. Für Leser, die von dem angeblich „teuren Pflaster" in Berlin eine falsche Vorstellung haben, will ich noch bemerken, daß in Gegenden, in denen die Dirnen zirka 7 Mark pro Tag bezahlen, der Junggeselle für ein anständigeres Zimmer monatlich 15—20 Mark, für ein elegantes zirka 30 Mark bezahlt, und daß er auch in besseren Gegenden für ein hochelegantes Zimmer nur 40—45 Mark aufzuwenden braucht. Wenigstens herrschten diese Idealzustände bis zum Anbruch der allgemeinen Wucherepidemie, die man Revolutionszeit nennt. Mit dem, was die Dirne jeden Monat allein an ihren Zimmerwirt abladet, müssen in Berlin oft genug zwei bis drei Familien leben. Berücksichtigt man dies, dann wird man zugeben müssen, daß die Dirnen in der Tat von ihren Vermietern in unerhörter Weise ausgebeutet werden.

Es ist gewiß nicht leicht, solches Gesindel nicht wegen Kuppelei zu bestrafen; aber man darf nicht zwei verschiedene strafrechtliche Begriffe untereinander mischen: die Vorschubleistung der Unzucht und die wucherische Ausbeutung leichtfertiger Personen. Wie will man es denn rechtfertigen, daß man unter der Geltung des gleichen Rechtes die Zimmerwirte bestraft und die Bordellwirte duldet? Der Bordellwirt unterhält eine Schankwirtschaft, in der er zunächst die Gäste ausbeutet, indem er ihnen für horrende Preise schlechte Getränke verkauft. Er leistet aber der Unzucht auch direkt Vorschub, nicht etwa nur dadurch, daß er den unzüchtigen Verkehr schon vorher handelseiniger Paare in seinem Hause duldet, sondern vielmehr dadurch, daß er dem

Gaste zur Betreibung der Unzucht ein Mädchen übergibt. Er handelt gewohnheitsmäßig, denn diese Kuppelei ist sein Metier; er handelt aber auch gewerbsmäßig, denn er zieht das Sündengeld für sich ein. Wenn der § 180 sagt, daß wegen Kuppelei bestraft werden sollte, wer gewohnheitsmäßig oder aus Eigennutz durch seine Vermittlung oder durch Gewährung oder Verschaffung von Gelegenheit der Unzucht Vorschub leistet, so sieht das gerade so aus, als habe ein Bordellwirt Modell gestanden, als dieser § 180 geschaffen wurde.

Man tut geradezu dem gesunden Sinne einer jeden Kuppeleivorschrift Gewalt an, wenn man diese auf das Wohnen- und Wohnungsbenutzenlassen der Prostituierten ausdehnt, die selbst die Gelegenheit suchen, ja suchen dürfen und auch müssen, wenn sie leben wollen. Wenn Salons, in denen der vornehmen Lebewelt möglichst junge Mädchen zugeführt werden, der polizeilichen Aufhebung anheimfallen, wenn man die Inhaberinnen wegen Kuppelei bestraft, dann ist das gerechtfertigt, denn in solchen Fällen ist auch nach dem allgemeinen Sprachgebrauch gekuppelt worden. Kuppeln oder Koppeln heißt zusammenbringen. Der Kuppler muß also irgendwo Schritte getan haben, um eine Vereinigung der Unzuchttreibenden herbeizuführen. Wir wollen uns das an der oben mitgeteilten Meinungsäußerung aus dem Jahre 1774 klar machen. Es ist da an zwei Stellen gesagt, daß dem reichen Hagestolz und dem lüsternen alten Advokaten unschuldige Mädchen durch listige Kupplerinnen zugeführt worden seien. Nicht der Hauswirt, der dem Hagestolz und dem Advokaten die Wohnung vermietet hatte, in der die Verführung erfolgte, hat durch Ueberlassung der Wohnung Vorschub geleistet, sondern die Frau, die mit Recht eine listige Kupplerin genannt wird, hat es getan. Ein längst schon einig gewordenes Paar kann man nicht mehr zusammenbringen oder verkuppeln. Selbst wenn man die Haarspalterei auf die Spitze treiben und sagen wollte, das völlige Zusammenkommen, die *copula carnalis,* sei doch erst in einem Raume möglich, der hierzu Gelegenheit biete, folglich müsse auch die Ueberlassung eines solchen Raumes als eine Verschaffung von Gelegenheit angesehen werden, so schießt man doch gewaltig vorbei. Da, wo es sich um die behördlich erlaubte

Benutzung einer dem allgemeinen Gebrauche übergebenen Sache handelt, denn weiter ist die Prostituierte rechtlich gar nichts, ist der Erfolg, hier also die Vornahme der Unzucht, schon durch die Vereinbarung des Benutzungspreises gesichert, er hängt nicht erst von der gutmütigen Hilfsbereitschaft eines Dritten ab, sondern ist durch die vorher geschlossene Vereinbarung gesichert. Das Wo? spielt dabei keine Rolle mehr, und so wenig wie es dem Sinne und der natürlichen Absicht des § 180 entsprechen würde, wenn man etwa die Berliner Tiergartenverwaltung bestrafen würde, weil sie durch Aufstellung von Bänken an geeigneten Stellen zur Vornahme der Unzucht Gelegenheit geschaffen habe, so wenig ist es sinnentsprechend, wenn man die Logiswirte wegen Kuppelei bestraft, weil sie einer Kontrolldirne — wohlverstanden, von solchen ist hier die Rede — ein Zimmer vermieten und ihr nicht verbieten, dort das zu treiben, was ihr die Polizei erlaubt. Läßt sich diese Auffassung auch sonst rechtlich verteidigen? Ich glaube doch wohl. Die Kuppelei stellt sich streng genommen dar als eine Beihilfe zu einem Sittlichkeitsdelikt. Die Kuppelei ist aber eine besondere Materie, und das berechtigt zu einer viel weiteren Begrenzung des strafrechtlichen Begriffs. Verfolgt man die historische Entstehung der Strafbestimmungen über Kuppelei, dann wird man finden, daß sich manches Rätsel löst, und daß vor allen Dingen früher die Kuppelei als eine Beihilfshandlung viel eher ihre Berechtigung hatte; früher war jeder Verstoß gegen die Sittlichkeit auch eine strafbare Handlung. Der Kuppler leistete stets, mochte es sich handeln, um was immer es wollte, Beihilfe zu einer wirklich strafbaren Handlung, und da, wo man die Gewerbsunzucht der polizeilich gemeldeten Prostituierten nicht für eine strafbare Handlung betrachtete, wie im Preußischen Allgemeinen Landrecht, da war es durchaus logisch, daß auch der Bordellwirt, der solche Dirnen bei sich aufnahm und gegen Entgelt benutzen ließ, nicht als Kuppler, also auch nicht als strafbar angesehen wurde, denn er tat genau das, was gestattet war, wenn er etwas Erlaubtes nicht verhinderte. Berücksichtigt man nun aber den § 49 St.-G.-B., dann wird man logisch sich fragen müssen, ob es zur Gewerbsunzucht überhaupt eine Kuppelei geben kann, denn die Gewerbsunzucht ist nach § 361, al. 6, St.-G.-B.

nur eine Uebertretung, wenn sie von Personen getrieben wird, die nicht unter Polizeikontrolle stehen, und auch dann ist die Beihilfe zu einer Uebertretung bekanntlich straflos. Nehmen wir aber selbst an, daß bei der Kuppelei ein anderes Verhältnis obwalte, daß es also auch eine strafbare Beihilfe zu einer Uebertretung nicht ausschließe, so würde doch logisch niemals eine strafbare Beihilfe durch Rat und Tat zu einer nicht strafbaren Handlung zu konstruieren sein. Es ist deshalb dringend geboten, die Strafbarkeit von dem Vorhandensein einer strafbaren Handlung, zu der die Kuppelei sich als Beihilfe darstellt, abhängig zu machen. Die Gewerbsunzucht einer Kontrolldirne ist aber keine Straftat, deshalb kann auch streng logisch eine Beihilfe, mag man sie nun Kuppelei oder sonstwie nennen, keine Strafhandlung sein, mindestens dann nicht, wenn nicht Momente hinzutreten, durch die wenigstens eine Polizeikontravention konsumiert ist. Betrachtet man die Kuppelei aus dem Gesichtspunkt des § 49, dann würde doch immer noch eine Hilfeleistung durch Rat und Tat erforderlich sein, soweit sind die §§ 49 und 180 aber entschieden konform, und in dem bloßen Vermieten und Nichteinschreiten des Vermieters kann eine solche Beihilfe doch ganz bestimmt nur dann gesehen werden, wenn der Vermieter die gewollte und bewußte Absicht dokumentiert hat, daß der vermietete Raum zu einer wirklich verbotenen Handlung benutzt werden soll.

Wenn man dies berücksichtigt, dann würde man wohl zu einem Ergebnis gelangen können oder sogar müssen, das nicht allein sinngemäß, sondern für die öffentliche Sittlichkeit auch wirklich von Nutzen wäre; kann nämlich zu der erlaubten Prostitution aus Gründen der reinen Vernunft nicht ohne weiteres durch Ueberlassung eines Wohnraumes strafbare Beihilfe — dicitur Kuppelei — geleistet werden, so wird sie zu der unerlaubten Prostitution in Rücksicht darauf, daß der Spezialparagraph 180 nicht danach zu fragen braucht, ob Verbrechen, Vergehen oder nur eine Uebertretung den Gegenstand der durch die Beihilfe unterstützten Tätigkeit bildet, unbedenklich angenommen werden können. Ohne weiteres mag man alle die Personen wegen Kuppelei bestrafen, die ihre Wohnräume an heimlich Prostituierte hergeben. Diese machen sich strafbar, wenn sie gewerbsmäßig

Unzucht treiben; die Vermieter wissen das recht gut, mindestens haben sie die Pflicht, es zu wissen, denn selbstverständlich weiß jeder Vermieter, mag er noch so dumm und unerfahren sein, daß er keine Gewerbsunzucht einer Aftermieterin dulden darf. Ist das bei Kontrollmädchen etwas anderes, so liegt auch da schon eine bestimmte Kautele darin vor, daß die Polizei jederzeit die Wohnung revidieren darf, und diese durchaus notwendige Möglichkeit würde fortfallen, wenn an heimlich Prostituierte vermietet würde. Es ist nun eine alte Erfahrung, daß manches Mädchen sich zur Gewerbsunzucht erst recht dadurch verleiten läßt, daß ihm die Herrenbesuche gestattet werden. Man wird auch nach dem allgemeinen Sprachgebrauch kein Bedenken tragen, eine Wirtin, die dies zuläßt, als eine Kupplerin zu bezeichnen. Man darf hier noch weiter gehen, und unbedenklich auch jeden Vermieter von Absteigequartieren als strafbaren Kuppler betrachten, mag er nun an Kontrollmädchen oder heimlich Prostituierte, oder auch an Männer vermieten. Hier kann auch in dem Ueberlassen der Räume an Kontrolldirnen eine Vorschubleistung erblickt werden. Der Raum wird lediglich zum Zwecke der Unzucht überlassen, und das ist gerade das, was der § 180 bekämpfen will. Es ist richtig, auch für das Absteigequartier muß in der Regel die Dirne sich selbst den Beischläfer suchen, und der Wirt tut nichts, um Paare zusammen zu bringen; er trägt aber dazu bei, allen Unfug zu ermöglichen, selbst die so notwendige Polizeikontrolle wird zum großen Teile unwirksam gemacht, denn ein Mann, dem in solchem Absteigequartier ein unliebsames Abenteuer passiert, ist meist nicht in der Lage, die Schuldige zu verfolgen, die Dirne sündigt nicht in dem Raume, in dem sie polizeilich gemeldet ist, und das Treiben in solchen Absteigequartieren wirkt, wie schon im vorigen Kapitel dargetan, im höchsten Grade entsittlichend. Daß die Ueberlassung solcher Räume an heimlich Prostituierte und ganz besonders an Kinder zum Zwecke der Unzucht eine sehr verwerfliche Kuppelei ist, bedarf wohl nicht der Erwähnung. Ich habe es selbst mit angehört, daß in Berlin in der hinteren Halle des Bahnhofs Alexanderplatz Mädchen, die zweifellos noch nicht 14 Jahre alt waren, ganz keck einem Herrn erklärten, sie hätten in der Dragonerstraße ein Absteigequartier. Daß durch die Ueberlassung eines solchen Raumes die Kinder geradezu zur Unzucht verleitet werden, liegt doch klar auf der Hand. Nach heute gültigem Rechte würde das eigentlich unter den § 176, al. 3, fallen, weil hierdurch Kinder unter 14 Jahren zur Verübung oder Duldung unzüchtiger Handlungen verleitet werden. Nach meinem Vorschlage würde, soweit es sich um bereits prostituierte Kinder handelt, die Anwendbarkeit des § 176 allerdings fortfallen, und — da ich nicht mit Windmühlenflügeln kämpfe, sondern wirklich das beseitigen möchte, was der Sittlichkeit im Sinne der einzelnen Bestimmungen Schaden bringt — auch mit Recht. Die Strafe wegen derartiger Kuppelei müßte dann aber, da diese selbst eine schwerere Unsittlichkeit ist, stets sehr energisch ausfallen. Die gewiß nicht unbedenklichen Absteigequartiere würden übrigens, soweit sie jetzt von Prostituierten benutzt werden, entbehrlich, wenn die Dirnen in ihrer Wohnung Männerbesuche empfangen können, ohne daß die Vermieter der Gefahr einer Anklage wegen Kuppelei ausgesetzt wären. Oft kommt es nun vor, daß Männer, in der Regel natürlich Ehemänner, sich ein Absteigequartier mieten, das nicht zum Wohnen dient, sondern in der Absicht gemietet wird, daß der Mieter dorthin seine Opfer, die er verführen will, verschleppen kann. Das Vermieten solcher Räume ist Kuppelei, denn Mieter und Vermieter sind über den unzüchtigen Zweck schon von vornherein einig, deshalb wird auch der Mieter nicht polizeilich gemeldet, ja er nennt nicht einmal dem Vermieter seinen Namen, wenigstens nicht den richtigen. Anders liegt dagegen meines Erachtens die Sache beim Vermieten einer sogenannten „sturmfreien Bude“ oder, wie man es im Inseratenteile der Zeitungen nennt, eines „ungenierten Zimmers“. Da geben die Vermieter dem Mietslustigen schon beim Anbieten zu verstehen, daß „sie nicht so seien“; sie wüßten recht gut, daß jeder Mensch einmal jung sei, und daß man nicht so darauf achten dürfe, wer ihn besuche usw. Ich vermag hierin keine Kuppelei zu erblicken. Das Zimmer wird zur Wohnung und zur ungestörten Benutzung vermietet; die ganze Sache ist nichts weiter, als daß versichert wird, der Mieter solle sein Verfügungsrecht, zu dem auch der beliebige Empfang von Besuchen gehört, uneingeschränkt behalten. Das ist ein himmelweiter Unterschied zwischen dem wirklich zum Wohnen und dem nur zur Unzucht gemieteten Zimmer. Zweifellos hat der Vermieter eines möblierten Zimmers das Recht, sich von vornherein Damenbesuche zu verbitten, daraus folgt aber noch lange nicht, daß er auch die Pflicht haben müsse. Der „möblierte Herr" steht doch schließlich nicht unter der privaten Sittenkontrolle seines Wirtes oder seiner Wirtin. Daß es ein Unsinn ist, jeden Damenbesuch zu verbieten, daß dadurch sogar der Vermieter ganz bedeutend seine Befugnisse überschreitet, liegt auf der Hand, da der Mieter auch den durchaus harmlosen Besuch von Damen empfangen kann. Ich will nicht etwa die Braut und die berühmte Cousine erwähnen, aber es gibt auch Schwestern und Tanten usw., und diesen kann man doch wahrlich nicht zumuten, daß sie sich erst einem hochnotpeinlicher Verhör von seiten des „sittenstrengen" Vermieters unterziehen sollen. Es wird wahrlich die höchste Zeit, daß einmal eine gesundere Beurteilung aller dieser Verhältnisse eingeführt wird, damit endlich klargestellt wird, was gehauen und was gestochen ist. Wenn die Prostitution ein notwendiges Uebel ist, dann läßt sich ihre Notwendigkeit doch in erster Linie daraus herleiten, daß jungen Leuten, die sich aus irgendeinem Grunde nicht verheiraten können oder wollen, die Möglichkeit geboten wird, dem natürlichsten Geschlechtstriebe Rechnung zu tragen, ohne daß sie es notwendig haben, ein Sittlichkeitsverbrechen zu begehen. Man hindere diese durch die Strafbestimmungen, wie ich sie vorgeschlagen habe, tunlichst; aber man behindere das notwendige Uebel nicht über Sinn und Verstand hinaus. Man hüte sich, auch die notwendigen Konsequenzen des notwendigen Uebels als Straftaten zu betrachten, und bedenke, daß man dadurch nicht die Sittlichkeit, sondern nur die Unsittlichkeit befördert. Muß man das Laster dulden, dann dulde man es da, wo es sein natürliches Heim hat, und zerre es nicht aus diesem erst recht in die Oeffentlichkeit. Einer der wichtigsten Punkte ist die Wohnungsfrage; diese muß sinngemäß geregelt, es muß volle Klarheit geschaffen werden. Wir sind nachgerade schon so weit gekommen, daß ein anständiges Mädchen, das sich ehrlich und redlich den Lebensunterhalt erwirbt, kaum mehr eine Wohnung findet. Die Wohnungen der Prostituierten unterliegen der polizeilichen Ueberwachung; man entzieht das Treiben der Kontrolldirnen geradezu der sittenpolizeilichen Kontrolle, wenn man es dort nicht duldet, wo es allein überwacht werden kann. Daß es hieße, der gesunden Menschenvernunft einen Faustschlag ins Gesicht versetzen, wenn man das Treiben der Dirnen duldet, aber die Vermieter, die es ebenfalls nur dulden, bestraft, habe ich wohl genügend dargetan.

Sicherlich ist es unrecht und schwer, für die Straflosigkeit des verkommenen Vermietergesindels, das die Kontrolldirnen schamlos ausbeutet, zu plädieren. Ja, ist es denn aber notwendig, dieses Parasitentum ungestraft zu dulden? Wo in aller Welt ist denn gesagt, daß man auch die schädlichen Auswüchse zulassen müsse, wenn man eine Sache im Prinzip für statthaft erklärt? Es ist doch so kinderleicht, dem Gesetz einen Zusatz zu geben, der ein Einschreiten da, wo es das Rechtsgefühl verlangt, ermöglicht; ich bin lediglich nicht damit einverstanden, daß Fehler im Gesetz durch eine falsche und sinnwidrige Auslegung der bestehenden Vorschriften ausgeglichen werden. Verallgemeinert man erst eine unrichtige Judikatur, dann werden selbstverständlich auch Leute getroffen, die absolut nicht getroffen werden dürfen, während die, die das Gesetz eigentlich gemeint hat, nur zu oft durch die Maschen des künstlich geflickten Netzes entschlüpfen. Seitdem es die eifrige Interpretationskunst zustande gebracht hat, den § 180 auch auf Hauswirte, die selbst von ihren Mietern getäuscht wurden und sich in deren Charakter geirrt hatten, und sogar auf den Droschkenkutscher auszudehnen, der gegen Bezahlung des tarifmäßigen Preises ein Paar, das in der Droschke Unzucht treiben wollte, eine Strecke gefahren hatte, was doch der Kutscher, wenn er nicht bestraft werden will, überhaupt nicht verweigern darf, dürften wir uns gar nicht mehr wundern, wenn auch einmal ein Mann wegen Kuppelei bestraft würde, weil er eine Dirne gegen Bezahlung mit in seine Wohnung genommen, also aus Eigennutz ihrer Unzucht Vorschub geleistet hatte. Der Eigennutz ließe sich unschwer daraus konstruieren, daß der Mann die Befriedigung seiner Sinnenlust erreicht hat, worauf er kein Recht besaß, da niemand verlangen kann, daß sich eine andere Person für Geld prostituiert. Wir sind es nachgerade gewohnt, daß, wenn im Gesetz weiß steht, schwarz interpretiert wird. Deshalb muß man auch mit eigentlich nicht mißzuverstehenden Zusätzen sehr vorsichtig sein. Ehe wir hierauf weiter eingehen, wollen wir zunächst einmal betrachten, worin die Kuppelei eines Zuhälters besteht.

In der Regel erfolgten früher die Verurteilungen eines Zuhälters deshalb, weil er seine Dirne auf die Straße begleitet, sich in einiger Entfernung von ihr hält und ihr die Winke gibt, die ihm notwendig erscheinen; vor allen Dingen auch, weil er sie auf die Gegenwart der ihm bekannten Sittenbeamten aufmerksam macht und sie so warnt, etwas zu tun, was ihr verboten ist. Die Dirnen dürfen nicht in Gruppen zusammenstehen, nicht miteinander sprechen, nicht Männer anlocken oder ansprechen; sie sollen nicht stehen bleiben, sich nicht umsehen usw. Wenn nun der Zuhälter nichts weiter tut, als daß er seine Dirne darauf aufmerksam macht, daß „einer von der Sitte" in der Nähe ist, so ist es meiner Ansicht nach vollkommen verfehlt, darin eine Vorschubleistung zur Unzucht zu erblicken. Es ist zweifellos eine Beihilfe, wenn jemand einen anderen, der im Begriff steht, einen Diebstahl oder einen Mord auszuführen, auf eine herannahende Gefahr aufmerksam macht — man nennt das „Schmiere stehen" —; aber das trifft auf die Kontrolldirne absolut nicht zu. Diese macht sich nicht dadurch strafbar, daß sie ihrem erlaubten Gewerbe nachgeht; der Zuhälter warnt sie nur, etwas Strafbares zu tun, und das ist ebensowenig Kuppelei, wie es strafbar sein würde, wenn jemand einem unter Polizeiaufsicht Stehenden sagte: „Du, jetzt sieh dich vor, mach keine Dummheiten und tue nichts Strafbares, denn die Kontrolle kommt", oder wenn jemand einem Droschkenkutscher sagen wollte: „Sie, fahren Sie vorschriftsmäßig, an der nächsten Straßenecke steht ein Schutzmann!" Wo soll denn da eine Vermittlung, eine Verschaffung oder Gewährung oder Duldung der Unzucht liegen? Das, was der Zuhälter durch die Warnung tut, ist viel eher das Gegenteil einer Gelegenheitsmacherei, denn die Warnung hat doch höchstens zur Folge, daß die Dirne keinen Mann anspricht, und sich dann, wenigstens für eine gewisse Zeit, ganz korrekt benimmt, was sie sonst vielleicht nicht getan hätte. Gewiß, der Zuhälter warnt nicht etwa aus Liebe zu Gesetz und Ordnung, sondern um die „Braut" vor einer etwaigen Arretierung zu bewahren; aber indem er sie zu einem korrekten Verhalten mahnt, nützt er wenigstens vorübergehend, wenn auch ohne diese besondere Absicht, der öffentlichen Sittlichkeit. Nun will ich nicht verkennen, daß durch die Nähe des wachsamen Zuhälters die Dirne in ein Gefühl der Sicherheit versetzt wird, aus dem heraus sie vielleicht dreister sich benimmt, als wenn sie nicht gewarnt wird. Dann handelt es sich aber wieder nicht um eine Vorschubleistung zur unerlaubten Unzucht, sondern allerschlimmsten Falles um eine Beihilfe zu einer Polizeikontravention, die nicht strafbar ist, und die auch keine Kuppelei sein kann, weil sie sich nicht als eine Vorschubleistung zur Unzucht darstellen kann, sondern lediglich eine im Interesse der öffentlichen Ordnung erlassene Polizeivorschrift betrifft. Anders würde die Sache liegen, wenn der gleiche Dienst einer heimlich Prostituierten geleistet würde, denn dabei handelt es sich nicht mehr um eine erlaubte Unzucht, sondern man könnte dann allenfalls konstruieren, daß durch die Warnung der Dirne die Möglichkeit gewährt werde, ihrem Gewerbe nachzugehen. Für richtig halte ich allerdings auch diese Auffassung nicht; sie ist übrigens schon deshalb ziemlich belanglos, weil der Zuhälter einer heimlich Prostituierten viel seltener erwischt wird, und weil die heimliche Prostitution meist auf die Zuhälter, für die sie nicht zugeschnitten ist, verzichtet.

Wenn man nun einmal eine Kuppelei auch zu der gesetzlich erlaubten Gewerbsunzucht gelten lassen wollte, dann kann der Zuhälter sehr wohl Kuppelei begehen. Gewohnheitsmäßig und aus Eigennutz handelt er immer, er leistet auch wirklich Vorschub, wenn er der Dirne Männer zuschleppt, wenn er im Hause Wache hält, damit die Dirne, trotzdem ihr das Betreten des Hauses mit einem Manne untersagt ist, unangefochten mit dem Gaste in die Wohnung gelangen kann; er leistet auch Vorschub, wenn er Wache hält, während die Dirne mit einem Manne im Freien Unzucht treibt, er ist ein Kuppler, wenn er die Dirne gegen deren Willen zwingt, mit Männern zu verkehren. Kurz, es gibt eine ganze Reihe von Handlungen, die ich selbst auch da, wo es sich um

Gewerbsunzucht von Kontrollmädchen handelt, als Kuppelei ansehen möchte. Etwas Ehrloseres, Gemeineres und Verabscheuenswerteres als einen Louis kann man sich eigentlich nicht gut vorstellen; man darf sagen, daß durch die Verurteilung eines jeden einzelnen der Welt schon eine Wohltat geschieht; aber das darf nicht dahinführen, daß eine Gesetzesstelle eine weitergehende Auslegung erfährt, als es nach dem Wortlaut und den Gesetzen der Logik eigentlich möglich wäre. Es müßte das Gesetz geändert werden, sei es auch nur durch einen Zusatz, durch den schon die bloße Tatsache, daß jemand überhaupt Zuhälter ist, zur Verurteilung wegen Kuppelei ausreichte. Man könnte diesen Zusatz so formulieren, daß er nicht nur die Zuhälter, sondern auch zugleich die Logisgeber, die aus dem Vermieten an Prostituierte unverhältnismäßigen Vorteil ziehen, träfe.

Allein reicht das natürlich nicht aus, dem Louistum den Garaus zu machen. Der Zuhälter, der einige Wochen oder Monate hinter schwedischen Gardinen verlebt hat, wird nach seiner Freilassung von seinen Kollegen und den Dirnen mit Jubel und Triumph empfangen und zunächst für die ausgestandenen Entbehrungen durch eine möglichst glänzende Bewirtung entschädigt. Dann reißen sich die Dirnen förmlich um ihn, und die alte Herrlichkeit beginnt von neuem. Die Berliner Rechtsanwälte, die sich zum Teil mit besonderer Verve auf die Verteidigung der Dirnen und Zuhälter geworfen haben, wissen davon ein Stückchen zu erzählen, denn kaum ist ein Louis „alle geworden", d. h. eingesteckt worden, so melden sich schon zwei, drei oder auch mehr Dirnen bei dem Anwalt und erbieten sich, die Verteidigungskosten zu zahlen. Und sie zahlen gut, diese Herrschaften, fast so gut, wie der Anwalt es fordert. Es gibt allerdings nur wenige Anwälte, die sich einer solchen zwar gut bezahlten aber auch ebenso demoralisierenden Praxis unterziehen, und wie das auf ihren Charakter wirkt, das hat sich daran gezeigt, daß gerade solche Herren aus dem Anwaltsstande, dem sie wahrlich nicht zur Zierde gereichten, ausgestoßen werden mußten. Ein Wunder ist das nicht. Ein Wunder ist es aber auch nicht, wenn durch alle Bestrafungen aus § 180 das Louistum nicht aus der Welt geschafft werden kann. Das einzige, wovor solche Elemente einen gewaltigen Respekt haben, nämlich eine gepfefferte Tracht Prügel, das läßt unser Gesetz nicht mehr zu. Was macht sich denn so ein Bursche aus einer Freiheitsstrafe, die in der Regel, wenn nicht noch besondere Umstände hinzutreten, nicht einmal sehr hoch bemessen wird? Selbst Mord, Raub, Diebstahl, Betrug usw. wird man niemals durch Strafandrohungen und abschreckende Strafen aus der Welt schaffen; einmal deswegen nicht, weil unsere Strafmittel, mit Ausnahme der Todesstrafe, zwar auf einen anständigen Menschen vernichtend, auf einen Lumper aber fast gar nicht wirken, und ferner, weil der Gewinn ohne Arbeitsleistung auf viele Menschen einen unwiderstehlichen Reiz ausübt. Ich habe es selbst mit angehört, daß ein eben verurteilter Louis auf dem Korridor zu seinen Freunden und Freundinnen sagte: „Det Bisken, det sitze ick uf eener Hälfte ab!“ Er deutete dabei auf den Körperteil, den die Natur uns zum Sitzen verliehen hat. Der Louis nimmt aber im Verbrechertum eine besondere Stellung ein. Wenn so oft andere Verbrecher durch die Weiber vom rechten Pfade abgelenkt werden, so bringt gerade dem Louis sein Beruf das mit, was die anderen erstreben. Der kaufmännische Angestellte, der eine gute und aussichtsvolle Stelle inne hat, macht die Bekanntschaft eines anspruchsvollen Weibes; sein Gehalt reicht nicht aus, ihre Wünsche zu befriedigen; er macht zunächst Schulden und tut dann, wenn auch das nicht mehr helfen will, den obligaten kühnen Griff in die Geschäftskasse. Das falsche Ehrgefühl läßt ihn das richtige vergessen; die Furcht, die Dulcinea zu verlieren, tut das übrige, und das Ende vom Liede ist, Selbstmord oder Verurteilung. Der Dieb und selbst der Raubmörder verjubelt nicht selten den Erlös seiner Tat mit leichtfertigen Dirnen, ja, oft ist es nur der Wunsch, dies zu können, der ihn zum Verbrechen trieb. Wie oft konnte man es vor Gericht hören, daß Angeklagte dies ganz offen einräumten; ich habe sogar aus dem Munde eines Räubers gehört, daß ihn nur der Wunsch, seinem Verhältnis — er nannte es allerdings Braut — ein goldenes Armband zu kaufen, die Mordwaffe in die Hand gedrückt habe. Und der Louis hat das, wonach die anderen Verbrecherseelen sich rastlos sehnen, den schrankenlosen Verkehr mit Frauenzimmern, es gehört gewissermaßen zu seinem

Metier. Es ist deshalb zwar der § 181a geschaffen worden, und es läßt sich nicht verkennen, daß er eine gute Wirkung haben kann. Besonders günstig ist die Bestimmung, daß gegen Zuhälter auch die Ueberweisung an die Landespolizeibehörde ausgesprochen werden kann. Wenn ich aber gleichwohl noch einen besonderen Zusatz zum § 180 vorschlage, so geschieht dies aus zwei Gründen. Es ist zunächst mit jedem Rechtsgedanken unvereinbar, daß für eine der erbärmlichsten, ehrlosesten und schmutzigsten Handlungen keine Strafe erfolgen sollte, sondern es ist dringend geboten, daß auf Grund einer wirklich anwendbaren Strafbestimmung diese Schmarotzer so lange wie nur irgend möglich dem öffentlichen Leben entzogen werden. Zweitens habe ich aber noch ein Mittel, das wohl noch wirksamer sein dürfte, und so einfach ist, daß es nicht einmal einer Gesetzesänderung bedarf, um es anzuwenden. Man hat bisher den großen Fehler gemacht, nur die Zuhälter zu bestrafen, die Dirnen wegen Anstiftung hierzu nur dann, wenn sie selbst einen Mann verleitet hatten, ihnen Zuhälterdienste zu tun. Das ist aber falsch. Dazu genügt ein einfaches Polizeiverbot, das in die Verhaltungsvorschriften der Dirnen aufzunehmen wäre. Dieses Verbot ist deshalb zulässig, weil es genau so wie die übrigen den Dirnen erteilten Polizeivorschriften lediglich im Interesse der öffentlichen Ordnung und Sicherheit gegeben wird, die polizeilichen Befugnisse also nicht überschreitet. Ist das Verbot gegeben, dann kann die Dirne, die dagegen verstößt, ohne weiteres auf Grund des § 361, *al.* 6, zu einer Haftstrafe verurteilt werden; das nützt, wenn die Gerichte sich nur einigermaßen daran gewöhnen, zugleich auch auf Grund des § 362 die Ueberweisung an die Landespolizeibehörde auszusprechen. Würden nur einige Dirnen, vielleicht auf ein paar Jahre, dem Arbeitshause überwiesen, dann würden sich die übrigen wohl hüten, einen Louis anzunehmen, denn das Arbeithaus schreckt noch mehr als das Zuchthaus. Es ist vorgekommen, daß Korrigenden zu Brandstiftern wurden, damit sie von dem Arbeitshause befreit und „bloß“ dem Zuchthaus überwiesen würden, ein Wunsch, der ihnen dann auch von Rechts wegen erfüllt werden mußte. Wenn man dazu auch die Herren Louis exemplarisch bestraft, dann würde diese Methode schon ziehen und solchen Burschen das Handwerk gründlich gelegt werden können. Wenn man es jetzt oft mit ansehen muß, wie diese Subjekte sich vor Gericht benehmen, wie sie geradezu vor den im Zuhörerraum versammelten Dirnen eine Komödie aufführen, dann gewinnt man meist den Eindruck, daß in der Tat die ganze Gerichtsverhandlung selbst nur eine erheiternde Komödie ist. Ich habe es mit angehört, wie so ein Bursche zum Gaudium seiner Freundinnen auf die Frage, ob er zu seiner Verurteilung noch etwas zu bemerken habe, eine Einladung aussprach, wie sie im Urtext des Götz von Berlichingen zwar geschrieben steht, bei den Aufführungen aber nicht ausgesprochen wird, und die wohl außer — wenn man Grimmelshausen in seinem Simplicissimus glauben darf — im dreißigjährigen Kriege noch niemals befolgt worden sein dürfte. Der Gerichtshof beherzigte den Rat des Vorsitzenden, der meinte, so etwas höre man am besten gar nicht, da man die einzige richtige Antwort ja doch nicht geben dürfe, sondern dem Angeklagten höchstens noch einen Gefallen tue, wenn man ihm zunächst noch eine Haftstrafe wegen Ungebühr aufbrenne. Es könnte aber verhältnismäßig leicht, wie ich noch dartun werde, solchen Subjekten der Uebermut gekühlt werden, denn ihre Bestrafung würde ihnen die ganze Karriere verderben, und es würde wohl bald genug an die Herren Louis die Notwendigkeit herantreten, sich nach einem anderen Berufe umzusehen.

Daß sie zunächst den Versuch machen würden, sich der Strafe dadurch zu entziehen, daß sie ihre Dirnen einfach heirateten, war wohl vorauszusehen, aber auch da gäbe es schon ein Mittel, das ohnehin eingeführt worden ist und sicher Abhilfe geschaffen hätte, das hier aber völlig versagt, weil der jetzige § 181a den § 180 gerade in dem wichtigsten Punkte völlig wieder aufhebt, weil es hier Zuhälterei von Kuppelei sinnwidrig scheidet.

Sehen wir uns nun einmal an, auf welche Weise der zunächst erforderliche Zusatz zum § 180 zu schaffen wäre. Die Vorschubleistung des Zuhälters ist, wie wir gesehen haben, heutigentags in Wirklichkeit nicht vorhanden, wenigstens nur selten; sie aus Dingen konstruieren zu wollen, die alles andere eher als eine Vorschubleistung sind, ist nicht zulässig. Daß das bloße

Nichtverhindern der Unzucht durch den Zuhälter keine Kuppelei sei, hat das Reichsgericht selbst anerkannt (Urteil vom 18. September 1885). Gehen wir weiter und sagen, daß die Verhinderung sogar, da das Kontrollmädchen das Recht zur Unzucht hat, unter Umständen eine Nötigung und manchmal wohl sogar eine Erpressung sein würde. Es ist deshalb notwendig, etwas der Vorschubleistung Aequivalentes in den § 180 aufzunehmen. Das ist nach meiner Ansicht die bloße Ausbeutung der Unzucht; verbietet das Gesetz diese ebenso wie die Vorschubleistung, dann hat man auch nicht mehr nötig, die wucherische Ausbeutung von dem Begriff der Kuppelei zu trennen, und man trifft dann mit Recht das, was man, ehe der § 181 a geschaffen wurde, eigentlich nur durch eine unrichtige und deshalb schädliche Auslegung des Gesetzes treffen konnte. Aber auch mit dem § 181 a kommt man nicht völlig ans Ziel, sondern man erreicht nur die Hälfte des Notwendigen; denn notwendig ist es doch, alle Parasiten zu treffen; nämlich nicht allein die Zuhälter, sondern auch die Vermieter, die in gewissenloser und gemeiner Weise eine Prostituierte ausbeuten; die diffizile Unterscheidung zwischen Kontrolldirnen und heimlich Prostituierten wird dann ebenfalls überflüssig, und der § 180 stellt sich nicht mehr als eine bloße Beihilfe zur Unzucht, die nicht strafbar sein kann, wenn es die Unzucht nicht ist, dar, sondern wir haben dann wirklich eine Kuppelei als Realdelikt. Auf Vermieter, die den ortsüblichen Mietstarif nicht wesentlich überschreiten, sondern nur in Rücksicht auf die besondere Wohnungsabnutzung eine geringe und angemessene Mehrforderung stellen, entsprechend den höheren Preisen für einen Raum, der als Bureau dienen soll, kann diese Bestimmung keine Anwendung finden, und das ist auch in der Ordnung. Prüfen wir, ob diese Vorschrift auch für die allgemeine Sittlichkeit von Nutzen sein würde, so werden wir dies ohne weiteres bejahen müssen. Den Prostituierten ist es deshalb verboten, Männer anzulocken und das physische Verlangen erst in ihnen zu wecken. Befreit man die Dirnen von den schlimmsten Ausbeutern, dann haben sie in der Tat nicht mehr nötig, fortgesetzt die Polizeivorschrift zu übertreten, weil sie dann nicht mehr gezwungen sind, auch noch für dritte und vierte Personen ganz unverhältnismäßige Summen aufzubringen. Es ist nicht zu bestreiten, daß in den großen Städten viele junge Leute lediglich durch das dreiste und beharrliche Anlocken der Prostituierten auf die schiefe Ebene geraten. Wie oft kann man in der gerichtlichen Praxis erleben, daß noch ganz blutjunge Bürschchen, die sonst brave und redliche Jungen waren, nur deshalb sich an fremdem Eigentum vergriffen hatten, weil sie die verbotene Frucht durch allzu deutliche Lockungen der Dirnen kennen gelernt hatten und immer wieder dem Laster Opfer bringen wollten. Die Prostituierten verschmähen solche Gäste durchaus nicht, denn diese sind meist gefügiger, verstehen es noch nicht, zu dreiste Forderungen energisch zurückzuweisen, was allerdings mancher überhaupt niemals lernt, und es macht auch den Dirnen manchmal Vergnügen, so ein junges Bürschchen in die Mysterien des Venuskults einzuweihen. Auf weitere Gründe brauchen wir hier nicht näher einzugehen. Auch wenn so oft gesagt wird, die Dirnen müßten in die Bordelle überwiesen werden, weil die jungen Leute an ihrer Tugend Schaden erlitten, so lange man die Prostitution nicht von der Straße verbanne und sie in bestimmte Gebäude verweise, denn jetzt werde das schamlose Treiben der Prostitution stets bewirken, daß die Jugend viel zu viel Gift zu sehen bekomme, so ist das Zuvielsehen ebenfalls in erster Linie darauf zurückzuführen, daß die Dirnen den Männerfang allzusehr forcieren müssen, weil sie sonst nicht in der Lage sind, den Ausbeutern zu genügen. Nach meiner Ansicht mußte der § 180 lauten:

> „Wer gewohnheitsmäßig oder aus Eigennutz durch seine Vermittelung oder durch Gewährung oder Verschaffung von Gelegenheit der Unzucht Vorschub leistet, oder wer die gewerbsmäßige Unzucht einer Frauensperson zu seinem Vermögensvorteil ausbeutet, wird wegen Kuppelei mit Gefängnis bestraft; auch kann — im letzteren Falle soll — auf Verlust der bürgerlichen Ehrenrechte, sowie auf Zulässigkeit von Polizeiaufsicht erkannt werden.“

Wenn ich oben gesagt habe, kuppeln oder koppeln heiße nach dem allgemeinen Sprachgebrauch stets ein Zusammenbringen, so sieht es aus, als setze ich mich durch diese Fassung des Gesetzes mit meinen eigenen Ausführungen in Widerspruch. Das ist aber nicht der Fall; ein strafrechtlicher Begriff läßt sich da, wo es notwendig ist, auch durch das Gesetz — nicht aber durch die Interpretationskunst — erweitern, und ich habe schon ausgeführt, daß durch die Ausbeutung dritter die Dirne gezwungen wird, mehr Unzucht zu treiben, als sie es sonst tun würde. Dies als Kuppelei aufzufassen, wenn das Gesetz selbst die Möglichkeit hierzu bietet, ist unbedenklich. An und für sich bin ich sicher nicht ein begeisterter Fürsprecher der Polizeiaufsicht, weil sie es erfahrungsgemäß sehr oft davon betroffenen Personen unmöglich macht, sich einen dauernden ehrlichen Erwerb zu verschaffen; dem Louis gegenüber ist sie aber das einzige Mittel, ihm dauernd das Handwerk zu legen. Dasselbe gilt natürlich auch von den übrigen Ausbeutern, also vor allen Dingen von den kupplerischen Vermietern. Hier ist die Polizeiaufsicht überhaupt nicht zu entbehren. Mit vollem Rechte haben schon die alten Gesetze den Schwerpunkt darauf gelegt, ob der Kuppler „vmb seines Genießens willen" handelte. Wir müssen heutigentags dasselbe tun und können nur bedauern, daß es in unserem jetzt geltenden Rechte nicht durchweg geschieht.

Diese Betrachtung führt mich zu dem ersten und schwersten Bedenken, das man gegen den § 181, der die schwere Kuppelei behandelt, auszusprechen haben wird. Wenn der jetzige § 181 keinen Unterschied macht, ob gewohnheitsmäßig und aus Eigennutz gehandelt worden ist oder nicht, so ist das in keiner Weise berechtigt und muß zu Härten führen, die kein Mensch billigen kann, wenigstens nicht, sofern es sich um den zweiten Absatz des Paragraphen handelt. Da aber gerade dieser zweite Absatz den wesentlichen Inhalt des § 181 ausmacht, weil, was die Häufigkeit der Verletzungen betrifft, der Absatz 2 sich zum Absatz 1 wie 999 zu 1 verhält, so wollen wir uns deshalb hauptsächlich mit dem Absatz 2 befassen. Dieser hält es mit Recht für eine besondere Erschwerung der Kuppelei, wenn diese von Eltern, Vormündern, Lehrern oder Erziehern gegen deren Kinder oder Zöglinge begangen wird. Aber gerade hierbei die Gewohnheitsmäßigkeit oder den Eigennutz als nebensächliche Momente zu bezeichnen, das ist doch wohl das Allerbedenklichste an dem ganzen

§ 181. Den früheren, schweren Fehler, daß nicht auch die Kuppelei als eine schwere betrachtet werden sollte, wenn sie der Ehemann gegen die eigene Frau begeht, was doch eigentlich die schwerste und schamloseste Kuppelei ist, hat das Gesetz beseitigt. Die Einfügung dieses Verhältnisses war dringend geboten; sie ist auch das wesentlichste Mittel, den Zuhältern die Möglichkeit, sich durch eine Verheiratung mit ihrer Dirne ihrer Bestrafung zu entziehen, abzuschneiden. Daß nun Eltern ihre Kinder, Erzieher ihre Zöglinge und Ehemänner ihre Frauen aus einem anderen Grunde als aus Gewinnsucht oder — folgen wir dem Wortlaut des Gesetzes — aus Eigennutz verkuppeln sollten, ist auf keinen Fall anzunehmen. Dagegen geschieht es häufig, daß sie ohne die Unzucht herbeizuführen oder sie zu wollen, diese nur zulassen, und zwar geschieht dies in einer Reihe von Fällen aus Dummheit oder Schwäche. Nun ist es aber gewiß ohne längere Erläuterung einleuchtend, daß man nicht jemanden, der aus Dummheit, Schwäche oder Machtlosigkeit, es zu verhindern, etwas zuläßt, genau so bestrafen kann wie jemanden, der aus den schnödesten Motiven etwas absichtlich herbeiführt, was er selbst als verwerflich und verächtlich erkennt. Ich glaube wohl der allgemeinen Zustimmung sicher zu sein, wenn ich verlange, daß diese Verschiedenheit auch im Gesetz Berücksichtigung finden soll. Schließlich möchte ich auch zum Ausdruck gebracht wissen, daß es sich in allen Fällen nur um die Verkuppelung weiblicher Personen handeln muß. Es ist dies eigentlich selbstverständlich; aber selbst das Reichsgericht hat schon im entgegengesetzten Sinne entschieden. In zwei Entscheidungen vom 6. Mai 1887 und vom 20. April 1894 hat der höchste Gerichtshof dahin erkannt, daß es für die Anwendbarkeit des § 181 ganz gleichgültig sei, ob die verkuppelte Person zum Subjekt oder Objekt der Unzucht gemacht wurde. Das hat das Reichsgericht entschieden, als noch die alte Fassung des § 181 bestand, nach der von „Personen, mit denen die Unzucht" verübt wurde, die Rede war. Diese Entscheitungen habe ich stets für falsch gehalten, weil sie etwas erfüllen wollen, das der Natur der Sache nach niemals beabsichtigt war. Zweifellos kann es sich doch nur darum handeln, zu verbieten, daß Mädchen oder Frauen zu Zwecken der Unzucht ausgenutzt werden. Dem weiblichen Geschlecht soll ein Schutz gewährt werden, und nur dieser kann im Interesse der Sittlichkeit geboten erscheinen. Auch Männer davor schützen zu wollen, daß sie zum geschlechtlichen Verkehr mit einem weiblichen Wesen verführt werden, das geht so unendlich weit über das vernunftgemäße Ziel hinaus, daß es völlig den Zweck des Gesetzes verkennen hieße, wollte man nach dieser Richtung allen Ernstes eine gesetzliche Bestimmung für notwendig halten. Es könnte hier nur die Frage angeregt werden, ob diese Ausdehnung des ursprünglichen § 181 etwa in Rücksicht auf die widernatürliche Unzucht geboten erscheinen könnte. Ich möchte auch das verneinen. Die widernatürliche Unzucht ist schon nach § 175 verboten und eine strafbare Handlung, also etwas, was an sich bloße natürliche Unzucht nicht ist. Die Kuppelei würde deshalb als Anstiftung etc. betrachtet werden können. Außerdem würde hier eher der Abs. 1 zur Anwendung kommen dürfen. Der sehr anfechtbaren Ansicht des Reichsgerichts hat nun aber leider der Gesetzgeber bei der Abänderung des § 181 insofern Rechnung getragen, daß er schlechthin von „verkuppelten Personen" statt von „Personen, mit denen Unzucht getrieben wurde", spricht. Ich glaube doch aber, daß nicht der Gesetzgeber sich nach dem Reichsgericht, sondern daß dieses sich nach dem Willen des Gesetzgebers zu richten hat. Deshalb soll die Gesetzgebung nicht Gesetze nach der Ansicht des Reichsgerichts abändern, sondern das Reichsgericht muß seine Ansicht nach dem Gesetze ändern. Man hätte also die Reichsgerichtsansicht sofort dadurch korrigieren sollen, daß man sagte, nur die Verkuppelung weiblicher Personen solle verboten sein. Ich wünsche eine solche Präzisierung unter allen Umständen. Ich entsinne mich eines sehr interessanten Falles, der vor einer Reihe von Jahren das Berliner Landgericht II beschäftigte. Eine Frau vom Lande war der schweren Kuppelei angeklagt, weil sie geduldet hatte, daß ihr Sohn bereits einige Tage vor seiner Hochzeit seine Braut bei sich aufgenommen hatte. Die mildeste Strafe hätte daher 1 Jahr Zuchthaus betragen. Das Gericht sprach die Frau jedoch frei, da der (damalige) Wortlaut des § 181 Kuppler mit Zuchthaus bis zu 5 Jahren bedrohe, wenn sie zu den Personen, mit welchen Unzucht getrieben wurde, im Verhältnis von Eltern zu Kindern stehen; dies „mit Personen“ beweise, daß nur Mädchen gemeint seien, nicht Söhne, da nicht „mit“, sondern „von“ diesen Unzucht getrieben werde. Das Reichsgericht hob das Urteil als rechtsirrtümlich auf und verwies die Sache an dasselbe Gericht zurück. Wieder erfolgte Freisprechung, weil das Landgericht II — Vorsitzender war Landgerichtsdirektor Grünhagen — annahm, die Angeklagte sei sich überhaupt nicht bewußt gewesen, daß ihre Duldung, die auf dem Lande Brauch sei, Kuppelei sein könne. Was dann aus der Sache geworden ist, habe ich nicht verfolgen können. Jedenfalls war die Haltung des Landgerichts II im höchsten Grade zu billigen.

Die schwere Kuppelei ist ein Verbrechen, das ungleich häufiger vorkommt, als man gewöhnlich annimmt. Es läßt sich leider nicht bestreiten, daß eine ganze Anzahl Mütter, seltener Väter, fast oder ganz ausschließlich von der Schande ihrer Kinder lebt, nicht etwa dürftig und armselig, sondern oft genug geradezu in raffiniertem Luxus. Wenn ich oben gesagt habe, die Prostitution sei keineswegs auf niedere Gesellschaftskreise beschränkt, so kann ich dies hier nur wiederholen. In der Regel sind es Witwen, die entweder ihre frühere Lebensweise nicht aufgeben wollen, und doch nicht die Mittel besitzen, sie zu führen, oder solche, die früher in dürftigen Verhältnissen gelebt haben und nun, nach dem Tode ihres Mannes, der auf Zucht und Ordnung hielt, der Versuchung, auch einmal in Glanz und Pracht zu schwelgen, nicht widerstehen können. Zuweilen hat die Tochter nur einen guten Freund, der sie „unterstützt“, und zwischen Mutter und Tochter wird nie ein Wort darüber gewechselt, woher die reichen Mittel fließen, und aus welchem Grunde der „gute Freund“ die Unterstützung gibt, und doch wissen es beide nur zu genau. In anderen Fällen ist die Mutter das Agens, sie macht die Tochter erst darauf aufmerksam, wie man doch eigentlich gut und angenehm leben könne, wenn man klug genug sei, „dumme und kleinliche“ Vorurteile zu überwinden; sie gibt der gelehrigen Tochter dann auch noch manchen guten Rat, wie sie es anfangen müsse, die Einnahme zu vermehren, oder sie klagt fortwährend, daß sie mit dem wenigen Geld, das sie erhalte, unmöglich den kostspieligen Haushalt bestreiten könne. Oft muß die gesunkene Tochter nicht allein die Mutter, sondern auch noch die Geschwister erhalten, den jüngeren das Schulgeld, den älteren die Kleidung und alle die kleinen und großen Bedürfnisse des täglichen Lebens bezahlen. Wenn so eine Witwe, die bei Lebzeiten des Mannes in den dürftigsten Verhältnissen gelebt hat, nach dessen Tode, wo ihr doch eigentlich jede nachweisbare Einnahme fehlt, plötzlich eine wohleingerichtete Wohnung bezieht und durchaus die Ansprüche einer Dame erhebt und befriedigt, dann zischeln und tuscheln wohl die neidischen Nachbarn und oft erfolgt Umzug auf Umzug, weil die Nachbarschaft niemals lange über die wirkliche Sachlage getäuscht werden kann; aber das Leben geht doch lustig weiter, ohne daß jemals die Behörde einschritte, denn wo kein Kläger, da kein Richter. Zuweilen müssen mehrere Töchter „erwerben", zuweilen hütet auch die eine, die trotz Glanz und Pracht das ganze Elend ihres Lebens ständig fühlt, die anderen mit doppeltem Eifer vor einem gleichen Lose. Es kommt auch vor, und zwar nicht etwa nur in Romanen, daß in einer solchen lasterhaften Familie nur eine Tochter gut und brav bleibt, eine Stellung einnimmt und ihr Brot anständig und ehrlich verdient, weil sie nicht von der Schande der Schwester leben oder diese auch entlasten will; solche Mädchen sind dann oft die reinen Engel, denn ihre Tugend ist erprobt, und nur die wirklich erprobte Tugend verdient doch diesen Namen. Das Motiv, das in derartigen Fällen die Mütter leitet, ist schnöde Gewinnsucht oder wenigstens Genußsucht, zuweilen — die sich widersprechendsten Gefühle wohnen so oft im Menschenherzen dicht beieinander — untermischt mit reiner, wirklicher Mutterliebe; die eine Tochter wird geopfert, damit den anderen Kindern eine sorgfältige Erziehung und später eine gute Lebensstellung verschafft werden kann. O, es gibt auch jetzt noch Menschenopfer; nicht mehr auf rauchende Scheiterhaufen setzt man die Opfer, sondern sie müssen ein langes Leben hindurch die Qualen der eigenen Schande tragen, und diese Qualen sind wahrlich für die meisten nicht leicht. In jedem Falle wird man aber auch sehr sorgfältig zu prüfen haben, ob es wirklich die reine Mutterliebe ist, die den Kindern eine gute Stellung verschaffen will, oder ob nicht auch dieses Bestreben auf die eigene „Hochnasigkeit" zurückzuführen ist. In Flandern und Frankreich schnitt man deshalb früher Müttern, die es mit der Tugend ihrer Töchter nicht so genau nahmen, die Nase ab; das war auch eine Art Talionssystem!

Die lehrreichsten Prozesse waren für mich immer die großen Kuppeleiprozesse, bei denen es sich um wilde Orgien zwischen vornehmen Wüstlingen und jungen Mädchen, unter denen sich oft auch die eigenen Töchter der Angeklagten befanden, handelte. Lehrreich nenne ich diese Prozesse nicht etwa in dem gewöhnlichen Sinne, weil sie sich zu sozialpolitisch angehauchten Betrachtungen über die Verderbtheit der „oberen Zehntausend" ausschlachten lassen — denn das ist Heuchelei; die Unsittlichkeit ist nicht eine Spezialeigenschaft der höheren Stände, die Sittlichkeit nicht eine der niedrigen Schichten. Lehrreich sind diese Prozesse psychologisch, weil sie zeigen, wie das Laster sich allmählich entwickelt, bis es schließlich prahlerisch jedes Gefühl für Scham und Schande erstickt und sich bemüht, den höchsten Glanz zu zeigen. Psychologisch ist das gewiß viel leichter zu erklären, als es auf den ersten oberflächlichen Blick erscheint. Das Gefühl der Schande ist etwas Instinktives. Nach der biblischen Vorstellung soll Adam sich geschämt haben, als das Gefühl des begangenen Unrechts auf seiner Seele lastete, daß er — nackt war. Die Frau, die sich von der Schande ihrer Tochter ernähren läßt, schämt sich vor der Tochter, vor deren Galan, vor sich selbst. Je tiefer aber ein Menschenherz gedemütigt wird, namentlich vor sich selbst, desto intensiver ist das Sehnen nach Befreiung, nach äußerer Anerkennung, nach Ehre, Ruhm und Glanz, durch den die Mitwelt geblendet werden soll, damit sie nicht mehr die grauenhafte innere Oede und Leere erkennt. Auch Herkules hat einmal am Scheideweg gestanden, und so eine Frau ist noch lange kein Herkules. Zuerst meldet sich das starke, mächtige Gewissen, das in jeder Menschenbrust lebt, und das sich nicht blenden läßt, sondern laut zuruft: „Gehe den rechten Weg, wenn er auch dornig und beschwerlich ist!" Aber auf dem — linken Wege, da strahlt die Sonne, da gibt's keine Dornen, da leuchtet und funkelt alle Herrlichkeit, die das Herz begehrt, und am Ende dieses Weges spiegelt sich eine Fata morgana — Glanz und Reichtum. Und der alte Leichtsinn ruft lauter als das Gewissen: „Sei kein Tor! Warum sollst du den schlechten, dornigen Weg einschlagen, wo du den schönen so verlockend vor dir siehst!" So geht's im Leben! Man ist so oft stolz auf Dinge, deren man sich schämen sollte, und man schämt sich so oft solcher Dinge, auf die man stolz sein könnte! Wenn die Scham das Herz einer am Scheidewege stehenden Frau zermartert, sollte sie sich da nicht sagen, daß es doch für sie keinen größeren Stolz geben könne, als sich mit den Ihren redlich, wenn auch dürftig, durch die Welt zu schlagen? Aber das sagt sie sich nur selten; in der Regel dünkt sie das Ehrenhafteste eine Schmach. Nur nicht arm! Glanz und Reichtum soll den Leuten vorgespiegelt werden, mögen die lieben Nachbarn auch die Köpfe schütteln; im Luxus soll auch das eigene Gewissen betäubt, das Gefühl der Scham, das so peinigend ist, erstickt werden. Und die Frau betrügt sich selbst, wie sie alle Welt täuscht, oder doch wenigstens zu täuschen meint. Erst haust man in einer ärmlichen Wohnung, und die Tochter geht außer dem Hause ihren Liebschaften nach, dann vergrößert man sich, richtet sich besser ein und — vermietet ein Zimmer, damit man wenigstens sagen kann, durch das Vermieten werde die Wohnung bezahlt gemacht, denn die Witwe, die noch Zimmer vermietet, hat ja stets den Schein eines ehrlichen Erwerbs für sich. Bald wird es ihr lästig, sich den Launen „eines solchen Menschen" zu fügen. Wieder zieht man um, wieder schafft man bessere Möbel an. Nun sieht das alles so nett aus, da kann man schon eine kleine Gesellschaft geben. Die Tochter führt ihren Liebhaber ein, dieser führt seine Freunde ein, damit die anderen Töchter auch ihre Unterhaltung haben. Die Töchter laden dann einige Freundinnen ein. Die anderen Töchter haben eine bessere Erziehung genossen, sie besuchen Gesangvereine, Tennisplätze usw., da haben sie oft Bekanntschaften von Mädchen aus guter Familie, und diese Freundinnen verschmähen es nicht, vornehme Herren im Kreise einer Familie kennen zu lernen. Das sieht ja alles so harmlos aus, und wenn dann solche junge Dinger merken, daß es nicht so harmlos ist, dann kommen sie schließlich doch, weil „so etwas" einen eigenen Reiz auf sie ausübt, und so ist denn überraschend schnell aus dem dürftigen Verhältnis heraus die Lasterhöhle, der Sammelpunkt vornehmer Lebemänner — so nennt man ja die Männer, die eigentlich Sterbemänner heißen sollten — entstanden. Die Herrlichkeit dauert dann solange, bis die stolze Dame des Hauses in ein weniger stolzes Haus, wohl gar in jenes, das unter dem Namen Zuchthaus mehr bekannt als beliebt ist, wandert.

Widerliche und abscheuliche Bilder sind es, die sich in solchem Kuppelei-Prozeß entrollen, und empfängliche Gemüter können dadurch leicht mit einer Art Menschenhaß erfüllt werden. Sie zeigen aber auch deutlich, daß ein Unterschied gemacht werden muß zwischen solchen „Damen" und Personen, die nur aus Dummheit oder Unachtsamkeit einen Fehltritt ihrer Kinder nicht verhütet haben. Man stelle nur neben die zuletzt geschilderte Kupplerin die arme Frau, die krank und elend aus der Charité entlassen, nicht sofort den Verkehr ihrer Tochter mit ihrem Geliebten verhindern konnte. Man stelle die Bauernfrau daneben, die duldete, daß ihr Sohn einige Tage vor der Hochzeit die Braut mit in die mütterliche Wohnung brachte und — sage gar nichts weiter. Ob da nicht doch in der Brust manches Buchstabenrichters sich ein Gefühl der Beschämung regen würde, wenn er sich sagen müßte, diese drei Personen sollen in dasselbe Zuchthaus geschickt werden? Man darf es wenigstens hoffen.

Es soll einmal ein Berliner Geistlicher gesagt haben, in Berlin steige keine Braut als Jungfrau ins Ehebett. Das ist zwar widerrufen worden; es sollte nicht „so gemeint" gewesen sein; aber es gibt auch andere Orte als Berlin, in denen viele Mädchen heiraten, weil sonst ihr Ruf dauernd vernichtet sein würde. Das ist gewiß kein Zeichen besonderer Sittlichkeit, man darf das Gegenteil behaupten; aber wer hat den Mut, da, wo es sich um wahre Brautpaare handelt, zu sagen: „Die Eltern, die bei dem Verkehr ihrer Tochter mit ihrem Bräutigam ein Auge, vielleicht auch beide zugedrückt haben, gehören ins Zuchthaus?" Wieviel neue Zuchthäuser müßten da wohl errichtet werden, wenn die Staatsanwaltschaft sich aller solcher Fälle annehmen wollte? Sollen wir denn wirklich den Grundsatz aufstellen, daß die Verführung nur dann gestattet sein dürfe, wenn von vornherein niemals die Ehe beabsichtigt war? Das alte Recht, das wir so sehr wegen seiner Grausamkeit schmähen, bestimmte, daß ein Verführer seine Schuld wieder gutmachen konnte, wenn er die Verführte heiratete. Das war tausendmal mehr Sittlichkeit als das Zerrgebild, das uns aus unserem heutigen Gesetz entgegentritt.

Wie würde sich nun der § 181 unter Berücksichtigung alles Gesagten zu gestalten haben? Der Absatz 1 des heutigen § 181 wäre dem Sinne nach beizubehalten; nur würde ich an Stelle der „hinterlistigen Kunstgriffe", unter denen man sich nichts Positives vorstellen kann, das präzisere Wort „Arglist" vorziehen. Bei der arglistigen Kuppelei dürfte man unter allen Umständen nur die Zuchthausstrafe zulassen, denn von „mildernden Umständen" kann hierbei gar nicht die Rede sein.

Der Absatz 2 hat den wichtigsten Zusatz, den ich früher vorgeschlagen habe, erhalten, nämlich die Ausdehnung des Begriffs der schweren Kuppelei auf den Ehemann. Der § 181 a, der im zweiten Absatz sagt: „Ist der Zuhälter der Ehemann der Frauensperson, so tritt Gefängnisstrafe nicht unter einem Jahre ein, ist dazu allerdings eine sonderbare Illustration. Was heißt das? Wenn ein Ehemann aus Charakterschwäche oder sonst einem Grunde den „Hausfreund" duldet, so würde er nach § 181, da weder Gewohnheits- noch Gewerbsmäßigkeit erforderlich ist, schon wegen einmaliger Duldung ins Zuchthaus wandern können. Der Ehemann, der seine Frau auf die Straße hinaus prügelt, damit sie ihn durch Gewerbsunzucht ernährt, der ist dafür nicht nur zu milde behandelt; für ihn ist das Zuchthaus überhaupt nicht da, denn er gehört zu dem Ehrenstande der Zuhälter. Das ist ein unentwirrbarer Widerspruch, für den es keine Entschuldigung geben kann, denn mag man damit solche Fälle gemeint haben, in denen der Zuhälter seine „Klientin" heiratet, so ist es ein Unsinn, etwas gemeint und nicht gesagt zu haben. Für mich gibt es eine solche Unterscheidung nicht. Gewiß, die Prostituierte wird an sich nicht verkuppelt, weil sie ihr Gewerbe „selbständig" betreibt; aber Kuppelei begeht der Zuhälter doch, der von diesem Gewerbe sich ernähren läßt, und für die Prostituierte darf es keine Ehe geben, und der Zuhälter, der die Dirne heiratet, um sie ihr Gewerbe noch betreiben und sich als Zuhälter damit ernähren zu lassen, der muß sich genau so dem Gesetz fügen wie jeder andere. Es liegt gewiß kein Grund vor, ihn über das Gesetz zu stellen.

Ich sehe nun nicht ein, warum gerade bei der Kuppelei, die nicht einmal gewerbsmäßig ausgeübt zu sein braucht, neben der Zuchthausstrafe noch auf Geldstrafe erkannt werden soll. Empfehlen möchte ich sie nicht. Dagegen halte ich es für durchaus geboten, bei allen unter Nr. 2 fallenden Handlungen, wenn sie nicht gewohnheitsmäßig oder aus Eigennutz, sondern nur aus Unachtsamkeit oder einem sonst nicht dolosen Grunde begangen sind, eine Gefängnisstrafe zuzulassen. Die Strafe würde in den leichtesten Fällen durchaus genügen, denn ein altes Sprichwort sagt: „Es ist leichter, einen Sack voll Flöhe, als ein junges Mädchen zu hüten!" Ehrverlust würde nur bei den Zuchthausstrafen angebracht sein; die Möglichkeit seiner Zuerkennung braucht also nicht besonders zum Ausdruck gebracht zu werden, da sie sich schon aus § 72 ergibt.

Der § 181 würde also zu lauten haben:

„Wegen Kuppelei ist auf Zuchthaus bis zu fünf Jahren zu erkennen, wenn

1. um der Unzucht Vorschub zu leisten, Arglist angewendet worden ist, oder wenn

2. der Schuldige zu den weiblichen Personen, mit denen die Unzucht getrieben worden ist, in dem Verhältnis vom Ehegatten zur Ehegattin, oder von Eltern zu Kindern, von Vormündern zu Pflegebefohlenen, von Geistlichen, Lehrern oder Erziehern zu den von ihnen zu unterrichtenden oder zu erziehenden Personen steht.

Ist in einem der unter Nr. 2 genannten Fälle die Kuppelei weder gewohnheitsmäßig noch aus Eigennutz betrieben worden, so tritt Gefängnisstrafe ein.

Neben der Zuchthausstrafe kann auf Zulässigkeit von Polizeiaufsicht erkannt werden."

Völlig neu soll in das zukünftige Strafrecht eine besondere Bestimmung gegen Mädchenhändler eingeführt werden. Sie wurde bereits im § 253 des Vorentwurfs für ein neues Strafrecht zugleich mit der Kuppelei durch hinterlistige Kunstgriffe behandelt und dieser gleichgestellt. Ich habe in einer Besprechung wörtlich gelesen: „Sie (die Bestimmung) entspricht einem längst gehegten Bedürfnisse und ist insofern zu begrüßen.“ Ich glaube, daß es auf der Welt nichts gibt, das besser diese neue Vorschrift erklären könnte, als diese wenigen Worte; sie erklären aber zugleich die größten Mängel unseres gesamten Strafrechts, das mehr und mehr den Zeitbedürfnissen gerecht zu werden wünscht, d. h. dem, was in der Oeffentlichkeit als ein Zeitbedürfnis bezeichnet wird, und das deshalb ein reines Tendenzgesetz wird, ohne daß besonnene Ueberlegung den Modeeifer hemmt. Wir haben deshalb auch so viele Gesetze und Gesetzchen, an denen der objektiv Prüfende auf den ersten Blick erkennt, daß sie entweder zwecklos oder sogar schädlich sind. Das Kriterium des § 253 lautet: „Wer ein Gewerbe daraus macht, Frauenspersonen der Unzucht zuzuführen.“ Das ist an sich schon ein Wortlaut, der mir nicht gefällt, weil er der Interpretationskunst einen viel zu weiten Spielraum gestattet, und den Mädchenhändler, gegen den er gerichtet sein soll, unter Umständen gar nicht trifft, nämlich allemal dann nicht, wenn nicht festgestellt werden kann, daß er aus der Zuführung von Frauenspersonen ein Gewerbe gemacht hat. Diese Feststellung war aber nach alledem, was bisher über den Begriff der Gewerbsmäßigkeit entschieden worden ist, entweder sehr oft nicht als gelungen gelten dürfen, oder man muß für den § 253 eine Ausnahmeinterpretation schaffen, und das halte ich für das größte Uebel in der Rechtsprechung. Vor allen Dingen muß doch einmal festgestellt werden, was man sich darunter denken soll: „Frauenspersonen der Unzucht zuzuführen“. Es kann sich dabei doch höchstens um unschuldige Mädchen handeln, wenn das Gesetz einen Sinn haben soll. Man würde sonst die konzessionierten Agenten, die für die Bordelle den Bedarf an Menschenware decken, treffen und so etwas erlauben und zugleich unter Zuchthausandrohung verbieten. Will man aber den Mädchenhandel treffen, dann ist jede besondere Bestimmung völlig entbehrlich, weil da, wo überhaupt der Mädchenhandel als Verbrechen gelten darf, schon aus dem Gesichtspunkt der schweren, weil mit Arglist verübten — nicht wie der zukünftige

(?) § 253 wieder sagt: „mit hinterlistigen Kunstgriffen“ — Kuppelei betrachtet werden muß. —

Wenn nun, wie ich oben zitiert habe, gesagt worden ist, die Bestimmung entspreche einem längst gehegten Bedürfnisse, so beweist dies eine völlige Unkenntnis der Entwicklung unserer Strafgesetze. Schon, ehe das Preußische Strafgesetzbuch von 1851 geschaffen wurde, ist die Frage, ob eine Bestimmung gegen den Mädchenhandel ein Bedürfnis sein könne, sehr eingehend geprüft, aber ebenso eingehend verneint worden. Man hat damals noch verstanden, objektiv zu prüfen und deshalb weit bessere Gesetze zu machen. Es ist da schon in den Motiven zur Gesetzesrevision ausdrücklich gesagt worden: „Es fragt sich: ob das Verbrechen schon durch die bloße mit List oder Gewalt bewirkte Einführung der Person in das Bordell vollendet ist, oder ob dazu noch gehört, daß dieselbe nun auch mit List oder Gewalt dazu gebracht worden sei, sich dem Hurenleben hinzugeben? In dem ersteren Falle würde die Handlung, sofern nur List angewendet ist, als versuchte Kuppelei, sofern aber die Einführung gewaltsam geschehen, als ein Versuch der Notzucht, oder als ein vollendetes Verbrechen gegen die Freiheit zu strafen sein. In dem letzteren Falle dagegen läßt es sich in der Wirklichkeit fast gar nicht denken, daß die listigerweise in das Bordell gebrachte Person auch durch List, aber ohne ihre freie Einwilligung, zum Hurenleben bewogen werden könnte. Willigt sie aber darin ein, so ist hier immer nur von dem Verbrechen der Kuppelei die Rede, das schon besonders verpönt ist und nicht erst dieser besonderen Strafvorschrift bedarf.“

Das letztere trifft zweifellos auch heute noch zu. Der Mädchenhandel hat stets den Zweck, junge Mädchen unter irgend einem Versprechen, meist dem einer guten Stellung, anzulocken und die ahnungslosen Geschöpfe dann in ein Bordell zu bringen, wo ihnen erst völlig klar wird, in welche Situation sie geraten sind. Nun ist man vielleicht bei der Enstehung des projektierten § 253 von der Erwägung ausgegangen, daß die Tätigkeit des Mädchenhändlers vielleicht doch nicht als eine wirkliche Kuppelei angesehen werden könnte, einmal, weil die Bordells im Auslande rechtlich anders beurteilt werden als bei uns, und ferner weil der Mädchenhändler nicht der Unzucht selbst Vorschub leiste, sondern sich darauf beschränke, das Mädchen am Orte seiner Bestimmung abzuliefern. Auch das ist kein neuer Gedanke; aber erst recht keiner, der nicht schon längst widerlegt worden wäre. Bei dem Interesse der Sache will ich nicht verfehlen, auch hierfür eine Entscheidung, die in der Präjudiz-Sammlung und in Goltdammers Archiv (Bd. 4, S. 250—251) abgedruckt ist, wiederzugeben. Es heißt darin: „Insbesondere kann darauf, ob diejenigen Personen, welchen die Gelegenheit zur Begehung unzüchtiger Handlungen geboten wird, von dieser Gelegenheit Gebrauch zu machen, sich entschließen oder nicht, nichts ankommen, teils weil ein solcher Erfolg des Gewerbes des Kupplers vom Gesetz zum Requisit der Strafbarkeit des Vergehens nicht erhoben worden ist, teils aber auch nicht erhoben werden konnte, indem sonst der Kuppler nicht nur wegen seiner eigenen Handlungen, sondern mit wegen der von seinem Willen unabhängigen, an sich nicht strafbaren Handlungen dritter Personen bestraft werden würde, was sich mit den allgemeinen kriminalrechtlichen Grundsätzen nicht würde vereinigen lassen. Hieraus wie aus der Natur der Kuppelei, als eines selbständigen Vergehens, ergibt sich ferner, daß darauf nichts ankommen kann, wo die unsittlichen Handlungen nach den Intentionen des Kupplers verübt werden sollen, ob im Inland oder im Ausland, da, wenn der letztere Fall ausgeschlossen wäre, dem inländischen Gesetz, welches die Korruption im Wege der Kuppelei bei Strafe zu verbieten, für gut befunden, die Wirksamkeit auf die leichteste Weise entzogen werden könnte, wenn es Ausländern verstattet wäre, mittels im Inland begangener Handlungen Mädchen aus dem Preußischen Gebiete in das Ausland zu ziehen, um sie in — dort vielleicht polizeilich gestattete — unsittliche Häuser aufzunehmen und sie der Unzucht preiszugeben. Noch weniger Bedenken können darüber bestehen, daß die Gesetze des Inlands, wo die Konsumtion des Vergehens der Kuppelei erforderlichen Handlungen vorgenommen worden sind, gegen den Kuppler zur Anwendung kommen müssen, eben weil im Inland das Vergehen als verübt, folglich die inländischen Gesetze als verletzt zu betrachten sind." — Das alles trifft auf unser heutiges Recht noch recht genau zu, und es beweist, daß wir faktisch keine Sonderbestimmung gegen den Mädchenhandel brauchen. Selbst wenn aber diese abscheuliche Handlung nicht als Kuppelei angesehen werden könnte, würde dennoch eine Sonderbestimmung entbehrlich sein, da die Tat auch als Menschenraub im Sinne des § 234 oder als Entführung zur Unzucht im Sinne des § 236 betrachtet werden kann, in beiden Fällen sind Zuchthausstrafen bis zu 15 resp. bis zu 10 Jahren zugelassen. Dessen bedarf es aber, wie gesagt, nicht, da zweifellos der Mädchenhandel sich als eine Kuppelei durch Arglist darstellt. Wenn da für jeden Fall Zuchthaus bis zu 5 Jahren zugelassen ist, so ist das ein durchaus hinreichendes Strafmaß.

Wir stehen vor erheblichen Umwälzungen auf dem Gebiete des Strafrechts. Daß unser Strafgesetzbuch schon längst als nicht mehr zeitgemäß und in sich selbst widerspruchsvoll erkannt ist, habe ich bereits erwähnt. Ob das geplante Recht, zu dem bereits der Vorentwurf vorliegt, wirklich für das neue Strafgesetzbuch noch in Frage kommt, erscheint mehr als zweifelhaft; daß aber auch dieser Entwurf keineswegs die berechtigten Bedenken beseitigt, sondern im Gegenteil neue erweckt, das habe ich, soweit dies notwendig erschien, wohl mit genügender Klarheit dargetan. Gerade in Rücksicht auf die bevorstehende Aenderung des Gesetzes ist es doppelt notwendig, sich in die Materie zu vertiefen und alles das kennen zu lernen, was bei der Formulierung neuer Bestimmungen, die doch voraussichtlich auf lange Zeit geltendes Recht bleiben werden, vor allen Dingen zu bezwecken und erreichbar ist. Man soll dabei peinlichst vermeiden, sich von Stimmungmacherei beeinflussen zu lassen, und mehr erreichen zu wollen, als durch ein Strafgesetz erreicht werden kann und soll. Den Einzelnen sittlich zu erziehen, geht weit über die berechtigten Aufgaben des Strafrechts hinaus; auch die Hebung der allgemeinen Sittlichkeit ist nur soweit Aufgabe des Strafrechts, wie es Rechtsverletzungen entgegenwirken und dadurch das sittliche Empfinden als ideales Gut ebenso schützen soll, wie es die materiellen Rechte und Güter schützt.

# Schlußbetrachtung.

## Die Sittlichkeitsanschauungen einst und jetzt.

Aus den vorstehenden Kapiteln ergibt sich für den ernst Denkenden klar und deutlich, was unserem Rechte noch für Mängel anhaften, und wie diese zu beseitigen sein werden. Es ist dringend notwendig, vorurteilslos die ganze Materie zu prüfen. Dazu ist es vor allen Dingen notwendig, sich über die Sittlichkeitsdelikte ein klares Bild zu schaffen und zu erwägen, was mit Strafbestimmungen angestrebt und erreicht werden kann. Was darüber ist, das muß auch dabei vom Uebel sein. Daß es völlig falsch ist, gedankenlos an Jahrhunderte lang fortgeschleppten Vorurteilen festhalten zu wollen, liegt auf der Hand. Die Welt schreitet vorwärts, und mit der zunehmenden Erkenntnis und Aufklärung verträgt es sich nicht, irrige Vorstellungen, die man schon bei ziemlich oberflächlicher Prüfung als falsch erkennt, künstlich im Gesetz beizubehalten. Andere Zeiten, andere Sitten! Was man früher für gut und richtig hielt, kann unter den heutigen, völlig veränderten Verhältnissen schlecht und falsch sein. Sittenzustände lassen sich immer nur nach dem Geiste der Zeit, in der sie bestanden, beurteilen. Dabei wird man aber zuerst nach dem Grunde sittlicher Uebelstände zu forschen haben. Vornehmlich in der ganz ungerechtfertigt verschiedenen Beurteilung der Vergehen von Männern und Frauen finden wir die Quelle, aus der die hauptsächlichsten irrigen Anschauungen fließen.

Es versteht sich ganz von selbst, daß so festeingewurzelte Vorurteile, wie sie uns überall in den Sittlichkeitsanschauungen entgegentreten, nicht von heute auf morgen beseitigt werden können. Es ist aber schon ein großer Fortschritt, wenn überhaupt erst einmal die Erkenntnis dessen, was schon nach den einfachsten Gesetzen der Logik falsch sein muß, sich Bahn bricht, denn von der Erkenntnis bis zur Abhilfe ist meist nur ein kleiner Schritt. Daß sich aber gar manches im Laufe der Zeit auch an der allgemeinen Auffassung ändert, das ergibt sich am klarsten aus dem Vergleiche zwischen einst und jetzt.

Die Sittlichkeitsanschauungen sind allezeit dem Wechsel unterworfen gewesen, und wenn Goethe seinen Mephisto sagen läßt: „Es erben sich Gesetz und Rechte wie eine ewige Krankheit fort," so heißt das nichts weiter, als daß Gesetze und Rechte nicht dem Wechsel der Anschauungen so schnell folgen, wie dies notwendig wäre, sobald man erkannt hat, daß sie auf falschen Anschauungen beruhen, daß sie also wirklich eine Krankheit sind. Aber wie es keine Krankheit gibt, die nicht in ihren verschiedenen Stadien ganz verschiedenartige Bilder zeigte, machen auch Gesetze und Rechte vielfache Wandlungen durch. Ich habe dies schon in den einzelnen Kapiteln ausführlich gezeigt. Jetzt wollen wir uns aber nicht die Gesetze, sondern die Anschauungen zunächst etwas näher betrachten. Gesetze sollen zwar die herrschende Anschauung wiederspiegeln; sie sollen sogar aus den Anschauungen des Volkes hervorgehen, denn nur ein Gesetz, das wirklich dem auf der Volksanschauung beruhenden Rechtsgefühl entspricht, kann als ein gutes Gesetz bezeichnet werden. In der Praxis ist das aber sehr oft anders, und namentlich zu Zeiten, in denen die Fürsten die Gesetze machten ohne Zustimmung des Volkes, fühlte sich das allgemeine Rechtsgefühl oft genug durch die Gesetze schwer verletzt, und es kam sogar wiederholt zu Aufständen, weil das Volk sich nicht fügen wollte.

Bei den Sittlichkeitsanschauungen finden wir einen Grundgedanken, der sich eigentlich durch alle Zeiten bis auf den heutigen Tag verfolgen läßt; es ist dies, wie schon hervorgehoben, die ungleiche Beurteilung der Handlungen von Männern und Weibern. Eine völlige sexuelle Gleichberechtigung beider Geschlechter hat es niemals gegeben, und wenn auch ab und zu die Ansicht vorherrschte, daß man Verfehlungen von Frauen nicht so streng beurteilen dürfe wie die der Männer, so ist doch im wesentlichen die umgekehrte Ansicht die herrschende gewesen, und sie ist es auch jetzt noch. Auf dieser ungleichen Berechtigung der Geschlechter beruhen in erster Linie die Variationen der Sittlichkeitsanschauungen in den verschiedenen Zeitabschnitten.

Frei und unabhängig war im deutschen Altertum nur der Hausherr. Die Frau, auch die Schwester, befand sich in seinem Schutze, aber auch in seiner Gewalt. Der Mann galt im allgemeinen mehr als das Weib. Schon beim Eintritt ins Leben zeigte sich dies deutlich. Mädchen wurden viel häufiger ausgesetzt als Knaben. In alten Rechten finden sich auch interessante Bestimmungen, die ergeben, daß die Geburt eines Sohnes als ein weit freudigeres Ereignis betrachtet wurde als die einer Tochter. So heißt es, um nur ein Beispiel anzuführen, im Büdinger Waldrecht: „Ein iglich geforstet man, der ein kindbette hat, ist sin kind ein tochter, so mag er sinen wagen voll barnholzes von urholz verkeufen of den samstag; ist es ein son, so mag er es tun of den dinstag unde of den samstag von liegendem holze." Für den Sohn gab's also zwei, für die Tochter nur ein Fuder Holz.

Besonders schroff trat die Bevorzugung der Männer beim Erbrecht in die Erscheinung. Nach den ältesten Gesetzen waren die Weiber vom Erbe entweder völlig ausgeschlossen oder doch sehr im Rechte beschränkt. Noch im Mittelalter erbte der Sohn meist doppelt soviel wie die Tochter. Im Groeninger Stadtrecht von 1425 heißt es im Art. 31: „Vader vnnde moeder sollen nae dessen dage arven op haere kinder vnnde de soons sollen toe tasten mit twee handen vnnde de dochters mit een hand in alle haeres vaders vnnde moeders naegelatene goederen reppelike vnnde onreppelike." Im Sachsenspiegel heißt es sogar: „Vader unde muder, süster unde bruder erve nimt de sone unde nich de dochter." Auch im Schwäbischen Landrecht heißt es: „Die sune sulen besitzen daz ansidel mit recht fur die swester."

Frauen konnten im Altertum weder als Zeugen noch auch nur als Eideshelfer auftreten, während doch sogar Unfreie wenigstens als Zeugen zugelassen waren. Erst die Kirche hat hierin Wandel geschaffen. Ebenso waren im Altertum bei uns die Frauen von der Regierung ausgeschlossen, wie dies bis zuletzt noch in deutschen Staaten der Fall war.

Ueberall traten die Vorrechte des Mannes viel drastischer zutage als in späteren Zeiten; nur den schwangeren Frauen waren besondere Vorrechte eingeräumt. Nach alten Weistümern durften sie sogar Obst stehlen, wenn sie darauf ein besonderes Gelüste hatten. So lautet eine sehr interessante Stelle: „Daß die von Schönaw sollen einen baumgarten halten auf dem mönchhof, uff daß, wenn ein freulin vorübergienge. die da swanger gienge, daß sie ihren gelangen büßen möchte, uff daß kein größerer schade daraus entstehe.“ Noch drastischer wird dies an einer anderen Stelle zum Ausdruck gebracht: „Und da inbinnen solle niemantz fischen oder stricken oder einige wilt fangen, bußen laube unde verhenknisse der obgeschr. herrschaft von Schonecke, is enwere dan, das eine frauwe schwanger gienge, die mag einen man oder knechte usschicken, des wilts so vil grifen unde fahen, daß sie iren gelosten gebußen moge ungeverlichen.“ Den Männern, wenn sie nicht im Auftrage einer Schwangeren handelten, war für Fischen und Jagen Todesstrafe angedroht. Es ist bekannt, daß im Bauernaufstand des XVI. Jahrhunderts die Beseitigung dieses Privilegs der Schwangeren ebenfalls einer der Gründe des Aufruhrs war.

Diese schon im allgemeinen Rechtsleben gültige Verschiedenheit in der Handlungsfreiheit der Geschlechter galt erst recht für die Sittlichkeitsanschauungen. Von dem weiblichen Geschlecht wurde durchweg absolute Keuschheit verlangt. Hatten aber die Männer auch sexuell mehr Freiheit, so ergibt sich schon hieraus, daß es auch Weiber geben mußte, bei denen man's in bezug auf die Sittlichkeit nicht allzu genau nahm, denn sonst würde es den Männern an den geeigneten Objekten, an denen sie ihre Freiheit üben durften, gefehlt haben. Schon ehe man die Einrichtungen sogenannter Frauenhäuser für notwendig hielt, gab es Weiber, bei denen für Geld und gute Worte Genüsse zu erlangen waren, die man sonst nur in der Ehe gestattete. Es ist übrigens wohl anzunehmen, daß nicht einmal immer Geld und gute Worte an solche fahrende Weiber verschwendet wurden, denn selbst ein Notzuchtsverbrechen gegen derartige Weiber galt nicht als Verbrechen; es war vielmehr nach dem Sachsenspiegel ausdrücklich erlaubt und nach anderen Rechten wenigstens nicht verboten. Erst im XVI. Jahrhundert schufen einige Landeskonstitutionen hierin Wandel.

Landstreicher und Huren waren rechtlos; aber der geschlechtliche Verkehr mit letzteren tat einem Manne an seiner Ehre keinen Abbruch. Schon im allgemeinen war fahrendes Volk rechtlos, und wo man ihm wirklich ein Recht gewährte, da war dies in der Regel nur ein Scheinrecht, durch dessen Wahrnehmung die Unglücklichen geradezu lächerlich gemacht wurden. Wenn jemand eine ehrliche Person verletzt hatte, mußte er ihr eine Buße leisten; unehrliche Leute, zu denen auch die Huren zählten, durften nach Friesischem Rechte sogar getötet werden, ohne daß der Täter eine Komposition zu leisten hatte. Nach dem Sachsenspiegel wurde den verächtlichen Leuten *(homines viles)* nur eine Scheinbuße zugestanden; es heißt da ausdrücklich: „Spelluden unde alle den, die sik to egene geven, den gift man to bote den scaden enes mannes." Noch präziser ist dies im Schwäbischen Landrecht zum Ausdruck gebracht: „Spillüten unde allen den, die gut für ere nemet unde die sich ze aigen geben hant, den git man ains mannes schaten von der sunnen, daz ist also gesprochen, swer in iht laides tut, daz man in bezzern sol, der sol zuainer wende stan, da diu sunne an schinet, unde sol der spilman dar gan oder der sich ze aigen ergeben hat, unde sol den schaten an der wende an den hals slahen, mit der rach sol im gebezzert sin." Das fahrende Volk durfte also nur den Schatten dessen, der Uebels getan hatte, an den Hals schlagen; diese „Rache" war seine Buße. Es versteht sich von selbst, daß dieses „Recht" wohl nur selten in Anspruch genommen worden ist, denn solche Rache tat dem Uebeltäter nicht weh, machte aber den Rächer lächerlich. An einer anderen Stelle heißt es: „Swaz ich im tun, daz sol er minen schaten tun." Die verletzte Person war also gar nicht in der Lage, eine wirkliche Genugtuung zu erlangen, und da dies jeder wußte, machte man mit den feilen Dirnen nicht viel Umstände.

Gerade die exklusive Stellung aber, die man denen, die sich zu eigen gaben, oder die Gut für Ehre nahmen, anwies, zeigt, daß die Sittlichkeitsanschauungen immer noch ziemlich streng, wenn auch logisch keineswegs unanfechtbar waren. Die direkte Berührung mit fahrenden Leuten schändete; aber der Beischlaf mit einer Ehrlosen schadete dem Manne nichts. Anders lag es mit der Heirat. Schon in ältesten Rechten galt der Grundsatz: „Luft macht eigen." Das heißt, wenn ein Freier die Gemeinschaft Gleichgestellter aufgab und zu Hörigen zog, so wurde er selbst hörig und verlor also die Freiheit. Natürlich zog kein Freier zu den Hörigen bloß deshalb, um das kostbare Gut der Freiheit zu verlieren, sondern er tat dies nur, um eine Hörige zu heiraten. Der Abschluß der Ehe galt auch geradezu als Voraussetzung der freiwilligen Hörigkeit, die nur eine Folge der Heirat war. Dies ist im Ottenheimer Weistum mit dürren Worten gesagt.

Dieses ziemlich vertrackte Sittenrecht hat im Laufe der Jahrhunderte vielfach Abänderungen erfahren; der Grundgedanke ist aber beibehalten worden, und völlig emanzipiert haben sich wenigstens die exklusiveren Kreise auch heute noch nicht von diesem Vorurteil. Bis jetzt mußte beispielsweise ein Offizier noch den „Rock ausziehen", wenn er mit einem Mädchen, dem man nichts weiter nachsagen konnte, als daß es in gar zu geringem Grade standesgemäß war, die Ehe schloß.

Von Zeit zu Zeit dämmerte bei den Gesetzgebern die Erkenntnis durch, daß der Sittlichkeit ein schlechter Dienst erwiesen werde, wenn man jede Art der Unzucht mit Niedriggeborenen duldete, die Ehe aber mit solchen untersagte. Die regierenden Herren empfanden selbst oft das Sittenvorurteil als eine sehr lästige Fessel, und das war der triftige Grund, die Anschauungen zu mildern. Das durch seinen tragischen Ausgang bekannteste Beispiel einer Fürsten-Messalliance bietet die Geschichte der schönen Bernauerin, die am 12. Oktober 1435 zu Straubing von der Donaubrücke in den Fluß geworfen und ertränkt wurde. Später haben sich Fürsten gefahrloser entschließen dürfen, mit niedriger Geborenen die Ehe einzugehen, und das Preußische Landrecht ließ ausdrücklich für die Herren vom hohen Adel die Trauung zur linken Hand zu.

Als die Macht der Städte und damit die des Bürgertums wuchs, verwischten sich zwar nicht die Standesunterschiede, wohl aber die starren Unterschiede zwischen Freien und Hörigen mehr und mehr. Dagegen blieb auf dem platten Lande die Leibeigenschaft bestehen, und man darf wohl sagen, daß sie der tollsten Unsittlichkeit geradezu Vorschub geleistet hat. Die Gutsherren schalteten nach Willkür, und auch rechtlich stand der Befriedigung ihrer Gelüste nichts im Wege. Es war ihnen sogar das abscheuliche *jus primae noctis* vorbehalten; wenn also ein Leibeigener heiratete, so gehörte seine junge Frau in der Brautnacht nicht ihm, sondern dem „gnädigen Herrn". Das war für die Leibeigenen eine Last, die schwerer drückte als die ohnehin schon geforderte Knechtschaft. Es kann in der Tat kaum ein größeres Unrecht gefunden werden, als solche Vergewaltigung.

Bei der Bürgerschaft hat sich die Verachtung des fahrenden und anrüchigen Volkes wohl sehr lange erhalten; aber da solches Volk mit den Städtern nicht mehr in so enge Berührung kam, traten die Gegensätze weniger stark in die Erscheinung. Der stolze Bürgersinn hielt sich das Volk, das keine Bürgerrechte erlangen konnte, von selbst fern. Wenn aber doch einmal ein Bürgersohn es sich einfallen ließ, eine Geächtete zu seiner Gattin zu erheben, dann wurde er ausgestoßen, man duldete ihn nicht einmal mehr in einem ehrlichen Handwerk. Selbst die höchsten Gerichte beschönigten dies. So haben die berühmten Leipziger Schöffen im Mai 1609 entschieden: „Haben die Schuhknechte, so bey den Schustern zu Frauenstein arbeiten, G. D. dahero getadelt und neben ihme bey keinem Meister arbeiten wollen, daß derselbe mit dem Nachrichter oder Caviller Gemeinschafft gehabt, mit demselben nicht allein gessen und getruncken, sondern auch seine Tochter zu freyen Vorhabens wäre usw. Da nun gedachter G. D. von seinem Beginnen nicht abstehen, noch sich des Nachrichters Gesellschaft enthalten wird, so wären die andern Schuhknechte ihn neben sich arbeiten zulassen nicht schuldig. V. R. W."

Es durfte also nicht einmal den Schuhknechten zugemutet werden, neben einem Kollegen zu arbeiten, der ernste Absichten auf die Tochter des „Meisters Hans" hegte; hätte er die Tochter nur verführt, so hätte ihm dies an seiner Ehre keinen Abbruch getan. Allerdings wäre er dann der Gefahr ausgesetzt gewesen, mit dem Scharfrichter in eine Berührung zu geraten, die ihn weniger die Ehre, dafür aber unter Umständen das Leben gekostet haben würde, denn gerade die Scharfrichter, denen man die Ehre absprach, hielten erst recht auf ihre Ehre.

Je mehr die Sitten verwilderten, desto mehr wuchs der Zwiespalt zwischen Sittenanschauungen und logischer Vernunft. Erlaubt ist, was gefällt, sagte man, ebenso wie die freche Julia durch das kühne Wort: „*Si libet, licet*“ jedes Bedenken zurückwies, als sie ihr Stiefsohn Caracalla zum Weibe wählte. Da nun aber jede Unzucht gefiel, hielt man schließlich alles für erlaubt, bis von selbst der Umschwung eintrat. Es gab dann Leute, die sogar den ehelichen Verkehr für unsittlich erklärten. Solche Schwärmer und Schwärmerinnen traten in Massen in die Klöster ein; ja diese sind eigentlich nur gegründet worden, weil bigotte Moralisten das Bedürfnis fühlten, sich ganz von der sündigen Welt zurückzuziehen. Später hat man das aber total vergessen, und in den Klöstern herrschte vielfach ein unsittliches Treiben, das noch weit über die Unsittlichkeit der „sündigen Welt“ hinausging.

Nicht allein die Klöster legten einen Beweis für das Sittlichkeitsbedürfnis ihrer Glieder ab, sondern es gab auch außerhalb der Klöster Sittenfanatiker, die auf die verrücktesten Ideen verfielen, um ihrem freiwilligen Keuschheitsgelübde treu bleiben zu können. Ein sehr beliebtes Mittel war die Kastration. Neu war dieser Gedanke allerdings nicht, denn die Kastration war schon im Altertum bekannt, und sie wurde in dem sittenlosen, alten Rom häufig genug angewendet, weil man den Weibern Tugendwächter geben wollte, die selbst völlig ungefährlich sein sollten, dies freilich in Wirklichkeit nicht einmal waren. Im deutschen Altertum bis in das Mittelalter hinein war die Kastration eine sehr beliebte und verbreitete Strafe, die besonders gegen Sittlichkeitsverbrecher angewendet wurde, übrigens auch ziemlich naheliegend war, da man mit Vorliebe, nach dem sogenannten Talionsystem, das Glied, das gesündigt hatte, strafte. Im alten Mainzer Rechte hieß es: „Auch wan ein waltpode einen juden bei einer christenfrauwen oder maide funde, unkeuschheit mit ir zu triben, die mag er beide halten. Da sol man den juden sin ding abesniden und ein aug ausstechen und sie mit rüden usjagen.“ Die freiwillige Kastration aus Moralmanie nahm zeitweilig einen solchen Umfang an, daß sie gesetzlich verboten wurde. Die Carolina drohte im Art. 133 für das Entmannen oder das Unfruchtbarmachen einer Weibsperson die Strafe des Totschlags, also den Schwertstreich, an. Auch die Theresiana schrieb für dieses Verbrechen im Art. 88, § 4, die Todesstrafe vor. Das kanonische Recht untersagte die Kastration ebenfalls, und wiederholt wurde in päpstlichen Bullen die Strafe des Kirchenbannes angedroht, eine Maßregel, die zwar den asketischen Schwärmern das Handwerk legte, aber nicht verhinderte, daß in Italien noch im XVIII. Jahrhundert zahlreiche Knaben kastriert wurden, damit ihre Diskantstimmen dem Kirchenchor erhalten blieben. In Rußland gab die Sekte der Skopzen, die die Kastration als vornehmstes Gebot betrachteten, der Regierung viel zu schaffen. Noch Mitte des vorigen Jahrhunderts wurde in Massen gegen die Skopzen vorgegangen, und ausgerottet ist diese Sekte auch jetzt noch nicht. Interessant ist, daß schon der römische Kaiser Alexander Severus die Eunuchen für ein „drittes Geschlecht“ erklärte.

Wie die Klöster gegründet worden waren, damit fromme Fanatiker aus der sündigen Welt eine Zuflucht finden konnten, so wurden auch noch andere religiöse Büßertaten erfunden. Alle Uebel, schwere und unglückliche Kriege, Seuchen, Mißernten, Ueberschwemmungen usw. sah man in der Regel als Strafen Gottes an, die verhängt würden, weil die Menschen gar zu tief in den Sündenpfuhl geraten seien. Glaubensfanatiker jeden Standes meinten, daß man den Zorn Gottes am sichersten dadurch besänftigen könne, daß man sich selbst freiwillig die schwersten Bußen auferlegte. Ganz konsequent war man dabei allerdings nicht, denn nicht nur die Duldung eigener Qualen hielt man für ein Gott gefälliges Werk, sondern auch die abscheulichsten Judenverfolgungen sollten den gleichen Zweck erfüllen. Man glaubte also, daß man getrost die wüstesten Ausschweifungen begehen dürfe, wenn man nur zu Gottes höherer Ehre einige Dutzend Juden zu Tode marterte und — ihr Geld konfiszierte. Auch bei den berüchtigten Geißlerfahrten wurde diese Doppelfrömmigkeit hart geübt. 1349 war das Jahr des „schwarzen Todes“; auch da glaubte man, daß die Pest eine Strafe für die herrschende Sittenlosigkeit sei. Viele meinten zwar, daß sie erst recht die wenigen Tage, die ihnen noch beschieden wären, ihr Leben genießen sollten; noch mehrere taten Buße und alle waren dahin einig, daß man vor allen Dingen die Juden, die man der Brunnenvergiftung usw. beschuldigte, ausrotten müsse. In jenem Jahre wurde auch der große Geißlerzug nach Straßburg in Szene gesetzt. Solche Geißlerzüge kannte man bereits; sie traten zunächst (1260) in Italien als eine Art Wahnsinnsepidemie auf, waren aber stark in Mißkredit geraten, da die Männer und Weiber, die in steter Gemeinschaft blieben, schließlich wahre Unzuchtsorgien abhielten, also einen recht sonderbaren Weg, die Sittlichkeit zu heben, beschritten hatten. So hatte im Jahre 1340 eine junge Cremoneserin die Geißlerzüge wieder ins Leben gerufen und etwa 10000 Heilige um sich versammelt; es stellte sich aber auch hier heraus, daß selbst diese Oberheilige nur die Geliebte eines Priesters war, mit dem sie ziemlich ungeniert Unzucht trieb. Nun wurde in Deutschland 1349 die asketische Manie wieder eingeführt. Es darf gewiß nicht bestritten werden, daß wirklich frommer Fanatismus das Motiv dieser Wiedereinführung war; aber ebenso sicher steht fest, daß auch 1349 das Treiben der Geißler noch mehr ausartete, als früher in Italien. Das schlechteste Gesindel schloß sich den Geißlern an, da es sich bei diesen „Frommen", denen das Volk reiche Gaben spendete, ganz gut leben ließ. Den heiligen Hokuspokus mußte zwar jeder mitmachen; aber im übrigen lebten die Herrschaften ihren niedrigsten Leidenschaften. Das gab den Klerus eine willkommene Handhabe, gegen die Sekte, die bedenklich an Macht und Einfluß gewann, zu eifern. Da die Mönche und Weltgeistlichen selbst nicht sittlicher lebten, darf man wohl annehmen, daß es ihnen lediglich darauf ankam, die schwere Konkurenz, die die Geißlersekte dem Ablaßhandel und dem Beichtstuhl bereitete, zu beseitigen. Die Geißlerzüge bilden jedenfalls reichen Stoff zu Kultur- und Moralstudien.

Noch in einem anderen frommen Fanatismus spiegelt sich die ganze Unflätigkeit der Gesinnung des Mittelalters wieder. Nämlich im Teufels- und Hexenwahn, denn auch hierbei spielte das Sexuelle die Hauptrolle. Die Schriften jesuitischer und klerikaler „Kenner“ sind eigentlich nichts als pornographische Literatur schlimmster Art. Selbst die gerichtlichen Protokolle der Hexenprozesse triefen von Unsittlichkeit; sie drehen sich in der Hauptsache darum, daß die Angeschuldigten mit dem Teufel geschlechtlich verkehrt haben sollten und schildern die Verführung durch Seine höllische Majestät bis ins Detail mit einer Ausführlichkeit, die geradezu anwidern muß. Das läßt so recht den Geist jener Zeiten erkennen, und es ist kein Wunder, wenn schließlich die Gesetzgebung eingreifen und erklären mußte, die immer weiter um sich greifende Unsittlichkeit erfordere die strengsten Strafen.

Die Art, in der man die einfache Liederlichkeit durch öffentliche Schandstrafen ahndete, kann man ebenfalls als ein lehrreiches Kulturbild bezeichnen. Die Obrigkeit gefiel sich darin, eine Art Strafkomödie aufzuführen und dem schaulustigen Publikum ein Schaustück zu bieten, das nichts weniger als versittlichend wirken konnte. In leichteren Fällen stellte man die Uebeltäter nur öffentlich aus; aber man sogte dafür, daß sie auch allgemein gesehen und verhöhnt wurden und hing ihnen deshalb den Schandmantel um, eine größere hölzerne Tonne, auf der ihre Uebeltat abgebildet war. Oder man legte ihnen wie einem Kettenhund das Halseisen um. Die ältere Methode, nach der man einen liederlichen Menschen, meist Ehebrecher, sich vor die Kirchentüre legen ließ, habe ich bereits ausführlich behandelt. Immer kam es darauf an, in vollster Oeffentlichkeit den Delinquenten lächerlich zu machen, und das war das Bedenkliche an der Sache. Jeder und jede erfuhr, um was es sich handelte, die Tat bildete für die ganze Stadt natürlich den Gesprächsstoff, und es ist eine alte Erfahrung, daß Leute, die viel über ein von der Obrigkeit selbst zum Schelmenstreich gestempeltes Liebesabenteuer sprechen, viel eher zu gleichem Tun sich hingezogen als abgeschreckt fühlen. Daß man dies nicht erkannte, daß man vielmehr mit so wenig Zartgefühl die Materie behandelte, läßt darauf schließen, wie wenig wirklich Sittlichkeit in der damaligen Anschauung vorhanden war. Dieser Strafunfug herrschte keineswegs nur im Mittelalter, sondern noch bis ins XIX. Jahrhundert wurden die öffentlichen Schandstrafen für Sittendelikte beibehalten. Dirnen konnten jederzeit polizeilich festgenommen und zu öffentlichen Arbeiten, Straßenkehren usw. verwendet werden. Selbst in Zeiten, in denen der schwärzeste Pietismus, das abscheulichste Muckertum, jede freie geistige Entfaltung zu verhindern suchte, blühte die demoralisierende Bloßstellung liederlicher Personen. Das kann freilich nicht Wunder nehmen, denn der Pietismus hat noch niemals die Menschen sittlich gehoben; er hat höchstens die Heuchelei, die eigentlich aller Laster Anfang ist, großgezogen.

Wenn man das sogenannte goldene Zeitalter der Sittlichkeit auffinden will, also eine Zeit, in der wirklich Keuschheit und Reinheit nicht nur als höchste Tugenden gepriesen wurden, sondern auch tatsächlich vorhanden waren, dann muß man sehr, sehr weit in unsere Geschichte zurückgreifen. Je mehr die sogenannten Adelinge, die vornehmen Geschlechter, sich von den einfachen Freien absonderten, je mehr sie Vorrechte erlangten, desto mehr wirkte ihre bevorzugte Freiheit demoralisierend auf das Volk, und besonders trug dann auch die Unsittlichkeit der Geistlichen dazu bei, die moralische Verwilderung zu vermehren. Daß Uebergriffe der Adeligen nicht immer geduldet wurden, dafür sprechen zahlreiche Beispiele, es handelt sich dabei jedoch stets nur um solche Dinge, durch die sich ein noch Höherstehender verletzt fühlte. So schreiben Hosemann, Stiefler und unter Berufung auf beide auch Döpler: „Zu Straubingen ward eine schöne Jungfer, in welcher sich auch ein großer Herr verliebt gehabt, zu Grabe getragen. Einer von Adel aus Vorwitz hebt ihr die Kleider etwas auf und spricht: Laß doch sehen, hast du denn einen so weißen Bauch? Die Vermessenheit aber lief übel ab, denn er mußte auf des Landes Fürstl. Herrschafft Befehl, sich bald ersäufen lassen.“ Mit Zudringlichkeiten, die der Adel sich gegen Bürgerliche erlaubte, nahm man es nicht so genau. Man hatte eine dreifache Moral: eine für Weiber, eine für Männer und noch eine besonders für den Adel und die Herren vom Klerus, denn auch den letzteren war, obwohl sie vor allen Dingen hätten ein gutes Beispiel geben sollen, doch eine Nachsicht zugestanden, die im höchsten Grade demoralisierend wirken mußte. Wenn man nun auch Vergehen der Weiber in der Regel sehr streng beurteilte, so dachten doch die letzteren fast niemals daran, sich hierüber zu schade, den Männern lediglich als Mittel der Fortpflanzung ihrer Geschlechtsgenossinnen meist viel unerbittlichere Richter als die Männer. Es hat freilich auch in älteren Zeiten hin und wieder einmal so etwas ähnliches gegeben wie eine Frauenbewegung, bei der das weibliche Geschlecht erklärte, es sei viel zu schade, den Männern lediglich als Mittel der Fortpflanzung zu dienen; aber solche Ideen wurden in der Regel sehr schnell erstickt. Ueber eine sehr ernste deratige Bewegung berichten Schottelius und Gellius sehr drastisch: „Denen Milesischen Jungfern ist auff eine Zeit eine wunderbare Sterbens-Lust aus Begier der Hagestolzschafft angekommen. Weil sie gehöret, wie das Menschliche Leben, und sonderlich der Ehestand vielen Trübsalen unterworffen, und die Frauen den Männern gehorsam, ihre Freyheit also verlustig seyn müsten. Deshalber diese thörichte Jungfern in der gantzen Stadt sich zusammen verbunden, Hagestoltzinnen zu werden, nicht zu heyrathen, ihre Freiheit also zubehalten, und lieber zu sterben, als Hochzeit zu halten. Wie dann auch erfolget, daß die Weibsbilder eine nach der andern, wann sie haben heyrathen sollen, sich selbst erhenckt. Weil dann solch Hencker Handwerck und Selbstmord überhand genommen, und diese alberne wütende Todes-Sucht durch kein Mittel zu verhindern, noch die zarten Gemüther der Jungfern abwendig zu machen, keine zu Gemüthführung genugsam gewesen; So hat die Obrigkeit sich endlich eines andern entschlossen, und die sich also erhengte Jungfern nackend ausziehen, an ihr Würge-Strick mit einem Fuß sie anbinden, und also Mutter nackt mit Spott und Schande durch die Straßen öffentlich schleppen, und schändlich hernach jedermann zu offenbahren Abscheu hinwerffen lassen. Wie dieses die übrigen noch Hagestolzgierige Mädgen gesehen, ist ihnen die Hangelust vergangen, und haben sich zum Braut werden beqvemt." In welcher Zeit sich die Historie zugetragen haben soll, ist nicht angegeben, da aber das alte Miletus schon nach der Eroberung und Plünderung durch die Perser 494 v. Chr. seine größte Bedeutung verloren hat, darf man wohl annehmen, daß sich die Jungfernselbstmorde mindestens schon ein halbes Jahrtausend vor Christo abgespielt haben müssen, wenn nicht die ganze Erzählung eines der berühmten Milesischen Märchen ist.

Aber auch dann würde die Mitteilung noch einen interessanten Beitrag zu den Sittlichkeitsanschauungen bilden und zwar noch für die Zeit, in der sie als besonders belehrend veröffentlicht wurde, das ist aber noch im XVII. Jahrhundert geschehen. Die völlige Entblößung weiblicher Körper zu Strafzwecken ist übrigens oft genug wirklich vorgekommen. Zunächst wurde sie mit großer Vorliebe bei den Christenverfolgungen im alten Rom angewendet, und es wird dabei auch von den alten Schriftstellern betont, daß den Christinnen die schändliche Entblößung viel schrecklicher gewesen sei als selbst die härteste Todesmarter. Auch das zeigt die Sittlichkeitsanschauungen, sowohl die der Strafenden als auch die der Bestraften. Aus diesem Grunde mag auch erwähnt werden, daß bei der Folter, solange dieser Schandfleck der deutschen Justiz überhaupt bestand, die Weiber stets nackt gemartert wurden, und daß sogar bei den völlig öffentlich vollstreckten Strafen Entblößungen des ganzen Körpers oder wenigstens teilweise nicht zu selten vorgenommen wurden. Bei der furchtbaren Strafe des Ausreißens der Brüste mit glühenden Zangen geschah dies ständig. Ohne ausdrücklichen Befehl der Obrigkeit durfte aber der Scharfrichter die Körper der Weiber nicht entblößen, selbst nicht die der Gerichteten. Tat er es doch, so besann sich die Obrigkeit plötzlich, was sie der öffentlichen Sittsamkeit schuldig war, und Meister Hans erhielt seine exemplarische Strafe. So erzählt Ammianus Marcellinus, daß ein Scharfrichter, der zwei Weiber, die er wegen Ehebruchs an den Galgen geknüpft und dann ihrer Kleider beraubt hatte, lebendig verbrannt worden sei. Noch 1675 wurde ein Scharfrichter bestraft, weil er einige Straßenräuber, die er geköpft und dann aufs Rad geflochten, nach der Hinrichtung ihrer Hosen beraubt hatte, so daß der Anblick der Leichen schamverletzend wirkte. Der Mann wurde verurteilt, auf seine Kosten die Körper in Tuch zu hüllen, und außerdem ein „tapffere Geldbuße“ zu zahlen. Unlogisch, wie die ganze Sittlichkeitsanschauung, war also auch der Moralbegriff der hohen und niederen Justiz.

Daß dies auch jetzt noch nicht viel besser geworden ist, daß unser heutiges Recht noch tief in denselben Vorurteilen steckt, habe ich wohl eingehend genug dargetan. Ich habe vielfach Bezug genommen auf den Wortlaut des 1911 geplanten „Zukunftsrechts", soweit er für mein Thema in Betracht kommt, und gehe zum Schluß noch kurz auf diese Bestimmungen ein. Wenn man die Einzelvorschriften objektiv prüft, dann wird man zwar bemerken, daß der Versuch gemacht worden ist, rein sprachlich zu verbessern, die einzelnen Paragraphen kürzer zu fassen und „überflüssige" Wendungen zu beseitigen, aber man wird es tief bedauern müssen, daß diese Bemühungen nur sehr geringen Erfolg gehabt haben, und daß sehr schwere Fehler gar nicht beseitigt sind, daß das Gesetz teilweise durch die knappere Fassung wesentlich gelitten hat, und vor allen Dingen ist das absolute Fehlen wirklich großzügiger Gedanken zu beklagen. Die stilistische Verbesserung ist so wenig durchgeführt, daß sogar Schnitzer wie der von mir am jetzigen Rechte kritisierte Schnitzer, daß — um ein Beispiel zu wählen — immer noch der Ehebruch und nicht der Ehebrecher bestraft werden soll, beibehalten sind. Die knappere Form hat fast durchweg den Erfolg, dem Richter den denkbar weitesten Spielraum zu gewähren, und das ist, da die überall zugegebene „Unstimmigkeit" zwischen der Rechtssprechung und dem Rechtsempfinden des Volkes vielmehr auf die Auslegung und die den Eindruck der Willkür und Parteilichkeit erweckende Ungleichheit des Strafmaßes als auf das Gesetz selbst zurückzuführen ist, ein nicht zu überschätzender Fehler.

Das ganze geplante Strafgesetzbuch ist leider darauf zugeschnitten, dem Gericht geradezu das Schicksal eines Angeklagten in die Hand zu legen, als sei es dem Richter überlassen, sich das Gesetz, das er im Einzelfalle wünscht, selbst zu schaffen. Das erkennt man allerdings nicht so klar aus den wenigen Bestimmungen des Abschnittes der Sittlichkeitsdelikte, wie vielmehr aus den allgemeinen Vorschriften über die Strafen. Das Gericht „kann" bei bisher noch nicht Bestraften im Urteil anordnen, daß die erkannte Gefängnis- oder Haftstrafe, sofern sie 6 Monate nicht übersteigt, zunächst nicht vollstreckt werden soll. Das ist ausdrücklich auch bei Verbrechern der Fall. Die Strafe wird dann, wenn der Verurteilte keine neue Verletzung des Gesetzes begeht, überhaupt nicht vollstreckt. Das ist eine an sich gute Vorschrift, die nur den Fehler hat, daß sie ganz nach Belieben angewendet werden darf, und daß ihr eine andere Vorschrift, die auch nach Belieben gegen einen Angeklagten herangezogen werden „kann", gegenübersteht. Wenn nämlich nach Ansicht des Gerichts die Tat von besonderer Roheit, Bosheit oder Verworfenheit zeugt — und wie leicht ist es, das anzunehmen —, oder wenn die leidigen Vorstrafen, deren Entstehung man doch wahrlich zur Genüge kennt, zur Annahme berechtigen, daß der gewöhnliche Strafvollzug nicht die „erforderliche Wirkung" auf den Verurteilten ausüben werde, so „kann" das Gericht schon im Urteil Verschärfung der Zuchthaus- oder Gefängnisstrafe anordnen. Das bedeutet geminderte Kost oder eine harte Lagerstätte, also Maßregeln, die die Verfasser des Gesetzvorentwurfs selbst für so gefährlich halten, daß sie weiter bestimmen, es müsse sich in jedem Falle der Anstaltsarzt äußern, ob der Sträfling gesundheitlich fähig sei, sie zu ertragen. Ist er dies selbst nach Ansicht des Arztes nicht, dann kann das Gericht auf den Wegfall der Verschärfung die Strafe in angemessener Weise erhöhen. Da „kann" im Strafrecht stets das Gegenteil von „muß" bedeutet, ist also dem Gericht absolut überlassen, was es tun will. Nun versteht es sich doch ganz von selbst, daß gegenüber einem Menschen, dem die wahrlich ohnehin nicht leicht zu überstehende Strafe noch verschärft wird, nicht auf kurze Strafen erkannt wird. Diese noch zu erhöhen, weil der Verurteilte gesundheitlich auch nach der Ansicht des Anstaltsarztes die Verschärfung nicht aushält, das scheint mir denn doch ein sehr ungeeignetes Mittel, den Mann durch die Strafe zu bessern und ihn zu einem brauchbaren Mitglied der menschlichen Gesellschaft zu machen; man wird ihn vielmehr dadurch nur noch mehr als leider bisher schon, die Fähigkeit, sich ehrlich durch die Welt zu schlagen, nehmen. Damit aber züchtet man gerade die Gewohnheitsverbrecher. Und wie wird die Sache beim nächsten Urteil? Rache statt Strafe; das ist mit dem so viel und oft betonten christlichen Humanitätsprinzip ebenso wenig vereinbar wie mit den Forderungen überlegender Klugheit. Es soll nicht etwa hier der schwachmütigen Humanitätsduselei, die ich für schädlich halte, das Wort geredet werden, aber absolut unzulässig ist es, Bestimmungen in das Gesetz einzufügen, die der Willkür Tür und Tor öffnen, und die Strafrechtspflege zu einer Art Lotterie stempeln können. Wo in aller Welt ist denn die mindeste Garantie gegeben, daß jedes Gericht, jeder Richter diese Vorschriften wirklich so anwendet, wie sie jedenfalls gedacht sind? Wie will man den Mut zu einer solchen Abänderung des Gesetzes finden, während doch wahrlich die Praxis oft genug gezeigt hat, wie schwere Irrtümer den Gerichten unterlaufen sind, die im Wiederaufnahmeverfahren, das stets nur nach unendlich schweren Kämpfen durchgesetzt werden kann, in der Regel erst geklärt werden konnte, wenn die Strafe ganz oder zum großen Teil verbüßt, die wirtschaftliche und gesellschaftliche Existenz des Gestraften vernichtet war.

Nun ist dem Gericht aber noch eine weitere Reihe von Befugnissen gegeben, die mir im allerhöchsten Grade — dieser Superlativ ist hier gewiß keine stilistische Entgleistung — bedenklich erscheinen. „Neben der wegen eines Verbrechens oder Vergehens verwirkten Freiheitsstrafe kann, wenn die Handlung auf Gewinnsucht beruht, auf Geldstrafe bis zu zehntausend Mark erkannt werden." Daß das Gericht neben der Freiheitsstrafe den Angeklagten ins Arbeitshaus schicken kann, daß es auf ein Jahr den Besuch der Wirtshäuser verbieten, den Aufenthalt des Verurteilten beschränken kann, kommt schon fast auf das mittelalterliche Strafrecht zurück.

Wenn man das alles berücksichtigt, wird man sich eines berechtigten Grauens bei dem Gedanken, daß dieser Vorentwurf wirklich Gesetz werden könnte, nicht zu enthalten vermögen. Das ganz im allgemeinen; besonders aber gegenüber einer Materie wie die Sittlichkeitsdelikte, die noch zum Teil Tendenzgesetz schlimmster Art sind. Wird doch der Buchhandel z. B. geradezu unter ein Ausnahmegesetz gestellt. Man läßt sonst immer die Strafbarkeit von dem subjektiven Verschulden abhängen; hier aber wird der Buchhändler, der nach bestem Gewissen handelt, keine Minute davor sicher sein, wie ein Verbrecher behandelt zu werden, und nicht viel besser ist der Kunsthändler, schließlich auch der Künstler und der Schriftsteller daran. Es wird oft genug auch unter der Herrschaft des geltenden Rechts schon förmlich Treibjagd auf sogenannte unzüchtige oder schamverletzende Schriften, Darstellungen oder Ankündigungen gemacht.

Ich habe selbst erhebliche Strafen gegen Verbreiter usw. wirklich unzüchtiger Machwerke empfohlen und darf mich deshalb wohl gegen den Verdacht, derartiges beschönigen zu wollen, gefeit wissen; aber die Praxis zeigt, daß das wirklich Verwerfliche viel weniger unter diesen Tendenzbestimmungen des Rechtes zu leiden hat als der ernste und würdige Buch- und Kunsthandel, bei dem alle möglichen Dinge, die alle Welt für harmlos hält, und die bis dahin für zulässig und einwandfrei erklärt wurden, polizeilich als unzüchtig und schamverletzend gelten. Niemand kann sich gegen diese Auslegung mehr schützen. Die Zügellosigkeit der ersten Revolutionszeit hat zwar den gegenteiligen Schaden gebracht; das ist aber nur ein Uebergangszustand, der für mich hier nicht in Betracht kommen darf. Selbstverständlich erfordert es keine Interpretationskunst, stets anzunehmen, daß aus „Gewinnsucht" gehandelt worden ist, weil Bücher und Kunstwerke immer noch für Geld verkauft werden, und ebenso wird man „besondere Verworfenheit" auch da annehmen, wo der Angeklagte mit keiner Silbe daran gedacht hat, daß das, was er geschrieben, geschaffen oder verlegt hat, auch nur den Schein des Unzüchtigen oder Schamverletzenden an sich tragen könnte, ja wenn er sich selbst auf das Gutachten der berufensten künstlerischen und wissenschaftlichen Sachverständigen berufen kann. Es ist schon so ähnlich geworden, wie bei den berüchtigten Hexenprozessen, bei denen auch die Gewißheit vollster Schuldlosigkeit nicht einen Moment Sicherheit gewährte, *„ad majorem dei gloriam"* auf den Scheiterhaufen geworfen zu werden.

Auf die einzelnen Paragraphen brauche ich nicht ausführlich hier einzugehen, da ich schon bei den verschiedenen Delikten klar und deutlich genug gesagt habe, worauf er strafrechtlich allein ankommen darf. Ich finde, daß an einzelnen Stellen für das neue Recht die Grundidee erkannt worden ist; leider ist aber darauf nicht konsequent aufgebaut worden, sondern der erquickende Born verliert sich im Sande der Wüste, in der es nur kleine Oasen gibt. So ist z. B. ein Beamter nach dem Vorentwurf stets eine Person, die zur Ausübung eines öffentlichen Amtes berufen ist (§ 12, al. 3). Es ist damit der bisherigen Judikatur ein Riegel vorgeschoben. Die leidigen „mildernden Umstände" sind geblieben; deren Definition (§ 82, al. 2): „Mildernde Umstände liegen vor, wenn die für Milderung der Strafe sprechenden Gründe überwiegen", ist für die Katz; sie besagt gar nichts. Daß man die Altersgrenze der Straflosigkeit auf 14 Jahre hinaufgerückt hat, steht in Uebereinstimmung mit dem § 244, al. 3; ich stehe auf einer anderen Basis. Die Kuppeleiparagraphen haben zweifellos dadurch eine wesentliche Verbesserung erfahren, daß ein besonderer Zuhälterparagraph geschaffen worden ist, und daß die Gewährung einer Wohnung nicht mehr als Kuppelei gelten soll, falls nicht ein unangemessener, in Rücksicht auf die Duldung der Kuppelei erhöhter Preis gefordert worden ist. Es hätte sich auf dieser Basis wirklich etwas Brauchbares schaffen lassen, wenn nicht zäh an der alten Form im übrigen festgehalten worden und noch der ganz entbehrliche Mädchenhandelparagraph eingefügt worden wäre.

In unserem heutigen Rechte beruhen die hauptsächlichsten Fehler darauf, daß man mehr als gerechtfertigt die sittlichen Verfehlungen der beiden Geschlechter verschieden beurteilt. Das ist falsch; wo das weibliche Geschlecht zum großen Teile eine selbständige Stellung einnimmt und von der Ehe ausgeschlossen ist, wird man hierauf Rücksicht zu nehmen und auch das Gesetz dementsprechend zu fassen haben.

Die ausgleichende Gerechtigkeit in der verschiedenen Beurteilung läßt sich nun aber nicht dadurch schaffen, daß einfach eine völlige Beseitigung dessen, was unter dem Begriff der Sittlichkeit zusammengefaßt wird, eintreten dürfte, denn dadurch müßten natürlich Zustände herbeigeführt werden, die durchaus unhaltbar wären. Es wird sich aber bei den billigen Wünschen der Frauen nach sexueller Gleichberechtigung in anderer Weise entgegenkommen lassen, nämlich so, daß man den Männern ihr durch nichts begründetes Vorrecht entzieht und ihnen ebenfalls das verbietet, was den Frauen untersagt ist. Der Weg hierzu ist in den vorstehenden Kapiteln zur Genüge gewiesen. Alles, was die Frauenbewegung in dieser Richtung fordert, ist der Unterstützung wert. Man muß dabei aber mit der menschlichen Natur rechnen und darf etwa nicht so weit gehen, ein prüdes Muckertum großziehen zu wollen. Unfehlbar ist niemand, und gerade da, wo es gilt, etwaige Fehler anderer zu verdammen, sollte sich jeder zunächst die Frage vorlegen, ob er nicht selbst unter gleichen Verhältnissen ebenso hätte handeln können.

Schreiend ungerecht ist es aber, noch eine dritte Moral anzunehmen, nämlich eine besondere für die sogenannten „oberen Zehntausend". Das ist nicht nur ein grober Verstoß gegen die Logik, sondern auch eine arge Heuchelei. Wenn so oft vornehme Kreise über die Unsittlichkeit der unteren Volksschichten zetern, so sollten sie doch zuerst einmal vor der eigenen Türe kehren. Selbstverständlich ist es nicht um ein Jota besser, wenn schlichtere Volkskreise in jedem Höherstehenden nur einen Wüstling sehen. Moral und Unmoral sind niemals charakteristische Eigenschaften bestimmter Klassen; sie sind vielmehr allen Menschen ohne Rücksicht auf Stand und Vermögen eigen, d. h. es gibt in jeder Gesellschaftsklasse moralische und unmoralische Menschen. Wenn man aber in der Weise unterscheidet, daß man auch noch die wüsteste Ausschweifung Bessersituierter nur als einen angenehmen und durchaus erlaubten Zeitvertreib, die geringste Abirrung eines armen Teufels aber schon als empörende Unsittlichkeit bezeichnet, dann übt man eine unsinnige Klassenjustiz, die deutlich genug erkennen läßt, daß auch unsere Sittlichkeitsanschauungen sich noch so ziemlich in den verhängnisvollen Vorurteilen des Mittelalters bewegen, wo man für „Papenkindere unde die unecht geboren sin" eine besondere Rechtlosigkeit schuf. Unsere Zeit entrüstet sich mit Recht über solche Anschauung; aber mit Unrecht hat sie diese trotzalledem noch nicht abgestreift. Muß nicht auch heutigentags noch so oft das unschuldige Kind dafür büßen, wenn seine Eltern sich nicht — geheiratet haben? Die uneheliche Geburt haftet auch jetzt noch als ein dauernder Makel denen an, die doch wirklich völlig unschuldig daran sind, und dabei glauben wir doch, im Zeitalter der Humanität zu leben.

Es wird, darüber darf man sich nicht täuschen, niemals möglich sein, völlig die Vorteile und Nachteile, die der Mensch schon durch seine Geburt erlangt, zu beseitigen, denn als Kind steinreicher Eltern geboren zu sein, ist ebenso ein persönlich unverdientes Schicksal wie das, das Kind eines armen Vaters oder vielleicht gar eines Verbrechers zu sein. Die unehelichen Kinder allein können von diesem „Erbrecht" nicht ausgeschlossen werden, aber die noch überall bestehenden unberechtigten Vorurteile, die nicht als unumgängliche Folgen in Betracht kommen können, sollten doch endlich überwunden werden; sie passen nicht mehr in eine Zeit, in der auf allen Gebieten des Wissens und Verkehrs die Aufklärung als das höchste Ziel betrachtet wird. So mag denn auch dies Buch aufklärend und pfadweisend wirken, mag es dazu beitragen, daß die veralteten Anschauungen, besonders die über die doppelte Moral und Standesmoral endlich in die Rumpelkammer zu Urvaters Hausrat geworfen werden, und vor allen Dingen dazu, daß nicht ein Gesetzesvorentwurf Gesetz werde, der an Stelle eines nicht mehr dem Rechtsempfinden entsprechenden Rechtes ein Recht schaffen müßte, das als Willkür empfunden und dem Volke eine Geißel werden würde, und noch viel weniger mit dem Rechtsempfinden der Allgemeinheit in Einklang zu bringen wäre als das Recht, das es verbessern will.